铁骑上的十六国

再叹峥嵘 著

中国文史出版社
CHINA CULTURAL AND HISTORICAL PRESS

图书在版编目（ＣＩＰ）数据

铁骑上的十六国 / 再叹峥嵘著 . -- 北京：中国文
史出版社，2022.9
ISBN 978-7-5205-3709-4

Ⅰ.①铁… Ⅱ.①再… Ⅲ.①中国历史—研究—五胡
十六国时代 Ⅳ.① K238.07

中国版本图书馆 CIP 数据核字 (2022) 第 175131 号

责任编辑： 梁玉梅

出版发行： 中国文史出版社

社　　址：北京市海淀区西八里庄路 69 号院　邮编：100142
电　　话：010-81136606　81136602　81136603（发行部）
传　　真：010-81136655
印　　装：北京新华印刷有限公司
经　　销：全国新华书店
开　　本：16 开
印　　张：31
字　　数：518 千字
版　　次：2023 年 4 月北京第 1 版
印　　次：2023 年 4 月第 1 次印刷
定　　价：86.00 元

第四篇　鲜卑山下走出的奇迹

第一篇 当机会来敲门

01. 大乱之前

"五胡乱华"的历史是要从晋朝说起的。晋朝的历史，就要从它的奠基者司马懿开始。

司马懿，字仲达，司州河内郡温县孝敬里舞阳村（今河南省温县招贤镇）人，士族出身。关于他的故事，总是和诸葛亮以"匡扶汉室"为终极目标的"六出祁山"密切相关。诸葛亮的北伐无功而返，却给了司马懿建功立业的大好时机，一代雄主因之崛起。

在诸葛亮北伐开始前，司马懿先生做的是文职工作，工作职责属参谋一类，然而并不是参谋长。主意出得好，工作做得很出色，但是很可惜，幕后的光彩并没有带给他走上前台的机会。尤其是当曹操因为一个"三马食曹"的梦而疑惧万分的时候，等待司马懿的，只能是被敲打、被利用、被压制。直到曹操去世之后，继任者曹丕依然不敢对其委以兵事。

然而当诸葛亮的北伐大军威震曹魏、无人能敌的时候，司马懿的人生迎来了转机，迎来了属于他的表演时刻。

过程很精彩，两个伯仲之间的人物，两军对垒之际，奇计良谋层出不穷，在实战中不断验证着兵书战策的威武，震撼着整个时代的眼球。在一次次的震撼中，诸葛孔明的北伐无功而返，司马仲达的战绩与日俱增。

三国的时代是尚武的时代，由西汉沿袭下来的无军功不得封侯的规矩使得"军功"依然是至高无上的荣耀。在抗击诸葛孔明长达七年的军事斗争中，记载司马懿功劳的竹简摞得比人高。战场上拼杀下来的功劳，人们看得见，谁也抹杀不了。到了司马氏家族和曹魏皇室巅峰对决的那一刻，谁会怀疑在尔虞我诈的阴谋中闲庭信步、在腥风血雨的战场上指挥若定的司马懿会斗不过一个白净斯文、平平无奇的曹爽？三国有四个奇人，"卧龙"诸葛亮、"凤雏"庞统、"幼麟"姜维、"冢虎"司马懿。不再解释。

功劳在人们心中摆着，履历在仓库里放着，关于如何站队的问题，群众的眼睛是雪亮的，曹魏朝堂官员们的眼睛更是雪亮的。那时候人们赞赏的是"良禽择木而栖"，而不是"忠臣不事二主"的教诲，更何况曹操父子和汉献帝的那段故事还历历在目。只有强者，才是那时的官员们要效忠的对象。曹操是强者，但早已经过去；今天的强者，名字叫司马懿。

249 年，司马懿杀曹爽，那一战费了司马懿不少的力气。臣下与王者的斗争，天生就不在一个起点。从那时起，司马氏家族开始了专权国政的日子，大晋帝国的基业由此奠定。

以后的故事，只能说是顺理成章的事了，等到司马昭之心路人皆知的时候，曹氏子孙再怎么蹦跶都已经无法挽回亡国的命运。260 年（甘露五年），随着魏帝曹髦的被杀，所有的一切都已成为定局。

曹髦的反抗虽然未获成功，但面对亡国威胁，"君王死社稷"的精神值得我们铭记。在政治凌辱和死亡威胁下，曹髦没有退让，更没有屈服，而是敢于直面，奋起抗争。鲁迅先生对这样的人有过定义："真的猛士，敢于直面惨淡的人生，敢于正视淋漓的鲜血。"毫无疑问，曹髦是真的猛士。在中国古代有类似遭遇的帝王群体中，能有如此表现者实在不多。他有一身傲骨，有刚烈的血性，为了帝王尊严，不惜以生命为代价，与残酷的命运抗争。魏晋风骨不仅仅是飘逸的，更应是慷慨激昂的。曹髦即位前被封为"高贵乡公"，诚高且贵也。

消灭了所有的威胁及有力反抗，大魏的朝臣都在晋王的脚下匍匐之后，265 年，司马懿的孙子司马炎踏着爷爷、伯伯还有亲爹的脚印，继续向前，废魏帝曹奂，自立为帝，国号"晋"，定都洛阳。

"槽"终究还是"饲了马"。百战功成天下事，一朝送与别人家。何其雄哉魏武帝，气吞山河的气魄，却终不能左右身后儿孙的无可奈何。

面对到手的大好江山，高高在上的司马炎心情是澎湃的。天命所归，这是必须的。玉树临风、威风无比、无人可及的司马炎对此更不抱有一丁点儿的怀疑。至少，在面对那些在朝堂上匍匐趋步、低眉顺眼的大臣的时候，司马炎必须理直气壮。可是，无数个夜深人静的仔细思量中，司马炎不会忘记曹奂形单影只的孤独背影。前车之鉴就在眼前，曹魏亡国的教训如芒在背，晚上睡觉都会做噩梦惊起一身的冷汗。"必须防患于未然。"司马炎如是对自己说。

司马炎吸取曹魏时期对宗亲严厉打压，以致没有心腹力量去反抗敌人，最后大好江山被权臣所篡夺的教训，大封宗王，用以对抗士族中像司马家族那样的野心家，到死时一共封了 57 个同姓王。请注意，在数十年战乱之后，泱泱中华只剩下两千万多一点的人口，相对来说，57 个王是多么庞大的一个数字！而且这个数字在以后的日子还会增加。这些王爷不仅身份尊贵、地位崇高，而且有兵有地盘，只是没有皇帝的名号。

显赫权势之下，是那些为了供应这些王爷奢侈糜烂的生活而日夜在痛苦中呻吟的平民百姓。但王爷们不会在意百姓的死活，享乐与剥削之外，他们只有一个任务：保卫大晋帝国。在必要的时候，王爷们可以率军勤王保驾。只是，后来的"乱"，就是乱在这个"必要的时候"。

其实西晋帝国重用宗室，不仅仅是前车之鉴那么简单，其政权的结构性质也注定了道路的必然。西晋是以司马氏为首的门阀贵族的联合统治，在门阀制度的时代，即使是皇帝，脱离了世家大族构成的统治基础，政令也无法实施，也就不能成为真正的皇帝。而皇室作为一个凌驾于其他家族之上的家族，镇得住场面是必需的。皇帝是这个家族的代表，因而其家族成员有资格也有必要取得更大权势，以保持其优越地位，以保障其有足够的实力去领导其他相对弱势的家族，进而统治整个国家。

司马炎无论从哪个方面考虑，封王都是必要的，迫不及待的，也是毫不犹豫的。

在刚开始的时候，王爷们只是在京城当官，专职给皇帝打工，是不能回到自己的封国当老大的。在京城的日子，靠工资过活的王爷们自然过得挺"害羞"，皇帝提倡节约，于是凡事都需要收敛。不过不用着急，只要耐住性子好好等候，获得解放的日子终究会到来。

成功，除了需要奋斗，也需要耐得住寂寞的等待。

国家政策时刻都在变化着，那时候还没什么"祖制"一说，没有人动不动就拿"祖宗法度"来压人，都是随着司马炎自己的性子定。不能归国当家的王爷们在伺候好皇帝以后，渐渐地有些人就可以回自己的封国去，归国的王和在京城打工的王是不一样的。这些王不但有属于自己的封地，还有一整套的僚属官员，以及相当数量的军队，少则五千，多则过万，好不威风，颇有些要和皇帝分家单过的意思。只是司马炎权威的屁股还没有人敢于抚摸，事情也就耽搁了下来。但皇帝的恩泽绵绵不绝，不久的后来，王爷们连地方官都可以做，上马管军、下马管民，着实不可小觑。除了不叫皇帝，其他的也就没了什么差别。

应该说，司马炎还是善于从别人的失败教训中学习经验的，并且下了很大功夫。俗话说得好，打虎亲兄弟，上阵父子兵。有了这些王爷环卫左右，还怕尔等宵小前来捣乱？只是他定不曾想过，如果捣乱的就是这些王爷，可怎么办？

光阴似箭催人老，岁月如梭就到了290年，晋武帝司马炎再也不能继续当皇帝了，能做的都做了，无论好的还是坏的，该享受的也都已经享受，这辈子够本了。虽然儿子仿佛还搞不懂老爹的想法，但司马炎等不了了，他的故事在那一年谢幕。偌大的晋国，交到了太子司马衷的手上。

公元290年5月16日，晋武帝司马炎去世，留下皇后的父亲杨骏辅政。同一天，皇太子司马衷即位，是为晋惠帝，大赦天下，改元永熙。本该属于司马衷却没他多少事可掺和的时代开始了。

02. 司马衷夫妇

司马衷很出名吗？

司马衷是不惹人注意的，两千年以后的我们一般不会记牢他的大名，但是，历史让我们铭记"司马衷之问"："百姓既然没饭吃，为什么不吃肉粥呢？"此问一出，整个大晋都在臣服！从此，脑残皇帝的名头就扣在了司马衷的头上。

据史书记载："太子不学。"其实司马衷只是太笨，如果六十分的智商算是及格，司马衷的智商至多五十分。只是太笨，太笨！如果司马衷只是个普通的农家孩子，我们有理由相信，他会有单纯快乐的一生，每天都有饭吃，有麻布衣穿。再央求媒婆到邻居家说个媒，那个常常对他笑的三丫头总让他心里暖暖的，娶回家做老婆会是很好的。好好干活，按时交租，在那个天下初定的年代，定会有太平的一生。

只是，何苦生在帝王家，何苦做了太子，何苦又当了皇帝，何苦又有点傻乎乎？让这样的皇帝去治理那么大的一个国家，岂不是天大的笑话？但是，对于有政治野心的阴谋家来说，却是天大的喜事。于是，从司马衷登上皇帝宝座的那一刻起，野心家们阴谋夺权篡位的大戏也就此开始。

其实，司马炎曾经也是想过要更换太子的，司马衷的智商着实让他很着急，担心他的无能会丢了祖宗辛苦开创的江山。大臣卫瓘更是曾借着酒劲，抚摸着他的皇帝宝座连道："可惜。"虽然没有明说，却也让司马炎担忧不已。

为测试司马衷的智商，司马炎曾特意出了几道问题予以考核，并将东宫属官全部召入宫中参加宴会，使之与司马衷隔离，以显其真实本领。

司马衷哪里答得出来？拿到题目后都不知道题目问的是什么。不过他的妻子贾南风倒是个极聪明的人，见此秘密请来几位学识渊博的老先生为司马衷解答难题。

答案顷刻间就出来了，其文引经据典、文辞华美、条理清晰、切中要害，贾南风甚为满意。就在准备将答案交往宫中时，东宫有一侍从小吏览后建言："太子不读书，然所答皆引经据典，必会为圣上识破是请人代答。不若以本意书之，直接作答。"贾南风深以为然，遂命令该小吏代为作答，完成后由司马衷抄写，呈上。

司马炎拿到答卷，见文辞虽显粗鄙，但所幸内容切题，文从字顺，甚是满意，传视诸臣，遂罢更换太子之心。

纸终究包不住火，司马衷继位后，遇到需要他自己拿主意的事情时，闹出了不少笑话。

一代明君司马炎，能够建立统一天下之武功，开创"太康之治"之文治，居然没能发现自己的儿子如此平庸，命中注定是个昏君！

历史总是在惊人的相似中走过。圣君亲贤臣，昏君近奸佞，弱智皇帝司马衷亲不了贤臣也远不了奸佞，只好沦为别人手中的一颗棋子。面对这么个奇葩皇帝，率先动手的是和他最为亲近的老婆大人——皇后贾南风。

在动手之前，我们先来说说这位比司马衷更加奇葩的皇后。

贾南风，晋惠帝司马衷第一任皇后（以后还会有奇葩的第二任），比司马衷大两岁。毫无疑问，这是一桩政治婚姻。贾南风的父亲就是那个在杀死曹髦事件中高呼"司马公养你们就是为了今天"的贾充，司马炎篡位登基他是立了汗马功劳的。

位高权重的心腹人物自然要好好笼络，于是贾南风顺理成章地成了太子妃。后来，当太子司马衷成为皇帝时，贾南风摇身一变就成了大晋帝国的皇后。

皇帝是白痴的，但皇后却是要命的！

一般说来，母仪天下的皇后必然是绝色美女或者品德贤淑之人。但据史书记载，贾南风"丑而短黑"，四个字翻译一下：人长得丑，个头又矮，而且还很黑。形容一个女人，还有比这更恶毒的语言吗？

然而，史官依然怕后人对她的丑陋印象不够深刻，又加上了一句"短形青黑色，眉后有疣痣"。好了，无论何时何地，只要我们遇到她，一眼就能判断出她就是贾南风。

人长得丑却当了皇后并不要紧，人长得丑并且内心邪恶却当了皇后也没太大危害，人长得丑并且内心邪恶却当了皇后而且皇帝丈夫是个智障，这样就很要紧了。因为没人管得了她，没有人能及时制止她所要犯下的那些罪恶。

晋朝百姓的苦难，从她登上皇后宝座的那一刻起，已经注定。

女人常常是善妒的，万人之上的贾南风将嫉妒之心表现得淋漓尽致。有句话是这么说的：如果你尝试过嫉妒，你就应该知道什么是狠毒。

当"丑而短黑"的贾南风女士看见温婉贤淑、美丽多情的司马衷的姬妾挺着大肚子骄傲地出现在她面前时，会是什么心情呢？

我们没有听过贾南风像怨妇一样哭诉的声音，只是史书记载着她的行动，很果断，发现即消灭。而且，即使身为皇后，她也常常亲力亲为，手持利戟刺破对方肚腹，然后看着婴孩从肚中滑出。

当丈夫连自己的女人和孩子都没办法保护，一切的发生都将是不可避免的。

弱智的司马衷当了皇帝以后，皇权自然就落入了皇帝他妈（非亲妈）杨氏的娘家人的手中。没贾南风什么事！

婆媳关系从来都不和，没有权力的贾南风只能在皇太后面前当个乖巧的小媳妇，唯唯诺诺，极尽讨好。这当然不是贾南风想要的。司马衷的低能更加深了她对权力的欲望，总不能夫妻两个都受人欺负吧？皇权既然不属于皇帝，那就应该属于皇后。贾南风疯狂了，拼了，为了自己，更为了自己家族的利益，必须和杨氏家族死磕！

皇帝呢？从古至今，婆媳间的斗争必须要有丈夫的身影，国家权力的角逐必然要有皇帝的参与。可是，皇帝司马衷此刻正在池塘边和青蛙对话。他要搞清楚青蛙的叫声到底是为官叫还是为私叫，老婆和后妈之间的斗争，并不能引起他多少兴趣。

历时数百年充满了暴力与血腥的大戏，就在儿媳妇贾南风与婆婆杨太后争夺当家的权力的斗争中拉开了序幕。

03. 乱局开始

贾南风不是一个人在战斗，她是有帮手的——贾氏家族。在那个门阀制度横行的时代，贾南风的娘家人个个都是达官显贵，他们在朝堂上为她冲锋陷阵。六宫之主的地位让她在后宫呼风唤雨。对了，她还有她的男人，晋惠帝司马衷，在不自觉间，他将成为她最为坚强的后盾和最为锋利的武器。

对司马衷而言，形势很清楚，老婆是亲老婆，老妈却不是亲老妈，至于那个外公杨骏，不是亲外公不说，每次上朝的时候还总不拿他当回事。泥菩萨尚有三分土性，何况司马衷一个大活人？傻是傻点，但谁亲谁疏还是分得清的。但他自己真的帮不上什么忙，他在等待，等待被别人利用。

事实证明，能够取得胜利的，就是那些会利用他的人。

杨氏家族的势力是庞大的，皇太后加辅政大臣的地位足以一手遮天。贾南风却是精明的，因为她更加懂得借助外力的道理。

为了打赢这场战争，贾南风找了两个人，汝南王司马亮和楚王司马玮。

司马亮，司马懿第四子，皇帝他爹是他亲侄子，要不是当年司马炎死的时候他来晚了，辅政大臣的职位一定没杨骏什么事。司马亮总是为自己的姗姗来迟而懊悔不已。但作为一个年龄大、辈分高的老长辈，自然不会随随便便就听从侄孙媳妇的调遣。况且父兄的教诲就在昨日，多年斗争的经验也告诉他：等着吧，等等机会就来了，等等事情就有眉目了，然后才是最好的动手时机。

楚王司马玮就不一样了，司马炎的儿子毕竟不能和司马懿的儿子相提并论。作为温室中长大的安享太平的二世祖，他早就厌烦了每天巡视着自己家的一亩三分地，即使是带着千军万马，即使是威风凛凛。现在有皇后嫂子亲自召唤去京城玩两天，顺便勤个王保个驾，万世功业在此一举，怎能不去？司马玮二话没说，抄起家伙就进了京城。只是，他没有想到，竖着进来的他，到横着的时候，也没有再回到自己的封国。

291年三月八日夜，八王之乱就此开始。

或许是在一阵柔情蜜意之后，贾南风骗晋惠帝司马衷说，杨骏谋反。司马衷是个好丈夫，因为在他那里，老婆总是对的，毕竟当年若不是贾南风帮他在应付司马炎的考试中作弊，当太子那会儿就可能已经被废掉了，哪里还有今天高高在上的好日子？多年的风雨同舟让司马衷很感激，一直都念着老婆的好，很听贾南风的话。

皇帝虽然傻，但圣旨依然是圣旨，况且，执行的人司马玮早就在等待。干掉辅政大臣（相当于内阁制的首相）是件大事，搞不好自己就得搭进去，谁谋反还不一定呢。但有了圣旨之后，所有的行动都是光明正大的。

杨骏，完了！

贾南风是有性格的，杨骏完了是不能完了的。抄家灭族是必要的，小崽子长大以后肯定要报仇，留着一定是祸害。家里的婆婆也是不能留的，那可是杨骏的亲闺女，得想办法做掉。

贾南风不会手软。

可唯一能干掉太后的，只有谋反的罪名，只有皇帝的旨意。司马衷的用处何其大也。

谁说皇帝他妈就杀不得？

久居深宫的贾南风明白，对敌人的仁慈就是对自己的残忍。打蛇不死就极有可能被蛇咬死。

况且，贾南风本身就是残酷的。

收拾了杨家的敌对势力之后，贾南风兴高采烈，回过身来发现，没她什么事！在那些紧握整个帝国权力之杖的人中，没有她。

贾南风很愤怒，起早贪黑忙里忙外地张罗，好不容易做了顿大餐，该吃饭的时候却让她靠边站。

一切从头再来，权力欲望落空的贾南风再次开始了行动。

人都是有弱点的，尤其对那些有所诉求的人，有多大的欲望，就会暴露出多大的弱点。贾南风充分利用了这些弱点。

除掉了杨骏和皇太后之后，汝南王司马亮为太宰，卫瓘为录尚书事，共同辅政。在那个时候，若是没有贾南风的捣乱，这个国家还是可以朝着安定团结的方向发展的，若是没有灾害，沉重徭役下的广大百姓至少能够糊口，要知道，那时候的老百姓要求很低，有口饭吃，就断然不会去造反。

但贾南风的杀招，随着大权旁落的不平衡感凌厉而至。

诛杨有功的楚王司马玮是不打算干完活就马上回家过日子的，他在等着发"工钱"。但当政的汝南王司马亮和大臣卫瓘告诉他，干完活了就得回家待着去，国家的事我们说了算！什么，工钱？来人，到国库拿二十两银子给楚王殿下送去。

矛盾，由此产生。贾南风不会放过如此大好机会。

永平元年（291 年）六月，还是夜里，或许，依然是在温柔之后，贾南风诬告汝南王司马亮与卫瓘图谋不轨。"老婆永远都是对的"，司马衷再次写好了诏书，杀戮的屠刀再次举起。

动手的依然是楚王司马玮，他的私人怨恨得到了最大限度的宣泄。司马亮被乱刀砍死，全家老少被一一斩杀，只有尚在襁褓的小儿子司马羕逃出劫难。卫瓘也被杀掉，子孙中有九人同时被杀，只有两个孙子卫璪、卫玠因病就医在大夫家中，才侥幸逃过一劫。

大晋帝国是庞大无比的，一天出现两起灭门的案件并不稀奇。可如果被灭门的两个，一个是宰相，一个是皇帝的叔爷，那就俨然是一次发生在朝廷的九级大地震。啥都别说了，一查到底。

事实在那里明摆着，真没什么好查的！圣旨上的罪名自然是子虚乌有，但皇帝不能有错。

贾南风藏在幕后，洞悉一切，主宰一切；但贾南风是阴险的，她很明白，谁是真正的主谋并不重要，重要的是灭了两位辅政大臣全家的滔天大罪必须要有人来背。

楚王司马玮很可怜，拿着皇帝的圣旨，他杀了杨骏；拿着皇帝的圣旨，他又杀了司马亮和卫瓘。还来不及擦拭沾满了鲜血的屠刀，他的头颅就被别人按在了砧板上。绝好的替罪羊，贾南风不会错过，只需要一句"矫诏擅杀"，楚王司马玮的小命就没有了。干掉杨骏之后分赃不均产生的仇恨是朝廷内外都知道的，谁会怀疑？谁敢怀疑？只有皇帝敢。可是，皇帝陛下真的没学会该怎么去怀疑。

司马玮为贾南风做了最后一件事：背黑锅。

终于扫清了全部的障碍，贾南风怀揣着激动的心情，摘到了这个国家的权杖！

04. 皇后的作为

一年之内经历了两次权力大洗牌的西晋王朝，朝堂上终于安静了下来，虽然只是暴风雨来临之前的宁静，但如果那根点燃了火药桶的火柴没被点着，或许，那场祸乱天下的大乱，危害会小得多。或许，"八王之乱"仅仅局限于朝廷内部贵族间的冲突，今天宰个王爷，明天杀个大臣。百姓们在吃饱喝足之后，谈论起那一个个因为贪污受贿、图谋不轨而人头落地的王侯将相，还能高喊一声：皇后娘娘英明。

如果只是如果，一切偶然事件的发生总有它的必然性存在。先来看看贾南风大权在握后都干了些什么吧。

她杀了杨太后。但太后毕竟不能够拉出去直接砍了，即使谋逆，即使十恶不赦。皇帝是世人孝悌的楷模，怎么能杀自己的妈呢？虽然不是亲妈，但却是真妈。

一直等到292年，几乎所有的人都淡忘了那个已经被废掉太后头衔、囚禁在金墉城中的杨芷，贾南风却没有忘。

史书记载其"绝膳八日而卒"，并非杨芷自己绝食，而是贾南风不给她饭吃。强权之下，当时的人们都选择了忘记。但丹青史书记得清楚：292年，皇后贾南风杀皇太后杨芷。

食色，性也。面对着呆瓜一样的司马衷，贾南风毫不犹豫地把绿帽子扣在了司马衷的头上。

据说，她手底下有一批人专门为她到处物色男人，专找那种年轻体健、个高鼻挺、长得帅的，送进宫来供她享乐。但是皇后终究是皇后，名节还是要顾忌，玩完了的男人不能放回去，全部杀死。一时间，洛阳城的人口失踪案件剧增，而且都是妙龄少年。事情肯定是瞒不住的，朝野上下沸沸扬扬。

漏网之鱼也是有的。洛阳城南有一小吏，长相端庄，容貌俊美，一日于路上遇一老妪，云家中有病者，巫者言需城南少年一枚，往厌之，方可祛除灾邪，欲暂相叨扰，必有重谢。小吏遂登车，老妪将其放入车内竹箱中，凡行十余里，过门六七道，开箱将其放出。但见琼楼玉宇，金碧辉煌，小吏乃问此是何处，云是人间天上。继而香汤沐浴，好衣美食。酒足饭饱后，见一妇人，年可三十五六，短行青黑色，眉后有一疣痣，与之共寝欢宴数日，临走时，赠以美衣华服、金银珠宝若干。

数夜暴富的小吏顿时就与众不同了，连上班打卡都身着华服，众人皆疑其是偷窃所得，其长官也心生疑惑，命其当众自辩。为自证清白，小吏遂将自己的传奇经历讲述与众人听。

闻者皆哂笑不已，尽解其意。

可能是长得太帅，又为人乖巧，贾南风没舍得杀，这才逃得一命，使事实例证流传下来。

贾南风也做过好事。在那个年代，政权是士族门阀的政权，正所谓公门有公，卿门有卿。只要祖上是高勋上品、达官显贵，子弟儿孙就不愁仕途腾达。然而这却造成了上品无寒门、下品无士族的社会局面。贾南风在委任亲信、扶植私党、培植自己势力的同时，为了标榜自己的公心，把庶族出身的张华拉入了中枢核心。只是让自己更加理直气壮地徇私而显示的"公心"，或许是贾南风为这个国家做的唯一一件好事。

张华，字茂先，范阳方城（今河北省固安县）人，儒雅有筹略，为当世名士，威望很高。

由于张华尽心尽力辅佐朝政，弥缝补缺，元康年间（291—299）的政治暂时出现了相对稳定的局面。史书上评价说：虽当暗主（晋惠帝）、虐后（贾皇后）之朝，而海内晏然，乃是张华尽忠匡辅之功。

公心，仅此而已。

贾南风没有儿子，现今的太子和她的关系，与司马衷和被她杀掉的皇太后杨芷的关系一样疏远。婆婆的境遇就摆在眼前，生不出儿子的贾南风很是心急。

先来说说这个太子吧。太子叫司马遹（yù），字熙祖，小字沙门，是司马炎一个叫谢玖的姬妾和司马炎的儿子司马衷生的，不是乱伦，而是奉旨行事。话说当年，晋武帝司马炎担心傻儿子司马衷不懂男女之事，就派他的妃子谢玖去教授司马衷，实战指导，指导之后，谢玖就怀孕了，生下的孩子就是司马遹。

小时候的司马遹很是了了，备受司马炎喜欢，据说在五岁时有一回见到皇宫失火，晋武帝登楼瞭望，司马遹拖着爷爷的衣角来到暗处，说："这时有乱，不宜让人看见皇上。"有孙如此，爷复何求？弱智的司马衷之所以没有被废掉太子之位，司马遹功劳不小。

长大了的司马遹却很是不佳。恰应了"小时了了，大未必佳"之典故——荒废学业不说，尤爱卖肉。太子的生意自然在宫中进行，司马遹在宫中开了个肉市，客人要多少，他手起刀落，分毫不差，人送外号"一刀准"，生意很是红火。原来，在皇宫中做买卖是司马遹的原创，可叹明朝的朱厚照们，除了做木匠活的创新，折腾了两百多年，竟也没玩出什么新花样。

皇帝玩一玩游戏不要紧，毕竟是万人之上，手握生杀大权，没人敢管。太子玩一玩却有被废掉的可能，国之储君，整日里沉迷于奇技淫巧之中，将来如何能够治理好天下？

玩物丧志的太子依然是太子，没有儿子的皇后没有办法把他废掉。为了达到目的，贾南风诈称自己怀孕。"临产"时，贾南风把妹妹贾午的儿子抱到宫中，当作自己亲生，取名慰祖，企图用他来替代太子司马遹。

儿子有了，太子的把柄有了。还差什么呢？还差皇帝陛下的一纸诏书。贾南风就是靠着那一纸诏书独步天下，所向披靡。这一次，自然也不会失手。

元康九年（299年）十二月，贾南风出招了，手法很拙劣，但面对作为总裁判的司马衷，很管用。

步骤是这样的：先诈称惠帝有病，骗太子司马遹入宫；太子入宫后，避而不见；进而以皇帝名义赐了三升酒，让太子全部饮下。紧接着贾南风逼迫酩酊大醉、神志不清的太子抄了一篇表文。内容如下："陛下宜自了，不自了，吾当入了之。中宫（贾后）又宜速自了，不自了，吾当手了之。已与谢妃（谢玖）约定同时发难，灭绝后患，立吾儿司马道文为王，蒋氏（太子妃妾）为皇后……"最后，将这篇表文送给司马衷看。搞定。

根据一些人的实践经验，醉酒后的脑袋是清醒的，迟钝、眩晕但不失理智。那个醉酒之后还能拿得动笔抄文章的太子殿下，为什么就不去看看文章的内容呢？竟会一字不落地抄下去。

原因就不再追究，总之，很快，晋惠帝司马衷的手上有了太子殿下的这篇文章。司马衷固然是个低能儿，但"吾当入了之"的意思还是看得出来的。

赐死太子的诏书马上下来了，贾南风很得意，但大臣们很反对。国之储君，不可轻动，即使储君喜欢卖肉，即使有了那样一篇大逆不道的粗鄙文章。但毕竟年幼，属于可以教育好的那一部分。

中国的朝廷里永远都不缺乏忠臣的身影，缺乏的是发现这些人的眼睛。面对贾南风的淫威，张华等人充分发扬了中国士大夫威武不能屈的精神，坚决不同意处死太子。贾南风于是做出让步，既然不能一步到位，那就先退一步，废太子为庶人，留他一条性命。众大臣再也无法相争，白纸黑字，证据确凿，能有这样的结果已经算是不错了。太子遂被废为庶人，并囚禁到金墉城。

想想死去的皇太后就知道，先废掉再干掉的贾南风模式，让她对太子殿下朝思暮想、寝食难安。紧接着，贾南风指使小黄门投案自首，栽赃嫁祸，承认欲与废太子谋逆。随后，贾南风对废太子穷追猛打，派人将他从洛阳押送到许昌的旧宫中幽禁起来。

距离固然产生美，但距离更产生生疏。当所有人都将你淡忘，太子，你的死期就到了。贾南风如是想。

但大臣们不这么想，那些野心勃勃的藩王更不这么想，他们可以忘掉被废掉的太后，但绝不会忘掉被废掉的太子。

太子被废，引起朝野内外众情愤怒。贾南风专制以来相对稳定的政治局面再也无法维持下去，以此为导火线，又一场政治风暴来临了。

05. 贾南风的末日

诱人的权力光环背后，永远都不会缺少阴谋家。西晋王朝的大舞台上，也不会只有贾南风一个阴谋家。有人废掉太子，就有人想匡复太子。有人想借废掉太子以谋取更大的利益，就有人在想如何利用匡复太子的机会谋求自己的利益。赵王司马伦就是想在太子被废这件事上大做文章的人之一。

赵王司马伦，司马懿第九子，他和贾南风的关系其实是很铁的，靠着对贾南风阿谀奉承而大受信任。但是，建立在利益之上的友谊，面临利益考验的时候，友谊的外衣会被瞬间撕得粉碎。身为权谋大师司马懿的儿子，司马伦一出手就带着狰狞恐怖，并且没有丝毫的忌惮。

司马伦的招数其实很简单，他只是派人散播了一个消息：有人想匡复太子，废掉皇后贾南风！

只是扇动了一下蝴蝶的翅膀，却引来了飓风般的惊天动地。

贾南风很快就知道了这个消息，还有什么比自己要被废掉更让她感到恐慌？斩草，确实是要除根的，一丝的仁慈，就会带来百千万分的后患。为了断绝众人的念头，为了自己能长期擅权，她断然决定，除掉太子。

永康元年（300年）三月，贾南风令程据（太医兼情人）配制了毒药，然后派宦官孙虑前往许昌旧宫，伺机毒杀太子。但太子的日子过得很小心，唯恐遭人谋害，一日三餐都是自己煮饭吃。找不着下手机会的孙虑借太子上厕所的机会，用药杵将其活活打死。是年，太子年仅二十三岁。

一个已经被废掉的太子，虎落平阳，龙困浅滩。活着，可能还有一线机会，死了，就什么都不是了，谁会为一个死去的废太子去和当朝的皇后拼命？贾南风以为后患已除，从此可以高枕无忧了。只是她不曾想到，没有人说话，并不代表没有人愤怒。她更不曾想到，杀太子本身就是个圈套，一个别有用心的人给她设的圈套。

丧钟为贾南风敲响！

该行动了，赵王司马伦见时机成熟，便秘密联络了梁王肜（司马懿第八子）、齐王冏（司马攸之子），共同起兵。永康元年（300年）四月三日深夜，赵王伦矫诏，率兵入宫，发动兵变，挟持晋惠帝司马衷，废皇后贾南风为庶人，贾氏党羽被一网打尽。

贾南风先被幽禁在宫中，后又被囚禁于金墉城，多么熟悉的地方。这里，成为她的终了之地。几天后，赵王伦矫诏杀之。

话说贾南风被抓时，看见晋惠帝的身影闪过，曾大声向他呼救："陛下，您眼睁睁看着自己的老婆让人家废黜，到头来还不是废了陛下自己吗？"只是，一个保护不了太后和太子的皇帝，我们有什么理由要求他去保护他的皇后呢？

一生善用权谋的贾南风，最终却被权谋所害。算计别人的人，终究要死在被别人算计上。

贾南风的故事完了，但西晋王朝并未因贾南风的死而走向太平。因她而起的那场大动乱，才刚刚开始。

06. 当家的司马伦

大权在握的司马伦就干了两件事：杀人、封官。

废掉的贾皇后是要杀的，贾皇后身后的贾氏家族是要连根拔除的，那些在朝堂上反对他的大臣也是要杀掉的。专权的前提，就是没有反对的声音。司马伦的屠刀，毫不犹豫地挥向那些阻碍他走向权力巅峰的人。

又是一次人头滚滚，数以千计的人命在这次大清洗中如草一般被收割，包括那个为大晋帝国近十年的稳定立下汗马功劳的张华。

不得不说，乱世的到来是忠臣的悲哀。一心坚守的正义和满腔的报国热情，在强权面前，只能化作一腔热血去抛洒，留于后人惋惜。

还没来得及擦干满手的鲜血，赵王司马伦就迫不及待地为自己加官晋爵了。有皇帝司马衷在手，要当多大的官还不是自己说了算？来看看他的官衔：持节、大都督、督中外诸军事、相国、侍中，赵王如故。所有的权力一把抓。那皇帝呢？此刻的皇帝倒成虚衔了。

真的是"前事不忘，后事之师"，司马伦完全依照司马懿辅魏故事，设左右长史、司马、从事中郎四人，参军十人，掾属二十人，军队一万人（后来涨到两万人）。大家可以想象一下司马伦每天去上班时候的排场，可比现在开着奔驰宝马的土豪拉风多了。

同时，任命他的儿子赵王世子、散骑常侍司马荂（fū）为冗从仆射；司马馥为前将军，封济阳王；司马虔为黄门郎，封汝阴王；司马诩为散骑侍郎，封霸城侯。通过人事调整，司马伦牢牢掌控着朝廷的要害。在除贾行动中立下大功的孙秀等人皆封大郡，兼有兵权，文武官员封侯者数千人。

司马伦差点忘了自己所打的"为太子殿下报仇"的旗号了。感谢太子，他要是不死，这次政变还真是名不正言不顺，被干掉都是有可能的，哪里会有今天的好日子？太子虽然已经西去，但太子的恩德不能忘怀。必须恢复原太子的地位，并立故太子之子司马臧为皇太孙。一切，仿佛又要平静下来。

中国有句古话：人在做，天在看。其实，更重要的是：人在做，人在看。赵王司马伦把动静搞大了，很大，全国的好处都让他一个人给占了，还有谁看不见？

亲戚们心里很不开心，好事让司马伦一个人全给占了，亲戚们肉没吃上，连汤也没喝着。

不开心就要发牢骚，淮南王司马允、齐王司马冏就认为司马伦"骄纵僭位"。在古代，这四个字可是代表着足以让司马伦满门抄斩的大罪过。时不时地再来两句，要去"出兵勤王"，吓得司马伦晚上都睡不着觉。司马伦不敢含糊，马上让司马冏滚蛋（出镇许地），并收回了司马允的护军（没收兵权）。

太欺负人了，汤没喝着、肉没吃上也就罢了，自己反倒成了司马伦的下酒菜。是可忍还有什么不能忍？被没收兵权的淮南王司马允抄起家伙，就和司马伦开战了。

只是，没打过。

永康元年（300年）八月，淮南王司马允举兵讨伐司马伦，兵败被杀。

想杀的人都杀了，想封的官也都封了，连起兵讨伐他的淮南王司马允都被消灭了。司马伦感到很奇怪，真的很奇怪，他干了那么多事，皇帝陛下怎么不说话？

晋惠帝司马衷没意见，一如既往地没意见：皇权被架空他没意见，老婆被杀他没意见，司马伦又给他换了个老婆（第二任皇后——羊献容）他依然没意见。"沉默"这两个字，或许早就成了司马衷的座右铭。

赵王司马伦很有意见。

"原来天下就是被这么个傻蛋统治的。哪点比我强？咱这辈分，咱这权势，咱这文治武功……不让高祖宣皇帝。"赵王司马伦的脑海如江海般翻腾着。他的野心迅速膨胀，做起了当皇帝的美梦。

永宁元年（301年），赵王司马伦废晋惠帝司马衷，自己做起了皇帝，尊惠帝为太上皇，年号建始。

赵王伦自立以后，党羽亲信大受封赏，甚至连奴卒厮役也因功加封爵位。朝廷之上，顿时高官充盈。当时官员的冠服饰物要用貂尾，由于突然封赏了那么多人，貂尾不足，就用狗尾代替。时人戏谑此事，编了一句谚语曰："貂不足，狗尾续。"遂为后世留下了"狗尾续貂"的典故。

由于司马伦的大量封赏，国库储蓄根本不足以支撑，就连封赏官爵的印信也没有足够的金银冶铸，以致有"白版之侯"的说法。赵王伦为取悦人情，喜欢许以"苟且之惠"，这恐怕是历史上最早的"打白条"的记载了。

不管怎么说，司马伦的屁股是坐在皇帝的宝座上了。只是，赵王司马伦能坐得，其他的王爷也能坐得！至少，众王爷中很多人都在这么想，有兵有将的，谁怕谁啊。司马炎的一纸裂国封王、护卫京师的诏书，不仅给了王爷们权力和实力，也给了他们窥伺权力巅峰的野心。

八王之乱走过序幕，正式开打。

07. 大乱局

我把这场乱局分为六个回合。

第一回合：

永宁元年（301 年）

齐王司马冏、成都王司马颖、河间王司马颙 VS 司马伦

结果：司马冏取得胜利，迎晋惠帝司马衷复位，杀死篡位的司马伦。齐王司马冏以大司马入京辅政。

第二回合：

太安元年（302 年）

河间王司马颙、长沙王司马乂 VS 齐王司马冏

结果：大晋帝国的政权落入司马乂手中。

第三回合：

太安二年（303 年）

河间王司马颙、成都王司马颖 VS 长沙王司马乂

结果：司马颙命都督张方率精兵七万，自函谷关向洛阳推进；司马颖调动大军二十余万，也渡河南向洛阳。二王的联军屡次为长沙王司马乂所败，没成功。

第四回合：

永兴元年（304 年）正月

东海王司马越 VS 长沙王司马乂

结果：擒司马乂，将其交给河间王司马颙的部将张方，被张方"炙而杀之"。按现在的话说就是被"烧烤"了。成都王司马颖入洛阳为丞相，但仍回根据地邺城，以皇太弟身份专政，政治中心从洛阳移到邺城。

第五回合：

永兴元年（304 年）

东海王司马越 VS 成都王司马颖

结果：挟持晋惠帝北上进攻邺城。被成都王司马颖击败，惠帝被俘入邺，东海王司马越逃往自己的封国（今山东省郯城北）。与此同时，河间王司马颙派张方率军占领洛阳，接着并州刺史司马腾（司马越弟）与幽州刺史王浚联兵攻破邺城，成都王司马颖与惠帝投奔洛阳，转赴长安。司马越与司马颖都败了，

赢的是河间王司马颙。

第六回合：

永兴二年（305 年）

东海王司马越 VS 河间王司马颙

结果：东海王司马越从山东起兵进攻关中，击败河间王司马颙。光熙元年（306 年），东海王司马越迎惠帝回洛阳，成都王司马颖、河间王司马颙相继为其所杀，大权落入司马越手中。

八王之乱到此结束。

过程并不重要，这场战乱的最终结果才是最重要的。从贾南风兴兵作乱杀死杨骏（291 年）开始，到司马越重新把晋惠帝迎回洛阳（306 年）结束，共历时十六年，参战诸王多数相继败亡，百姓被杀害者甚众，社会经济遭到严重破坏，西晋的力量消耗殆尽，隐伏着的阶级矛盾、民族矛盾爆发，刚刚建立起来没多久的国家本应该是朝气蓬勃的，却被这场大动乱折腾得筋疲力尽、暮气沉沉。

自己衰弱一分，其实就意味着对手强大一分。当司马氏家族用无数的人命垒砌着通向权力巅峰的台阶的时候，那些始终被汉族牵制着的少数民族部落，趁着宗主国窝里斗而导致全面衰弱的机会，在这场动乱中迅速崛起，甚至入主中原，给整个华夏民族带来了深重且沉痛的灾难和永远无法抹去的耻辱。

先来一个简单介绍，让我们看一下那些时势造就的人物。

元康六年（296 年）八月，秦（今甘肃省天水、秦安一带）、雍（今陕西省关中及甘肃省东部）地区，氐、羌部落推举氐帅齐万年为"皇帝"。

永康二年（301 年），散骑常侍张轨求为凉州刺史，"阴有保据河西之志"。

太安二年（303 年）正月，蛮人张昌据江夏（今湖北省安陆市），拥立丘沈（后改名刘尼）为天子，建国号"汉"。

永兴元年（304 年），巴氐人李雄在成都称王，建国号为"成"，并于两年后称帝。

也是在这一年，匈奴人刘渊在左国城（今山西省方山县境内东北）称王，建国号为"汉"，并于 308 年称帝。

永兴二年（305 年），右将军陈敏据江东叛，自称楚王。

此外，后来建立"前赵"的匈奴人刘曜、建立"后赵"的羯人石勒、开

"前燕"之基的鲜卑人慕容皝（huàng）等，都经过这场战乱的锻炼，不断成长壮大起来。我们将他们一一展开，详细来看那场规模宏大又混乱、辉煌又屈辱的历史。

第二篇 匈奴归来

01. 匈奴的故事

关于匈奴，汉族印象最深的故事应该叫作"白登之围"。当年刘邦的一身冷汗在丹青史书上留下了浓墨重彩的一笔，让整个民族两千年来都无法忘记那个"控弦之士四十万"的草原霸主。

后来，匈奴的故事属于卫青，属于霍去病，属于李广，属于班超，属于四百年的泱泱大汉。大汉铁骑，打碎了匈奴人的野心，也打壮了我们的胆气，持续的军事行动直接后果就是把匈奴打成南北两部分，这两部分互相攻伐，再无宁日。当然，这是对于匈奴人来说的，生活在中原的汉朝人却因此过上了幸福美满的生活。再后来，故事就到了号称"乱世之奸雄，治世之能臣"的曹操的手里。

215年，曹操干了一件大事，他打败了南匈奴，将南匈奴人尽数迁往山西。并且，为了防备他们有朝一日成大祸患，曹操使了一招"分瓣梅花计"，将南匈奴人分成左、右、南、北、中五部，而且将最后一代南匈奴单于呼厨泉幽禁于邺城（不知道曹操有没有领他去过铜雀台）。

匈奴五部虽在形式上保留了匈奴的部族组织，但实际上却被置于中原王朝严密有效的控制之下。四百年互相杀戮抢掠的战争，同时意味着两个民族四百年的深仇大恨，不看管得紧了，真怕是养虎为患。

在当时，这是伟大且英明的壮举。

终于干翻了匈奴，当曹操做完这一切，内心的激动无以言表。英明神武的汉武帝终其一生都没有做到的事，曹操却做到了。只是，几十年以后，当对匈奴人的控制不再一如既往地强而有力，甚至形同虚设之时，麻烦接踵而至。这些匈奴人再也不用翻过山岭，越过长城，他们的骑兵直接奔驰于一马平川的中原大地。没有人能阻止他们如风一般来去。

但是，我们真的不能埋怨曹操，在那个年代，他已经做到了自己所能做的最好。

其实还有没内迁的南匈奴人。

游牧民族对长生天的向往，让那些拒绝内迁的匈奴人握紧了自己手中的马鞭，他们和北匈奴人一起继续骑马放牧，在辽阔的草原奔驰游荡。可是不久，草原换了个叫"鲜卑"的主人，再也没有了他们的位置。

只好另找地方生活了，但曹操拒绝再次接纳：既然你们不愿意内迁归附，那就永远不要内迁！

留给匈奴人的路只有向西，向西，再向西，直到西边的尽头！

匈奴的西迁其实从东汉初期就已经开始，一走就是两百年，在曹操的政策影响下走得最彻底，他们一直走到多瑙河和莱茵河，他们将遇到欧洲最野蛮的种群——日耳曼人，并且战胜了这群日耳曼"蛮子"，把他们驱逐到罗马帝国的版图里。这些被匈奴人打得落荒而逃的日耳曼人最终导致罗马帝国的崩溃。于是，欧洲人给这群西迁的匈奴人起了一个响亮的名字——上帝之鞭。

当西去的匈奴人正在横扫整个欧洲的时候，他们那些留下的同胞，在东方也创造着同样的奇迹，这是匈奴人从未有过的奇迹，即使在他们最为强大的时代。带领他们做到这一切的，是一个叫刘渊的匈奴人。

刘渊能做到这一切，不是没有原因的，八王之乱使整个中国乱得像一锅粥，动不动就有几十万晋军在广袤的中原大地上自相残杀，烽火连天日，尸体相枕藉。连年的战火让整个大晋帝国犹如一片废墟，严重的内讧几乎耗尽了这个国家所有的力气，再也无暇顾及那些内迁的少数民族，在很多时候，反而想借助他们的力量来谋求自己的私心欲望。刘渊就是抓住这个机会，再次吹响了匈奴人进攻的号角，并且，一发不可收拾。

02. 刘渊起兵

刘渊，字元海，匈奴人。他是个有钱人，不是土豪，却是代代相继的贵族。从姓氏上就可以看出，在大汉朝，一般人不敢姓刘。匈奴人的刘姓是有渊源的，在很久很久以前，刘渊的第十八辈祖宗还在世的时候，是那个叫冒顿的匈奴单于，相信大家一定熟悉。冒顿并不姓刘，但他的后代却是和刘邦家的闺女生的，没办法，刘邦和他的儿孙们每隔若干年就会送若干宗室女子给匈奴的单于，美其名曰：和亲。其实就是靠着女人多换几天安生的日子，在力不可敌的情况下，真的是没有办法的办法。但是，当汉军骑兵在草原上所向披靡的时候，外孙子们很乖巧地就随了姥姥家的姓。

于是，刘渊本不姓刘，但代代相传下来，刘渊也就真的以为自己姓刘。

看惯了史书就会发现，大凡英雄人物的出生，多半伴随着些光怪陆离的景象，以显示此人物的不同寻常。刘渊他妈怀刘渊的时候，先是梦见鱼跃龙门，后又梦见自己吞了个叫"日精"的东西，然后就怀上了刘渊。刘渊他爹是匈奴五部的左部帅，是个部落首领，名字叫作刘豹，但史书上真的没有提及刘渊的孕育过程和刘豹的关系。

为什么"英雄们"和我们老百姓一样，都有一个凡人的母亲，但是爹却那么不一样呢？或许，那是个"拼爹"的时代，光怪陆离的东西总是可以在与地球男人的对抗中取得胜利。

贵族出身的刘渊是不愁吃穿的，家里面牛羊成群，连人都成群。当然也不愁当官，匈奴左部帅（后来改称都尉），他爹死了就轮到他，足够大了。

孝顺的孩子有出息，七岁时刘渊死了亲娘，当时就已然会"捶胸顿足，号啕大哭"，连身边的人都被他感动，宗族、部落的人更是对他赞赏有加，深有好感。匈奴人或许还不知道"老吾老以及人之老，幼吾幼以及人之幼"的寓意，但他们一定明白一个道理：不孝顺自己爹娘的人，对别人的父母也好不到哪去。

这或许就是中原王朝历来要"以孝治天下"的原因吧。不孝顺爹妈的大哥，不是个好大哥；不孝顺爹妈的皇帝，不是个好皇帝。

七岁时的刘渊在无意中用自己的优秀品格为自己打下一个坚实的群众基础。

再后来，生在中原、长在汉地的刘渊汉化很严重。不得不承认，什么样的环境就会培养什么样的人才，不然"孟母三迁"的故事就不会流芳千古。年少的刘渊酷爱学习，尤其喜爱《春秋左氏传》《孙吴兵法》，据说几乎能背下来。

游牧民族的马上功夫，到刘渊这一代还没有丢弃，他善骑射，体力过人。作为一个官员后代，可以说，他的优秀足以让整个司马家族汗颜。

刘渊还有过一段经典的发言："我每次看书传的时候，往往禁不住要鄙弃随何、陆贾的缺乏武功，周勃、灌婴的缺少文才。道是由人来发扬光大的，一个方面的知识不了解，本来就是君子所看不起的。随何、陆贾遇上汉高祖而不能够建立起封侯的功业，周勃、灌婴跟随汉文帝而不能开创教化的大业，可惜啊。"

振聋发聩吗？至少醍醐灌顶。刘渊说过很多话，这几句尤其让人印象深刻，这是一段独到的见解，从中，我们几乎可以体会到什么叫作帝王的气魄。

成年后的刘渊算得上美男子，个高人帅，美髯飘飘。不仅姑娘们看见了流哈喇子，连看相的先生见了都吃惊得很，以为当世之奇异。

古人的历史就是这样，总要把那些历史人物描绘得神乎其神，不仅仅在出生前显露（老妈做梦），长大了走在大街上都会让人觉得与众不同（流哈喇子）。或许真的很奇异吧。太原一个叫王浑的名人不仅自己虚心接待刘渊，还专门让儿子前去拜见。在那个时代，让儿子专门出来拜见客人，是极大的礼遇，可以把它看作是愿意长久结交、世代友好的象征。

有了礼遇并不代表就有了机遇，以晋代魏以后，整个天下都变了色，整个社会从日常生活到思想观念都在发生着变化，或许潜移默化，但绝对不容忽视。唯一不变的，就是中原王朝对匈奴等内迁少数民族的防范之心。刘渊是匈奴人，而且是个名声在外的匈奴人，连晋武帝都评价说：即使是春秋时代的由余、汉代的金日磾，也不能高出他。厉害吧？可这样的"厉害"注定了他的不得志。

刘渊的少年到成年，是作为人质留在洛阳的。原因很简单，中原王朝需要用他来让匈奴人心有所忌，不敢造次。匈奴人也需要用他来让宗主国心安，换取和平。可以说，刘渊从年少时就肩负着家国的使命。

那时候的人们，虽然还没有完整的大汉概念，但他们也知道，作为北方"夷狄"的匈奴人不是他们的朋友。几百年的斗争让他们明白"非我族类，其心必异"的道理，这让汉朝人对匈奴人百般提防，唯恐百密一疏。要知道，放虎归山是极有可能酿成大祸患的。

泰始年间，由于受到王浑的多次推荐，晋武帝准备让刘渊参与伐吴事宜，遭大臣劝谏而作罢，刘渊失去第一次机会。

278年，西晋发兵秦、凉二州，准备平定秃发鲜卑部首领秃发树机能的叛乱，但晋军初战溃败，晋武帝准备启用匈奴五部兵力前去平叛，刘渊的第二次机会来临。但有大臣劝谏说：蛟龙得到云雨，就不再是池塘中无法施展能耐的小东西了。一句"蛟龙得云雨"，使晋武帝果断放弃起用刘渊的念头。第二次机会丧失，并且，仿佛，永远失去！

得，刘渊，你就待着吧。谁让别人说你是蛟龙呢。

然而，机会不会永远消弭无踪，总会在等待中出现，只要耐得住性子。279年，默默等待的刘渊终于等来了他人生的第三次机会，不过不是领兵打仗，而是匈奴左部帅的官职，因为他老爹——原匈奴左部帅刘豹死了。

刘渊走马上任。在任期间，刘渊干得相当不错，严明刑法，禁止恶行，所领部落秩序因之井然，同时他还乐善好施，待人以诚。结果使匈奴五部豪杰纷纷投奔，刘渊的威望好到爆棚。

俗话说：朋友多了路好走。造反这件事，没有广泛的民众基础，断然不可能取得成功。

290年，随着晋朝新皇帝司马衷的继位，刘渊的好运气开始降临。弱势皇帝往往意味着权臣时代的来临。为了稳操政权，辅政的杨骏看上了匈奴五部的势力。对于急于寻找外援的杨骏来说，官职是皇帝的，势力才是自己的。以官职换取势力的好事，怎能不干？刘渊，你不用当左部帅了，对了，289年晋武帝封给你的北部都尉的官职，也不用干了，你现在是建威将军、五部大都督、汉光乡侯。刘渊乐开了花，感恩戴德的同时，嘴角难免露出一丝奸笑。

从此，匈奴五部全部归于刘渊帐下。

俗话说得好，好运来了，挡都挡不住。正当刘渊得意于自己比牛还壮的时候，那根执牛耳、牵牛鼻的绳索却随着八王之乱的发生逐渐脱落。

刘渊只是打了个盹，醒来时猛然发现，司马氏家族个个鼻青脸肿，狼狈不堪，虚弱得即使抱成一团都会在他那浑身的腱子肉前瑟瑟发抖。还说什么呢？只差一个时机。

中原人的坏日子，就是匈奴人的好日子。

304年，八王之乱正进行得如火如荼，整个中原大地上处处都是尸山血海的战场。先是司马颖击败司马乂，再是司马越与晋惠帝征讨司马颖，再后来是司马腾、王浚起兵讨伐司马颖，怕打不过司马颖，司马腾、王浚还请了鲜卑骑兵前来助战。那时候，刘渊是司马颖的战友，工作很努力，始终坚守在一线岗位上。冒着枪林弹雨，发扬着"轻伤不下火线，重伤不进医院"的优良作风。但连续作战的司马颖压力山大，野蛮彪悍的鲜卑骑兵明显不是那些两条腿走路的步兵可以抗衡得了的。

农耕民族与游牧民族在战场上的差距太过明显，刘渊的机会就在司马颖手忙脚乱地应对鲜卑骑兵时出现。"大哥，骑兵咱也有，我回家找去，清一色的'天之骄子'，不比鲜卑人差！"刘渊说这些话的时候，满脸的诌媚。

最让人感动的不是锦上添花，而是雪中送炭。

司马颖很感动，疾风知劲草，国乱显忠臣。在这种危急关头还能够帮助自己的人，对司马颖来说，才是真正的朋友。司马颖握紧了刘渊的手，久久不愿松开。

刘渊踏上了回家的路，义无反顾。

回到老巢（今山西省离石区）的刘渊马上改弦易帜，摇身一变，就成了匈奴的大单于。很久没用这个称号了，看着匍匐在地的臣民，刘渊仿佛回到梦中的草原。

凭借绝好的民众基础，匈奴大单于刘渊二十日之内就聚众五万人，定都离石。有了五万人的刘渊没有去救司马颖，恰恰相反，趁着司马颖败逃、宗主国各方势力无暇他顾的时候，他在背后捅了大晋朝一个大刀子。

这一刀古已有之，很是出名，历朝历代建国篡位者都在用，名字叫"造反"，越往后世它的锋芒就越是锋利。刘渊的这一刀很是骇人，它的最终结果是要了大晋朝的命。

古人说过，名不正则言不顺，言不顺则行不成，行不成则事不就。要在中原争天下，怎么着也得有个合适的理由，总不能明火执仗地说：哥是匈奴人，就是来抢你们晋人地盘的。那就离败亡不远了。

刘渊深明此理，为争得胡人政权的合理性，凭仗着随了姥爷家的姓氏和血液里些许连刘邦都不一定能认账的刘氏血脉关联，于永兴元年（汉元熙元年，304年）十一月，以"兄亡弟绍"为名义，曾经作为大汉帝国死敌的匈奴人悍然打起了"汉"的大旗，大赦境内，改晋永兴元年为元熙元年，定国号为汉，立汉高祖以下三祖五宗神主而祭之，正式建立政权。连刘禅都被追尊为孝怀皇帝。刘渊为了标明自己是大汉正统，真有点不顾一切。

不管怎么说，匈奴人再次建国了，国破家亡、饱受奴役的哀痛强烈刺激着匈奴人复兴的愿望，而大晋帝国的人们面对整个社会的糜烂颓废，自然而然地心生对巍巍大汉文治武功的向往，不自觉间对刘渊的"汉"国流露出亲近。刘渊，占尽了当时几乎所有的便宜。

当天时、地利、人和都到来，匈奴人的骑兵在中原大地所向披靡的日子也终于到来了。

03. 匈奴汉国

建立一个国家从来不是简简单单、扯张旗子造造反就可以的，千秋霸业，百战成功，大王旗一旦展开，即使坐着不动，也会有好多箭矢射过来，毫不留情。建邦立国的道路，漫长而又艰辛。

庞大的晋帝国并不是所有人都沉迷在争权夺利的内乱当中，或者说，刘渊的行动让某些人从浑浑噩噩的内斗中惊醒。东嬴公、并州刺史司马腾面对着发生在身边的叛乱，迅速行动起来，派军队前去征讨。

刘渊迎来了他立国后的第一场大战。

双方战于大陵（今山西省文水县），过程就不再细说了。一个是劲卒精骑，怀揣着复国理想；一个是疲兵弱旅，刚撤下内斗的战场。

结果不言而喻，刘渊大胜。

哀兵不一定必胜，但疲兵一定必败。家里打着仗，不知道父老乡亲是否正遭受战火的荼毒。打过仗的人最明白战争，在这种处境下，士兵们即使身体不累，心也累得慌。

打了败仗的司马腾跑了，带着他的金银珠宝、娇妻美妾和残兵败将跑到了冀州（一路上还抢了不少），可带不走的，却都拱手相送。刘渊乘胜进军，派遣建武将军刘曜（他侄子，前赵的建立者）接连收卜上党、太原、西河各郡县。

刘渊立国的局面，就此一战，彻底打开。

大陵之战后的第二年，跑掉的司马腾又重新杀了回来。反扑是疯狂的，但结局却是悲惨的。在强大的匈奴骑兵面前，司马腾的反击除了让刘渊收获更多的胜利和威望外，没有为他带来任何的实际效果。

一胜如果算是侥幸，再胜就有它的必然。侥幸让众人侧目，必然却足以让英雄俯首。经过和司马腾的对决，刘渊的名头算是打响了，他亲率大军进攻壶关（今山西省壶关县），目标直指中原腹地。

造反这种事，有人挑头，就会有人跟进，尤其在局面一片大好的情况下，从来都不会缺少"赢粮而景从"的人们，当然，也不会缺少欲为"从龙之臣"的投机分子。

反晋战争的胜利，让四方反晋势力如潮水般向刘渊的麾下聚集。

青、徐二州的王弥，魏郡的汲桑、石勒，上郡四部鲜卑陆逐延，氐族酋长单征等均起兵响应，拥立刘渊为共主。

关于"共主"这个词的意思，是很有讲究的。共同的主人，但不是真正的主人。就像元朝末年的小明王，是天下红巾军的共主，朱元璋、陈友谅都是他的臣下，但小明王绝对指挥不动他们俩。朱元璋和陈友谅该怎样就怎样，想怎样就怎样。名义上我们跟着你一块儿干，出了什么事大家相互之间也好有个照应，实际上各干各的，真有个三长两短，千万别来找我。这就是共主。但是如果实力足够强，那就另当别论了。

在这里，请注意那个叫石勒的人。在中国，开国的君主有很多，出身各不相同。但是，从奴隶的身份能够登上皇帝宝座的人，只有一个，那个人的名字就叫石勒。

此时此刻，对于刘渊而言，还差什么呢？行动！

刘渊的行动是果断且迅速的，向北，他命令王弥、石勒等人攻取河北各郡县，向南他曾一度攻入西晋重镇许昌，其兵锋甚至进抵至西晋的首都洛阳城下。

与征战胜利相伴的是疆土的扩张和实力的迅速提升，到了308年，很有些膘肥身健的刘渊再也按捺不住对皇帝宝座的觊觎。族人很热望，晋国很疲软，不能再等了，刘渊有些迫不及待。

308年十月，刘渊在左国城正式称帝，国号"汉"，大赦境内，年号"永凤"，是年为永凤元年。以大将军刘和为大司马，封梁王；尚书令刘欢乐为大司徒，封陈留王；御史大夫呼延翼为大司空，封雁州郡公。宗室以亲疏为等，悉封郡县王，异姓以勋谋为差，皆封郡县公侯。

刘渊很高兴，终于当了皇帝；亲戚们很高兴，皇亲国戚，不比一般；大臣们也很高兴，立国建业，开国从龙之功算是坐实了，荣华富贵总算有了着落。从此，不再是跟着造反者刘渊走，而是跟着皇帝刘渊走。同一个人，不同时期的身份不同，区别却是本质的。

第二年（309年），当了皇帝的刘渊把都城迁到了平阳（之前迁过一回，从左国城迁到了蒲阪），因为有人告诉他，平阳天象昌盛，据平阳，三年必克洛阳。洛阳是晋国的国都，攻占洛阳从某种意义上来说就意味着晋国的灭亡，诱惑不可谓不大。刘渊带着部众，裹起毡包，赶着成群的牛羊，迁都。

迁了都的刘渊迫不及待地准备着攻占洛阳的战斗。只是，直到刘渊去世，都没有看到匈奴骑兵马踏洛阳的盛况，恰恰相反，他的军队在洛阳城下屡次败北，裹足不前。当然，此刻的刘渊还不知道这些，满脑子都是一统天下的梦想，并且为了这个梦想积极地努力着。

人若是交了好运，喝口凉水都能长出二两肥肉来。当年的四月份，正当刘渊为伐晋大计思虑万分的时候，晋国的左积弩将军朱诞前来投奔。我们常常称那些抛弃了祖宗、背叛了祖国和民族的败类为"汉奸"，血淋淋的事实告诉我们，这种人最可恨，比那些明刀明枪的敌人更让人仇恨，危害也更大。这说的就是朱诞。刘渊还没有发问，朱诞就迫不及待地详尽陈述洛阳守备薄弱的状况，劝刘渊趁机发兵攻打，并且，愿为先锋。

朱诞并不是唯一的典型，千年以后，有一个叫张弘范的人曾在崖山的石碑上刻写：宋张弘范灭宋于此。

刘渊出兵了。就地理位置来看，刘渊对晋国的进攻应该叫作南征。这是第一次南征，以后还有第二次，第三次。

命令朱诞为前锋都督，官职着实不小，但终究是沙场卖命的勾当。叛徒不好当，不仅要出卖情报，还要身体力行去表明忠心。灭晋大将军刘景为大都督，进攻黎阳（今河南省浚县东北），很快将其攻克；接着刘景又与晋将王堪战于延津（今河南省延津县北），又将其击败。但这是一场艰苦卓绝的战斗，匈奴军损失惨重，杀红了眼的刘景在击败王堪后，下令将抓到的三万多晋朝男女投入黄河淹死。

这事很大，战场上杀敌是应该的，理直气壮的。但战后杀平民俘虏却是不对的。古人曰：杀俘不祥，杀平民百姓更不祥。

刘渊对刘景的作为表现出了相当的愤怒，"景何面复见朕。且天道岂能容之。吾所欲除者，司马氏耳，细民何罪"。愤怒过后的刘渊对刘景的处理结果却是很轻的，降刘景为平虏将军。三万多条人命，只是换来了刘景的降职。

毕竟，没有谁愿意因为杀了俘虏就把主将拉出去砍了。

04. 战洛阳

当了皇帝的刘渊和人单于刘渊是不一样的。大无二日，国无二君，既然当了皇帝，就意味着要和西晋王朝分庭抗礼了。自从收了石勒、王弥等特能打的将领，匈奴汉国可谓是捷报频传，胜利纷沓而至。况且有了第一次南征的胜利，刘渊的心里有了底，灭晋的决心更加坚定，他的剑，直指洛阳。

309 年 8 月，刘渊开始了他的第二次南征，阵容很豪华，石勒为先锋，王弥为参谋，刘聪为主帅，刘曜为后继，领兵四万，目标洛阳。

放在十年前，四万军队，还不够中原王朝军队塞牙缝的，哪怕他们都是骑兵，最精锐的骑兵。但是，八王之乱后的中原王朝，疲弱不堪，甚至奄奄一息，像一匹就要瘦死的骆驼，不一定比马大。

司马越派去抵抗的将领施融和曹超一战即败，刘聪克屯留和长子，上党太守庞淳献壶关投降，刘聪一胜。

司马越再派平北将军曹武、将军宋抽、彭默等人迎战，晋军大败，匈奴汉军迅速到达宜阳，刘聪再胜。

平昌公司马模派将军淳于定、吕毅等率军从长安讨伐刘聪，在宜阳展开决战，淳于定等大败，刘聪三胜。

三胜之后的刘聪很骄傲，泱泱大晋国，也不过如此，没有谁能阻挡我匈奴铁骑。洛阳，就在眼前！

真正优秀的将领从不会在战场上滋生骄傲，在他的心里没有过去的功劳簿，有的只是如何去打赢下一场战斗，为此而费尽心机。指挥打仗就像是战士们练习打枪，打得多了自然谁都能打得准，没什么好炫耀的。真正的差别在于人的心，如何始终保持那份为将者该有的平和与稳定，在可以打赢的战斗中胜得干净利落，在无法战胜的情况下能够最大限度地消耗敌人，保存自己。

司马越很头疼，损兵折将，连败三阵，而且败得血本无归。站在城头，司马越几乎听得见匈奴兵马的马蹄声，比隆隆的战鼓都要响，惊得他两条腿都在打战。但是，正面会战的惨败让他不敢再继续以身试法，毕竟，士兵已经不多了，再来一次野战中的全军覆没，司马越就该自己拿着刀枪去守城了。

古人说过：盖棺方能定论。换句话说，没盖棺就不能下定结论。事情即使到了最后的关头，也是有可能来一个咸鱼大翻身的。就在司马越束手无策时，弘农太守桓延拿出了他的作战方案：诈降。

无数的经验告诉我们，骄傲使人落后。刘聪没有优秀到可以跳出这个怪圈，连续大胜让他几乎忘乎所以，对假意投降的桓延毫无防备。

一般来说，两军对垒，对敌方投降人员要做的第一件事是解除武装，然后关押，挑出其中的将佐军官并将他们与士兵隔离以解除原有军官对所部士兵的指挥能力。再然后，应该把士兵全部打散编入自己的军队，进而消化掉他们。

可刘聪什么都没做。

哦，他做了一件事，把桓延整支投降的军队全部成建制安置在自己的主营地旁。或许，他在想着要对这支军队表现自己的亲信？可是，战斗还在继续，胜负还没有确定，最终的胜利还没有来临。这样有风度的作为，对于刘聪而言，不能不说是胜利冲昏了头脑之后蠢猪一样的行为。

那是个月黑风高的夜晚，刘聪在军帐中睡得很安稳，连胜三仗，大军出降。洛阳，就像一颗熟透了的桃子等着他的大驾光临。

桓延很激动，月黑风高夜，放火杀人时！当整个匈奴汉军大营都沉睡在梦乡中时，桓延和他手下的弟兄们开始了放火杀人的事业。

当刘聪带着傲慢的眼神看着跪在地上的那些降兵时，他的失败就已经注定。事实上，败得很惨。

史书上没有描述刘聪军队的惨重伤亡，只知道当刘聪带着他的残兵败将回家见他老爹的时候，迎接他的，是为死难将士满身披孝的刘渊。

刘聪很受刺激，出去打了一仗回到家，要劳烦老爹披麻戴孝去迎接。这种事，搁谁头上都受不了。

面子，必须要挽回；耻辱，必须要洗刷！

仅仅两个月后，刘聪再次与王弥、刘曜、呼延翼等发兵进攻洛阳，这一次，刘聪带了更多的人马，整整五万精骑。洛阳，势在必得。

而此刻的洛阳城很高兴，刚刚打败了匈奴汉国的进攻，胜利的喜悦无以言表。西晋王公大臣们断定，匈奴人经此一败，短时间内断然不会再次南侵。

他们错了。

兵法上说：出其不意，攻其无备，取胜之道也。在战术上，刘聪的这步棋很成功，初始时的战果也很不错，曾一度进兵至洛阳附近的洛水，距离近得就仿佛匈奴战马只需要一个急速冲锋就可以来到洛阳城下。

但是，失败的抵抗毕竟拖延了时间，反应过来的晋朝不再如上次那般呆若木鸡，野战就不用了（还是打不过），上一次的成功让他们选择了与之相近的战法——偷袭。

晋军领军将领叫北宫纯，西凉猛将，奉西凉刺史张轨之命前来增援洛阳。这是他第二次救援洛阳了，第一次是在 307 年。那一次，北宫纯靠着千余人的西凉卫队在洛阳城外击败了叛军王弥十万骑兵。

凉州民风自古彪悍，远道而来的北宫纯就是带着这股彪悍之气进行的这次偷袭。没有上次那样的诈降，行动很是干净利落，在匈奴汉军无备之际，趁夜袭击汉军壁垒。战果很显著：斩杀大将呼延颢。及后，倒霉的呼延翼在乱军中被自己的部下一刀剁了，匈奴汉军大溃。如果说上一次诈降的胜利是侥幸，那么，这一次的胜利就应该叫作精彩，非常之精彩！

经此一战，世间从此传唱"凉州大马，横行天下"之传奇。

又败了，虽然晋朝早已经千疮百孔、生灵涂炭，整个中原地区处处民生凋敝，但是广阔的疆域和庞大的人口基数使得它正应了这样一句话：瘦死的骆驼确实比马大。晋朝可以战败十次八次，但重整旗鼓之后依然可以卷土重来。刘渊的匈奴汉国就不能够，小国寡民，一次的战败就足以让他肉痛好多天。况且，两员大将一战而亡，南征这件事，不能不慎重。

刘渊的撤军令，随着这次战败飘然而至。

但久经战阵的刘聪非常明白"将在外，君命有所不受"的道理，作为主帅，他没有同意撤军，在给他爹的回信中把刚刚打败他的晋军贬得一文不值，"晋军少且弱，尚不足抗吾骑"，总之，失败纯属大意，进攻的脚步不能因为一次小小的失败和呼延翼等人的战死而停止。

上一次南征的失败让刘聪颜面尽失，这一次，他怀着希望再次来到洛阳城下，渴望用胜利来洗刷耻辱，而不是再一次战败后灰溜溜地回家。

面对赖着不走的匈奴汉军，防守洛阳的司马越除了固守，毫无办法。但对于急于打个大胜仗风风光光回家的刘聪，司马越的固守也让他毫无办法。

没有办法的司马越只能待在城里吃饭睡觉，搞娱乐活动；没有办法的刘聪却跑到了嵩山去祭祀，祈求上天保佑，早早攻克洛阳。

司马越的机会再次来临，他趁机命令部队攻打留守的匈奴汉军，斩杀大将呼延朗，安阳王刘厉因战败，跳洛水自杀。

少且弱的晋军又一次打了个大胜仗。

上天没有眷顾刘聪，他的面子算是丢到家了。

刘聪很无助，连续两次败仗之后，军队已经没有了斗志，无法再战，再待下去，等待他的只会是彻底失败。

但此刻，刘聪不敢回家。

是自己坚持留下的，一直企盼着胜利，可迎接刘聪的却是再一次的战败，损兵折将。

毕竟是自己的儿子，虽然打了败仗，但刘渊很心疼，兵死光了可以再招，儿子却是要平平安安回家的好。

于是，刘渊再次下达了让刘聪撤军的命令。

如救命稻草一般，已经到了不得不撤地步的刘聪没有犹豫，接到命令的那一刻，感叹了一声："到底还是爹亲！"背上早就打点好的行装，回家。

但撤军的道路并不平坦，司马越派大将薄盛率兵追击。晋军经过两次胜利后，终于敢出城野战了，这一次不再是偷袭，而是硬碰硬的正面战斗。晋将薄盛赶上了王弥的军队，双方在新汲展开会战，王弥战败。

连败三阵的刘聪，终于无可奈何地灰溜溜地回家了。

在战争中起到决定作用的永远是人的因素，数次胜利之后的晋军终于建立起来信心与勇气。靠着它们的支撑，他们终于敢和如狼似虎的匈奴骑兵正面交锋并取得胜利。

武器，不是问题；体质，也不是问题。

无数次的失败，问题就在于一盘散沙的人心上。

05. 刘聪篡位

打了大败仗的刘聪回到了匈奴汉国的首都平阳，这一次的脸比上一次丢得更大。但好歹是活着回来了，在事实上也歼灭了晋军相当数量的有生力量。仗虽然打败了，但刘聪还是有功劳的，至少刘渊是这么认为的，总比那些在家里抱着娇妻美妾醉生梦死的达官显贵有功劳。应该得到匈奴汉国的奖赏。刘聪受伤的心灵，也需要得到安抚。

其实我们也可以这样认为，丢一次脸的人很羞愧，丢两次脸的人就很无所谓。刘聪，或许就是这么个样子。

很快，刘聪就升官了，官至大司徒。在汉朝，这是大权在握的三公之一。

这就是官员后代与打工仔的区别，一个本应该卷铺盖滚蛋甚至掉脑袋的结果，只是因为刘聪他爹的缘故，就变成了有功于国的封赏。

刘聪应该是高兴的，但刘渊很不高兴。不当家不知柴米贵，看着少了一大半的军队，刘渊的心都要碎了。钱是那么好挣的？兵是那么好招的？真是个败家儿子。

不久之后，刘渊病倒。

虽然打了败仗，出现了不小的损失，匈奴汉国的总体实力还是蒸蒸日上的，照此情景发展，此消彼长之下，灭晋之日指日可待。可惜，刘渊没有等到。

310年八月，刘渊病死，凡在位六年，谥号光文皇帝，庙号高祖。

对于匈奴人而言，刘渊是个英雄，百分之百的英雄。匈奴人从来没有像刘渊的时代那样辉煌过。纵横中原，饮马洛水，打得西晋帝国只有招架之功，没有还手之力，足以让他们从此骄傲下去。

即位的是太子刘和。

史书记载，刘和身高八尺，长得雄伟刚毅，仪表堂堂，好学而早成。

学习好，长得帅，还相当有社会地位，接班人刘和近乎完美。但是，自从做了太子，刘和就变得"性猜忌，无恩德"，不怎么受属下拥护，而且，刘和没上过战场，相比于数次领兵出征的刘聪，刘和的军功等于零，也就是说，刘和在军队中的威信等于零。在用枪杆子说话的乱世之中，长得帅却没有威信的刘和还有一个好听的名字——绣花枕头。

君弱臣强，本身就是动乱的信号，即使比君主强的人是君主的亲兄弟。

面对军权在握、野心勃勃的刘聪，刘和还没有等到刘渊的棺椁下葬就决定率先动手了，虽然没有证据，但也别无选择。潜在的威胁必须剪除，等到刘聪等人准备好了再动手，死的就一定是刘和自己了！

虽然没上过战场，但看得出，刘和也是个狠角色，刚刚继位就想到要把那些威胁到自己地位的人一网打尽，准备连同刘聪一起收拾掉的还有刘渊的另外两个儿子：齐王刘裕、北海王刘乂。

虽然南征打了败仗，但对付"绣花枕头"刘和，刘聪还是绰绰有余的。刘和的军队虽然准备已久，却没能打过仓促应对的刘聪卫队，大败而逃。紧接着，刘聪率军破西明门入皇宫，进而斩杀刘和。之后，本着不留后患的原则，对于那些想要他命的刘和同党，刘聪一律斩首示众。

定鼎大局。

至于刘和，没有追封，没有谥号，有的是一个扔到野外喂狗的处理结果。

狠吗？够狠！

杀，姑且可以看作是反抗；扔，就是刘聪暴戾无情的象征了。

本来打算把老爹下葬就再次南征晋国的刘聪没有料到哥哥刘和要杀他，还好，久经战阵的卫队战斗力很给力，多次沙场征战养成的机敏让他迅速化解了危机，保住了性命。政变过后，刘和已死，天大的馅饼砸在了他的头上。

刘聪自然要好好推辞一番已然到手的皇位。要一把鼻涕一把泪地哭泣，尽全力表现自己是多么无辜，多么迫不得已，杀刘和纯粹是无奈之举，剪除异己也只不过是保全性命的需要，真不是他惦记皇位。为了表现自己的清白，刘聪还把和他一起悲催过的北海王刘乂推举出来当皇帝。

刘义自然不傻，若真的点了头，毫无疑问，自己就是下一个刘和，而且，死相可能比刘和更加难看。

百般推让之后，刘聪勉为其难，很不情愿地登上了皇帝的宝座。

登基后的刘聪立刘义为皇太弟，封其子刘粲为抚军大将军，都督中外诸军事。属于刘聪的时代就此开始。

06. 兵临洛阳

没做皇帝时，刘聪在意的是建功立业、官位高升。当了皇帝后的刘聪在意的却是君王的尊严，丢掉的面子必须挽回，不然自己都不好意思高高在上，接受众人朝拜。

继位刚刚三个月，刘聪即再一次发兵南征。

没有御驾亲征，需要统筹全局的皇帝本不需要御驾亲征。又或许，刘聪觉得还是皇宫里的温柔乡更舒服些，当了皇帝后马上新娶了好多嫔妃，真是忙不开。领兵出征的是他的族弟刘曜、东莱郡公王弥以及其儿子河内王刘粲。

两次南征的失败并不是没有价值，刘聪用亲身经历为这些将领换回了宝贵的经验教训：先去屏蔽，剪羽翼，再进攻光秃秃的洛阳。

作为晋朝的首都，洛阳一旦受到攻击，四方勤王之师必然闻风而动，甚而朝发夕至。一朝不克，则大军云集，攻击部队被包饺子吃掉的可能性都是存在的。刘聪就深受其害，本来是专程打洛阳的，却总是和洛阳周边的援军纠缠不清。最近时距离洛阳城只有三四里远，可是就这三四里远的路程，走了一个多月也没摸到城墙根下，一顿蹉跎之后，空耗军力和时间，最终只能打道回府。

这一次南征大军的任务是：攻取洛阳周边的郡县，切断洛阳补给线，断绝洛阳与周边各地驻军的联系，彻底将洛阳孤立。然后对其展开进攻。

时过境迁，此时的洛阳早已经陷入了四面楚歌的境地。

早在310年春，那时候刘渊还没死，刘聪刚刚撤军回国不久，但匈奴汉国进攻的脚步没有因失败而停止，撤退途中打了败仗的王弥依然威猛，他的部将曹嶷从大梁东进，攻破东平（今属山东），进攻琅琊（今山东省临沂市北部）；石勒在白马津（在今河南省滑县东北）渡黄河南向，与王弥会师后，又攻略徐、豫、兖三州辖境，先破鄄城（今山东省鄄城县北部），后又杀晋兖州刺史袁孚，再渡黄河而北，攻打冀州各郡。

此时洛阳以东的大部分地区早已是残破不堪，各地自顾不暇，青州刺史苟晞和豫州刺史冯嵩虽然有较强实力，但是与在洛阳当权的东海王司马越不和，不敢轻举妄动。而且，苟晞还面临日益迫近的曹嶷，更不可能发兵去支援洛阳。整个洛阳以东的援军，大晋朝是指望不上了，而敌军却在日夜迫近。

与此同时，在洛阳之南，又发生了新的变乱。

在洛阳南部地区，西晋朝廷想要在南阳地界的雍州流民回乡，可流民因关中残破，不愿回去，政府遂定下期限，发兵遣送。矛盾由此而生，流民想要活下去，朝廷却只要安定，能收得上税，哪里去管他们的死活？

哪里有压迫，哪里就有反抗。这是自古以来铁打的道理。京兆人王如、侯脱和冯翊等人分别聚众反抗，起兵攻打城镇，杀死地方官吏，到310年秋天，这几支军队已各有数万之众，横扫洛阳南部地区。

等到南征大军与石勒军队会师并在洛阳以西的渑池击败晋将裴邈，晋军在西边也再没了有力抵抗。南征大军趁机直入洛川，掳掠梁、陈、汝南、颍川之间大片土地，并攻陷一百多个壁垒，完成了既定的战略任务。

至此，西晋首都洛阳成了一座被包围在战火之中的孤城。

如果早这样打，刘聪会赢吗？我认为不会，桃子必须等到熟透了才会掉下。大晋帝国，必须等到连根都烂得彻底才会被推倒。在新兴的匈奴汉国面前，大晋帝国始终是庞大的，即使经历了八王之乱的内讧。如果大晋从此安定团结，灭掉一个匈奴汉国还是绰绰有余的。

07. 晋国的应对

除了更加混乱，洛阳城内的大晋朝臣们没有什么其他应对。

外有大军压境，城内缺吃少喝，人心浮动；八王之乱的最后胜利者东海王司马越大权独揽，晋怀帝如同他手上的一只木偶；整个朝廷上下离心离德，数年间坐视匈奴和其他少数民族迅速崛起，走向强大，拿不出有效可行的方案以救国家于水火。

在此之前，晋惠帝司马衷已经于307年去世，原因是司马越实在看他不顺眼，就把他给毒死了，换了个皇帝继续做傀儡。继任的就是晋怀帝司马炽。

山雨欲来风满楼，整个洛阳城，处处弥漫着亡国的气息。

救世之臣，百年不得一遇。危机中的大晋没有福气碰到那样一个能够挽狂澜于既倒的英杰。他或许出现过，但被司马伦、司马越之流扼杀在摇篮里，湮灭在茫茫人海中。或许只是某个士兵不经意间的挥刀，就要了那位旷世奇才的小命。

救世之臣是指望不上了，但救时之臣还是有的，像在晋阳地区与匈奴汉国作战的刘琨、青州刺史苟晞，都堪称为晋朝最后的救命稻草。但苟晞和司马越不是一个阵地的战友，司马越不敢用。刘琨关于"借晋北鲜卑拓跋猗卢之兵，联络各方，共讨刘聪、石勒"的计策因司马越不敢用人而搁置。

借用鲜卑军队参战是会带来新问题的，引狼入室。打完了仗，人家要是赖着不走怎么办？可更大的问题是，如果家都丢了，哪里还能管什么入不入室？记得有一部关于战场救护的书这样说道：战场上对伤员的急救，只有一个原则——那就是让伤员们活下来。只有活下来，之后才能继续谈后遗症，谈伤残。

总之，这个在当时还算不错的主意被司马越否决了。不是因为后遗症，而是因为对自己家将军的猜忌之心。

晋怀帝司马炽命令各地勤王的诏书如纸片一般撒出，也如纸片一般没人在意。司马炽还是很在意国家存亡的，应该说是很在意自己的性命。他曾凄楚哀怜、窘相毕现地叮嘱使者，要告诉各地守臣、将领：现在还可来救，再晚就等不及了。只是，当家的是司马越。

没人在意傀儡皇帝的命令，因为他是傀儡；没人愿听司马越的命令，因为他不是皇帝。

洛阳，没人管了。

古人说过：君忧臣辱，君辱臣死。那时那地，满朝文武，没有人因为晋怀帝的处境感到羞愧，更不要提"死"这个字眼。连年的动乱和奸臣当道，使大臣们看惯了兴衰更替，抓紧时间回家收拾金银细软，带上老婆孩子，准备跑路。什么"疾风知劲草，国乱显忠臣"的大道理，即使听过，也要把它遗忘。

当时，只有两人愿意赴难效命。一个是襄阳山简（竹林七贤之一的山涛之子），另一位是荆州王澄。山简的兵马出了襄阳没多久，就被流民王如击败；王澄的军队听得山简兵败，不战自溃。

这是仅有的两路援军，连匈奴汉国正规军的面都没见着，就大败而回，并且一退再退，连原来的地盘都守不住。

曾经的曹魏，仅靠着中原半壁江山，灭匈奴、平乌桓，虎视何雄哉！曾经的蜀汉，偏安西南一隅，六出祁山，九伐中原，打得司马懿丢盔弃甲、司马昭魂飞魄散！曾经的东吴，坐断东南战未休，生子当如孙仲谋，碧眼儿的江山如铁打铜铸一般！

这些国家，事实上都被大晋给灭了。可是一统天下的大晋帝国，区区三十年后，竟然屡弱到连小小匈奴都奈何不得，反倒是面临着亡国的威胁。不得不发人深省，为什么烂得这么快？

08. 灭晋

内外交困之下，司马越下令进攻，死城、死地，还有满城的死人（饿死的），守是无论如何也守不住的，多留无益，还不如杀出去拼一条活路。

310年十一月，司马越率领十万大军向石勒发动了进攻，只是，才出洛阳没多远，走到项地（今河南省沈丘县），居然不走了，或许是累了，想歇歇脚？又或许，司马越认为对付入侵者最好的办法是以逸待劳？原因我们不得而知，但稍读兵书的人都应该知道：仗，不是这么打的；兵，更不是这么带的。

若是真的进攻，就应当一鼓作气杀向石勒，战争的胜负，很多时候起决定性作用的就是那一股子悍勇之气。稍一懈怠，气泄三分。若是突围，更要快马加鞭，集中兵力打开一个缺口，并在最短时间内快速通过，以求逃出生天。

司马越和他的十万大军却在半道上，歇了。

司马越只是离开了洛阳，逃离了这个大泥潭，远离了是非之地。可是事实证明，远离了是非之地，并不代表就远离了是非。石勒的大军，就像一柄达摩克利斯之剑，随时都可能刺向司马越的咽喉要害。

停下的司马越是短视的，手握十万人的生死，却在危急关头进退失据，坐以待毙，攻不成攻，守不成守，突围更不像突围，要干什么呢？没人知道。这个国家最后的有生力量就这样在他手里消磨着锐气，直到那最后时刻的来临。

时间一转眼就到了311年，晋怀帝的年过得并不舒坦，洛阳城中除了饥民饿殍，几乎什么都没有，时局也越发严峻。正月，名将苟晞被曹嶷打败，退守高平（今山东省邹城市西南部）；二月，石勒占领许昌。

"我真的是皇帝吗？"晋怀帝不禁如此自问，如同木偶一般被他人操控，面对山河破碎的时局束手无策。唉，不如高贵乡公远矣。司马炽面对环立的司马越的眼线，连大声叹息的勇气都没有。

心中恨意滔天，晋怀帝亲手写下诏书，秘密派人交给青州刺史苟晞，要他讨伐东海王司马越。强敌压境，而司马炽对司马越的恨意压过了家国天下事，仿佛只要他死，司马炽就可以高枕无忧了。

司马越抓到了苟晞的密使，也看到了讨伐他的檄文，很生气，心想自己一心为国操劳至此，满头白发垂垂老矣之时尚出征在外，一朝离京全国皆弃，心里自然极度委屈。"满朝文武没一个好东西。当初出征之前就应该把他们全部杀了祭旗，满朝文武皆可杀，满朝文武皆该杀！"司马越如是想。

然而匈奴汉国不会关心司马越心中的愤慨与忧虑，此时此刻，石勒的大军一直都在进攻，进攻，再进攻！在进攻的大胜中日益逼近，杀向洛阳和司马越的军队。

惧恨交加之下，司马越一病不起，不久就一命归西。

对于大晋帝国而言，八王之乱没有赢家，都输了。那个在动乱中笑到最后的司马越，即使到了生命的最后时刻，也在为这场动乱的恶果买单。

司马炽从此不用再做木偶人了，可是用不了多久，没了司马越的司马炽就要开始扮演阶下囚的角色，那将比木偶人更加悲惨。

随同出征的王衍要带着司马越的灵柩回东海（今山东省郯城一带），那里是司马越的封国，本应是他活居死葬之地，只是出了意外才来到洛阳。现在，尘埃落定，该回去了，再不回去就要被石勒抓去做俘虏了。尚留在洛阳的司马越的王妃、世子及亲信将领何伦等，随行同往，当然，他们自然要带着家中奴婢、仆人，还有无数的金银珠宝，一路浩浩荡荡，连城中居民都纷纷跟着逃难。洛阳，除了保卫皇帝，几乎没有守下去的必要了。

当时石勒的大军距离洛阳还有相当远的一段距离，但当石勒得知司马越病死的消息后，迅速抓住这一难得的战机。主帅身死，军无战心，上上下下一团乱麻，实在是天赐良机。连诸葛亮死了都要被司马懿追着打，更何况司马越。

石勒亲率轻骑追击，于是年四月在苦县宁平城（今河南省宁平县）赶上，大破晋军。这实际上不能称为战斗了，而是赤裸裸的屠杀。混杂着众多的眷属、随从、达官显贵和普通百姓的晋军，毫无战斗力可言。没有主帅，没有核心，失去指挥的他们连基本的列阵应战都做不到，乱哄哄地挤作一团，被匈奴汉国的骑兵团团围住，乱箭射杀。

苦县大屠杀，一天之内杀掉十几万人！尸积如山，血流成河，残忍和效率在这一战中被石勒和他的骑兵演绎得淋漓尽致。

两条腿的人跑不过四条腿的马，晋朝最后的力量在这一战中全军覆没。王衍等十余名权贵被抓获当了俘虏。

除襄阳王司马范还算是个硬骨头，神色自若，拒不畏死，其余众人尽皆纷纷哀求，乞怜保命。身为铁血军人的石勒最瞧不起这些被俘后如一摊烂泥一样的哀求者，当天夜里，石勒命人推倒墙头，把这些人全部压死。

从洛阳逃出的何伦等，不久也被石勒所部截住，东海王世子司马毗等都死于乱军之中，王妃裴氏被乱军掳去，轮流发生关系后又将其卖掉，后来不知怎么到了江东，才又恢复原来的身份。个中经历，不堪回首。

至于已经死去的东海王司马越，石勒一把火烧掉了他的棺椁。"此人乱天下，吾为天下报之，故烧其骨以告天地。"石勒并不看一眼燃起的大火，他抽出滴血的战刀，继续走向杀戮的战场。

其实，本可以一战。十万大军若有哪怕是一丁点儿视死如归的胆气，也不一定会战败。最大的问题就在于，是谁，消磨掉了晋军最后的精神？

晋怀帝也想走，再待下去只有被俘的命运，但没走成。原因竟然是大臣们留恋家财不愿走，后来大家都想走了，出了皇宫却遇到强盗，被赶了回来。

上国天子，有如此奇遇，也算是空前绝后的奇闻。

没走成，那就等着吧。

匈奴汉国的大军终于杀到了洛阳城下，由于晋军主力在苦县之战中尽数被歼灭，攻城战并没有费太多的力气。311年六月十一日，匈奴汉军破洛阳，俘晋怀帝司马炽，屠戮公卿、百姓三万多人，尽掠金银财宝、妇女宫人而去，然后，一把火把洛阳皇宫烧了个精光。

史书上把这段历史叫作永嘉之乱。中原汉民族的皇帝，第一次做了夷狄的俘虏。当然，这不是最后一次，但应该让我们牢记那段历史，前事不忘后事之师，牢记"兄弟阋墙，祸起萧墙"的惨痛代价。

还记得那个弱智皇帝司马衷吗？就是娶了妖后贾南风的那位，后来在贾南风死后，又有了第二位羊皇后，她很漂亮。司马衷死了，但她还没死，成了太后。匈奴汉军攻进洛阳城后，她被刘曜看上，一并掠走。

如果说贾南风很另类，那么这个女人就是一个很纯粹的女人，乱世造就了她的坎坷人生，但是恰恰因为坎坷，所以更加传奇。在后面的篇章，我们将详细讲述她的故事。

两年以后，当了俘虏的司马炽受命在刘聪的朝会上身穿青衣小帽，扮作仆人为大臣们斟酒。明知这是侮辱，但司马炽还是照做了。天子已然成为阶下囚，面子与尊严就只能算作遥远的传说。

当时，有不少晋朝旧臣在场。据史书记载，众人饮酒正酣，谁都没有注意到站在刘聪身边端着酒壶的小仆人是司马炽。直到酒足饭饱，才有人发现那是大晋曾经的皇帝，于是号啕大哭！但是，刘聪不愿意看到他们哭泣，因为他们的每一滴眼泪，都是对故国的怀念与忠诚。

两年了，刘聪总要试试那些归附大臣的忠心，晋怀帝司马炽就是一块绝好的试金石。这一声哭泣，断了刘聪的心思，晋臣尚念故国。

既然这样，司马炽就不能再留了。

313 年二月初一日，刘聪杀晋怀帝司马炽。

同年四月，司马邺于长安即位为帝，是为晋愍帝。

突然想起来抗战时期的一首歌，叫《八百壮士歌》，歌词如下：

中国不会亡

中国不会亡

你看民族英雄谢团长

中国不会亡

中国不会亡

你看那八百壮士孤军奋斗守战场

四方都是炮火

四方都是豺狼

宁战死不退让

宁战死不投降

我们的国旗在重围中飘荡飘荡飘荡飘荡飘荡

八百壮士一条心

十万强敌不能挡

我们的行动伟烈

我们的气节豪壮

同胞们起来

同胞们起来快快赶上战场

拿八百壮士做榜样

中国不会亡

中国不会亡

中国不会亡

中国不会亡、不会亡、不会亡、不会亡

那时候还没有这首歌，那时候的公卿贵族还不知道国家的重要意义，往往为了些许的一己私利，将母国的利益抛诸脑后，叛变投敌毫不犹豫。

那时候的中国，四方都是烽火，四方都是豺狼，真的就快要亡了。洛阳丢了，皇帝被抓去给人斟酒去了。西晋王朝余下的故事，也只剩下了最后的挣扎。

316年，刘曜攻长安，晋愍帝司马邺在坚持两个月后出降，西晋灭亡。司马邺在受尽侮辱后被杀。

09. 扛着屠刀当皇帝

《三字经》上有云：人之初，性本善。刘聪在刚出生时喜欢的是吃奶，并不是杀人。他年幼时聪明好学，通晓经史百家，而且颇善为文，习书法，擅草书、隶书，更熟读《孙吴兵法》，连他身边的博士都为之惊异。此外，刘聪亦武艺精湛，能开三百斤弓，勇猛矫捷，冠绝一时。按理说，这样一个文武全才本不应该成为暴君，匈奴汉国在他的手上也并非所托非人。

他的杀戮的性格是在多年军旅生涯中养成的，常年领军在外，时不时就要上战场砍人。在不砍人就要被人砍的恶劣环境中，刘聪嗜杀的习性迅速养成。

来路不正的皇位，更让刘聪把杀戮当成了一种震慑天下的手段。

首先遭殃的是被抓住的那些西晋贵族。话说晋帝国强大那会儿，匈奴没少挨欺负。老皇帝刘渊曾经深刻感受过，后来就把他在洛阳城里受欺负的陈年旧事告诉了儿子刘聪，刘聪就记下了。

当刘聪的大军攻占洛阳、消灭西晋之后，西晋贵族们的好日子算是到头了，什么名士风度、贵族气质，在快马弯刀面前全都尿裤子。

如果说，玩弄并杀死两位西晋皇帝还可以算得上是政治策略的话，那么，对待西晋贵族们的手段只能算是残暴性情的无限宣泄了。

没什么好说的，通常就是见到就杀，手起刀落，人头滚滚。司马氏虽然多有阴谋，也算是艰苦创业得来的天下，福泽不过三代，就迎来了几近灭顶的灾难。所有被俘的西晋贵族和高级官员几乎被刘聪杀尽。

但是，没杀光，至少刘聪自己认为是这样。那些曾经带给他父辈以耻辱的西晋贵族一定没杀干净，一定还有好多藏了起来。屠刀一旦举起，就不会那么轻易放下。刘聪打算把这件事干到底。

为了达到这一目的，刘聪下了这样一道命令：整理所有西晋贵族的家谱，上到汉桓、灵二帝时期，下到310年。然后按照家谱查人，只要发现还有没被杀掉的，立即捉来处死。

这就把杀西晋贵族的问题扩大化了，在那个时代，没有照片、电子信息之类的东西，最多也就是记个名字画个脸谱。似像似不像的，满世界找去吧。

关键的问题就在于：谁是呢？

这就牵扯到执行人员的素质问题了，很可惜，干这种差事的都是大头兵，没什么素质可言。在执行皇帝这项命令的时候，原则基本上就是：说你是你就是，说你不是你就不是。那么，到底是不是呢？那就要看拎着鬼头刀的大兵们的心情了。

杀错了人怎么办？没关系，擦干净刀上的血迹，重新捡起那幅似像似不像的画图，大兵们就可以继续执行公务了。

整个事件，就此泛滥，由单纯诛杀西晋贵族的行动变成了对汉族平民的大清剿。不过刘聪为了显示自己作为皇帝的仁爱之心，曾特别关照，那些家中有傻子或是伤残人士的家庭可免于清剿。天子一言，自然重若九鼎。一夜之间，整个匈奴汉国的汉人，很多不是傻子就是伤残人士（大多数是自残）。

行动结束后，刘聪还专门去视察他这一政令的执行效果。很震撼，清剿过后，全国所有汉族男性劳动力（士兵、乞丐、艺人、官员等全都算上了）才一千人左右。

刘聪还没有浑蛋透顶，渺无人烟的景象让他意识到了事态的严重性。于是又开始鼓励少数民族女人和汉族男人通婚，繁衍当地的汉族血统。除去杀戮，这也算是民族融合积极的一部分。

经过几十年的繁衍生息，中原汉人才恢复元气，汉族人口才又多了起来。

汉民族之所以能够生生不息，五千年的文明从未断绝，并不是因为武力的持续强大，而是因为包容，不停地吸收融合外来民族的新鲜血液，为疲弱的自己注入新的力量，重新年轻，生机勃勃，进而强大。

长期的民族融合，让我们每一个人身上都或多或少有着少数民族的血统，并不纯粹。

极具讽刺意味的是：在这次"清剿"行动中，真正被"清剿"的西晋贵族不到七十人，西晋较小官员不到五百人，其他堆积如山的尸骸，都是平民。

这是匈奴汉国衰弱的起点，大规模的清洗对匈奴汉国经济造成了严重影响，国力大不如前。

在那个时代，少数民族建立的国家，汉族和少数民族的分工其实是很明确的：汉族人负责种地，交租税；少数民族负责打仗，抢东西。也算是各自发挥自己的特长。

刘聪的命令，相当于把自己国家的纳税人杀完了。

在匈奴汉国灭掉西晋后的一段时间里，其国家威望提高了许多，颇有些不可一世。匈奴汉国周围的许多部落小国纷纷提出，愿与汉国结盟，而匈奴汉国也可随时调用他们的军队，让他们帮自己做事。但当匈奴汉国的国力逐渐衰弱时，就是另外一番景象了。他们的被控制程度和匈奴汉国的国力成正比。

该怎么评价刘聪的行动呢？没有人会觉得自己满身的肌肉很碍眼，用刀削几块下来减减肥。但是，刘聪就是这么干的。

刘聪杀了刘和，那是他的哥哥，更是他的君主，弑君篡位。虽然是被动反击，但谁又能肯定军权在握的他之前对皇位没有觊觎？蓄谋已久，才会反应迅速。刘聪还杀了皇太弟刘乂，本来说好的，要把皇位传给他。但为了自己的儿子，为了私利，刘聪杀了他。刘聪还杀了很多无辜的人，一次"清剿"就杀了数以十万计的百姓。他们的冤魂，足以让铁石心肠的人恐惧。

刘聪的内心充满恐惧，高高在上的他看到的永远都是朝臣们的低眉顺眼，辨不清善恶，分不清忠奸。迷茫导致怀疑，怀疑加深猜忌。刘聪陷入了恶性循环，整天心神不安，疑神疑鬼。

曹操为什么得头痛病？疑心重。攥在手里的汉献帝并不老实，朝廷很多大臣并不心服，时不时地还要来个刺杀之类的小把戏吓唬他，要不是多留个心眼，早被干掉了。刘聪也面临这样的情况。作恶太多的人，晚上睡觉都不踏实，惶惶不可终日。或许，这就是所谓的天谴。

"天谴"这个词，有时候并不是指上天真的能派下雷公电母给坏人来一个五雷轰顶、天打雷劈。天谴，更多的是在内心，即使那些十恶不赦的人，没有仁、义、礼、智、信的约束，但生命的本能也会让他们恐惧，有一天别人会对他们施以同样的恶，并在此中惊疑惶惶。

话说有一天正午时分，一位大臣为了讨好刘聪，把自己的一把传世宝刀献给他。正值烈日当空，宝刀在阳光下闪闪发光。其实当时刀还没出鞘，只是刀鞘比较光滑明亮，反光耀眼，但这竟然吓到了刘聪，他误以为是刀刃，站起来大喝："大胆奸臣，图谋不轨，竟然想借送刀之名刺杀朕，给我拖出去斩了。"这位大臣的脑袋就这样搬了家。

这就跟当年曹操假寐杀那个给他盖被子的侍者一样。不过刘聪没有像曹操那般幡然悔悟，依然向大家宣称：我又除掉了一个妄想篡位的奸臣，让匈奴汉国的天下又多了一份太平。

这样滥杀大臣的事还有很多，最终结果就是凉了大臣们的心，导致君臣之间离心离德。皇帝多疑，生怕自己哪天被篡了位，千方百计提防着大臣，稍有不和，即大开杀戒。大臣们惊慌恐惧，千方百计想着如何才能够不掉脑袋。

匈奴汉国的车轮，就在刘聪的残暴与猜忌中走向了下坡路。

10. 昏聩，从女人开始

成功各有各的不同，失败，却总是有那么几个相近的原因。刘聪不是亡国之君，可匈奴汉国由他强盛，也由他败亡。有雄主之风，有昏君之态。除了残暴和多疑，刘聪还很好色。这本不是什么大错，可是，却严重影响作为一代君王的光辉形象，尤其是因为残暴多疑使得君臣之间猜忌之心日重的时候，这更是成为众人手中败坏他名誉的重要把柄。

刘聪渐渐地，渐渐地，就被搞臭了。

刘聪的第一任皇后是他姨，关系是这样的：老皇帝刘渊的老婆呼延氏是小皇帝刘聪的老婆呼延氏的堂姐。不混乱，所有人都能看得明白，从丈母娘家亲戚的关系来考虑，刘聪和刘渊算得上是"两条"（两人一块儿喝酒的时候，不知道刘渊是否说过"来，妹夫，走一个"之类的话）。

伦理纲常，现代人都在乎的事，那时候的匈奴人并不在乎这个。在当时，毫无疑问，这是一桩政治婚姻。刘聪和他的呼延皇后有没有爱情，后来的人不知道，只知道是有结晶的，生了个儿子，名字叫刘粲，和桀纣之君的"桀"字很相像。

话说皇帝刘聪当年是杀了皇帝刘和才登上的皇位，为了表明自己的正义凛然、大公无私，当时是把他的弟弟刘乂立为皇太弟。也就是说，他死了之后，在法理上是要把皇位传给刘乂的。古人有曰，这叫"兄终弟及"，对刘聪而言，使劲忍一忍还可以接受。但是，皇后呼延氏死活都不会接受，什么人能比儿子亲？结果不言而喻。

"父死子继，古今常道。陛下承高祖（刘渊）之业，太弟何为者哉。陛下百年后，粲兄弟必无种矣。"刘乂刚刚被立为皇太弟没多久，呼延皇后就对刘聪发出了这样的论断。不得不说她是个好妈妈，虽然死得早，但还是为自己儿子刘粲登上皇位奠定了基础。

刘聪自此猜忌刘乂。317 年，刘聪废皇太弟刘乂并杀之，立刘粲为皇太子，此时，呼延氏已经去世整整有五年时间了，但她的那句"粲兄弟必无种矣"的话，足以让刘聪惊恐，时刻记在心中。

天下有一种东西叫作"道义"。顺之者昌、逆之者亡的道义。这种东西存在于天地之间，更存在于人的心中。杀了哥哥刘和又杀了弟弟刘乂的刘聪，在屠刀举起的那一刻，他没有这种东西。

东晋开国之君、晋元帝司马睿曾经向他的宰相王导询问，当年他们司马家是如何得了天下的，王导就告诉他其祖父司马昭是如何杀了魏帝曹髦进而夺取政权的那段历史。司马睿听到之后，以面覆床曰："若如公言，晋祚复安得长远？"

司马氏的大晋的建立，没有"道义"这种东西，让司马睿为之羞愧难当。刘聪也没有，但是他不感到羞愧，手起刀落，干净利索。

继续来讲刘聪的女人。

对西晋的作战大获全胜，再没有了刘渊时期的磕磕绊绊，刘聪不禁飘飘然起来，中原就要一统，各个部族都在臣服，晋朝残余在节节败退，可以高枕无忧了。事实告诉我们，一个人，越是在最成功的时刻，越容易走下坡路。在无上光环的照耀下，四方都是阿谀奉承，刘聪迷失了，一头扎进了温柔乡中。

呼延皇后死了之后，刘聪又陆陆续续找了很多老婆。都是些可怜人，没必要一一细数，我们就来说说他的皇后吧。

刘聪有很多皇后，除了呼延皇后，前期还有张皇后，刘娥、刘英两位皇后。还好，这些皇后总归是一个一个上台，或是追封，并没有跌掉大臣们的眼镜。后来的皇后们，才是刘聪"博爱"的证明。

靳月光，与其妹靳月华一同被刘聪看中，选入宫中。不久就凭借自己的美色当上了皇后。很幸运，也很不幸运，因为又过不久，刘聪给她升官了：上皇后。本来是个好事，但靳月光很不高兴，因为，和她一起升官的，还有左皇后（刘氏）、右皇后（靳月华）。后来，还有个中皇后。

靳月光不能得专宠了，皇帝三五天不来看她都是常事。二八芳龄的少妇，正处在饱暖思淫欲的旺盛阶段，怎一个寂寞了得？憋不住的靳月光没几天就红杏出墙，给刘聪戴了顶大大的绿帽子。后来，刘聪知道了。再后来，靳月光羞愧自杀。再再后来没多久，刘聪又开始想念靳月光了……

为了这事，刘聪杀了那个揭发靳月光出轨的忠臣陈元达。

靳月华，在靳月光死了之后仍然是皇后。后来刘聪死了，她就被尊为皇太后。只是没几天，皇帝刘粲就强行把皇太后靳月华推倒在了床上。皇太后因为她儿子的缘故，就降格成贵妃了。等到刘曜屠灭整个靳氏家族，靳月华就此不知所终。

我突然想到那个杀了吕布的曹操，《三国演义》中说，曹操把吕布妻女载回许都养老。有点不明白，五十岁的曹操是如何给二十岁的貂蝉养老的呢？

至于靳月华，是否也被刘曜接去养老，那就不得而知了。要知道，在攻灭洛阳的时候，晋惠帝的皇后羊献容就是被他接去"养老"的。

王氏，身世不详，宦官王沉养女。话说刘聪要娶宦官的女儿，众位大臣那自然是一百个不同意。理由总结起来，其实就四个字：出身不好。刘聪不在乎。美女在前，哪里还管得了什么出身？

必须要交代一句，刘聪因为大臣王鉴的坚决反对，终于下定决心，把王鉴杀了。

刘聪驾崩后，仅当了三个月皇后的王氏，被新即位的刘粲尊为"弘孝皇后"，将她纳入自己的后宫。就这样，王氏又成为新帝刘粲的玩物。

樊氏，史书对她的记载不多，我们只知道她出身寒微，原本是刘聪第二任皇后张徽光的侍女。上皇后靳月光死后，刘聪不顾大臣反对，立身份卑微的樊氏为上皇后。刘聪驾崩，其儿子刘粲继承帝位，樊氏被尊为"弘道皇后"，此时樊氏年不满二十。刘粲被杀后，樊皇后不知所终。

宣氏，宦官宣怀养女，刘聪的中皇后。因王鉴反对宦官王沉养女王氏为皇后被杀的惨痛教训，立宣氏时，再没有大臣敢站出来反对。318年七月，刘聪驾崩，其儿子刘粲继位，宣氏被尊为"弘德皇后"。随后，宣氏就被新即位的刘粲纳入了自己的后宫，获得厚宠。刘粲被杀后，宣氏不知所终。

11. 走向糜烂

刘聪很忙，娶了很多老婆之后就更忙了。

至于国事，哪里还有时间去管？全都交给了儿子刘粲，没有交给他的皇太弟刘乂。看来，杀刘乂并非不得已而为之，而是蓄谋已久的事情。刘乂，冠上"皇太弟"头衔的那一刻，其实就注定了他早晚是个死人。

314年十一月，刘聪任命刘粲为相国、大单于，总管各项事务，将国事全部交给他。如果这不算是培养接班人，那什么才算是呢？至于皇太弟，还继续做着自己的皇太弟，直到再也做不了的那一天来临。

刘聪很喜爱他的皇后们，进而也就喜欢上了皇后们的家人，如宦官王沉、宣怀。还记得他们是谁的养父吗？人性中有这样一条：爱屋及乌。刘聪对皇后们的喜爱有多深，对这些宦官的信任就有多深。

懒惰会给别人创造机会，活儿就在那里，皇帝不干，自然有人去干。刘聪懒得去见群臣了，王沉、宣怀等人却很高兴能有机会去接见大臣们。

一朝权在手，便把令来行。王沉、宣怀等人的作为很符合作为太监的道德规范。瞒住皇帝自作主张，以喜好定是非，以亲远定官位；本着"谁是忠臣就打击谁，谁是好人就陷害谁"的一贯原则，很快就把整个朝堂弄得乌烟瘴气、纲纪全无。

对于一个国家而言，忠臣良将是什么？脊梁。一点都不夸张，后世檀道济被杀时的名言就是：汝乃自毁万里长城也。

刘宋的朝堂只有一个檀道济，杀了，刘宋就完了。刘聪的朝堂之上是有很多檀道济的，国家初立，人才济济，如太宰刘易、御史大夫陈元达之类，很可惜，刘聪把他们几乎都杀了。有很多道长城，刘聪连根把它们给刨了起来。

匈奴汉国的权力中枢还有什么呢？还有贪污腐败，还有阿谀奉承。自此，整个官僚体系开始糜烂。

拥有众多皇后，要为众多皇后买单的刘聪，生活负担很沉重。

他挪用了军饷。

大兵们很不高兴，当兵吃粮，现在粮没了，兵当得也就没什么意思了，匈奴汉国军队的战斗力直线下降。当然，石勒的部队除外，没粮食吃的时候，石勒的部队会去吃"两脚羊"（人）。

当腐败和贪婪在匈奴汉国的朝堂上肆虐横行的时候，刘聪又丢掉了他手卜仅有的东西。当然，连这种东西他都残存得不多，即是前一章提到的道义。他杀了皇太弟刘乂，这是他弑君篡位的最后一块遮羞布，刘聪毅然决然地将它扯了去。同时被害的，还有众多的大臣和平阳城中一万五千多名士兵。

皇帝天天娱乐，朝堂奸佞当权，吏治腐败透顶，军队战斗力丧失，立国没有正义。匈奴汉国还不够烂吗？

烂，就意味着快完了。

12. 靳准政变

刘聪没看到匈奴汉国是如何完蛋的，曾经在战场上叱咤风云，陷洛阳、战长安，建立过不世功勋的他，在后宫的莺莺燕燕中才快活了寥寥数年，就有些扛不住了。

318 年七月，刘聪去世，凡在位九年，谥号昭武皇帝，庙号烈宗。

刘聪这一辈子可算是轰轰烈烈，前半生在尸山血海的战场上尽情彰显自己的男儿本色，其奸诈雄武，堪称豪杰，匈奴汉国在他的手中达到全盛；后半生在佳丽云集的后宫沉迷昏聩，温柔乡是英雄冢，杀贤良，信奸佞，在寥寥数百字的史书中，一代昏聩暴虐之君的形象跃然纸上。朝堂上一片乌烟瘴气，社会处处民生凋敝，整个国家开始衰落。

可以说，匈奴汉国，盛也刘聪，败也刘聪。英主或昏君？恰如王浑的评论：

"此儿吾所不能测。"

刘粲就此登上帝位。

刘粲其实是个能人，曾经随刘曜、石勒、王弥等大将一同领兵出征，并颇有斩获。或者，我们可以把这归因于西晋王朝太过尿包？但政治斗争他绝对是把好手，消灭刘义、诛杀反对他的大臣、笼络刘聪宠信的宦官，刘粲干得有声有色，并最终获得了他想要的一切：他爹的皇位，还有他爹的女人。

能人并不代表着就能够成为一个有作为的君主。继位后，刘粲干的第一件大事并不是大赦天下之类的施恩降惠的工作，而是立刻跑进后宫，将老皇帝刘聪留下的皇后们推倒。

别笑，这其实是匈奴人的风俗。"兄死，弟娶其嫂。父死，娶其后母。"当时，在中原已经待了好几代的匈奴人，汉化已经相当严重，如刘聪，经史韬略，不下汉儒。但是这条风俗，却被他们完整地保存了下来，并且直到刘粲这一代，还在发扬。刘粲在宫内与众位皇太后游戏，对于父亲刘聪的去世一点也不悲伤。

有个叫靳准的人物，此刻的出现显得有点突兀。但当我们知道刘粲的皇后是靳氏，并且他还趁着刘聪大殡之际推倒了皇太后靳氏之后，靳准的出现就显得自然了。靳皇后们，是他的女儿。

闺女不是白送的，有了机会必须要捞回本。靳准的阴谋在双手奉送上女儿的时候就已经想好。

当时已经做了大司空、司隶校尉的靳准不放过任何一个铲除异己的机会，借刘粲之手先后杀了太宰、上洛王刘景；太师、昌国公刘颉；大司马、济南王刘骥；大司徒、齐王刘劢。太傅朱纪、太尉范隆惧为其所害，逃奔长安。

整个朝堂上，唯靳准之命是从。

山雨欲来风满楼，刘粲却乐在花丛不愿知。面对日益坐大的石勒，刘粲闲暇之余在上林练兵，准备征讨那个已经强大到足以威胁到自己地位的人，而面对即将发生在身边的危险，却浑然不觉。

靳准的准备很不充分，俗话说：书生造反，三年不成，就是准备不够充分的缘故。很明显，靳准没有书生的拖拖拉拉，面对一个刚刚登基就整日猫在后宫的昏君，带兵冲进皇宫就已经足够。史载：领兵登光极殿，抓刘粲，数刘粲罪而杀之。将刘氏男女，不分老幼都斩杀于东市，又挖掘刘渊和刘聪的陵墓，斩断刘聪尸身，焚毁刘氏宗庙。

这一次政变对于匈奴刘氏的打击是毁灭性的，即使有尚在长安的刘曜残存，匈奴汉国也只是苟延残喘，不复往日荣光。等到后来石勒称王，刘曜的前赵也只不过是为匈奴刘氏的灭亡拖延时日罢了。

政变成功了，虽说女儿肚皮上的功劳占了一多半，但权力在握的靳准一时间还是兴奋异常，自号"汉天王"，置百官，准备在平阳城里过一过君临天下的瘾。

但控制了平阳城并不代表就能够控制整个匈奴汉国。至少，有两个人一定不会听靳准的话：刘曜和石勒。对于靳准而言，这是两个很强大的人，在那个名将如过江之鲫的时代，他们两个的排名很靠前，至少，比靳准厉害很多。

讨逆的大军已经在路上，而且是两路。靳准没有援兵，他有的只是一座孤零零的平阳城，连平阳城内都不太平。趁着匈奴人爆发内乱，有个叫北宫纯的汉人投降将领发动起义，只是太可惜，响应者寥寥无几，起义被靳准轻松镇压，北宫纯死了。

这个北宫纯，就是那个在洛阳城下偷袭刘聪的北宫纯，西凉猛将。

西晋朝廷从来不会重用外来的将军，即使保驾有功，仗打完了，哪来的回哪去，下次打仗再过来就是。西凉更不会认可北宫纯的保驾之功，保的又不是张轨，凭什么让张轨笑逐颜开、大加封赏？北宫纯反倒是受到了西凉官僚的嫉妒与排挤。

打了胜仗，但两边都不讨好，处处受到压制，混不下去的北宫纯就这样投降了匈奴汉国。直到靳准发动政变，他才在平阳城最后冒了一个泡。

一代勇将就此烟消云散。那个本可以建功立业的年代，并没有给他太多的机会来书写自己的传奇。

向晋朝称臣，这几乎是靳准能想到的最好办法了，也是唯一的办法，别无选择。

此时的晋朝，皇帝是晋元帝司马睿。晋愍帝被杀后，司马睿在建康（今南京）重新搭起了大晋帝国的摊子。历史上把这个只有东南半壁江山的晋朝和那个大一统的晋朝区分开来，称之为东晋。

晋元帝对靳准说："屠各小丑安敢称王，乱大晋使二帝播越。今送二帝梓宫于江东。"同时献上西晋灭亡时被匈奴汉国抢夺的传国玉玺。

棺材就不表了，脸面问题。传国玉玺这东西可是大有来头，要从和氏璧开始说起，历朝历代为之争斗不休，据说，谁要是拿到了传国玉玺，谁就有"天子命"。靳准称番的献礼不可谓不重。

晋元帝没有拿回玉玺，可能是靳准又改主意了。但终究是接回了晋怀帝和晋愍帝的棺椁，这已经够让东晋王朝高兴了，高兴之余也就仅此而已，没有任何的支援行动。靳准若是在盼望东晋的援军，那他的失望一定很大很大。

当时镇守长安的刘曜的官职是相国、都督中外诸军事，靳准叛变时杀掉的刘氏族人中，包括刘曜的母亲和他的亲弟弟，说是仇深似海一点都不为过。靳准没打算拉拢他。但对那个大将军石勒，他是动了心思的。

野史记载：靳准把他做过皇后和皇太后的两个女儿送给了石勒，以求罢兵言和。

但照后来的发展情况来看，靳准很失败，赔进去了闺女，却没有换回来和平。送与不送都是一样的，石勒想要的利益，比靳准能够送出的更多。

当刘曜的大军行至赤壁（今山西省河津市西北的赤石川，不是赤壁之战中的赤壁），遇到了从平阳城逃出的太保呼延晏与太傅朱纪。大难不死后又遇到了亲人，估计他们仨一定抱头痛哭过，几日不见就已然是沧海桑田、物是人非了。刘曜和他们俩有很多话要说，当然，包括匈奴汉国的大位该由谁来继承的问题。

不用刘曜明示或是暗示，呼延晏和朱纪就知道该怎么做，还有谁能比刘曜更合适？尤其是当所有比他更合适的人选都死了之后。

318 年十月，刘曜即位称帝，改元光初。此刻，距离刘聪去世也只有三个月，但时事已经天翻地覆，不可挽回。刘曜封石勒为大将军，与他互为掎角之势，共同进攻平阳。

靳准本该预料到，但终究还是走出了那一步。或许，只是因为他那已经是皇太后的女儿却要行使皇后的义务让他怒火攻心？不。更可能是突然间无限扩大的权力迷住了他的心智，认为只要搞定刘粲，一切就不在话下了。只是，搞定刘粲是简单的，搞定石勒和刘曜却很难很难，他们想要的是和他一样的无限权力，而他为他们创造了这个机会。

靳准找刘曜讲和去了，不知道是拿什么去作为解释杀了刘曜亲妈、亲兄弟以及其全部族人的说辞。这是个莫名其妙的行动，除了长他人志气、灭自己威风外，没有任何意义。

刘曜的回答却是很好的："刘粲乃乱伦无道昏君，杀之有功无过。只要你投降，我便算你拥立之功。"

话说得很直白，也很真诚。但是，你信吗？反正我是不信的，退一万步来说，即使娘亲、兄弟和族人的仇不报了，那样就有可能放过靳准吗？当然不可能。那时，刘曜已然登基，是匈奴汉国的皇帝，为先皇刘粲报仇是他的责任与义务，也是大义所在。不然，刘曜这个皇帝如何被认可、如何使臣民心服？

给仇人以希望，而不是给仇人以未来。一个希望，足以断送敌人打算和你鱼死网破的决心。

身负血海深仇，刘曜没有说要和靳准老匹夫不共戴天之类的莽夫之语，概括起来，一句"杀之有功"，让靳准犹豫起来。是啊。战则必死，降还可能活下去，谁不犹豫呢？

这个"犹豫"，终于要了靳准的命。

318年十二月，靳准被其弟靳明所杀。随后，靳明投降刘曜并献传国玉玺。原因？原因很简单，他比他的哥哥更相信刘曜的许诺。在他看来，靳准的犹豫，就是找死。

那么好吧，你去死，但不要连累我们大家。

其实刘曜的谎言并不高明，一眼就能判断出真假，但是靳明对死亡的恐惧和活下来的强烈愿望使他更愿意去相信刘曜的话是真的。

当时石勒也在向平阳进兵，但是没有人向他投降。石勒大怒，派主力急攻平阳，但是当石勒攻克平阳城的时候，靳明已经带着平阳城一万五千人投降了刘曜。晚了一步，除了残破的平阳城，石勒什么实惠都没有得到！

刘曜没有履行他的承诺，仇人就在眼前，哪里还有什么拥立之功可言？恰恰相反，复仇的怒火高过一切，靳氏家族已经没有了什么可以利用的价值，连美丽的皇后、太后都送给了别人，刘曜毫不犹豫地举起了复仇的大砍刀，斩杀靳氏全族。

很多年前，有一个叫张绣的人，不仅杀了曹操的儿子和侄子，还杀了他的贴身爱将典韦，但后来，曹操收留了他，没有为难他。那是事出有因，曹操自己有错在先；那是大业初建，曹操需要贤人相助，不能为难。

很明显，靳氏家族不具备任何刘曜必须依赖的条件。

大仇得报的刘曜很是惬意，憋在心口的恶气终于出了，正准备在他的龙榻上好好躺一躺，睡个安稳觉，突然发现，在他的卧榻旁，居然还躺着另一个壮汉。石勒，比他还要强壮，还要魁梧。

惊出了他满身的冷汗。

13. 决裂

刘曜是由叔父刘渊抚养长大的：亲爹死得早，叔父刘渊又太有本事，当然要跟着他混饭吃。

其人自幼聪慧，气度非凡。有这样一件事情：话说刘曜八岁那年，跟着刘渊到西山狩猎，因天降大雨而在一棵大树下避雨。突然一个惊雷闪过，如在眼前一般，刘曜身边的人吓得尽皆跌倒，但刘曜却神色自若，不为惊雷所动。

这就很不简单了，后世的苏洵有这样的论断：为将之道，当先治心。泰山崩于前而色不变，麋鹿兴于左而目不瞬。然后可以制利害，可以待敌。

刘曜的作为，在八岁那年，就足以和名将比肩。

刘曜也是这样认为的，常自比于乐毅、曹参。只是当时人皆笑之，唯刘聪知其才。后来，刘聪就是靠着他，才把西晋帝国给彻底灭了。

二十岁的时候刘曜到洛阳留学，出了国的刘曜不熟悉当地法律，犯了法，被逮捕了，判了罪，死刑。看来刘曜在洛阳一定没干什么好事，魏晋不以严法著称，像刘曜这样的匈奴贵族，政府多少是要讲些情面的，即使这样，依然判了死刑，所犯之事严重程度就可想而知了。

然后，刘曜就上演了一部古代版的"越狱"，逃亡到了朝鲜。

刘曜在朝鲜的境遇我们并不知道，只知道直到朝廷大赦天下时他才敢回来。真不容易，流亡在外很多年，抵得上充军发配了，境遇不可谓不传奇。

刘曜自己也认为自己很奇特（外表异于常人），怕不被世人接受，于是在管涔山（位于山西吕梁山脉）隐居……

若是放在现在，这样的人很可能会被认为脑袋有问题，然后被精神病院收容，但在那时，却是刘曜超然出众、不同凡响的表现。奇怪的人，奇怪的历史。

刘渊建立匈奴汉国的时候，刘曜建功立业的机会终于来临，为汉建威将军，率兵相继攻克泫氏（今山西省高平县）、屯留（今山西省长子县）、中都（今山西省太原市），为匈奴汉国在并州的发展奠定了基础。

等到刘聪继位后，刘曜有皇帝哥哥的赏识倚重，更是大展拳脚、直抒胸臆。

311年，刘曜会同石勒、王弥攻洛阳，烧洛阳坊市，杀诸王公及百官以下三万余人，将晋怀帝、太后羊献容及传国玉玺送至平阳。以功被署为车骑大将军、开府仪同三司、雍州牧，封中山王，身居显职。

攻陷洛阳后，刘曜又奉命进攻关中。数年之后，刘曜攻克长安，俘晋愍帝，灭西晋。

无论是哪个朝代，开疆拓土、克城灭国都是天大的功劳，刘曜凭借克洛阳、灭西晋之功，奠定了他在匈奴汉国的历史上不可磨灭的地位。

如果说对于石勒，刘聪还要有提防之心的话，那么对于刘曜，他就可以大胆地去任用。打虎亲兄弟，上阵父子兵。攻克长安的功劳，没有石勒的，也不会有石勒的。

刘聪死后，匈奴汉国风起云涌，石勒在靳明投降刘曜后悍然攻取匈奴汉国首都平阳，并且一把火烧了平阳宫殿，将整个平阳烧成一片废墟。

一个大臣，带着军队把自己国家的皇宫一把火烧了个干净，这是一种什么精神呢？反叛和决裂。石勒打算和匈奴汉国告别了，自己单干的心思已经打定。

石勒的心思，刘曜是知道的，两个人在那一刻已然临近决裂的边缘，双方剑拔弩张，马上就要开打。

但是，没有开打。

没有开打的原因在于刘曜，关陇地区新占不久，立足尚不稳固，颇有后顾之忧，客观现实让刘曜不敢贸然同石勒翻脸。

授石勒为太宰、领大将军、加殊礼，以河内二十四郡封其为赵王，当然，这些地方本来就是石勒自己的占领区。刘曜想以此先稳住石勒，以便腾出手来对付关陇地区的敌对势力。至于和石勒的决战，必须要等到根基稳固之后再说。而对于石勒而言，乐得如此，你的关陇地区不稳固，我的河北也是刚刚打下来，天天有变民作乱。

好吧，各回各家，各找各妈。

刘曜和石勒的对决从一开始就是高手之间的战斗，没有一照面就开场子单练的三板斧，双方都很理智，没有必胜的把握，即使错失良机也绝不贸然出手。他们在等待，在想尽办法积蓄力量，他们都相信，用不了多久，他们就会有足够的实力一招毙敌。

本来到这里，刘曜和石勒就该各自退兵，然后相安无事，毕竟窗户纸还没有被捅破，名义上大家都还是自己人。但没过多久，发生了一件小事，这件小事引发了后来刘曜和石勒的连年血战。

319年六月，刘曜改匈奴汉国为赵，定都长安，改汉宗庙为匈奴宗庙、社稷，以冒顿配天，史称前赵。这是历史性的时刻，标志着匈奴人再也不愿打着汉人的幌子招摇撞骗，他们要开创一份属于自己民族的千秋功业。

作为臣下，石勒自然要去表示一番，就派长史王修作为使者，带着好多礼物去长安祝贺刘曜登基开元。毕竟脸皮还没有完全撕破，该表示的意思还是要表示的。刘曜也很高兴，与使者在一片和谐友好的氛围中相谈甚欢，然后就把使者送走了。

走了不就没事了吗？不是的，事情恰恰就在他走后发生。王修的使者团里面出了叛徒。

王修有一个门客叫曹平乐，告诉刘曜说："王修此来，名为道贺，实则侦察。一朝归国，奇兵旦夕即至。"

这时候王修还没有走太远，连送行的酒水都还没有凉透，刘曜的追兵就出发了。追捕王修及其随从，皆斩。同时，给石勒的赵王等官衔爵位的封赏全部收回。

石勒当然很愤怒，立马灭了曹平乐三族，并停止给刘曜进贡。这里，突然想起那个叫曹无伤的人来，鸿门宴的始作俑者。据说，当年沛公从项羽那里捡得一条命回来，干的第一件事就是：立刻诛杀曹无伤。

虽相隔五百年，但叛徒都没有好下场。

319 年十一月，石勒反，在襄国自立，称赵王。

为了和刘曜的赵国区分开，史学家称石勒所建立的赵国为后赵。

再也没有遮羞布了，刘曜和石勒彻底翻脸，两个国家因为个人野心和民族仇恨，开始了新的斗争。

但此刻的双方依然没有马上动手，而是采取了大力发展经济的策略，先防守，后进攻，在头几年里，一切都显得风平浪静。

14. 刘曜的举措

当年，诸葛亮为了能够安心北伐，曾经亲自率大军征讨南蛮孟获的叛乱，七擒七纵，只是为了让他们心服。英雄，真的是所见相同的，面对劲敌石勒，沙场决战之前，刘曜还需要去做太多的幕后工作。只是，后来他没有做好。

当时，刘曜的前赵面临的国内形势很不乐观，关中、陇右一带氐、羌等少数民族未予归化，属于谁给的钱多就给谁干活的那种，什么忠、孝、节、义，统统都是扯淡。长安一带的西晋势力也并没有被完全消灭，为了与刘曜抗争，常常联合那些少数民族去进攻刘曜，搞得刘曜很头疼。

一个稳定的后方，成为刘曜最迫切的需要。

很可惜，总是事与愿违，让刘曜更头疼的事情接踵而至。

320年，刘曜部下、长水校尉尹车，勾结巴、氐酋长徐库彭反。

按说，对于这样的事情，一般的处理措施都是"只罪首恶，余者放生"就已经足够，但刘曜就是刘曜，他先杀了尹车，后来又把抓捕到的徐库彭以及下属五千人全部杀死。

尹车是个小角色，而且是自己人，反臣，杀了也就杀了。但徐库彭就不一样了，巴、氐酋长。他及其五千部众的死彻底引燃了巴、氐人对刘曜强烈的仇恨。推巴、氐归善王句渠知为领袖，举行起义。一时之间，羌、氐、巴、羯三万余人尽皆响应，关中大乱，局势非常紧张。

叛乱因平叛而起，本来就不安定的关陇地区更加混乱。

后来，刘曜以游子远为车骑大将军，都督雍秦征讨诸军事，基本上平定了这次叛乱，徙巴、氐等二十余万于长安。接着刘曜又亲征巴、氐杨难敌，迁杨难敌部将杨韬等万余户于长安，随后又平定了秦州陈安的反叛。

一连串的叛乱与平叛意味着什么呢？劳民，伤财，死人。劳很多民，伤很多财，死很多人。刘曜军事上的成功掩盖不了政治上的失败。

看来刘曜是个不爱读书的人，否则，一定会想起当年诸葛亮平定孟获叛乱的谋略来，那才是真正的大智慧。正如荀子所说：兼并易而坚凝难。刘曜用武力征服了土地，却没有征服土地上的人心。

携大胜之势的刘曜，紧接着就去进攻前凉张氏政权。这个张氏政权我们在以后的章节还要详细讲述，在这里略有介绍即可。

前凉，奠基人为张轨，西晋永宁年间任凉州刺史、护羌校尉，那个数次救援洛阳的北宫纯就是张轨的部下。洛阳被攻克后，晋愍帝在长安封张轨为凉州牧，他一直以来是晋朝的地方官。后来晋朝南迁，与凉州不再接壤，凉州也就在事实上自成一国了。等到刘曜大举进攻凉州的时候，凉州牧已经传到了张轨的孙子张茂手里。

刘曜的大军长驱直入，戎卒二十万五千，临河到营，百余里中，钟鼓之声，沸河动地。时人感叹："自古军旅之盛，未有斯比。"凉州为之震怖。张茂以牛羊、金银、女妓、珍宝、珠玉及凉州特产贡献刘曜，向其称藩。刘曜遂署张茂为西域大都护、凉王等职，旋即班师。

没打起来。

进攻前凉的过程是怎样的呢？大体上可以这样来表述：

刘曜带了很多很多人去打张茂，二十万五千。时人称之：自古军旅之盛，未有斯比。还没开打，张茂就吓软了，马上俯首称臣，并送给刘曜一份大礼。刘曜得到礼物后很高兴，给张茂封了一堆官，然后就打道回府了。

没什么问题吧？不战而屈人之兵，善之善者也。这个在兵法上曾经说过，没问题。

真的没问题吗？

"二战"时，日本有一个叫山本五十六的将军，曾经这样评价在珍珠港事件中见好就收的南云中一：南云君就是一个到珠宝店偷一两件宝物就跑的小偷。

刘曜的作为，就像那个小偷。

二十万五千人的大军，在那个时代绝对算得上是倾国而出了，足以撼天动地。人吃马嚼，日费万金。居然只是拿了别人送的两块糖就回家了。你说可笑不可笑？没有仗打，三军将士寸功不立，就断了很多人指望这次征战升官发财的梦想，将士们必生怨气——合计我们是陪着皇帝佬儿出来观光旅游的。些许礼物，不抵军费损耗十分之一，掏空了的国库哪里去补？

作为最高首领，刘曜必须考虑这些问题。但是，刘曜却只是在得到张茂的臣服许诺之后，居然高高兴兴地回家了。

到嘴的肥肉飞了，可惜。

想当年，韩信在齐国已经答应投降的情况下仍然发动进攻。不打仗，拿什么建功立业，拿什么犒赏三军？

张茂只是臣服，并没有投降。

为了巩固自己的统治，刘曜还是实行了一系列的有效措施，在位期间，虽然实行的是胡汉分治政策，但同时又积极采取民族融合和文化同化政策。他自己称帝，表示他是北方汉胡各族的正统统治者，让儿子刘胤做大单于以统治胡人。这样，就有效减轻、缓和了胡汉之间的冲突。

此外，建立租赋制度，实行封建。这是在政治、经济制度上向中原王朝学习，对于落后的胡人政权来说，有相当积极的意义。

前赵积极推行儒学，在长安设立太学和小学，聘请著名学者传授儒家文化，当时学生多达一千五百余人，并起用了一些有学识的汉人为官。

刘曜的赵国比起匈奴汉国，显示了更大的汉化倾向。因此，学者们认为：匈奴刘氏所建之前赵政权应是汉胡结合的中国封建政权之一，不能以大汉族主义的偏见予以轻视。

但他始终没有一套完整成形的治国安民的政治措施。这就为后来和石勒对决的失败埋下了伏笔。

刘曜初入关中时，对部下的规谏还算听得进去，比如他在修建自己的陵墓时想建一座陵霄台，侍中乔豫、和苞上疏劝阻，刘曜听了大喜说："二侍中恳恳有古人风烈矣，可谓社稷之臣也。"遂罢其工程。但平定巴、氐叛乱不久，骄傲自满的刘曜就开始对大臣们的进谏听不进去了。陈安之乱未平，刘曜就为其父母建造陵墓，功费至亿，大司徒游子远进言停建，但他没有听从。孝顺是孝顺了，但是为死人花的钱是要从活人嘴里抠出来的，不知道刘曜是否知道。

在古代，修建陵墓是件大事，历代君王从一登基，就开始动工修建自己的坟墓。他们认为，此事关乎自己在阴间的幸福，同时影响着了孙后代是否能够福泽绵长、江山永固。

刘曜，在修建陵墓上空耗着自己有限的民力、财力，致使百姓疲弱、国库空虚，这样的江山又怎么会稳固呢？

15. 两朝为后——羊献容

这一段故事从刘曜等人攻克洛阳开始闪光并且发散。那是在 311 年，内外疲敝的西晋王朝再也守不住首都洛阳。刘曜的大军在洛阳城烧杀抢掠的时候，刘曜自己也没闲着，他跑进了洛阳晋朝皇帝的宫殿中，遇到了一个不年轻但依然美丽的女人，于是，他就和她强行发生了亲密关系。但刘曜又对她负起了责任，把这个女人带走并让她做了自己的老婆。刘曜即位称帝的时候，还把这个女人册封为皇后。

多传奇的经历，多好命的女人！

这个女人名字叫羊献容。曾经，在贾南风死后，她是晋惠帝司马衷的皇后。她对历史没有什么影响，有着完完全全的弱者形象，在听天由命中经历过

"五废六立"的命运，在逆来顺受中成了两个朝代的皇后。在战火纷飞的乱世，在绝对的男人世界中，她的传奇经历，超越了那个时代所有的男人。

羊献容（？—322），晋泰山南城人，即今山东省新泰市羊流镇，晋惠帝司马衷的第二任皇后。祖父羊瑾任尚书右仆射；父羊玄之任尚书郎，拜光禄大夫、散骑常侍，封兴晋侯；外祖父孙旂，任兖州刺史，平南将军、假节。

上面这一段是羊献容的家庭背景，没别的，让人明白什么是家世显赫。在那个重视出身的时代，羊献容的皇后头衔当之无愧。只是可惜，她的男人叫司马衷，而且是已经成为傀儡的司马衷。身处政治风暴中心却无能为力的弱智丈夫，根本不可能为他的新任妻子带来任何意义上的幸福。

羊献容的传奇从出嫁的那一天就开始了：新娘子的嫁衣刚穿在身上，就着火了。后世美其名曰：燃烧的嫁衣。但当时那种不祥的预感，每个人都感觉得到。

司马衷很宠爱她，比起那个丑恶的贾南风，新皇后就像是上天赐予的礼物。可是，十几岁的美丽少女羊献容面对愚钝懦弱又年过四十的晋惠帝司马衷，会有什么样的感受呢？史书从来生冷，不会在意。

后来，随着八王之乱的大混战开始，羊献容更大的不幸也就随着接踵而至。

还是要说司马伦，司马伦杀死贾南风自然是出于政治斗争的需要，立羊献容为皇后更是如此。一开始，羊献容只是一个工具、一个玩偶，命运因司马伦的需要而改变。

司马伦篡位的时候，是尊司马衷为太上皇的，羊献容因此升级，成了皇太后一类的角色，不算被废。但是，当成都王司马颖联合各王杀掉司马伦并迎接晋惠帝司马衷复位时，皇后羊献容被废掉皇后之位也就在所难免了。毕竟，羊献容这个皇后是司马伦给晋惠帝找来的，不把她废掉，拿什么来说明司马伦所作所为的非法性？更拿什么来说明自己保卫皇帝行动的合法地位？人家司马伦立的皇后就在皇后的位置上坐着呢，一百张嘴也解释不清楚。

那就废掉吧，反正司马衷也发表不出什么意见来。

后来，等到下一个坐庄的王爷打败司马颖的时候，同样的道理，为了表明自己的合法地位和与上一位胡作非为的王爷势不两立的立场，废后羊献容又被人从角落里翻了出来，成为皇后。

接着当皇后，羊献容除了听从权臣的安排，别无选择。

大晋帝国的实际当家人天天都在变换，每个人都认为自己的立场正大光明，至少，要让别人知道他们的所作所为顺天道、承民心。于是，羊献容也就为着同样的原因，在被废掉皇后和被立为皇后的循环中苟活。在大晋朝廷的每一次动荡中，羊献容都在废与立之间徘徊。这样的循环有五次之多。

最悲惨的时候，区区一个洛阳县令居然也把她头上皇后的凤冠摘掉过。今天的我们看到的是传奇，可那时羊献容的日子，每一天都充满屈辱和悲惨。与一个智障丈夫，如木偶一般被别人操纵。从不曾掌控过、主宰过自己的命运，一切都要看别人的脸色。羊献容是无辜的、可怜的，她成了野心家们任意利用的一块招牌，或挂或摔，只不过被他们用来显示自己的权威。

羊献容是个柔弱的女子，也是个坚强的女人。饱经祸难与屈辱，依然活着，直到刘曜的到来。

当时刘曜或许真的是骑着白马来的，只不过不是为了解救羊献容的。那时刘曜还不认识她，不知道她在受苦。他扛着滴血的战刀，带着满目的狰狞与杀气来到了洛阳。只是为了杀戮、征服与抢劫。

刘曜见到羊献容的第一眼就迷上了她，只是没有鲜花，没有红酒，没有浪漫的音乐与一诉衷肠的绵绵情话，刘曜在享受他的胜利果实，只是征服者对被征服者纯粹的强行占有。羊献容成了囚房，成了刘曜的女人。七年以后，刘曜称帝赤壁，羊献容被立为皇后。从那以后，羊皇后再也没有被废黜过，直到死去。

一个已经有过男人、生过孩子并且不再年轻的女人，为什么能够那么受刘曜的宠爱，再次被立为皇后？

史书只记载了这样一次谈话：

刘曜曾经问她："我比起那司马家的小子如何？"

羊献容回答说："这怎么能相提并论？陛下您是开国圣主，他则是个亡国暗主，连自己跟一妻一儿三个人都不能保护，贵为帝王却让妻儿在凡夫俗子手中受辱。当时臣妾真想一死了之，哪里能想到会有今天？臣妾出身高门世家，总觉得世间男子都一个模样，但自从侍奉您以后，才知道天下真有大丈夫！"

固然免不了阿谀奉承，但在她的话语里，可以看到一种叫作"见识"的东西。

与匈奴人刘曜在一起的日子，羊献容相当受宠，生活很幸福，连朝政也曾参与过，与刘曜生有刘熙、刘袭、刘阐三子。死后葬于显平陵，谥号献文皇后。

以柔弱之躯、浮萍之态，艰难地行走于权欲的刀尖，在皇权征战中垂死挣扎，虽然后世史书中满纸皆是谩骂之声，但这丝毫不能动摇她的传奇性。

她是西晋末年八王之乱中几度濒临生死、五废六立的政治玩偶；她是史籍记载中唯一一个被两国帝王册立为皇后的传奇女人。可悲可怜可叹的坚强女子——羊献容。

16. 最后的挽歌

经历了最初几年的实力扩充，又经过了后来几年的相互攻伐，时间终于到了328年，刘曜和石勒迎来了他俩最后的决战。

胜负，在这一年见分晓。

匈奴人在抗争，克洛阳、灭西晋的赫赫战功就在昨天，那是匈奴人从未有过的辉煌，今天，还要将它继续，为荣誉而战。羯族人也在抗争，数百年沦为奴隶的民族，直到今天，才有足够的实力和原先的主人奋起一战：胜，则从此辉煌；败，则万劫不复。为了生存，为了尊严，更为了复仇。羯族人的战斗之火在内心熊熊燃烧。世代奴役与被奴役的关系，使得两族之间注定充满仇恨，当被奴役者有机会站立起来反抗时，第一件要做的事就是打倒原先的主人，让他们永远不敢再在自己面前指手画脚。不然，何以标榜自己真正的独立？

所以，从石勒摆脱刘曜建立"后赵"的那一刻起，刘曜和石勒就已然明白，羯族人和匈奴人的生死决斗不可避免。

那就打吧。

率先动手的是石勒。328年，后赵石虎（石勒侄子）率军四万攻打蒲阪。

蒲阪这个地方，以前曾是匈奴汉国的都城，刘曜虽然把国号改成了赵，但刘曜的赵国和刘渊、刘聪的匈奴汉国一脉相承，甚至可以认为，它们就是一体。对于刘曜来说，蒲阪的政治意义是巨大的，国之旧都，不可轻弃。刘曜自将精锐驰救蒲阪，两军战于高侯（今山西省闻喜县境）。石虎大败，陈尸二百余里，南奔朝歌（今河南省淇县）。刘曜自大阳（今山西省平陆县西南），乘胜进军追击石生于金墉，决千金堨（在今河南省洛阳市以北）以灌城，洛阳为之震动。

这是一系列惊心动魄的战斗，石虎的进攻之战，刘曜的救援之战，以及战败石虎后的攻城之战。刘曜还是很有能力的，至少打得过石虎。城虽然没有攻克，但刘曜的声势瞬间爆棚。连胜之下，荣阳太守尹炬和另一位太守张进献城，向刘曜投降。

石勒很紧张，胜负未决而先降大将，这是一个很不好的信号，形势对后赵十分不利。久经战场的石勒马上感受到了败亡的气息，亲率大军前往洛阳。

两位枭雄的终极对决，就此开始。

十一月，石勒发兵三路进攻刘曜。十二月，后赵各路大军云集荥阳，总数达到八万七千人，其中骑兵两万七千人。

连续胜利的刘曜很是骄横，连续失败的石勒却很是谨慎。

骄横的性格往往会引起麻痹大意，进而决策失误，给敌人造成可乘之机，然后……无法弥补。

对刘曜来说，真是大意了，大意到忘了在通往洛阳的险要关口设防。而细心的石勒察觉到了刘曜的疏忽，军队迅速开至洛河，突然之间就到了刘曜的眼皮底下。

刘曜忙陈兵于洛西，足有十万之众。石勒命石虎引兵自洛阳城北而西攻刘曜中军，石堪率兵自城西而北攻击刘曜前锋，石勒自出洛阳阊阖门，夹击刘曜。

大战在即，这时的刘曜还在军帐中摆酒席，喝得酩酊大醉，真不愧是当年听惊雷而色不改的主，听说两军打起来了，才摇摇晃晃披挂上阵。他的排兵布阵出了大问题，多年的行伍经验让身临战阵的刘曜一眼就看出了毛病，不用思考。陈兵之地西阳门外沟壑纵横，地势于己不利，自己的士兵站在上面散乱如蚁，很难展开攻击。

刘曜开始后悔：怎么就忘了战前侦察的重要性了呢？不过已经来不及了，能做的就是抓紧补救。可惜，他让部队向平坦方向移动的命令让本就散乱不堪的军队更加凌乱。后赵军队没有给刘曜多少时间，就在前赵军队最为混乱的那一刻，后赵全军发动了总攻。在兵法上，那个时刻叫作"军半渡而击之"，虽然这里没有水。

前赵军队立足未稳即被击溃，军卒惊慌，争相逃命，根本没有像样的反击。刘曜在退兵时马陷石渠，坠于冰上，身被十余创，为石堪生俘。石勒大获全胜，总计斩首五万余级。

《洛阳大事记》中记载：328年八月，前赵刘曜攻金墉城，斩后赵将石瞻，枕尸二百余里；同年十二月，后赵乘刘曜不备，发起进攻，刘曜列阵于洛阳西，石勒进洛阳城。石勒与刘曜战于西阳门，擒刘曜并杀之，阵前杀前赵兵五万余人。

史料这段描写，没有半点感情流露。活生生的生命，一分钟前活蹦乱跳，一分钟后血肉横飞，倒毙在洛阳的土地上。邙山山头可吞剑，一寸黄土一寸血。

留给后人的只是一声叹息。

后来还有一段小插曲：被俘后的刘曜还是很有骨气的，石勒让刘曜写信，令其子刘熙投降。刘曜给刘熙的信中却令其"与大臣匡维社稷，勿以吾易意也"。

石勒遂杀刘曜。

前赵、后赵的洛阳之战，以后赵的胜利、前赵的灭亡而告终。

两个国家的战争，临阵谋略固然重要，但归根结底是整体实力的角逐。在大兴土木与穷兵黩武中耗尽实力的刘曜，并不比石勒强大。临阵醉酒，或许是因为不敢面对即将战败的现实。一战而败，看似偶然，其实也是必然。战场上的胜败，在很大程度上由战场之外的因素决定，比如财力、民心、政策。这些直接影响到士兵的作战素质，进而影响整个战局。前赵与后赵平静安稳的那几年里，刘曜，败了。

至于刘熙的反抗，不说也罢。

我挑了两段关于刘曜的评价附于下：

《十六国春秋》："张茂谓马岌曰：'刘曜自古可谁等辈也？'岌谓曰：'曹孟德之流。'茂默然。岌曰：'孟德，公族也；刘曜，戎狄；难易不同，曜殆过之。'茂曰：'曜可方吕布、关羽，而云孟德不及，岂不过哉。'"

民国史学家蔡东藩有言："刘曜石勒王弥辈，徒知屠掠，毫无英雄气象，不过因晋室无人，遂至横行海内，否则跳梁小丑，亦何能为？试看索綝贾疋等之倡言起义，一鼓而集十余万人，破刘粲，败刘曜，兵威大震，向使始终如一，则中兴事业，当属诸愍帝，而琅琊王睿无与也。彼刘曜石勒，亦乌能更迭称雄乎？"

第三篇
从奴隶到主人

01. 传奇石勒

石勒本不叫石勒，爹妈给取过名字的，就像朱元璋原名朱重八一样。小名匐勒，大概是趴在地上的小崽子的意思，也可以理解为猫蛋、狗蛋之类。后来遇到了一个叫汲桑的人，才有了自己的姓氏，有了自己的大名：石勒。成大事之后，认识他的人多了，大家也就都记住了石勒。

在石勒还没有成为石勒之前，我们姑且这样叫他吧。

石勒是羯族人，在匈奴人还没有内迁入塞的时候，羯族是作为匈奴人的附庸存在的，史载："匈奴别部，羌渠之胄。"换句话说，就是匈奴人的奴仆，羌渠人的后代。很好认，高鼻深目多须。据说后来汉族人因"杀胡令"而奋起反抗羯胡压迫的时候，就是照着这个标准砍人的。

随着匈奴人的内迁，作为奴仆的羯人自然而然地跟着他们的主人内迁到了中原。入塞后的羯族人保持着在草原上的部落结构，部有大、小酋帅。不过既然已经内迁入中原地区，多少都会受些影响。他们原先信仰"胡天"（祆教），后来多信佛教，中国的佛教事业就是在石勒手中才开始发扬光大的。羯族人死后，实行火葬。

世代为奴的羯族人并不能像匈奴人那样有成群的牛羊。有一定的游牧经济，但主要从事农业生产，然而没有像中原汉人那样发达的农耕技术，生活很是困苦。

石勒少年时，家里的主要营生就是种地，是个给大户人家种地的佃户。

《晋书》记载，石勒出生的时候，红光满屋，不仅如此，还有一道白光从天而降，直射入石勒家的庭院之中。

厉害吧？每每读书至此，总以为是外星人照了手电筒，不承想竟是石勒先生带来的奇异。

石勒的家庭情况比不上贵族刘渊，属于穷人中的一分子，长到能扛得动锄头的年纪，就开始过上"日出而作、日落而息"的生活。若不是后来发生了太多变故，农民石勒一定一辈子安分守己。能吃饱饭，谁还愿意去刀口舔血？一切，都是因为活不下去的迫不得已。

就在十四岁那年，在古时这个年龄已经可以算作是大人了，石勒和他的同乡到洛阳去做一笔小生意。就像朱元璋家开豆腐坊一样，石勒或许也要出门卖豆腐。

可能是第一次进城，石勒看见洛阳城门高大气派，很是威猛，情不自禁就跑到上面大吼了一声（倚东门长啸），吼完就去做生意。毕竟，生计比看风景更重要。

但是，吼者无心，听吼者有意。很不巧，这一声大吼，被尚书左仆射王衍听到。王衍当时很惊奇："刚才那个胡人小孩子，我听他的声音仿佛有奇志，恐怕将来会扰乱天下。"于是派人去抓石勒，但石勒已先离开。

其实这是一件很正常的事，我们站得高、看得远的时候也经常这么干，很爽很豪迈，颇有些指点江山之气概。或许，石勒说了某些不该说的话，比如"大丈夫当如是也""彼可取而代之"之类。

已经不可考证。

石勒的父亲是个小头领，大概相当于现在的村长一类的人物，没官没品，但多少管点事。其人性格粗野，凶恶，好勇斗狠，与族人相处不够和谐，工作也就干得不称职。老石便常常让小石去管理所部胡人。和老爹相反，石勒的管理工作做得相当出色，"甚得人心"。老石的无能恰恰锻炼了石勒的才能，无意间，很好地培养了石勒。

传奇还在继续，石勒的家在武乡北原山下，史书记载，自从有了石勒之后，石勒家周围，草木皆有铁骑之象，菜园子里面还长着人参，花叶甚茂，悉成人状。父老及相者（算命的）皆曰："此胡状貌奇异，志度非常，其终不可量也。"劝同乡人厚待他，时人多嗤笑。

就连在田间干活时候也有异象产生，经常听到金戈铁马之声。石勒回到家把这件事情告诉母亲，母答曰："作劳耳鸣，非不祥也。"

非不祥也，好事。

后来，好事没来，"好事"之前的磨难却接踵而至。

西晋太安年间（302—303），并州地区发生饥荒，石勒的佃户做不成了，衣食无着，加入了流民行列。地没法种了，没吃没喝的，待在家里只能饿死，只好四处游荡去找吃的。

关于流民，石勒之前已经有过，石勒之后依然会有。庞大的流民队伍发挥着巨大的作用，他们影响历史、推动历史、改变历史。在石勒所处的时代，也是如此。不久，他们组织了自己的军队：乞活军；甚至建立了自己的国家：成汉帝国。

那时，离开了草原的胡人是没有地位的，做了流民的胡人更是如此。在那个天下大乱的年代，成千上万的汉人如蝼蚁一般死去，谁又会在意那些游荡的胡人的生死？

有，想着靠这些胡人流民牟取暴利的人会在意。

并州刺史司马腾，他就是靠着贩卖胡人流民发家致富的。流民石勒没有摆脱命运，很快就被司马腾抓去当作奴隶卖掉，怪不得石勒后来要杀了他。没办法，脱离了组织的人就是容易被欺负。贫民石勒从此变成了奴隶石勒。

那年，石勒只有二十多岁，却在最好的年华里被打上了奴隶的烙印。还有什么比这更悲惨的吗？也许只是五十个铜钱，石勒就像牲口一样被卖掉。这是他生命最低谷，却也是他生命的转折契机。石勒是不幸的，被卖与茌平（今山东省茌平县）人师欢为奴；石勒也是幸运的，因为他的人生在那里发生了翻天覆地的变化。

魏晋时期，中国早已经由奴隶社会进入封建社会，这就意味着石勒并不是纯粹的戴着枷锁干活的奴隶，只要不逃跑，多少还是有点人身自由的，但活儿却是要干到深夜才准回来。每到夜晚，石勒的传奇再次来临：每夜于野，尝闻鼓角之声，诸奴亦闻，归以白欢，欢惧而免之。

意思就是说，每当到了晚上的时候，在田地里干活的石勒和他的奴隶同伴都能听到战场上预示着进军的鼓角之声。奴隶们回来告诉主人师欢这种奇异现象，师欢就被吓到了，免除了石勒的奴隶身份。

从此，石勒就成了自由人。

太扯了。如果真是如此，我更加愿意相信：师欢闻之，立诛杀石勒。胡人有金戈铁马之相，对中原可不是好兆头。师欢知惧，必有此见识。为什么不杀呢？石勒不是被免除奴隶身份的，肯定是自己找机会跑路了。

脱离了奴隶身份的石勒来到了一个马场，一个邻近师欢的家的牧马场（居然没跑远）。在那里，他遇到了牧马帅汲桑，其实就是个养马的弼马温，石勒投靠了他。靠着常年与马打交道练就的相马技术，汲桑赏了他一口饭吃。石勒一定不会想到，就是这个"弼马温"，让他从不名一文的奴隶成长为人人胆寒的铁血战将，甚至有机会一统中原。

现在看来，史书中关于英雄人物的神话传说记载其实都很不可靠，是古人为了突出他们的天赋异禀而刻意为之。本就是子虚乌有的事，我们大可不必较真，读之就当是个乐子，足矣。

但是有一点却是真的，历史上很多大人物，自己并没有出众的本领，就是靠着一个对自己大有裨益的优秀伙伴，从而一飞冲天。选对一个合伙人，真的很重要。当然，石勒没得选，如果说石勒真的是天命所归，那么，在此我认可他的命运。

再讲一段石勒的传奇。话说石勒到武安去办事，应该是汲桑交代下来的差事，毕竟汲桑是生意人，很讲究物尽其用，不能让石勒白吃饭。

石勒在过河的时候被巡逻的士兵发现，高鼻深目多须。长相很出众，特征很明显，一眼就能看出他的胡人身份。抓了卖钱，这是大兵们的第一反应。

就在这千钧一发之际，一群麋鹿从士兵们身边跑过。没有做任何的深思熟虑，士兵们抛弃了价值五十文的石勒，去抓捕价值五十两的麋鹿。

勒乃获免。

真是太巧了。

真正的传奇来临：俄而，见一老父（白发飘飘、仙风道骨的那种，手里还拿着类似于鹿角的拐杖，挂一个葫芦），谓勒曰："向群鹿者，我也。君应为中州主，故相救耳。"

这就是一赤帝之子斩白帝之子的翻版。没有新意，却也满是新意。你若是相信刘邦的鬼话，这个，信他一信倒也无妨。

石勒信了。

就冲着那位白发老头关于中州之主的论断，石勒很快招募了十八个人：王阳、夔安、支雄、冀保、吴豫、刘膺、桃豹、逯明、郭敖、刘征、刘宝、张曀仆、呼延莫、郭黑略、张越、孔豚、赵鹿、支屈六。肯定不是花钱雇的，在那个年岁，有人愿意领着、混口饱饭吃就足以让人们以命相托了。这是他起家的班底，号称"十八骑"，石勒开始了他上山头拉杆子的辉煌历程。在后来石勒征战四方的岁月中，上面的这些人个个都是能征善战的大将。

当然，开始的故事并不光彩，石勒的主要工作是带着十八个兄弟去抢劫，钱、粮、女人，还有马匹……用于交好汲桑。

有钱能使鬼推磨。靠着收钱与送钱的关系，汲桑和石勒建立起了兄弟般的友谊。当然，他们还有共同的目标与理想，比如发财致富（主要靠抢），比如像弼马温那样想当齐天大圣。这些，让他们的友谊格外牢固。

铁骑上的十六国

02. 崭露头角

305 年，八王之乱进入了最后阶段，也是最惨烈的阶段。长安和洛阳两大都城同时遭受着战火荼毒，四海之内没有一寸安宁之地，整个大晋国都在熊熊的战火中燃烧。

大晋的朝堂上几经更替之后，东海王司马越击败河间王司马颙，对多次参加权力争夺的司马越而言，最后的胜利就在眼前，沧海横流，方显英雄本色；青山矗立，不坠凌云之志。终于要成功了，事实证明，成功的唯一密码就是不挂掉，活着，终究会有机会实现梦想。

然而，就在此时，就在这样的背景下，司马越满是皱纹的老脸还是没有因为胜利而露出灿烂的微笑，阳平人公师藩在魏赵之地举起了反对他的大旗。

四处抢劫的石勒终于有了正经事做，带着他的兄弟，带着他抢来的金银财宝，随着他的东家汲桑去投奔了公师藩。临出发之前，汲桑给他取了那个在若干年后格外响亮的名字。

石勒终于成了石勒，连表字都有了，世龙。有了姓名和表字的石勒，从那一刻起，再也不是趴在地上的小崽子。

没有熟人推荐，没有介绍信，公师藩甚至都不认识他们俩。不过没关系，石勒和汲桑有一样在战场上异常宝贵的东西——战马。在那个年代，人命是卑贱的，马命却金贵得很。石勒不仅为公师藩带来了数百名骑术精湛的骑士，而且带来了比骑士数量更多的战马。

冷兵器对决的年代，相对于靠着两条腿作战的步兵，骑兵的优势明显到不需要形容。靠着马匹奔跑产生的强大冲击力，马背上的士兵几乎不需要奋力作战，就可以把敌人的步兵碾得粉碎。

速度，是骑兵横行天下的最大优势。

很明显，石勒和汲桑带来的是重型武器，公师藩亟须的重型武器。那是他俩进阶的资本，有了这些家底，至少公师藩不会让他们从士兵干起。

那就给个官当吧。收了礼的公师藩任命石勒为前队督，官不大，但是可以冲锋陷阵可以砍人可以立功，当然，也可以被人砍然后被别人立功。

一切，就要看自己的造化了。

石勒跟着大军出发了，目标：邺城；任务：抢粮抢钱抢地盘。

邺城的防守很一般，但援军很强大，赶来增援的濮阳太守苟晞更强大。只一战就干翻了公师藩，而且战败的公师藩没跑得了，被苟晞抓住并且宰了，然后就没有然后了。公师藩的故事就那么简单，到此结束。

石勒没被抓住。

那时候的石勒并不出名。随着乱军四散，石勒和汲桑很轻松就躲过了追捕。当时的苟晞若是知道自己将来有一天会栽倒在一个从自己眼皮底下溜走的小卒手里，定会懊恼当年为什么会大意。

原本打算来砍人的，结果被别人给砍了，虽然很幸运地躲过去了，但是对于那个苟晞，石勒的印象从此深刻。

苟晞，河内山阳人，精通兵法，时人比之韩信、白起，西晋名将。先后战败汲桑、吕朗、刘根、公师藩、石勒等，威名甚盛。军法严酷，人称"屠伯"。凭军功至大将军、太子太傅、录尚书事、东平郡公。官位很高，但这是后来的事，此刻的苟晞正在为自己名字前面那些让人眼花缭乱的名号而辛勤努力。

每一项伟大事业的开始其实都是艰辛满地，只有那些怀揣坚定信念、有着百折不挠精神的人，才有机会成为最后的胜利者。石勒就是拥有这种愈挫愈勇精神的人，即使面对名将苟晞，初出茅庐的他也没有被战败吓破胆气。最艰苦的生活，塑造了他最具韧性的坚强性格！

仗打败了，意味着一切都得从头再来。没有办法，石勒和汲桑又干起了抢劫的营生，不过，抢的再也不是马匹和珍宝了，而是人，年轻、健康、精壮的男人。石靳明白，只有人才是他们事业最重要的基石，虽然很多时候这些人轻贱得还不如一把稻草。他们劫掠郡县系囚，招募山泽亡命，逐步恢复并扩大自己的势力，为再一次"启航"积蓄着力量。

永嘉元年（307年），八王之乱已经结束，司马颖也早已于前一年被司马越杀死。可是百姓期盼已久的和平并没有到来。汲桑和石勒打着为司马颖报仇的旗号，再一次起兵造反。

两年的磨炼，使得石勒从一个初出茅庐的嫩瓜变成了行伍纵横的老将，官职也从前队督变成了前锋都督。西晋已然是朽木老矣，日益腐烂，石勒他们却犹如新生的嫩芽，在狂风暴雨中越发苗壮成长着。

再一次起兵的汲桑和石勒没有去投奔别人，上一次的教训告诉他们，他们打算投奔的那些人也没厉害到哪儿去。他们自己单干，目标依然是邺城。事实证明，自己为自己打工的效率是最高的。很快，石勒击败司马腾部将冯嵩，长驱直入，攻陷邺城。

当时邺城的守卫者是司马腾，和石勒是老交情了。不过当石勒在韬光养晦、积蓄力量以求东山再起的时候，司马腾却在镇守之地邺城作威作福，民怨沸腾。

气量决定成就。大官司马腾光捞钱不花钱，"腾性吝啬，无所振惠"。俗话说得好，财散人聚，财聚人散。司马腾搜刮民脂民膏养肥了自己，却坑苦了百姓。直到石勒兵临城下，才想起来赐米粮、布帛给将士。不过一切都晚了，早已经失去的军心、民心不会因为危难时的小小恩惠而有所挽回。

随着邺城的陷落，司马腾就此呜呼哀哉，和他一同被害的，还有他的三个儿子和邺城一万多百姓。据说，援军前来救援的时候，整个邺城都弥漫在一片尸臭当中，司马腾的尸体已经烂透，找都找不到。

石勒赚了个大满贯，金银珠宝、古玩字画，还有数以千计的美女，能带走的全带走，至于带不走的，一把火全烧掉，包括魏国的宫殿，包括曹操的铜雀台。

邺城陷落、司马腾被杀的消息着实让司马越震惊不小。史载：司马越大惧，使苟晞、王赞等讨之。

进攻的号角一旦吹响，汲桑和石勒的大军就不会停止前进的脚步，先在乐陵之战中斩幽州刺史石鲜，后败乞活军田禋五万援军。等到名将苟晞赶到，与之相持于平原、阳平间数月，大小三十余战，互有胜负。这是石勒和苟晞的第二次对决，苟晞再也不能一战而胜了，而此刻石勒的表现，堪称优秀，毕竟他的对手是苟晞。

剿灭不了的叛乱，时间久了就会成为朝廷的心腹大患。其实，汲桑与石勒闹的动静不是很大，相对于后世动辄百万的农民军，汲桑和石勒只能算是班门弄斧。但是疲敝不堪的晋朝很无力，无力到名将挂帅、正规军出征，只是和石勒的流民军队作战，竟也是需要两军相持的。

307年七月，司马越驻军官渡，为对峙中的苟晞声援。

司马越亲临，晋军士气大振，分外英勇。同年八月，大将苟晞终于打败了汲桑和石勒，破八个营垒，杀万余人。打了败仗的汲桑和石勒自然是要跑路的，"共主"刘渊成了他们的选择。只是，中国人痛打落水狗的优良传统注定了他们逃亡的道路充满了艰辛。冀州刺史丁绍邀战于赤桥，又大败之。

连吃两场败仗的汲桑和石勒连跑路都不能在一起了，只得分头突围，汲桑奔马牧，石勒奔乐平。只是汲桑很不幸，没过几个月就被司马腾的部将在乐陵杀死，石勒则很幸运，几经辗转之后，安全来到匈奴汉国刘渊的帐下。在那里，他开始了自己全新的征程。

03. 投汉建功

战乱年月，只要有一身横肉，找个主子还不算太难。

石勒向刘渊亮出了他的横肉，当然，肯定不是脱了衣服秀胸大肌那么简单。战场上羯族战士的悍勇之气，刘渊必定早已经知道。刘渊需要勇士，更需要智勇双全的将军。石靳明白，想要刘渊重用自己，唯有军功，别无他途。

石勒没有到战场上去冲锋陷阵，他只是降服了一个人：乌桓人张伏利度。一个人去的，靠着自己没读过多少书的脑袋，还有拜把子、拉关系的手段，交好张伏利度，架空张伏利度，然后反客为主，擒拿张伏利度。最后，带着张伏利度和他的部众归降刘渊。以一己之力而成万军之功，不堪为将否？石勒用事实向刘渊证明着自己的实力。

结合以前石勒骁勇善战的过往，刘渊拜石勒为大将，配合四子刘聪、养子刘曜，招兵买马，习武练兵，做着与晋朝大军决战洛阳的准备。

石勒自此成为官军，再也不是流民组织。有了地盘就是好，打败了有援军；负伤了有医院；迷茫了还能找到领袖。对他而言，这是一个巨大的进步。

那时的石勒相对于刘渊还是有差距的，源自双方的起兵结果。刘渊先起兵，是第一个出头的鸟，但数年后依然能够盘踞一方，称王称雄；石勒、汲桑的造反是后来的事，虽强极一时，但免不了兵败逃亡的命运。差距，显矣。

不要紧，后生晚辈赶不上前辈很正常，重要的是要进步，哪怕每天只是进步一点点，日积月累之下，终会有质的飞跃产生。石勒，一直在为此而努力着。

既然已经建国称制，刘渊的扩张势在必行，被刘渊看重的石勒自然少不了冲锋陷阵、浴血疆场。308年九月，石勒再次攻陷邺城，镇守邺城的征北将军和郁逃走。这一回算是轻车熟路，没费多少力气，石勒给即将称帝的刘渊的献礼格外厚重。

立有大功的石勒很受器重。建国之初，四方征战，能打仗的将军怎能不讨喜欢？即使不喜欢也要装作喜欢。对于刘渊来说，开疆拓土，建千秋基业比什么都重要。308 年十月，刘渊称帝，授石勒持节、平东大将军。那时，石勒投奔到汉国才一年。

汉及魏晋时期的将军有正牌将军和杂牌将军的区别，"扬威将军""奋武将军"之类的就属于杂牌将军。蜀汉五虎上将之一的赵云，其实就是个杂牌将军，不过担任过"中护军"的职位，这个官职相当于北京军区司令，所以很厉害。而正牌将军一般是指大将军、骠骑、车骑、卫、四征、四镇、四安、四平将军这些称号。当将军的都想当个正牌将军。石勒在邺城打跑了的那个征北将军和郁，就是个正牌的将军。石勒的官职是平东大将军，四平之一，自然很正牌。

有了组织就有了保障，至少心安了，打了败仗再不用急急如丧家之犬般地逃命。不过从那时起，平东大将军石勒几乎不再打败仗。

石勒真的很能打，或许，两次失败的教训教会了他如何打胜仗。

来看看匈奴汉国平东大将军石勒的战绩。

领兵三万攻魏郡、汲郡和顿丘，降服当地人集结而成的壁垒五十多个，杀魏郡太守王粹；进攻赵郡，杀冀州西部都尉冯冲；攻杀乞活部赦亭、田禋于中丘，败而尽杀之。

羯族人从来都是为匈奴人服务，在刘渊手下，或许石勒听到了他的祖先的呼唤？通过一次又一次的杀戮和胜利，拼命向他的主人邀宠。

但是，"杀"字的背后，固然是赫赫战功；"杀"字的背后，更多的却是累累白骨。

当战功越积越高，石勒的官也就越做越大。刘渊的赏赐是慷慨的，授石勒安东大将军、开府。一般人可能并不知道安东大将军和平东大将军的区别，但是"开府"却不是一般人能够做得到的，意思是建立府署并自选僚属，有自己的一套行政办公体系。不是相当大的官，想都不要想这一点，这是权力的象征。从那时起，石勒不光有自己的军事势力，还有一整套自己的行政班底。

对于石勒而言，这又是一个历史性的跨越。

309 年，石勒进攻巨鹿和常山，尽杀二郡守将，攻克冀州郡县堡壁百余所。

在不断的胜利刺激下，石勒的部队增加至十万多人，更有文士加入。

那时候的文化人就像现在的大熊猫，很稀有、很宝贵。石勒没读过什么书，可对那些前来投奔的文士书生却很是尊重，专门成立了一个"君子营"，招纳文人谋士作为自己的智囊。

第三篇　从奴隶到主人

石勒，应该算是一个大老粗，文化程度和能背下来《吴子兵法》的刘渊不在一个数量级。在那个刀枪就是一切的年代，手无缚鸡之力的书生在拿着钢刀舔着血的大兵面前就像个笑话。但，马上得天下，能马上治天下乎？况且，刘邦有过经典的评价：发踪示迹，功人也。成功从不侥幸，石勒的见识真的不一般。

当年刘邦若是见了读书人就杀，张良、萧何之流早就吓跑了，定然不会有后来的大汉四百年基业。

石勒非同一般的见识，效果立竿见影。

张宾来了。

张宾，赵郡（今河北省高邑县西南部）中丘人，其人博涉经史而不泥于章句，意思也就是说他"好读书而不求甚解"，时不时地还能发散思维，不死读书，不读死书。豁达而胸怀大志，常常把自己比作西汉张良……

不管他比不比得上张良，必须承认，他是个有本领的人，很有本领。

张宾是自己来的，没有故作矜持、坐待明主，而是带着一柄宝剑到石勒的军营前玩了一通杂耍（舞剑）。毛遂自荐的勇气到哪里都应该值得鼓励，石勒开始只是觉得这人有趣，然后就是聊天，善于相马的石勒很快就发现，张宾是匹好马，千里马。算无遗策，石勒师事之。

如果不知道张宾对石勒的作用，想想《三国演义》中诸葛亮对于刘备的意义就明白了，发踪示迹者也。

强大的军事力量作支撑，一流的谋臣（张宾等），忠勇的将帅（以当年的十八骑为主），与此同时，并州的胡羯人亦大多跟从石勒。这些人将是石勒他日问鼎中原的绝对忠诚的力量。

发展势头，如日中天。

310年是石勒的丰收年，多打胜仗，少有败绩。我们看看他的战表：

正月，石勒渡黄河，克白马，会同王弥进攻徐、豫、兖三州。

二月，石勒袭鄄城，杀兖州刺史袁孚，攻克仓垣，杀王堪。北渡黄河，攻打冀州各郡，附从百姓九万多人。

七月，石勒于怀县杀征虏将军宋抽。获俘冉瞻，命石虎认其为义子。

这是一连串血腥的战斗，可是对于战争的场面我们只能忽略，年代久了，史书不会记载下那成千上万的人们怎么死去。只是一堆数字，连数字都很模糊。

不过，要注意那个叫冉瞻的人。石勒在全力开创基业的同时，也为子孙后代选择好了掘墓人。冉瞻，冉闵之父。四十年后，汉人冉闵尽灭羯胡。

04. 走向强大

在刘渊手下干活的日子，石勒过得并不轻松。马前卒的生活，每一天都在冲锋陷阵。石勒先后克壶关，攻冀、兖、徐三州，战司空王浚，杀冀州刺史王斌，后来，还杀了一个有着冠军将军称号的梁巨。随着这位冠军将军一块儿被杀掉的，还有已经投降了的一万多名士兵。其他的战斗更是不计其数，而且互有胜负——直到他的领袖刘渊死去。

石勒就是在这些无情杀戮的战斗中壮大自己，在血与火的战场上锤炼自己，所有的积累与进步，都伴随着残酷的摔打与考验，只为了那场巅峰对决的来临。

后来就到了311年，石勒是在江汉地区过的年。先后攻克襄阳、江夏，占了好地方就不想走，阴有雄踞江汉之志。只是太可惜，或是由于水土不服的缘故，石勒军中得了传染病，补给又不济，饥病交加之下，死了很多人，只好北返，重归刘聪帐下。

这事，相信刘聪是不知道的，不然石勒必死。

这些都不是大事。

那一年，中国只有一件大事，西晋的首都洛阳失陷了。

攻克洛阳的战役，石勒是参加了的，但是，同去的刘曜和王弥比他牛，至少官比他大。石勒成了配角，没有捞到多少好处。于是，石勒索性把所有到手的攻克洛阳的功劳全都让给了刘曜和王弥。

在此之前，石勒对匈奴汉国的功劳已经足够大。他主导了攻克洛阳的前奏之战：苦县大屠杀。晋军残存的全部主力，在这一战中全军覆没。功劳，不能一个人都占了，石勒很识趣，在该收敛的地方总是很低调。不像刘曜和王弥两人，为了抢夺战利品，在洛阳城内大打出手。后来，刘曜还去刘聪跟前告了王弥的刁状。

石勒没有撤军，他的铁骑依然在奔驰。攻克洛阳后，石勒咬着西晋的残余力量穷追猛打。311年八月，俘虏西晋大将苟晞。这是个曾经把他打得如丧家之犬的人，现在却成为他的俘虏。

是石勒在进步吗？或许吧。毕竟石勒是很爱学习的，颇有些牛角挂书的情怀。但是，曾经被人拿来和韩信、白起相比较的苟晞却是在退步的。

苟晞原本是个苦命人，家里穷，算不上门阀子弟，但应该是个士族，不然当不了官，只是刚入仕时官职不大。没后台没背景的苟晞干活很卖力，也很有能力，在兢兢业业中锻炼自己，积蓄实力。后来，他这颗金子就开始发光了，被东海王司马越发现，得到了司马越的引荐。就此看来，司马越对苟晞是有知遇之恩的，曾经有相当长的一段时间，苟晞和司马越关系甚笃。两人曾结拜为兄弟。只是后来，对权力和利益的角逐，让他们互相敌对、水火不容。

八王之乱，苟晞是全程参加了的，各位王爷轮番上台，苟晞也就在那些执政的王爷中朝夕辗转，升过官也倒过台，但终究在那场大混乱中保下了命。等到率兵抵抗石勒、汲桑叛乱的时候，他俨然成了一州之刺史，而且是兖州刺史，这是当年曹操的"龙兴之地"。天下九州，苟晞，何止九分之一的实力。

苟晞是个好官，至少在没有得到让他志得意满的官位之前，还是在拼命干事的。史载：晞练于官事，文簿盈积，断决如流，人不敢欺。就是说，苟晞，是一个官场老手、政务高手，处事干练，裁决果断，而且还明察秋毫，不受欺骗……

作为军人，苟晞也甚是明白军中法纪的重要，并且贯彻执行。

有多严明呢？一句话足以表明：杀卿者兖州刺史，哭弟者苟道将（苟晞字道将）。曾经，他杀死过犯了军法的堂弟，而且是在婶娘跪下向他求情的情况下。普天之下，我只记得一个叫作"挥泪斩马谡"的故事能与之相近。

时势造英雄，在与匈奴汉国的对战中，苟晞的功劳是巨大的，先后战败多名劲敌，多次打败过石勒，总是在大晋王朝的危难关头充当着救火队员的角色。只是，大厦将倾，苟晞并不拥有挽狂澜于既倒的本领。而这也注定了他的悲剧。

洛阳陷落之后，苟晞做了最后的努力：置行台，立豫章王司马端为皇太子。在晋朝大势已去的情况下，苟晞为了国家，算得上是鞠躬尽瘁，难道不足以称为忠臣吗？足矣。只是后来官当得太大，自己把持不住自己，使得终究会来的败亡更加迅速罢了。

作为回报，司马端命苟晞为太子太傅、都督中外诸军事、录尚书事。

朝为田舍郎，暮登天子堂。这是古往今来无数儿郎的梦想，苟晞做到了。而且，是军国大事全权负责的宰相。虽然西晋已是日薄西山、苟延残喘，但这些意味着无限权力的头衔依然让苟晞骄傲自满。"奴婢千人，侍妾数十，终日累夜不出户庭"，不用猜想，我们都知道他天天躲在家里干些什么了。

后来，是石勒的士兵把苟晞从被窝里拉出来的。盛名之下，石勒并没有杀他，反而让他做了自己的左司马。只是，也就是成了石勒左司马的一个多月后，苟晞谋反，事败被杀。

晋人苟晞，终不愿为羯族人驱使。

晚节不保吗？非也。我认为，更多的，是苟晞对西晋王朝的绝望。既然奋力抗争不能阻止败亡，杀身成仁成为早晚的事，为什么不趁着刀还没有砍掉头颅之前尽情享受一番呢？否则，我们怎么解释苟晞在洛阳失陷后的堕落？唯有心灰意懒，才敢肆无忌惮。在纵欲狂欢中，等待末日来临。

再来说说石勒和王弥的故事。

作为石勒最主要幕僚的张宾，这样评价王弥："王公人杰，当早除之。"

王弥确实是个人才，是一个在匈奴汉国足以和石勒匹敌的人才。王弥有个响当当的绰号——飞豹。"豹"本身就意味着迅捷灵敏，若是再加个"飞"字，不用语言形容，都可以想象了。

至于王弥的军事能力，举个例子。在还没有投奔刘渊之前，王弥曾经靠着自己主要由流民、乞丐组成的军队，一直打到了洛阳城下。要不是那个叫北宫纯的家伙碰巧遇到，给解了大围，西晋的灭亡恐怕要提前好几年。

石勒比他强？曾经被苟晞打得如丧家之犬的石勒不比他强，虽然，王弥也曾是苟晞的手下败将。

当主要矛盾（西晋）解决以后，次要矛盾自然就上升为了主要矛盾。就在攻克洛阳之后的回师途中，这两位匈奴汉国的高级将领展开了火拼。

都是欲望惹的祸，越是在兵刃相见的乱世，就越表现得赤裸裸。

率先动手的是王弥，原因居然是在洛阳城中和刘曜分赃不均。很搞笑吧？关石勒什么事？一点都不搞笑。刘曜是刘渊的亲侄子、养子，皇族。得罪了刘曜之后，王弥用脚指头都想得出刘曜的心思。匈奴汉国是不好再待下去了，想要自保，吞并相对弱小的石勒成为王弥的最佳选择。

很不幸，派去联合部将的信使被石勒抓到了。

更不幸，在没有电话没有发报机的那个年代里，王弥不知道这件事。

于是，角色发生了逆转。

知道一切内幕的石勒掌握了主动权。

但王弥不是那么好惹的，石勒只能等待机会，等待一个王弥不再对他戒备的机会，然后……然后机会就来了，王弥在与乞活军将领刘瑞对峙期间，向石勒发出了救援请求，石勒立即派兵救援。

战场上的事说不清楚，但看过电影《南征北战》的，一定对那句台词"拉兄弟一把"印象深刻。在生死存亡之际，能拉一把的，一定是兄弟。

王弥就是这么看待石勒的。

就在这时，匈奴汉国给王弥的嘉奖令下来了。升王弥为大将军，封齐公。

什么意思？

刘聪的意思很简单：老王你别怕，虽然知道你和刘曜有了矛盾，但是作为匈奴汉国的皇帝，我不会有半点私心。至于刘曜，我已经把他打发去关中了，看见他，我就烦。你心里要是有委屈，可以找我诉诉苦，刘曜要是再敢欺负你，我为你做主，亲自收拾他。大家是自己人，好说话。

形势一片大好，王弥紧绷着的那根弦松懈了。但石勒并不打算就此罢手，毕竟，他没有抓到王弥告诉部将准备收手的信使，王弥就始终都是威胁。

看来，一条道走到黑，这句话并不是没有道理的。太多的事情，一旦开始，就绝对不能回头。

311年十月的某一天，石勒请王弥喝酒。酒很好，菜很丰盛，还准备了娱乐节目。连宴会的名称都想好了：鸿门宴。

这是张宾的主意，击败乞活军刘瑞其实轻而易举，张宾建议石勒趁着出兵救援的机会干掉王弥，否则他必然会成为石勒前进道路上强有力的阻碍。

欲成大事，必须干掉王弥。这才是石勒出兵的真正大餐。

王弥不知道那是鸿门宴，带着感激之心和兄弟般的情谊去了，然后再也没有回来。石勒趁王弥喝酒尽兴之际，杀死王弥并吞并了其部众。钢刀落下时，石勒没有一丝的犹豫。

然后，石勒就给皇帝刘聪打了一份报告，主要讲述王弥的飞扬跋扈和不臣之心，以及自己所遭受的不公正待遇（王弥欺负他）。当然，那封截获的王弥要消灭自己的书信也一并递交上去。

事已至此，刘聪面对手握重兵的石勒也只能干瞪眼。虽然谴责石勒"专害公辅，有无君之心"，但又怕石勒有异心，只能给石勒加官晋爵，没有惩罚他。毕竟，造反尚未成功，内部的团结与稳定比死去的王弥更加重要。

05. 葛陂对策

312年二月，河南，汝水北岸，葛陂。

汝水即汝河，淮河的一个重要支流，由西北而向东南。当时，位于汝水下游的葛陂（今河南省新蔡县北）水陆交通便利，地理位置优势格外明显。

洛阳之战后，石勒在那里驻军。

西晋灭亡了，对于匈奴汉国来说，剩下的事情就是扫荡晋朝余孽，进而占领中原，经营关中，横扫江南，然后一统天下。然而关中有了刘曜，石勒的任务，就是向南，渡过长江，攻克建业，捉住镇守江南的琅琊王司马睿，然后将整个江南地区划归匈奴汉国的版图之下。

于是，葛陂成为石勒屯兵备战的最佳选择。石勒在那里安营扎寨，征税造船，准备着入淮河渡长江，兵锋直指建业。

宏伟的计划，优秀的将领，最精锐的士卒，携苦县、洛阳胜利之威势，没有人怀疑石勒的胜利会如手到擒来般简单。在当时，连司马睿都相信自己离败亡之日不远。

但很不幸，石勒遇上了大雨，而且是三个月不停的大雨。天公不作美，谁能奈之何？总之，石勒和他的大军在连绵的雨水里足足泡了三个月。

和人斗，石勒是胜利者，抓住了苟晞，消灭了王弥，以后还会铲除王浚和刘琨；和天斗，石勒却是彻头彻尾的失败者。疾病瘟疫，没吃没喝。还没开始真正的战斗，石勒的军队就已经损失过半。现在我们把这种情况叫作"非战斗减员"，在那个医疗卫生条件恶劣到一个小小的感冒发烧就足以要人性命的年代，石勒的军队在大自然面前的抵抗能力，有一个词是最好的概括：听天由命。

如果信命，我们真的可以相信，是上天在保佑大晋王朝命不该绝。

古人的战争是很有讲究的，出兵作战要看是否占据天时、地利、人和等条件。三者齐备，军无不胜。对于石勒而言，却是另一番景象：面对长江天险，先失地利；三月大雨，再失天时；至于人和，没有吃的，没有后勤保障，所谓人和，空话而已。

石勒进无可进。

那么撤退呢？

上一年，石勒兼并了王弥，这在匈奴汉国叫同室操戈，对刘聪而言，未经请示，擅杀朝中大将，石勒不臣之心昭然若揭，再多的封赏也掩盖不了石勒和刘聪之间的裂痕。石勒若是就此灰溜溜地退回去，那么刘聪随时有可能旧账重提，只需要一个小小的示意，在朝堂上就会有人站出来，与石勒深刻探讨有关王弥之死的每个细节。到那时，一切就由不得石勒自己。

前有强敌，后无退路。陡然间，石勒从不断的胜利中陷入了绝境！

在问张宾之前，石勒很想听听那些一起出生入死的将军的看法。毕竟，石勒很有自己的心思：除了张宾，我帐下就没有能人了吗？

当年随着石勒一起打家劫舍的"十八骑"，此刻已经成为石勒军中的骨干将领。老兄弟最可靠，石勒向他们投去了询问的目光。没人说话。

右长史刁膺上前，没办法，职责所在，干的就是出谋划策的活。

"咱投降吧。"刁膺满脸都是深思熟虑后的凝重。

石勒很无语，这就是我的股肱之臣？

"十八骑"的老弟兄们终于耐不住压抑的气氛，开始说话："请各将三百步卒，乘船三十余道，夜登其城，斩吴将头，得其城，食其仓米。今年要攻破丹阳，定江南，尽生缚取司马家儿辈。"

其实就是说，打算去偷袭。没吃的了，抢点粮食好吃饭，至于"破江南，定丹阳"之类的话语，吹吹牛皮、壮壮胆而已，哪里是拨弄一下嘴皮子就能够实现的？这是一条烂计，但至少比建议石勒去投降听着提气。

石勒看了看坐在一旁很是淡定的张宾，这个家伙总是在关键时候想出绝好的主意来，看来，还得指望他了。

"张宾，你怎么看？"石勒满是期待，这个人接下来的言语是他最后的希望了。

张宾起身，见礼，然后说出了下面这段话：

> 将军攻陷帝都，囚执天子，杀害王侯，妻略妃主，擢将军之发不足以数将军之罪，奈何复还相臣奉乎。去年诛王弥之后，不宜于此营建。天降霖雨方数百里中，示将军不应留也。邺有三台之固，西接平阳，四塞山河，有喉衿之势，宜北徙据之。伐叛怀服，河朔既定，莫有处将军之右者。晋之保寿春，惧将军之往击尔，今卒闻回军，必欣于敌去，未遑奇兵掎击也。辎重径从北道，大军向寿春，辎重既过，大军徐回，何惧进退无地乎。

——《晋书·石勒载记》

这段话在历史上被称为《葛陂对策》，对石勒的战略决策重要而深远。在对策中，张宾首先驳斥了投降的可能性，指出石勒是西晋灭亡的罪魁祸首，投降绝对不会受到原谅；其次，张宾指出石勒应该把发展重点放在华北，特别是重镇邺城；最后，张宾对撤退的可行性进行了认真的分析，认为晋军只求自保，不会追击，所以可以安全撤退。

石勒接受了张宾的计划，率军北还，并把经营的重点放在北方。

定国安邦之策，从石勒所在时代算起：五百年前，韩信向刘邦进献《汉中对策》，一番谈话后，刘邦与霸王项羽征战五年而不气馁，百败之后终成天下一统；一百年前，诸葛亮向刘备献《隆中对》，后来刘备就有了三分天下有其一的基业；千年以后，李善长向朱元璋献九字真言："高筑墙，广积粮，缓称王"，在元末英雄辈出的时代，朱元璋靠着这九个字最终荡清寰宇，再造中华。

对于石勒而言，张宾这个建议的作用并不小于它们。当时还没有李善长，没有"九字真言"，于是历史上把张宾的《葛陂对策》、韩信的《汉中对策》及诸葛亮的《隆中对》并称为世间三大奇策。从此，专打游击战的石勒开始着心建立属于自己的地盘，开始了从流动的运动战向有根据地有后方的割据势力发展的战略转变。

或者说，张宾的这一席话，使石勒从一个匈奴汉国的打工仔真正转变为一个为自己打工的创业者。即从猎狗变成了猎人，打猎，并且占有猎物。

北返的道路很艰难，汉人学会了坚壁清野，没有补给的石勒军队甚至发生了士兵们"互吃"的惨剧，但终究刀枪在手，石勒一番猛抢，既解决了敌人也解决了补给。一阵披荆斩棘之后，石勒来到襄国，并以此地为根基，开始为自己四方征战铺路。

刘聪有没有察觉石勒的异常？

没有。

在313年，廷尉陈元达曾专门就石勒有异心这件事向刘聪做过汇报，但泡在温柔乡里的刘聪早已失去往日的敏锐。石勒有捷报频传，石勒有谦辞卑礼，为什么还要说石勒有反心？斩杀王弥吗？要知道，那也是事出有因。

刘聪并不相信，一直以来为匈奴汉国出生入死、始终战斗在第一线的石勒，会在突然间反戈一击。

06. 消灭王浚

确定了在北方发展的战略之后，石勒遇到的第一个主要敌人名叫王浚。

王浚是私生子，当年他妈经常到王浚他爸家串门，串着串着就出了问题，一不小心就有了王浚。后来王浚竟然成为王家的独子，继承了父亲（博陵公王沈）的爵位。再后来，王浚一路高攀，居然当上了驸马爷，成为驸马都尉。封官晋爵这种事，对于王浚来说，也就成为理所当然的了，从此仕途坦荡，平步青云。

在长达十六年的八王之乱中，靠着血缘和裙带关系走进国家权力中枢的王浚只做错了两件事，但是很关键的两件事，影响了整个中国的历史发展。

第一件：王浚曾经协助贾南风，杀死愍怀太子司马遹。

话说司马遹被废、幽禁在许昌那会儿，坐镇许昌的正是王浚。对于"废太子"这类敏感人物，没有保护，就是谋杀。我们有理由相信，这是王浚接受贾南风示意之后的作为，否则，王浚断然不会允许司马遹在自己管辖的地面上被杀。不久之后，王浚官至都督幽州诸军事，其中听命于贾南风的因素占了很大的成分。

司马遹的死，直接导致各派王爷轮番上演夺权大戏，司马家族陷入了极端的混乱中，西晋元气大伤，为"五胡乱华"埋下伏笔。司马遹固然必死，但王浚也在为虎作伥。

第二件：王浚是"引胡乱华"第一人。

回到304年。那一年，洛阳正在经历武力与权力强行交接的混乱。河间王司马颙和成都王司马颖联手进攻洛阳，最终击败并杀死当政的长沙王司马乂，成功夺权。之后，司马颖以右司马和演为幽州刺史，密令和演吞并与司马乂亲近的王浚。

和演没能完成任务，不但没有杀死王浚，反倒被王浚所杀。自此，王浚自领幽州，和演的幕后老板司马颖也随着和演的被杀而浮出水面。为了打败司马颖，王浚联合司马腾、段务勿尘和乌桓羯朱共讨司马颖。

胡人势力就此介入中原内部纷争。当然，为抵抗鲜卑骑兵，司马颖也让刘渊回匈奴五部搬救兵。

从后来的结果看，王浚的行动很成功，但是"引胡乱华"所造成的罪恶苦果，最后也把王浚葬送。

王浚和石勒之前是交过手的，而且颇有胜绩。

308年，石勒袭常山郡，王浚领兵击破之。

309年，石勒再攻常山郡，王浚派鲜卑骑兵支援常山，在飞龙山大败石勒。

同年，石勒杀冀州刺史王斌，王浚又领冀州。自此王浚独领西晋北方两州之力，雄踞一方，军政独揽，大权在握。

310年，石勒攻襄城郡，王浚派鲜卑段文鸯领骑兵救援，击退石勒。

在洛阳没有被攻陷之前，王浚与石勒的对战胜多败少。王师的堂堂正义，强大的军事实力，石勒尚未丰满的羽翼，都支撑着王浚屡战屡胜。

后来，洛阳失守，王浚没有了朝廷的支援，至少在心灵上少了一根精神支柱。再后来，作为盟友的段氏鲜卑跟随石勒一伙了，连乌桓人也叛离了王浚，致使王浚陷入了孤军奋战的境地。最重要的是，王浚再也没有了游牧民族骑兵部队这一强大的武装，军事实力受到严重削弱。最后，大将薄盛也向石勒投降，就连在自家的内部，王浚也逐渐丧失人心。

但相对于石勒，占据幽、冀两州的王浚依然很强大。

石勒是用诈降之计打败王浚的，就像当初干掉王弥时使用的伎俩一样，石勒首先博取王浚的信任。方法是杀了一个打算背叛王浚前来投降的将领的使者，并把人头送给了王浚。

王浚于是认定，石勒果然光明磊落，真汉子也。

真汉子吗？真汉子。光明磊落吗？未必。

314年，石勒屯兵易水，与王浚互通消息，打算向王浚投降。

当然是诈降，但王浚相信石勒的真诚。人世间最宝贵的东西，有一种叫作雪中送炭。已经失去段氏鲜卑和乌桓支持的王浚正期盼着别人的支持，听到石勒来投，自然十分高兴，哪里还分得清真假？

石勒抓住了王浚这种心理，准确地说，是谋士张宾抓住了王浚的心理，因势利导之下，轻易成就大功。

石勒是赶着羊群带着大军来"投降"的，王浚的城门大开以后，先进城的是一大群羊，到底是绵羊、山羊还是喜羊羊，现在真的是辨不清了。只知道多日不曾吃肉的王浚军队，全都下了城墙来抓羊。

石勒大军一拥而入，搞定王浚。

据说，抓住王浚以后，石勒一边抱着王浚新娶的老婆一边数落王浚的不是。

随后，石勒杀王浚，并献王浚人头至匈奴汉国皇帝刘聪处。连同王浚一起被杀的，还有他麾下一万多最精锐的战士。

至死，王浚都没有向石勒投降。

07. 最后的抵抗——刘琨

闻鸡起舞的不仅有祖逖，还有刘琨。他是石勒经营北方残存的最后一个敌人，也是最为棘手的敌人。

刘琨，字越石，中山魏昌（今河北省无极县）人，中山靖王刘胜之后。中山靖王还有一个有名的后代，刘备。如果刘备所说的是真话，那么二人同根同源。

刘琨曾是"金谷二十四友"之一，这是一个很出名的社会团体，由贾南风的侄子贾谧主办，成员全部是豪门贵族，名额极其有限，单单二十四人。

"八王之乱"改变了刘琨的生命轨迹，在那场动乱中，刘琨由一个豪门贵族家的公子哥儿历练成为镇守一方的大将。306年九月，刘琨出任并州刺史。

这是一个大官，但不是一个好差事。当时匈奴人刘渊已经在并州的地界闹腾了足足两年，招兵买马，占地称王，并且还四处出击。并州实际上已经脱离了朝廷的控制，算得上是敌后。刘琨的任务就是去摆平它，收复并州。

这是一个艰巨而伟大的任务。

刘琨是带着"壮士一去不复返"的悲壮情怀走上赴任征途的：敌人是数万强大彪悍的匈奴铁骑，而刘琨带去的军队，只有一千人，其中还包括随行的伙夫。在以后的岁月里，刘琨没有援兵，没有补给，没有军饷，孤零零的一个人在坚持。可以说，后来刘琨的失败，在赴任之始就已经埋下伏笔。大势所趋，满腹韬略的刘琨也没有办法。

几经辗转，刘琨于307年春到达晋阳，开始了他的抗战征程。

没有兵，刘琨自己招募；没有支援，刘琨联合身边的少数民族，晓以大义，还有大利，共同讨伐敌人；没有补给，刘琨以兵为民，充分发扬自给自足的精神。

当时的晋阳久经战乱，已经成为一座空城。兵祸连连之下，社会生产遭到的严重破坏和人口的大量死亡，不仅限制了生产的恢复和经济的增长，还限制了刘琨的兵源。刘琨能做的，真的很有限。

但他做得很好。

在强敌环伺的环境下，刘琨安抚流民、发展生产、加强防御，使晋阳在不到一年的时间里就恢复了生气。以之为根据，刘琨得以坚持下去，成为西晋在中原地区少数几个存留的抵抗势力之一。刘渊迁都蒲阪，其中很大的一个原因，就是刘琨对匈奴汉国原有国都的不断袭扰。卧榻之侧，猛虎在旁，岂能安睡？只好换个地方铺床。

在西晋末年的众多将军里，只有两个人足以和石勒匹敌，一个叫苟晞，还有一个就是刘琨。

金代的元好问曾写过这样一首诗评价刘琨：

> 曹刘坐啸虎生风，四海无人角两雄。
> 可惜并州刘越石，不教横槊建安中。

在北方，刘琨还有一个战友叫王浚。同为晋臣，刘琨和王浚有着共同的敌人，可谓唇齿相依，但两人关系并不友好。曾经因为占地盘的问题，王浚专门撤回攻打石勒的军队来攻打刘琨，弄得刘琨相当被动。还能指望王浚的援助吗？当然不能。在关键时候能够分担一下敌人的进攻兵力，就已经是莫大的相助了。

到了314年，连这唯一的战友也被石勒消灭，刘琨也就成了孤家寡人。

一个人的战斗格外艰难，在艰苦的岁月里，任何一个小小的失误都有可能引起整个局面的崩盘。刘琨就是在那样的情况下，足足坚持了十年。多有波折，几经辛苦，我们无以尽表，只讲两段刘琨与石勒的故事。

那是刘琨和石勒决战的最后时刻。316年，石勒进攻并州，刘琨迎战失败，晋阳丢失，困守孤城的刘琨被石勒数万匈奴骑兵围困，情况很危急，内无粮草，外无救兵，遮天蔽日的匈奴骑兵声势骇人。

就在这万分危急的形势之下，一支胡笳乐队在刘琨的主持下组建成功，不是给刘琨解闷取乐的，而是用于战斗，一场用音乐来作战的战斗。他们的武器，就是匈奴人喜爱的乐器：胡笳。

行动的时间是在夜晚。那天很晴朗，匈奴骑兵的战刀在月光下映出一片阴森洁白，总攻击就要开始，敌我双方都出奇的安静，那是大战之前的安宁，一旦行动，就是狂风暴雨、山崩地裂。就在这时，刘琨的军营中传出了匈奴人的乐曲《胡笳五弄》。

哀伤、凄婉的曲声让匈奴士兵人心骚动，军无战心，"四面楚歌"的伎俩再次奏效。匈奴骑兵高举的战刀尽皆放下，出征日久的他们被乐曲勾起了对家乡的怀念，呜咽之声在匈奴军中响起。

石勒撤军，围遂解。

这是史实，确有其事。谁说乐曲就一定是腐蚀心志的靡靡之音？

一曲胡笳曲，十万铁骑归。不解他日祸，但惊后来人。

我们为刘琨的处境表惋惜，为刘琨的传奇唱赞歌。

作为一名优秀的统帅，石勒是不会放弃这样一个绝好的消灭刘琨的机会的。之所以撤军，我个人认为，其原因在于石勒欠刘琨一个人情，一个天大的而且必须还的人情。放刘琨一条生路，从此，再不相欠。

铁骑上的十六国

刘琨抓过石勒的母亲，那是 311 年的事了，没有威逼利诱，更没有棍棒加身。相反，一番优待之后，刘琨把石勒的母亲送还给了石勒，一起送还的，还有石勒一个叫石虎的侄子。

当然，并不是白白送回就拉倒了的，附带着，给了石勒一封劝降信。动之以情，晓之以理，上至国家民族之大义，下至私人肮脏小九九，刘琨都有提到，目的只有一个，石勒归顺朝廷。

石勒的回信这样写道："……事功殊途，非腐儒所知。君当逞节本朝，吾自夷，难为效……"

拒绝了刘琨的劝降，但送还母亲的人情还在。于是，石勒趁势成就了刘琨的一段传奇。

316 年十二月，石勒赶走刘琨，匈奴汉国完全占领并州，晋朝在中原再无抵抗。

刘琨逃奔幽州鲜卑段部，联合鲜卑段部继续抵抗匈奴汉国。

两年后，鲜卑段匹磾杀刘琨。

临死之前，刘琨写下一首绝命诗，以抒发自己壮志未酬的悲愤情怀。

重赠卢谌

握中有悬璧，本是荆山璆。

惟彼太公望，昔是渭滨叟。

邓生何感激，千里来相求。

白登幸曲逆，鸿门赖留侯。

重耳任五贤，小白相射钩。

苟能隆二伯，安问党与雠。

中夜抚枕叹，想与数子游。

吾衰久矣夫，何其不梦周？

谁云圣达节，知命故不忧。

宣尼悲获麟，西狩涕孔丘。

功业未及建，夕阳忽西流。

时哉不我与，去乎若云浮。

朱实陨劲风，繁英落素秋。

狭路倾华盖，骇驷摧双辀。

何意百炼刚，化为绕指柔。

"何意百炼钢，化为绕指柔"不仅仅是报国无望的痛惜，更是英雄末路的无奈。

刘琨抗击外族入侵的斗争，带有鲜明的民族战争特征。在他的诗歌中，洋溢着爱国主义热情，也体现了一个乱世知识分子兼济天下、为国为民、建功立业的崇高理想。虽然他并没有打过大的胜仗，但是他那屡败屡战、可歌可泣的战斗精神是值得我们称道的。

刘琨的威望随着他抗敌斗争的深入与日俱增，晋王室不断给他加官晋爵，他的人生道路坎坷而艰辛，仕途却一帆风顺，因而在他的政治生涯中，充满着一种所求与所得的矛盾，这种矛盾与他内心那种英雄末路的悲凉情绪交织在一起，为他的一生抹上了一层挥之不去的悲剧色彩。

文人有文人的结尾，我们以陆游的诗作结束刘琨的故事。

夜归偶怀故人独孤景略

买醉村场夜半归，西山月落照柴扉。

刘琨死后无奇士，独听荒鸡泪满衣。

08. 自立为王

俗话说，富不过三代。

匈奴汉国从刘渊算起，到了刘粲手里时，正好三代。至于刘粲的行径，前文已述，不再重提。318 年八月，靳准造反，杀刘粲，尽灭匈奴刘氏。

国乱固然显忠臣，国乱，也给了枭雄们另起炉灶的机会。在中原一番努力厮杀的石勒，趁机向平阳进军。当然不能说自己是来占地盘搞扩张的，石勒的旗帜很鲜明：匡扶汉室，讨伐叛逆。

古人干什么事都爱讲究个师出有名，恰好靳准叛乱了，并且杀死了刘粲，省得石勒亲自动手，大义凛然之下，也免去了他弑主篡位的滔天罪责。

进军很顺利，一路上凯歌频奏，多次打败靳准之弟靳明的军队。当刘曜忙着在讨伐的路上登基称帝的时候，石勒的军队已经杀进了平阳城。

当然，靳准是向石勒求过和的，连皇帝的车马服饰都送给了他，至于前面所说送女儿的事，到底有没有，我们真的不知道，只知道石勒很坚决地说了"NO"。

表面上看，石勒真的是来讨伐叛逆的，可为什么说他有反叛之心呢？

靳明在石勒进入平阳城之前，已经杀死靳准，带着民众向刘曜投了降。石勒攻克平阳的过程中并没有遭到多少抵抗，一座空城，拍拍马就进去了。如果石勒是个忠臣，那么在进入平阳城之后，他会做些什么呢？抓捕叛乱分子，安抚民众，搜寻幸存的皇族成员，保卫皇宫，等待皇室后裔如刘曜继承大统。忠臣，就应该这么干。

石勒只是重新埋葬了被靳准挖出来的刘渊和刘聪的尸骨，那是他曾经的主人，石勒饱受器重。深恩厚义之下，石勒尽了些许他的本分。至于其他的，什么都没做。然后，一把火烧了皇宫。

石勒一把火烧了匈奴汉国的象征。在他心里，匈奴汉国，没了。

早就想分家单过了，正好有这么个天赐良机，为将已久的石勒自然不会扭扭捏捏。

刘曜很恼火，匈奴刘氏还有我，匈奴汉国还有我，石勒胆敢放肆？

事实上，石勒还真不敢放肆，无他，实力不济，也没有到完全开打的境地。虽然刘曜也没有足够的实力彻底消灭石勒。

互相间就先忍着吧。石勒带兵回襄国，刘曜带兵回长安。

但是，各怀鬼胎之下的忍耐没维持多久就出了问题，并且刘曜和石勒彻底决裂。

因为封官晋爵的问题，刘曜认为石勒的使者去长安，并不是向他表示祝贺，其主要目的是刺探情报，有从使者身边叛变的曹平乐做证，于是停了册封石勒为赵王的爵位。石勒认为自己没这么干，大功于国，无端被陷害，冤枉得很。

石勒的话在《晋书》上是这么记载的：孤兄弟之奉刘家，人臣之道过矣，若微孤兄弟，岂能南面称朕哉。根基既立，便欲相图。天不助恶，使假手靳准。孤惟事君之体当资舜求瞽瞍之义，故复推崇令主，齐好如初，何图长恶不悛，杀奉诚之使。帝王之起，复何常邪。赵王、赵帝，孤自取之，名号大小，岂其所节邪。

这就是石勒的造反宣言，理直气壮，掷地有声。至少，石勒这样认为，他和他的兄弟们满腹愤慨，想当王就当王，想称帝就称帝，刘曜，你管不了。

刘曜不是刘渊，也不是刘聪，他驾驭不了石勒。曾经是一起并肩作战的战友，今天却要石勒向他俯首称臣，石勒自然很不服气。

319 年十一月，石勒脱离前赵，自称大单于、赵王，定都襄国，史称后赵。

09. 备战刘曜

刘曜是石勒的对手吗？刘曜是石勒的对手，至少在战场上，刘曜并不输给石勒。多年并肩作战的经历，让刘曜和石勒都明白这个道理。

两个势均力敌的对手，唯一可以比拼的是时间，是耐力，是力量的逐渐积累。还有，比谁犯的错误更少。最后的赢家，往往就是那个犯错最少的人。

在两赵分立以后，前赵君主刘曜屡屡举止失措，始终没有拿出系统而卓有成效的治国措施，而且在军事上的连续胜利并没有为他带来多少实际利益。士兵疲于战，百姓疲于役，国库疲于花光银子。

石勒则恰恰相反，在谋士张宾等人的主持策划下，他在自称赵王后不久就推出了一系列巩固政权的措施，极大地加强了后赵帝国政权的稳定性，增强了综合国力。

几个重要的措施，我们逐条来看一下。

一、赋税减半。这是绝对的大事，在依靠农业支撑整个国家的中国古代，没有什么比减少赋税更能让老百姓拥护的了。而且石勒还有下文，鳏寡孤独者发放抚恤金（每人赐谷两石）。孟子的关于老者"衣帛食肉"的大同社会理想其实也不过如此。中原百姓是善良的，很多年食不果腹的他们，念着石勒的好。

二、建立社稷、宗庙，营建东西官署。这涉及政治体制问题，做好这一切，世人才会看到一个合法的、正规的、健全的后赵。

三、派使者巡行州郡，劝课农桑。这是和第一条相呼应的措施，石勒的意思很明显：粮食我不多要了，但是你们得多产。收粮食的方式难道就只有赋税这一条？肯定不是，比如抢。石勒就是靠这个行当起家的，老本行不做了，但并不代表就已然忘记。在关键时刻关键地点，至少要保证大兵们抢有所抢。

四、设官分职，各司其事。这一条刘曜也在做，相比于麾下人才济济的石勒，几近族灭的刘曜很是惨淡，靳准在平阳的大屠杀，让刘曜永远捉襟见肘。

五、大执法：张宾，专总朝政，位冠僚首；单于元辅：石虎，都督禁卫诸军事；司兵勋：前将军李寒，教国子击刺战射之法。

六、编撰工作：编撰书籍有《上党国记》《大将军起居注》《大单于志》。石勒没上过学，不认识字，但是这并不妨碍石勒写书。其实，越是没上过学的越是希望别人觉得他有文化。比如陈友谅，弑君篡位、杀死恩公，当上皇帝的那一天，他的年号叫作"大义"。

七、封赏功臣，死事之子赏加一等。英雄盖世的项羽为什么会灭亡？无他，赏罚不明而已。当他抱着官印睡不着觉的时候，就是他人心离散之际，败亡不远之时。

八、厘定习俗：禁国人报嫂（兄死，不得以嫂为妻）；禁止在丧婚娶；其烧葬令如本俗。这是一条专门针对胡人生活风俗的措施，以前的他们，挺乱的。怎么形容呢？……禁国人报嫂之后，父死妻其继母还是可以的。毕竟，大赵天王石勒没禁这一条。

至赵王二年（320年），还继续进行了若干措施。主要是官员任命方面的，地方上多多举荐贤良、中正、勇武之士。

确定士族品级，选举贤才，吸收汉族地主阶级分子参与政权。

这些措施能干什么？

这些措施能够激励将士、安抚民众、招纳人才、增加税收，对巩固后赵的统治是有利的。石勒政权的统治因此逐渐巩固下来，国力与日俱增。此消彼长之下，后赵与前赵之间的实力差距逐渐缩小，并且呈超越之势。

区别于刘曜的武力征服，石勒在军事上的作为更为合理，刚柔兼济，以提升自己的实力为最终目的，不以一仗之胜负论输赢。

来看看石勒和东晋名将祖逖的战斗。

320 年，祖逖开始了自己的北伐之路。

向北，对手就是占据中原的石勒。

同是闻鸡起舞，祖逖和刘琨的不同之处在于，祖逖不仅善于纳，而且善于抚，没有久居高官之后的倨傲。刘琨就不行，当年投奔他的人很多，但因心中不满离开他的人也不少，皆因刘琨不善于抚慰士众所致。祖逖却能够礼贤下士，与士卒同甘共苦，对百姓劝课农桑，士是归者甚众。北伐的声势也就上来了。

在北伐进军的过程中，祖逖允许北方本土人民"两属"，就是说归顺自己的同时，也可以向石勒交税称臣。这是没有办法的办法，在当时，大多数北方人民居住的坞堡已经向石勒投降，并且早已遭送质子，想要他们彻底反水，已经成为不可能。

为了争取更多的支持，祖逖认可了这种情况的存在，并且利用这样的关系去刺探石勒的情报，可谓是物尽其用。与无产阶级政权在抗战时期的减息减租政策有一拼，而且有过之而无不及。

成就很明显，"黄河以南，尽为晋土"，练兵积谷，为进取河北之计。

只是太可惜，敌后再也没有了刘琨，石勒在中原也已经成就一统之势，可乘之机，少之又少。祖逖能够凭借的，唯有南北人民"驱除鞑虏，恢复中华"的一腔热血。错过天时，没有地利，祖逖的晋军很强悍，但祖逖的进军很艰难。

石勒没有和祖逖进行血战，对待难以征服和消灭的祖逖，几次硬仗之后，石勒的方式变得很温柔，温柔到尽量避免与祖逖发生正面冲突。

祖逖是北方人，祖坟在幽州，于是石勒专门派人给祖逖家重新修葺了坟墓。

祖逖的部下叛变投奔石勒，勒斩其首送还祖逖，并告诉他："叛臣逃吏，你我之所同恶。"

祖逖军中少马，石勒军中少粮，于是石勒写信给祖逖要求互市，并且互通使者。结果成没成功就不得而知了，但这绝对是石勒发出的又一友善信号。

那么，祖逖还打石勒吗？

自然还是要打的，毕竟以民族大义为重，但进攻的锋芒严重迟滞。而且，出于投桃报李的考虑，祖逖也不接纳后赵叛将，并且禁止部队在边界上对敌方的抄略行动。于是，"边境之间，稍得休息"。除了些许摩擦之外，敌我双方竟是相对和平的。

这就是石勒的高明之处，避免了与劲敌的血战，保存实力的同时，还赚了不少仁义道德的美名。至于石勒与王弥、王浚的故事，还是忘记吧。人们心中总是向往着美好，时间很容易冲淡事不关己的那份不愉快。

第二年，祖逖病死，石勒打破了双方一直维系的和平局面，迅速进军，轻轻松松地收回了祖逖北伐所取得的全部成果。并且趁机南进，相继攻克淮北的豫州、兖州、徐州之地，与东晋划淮河而治。

322 年，张宾死了。

大好形势下，噩耗来得太突然，这位参与了石勒近乎所有重要战役与转折点全部策略谋划的后赵第一谋士的离去给了石勒莫大的打击，让石勒顿生"朝堂空矣"之感。每当石勒与身边的谋臣意见不合时，他总是想到张宾当初的好处，慨叹道："右侯（张宾）离我而去，让我和这些人在一起谋划大事，岂不是太残忍了吗？"

以后的岁月，石勒只能自己扛起后赵的天。

尽管失去了自己一生中最得力的助手，石勒还是花了几年的工夫，先后消灭了幽州的段匹磾、青州的曹嶷，彻底平定除刘曜以外所有的敌对势力。

这样一来，石勒终于得到了机会，转过头对付他真正的对手刘曜。

二赵间的决战，如箭在弦上，一触即发。

10. 对决前赵

没有了第一谋士张宾的石赵集团，还能打得过强大的刘曜吗？

难说。

兵法上说：知己知彼，百战不殆。刘曜很知石勒，在刘渊和刘聪手下工作的那段日子，刘曜和石勒一直在一个锅里盛饭吃。曾经，刘曜专门数过石勒身上的跳蚤个数。"石勒，你化成灰我也认得。"刘曜如是说。

这样的交情之下，没有客套和礼节，甚至没有外交辞令。

直接开打。

324 年，后赵司州刺史石生攻杀前赵河南太守尹平于新安（今河南省新安县），破垒壁十余所、掠五千户而还。从此，前赵和后赵的战争正式拉开序幕。"二赵构隙，日相攻掠，河东、弘农之间，民不聊生矣。"

各自稳定了后方，扩大了地盘，发展了经济，增强了实力，无论准备得是否充分，一旦有一方率先动手，生死存亡的较量就已然开始。

325 年五月，后赵石生屯兵洛阳，侵犯黄河以南地区。当时，黄河以南是东晋的领土，东晋司州刺史李矩、颖川太守郭默多次战败。无奈之下，遂向邻居前赵求援。

前赵刘曜派中山王刘岳、镇东将军呼延谟率军支援。刘岳攻克孟津戍、石梁戍，斩获首级五千多，进军围石生于金墉。

后赵中山公石虎率军支援石生，与刘岳在洛水以西交战。刘岳战败，被流箭射中，退守石梁。

石虎设围四面围石梁，使之内外隔绝。及后，石虎击杀呼延谟。

至此，刘曜的救援行动彻底失败。

东晋军可以不管了，但是被围困的刘岳却是要救的。刘曜亲领大军前往救援，前赵前军将军刘黑攻击石虎部将石聪，大败石聪军。

刘曜屯兵金谷，夜间大军无故惊乱，士卒奔逃溃散。于是退军屯渑池，夜间军中再次惊乱溃散。这是"炸营"。连续发生两次炸营事件之后，刘曜无力再战，遂撤军回长安。

"炸营"这种事很头疼，两军对决之际，士兵们的精神高度紧张，长期保持如此状态，就会使人达到心理承受的极限，进而崩溃。在夜间极度安静的情况下，也许只是某个士兵突然之间的一句梦话、一声尖叫，就会引起整个军营的混乱，不分亲疏远近，士兵们会像发疯了一般手持武器，互相攻击，直至力尽身死。当然在那时，各怀鬼胎者大有人在，平素里积攒的各种矛盾将在此时得到最大限度的宣泄，有仇报仇，有冤报冤。军官一般不敢阻拦，唯一的办法就是让这帮大兵们对砍，直至最后一个人倒下。这是可怕的事件，直接影响整支军队的军心、战心。

刘曜除了撤退，别无他法。

由于刘曜的撤退，四面被围的刘岳再也没有了生机。

325 年六月，石虎攻取石梁，擒获刘岳及其将佐八十多人，以及氐族、羌族士众三千多人，全部押送到襄国，并坑杀刘岳士兵九千人。随即又进攻驻守并州的后赵叛将王腾，擒获并杀死王腾，坑杀其士兵七千多人。

这个石虎，就是被刘琨找到并送还给石勒的那个石虎。石勒活着的时候，他是一柄战刀，攻城略地，无往而不利。石勒死后，战刀就成了一柄屠刀，杀敌人，杀自己人，杀所有他一时兴起想杀的人。

刘曜回到长安，并没有马上进城，作为前赵的皇帝，他要为这次战败负责。未战先溃，固然是由于偶然因素诱导，但主将的责任不可推卸，若能使"上下同欲，三军同心"，哪里会有什么"炸营"的出现？刘曜在长安郊外亲自披麻戴孝，祭奠阵亡将士，七天之后才进城。并且由于愤懑染病，很久才痊愈。

这是两赵之间的第一次大规模交锋，以刘曜的惨败结束。自此以后，司、豫、徐、兖等州皆为后赵所有。后赵的实力经此一战，更加强大起来。

之后就到了 328 年的决战，刘曜和石勒所有的准备都是为了这场决战，消灭对方，自己成为独一无二的"赵"。

刘曜的对手依然是石虎，两年多的奋发图强之后，刘曜终于一雪前耻：高侯之战，石虎大败，陈尸二百余里，一路向南逃到朝歌。刘曜乘胜进兵，击石生于金墉，决千金堨以灌城。

这是刘曜的大胜仗，接连大败后赵两位方面军将领，军威大振。仿佛一瞬间，后赵的败亡就在眼前。

石勒也感觉到了危机的来临，最得力的战将石虎都被刘曜打得落荒而逃，石勒帐下再无人能与刘曜匹敌。那么，自己亲自出马吧。老对手的恩怨，凭小嫩瓜们的能力，真心插不上手。

刘曜没想到石勒会亲自前来，当他还沉浸在大胜石虎的喜悦中时，石勒的各路大军已经完成了集结并开至洛水，距离洛阳城下的刘曜只有一步之遥。慌乱中刘曜举止失当，军事部署漏洞百出。石勒则尽情展现了自己多年来在实战中所有的军事能力积累。

这是石勒和刘曜第一次面对面的交锋，或许，刘曜并没有意识到他和石勒成为敌人后的第一次面对面就是他们俩的生死之战。

他很大意，但石勒很小心。因为，石勒要在这一战中彻底消灭他最为强大的敌人，完成一统中原的宏伟愿望；因为，如果石勒也战败了，一手建立起来的后赵就将不复存在。

决战的过程像是一场围猎。石勒趁刘曜列阵慌乱之际，对刘曜进行分兵合击，石虎、石堪各领一军攻击左、右，石勒自领中军正面进攻。前赵军队大溃，被杀五万多人，刘曜也在撤退时跌落战马，为刘堪所俘。

石勒是羯族人，这是一个世世代代为匈奴人奴仆的民族，但是在石勒的带领下，他们终于打败了原先的主人，用战刀洗刷掉身上奴隶的烙印，成为主人，并且是中原大地上的主人。

匈奴人的光辉从此暗淡开来，逐渐消亡在历史的长河中，没了踪影。

被俘的刘曜还是很有骨气的，石勒曾让刘曜写信给其子刘熙命其投降。刘曜在信中这样写道："与大臣匡维社稷，勿以吾易意也。"相比于后世那个"量中华之物力，结与邻之欢心"的慈禧，刘曜的骨气何止是值得称赞。

石勒迅速杀掉刘曜，灭亡前赵，湮灭了匈奴刘氏最后的光芒。

至此，石勒完成了中原地区的第一次统一，对于当时久经战乱荼毒的北方百姓来说，这应该是件好事。至少，在石勒活着的时候，确实如此。

330 年九月，石勒即皇帝位，年号建平。

11. 下马治天下

马上得天下，能马上治之乎？

石勒在彻底消灭前赵势力之后，中国北方几乎全部归于后赵。如何治理他一手创建的国家，成为石勒所要面临的最大难题。张宾死了，没有人替他拿主意，所有的决断都要自己拍板。

应该说，石勒做得还是不错的。在那个纷争割据的年代，石勒的文治给了他的臣民久违的安宁。……百姓手中一碗安稳饭，史官笔下一位好君王。

下面，来看看几条石勒主要的治国方略。

一是继续劝课农桑。国家专门设有劝课大夫、典农使者、典农都尉等农官，每到春耕、夏作、秋收的时候，这些官员就会到各个村庄乡镇去转悠，应该会敲着铜锣，扯着嗓子大声叫唤今天到底是该播种、锄苗，还是收获，提醒大家抓紧下地干活。对于那些最会种地的农民，国家封有爵位：五大夫。"地种得好，也是可以当官的。"石勒如是说。

其实就是抓典型、树榜样的问题，石勒通过树立"五大夫"的榜样，激励着农民朋友们辛勤劳作，多多产粮。

必须提一下，石勒自己还曾亲行过"籍田之礼"。所谓籍田之礼，其实就是在春耕到来之际，下地扶一把耕地用的犁，扬鞭抽一下牛屁股，然后走两步。石勒亲自扶的，没找人帮忙，这在纷争割据的帝王中难能可贵。此外，石勒还禁止酿酒，以减少粮食的消耗。现在我们看到这一条法令，或许会觉得奇怪，实则不然：在那个老百姓易子而食的战乱年代，居然有人拿粮食来酿酒，该杀。

二是日益重视文化教育。请注意，除了广设学堂、大兴教育之外，石勒还创立了考试制度，在他治下的莘莘学子，需要经过三次考试才能毕业入仕，我们可以叫这三次考试为"中考，高考，公务员录用考"。在石勒之前的中国，人才并不是通过考试来选拔的，汉朝是"举孝廉"，谁孝顺就让谁当官。魏晋是"九品中正制"，依靠的是对贤良的品评。只有石勒的后赵，首创考试，并且，一直在考试。考试不通过，学校不给毕业，政府不让当官，连工作都找不到。

后来的科举制度，鼻祖就是石勒。直到今天，我们依然在考试，国家依然用考试来评价人才的优劣，方法自石勒时始。

后来，后赵政权到了残暴的石虎手里，一阵乱折腾之后，后赵依然能以强势立国二十年，靠的就是石勒创建的考试制度。无他，一场考试，足以收国内英才为己用，打败世家大族的门阀制度。

三是求贤纳谏。石勒招揽人才、重用贤能的作为可以说是经常的、一贯的，并且是持之以恒的。曾经的君子营，引来了第一谋士张宾；后来的各种学校，奠定后赵直至灭亡时依然强大的基础。

从最底层起家的石勒，可谓历尽沧桑、饱经磨难。既知人才之可贵，也领会过得不到人才的痛苦。这就是他能选拔人才、重用人才，并且信任不疑的道理。经历过，才知道如何去珍惜。

至于纳谏，那是因为石勒做错了事。从奴隶而成君王，石勒很想住豪宅，抱美女，有事没事再去打猎嬉戏。从来没享过福，突然置办下这么大的一片家业，是该好好舒服舒服，多搞些娱乐活动。多么正常的想法，可以理解，可以原谅！但是他的大臣们告诉他：不行。于是石勒就不干了，至少暂时不这么干了。这就是关于圣明君主所谓的纳谏。俗话说：听人劝，吃饱饭。史书上记载，石勒每顿饭都能吃得饱，尤其是做了皇帝之后。

四是减租缓刑，依法办事。乱世用重典，石勒的立法是严格的。基于当时的社会背景，以胡人立国，自然会和占有社会主体地位却被奴役被统治的汉族有着深刻的矛盾。立法不严，无以抑奸邪；执法不明，无以平胡汉。在当时，虽然做不到"有法可依，有法必依，执法必严，违法必究"的地步，但是，在石勒的倡导下，依靠法典治国的后赵无疑比其他割据政权更加团结稳定，形势一片大好。

至于减租缓刑之说，是石勒严格执法之外的又一项缓和社会矛盾的莫大措施。减免百姓赋税，赦免罪行轻小者，官府出具棺材掩埋暴露荒野的尸骨等一系列政策，极大地争取了民心，尤其是汉人之心。对于饱经战乱的他们而言，能有一个安稳的家，有一块地种，有一口饱饭吃，足矣。

五是防止贪赃枉法。这是一条整治官吏的措施，除了针对此事立法以外，石勒也曾亲自微服试探，方法是拿着好多的钱去贿赂官员求其办事。效果如何，尚且不知，但作为王者，如此行事，方法不值得提倡。不过石勒严防官吏贪污受贿的心是好的。

六是胡汉分治。杂居引发混乱，分治有利和平。在那个胡汉双方势同水火的年代，胡汉分治也是不得已的选择，免得统治阶级的胡人欺负被统治的汉人。当然，毋庸置疑，羯族人的政治地位是高于汉人的。汉人，从某种意义上说，只是为羯族人生产粮食和提供租税的人。石靳明白这一点，并坚持这一点。

当然，石勒的政策也并不都是好的，比如，石勒公然明定，胡人抢掠汉族士人免罚，胡人有所需，可以任意索取一般汉人的东西。这是什么意思？胡人饿了，汉人家里的食物可以随便吃；胡人冷了，汉人家里的衣服可以随便穿；胡人想女人了，汉人家里的姐妹妻女可以随便……

但在那个时代，生活在石勒统治下的民众生活境遇，竟是比以前好得多。

石勒书读得少，文化成绩没有刘曜好，但是毫无疑问，相对于刘曜，后赵的君主更加贤明，政策更加系统、完善，稳定社会、争取民心、选拔人才、团结士族的效果更好。在石勒的尽心治理之下，一个稳定的强大的后赵在中原地区迅速崛起。

12. 石勒最后的传奇

再也没有金鼓之声和仙人指路，已经为帝为王的石勒应验了前面所有的预言，就好像照着他的经历回溯撰写一般。

现在要说的，是他另外的传奇，关乎帝王的气度。

混好了的石勒会有好多亲朋故旧来投奔，比如他三姑家表舅的亲侄子，乡里乡亲的，总要沾点光才算说得过去。他们向石勒要车要房要官位，还要石勒给说房媳妇儿。

人之常情。虽然当年少有照顾，并且"多嗤笑而去"，但如今终究是混得好了，若不给些好处，确实有些说不过去。况且，石勒也需要那些人的认同。

乡邻们都到了，但有一个叫李阳的没来。

话说当年石勒还在种地的时候，经常因为争夺肥地的大粪和李阳大打出手。那时候没有农药化肥，争大粪从某种意义上来说，就是争口粮，怎能不拼？揍过石勒的李阳，真心不敢来。

相比于韩信所受的胯下之辱，尚可还手反击的石勒自然不会介意，"孤方取信于天下，岂计个人恩怨？"赐李阳甲第一座，封参军都尉。同时，免去故乡三世赋税。

生杀大权在手，海内唯我独尊，石勒居然没有把当年得罪他的人杀掉，确实值得称赞。曾经有一位政客这样描述权力："真正的权力，不是我想要谁死就得死，而是我想要谁活谁就能活。"

很明显，石勒是一个善于利用权力的人。

下面两则小故事，是关于一个"胡"字的故事。

我们永远不畏惧别人叫我们汉人，因为辉煌过，因为自信过，因为伟大过，现在我们依然伟大并辉煌着。但是羯族人并不是这样，世世代代为他人奴隶任他人驱使的生活养成了羯族人极度敏感自卑的性格。尤其是当他们有能力并且已经成为一个国家的主人之后，这种自卑将会转化为另外一种方式以得到展现与宣泄，比如特权，比如残暴，比如某些敏感的字眼……

石勒有明文规定：无论是说话还是写文章，一律严禁出现"胡"字，并且，改称羯族人为"国人"，违令者，杀。从来都是杀人者死，没听说过说了一个"胡"字就要杀头的。清朝的文字狱与之相近，但那也并不是因为一个字，而是浮在字里行间的反叛之心。

总有法外开恩。话说有一天，石勒在宫门附近视察，适有醉胡骑马闯入止车门，士兵居然未加阻拦。石勒大怒，责问守门者，极度紧张之下，守门者忘了忌讳："醉胡乘马驰入，不可与之理论。"石勒哈哈一笑："胡人正自难与言。"

对守门者恕而不罪。

又有一事，是胡人可以随便拿汉人东西引发的故事。石勒因参军樊坦清贫，擢授其章武内史（肥差，可多有俸禄）。及坦来辞行，衣冠破坏，勒大惊曰："樊参军何贫之甚也。"是啊，樊将军怎么会穷成这副模样，来见朕也不穿件好点的衣服？樊坦性情诚实质朴，率然而对曰："遇到羯贼坏蛋，衣服被扯坏了不说，值钱的都被抢光了。"勒笑曰："羯贼确实太坏啦，那我替他们还你吧。"坦乃大惧，叩头泣谢。勒曰："孤律自防俗士，不关卿辈老书生也。"赐坦车马衣服及钱三百万。

帝王的胸襟与气量，固然需要从兼济苍生中展现，但也应该在细枝末节中表达。

族人的感情需要照顾，没有他们，石勒成就不了大业。臣子的人心也需要收揽，没有他们，石勒守不住江山。石勒的处理方式，执法而不拘泥于法，通情达理，恰当怡然，既缓和了紧张局面，也收揽了那些效忠他的人的心，还博得了一个好名声。

故事还有续集，还是那个樊坦，得了赏赐后就在石勒家蹭饭。这顿饭是有名堂的，叫作"御赐午膳"。樊坦八辈子没吃过皇帝家的饭，猛吃海喝之际，石勒指着一盘胡瓜问樊坦："卿知此物何名？"樊坦再也不会犯傻了，恭恭敬敬回答说："紫案佳肴，银杯绿茶，金樽甘露，玉盘黄瓜。"

后来这事在朝野之中就传开了，胡瓜也就成了黄瓜，这就是黄瓜得名的由来。

没上过学的石勒知道学习文化知识的宝贵，"君子营"和第一谋士张宾在他创建后赵基业的过程中所起到的作用，更是让他深刻理解了"知识改变命运"的含义。后来生活条件好了，石勒就开始恶补文化知识。"虽在军旅，常令儒生读史书而听之，每以其意论古帝王善恶，朝贤儒士听者莫不归美焉。"（《晋书·石勒载记》）

古人说："士别三日，当刮目相看"，已为帝王的石勒再也不是昨日之吴下阿蒙。

文化知识和见识大有长进的石勒，看待事情很是敏锐深刻，颇有长远目光。曾经听《汉书》中郦食其劝刘邦立六国后那一段，马上表示不同见解：此法当失，何得遂成天下？只等到留侯张良的劝谏才松了一口气："幸而赖此一谏。"

石勒，何习汉文化之深也？

梦想催生方法，方法指导行动。功成名就之后依然好好学习的石勒是有梦想的，绝不仅仅是割据北方，而是在群雄争霸的乱世中成为汉高祖一样的人物，荡平寰宇，一统天下，做一个真正的皇帝。或者说，据天下为己有的强烈占有欲，刺激着他继续行动的神经。

转眼到了333年正月，这是他称帝的第四个年头。作为皇帝，石勒该做的已经做得差不多了，能征服的已经征服，不能征服的只好扔在那里，再也无法征服。比如东晋，柔弱却也强大，死硬并且难缠。

那就不去想它，石勒想过得幸福些。毕竟，在那个时候，他才是中国最强大的力量，只要不给别人添堵，他就能过得舒服。

正月里来是新春，也是吃饭喝酒搞娱乐的好日子。大宴群臣之际，石勒想起了以前皇帝刘渊问过的问题，于是向大臣徐光问道："朕何如古之开基创业之君？"

徐光回答说："陛下神明威武胜于汉高祖，才略绝伦超过魏武帝，自三王以来无人可相比，仅次于黄帝。"

石勒笑着说："人怎能没有自知之明，你的话不是太过分了吗？若逢高皇，当北面而事之，然犹与韩彭竞鞭而争先耳。倘若遇到的是光武帝，当并驱于中原，未知鹿死谁手。大丈夫行事光明磊落，如日月皎然，终不能如曹孟德、司马仲达父子，欺他孤儿寡妇，狐媚以取天下。朕在二刘之间，轩辕岂所拟乎。"

成功人士的言语，怎么说都是对的。石勒觉得自己比曹操、司马懿强，虽然不如汉高祖刘邦，但足以和光武帝刘秀相提并论。没有抢孤儿寡母的江山就一定是光明磊落的吗？也不尽然，至少，王弥、王浚会举双手抗议。但失败者的抗议孱弱无力。

石勒还想做一统天下的君王，如汉高祖刘邦、光武帝刘秀一般，而不是魏武、晋宣之类割据称雄的霸主。但是，他只能割据称雄，毕竟没有曹操横槊赋诗的气魄。而南渡的东晋，却有着收拾旧河山的决心。

后来，石勒在逝世之前，把他一统天下的愿望说得更清楚。他对徐光说："吴蜀未平，书轨不一，司马家犹不绝于丹阳，恐后之人将以吾为不应符箓，每一思之，不觉见于形色。"不过，石勒始终没有实现他一统天下的愿望。

石勒崛起于穷困的少数民族之中，能够统一中国北方的大部，在文治上也颇有建树，并且有统一中国之志，这在当时十六国中确实是个杰出的帝王。当然，他屠杀了不少人，已降者如曹嶷、徐龛等均所不免，尤其是因为戏谑之言，曾将其姐夫折足而杀之，何其残忍。至如弃旧怨而与李阳握手言欢，恕樊坦之失言而厚与赠送，则又俨然一个忠厚长者了。很奇怪吗？一点也不奇怪。这就是复杂的人性使然。

13. 捡来的侄子

在介绍后赵新任皇帝石弘之前，先来认识另一个人——石虎。

就其作用来说，后赵之石虎犹如匈奴汉国之刘曜，并且有过之而无不及。虽然，石虎在与刘曜的对战中，处于下风。

石虎，字季龙，羯族人。石虎很小的时候就死了爹娘，是被石勒的父亲抚养长大的，所以和石勒的关系很是亲密。但关于辈分的问题，历史上始终存在争议，一说他是石勒的兄弟，毕竟是石勒他爹养大的嘛。一说他是石勒的堂侄，原因是和石勒的年龄相差太大。我们姑且认为石虎是石勒的侄了吧，后继之君，辈分小一点更好接受。

话说石虎六七岁时，有算命先生见了他，当即断言：此儿貌奇有壮骨，贵不可言。

在贵不可言之前，石虎是卑贱的，并且是为人奴仆，贱不可言。

永兴年间，石虎与石勒相失。

相失后的石勒成了流民、奴隶，只是因为后来的机遇才有了改观。可以想象，当时依然年幼的石虎在那段时间里过着怎样的生活，有着怎样的经历。或许他"壮骨""贵不可言"，不然又该如何解释他居然能好好地活到与石勒相见？

石虎和石勒的重逢是在 311 年。石勒屯兵葛陂、进退两难之际，刘琨找到了石虎，还有石勒的母亲。刘琨并不好心，送还是为了劝降，结果自然是失败，但帮了石虎天大的忙。再也不用颠沛流离、任人欺辱了，有了大靠山石勒之后，石虎过上了斗鸡走马、飞扬跋扈的"二世祖"的生活。那一年，石虎十七岁。

俗话说：教育要从娃娃抓起。从小为填饱肚子四处奔波的石虎根本没什么教育可言，除了残酷的吃人社会，唯有的就是过往所受到的屈辱。从中提炼阅历，从中学习知识，从中塑造自己的性格。狭隘自私、冷血无情，曾经没人把他当人看；现在，他也不会把别人当人看。在成长过程中，外界给予他的一切都是冷冰冰的，没有温暖；现在，他能给予别人的也就只有冷酷。

我所遭受的所有，都要十倍百倍地还回去。石虎并没有这么说过，只是用行动表达着这一切。

从来没有好好玩过的石虎可以好好玩了，从来都是被别人欺负的石虎现在终于可以欺负别人了。史载：尤善弹，数弹人，军中以为毒患。

石勒不会同意这个混蛋侄子的胡作非为，扰乱军队的行为更是让他恼火。几次教训之后，石勒就想杀了他，以彻底铲除麻烦。那时候石勒他妈还在，这个曾经为石勒解"耳畔有金戈铁马之声"的女人很有见识，这一次再次发挥作用，"快牛为犊子时，多能破车，汝当小忍之"。言外之意是，"快牛"长大了，就不会把车拉破了。石虎就此活命。

石虎长大了。十八岁，放在现在也是成年人。在那个人均寿命三四十岁的时代，十八岁的石虎已经很大了。

长大了的石虎开始懂点礼貌，"检慑恭谨，严重爱士"，行为检点，为人恭敬谨慎，严肃稳重，爱护士卒。而且，身高体健，弓马娴熟，勇冠当时，将佐亲戚莫不敬惮。区区一年后，石虎再也不是那个拿着弹弓弹人的坏蛋。变化是本质的，天翻地覆的，大家有目共睹。

就石虎后来的表现，我始终怀疑，他之所以这样，是石勒多次狠揍的结果。俗话说：棍棒底下出孝子。十七八岁的石虎在石勒严厉教育的棍棒之下，会做给石勒看。

驻兵葛陂的那段时间，是石勒征战生涯的危急存亡之秋，进攻变成了被进攻，连续的胜利之后突然就到了足以让他粉身碎骨的悬崖边上。在这样的节骨眼上，石勒突然多了一员值得信赖的猛将，怎能不高兴？拜石虎为征虏将军，领军出战。

石虎的第一战是争夺粮草，对手是晋军将领纪瞻。开始的战斗很顺利，在两千羯族骑兵的强力冲击下，保护粮草的晋军很快溃散。但是，在葛陂的连绵大雨中耗尽了粮草，近乎以人相食的羯族士兵，看见粮食后马上乱了阵形，晋军趁机反扑。石虎的第一仗，败了。

现实中的初次经历，多数都不光彩，能做的就是不断地从不光彩中学习经验教训，不断提升，不断进步。初出茅庐的石虎就在胜胜负负的战斗中不断学习，不断总结。至于交了多少学费，在他眼里，并不值得他心痛。

后来石勒回到了北方，没多久就给石虎娶了房媳妇，将军郭荣的妹妹。将军的妹妹自然是白富美，岂不是要乐颠颠？但石虎不喜欢，很不喜欢。

石虎喜欢的是一个叫作郑樱桃的歌女。女人争风吃醋之下，石虎一刀就把原配夫人给杀了。后来他又娶了清河崔氏女，名门大户，待字闺中，当时不知有多少美少年愿意为她跑断腿。不过在郑樱桃使坏、告刁状、枕头风的蛊惑下，石虎又杀了他的第二任夫人。后来石虎还有第三任夫人、第四任夫人……

能够对自己的妻子痛下杀手，这是个怎样的人呢？无情无义，冷酷残忍，没有人性？这些词汇都不足以形容。对待相濡以沫的妻子尚且如此，对待别人也就可想而知。因此，不必惊讶石虎当国后的凶残。

14. 尸骨垒砌的战功

后来，就是征战杀伐的故事，石虎凶残狠毒的性情在这一过程中表现得淋漓尽致，"至于降城陷垒，不复断别善恶，坑斩士女，鲜有遗类"（《晋书·石季龙载记》）。攻城略地之后，反对他的要杀，拥护他的也要杀，只求自己高兴，哪里在意别人的恐惧和痛苦。战刀举起，杀、杀、杀！

对待敌人固然残忍，对待同袍石虎也没好到哪儿去。"军中有勇干策略与己俟者，辄方便害之，前后所杀甚众。"

这是什么意思？我们姑且能理解他降城陷垒之后的残暴，但实在搞不清楚自己军中的同僚用略才干比他强，对他有什么不好？甚至是"与己俟者"，并不一定比他强。

嫉妒之心，真的能让人疯狂到不顾一切？

石虎是一个毫不利人，也不怎么利己的人，唯一的优点是善于统兵打仗，指挥有度，调度有方，四方多战事，石勒用得着。屡加告诫依然不改之后，石勒也就不再管他，专以征伐之任。

于是，石虎开始了为石勒开疆拓土、讨伐不从的征战历程，并且很快独当一面，成为后赵不可或缺的军事将领。

312年十二月，石虎与鲜卑段疾陆誉在渚阳会盟，结为兄弟。这是一次成功的会盟，石虎利用自己的特殊身份（石勒侄子）争取到了段氏鲜卑的支持，至少，他们不会捣蛋拖后腿了。这对瓦解鲜卑部落与晋朝将领王浚、刘琨等人的关系有着重要意义，为后来消灭王浚、刘琨等人奠定了基础。

分化敌人，就是强大自己。石虎的第一份军功居然不是用刀枪拼来的，不知道为什么石虎竟没有从中学习到些许经验。

313年四月，石虎攻克邺城，不久即奉命镇守邺城。如果说屯兵葛陂是石勒事业的转折点，镇守邺城就是石虎王图霸业的开端。邺城，当年曹操的老巢，除洛阳外，是当时中国的另一个政治中心。宫室之美，三台（铜雀台、金虎台、冰井台）之固，自不在话下。虽几经战乱，但作为帝王之都的恢宏气势依然存在。石虎住下来就不想走，有了自己的地盘，紧接着就有了其他想法，比如，割据自立之类。当然，石勒尚在，他还不敢。但心里想想总是可以的，那年石虎还不到二十岁，但心里已经开始想了，想据邺城为己有。

316年四月，石虎克廪丘，刘演逃走，石虎擒刘演弟刘启。

317年六月，石虎围祖逖于谯城。

318年十一月，石虎率幽、冀两州军队与石勒合兵进攻平阳，多次战败靳准弟靳明，后来石勒攻克平阳。只是靳明投降了刘曜，石勒没有把他抓到。

319年四月，祖逖攻陈川，援军石虎于浚仪（今河南省开封市一带）战败祖逖，迁陈川部众五千户于襄国。

同年，石虎在朔方重创鲜卑族日六延，斩首二万，俘虏三万。

320年二月，石虎围攻厌次，抓邵续。

320年八月，石虎攻徐龛，徐龛降。

321年三月，石虎攻幽州刺史段匹磾，段匹磾和段文鸯、邵续等同被后赵所杀。

322年七月，石虎擒徐龛，石勒杀之。

322年八月，石虎围广固城，曹嶷出降。石虎尽杀降兵三万人。

325年六月，石虎攻取石梁，擒获刘岳及其将佐八十余人，坑杀刘岳士兵九千人。当时，连前赵刘曜亲率的援军也因炸营而败归。随即石虎进攻并州王腾，擒获并杀之，坑杀其士兵七千多人。司州、豫州、徐州、兖州地区全部归入后赵，与东晋以淮水为界。

这是石虎的履历表，更是石虎的战功表。无数人头滚落之后，石虎的战功与日俱增。攻城略地，开疆拓土，无论过程多么曲折、残酷，不可否认，石虎为后赵政权做出了不可磨灭的贡献。与战功相伴而生的，是石虎的野心，官职越来越大，麾下军队越来越多，石虎的"雄心壮志"也就越来越大。

但石勒不能容许日益坐大的石虎威胁到自己，即使是亲生儿子也不能容许，更何况是侄子，而且是捡来的。古往今来，在无限的权欲面前，亲情格外脆弱。

326年十月，石勒用程遐计，营建邺城宫室，以王世子石弘镇守邺城，配禁兵万人，车骑将军所领五十四营军队全部配署在邺城，骠骑将军兼门臣祭酒王阳专门统领六夷以辅佐石弘，直接夺取了石虎在邺城的全部权势。至于石虎，石勒让他搬家，回襄国，活在自己的眼皮底下。

这就是典型的"功多不赏"。幸亏石虎和石勒关系非同一般，否则就要刀兵加颈了。功高盖主之下，石虎只能顺从，还要表现得欢呼雀跃。泪只能忍着，气只能憋着。

经营多年的地盘就这样没了，石虎恨死了那个为石勒出谋划策的程遐。但有石勒在，他也没办法。

仗还要继续打，同年，石虎攻击代王拓跋纥那，双方战于句注山陉北，拓跋纥那战败，迁都至大宁，以避敌祸。

之后就到了328年和前赵国主刘曜的决战，石虎虽然战败，但在消灭刘曜的战斗中所建立的功勋却是巨大的。

329年九月，石虎擒获前赵太子刘熙、南阳王刘胤及其将军、郡王、公卿、校尉以下三千多人，全数杀害。把前赵朝廷的文武官员、关东流民、秦州和雍州的大族九千多人迁徙到襄国，又在洛阳坑杀五郡的屠各部部众五千多人。

之后，石虎进攻河西羌族的集木且部，获胜，俘数万人，秦州、陇西全部平定。氐族王蒲洪、羌族首领姚弋仲全部归降石虎。

石虎上表，荐举蒲洪监察六夷军事，姚弋仲任六夷左都督。迁氐、羌两族十五万人于司、冀两州。请注意这两个人，后赵之后的历史有他们的戏份，是主角，不是龙套。

330年二月，石勒称大赵天王，行皇帝事（九月称帝）。世子石弘为太子；子石宏为骠骑大将军、都督中外军事、大单于，封秦王；子石斌为左卫将军，封太原王；子石恢为辅国将军，封南阳王；中山公石虎为太尉、尚书令，晋爵位为中山王；石虎的儿子石邃为冀州刺史，封齐王。

石勒很高兴，当年是奴隶，万人践踏，现在是皇帝，坐拥天下。但石虎很不高兴，官变小了，他想当大单于，但石勒没给，给了自己的儿子。"大单于"是草原上游牧民族的最高首领，在没有"皇帝"之前，他就是皇帝。并不是所有的胡人都认可皇帝，但所有的胡人必定认可大单于。

石勒真心舍不得给。毕竟，侄子不是儿子。

主上自都襄国以来，端身拱手，坐享其成，而以吾躬当矢石。二十余年，南擒刘岳，北走索头，东平齐、鲁，西定秦、雍，克殄十有三座。成大赵功业者，我也。大单于之望实在于我，而授黄吻婢儿，每一忆此，令人不复能寝食。待主上晏驾之后，不足复留种也。

　　这是石虎偷偷告诉儿子石邃的，不知道史官如何知道。"不复留种也"，石虎在那时就已经准备把石勒的子孙全杀光了。英明如石勒者，终究没有察觉。

15. 悲催帝石弘

　　333 年六月，石勒病重，石虎入宫侍卫，乘机控制皇宫，矫称诏令，群臣、亲戚不得入见。除石虎外，石勒的病情无人知晓。

　　这是一个危险的信号，迫不及待的石虎并没有等到"主上晏驾之后"就已经掌控了一切，包括重病中的石勒。

　　333 年八月十七日，石勒病逝，谥明皇帝，庙号高祖。

　　太子石弘即皇帝位，中山王石虎辅政。

　　石勒留下的遗嘱是这样说的："石弘兄弟，应当好好相互扶持，司马氏就是你们的前车之鉴。中山王石虎应当深深追思周公、霍光，不要为后世留下口实。"人之将死，多的是对后辈儿孙的勉励，石勒的拳拳期望在以上两句话中得到完美诠释。只是，若是泉下有知，后来发生的事情定会让他很是失望。

　　我相信，这份遗嘱是真的。所谓"深深追思"，可以理解为千万不要，千万不要做篡位弑君之事。或许，石勒临死前已经察觉到了石虎的不臣之心，只是那时，他已经无力回天。

　　很明显，石虎没有深深追思周公、霍光。或者说，志不在此。让他深深追思的应该是王莽、曹丕和司马炎。在石勒死后的第二天，石虎篡夺了后赵政权，架空并控制了石弘。至于是否为后世留下口实，相较于极度膨胀的权力欲望，石虎真的不在乎。

　　俗话说：老子英雄儿好汉。身为一代枭雄石勒的儿子，石弘是个怎样的人呢？为什么那么容易就被石虎控制摆布？

石弘，字大雅，后赵明帝石勒次子。幼有孝行，恭谨谦虚有节操。不出意外，好孩子石弘一定会有一个大好的前程。

可惜，他生在乱世。

鉴于吃了没文化的亏，石勒对石弘的教育是下了大功夫的。先学诗词律令，再教兵法、剑术。石弘学得很好，尤其是诗词，连石勒都说，大雅和悦安静，不像"将家子"。功课学得太好，就成了个温顺文雅的文化人，斯文得很，不像是兵革熏陶过的将门虎子。

石弘曾经领兵，取代石虎，镇守邺城。不过在众多将领环卫下的石弘，能有多少日子是在军营中度过的，就不得而知了。

但是毫无疑问，在石勒百战立国之后，石弘是个绝佳的守成之君：清净无为，与民休息，朝廷上下守先王遗命，废兵革之灾。若干年后，定会有一个强大富足的后赵政权雄立于淮河北岸。久历战乱的北方人民需要休养生息。

只是有了石虎，无数战功，助长了他的勃勃野心。兵权在握，杀人如麻的石虎什么都能干得出来。

没有人察觉吗？有，但是石勒喜欢他。毕竟，今日之石虎早已不是那个只会拿弹弓到处弹人的小坏蛋了，不是还"检慑恭谨，严重爱士"嘛。

大臣徐光曾这样告诉石勒："皇太子仁孝温恭，中山王雄暴多诈。陛下一旦不讳，臣恐社稷必危，宜渐夺中山威权，使太子早参朝政。"

石弘的舅舅程遐也劝说石勒早早除去石虎："中山王勇武权智，群臣莫有及者。观其志也，自陛下之外，视之蔑如。兼荷专征岁久，威振外内，性又不仁，残忍无赖。其诸子并长，皆预兵权。陛下在，自当无他，恐其怏怏不可辅少主也。宜早除之，以便大计。"简而言之，今之石虎犹古之魏延，石勒死，石虎必反。

可惜今之石勒却不是古之孔明。石勒是不信的，他不信那个在他面前俯首帖耳的石虎会造反，他不信那个他一手抚养栽培的石虎会去杀他的儿孙。他是这样回答的："当今天下未定，战乱不止，大雅幼弱，当命强力辅相以佐大雅。石虎功臣，亲盟如鲁、卫，正欲委以伊、霍重任，岂如汝所述。恐他日不得擅帝舅之权故尔。吾亦当参卿于顾命，勿为过惧也。"

之后的劝谏我们可以全部忽略了，程遐甚至搬出了曹操、司马懿的典故，也没有动摇石勒让石虎辅政的决心。

这是死谏，不用考虑，做出这种劝谏的人是石虎的死敌，即使过去不是，从现在起也就是了。一旦石虎得势，等待他们的将是抄家灭族、万劫不复。可惜，程遐、徐光之流靠的是嘴皮子吃饭，缺乏做出这种劝谏应该具有的有我无敌的胆气与魄力。

石勒也有自己的考虑。

帝王之术其实就是权力的平衡之术，石勒要做的并不是完全倒向一方，而是在权力的分配上使之能够互相制约以达到相互的平衡。石虎固然不可靠，但程遐就不能成为匈奴汉国的靳准吗？只有让他们互相制约，后赵的江山才能够安然无恙。信谁呢？石勒谁都不敢信，谁都不能信。

只是后来事情的发展和石勒的预想相差太远，石虎太强悍，而程遐原来是一只不堪一击的菜鸟。

石勒去世后的第二天，也就是 333 年八月十八日，石虎以强力控制石弘，逼石弘下令，逮捕程遐、徐光。

那时，石弘还没有登基。仁孝谦逊并且文雅有节操的石弘在钢刀面前吓瘫了，坚决要求让位给石虎。这让大权在握、已经控制整个赵国的石虎很生气："君死而世子即位，我岂敢破坏法纪。如世子不能胜任，天下自有议论，岂用预先论定。"在石虎的逼迫下，石弘登上了皇位。

什么叫"如世子不能胜任，天下自有议论"？这些都是有深意的话语，胜不胜任还不是石虎说了算？什么时候，石虎想做皇帝了，石弘没办法胜任"皇帝"这个职业的时候也就到了。

想当皇帝的百姓不是好百姓，不想当皇帝的太子不是好太子。但不承想太子石弘做上皇帝竟是被人逼迫所致，而且在登基之前就已经被隐晦告知，要退位。这又是什么道理？无他，石虎想要玩一出欲擒故纵的把戏，为随后的篡位做一个小小的铺垫，以堵住悠悠之口。

好命还是悲惨？石弘忐忑不安，满腹的经史子集和兵法剑术比不了头颈上一柄滴血的钢刀来得现实。蝼蚁尚且偷生，何况人呢？生命受到威胁的石弘宁愿抛弃一切才学与地位去换取苟活，傀儡总比骷髅要好。

饱读诗书的石弘毕竟是羯族人，骨子里面不会理解"君王死社稷"的真意所在。即使理解了，距离做到也有好长好长的一段路。

登上皇位的石弘发布了第一条上谕：杀程遐、徐光。

十几年征战立功都没有换来大单于之位的石虎，现在终于如愿以偿，并且大单于还不是他的唯一的头衔，丞相、魏王、大单于，加九锡，以魏郡等十三郡为食邑，统领百官。控制了十万大军，石虎只不过是一条狗，石勒让他咬谁他就得去咬谁，而且，随时都有可能落得兔死狗烹的结局。控制了石弘，石虎就变成了狼，不，就变成了真正的老虎，一只想吃谁就能吃谁的老虎！无论你是平民百姓还是王侯将相，即使是皇帝，不也攥在他的手心吗？正在他的手心瑟瑟发抖。

至于石勒呢？毫无疑问，石弘是做不了主的，一切都要听石虎安排。后赵的建立者石勒的威望无与伦比，虽然化为了一具尸体，可依然具有强大的号召力，足以让石虎恐惧。

那就让世人永远都找不到他吧。没有葬礼，没有祭祀，石虎把他亲爱的石勒叔叔埋葬在了一个不见天日的幽深山谷。据说，那个地方在风水上叫作困龙势，乃永世不得超生之地。

埋葬他的那些随从，做了他的陪葬品。

石勒的故事，到此结束。

除了皇位，石虎抢了他能抢的一切，石勒的车马、珍宝、日常用品，宫中的女人，太子的宫殿，还有朝廷上所有要害部门的职位。全部，完全收归自己所有。

并不是所有人都顺从，比如石勒的儿子们，比如石勒的老婆。曾经，靳准篡夺匈奴刘氏的政权后，也有人反对，那时是刘曜和石勒。他们的讨伐大军百战百胜，两路夹击之下，很快灭掉了靠女人起家的靳准。

现在，是石勒的儿子们。

反抗石虎篡权的行动进行得轰轰烈烈，只是他们的对手太过强大——从刀光剑影、尸山血海中杀出来的石虎，老练、狠毒。石勒的儿子们如石生、石堪之流在他面前就像是新鲜的、清脆的小黄瓜，犹如当年石虎在刘曜面前那样，偶有胜利，但终究改变不了失败的结局。

石生他们没有石虎当年幸运，等不来石勒的援兵，唯一的结果就是失败和灭亡。

不久后，石虎杀石生、石堪，消灭所有的反对势力。

时间到了334年，石弘当了一年多的皇帝，再也没办法干下去。没有逼迫，石弘带着玉玺亲自去拜访石虎，只有一个目的：皇帝，我不干了。

"天下自有公论，奈何若斯？"这是石虎给出的答案，石弘就被打发回宫了，依然带着他的玉玺，回去等着"公论"。

没有公论，等来的是石虎废黜石弘皇帝位的命令。就这样，石弘的傀儡皇帝角色到头了。

同年，石虎杀石弘及其母程太后，并两个兄弟石宏、石恢。石弘被杀时，只有二十二岁。

后赵，从此就属于"居摄赵天王"石虎了。石勒的子孙，全部被石虎所杀，斩草除根，一个不留。

石勒怎么会想不到，暴戾的石虎无情无义？石勒怎么都没想到，死后仅仅一天，辛苦经营的后赵基业就成了为他人做的嫁衣裳。

16. 居摄赵天王

属于石虎的时代开始了，天下人都将憎恶这个名字，因为他横征暴敛，荒淫无度；天下人也都将畏惧这个名字，因为他残暴冷血，杀人无数。

对石虎的所作所为第一个表示不爽的是西羌大都督姚弋仲。姚弋仲，没有字，南安赤亭（今甘肃省陇西县东南）人，其先祖世代为羌人领袖。原本他不是一个有很大影响的人物，但因为他有一个相当有出息的儿子叫姚苌，后秦帝国的建立者，虽是个短命王朝，但终究是开国之君，史不多见，于是关于姚弋仲的故事也就铭记史册、为人所知了。

当时的姚弋仲还是后赵的臣属，居摄赵天王石虎开元登基、执掌天下之际，作为臣下，姚弋仲是要表示恭祝的。即便是石勒，强势如斯却还是要在刘曜登基称帝时遣使献礼以表祝贺，但姚弋仲并没有这样做。人在做，天在看，姚弋仲很清楚，后赵皇室发生了哪些蝇营狗苟。

大爽之后的石虎很不爽，不知道我很牛很残暴吗？偏要你来。之后，大概比十二道金牌还要多的圣旨之后，姚弋仲终于还是来了，只是没有好脸色："大王英雄盖世，何受握臂托孤而夺人君之位？"这是骂人的话，什么狗屁英雄，整个一忘恩负义、卑鄙无耻的小人。石虎很恼火，但借口很牵强很无力："海阳王（石弘）年幼，恐不能理家事。所以代之。"

其实，皇位都已经夺了下来，什么样的借口都已不再重要，姚弋仲也只是发泄一下心中的不满，并不能改变什么。偷牛者盗，窃国者王。石虎已然王矣。至于大骂了他一顿的姚弋仲，自然没事，而且有官可封。因为王者气度，石虎还需要表现；因为姚弋仲身后的羌人势力，石虎还需要拉拢。

军人出身的石虎最在行的是打仗和杀人，并不怎么会治国。在他眼里，君王应该是"醉卧美人膝，醒掌天下权"的，住最好最好的房子，睡最俊最俊的妹子。那样的生活，才是一代君王应该有的生活，至于忧国忧民，以天下为己任之类的事情，石虎没仔细考虑过。我死之后管他洪水滔天，只要今生能过得舒坦。

石虎就是这么干的。

335年九月，终究难免曾经驻守邺城而产生的邺城情结，石虎把国都迁到了邺城。

迁都是一项大工程，尤其是当后赵已经成为一个中原政权，再也不是卷起铺盖就可以走人的草原部落时。拖家带口的百姓、豪强，金银满车的达官显贵，有多少人跟着石虎走，就有多少人遭殃。轻则破财免灾，重则倾家荡产、家破人亡。后世如宋钦宗，如崇祯皇帝，国破家亡在即，都没有和臣下达成迁都共识，而石虎却成功了。至于民怨，强权之下，蕞尔小民，能奈石虎何？

迁都之后的石虎马上投入为自己盖房子的伟大事业当中，老百姓搬家还想要置办些新家当，况石虎乎？336年十一月，石虎在襄国建造太武殿，在邺城营建东、西二宫，至当年十二月，全部竣工。

两个月，能造出什么样的房子呢？

> 太武殿其高二丈八尺，以文石砌之，下穿伏室，置卫士五百人于其中。东西七十五步，南北六十五步。皆漆瓦、金铛、银楹、金柱、珠帘、玉壁，穷极技巧。
>
> ——《晋书·石季龙载记》

现在的人对"东西七十五步，南北六十五步"的大房子不感冒，但在一千七百年前的中国，对于后赵这样的国家而言，却是一个极其庞大的工程，需要数以万计的工匠日夜不停地劳作很久很久——两个月。

这是在原国都襄国，石虎的新都邺城呢？除东、西两宫外，建有灵凤台九殿，一万多美女充实其中。其实，仅凭对襄国宫殿的描述，就可以猜出石虎新都城的恢宏与奢侈来。

这是在皇宫里，石虎穷奢极欲到无以复加。出宫游玩的时候，居摄赵天王石虎的排场也是格外与众不同，有一千多穿了裤子（袴）的女骑兵护卫，相当气派。

您没看错，是穿了裤子的女骑兵。在石虎之前，中国女子是不穿裤子的，那时候穿的东西叫"深衣"，是一种衣裳相连、前后等长的裙服。中国女性穿裤子，从石虎时代才开始。晋魏两汉以及先秦，若是从女人们的脚后跟向上看，会发现什么都没有，一览无余。

然后问题就来了，谁买单？大兴土木、搞房地产是要花大价钱的，数万宫女是要锦衣玉食来养着的，花架子的女骑兵比真正的羯族铁骑还烧钱。

这些，都是谁在买单？

盖房子的民工要从百姓里出，包括工程师。于是，数以万计、十万计的壮劳力离开了家园，来到邺城、襄国给石虎修房子。在古代，这叫徭役，是公民应该为国家尽的义务，没有工钱，可能是管饭的，但一定是吃不饱的。在天寒地冻、缺衣少食的条件下，要连续工作两个月之久，谁能活到最后，那就只有看天意了，石虎并不关心。

至于那些宫女，她们每一个人，都有爹娘。会给她们的父母抚恤金吗？给或者不给，石虎都该遭天谴。然而，这不是他最后一次的征集。

至于钱的问题，自然是由国库拨款，那么国库的钱哪儿来的呢？是工业生产还是商品贸易？都不是。

石虎还想在黄河上建一座大桥，当时没有钢材，只能用石头建，耗资数百万之后，终究没建成。伟大的工程就此搁置一千六百年，但这竟不值得惋惜。

西晋初年，全国人口有两千万左右（东汉有六千万人口），之后中国北方百姓并没有在开国之初的休养生息中得到多少恢复，而是屡遭战火、生灵涂炭，中华衣冠多半南迁。在这样的环境下，后赵能有多少人？有多少生产力？不会太多。石虎一连串庞大工程的背后，是后赵百姓几近全部的血汗。

民不聊生。

史载：时赵旱，粟二斗值金一斤。兜里最多有两文铜钱的百姓，除了草根和树皮之外，也就只能易子而食了。

但石虎并没有减免民众的赋税和徭役，百姓的死活他是看不见的，看得见也不一定管。曾经，没有人同情在苦难中挣扎活命的石虎；现在，为什么还要他去同情别人呢？石虎是冷漠的，只要自己的生活不受影响，哪里还管别人的死活？

至此，石勒即位以来与民休息的政策被石虎破坏得荡然无存。后赵强国强军、一统天下的梦想也就全部成了幻想和泡影。

后赵是有机会统一全国的，机会就在那个"不似将家子"的石弘身上；若是没有石虎篡位，文雅仁孝的石弘必定能"秉承先帝遗愿"，与民休息，发展生产，富国强兵。中原的百姓是很勤劳的，即使再贫瘠的土地，他们也能创造出无尽的财富来。不出十年时间，后赵很可能做到国富、民强、兵精，那时再出师攻晋、传檄而定固然夸张，但胜券在握、指日而下也不是没有可能。可惜，在石虎的手中，强大的后赵折腾尽了它的战争潜力，再也不可能实现一统天下的梦想。

337年正月，也就是废掉后赵皇帝石弘四年之后，石虎觉得自己的丰功伟绩终于可以衬得上"皇帝"这个称号了，众怒足以平息（比如姚弋仲），治下万民业已安居（他自己想的）。是当皇帝的时候了，居摄赵天王的名号再响亮，毕竟不是皇帝。

节骨眼上，出了意外。

由成公段负责监制的庭燎（室内火炬）漏油了，引发的大火烧死了二十多人。石虎登基在即，大殿失火，不用猜测，定是不祥之兆。古人迷信，石虎的登基大业就这样被耽误了下来，这一耽误就是十二年。

石虎的皇帝没法当了，改为大赵天王，立王后郑氏为天王皇后，子石邃为天王皇太子，儿子们中本来称王的全部降格以求，成了郡公。宗室子弟中称王的降为县侯。达官显贵还是那些达官显贵，除了成公段被腰斩，大家都挺好。

至此，石虎再也不用"居摄赵"了，成为后赵名副其实的"天王"统治者，彻底摆脱了石勒及其子孙的影响。

石虎虽然没当上皇帝，但除了称号，一切已无异同。

17. 食人色魔——石邃

有父如石虎者，会养出什么样的儿子呢？

作为羯族人，天王皇太子石邃没有受过苦。在石邃出生的时候，他的父亲石虎就已经是独当一面的大将军。作为军三代，石邃年少从军，而且素来骁勇，颇有战功，深得石虎喜欢。父亲对儿子的爱从来都是真诚的，残暴如石虎者亦然。前有司马氏父子兄弟相残之鉴，石虎很骄傲——他和他的儿子们相处得融洽和谐。

当然，这是在石邃没被立为太子之前。后来，一切都变了，包括父子间的亲情。

残暴不能遗传，但残暴可以熏染。在父亲石虎的言传身教之下，尤其是被立为太子之后，石邃血液中流淌着的残暴本性愈演愈烈，所作所为令时人惊愕，令今人发指。

石虎的皇宫有美女一万多，太子石邃的家里自然也不会少了女人。那么，这些女人干什么用？这个问题很白痴：交配。没有一丝爱情，绝对因为生理。

石邃的残暴体现在做那种事的过程中，不是因为姿势，而是因为态度。双方正当激情与温柔之际，石邃会在突然间面目狰狞、凶态毕现，砍下那个刚刚与他共赴巫山的女人的脑袋，然后洗净，以冰镇之，放在精美的金盘里，传视左右，共同观赏。

变态吧？石邃乐此不疲。

石邃还招纳了许多小尼姑，招纳方式有多种，或是有真的，但更可能是把宫女们的头发剃光，穿上僧袍，满足石邃的猎奇心理，就像今天的水手服、学生装。

石邃和这些尼姑发生关系后，会和属下们把尼姑杀掉，然后剁碎了和牛羊肉混在一起煮着吃。他们要进行比赛，看谁能猜出吃到嘴里的到底是羊肉还是人肉。猜对的有重赏，赏下一个小尼姑。

还是人吗？

后来石邃被废，并不是因为他的残暴，而是因为对石虎的反抗与不敬。

大赵天王石虎的准则就是没有准则，得位不正注定了他的性格多疑与反复无常。杀赏在于一念，喜怒变于瞬间。对待臣下固然如此，对待亲生儿子也没好到哪儿去。

话说沉迷酒色的石虎不怎么理会朝政，太子石邃负责大量的政务工作，然后麻烦就来了。这位太子本着认真负责的态度，要时常向老爹石虎汇报工作开展情况。但石虎的态度却在反复。

"爹，有事禀报。"

"屁大点事还用向我报告？自己拿主意。"

"爹，现在没事禀报了。"

"军国大事，日以千计，你居然什么都不告诉我。该打！"

欠抽的其实是石虎，但被抽的绝对是石邃。就是借着这样的事情，每个月总有那么几天，石虎对石邃动辄谴责斥骂、鞭打杖击。

石邃很不爽，由于经常被胖揍的经历，已经成年的石邃在父亲面前一丁点面子和尊严都没有，而这也直接影响了石邃作为太子储君在大臣们心里的权威与地位。

石邃恨他，咬牙切齿！

父亲对儿子的爱应该是饱含真诚的，天性让这种爱没有半点的假。石虎不是在做一个父亲，而纯粹是领导者对掌握实权的下属的一种威慑。依靠多疑与反复，让臣下时刻都战战兢兢、提心吊胆，不敢有非分之想。但是很明显，这不是一个好领导该做的，至少，伤人心。石虎是个失败的父亲，也是个失败的君王。

久而久之，石邃开始恨他的父亲，到了恨不得马上"入了之"的程度，曾经私下对中庶子李颜等人这样说："吾欲行冒顿事，尔等从乎？"我想杀了亲爹，你们敢跟我一块儿干吗？

当然不敢从，这是一群只敢和太子殿下猜到底是人肉还是羊肉的家伙，永远只会把刀子捅在柔弱者如小尼姑的身上，怎敢和石虎对抗？当时李颜等人跪伏于地，连一句话都不敢说。

冒顿的故事有很多，比如"白登之围"之类，击东胡，攻月氏，并楼烦，等等。石邃这里指的是冒顿"鸣镝弑父"之事，只知道欺负小姑娘的石邃当然不行，连给吕后写情书（冒顿事）的勇气都不具备。但生活还得继续，在"禀告会挨骂，不禀告会挨打"中，337年七月，石邃称病请假，撂挑子不干了。

对于石邃而言，真正的祸事就此开始。

这本不是什么大事，即使是装病。但空闲下来的石邃干了很多出格的事，比如想杀死石宣。想，是因为没杀成，但后果很严重。

这正应了这样一句话：不作死，就不会死。

那是在一次酒会上说的，请了假的石邃格外有空，闲来无事就到宠臣李颜家喝酒。俗话说：酒壮尿人胆。经常挨揍的尿人石邃借着酒劲就牛气冲天起来：我要到冀州杀死河间公石宣，有敢不从者斩！

石宣是石邃的亲弟弟，和石邃一样，同时沐浴着父亲石虎的疼爱，可能是由于年纪更小的缘故，甚至比石邃更受老爹的喜欢。于是，石邃就把经常被老爹胖揍的仇恨记到石宣身上，认为他严重威胁了自己太子的地位，大有取而代之之势。骨肉兄弟就此成为生死仇敌，石邃对石宣恨之入骨。

石邃出发了，率领着他数以百计的死党向着目标前进。只是很可惜：出行二三里，只存一两人。怕得刀加颈，跪地叩头扯衣归。在众人溃散、李颜力谏阻止之后，石邃打道回府，闹剧结束。

酒桌上的朋友多是不可靠的，喝酒的时候如亲人一般拍胸脯做保证，一旦认起真来，哪怕是权倾天下的太子，落得个四散而逃的结果居然是极好的。即使背后捅上一刀，也可以说是情有可原。

杀石宣可是一件大事情，尤其是在石虎还没有死翘翘的时候，要知道，石虎可是就他家父子兄弟间和和美美的事情大肆显摆过。石邃居然在酒桌上谋划开如何杀死亲弟弟，然后不经准备就贸然出击，真是可气、可笑！

幸亏没去成，否则以石邃寥寥几人的队伍，到了石宣的跟前，也许只有被砍的份儿。

虎父无犬子？非也，枭雄如石虎者不也生出来猪狗一般的儿子吗？将相本无种，好男儿自应切记，真的英雄，更多的是后天磨炼锻造出来的。

对于后赵国家来说，这是小事，并不危及王朝根本。但对于石氏家族而言，手足相残却是天大的事。幸好，还没发生。

石邃的母亲知道了这事，出于母爱，于是派人来批评他。石邃也不含糊，拔剑而斩之。

石虎听说石邃病了，也派人来看望。当然，杀兄弟这种事还是要瞒着石虎的，除了儿子病了，石虎并不知道其他。但石邃太混蛋，他告诉他父亲的使者，你近点，再近点，然后，拔剑而斩之。那是石虎最亲信的女官，代表石虎。石邃就此惹下大祸。

石虎逮捕了石邃的亲信李颜等人，然后知道了所有的事情，包括石邃"欲行冒顿事"，包括喝醉了酒去杀亲弟弟。气急败坏的石虎囚禁了石邃，不久又放了他，毕竟是亲儿子，实在是不忍心。

石邃有个"好"父亲，无论对别人如何残暴，至少对石邃满是爱惜。

石邃并不领情。应该说，石邃很生气。

作为臣子，石邃本应来感谢天王的宽容；作为儿子，石邃本应来感谢父亲的慈爱。石邃来了，见了父亲、母亲，但并不谢罪，没有忏悔，就如今天那些自认为受了委屈的孩子，噘着嘴，满脸写着不服。然后，待两分钟就回家了。

但石虎很不高兴，闯下那么大祸，一句抱歉的话都没有，眨巴眼工夫就想开溜，不许走。石邃没理他。真的没理他，挥一挥衣袖，昂首，阔步，出宫，再不回头。

天王火了，勃然大怒，处理措施很果断，废太子石邃为庶人。当夜，痛下狠心，杀石邃及妃子张氏，灭石邃满门，男女二十六人合葬在一口棺材内。同时，诛杀石邃党羽二百多人，其生母郑皇后（郑樱桃）被废为东海太妃。

立儿子石宣为天王太子，石宣母杜昭仪为天王皇后。

食人色魔石邃终于得到了报应，不过竟是那么让人不痛快。

18. 混蛋君王

石邃死了，作为君王和父亲，石虎本应该痛定思痛。

但在伤心三秒钟之后，石虎继续开始了他逍遥快活的好日子。打猎宴饮、挥霍无度，在奢侈中糜烂，在糜烂中放荡，在放荡中沉沦。至于朝政，石虎懒得去过问，直接交给了太子石宣，还有他最宠爱的儿子石韬。

记得看过一部辫子戏，关于帝王家的父子之爱，皇帝是这样说的：朕的儿子多，看见了这个想抱抱，看见了那个想抱抱，可是太多了就不知道该抱哪个，能抱哪个。索性都不抱，免得我的儿子受了冷落，免得我的儿子遭人嫉妒。其实，朕多想每天都能抱抱他们，但朕竟不能够。

自古皇家少亲情，在冷漠的皇宫中，这样的父爱难道不够伟大？“虎为百兽尊，谁敢触其怒？惟有父子情，一步一回顾。”这是明朝大才子解缙的诗，说的恰恰就是立太子的问题。天下的父亲，只有位置的不同，对儿子的爱其实是相同的，只是表现方式有所差异罢了，不过结果也因之千差万别。站在君王的角度，石虎的父爱其实是一种伤害。爱我就要把权力给我，石韬得到父亲宠爱的同时，觊觎权力的欲望就越发强烈。教训之后，石虎依然秉持着喜欢哪个就把权力交给哪个的作风，怎能不出事？后来手足相残的惨剧重蹈，其实全是他的责任。

身为太子，石宣怎么可能容许别人在权力盛宴中分一杯羹？

不过在兄弟剑拔弩张之前，石虎的日子还是相当自在的。当了大赵天王之后，石虎更加喜欢打猎。十七岁那年打猎是骑马的，左手拿着弹弓弹人，右手拿着弓箭射鸟，好不潇洒。现在年纪大了，已经多年不再披坚执锐、征战沙场，身体也就越发肥胖起来。拿得起弓箭，却骑不得战马了。

那怎么办？

坐车。

石虎是坐着车去打猎的，造"猎车"千乘，辕长三丈，高一丈八尺；格兽车四十乘，立三级行楼二层于其上。每月总有那么几天，选好了日子，大家一块儿去打猎。

阵容豪华，场面宏大，每次打猎犹如率领着千军万马进行一场会战。石虎乐此不疲。

至于狩猎场，自灵昌津南至荥阳，东极阳都，使御史监察，其中禽兽有犯者，罪至大辟。

什么叫"禽兽有犯者，罪至大辟"？对此有一个专有名词叫作"犯兽"，四条腿的畜生可以犯（攻击、袭击）人，但是广大的百姓却不可以犯兽。有胆敢朝野兽畜生丢一块砖头者，全家杀光。

好严厉的"野生动物保护法"。在中国乃至世界历史上，从来没有如此混蛋的法律条文，当然，也从来没有如此庞大的狩猎场。几近一统中原的后赵帝国，到底是人命金贵还是禽兽金贵？当然是禽兽，石虎用法律与实际行动践行着这一点。

而且，那些看守狩猎场的监察御史也个个不是好东西，没有祸害禽兽的胆子，却有祸害百姓的手段。执行公务途中，御史们若是看见谁家姑娘长得俊，谁家房子修得好，甚至是家里养了头肥肥的大牲口，谁就有可能是犯兽。姑娘、金钱，还有大牲口，统统拿来，否则，就是"犯兽"。据说，因此被杀者不计其数。

石虎政权的另一个特色就是乱加女官的官位。没办法，女人太多了，若是没有对女官们的层层管理，皇宫岂不是要乱成一团？这或许是石虎的精明之处，"增至女官二十四等，东宫十有二等"。那么，究竟有多少女人呢？

赵国境内，二十岁以下、十三岁以上的姑娘皆要编入名籍，以待甄选。石虎挑剩下的，才是赵国百姓未来的妻子。那些已经出嫁了的女人，不幸也成了地方官员为了邀宠而进献的礼物。总之就是一句话，上至半老徐娘，下至豆蔻少女，只要长得俊，一律送入皇宫，做石虎的女人。"百姓妻有美色，豪势因而胁之，率多自杀。"刚烈的女人毕竟是少数，大多数只能选择屈服。最后，各地进献美女四万多人，全部送入邺城皇宫。

据说后来石虎临轩检视，见佳丽充盈，美姝满目，大悦之下，封十二个"有功"的官员为列侯。

原来封侯不用军功，只要能为天王陛下找到女人就可以。

史书上有记载，皇宫中的女人太多了，石虎照顾不过来。有着杀妻传统的石虎就拿着大砍刀在皇宫中溜达，凡是碰上的，一刀砍死。

在游猎、选美的同时，石虎征发十六万人重建长安未央宫，又征发二十六万人重修洛阳宫殿，强征百姓耕牛二万多头，配入朔州牧场。

在这样的君主、这样的治国方针之下，后赵的黎民百姓是怎么活的呢？他们没法活，很多的人选择了"自挂东南枝"。成汉派往后赵的使者在通往邺城的路上看到，处处是承担不起徭役与赋税的百姓上吊死在路旁树上的惨象。

赵国上下没人敢言语，君王混蛋如此，什么真理名言都是废话，乱世中求生存的大臣们很识时务，不说话则已，一张嘴就是拍马屁、献谄媚的言语。只有尚书朱轨和远在边地的氐族首领冠威将军蒲洪进谏。

蒲洪的谏奏很直率："……今襄国、邺宫足康帝宇，长安、洛阳何为者哉？盘于游畋，耽于女色，三代之亡恒必由此。而忽为猎车千乘，养兽万里，夺人妻女，十万盈宫……刑政如此，其如史笔何。其如四海何。"

蒲洪是氐族首领，势力强大，石虎览奏虽大怒，却也无可奈何，不好怪罪。但对尚书朱轨就没什么好客气的了，以"讪谤朝政"为名，杀朱轨。

后赵君王自石勒算起，大概是穷怕了的奴仆出身，都刻意聚敛财宝，"既王有十州之地，金帛珠玉及外国珍奇异货不可胜记，而犹以为不足，历代帝王及先贤陵墓无不发掘，而取其宝货焉"。

摸金校尉的名头，原来是在石虎的手中发扬光大。

上至秦始皇陵，下至赵简子（《东郭先生与狼》的故事中的那个打猎的）墓，中原广大地区是传统的"帝王之都"，但有王侯陵墓所在，都成为石虎家"王朝盗墓贼"的下手对象。"掘秦始皇冢，取铜铸以为器。"嬴政的陵墓数十万人修了几十年，太难发掘，以石虎不恤人力的拼命劳作，也只能挖及陵墓的附属建筑遗址，挖出些大铜柱子来后，也只好罢手。今天我们还能看到奇迹般的兵马俑，真该"感谢"石虎。

古人是最重视祖宗的，挖坟掘墓，世人不耻，据说是断子绝孙的勾当。作为君王，石虎却做了。后来，石虎终于断子绝孙。

这还不够，还有位名叫吴进的和尚出坏主意："胡运将衰，晋当复兴，应该苦役晋人以改天运。"石虎很迷信这一套，言听计从，大发邺城附近男女十六万人、车十万乘，昼夜不息，运载土石修华林苑，并在邺北筑长城围之，长数十里。

掌管天文星相的礼部官员就此事进行劝谏，比如紫微星日渐昏暗，有损国运之类。石虎自然不会听，"长墙朝戍夕没，吾无恨矣"。哪怕早晨修好晚上毁掉，我也高兴，你能怎么着？自然没人能怎么着。

工程夜以继日，在巨大的劳动强度和残酷的自然环境双重作用之下，役夫死者数以万计，曾经杀人如麻的石虎根本就不会在意，区区几个小民，还是晋人，于我何损？

苑园建成后，其间遍植奇木，养放珍禽异兽。石虎每日泛身池中，观兽饮酒，好不快哉。

19. 石虎的南征北战史

石虎并不满意别人像他一样爽，找碴是必须的。长年的军旅生涯养成了他嗜血的性情和征服的欲望，怎么可能只是满足于酒池肉林中的玩乐？石虎要万国来朝，要一统天下！虽然，后赵在他的治理下伤痕累累，早已经丧失了这样的机会和能力。

不过谁会告诉石虎呢？没有人。战争还是继续的，下面，我们来看看石虎统治时期进行的几场主要战事。

讨伐段辽

对段辽的讨伐其实是由于慕容皝的请求引起的。段氏和慕容氏同属于鲜卑族（还有宇文氏、拓跋氏等），但双方关系并不融洽，应该说是世仇，早在慕容廆时代就已经多有摩擦。

337 年，慕容皝称燕王，建立前燕。随后，慕容皝向后赵称臣。

称王之后随即向后赵称臣的慕容皝，只有一个目的：借石虎之手，消灭段辽，铲除隐患。

慕容皝是下了血本的，称臣、送质子（弟慕容汗）、打包票（向石虎保证要以倾国之兵讨伐段辽），之后，乞请后赵出兵攻打鲜卑段氏。

鲜卑段氏其实是石虎的盟友。二十五年前，初出茅庐的石虎的第一个胜仗就是和鲜卑段氏结盟打的。那时，石虎还年轻，血气方刚，很是仗义。自那以后，双方虽小有摩擦，但并不影响两国睦邻友好、和谐共赢的良好局面。从理论上来讲，石虎应该是联合段辽攻打慕容皝才对。但饱经沧桑的石虎再也不是当年那个毛头小子，实际利益高于一纸书文，本着先到先得的原则，石虎一定会联合率先向他服软的那个，至于交情，对石虎而言永远都是过去式。再说了，谁让段辽没称臣没送质子呢？有人愿意和石虎一块儿打，总好过自己单独上。

石虎盛情款待了使者，遣返了人质，同时和慕容皝约定，明年出兵。

337 年是石虎由居摄赵天王变为大赵天王的第一年，慕容皝遣使朝拜，称臣，送质子，心甘情愿做小弟，只求石虎能够出兵教训一下经常欺负他的鲜卑段氏。天王陛下是不是该有所表示？大哥在关键时刻如果不向小弟秀一秀肌肉，以后在道上可就没法再混下去了。格外有面子的石虎高兴之余，就点头答应了。

答应了，事情就得办。

率先动手的其实是段辽，或许他认为"先下手为强，后下手遭殃"吧。在得知石虎准备攻打他的时候，段辽先行派兵进攻幽州，后赵幽州刺史李孟不敌，退保易京。石虎和段氏鲜卑的战斗就此拉开序幕。

阵容很强大，石虎任命桃豹（石勒的十八骑之一）为横海将军、王华为渡辽将军，率水军十万由漂渝津出发；又任命支雄为龙骧大将军、姚弋仲为冠军将军，率步骑七万为前锋，石虎大起水陆两军，讨伐段辽。

338 年三月，后赵军获得大胜，攻克城镇四十多个，段辽所部渔阳、上谷、代郡地方官员全部投降，其左右长史刘群、卢谌、崔悦等人封存府库以迎石虎。随后，将军郭太、麻秋于密云山抓获段辽母、妻，斩首三千多级。段辽单骑潜逃，不久向石虎投降，其子段乞特真向后赵呈降表、献名马。

很明显，这是一次大胜仗，对后赵来说，损失小，战果多。石虎得人（民众两万多户）、得地（段辽之地）、得贤才（如北平太守阳裕），除了对手段辽，可谓皆大欢喜。要以倾国之兵讨伐段辽的慕容皝呢？也很欢喜。慕容皝的军队并没有和石虎的大军合军一处，单独行动的他带领军队在战胜段辽后猛抢了一把，牛羊牲口、民众百姓，还有美女和金银，尽入其囊中。

然后，慕容皝就回家了。

对战前燕

收拾完段辽自然就要去收拾慕容皝，这是政治，毋庸置疑。更何况慕容皝抢了石虎的东西，行为可耻，品行卑劣。338年五月，石虎出兵讨伐慕容皝。

过程没什么好叙述的，石虎进攻，慕容皝防守。双方在大棘城（前燕国都，今辽宁省义县）相持，久攻不克之后，338年五月十三日，石虎退兵。

然后高潮来了，趁后赵军队退兵忙乱之际，慕容皝之子慕容恪于清晨率两千精骑出城追杀，大败后赵军，斩获三万余级。

至于石虎，史书的记载只有六个字：大惊，弃甲溃逃。

战神慕容恪生平第一战表演完毕。现在我们来做一个简要的分析，战神之所以能成为战神，是有原因的。

兵器选择得当：两千精骑，时代的特种兵。

时机把握准确：退兵之际，军无战心；清晨，可见度刚好，利于骑兵作战，敌人刚睡醒，精神最放松。

战法得当：袭，突然而无备。

然后第二个战神的故事就来了。"大惊，弃甲溃逃"的石虎回国后开始统计伤亡情况，然后他发现，游击将军石闵所部损失最小。

没了。

简单吧？一点都不简单。在后赵各路大军丢盔弃甲、伤亡惨重的情况下，石闵是怎么做到全身而退的呢？史书中没有记载，我们也不知道。只知道那个石闵后来改名叫冉闵，还当了皇帝。死后，他的敌人对其顶礼膜拜，敬佩不已，敕封他的谥号为：武悼天王。

麻秋受降

麻秋，山西太原人，羯族，生年不详，死期明确，连死因都明确。身为将军却能在皇帝如过江之鲫的时代留下自己的名号和故事，足以证明麻秋是个厉害角色。至少，在攻打段辽的战斗中，麻秋是立有大功的。

受降是攻打段辽的续集，段辽向石虎进献降表以后，并没有从密云山中出来。338 年十二月，石虎遣征东将军麻秋、司马阳裕（段辽旧臣，知道内幕，也方便说话）率三万大军前往密云山受降。军旅之事上，石虎还是非常敏感的，出发前曾这样告诉麻秋："受降如同迎敌，不能有丝毫轻视。"不幸一语中的，果真出了问题。

段辽反悔了，在到底抱谁的大腿问题上，段辽更倾向于战胜过后赵的前燕，有实力，有亲情（同为鲜卑族）。慕容皝得到消息后，瞬间就忘记了和段辽之间所有的不愉快，亲率大军迎接段辽，双方可谓一拍即合，在蝇营狗苟中制订了消灭后赵军队的计划。在《三十六计》中对此等计划是有过阐述的，其名字叫作"将计就计"。

执行任务的是慕容恪，伏击战，兵力是精骑七千，伏兵于密云山中，战场选定在三藏口（今河北省承德市）。

并不知情的麻秋一直等到慕容恪的骑兵杀进了他的队伍，才晓得中计了，本想高呼一声"中计"，不过没来得及喊出来，地动山摇的马蹄声就淹没了一切，包括麻秋对胜利的幻想。在和慕容恪接战的第一个回合中，后赵的三万大军就做到了全线崩溃，死者十之六七，司马阳裕被俘。

麻秋是步行逃出来的，至于他的军队，麻秋没有多加考虑，宝马都不要了，哪里还顾得上兄弟？

石虎革除了麻秋的官职和爵位，战败了就要承担责任，即使你面对的是连我都打不过的对手。

前燕，因为慕容恪而越发强大起来。

攻打晋国

好久没提到晋国。其实在那个时代，经常被人打趴下的晋国才是真正的宗主国，统御群雄。比如前凉，始终是晋国的凉州郡，只是很久不联系罢了。比如前燕，慕容皝称王，得到晋国的认可、册封才算是合法。当然，出于实力和距离，东晋即使不想认可，也得认可。

当时的东晋很尴尬，百万同胞任人凌辱，锦绣中原遍地胡夷，虽然屈辱，但是东晋没有办法，吃多了"五石散"的东晋名士们打不过啃着"两脚羊"上战场的胡人，但北伐从未因此停止。

当时还没有岳飞，没有人喊出"还我河山"的豪言壮语，但收复失地是整个东晋永恒的主题。从建国之初（祖逖）到亡国之末（刘裕），东晋王朝的士大夫们从来没有忘记一件事，北伐。

在这里，要说的是东晋权臣庾亮的北伐之战。

庾亮，字元规，颍川鄢陵人，东晋名士，美资容，好拉呱（善谈玄理），能成为东晋权臣的唯一原因是他有一个当皇后的妹妹。325年，庾亮由于妹妹升级为太后而开始掌控东晋朝中大权。史书上对这样的案例有过详细的记载和评述，外戚擅权。

这是一个贬义词，庾亮却也是名副其实，当政两年后，庾亮成为"苏峻之乱"的罪魁祸首。这场动乱，差一点颠覆了东晋帝国。

东晋重臣陶侃死后，庾亮代其为征西将军，兼领江、荆、豫三州刺史，都督七州诸军事。那些年，中国北方烽烟四起，确实是北伐的好时机；那些年，东晋日日夜夜整军备战，想要建功立业，唯有北伐。

或许，在庾亮心中，气势恢宏的战争，纵横沙场的豪迈，定是如歌如诗般优美。刀光剑影一杯酒，血雨腥风半壶茶，他自会指挥若定。

几经商讨和波折之后，339年八月，庾亮进驻武昌，准备北伐。

石虎并不是等着挨揍的人，立刻下令，攻打晋国，命夔安为大都督，率石鉴、冉闵、李农、张貉、李菟五位将军，领军五万侵犯荆、扬二州北部边境，另派骑兵二万进攻由庾亮部将毛宝、樊峻戍守的邾城。

九月，冉闵败晋兵于沔南，杀将军蔡怀；夔安、李农攻陷沔南；朱保败晋兵于白石，杀郑豹等五位将军。随后，张貉攻克邾城，晋军战死者有六千之多，将军毛宝、樊峻自刎谢罪。

后赵的整场进攻作战中，只有夔安打了败仗，东晋竟陵太守李阳战败夔安，斩首五千多级，但是夔安在退兵路上劫掠民众七千多户，对石虎而言也是将功补过。

庾亮的北伐就这样被粉碎了，还没有出兵，刚有了打算，就被石虎消灭在萌芽之中。

第二年，庾亮羞愤成疾而死。

东晋并没有因为庾亮的死而止步，更多的后继者扛起了北伐的大旗，前赴后继，不屈不挠，不死不休。

攻打前凉

和前凉的战争是从 347 年开始的。那时，前凉新任国主张重华刚刚上任，只有十六岁，从长相到阅历，都是小鲜肉。

前凉其实很弱小，但石虎老了，后赵也老了，尤其是在石虎父子的瞎折腾之后。按理说，后赵即使再不济，收拾前凉也是小菜一碟。

然而，前凉有个谢艾，年轻，没什么经验，却很有才能，足以战胜后赵的统兵大将麻秋，虽然麻秋不老，很有经验，也不是废物。

战斗的过程后文再叙。石虎战败，如斯感叹：我靠着部分军队就平定了九州，如今拥有九州的兵力却不能平定前凉。

20. 苛政猛于虎

石虎并不是一个人在战斗。

俗话说：羊毛出在羊身上。穷奢极欲、穷兵黩武的石虎必然会穷尽全力，压榨在他统治下的穷苦大众。没办法，兵要从百姓中出，钱要从百姓中拿，所有的战略物资都要靠老百姓来供给。休息养民的政策并不适合马上治国的石虎。很多很多的暴政，我们已经不能知晓，只能透过几个事例，以求窥其一斑。

举例之前，我们先来探讨一个问题，打架输了会怎么样？有出息的人会从地上爬起来，吐口痰，骂两声，恨恨地瞅两眼，然后去买一本武功秘籍，比如《如来神掌》之类，回家练上两天以后接着打。一般情况下，这时候挥出去的王八拳总是会有些进步。当然，想要获胜，其实也有快捷方式，比如把家里的菜刀拿出来。俗话说得好，功夫再高，也怕菜刀。只要你有砍下去的勇气。

石虎就是回家拿菜刀去了，一把竭尽民力铸成的菜刀。

340 年九月，为了攻打前燕，石虎以"五丁取三、四丁取二"的比例征发司、冀、青、徐、幽、并、雍七州民众。

在中国古代的兵书上，对征兵比例是有过阐述的。兵家认为，五丁取一即是穷兵黩武。或许，我们可以做一道这样的算术题：假设石虎时代的人们可以活到六十岁，按照年龄段我们把它分成五份，一份一到十二岁，一份四十九到六十岁。剩下的就是那五分之三了，不是吗？然后，然后我可以不说了。

连同原有部队，石虎集结了足足五十万大军。另外有船只一万艘、谷物一千一百万斛。

为了对抗慕容恪的骑兵突袭（已经败两回了），石虎收缴后赵境内的全部马匹用以扩充骑兵，共得马四万多匹。对于那些私藏马匹的人，石虎明确规定：不交者处以腰斩。腰斩，是一个相当残忍的刑罚，行刑时将人从腰部斩为两段，并不会马上死。刑场若是离家比较近，受刑人员又比较有毅力，应该能坚持到爬回家。

时间到了 342 年，后赵的战争还在继续，石虎征调人口的比例由四丁取二、五丁抽三变成了三丁取二。也是在那一年，石虎营建洛阳、长安两处宫殿，只营建宫殿一事，被征发服徭役者就有四十多万。

这是一份出死力、没工钱的活计，而且三餐自理。过年想回家探亲的人们，唯一能被接受的方式叫"魂归故里"。沉重的苛捐杂税与徭役酿成的结果就是：白骨露于野，千里无鸡鸣。……其实本想用"民不聊生"一词来形容的，不过突然发现，这竟然是对后赵繁荣昌盛的赞美了。

其实古代的人们繁衍后代的速度还是挺快的。毕竟，那时候，当夜幕来临，祖国大地到处黑漆漆的一片，唯一可做的事情，就是钻进被窝投入到创造人类的事业当中去。只要有一口饭吃，劳动人民总还是乐此不疲的。

只要存留下希望的种子，用不了多长时间，勤劳质朴的中原老百姓就会通过自己的辛勤耕耘，让荒凉的大地处处充满人的生机。

而这，竟然不能够。人杀得太多了，差一点灭了这希望的种子。

《晋书》中记载，"洛京倾覆，中州士女避乱江左者十六七"。当时西晋总人口数两千万左右，人口大量南迁的同时，留在北方的人们遭受着持续的迫害和屠杀，匈奴、羯等族军队所到之处，屠城略地千里，北方人民的命运只能用"悲惨"一词来形容。没有饭吃，没有衣穿，没有安全感，更没有尊严。

我们可以想象后赵的人口数量，更可以想象后赵的综合国力。然而，战争还在继续，石虎掠夺的命令并不会因为民生凋敝而停止。

青州地方官员上报，济南平陵城有一尊石雕老虎，一夜间从城北移到了城东南。沿途还发现一条由一千多只（不知道怎么数出来的）狐、狼的脚爪子踩出来的小路。

如果这事出现在《聊斋》里，人们多半会欣喜若狂地观赏一番，因为很有创意。如果这事出现在君臣间的奏折上，人们多半会诧异，谁会信这样的鬼话？

石虎信，不管这事是真是假，石虎都会趁机把它包装打扮成真的，而且要活灵活现。因为他想要南征，需要这样的故事忽悠住所有支持和反对他的人，"所谓石虎，就是朕。自西北迁徙到东南，表明天意想让朕荡平江南。现在敕令各州军队明年全部会齐，朕将亲自统领六师，以遵循天命"。

大臣们很高兴，陛下高兴了大家也就都高兴。谁会戳破真相，告诉石虎那石雕老虎其实是青州官员们自己搬的？大臣们在恭贺之余，写了一篇《皇德颂》，内容已经不知，但可以猜想，此文和马屁文章没什么两样，定是把石虎恭维一番。然而，在文章最后，署名的大臣有一百零七人。

一团和气，一派祥和。

石虎，决定南征。

然后，老百姓的苦日子就再次开始了。每一次战争，出钱出力的是他们，战死沙场的是他们，忍受战后所有创伤的还是他们，这一次当然也不例外。石虎明确命令：所有被征调的士卒，每五人出车一辆、牛二头、米十五斛、绢十匹，不备者斩首。

即使在今天这个物质充盈的社会，对于一个普通的农村家庭而言，石虎所要的东西也绝不是一个小数目。活不下去了，其实早就活不下去了，在石虎第一次大肆掠夺民脂民膏的时候。而这一回，已经不记得是第几回，后赵的百姓卖儿卖女，完了还要卖掉自己，尚不足以供给军需。

投河的有之，河水为之断流；上吊的有之，上吊者远近相望。能想象那样的惨景吗？好似世界末日来临。

怎么可能没有人反抗？当财物被石虎掠夺一空，当妻女被石虎肆意奸淫，当所有活下去的希望都被石虎剥夺，那么，唯一能干的、该干的，就是反抗。

无数的人选择了反抗，无数的人因为反抗而被杀。从没有"只罪首恶胁从勿论"的说法，天性凶残的石虎用屠刀回应着民众为了活下去而进行的挣扎。

从长安到洛阳再到邺城，出使后赵的成汉使者用他的见闻记载了后赵地狱般的惨景：沿途的树上挂满了上吊自杀的人；城墙上挂满了汉人的头颅；堆积如山的尸骨被颇具艺术性地做成了"尸观"；数万反抗将士的尸体被弃之荒野，饲喂野兽。曾经富饶的都城成了废墟，繁华的街市成了坟场。衣冠华夏的发祥地，成了石虎圈养野兽的狩猎场。

繁重的徭役、血腥的屠杀和残酷的压迫，使得北方汉人锐减。汉家儿郎几被屠戮殆尽，江淮以北"遍地胡夷"。那时那地，再难见半点汉家颜色。

21. 祸起萧墙

我们再来看看石虎的第二个太子——石宣。

毋庸置疑，石宣是个坏人。有父兄如石虎、石邃者，石宣想不坏都难。这种情况叫作：大环境熏陶，小范围引导。史书是这样记载他的：横暴淫虐，肆无忌惮。曾经因为一句"眼窝深陷，正可用来盛尿"的玩笑，石宣就杀死了一位相当于省部级的大臣。其实那句话并不是说他的，只是凑巧，石宣本人正是个典型的眼窝深陷的羯胡人，于是，在别有用心的人的刻意挑唆之下，不问青红皂白，石宣就结束了一位后赵高官的性命。

石宣曾在漳水边大搞土木工程建设，具体用途不得而知，只知道那是一个冬天，很冷，冻死累死的百姓多达数万人。眼见满路尸骨，石宣神色如常、熟视无睹，没有一丝怜悯。

当然，工程进展必须照旧。

石虎的太子们个个心如蛇蝎，冷酷、狠毒。身为国之储君，少了一份天下黎民皆骨肉的情怀，少了君临天下者该有的气度。

石宣可曾有过那种气度？他只是站在那个位置上，耍着自认为的聪明，享受父辈荫庇下的权势罢了。或许，在他眼里，"天下黎民皆草芥，万方来朝我独尊"才是真正的王者。蕞尔小民，哪里配让他去费心思。

这样的人应该受到诅咒，心肠狠毒的人，向来少有好结果。石邃已然有了报应，石宣也不会例外。

火种是石虎自己埋下的。一旦点燃，足以烧死石宣，也足以殃及石虎，进而毁灭整个后赵。

石韬和石宣是兄弟，最亲的那种，一母同胞。但太子只能有一个人，同掌朝政的石宣和石韬之间的矛盾也就因之而起。当石宣的太子之位受到石韬威胁的时候，那也就是他向石韬发起生死进攻的时刻。没有顾忌，更不会犹豫。帝王家的权力斗争从来都超越亲情，哪怕是父母双亲健在，两眼睁睁。

曾有人专门劝过石虎："度赏刑威，名器至重，宜陛下自握，不可轻易授人。太子国之储君，应以尽孝为本，不应早决朝政，庶人石邃之祸原由参政，应以鉴之。今太子与石韬分政，定争权而生隙，势成祸国害亲之祸。愿陛下醒之警之。"

石虎没醒之也没警之。依然故我，很是任性。

其实对于石虎来说，他并没有错，手心手背都是肉，无论拿刀子割哪边都会让他心疼不已。不过后来事情的发展，一定让石虎领会到一个道理：任性，是要付出代价的。沉重且沉痛，要了他的老命。

石宣和石韬之间的仇恨是由一次出行时的"排场"引起的，可以叫它"一次旅游引发的血案"。

无尽富贵与享乐的同时，石虎觉得统治的日子应该持续且长久，最好是与天地同寿，与日月同辉。于是就派太子石宣前去向山川祈福，也就是爬上山顶，献上祭礼，说一些诸如"苍天啊，大地啊，让俺们老石家永远统治中原，统治宇宙吧"之类的话。

石宣的出城仪式是绝顶的豪华，"乘大辂、羽葆、华盖，建天子旌旗"，精甲利矛兵士十八万人，从金明门鱼贯而出，旌旗蔽日，烟尘彰天，金鼓齐鸣。

石虎坐在无数人命垒砌而成的凌霄宝殿（一座高台建筑，区别于玉皇大帝的凌霄宝殿）之上，远望宏大场景，很是心满意足："我家父子如是，自非天崩地陷，当复何愁？但抱子弄孙日为乐尔。"

江河之险不足凭，铁骑强军不足畏，一个政权的强大，最重要的因素是人心。石虎父子的滔天权势，掩盖不了黎民百姓在死亡线上垂死挣扎的背景，掩盖不了整个后赵帝国走向崩溃边缘的现实。后赵固然是亡于内部权力斗争，但更是亡于石虎统治时期倒行逆施的暴政，民众无以为生，士人人心离散，国家江河日下。虽有强军，可也已然成了强弩之末。

然而，大军不止一路，不久，石韬也依样行之，率十余万大军，"出自并州，游于秦、晋"。

这事是瞒不过石宣的，石韬礼遇比肩太子。这对于石宣而言，不是个好信号。屁股所坐之处固然决定待遇，但所受待遇是不是也反映着屁股应该坐在哪里？谁才是后赵真正的太子？这是一个没办法商量也不容许商量的问题，石宣可以容忍石韬分享他的权力，但绝不会允许石韬威胁到他太子的地位，杀石韬之心遂起。

348 年，石虎点燃了导火索。

某日，石虎和太子石宣闹了点小矛盾。本不是什么大事，但恰巧那天石虎心情不爽，生气之余喊了一句这样的话："悔不立石韬为太子！"

真是气糊涂了，这摆明是把石韬往火坑里推。又不能马上把太子废掉，身为一国之君，说这样的话干什么？

此后事情的发展出乎石虎意料。只是，即使权倾天下、富有四海的石虎，也买不来后悔药。

只一会儿工夫，这句话就被传了出去。正所谓，一石激起千层浪，各人反应都不同。石韬和石宣开始剑拔弩张，一个要誓死捍卫太子之位，一个要拼命夺得储君宝座。双方矛盾开始明朗化、激烈化。

紧接着，炸药桶露了出来，很粗很壮。

其实也是任性惹的祸。话说石韬高兴之余，就在家里盖了个大房子，取名"宣光殿"，梁长九丈。在古代，根据身份地位的不同，能够建造房子的大小是有限制的。梁长九丈的房子，以石韬目前的身份，还住不起，至少在当上太子之前，住进这样的房子是违制的。或许石韬觉得，自己马上要当太子了，总得事先准备准备，也就按照太子东宫的标准建起了自家的房子，省得日后翻新重盖。

古人对犯忌讳这事的讲究是相当多的。王公大臣们除了不能建九丈长的房子，还不能乱用皇帝或太子名字中所含的字眼。这叫为长者讳、为尊者讳。唐代大诗人李贺，只因为他老爹的名字里有个"进"字，一辈子没去考过进士。

石韬不仅建了九丈长的房子，还用太子石宣的"宣"字来为之命名。在那时，这是大不敬，等于视太子为无物了。

石宣本不知情，去石韬家是因为他想要找碴，石虎的话让他恐惧，惴惴不安。作为哥哥，敲打石韬是他必须要做的事情。进了石韬家的大门，石宣第一眼就看见了那三个大字：宣光殿。金光闪闪，熠熠生辉，耀眼夺目。碴原来是不用找的，进了弟弟家的门就撞得见。

怒火中烧的石宣砸了宣光殿，拆了九丈长的大梁，还专门把它削去几米。石韬当时不在家，躲了过去。不然依石宣的脾气，定是要胖揍他一顿才肯罢手。

石韬回家后很安静，并没有说什么，他只是重新盖了他的房子，比起以前那个，更大更气派更违制。有效的行动永远胜过歇斯底里的怒吼，石韬用行动践行着"行胜于言"的真理。石宣，有本事，你接着来砸。

石韬很有钱很任性。但现实告诉我们，当面对更有钱更任性的主时，要为自己的任性全权买单。

石宣没有接着来砸，已经不需要了。石韬的作为彻底激怒了他，石宣下一步要砸的，已经不再是房子，而是石韬本人。

"竖子敢傲愎如此。尔等谁敢杀掉石韬，我称帝后当以石韬的封国转赠。石韬一死，主上肯定会临丧，到时我们一起干大事（行冒顿事），功必成。"气疯了的石宣向亲信们下达了暗杀指令。一个疯狂得连父亲都不愿意放过的计划就此形成。

行刺当日，时东南有黄黑云，东西经天，色黑而青，酉时（下午5点至7点）贯日，日没后分为七道，间有白云如鱼鳞，子时乃灭。

石韬其实是懂天文的，"素解天文星占"，就是擅长靠天气变化来算命。在古代，这叫"帝王之学"，很神秘，很诡异。石韬自然是看见了那朵黄黑的云，见而恶之，"天有大变，当有刺客起于京师，不知应在谁身上"？

那天夜里，石韬喝醉了，慨然长叹："人居世无常，别易会难。各付一杯，开意为吾饮，今必醉。知后会复何期，而不饮乎？"言罢，连尽数杯，泫然流涕。最后的夜晚，有预感，却不确定，石韬没想过，自己再也醒不过来。

那夜，石宣派去的刺客在他身上捅了九百九十九个窟窿之后，跑了。

世间本没有真的能算准命运的人，心理分析加行为推测而已。石韬做了那么多让太子不爽的事，难道没有想过石宣的报复？兄弟本是心连心，石韬怎么可能不知道石宣的性情？更何况，想一想那个在酒宴上大喊大叫的石邃，我们就应该知道，石宣做事的时候，也并不是密不透风。

第一个向石虎报案的是石宣，贼喊捉贼是必需的，既能洗刷清白又能赢得孝心。石宣觉得，自己这事儿干得倍儿漂亮。当然，报案的时候不能笑出声来，死了亲弟弟嘛，自然是要满脸悲恸欲绝，还要带着与凶手势不两立的信誓旦旦。

石虎真的很伤心，司马家的故事终于还是发生在了自己身上。"哀惊气绝，良久乃苏。"号啕大哭之后，石虎决定前去参加爱子的葬礼。司空李农劝道："害秦公者，恐在萧墙之内，虑生非常，不可以出。"杀你儿子的其实就是你另外的儿子，敢出宫门，小心把你也宰了。旁观者总是能够看清一切，李农不方便明言凶手，但这一句已经足够提点石虎。

留意李农这个人，他是后来冉闵篡权的最主要助手。在那场惊天动地的事变中，有他浓墨重彩的一笔。

死了儿子的石虎没心情继续搞娱乐活动，带着满腹哀痛，在皇宫中为石韬办起了丧事。无形之中，石宣准备在葬礼上行刺石虎的计划宣告破产，不仅引不来石虎，还要去宫里为石韬送别。

石宣还是很讲究的，乘素车白马而来。只是表现不佳，"临（石）韬丧，不哭，直言呵呵"，呵呵就是呵呵，拟声词，表示心情愉悦。没了心腹大患，石宣确实应该呵呵，只是场合不对。此外，他还揭开尸体上的罩尸布，细看石韬残缺不全的尸体，然后，"大笑而去"。杀了人之后，还看了场笑话，石宣很是心满意足。

太嚣张了，但更多的是人面兽心的阴狠，同父同母的亲兄弟都能相残至此，天下百姓在石宣心中岂不是更如草芥一般？

石宣出了宫门，就去给石韬报仇，杀了一个平时跟他不对付的大臣。其实他是准备嫁祸于人的，杀了仇家再嫁祸给仇家，一举就把敌人全都消灭。石宣的如意算盘打得很是精妙，只是忽略了整个事件中最关键的一个人——石虎。

作为后赵的头号人物，石虎的智商不容置疑。要知道，石勒临死前，还是相信他能够行尹、霍之事的。

这样的人会有那么好骗？

在得知石韬被杀的同时，石虎就已经怀疑石宣了，李农还暗示过。谁有胆子杀石虎的儿子？只有石宣，不只有胆子，而且有实力，更有动机。结合石宣在葬礼上的表现，石虎肯定着自己的判断。

抓捕石宣的过程很简单，石虎只是编了个孩子他妈病危的借口，就把石宣骗进了皇宫。然后就是逮捕同党，一一拷问。当石宣所有的下属都咬紧牙关死撑的时候，他最亲信的一个太监出卖了他，大刑之下，全部招供，毫无保留，精彩部分的描述还颇有些添油加醋之嫌。

明知道是这么个结果，但等到真的知道了以后，石虎依然很悲伤。"悲怒弥甚，幽（石）宣于席库。"

对石韬的爱有多深，对石宣的恨就有多深。应该是更深，因为石宣是个连亲生父亲都想干掉的家伙，直接威胁到石虎的生命安全了。

为了防止石宣逃跑，石虎派人用铁环穿进石宣的腮帮子，四肢用镣铐锁紧。而且，"作数斗木槽，和羹饭，以猪狗法食之"。腮帮子被铁环勾住，估计石宣即使想学猪狗的样子吃东西，也吃不进去多少。

找到真凶了，终于可以告慰爱子的亡灵，悲痛之余，石虎拿起沾满爱子鲜血的刀剑，舐舔不停，"哀号震动宫殿"。血腥味从石虎的嘴里，散发到整个皇宫。

依据常理，一个儿子杀掉另一个儿子，按照国法家法，都该偿命。况且石韬有父宠如此，石宣怎能不死？私下把石宣处决了，一了百了。把皇室手足相残的恶劣影响降到最低才是最恰当合适的做法。但是，盛怒之下的石虎却开了个公审大会。在万众瞩目之中，虐杀石宣（虐杀过程省略 500 字……）。

事后，石宣的骨灰被分撒在城中各个十字路口处，任人践踏。

石虎观看了行刑的全部过程，同时莅临观赏的还有后宫数千嫔妃、宫女。以儆效尤还是看大戏？花容月貌的美女们看完了如此刺激的死法后该作何感想？……石虎的想法总是格外出奇，引人入胜。

至于石宣的家小，自然是不能幸免的，妻、子共九人，全部押至柴垛旁，欣赏完石宣受刑之后，钢刀剁头，扔进还在燃烧的柴垛之中。

当时，石宣最小的儿子只有五岁，石虎"抱之而泣"。但皇家有皇家的规矩，石虎的眼泪在那时也显得毫无意义。行刑的太监从石虎怀中夺过孩子，当头就是一刀，"儿犹挽季龙（石虎）衣而大叫"。周围的宫女、嫔妃"莫不为之流涕"。不久，石虎也因惊吓哀恸生了场大病，没好起来。

儿子、孙子都杀了，石虎自然不会在意那些太子近臣的性命。车裂东宫太监五十人，军官三百人。尸体全部投入漳水喂鱼。石虎又下令，把东宫卫士十万多人，全部发配凉州。俗话说：恨和尚憎及袈裟，就是指此了。

不久之后，前去"劳改"的卫队有一部分在一个叫梁犊的军官带领下发动了起义，虽然最后被镇压，但是整个后赵的统治根基却因之发生了动摇。靠军队立足的石虎，连军队都开始反对他了。

石宣、石韬的生母杜氏，也因儿子的相互残杀而被废为庶人。

好一场腥风血雨。

348年九月，石虎立石世为太子。

22. 诸子争位

诸子之所以争位，是因为太子年少。

石宣、石韬的死给了石虎巨大的打击，自己混蛋是不自觉的，但儿子们的混蛋却历历在目。"吾欲以纯灰三斛洗吾腹，腹秽恶，故生凶子，儿年二十余便欲杀公。"石虎自己都觉得自己满身污秽，所以才生出那些混蛋儿子来。

人并不是生出来就会作恶的，新生儿的本能是吃奶，然后才是在父母的言传身教下长大。石虎生儿如此，应当洗涤的是他的灵魂，而不是肉体。当身受托孤之重却杀害人子时，当大兴土木视万民如草芥时，当怀抱娇娃沉迷声色时，他的内心龌龊肮脏，他的灵魂满是污垢，他的节操……我们只能从地上才能找到了。耳濡目染下的石虎的儿子们，怎么可能成为谦谦君子和圣贤？只是权力和欲望支配下的魔鬼罢了。

石虎决定立石世为太子的原因有二：

其一：年龄小，只有十岁。小王八蛋长大的时候，我已经老了。不用看到他来杀我。

其二：出身好。石世的母亲是前赵皇帝刘曜的小女儿，安定公主。329年，后赵戎昭将军张豺攻克上邽，俘获前赵安定公主，献与石虎。当时，那个公主只有十二岁，绝对是一个清纯、可爱又美丽的小萝莉。石虎就纳她为妃。也是从那时起，张豺和安定公主刘氏算是有了交情。339年，刘氏生石世。拥有两代君王的血脉，石世的血统貌似比石虎其他儿子更加高贵。

其实这是张豺怂恿的，儿子坏是因为母亲不好，"出身倡优"；刘曜的女儿有好出身，自然生得出好儿子。

该发一声"王侯将相宁有种乎？"的感叹了，除了认定张豺帮自己人谋私利，我们看不懂他的逻辑。但那时，石虎深信不疑。

好吧，那就立石世为太子吧。

大错就此铸成。

张豺的建议断绝了石虎其他儿子继位当皇帝的希望，为不久后的祸乱埋下伏笔。最重要的是，石虎自己也没有想到，他只多活了不到一年。而没有长大的石世，恰恰是后赵动乱的原因，也是后来羯族全族被灭的重要原因之一。历史一次次地证明：强军暴政会招人愤恨，但后继无人的没落会引来反噬。

349年正月，石世即皇帝位。349年四月二十三日，石虎病逝，谥武皇帝，庙号太祖。遗诏令石遵为大将军，镇守关右；石斌为丞相、录尚书事；张豺为镇卫大将军、领军将军、吏部尚书。三人共同辅政。

关于石虎，或许能有的唯一的评价是：

怎么现在才死？

没有了父亲，年长的哥哥们会向石世俯首称臣吗？

从匈奴汉国到现在，这是第四次皇帝死后的权力斗争了。老皇帝临死前的希望总是好的，计划总是好的，安排也总是好的，现实的结果却总是不好的。

因为，人心每一刻都在变。

强盗环立，年幼的石世却满身的珠光宝气。

石世继皇帝位的时候只有十岁，年龄小就意味着不能理政，大事小事都要向他妈请示。那时那地，刘太后是很心疼儿子的，连请示都让石世免了，直接接过权柄，执掌朝政。谁能想到，第一个抢劫石世的强盗是他的母亲呢？石虎应该想到。汉武帝临死前杀掉钩弋夫人的往事，应该能够提醒他，女主乱政，立子杀母。

石虎留下的三位辅政大臣并没有像预期那样任职到位，刘太后伙同张豺篡夺了朝廷大权。本应该成为丞相、录尚书事的石斌被杀掉了，原因是刘太后怀疑石斌辅政后会害死她儿子。没有证据表明石斌有这个动机，但真实的原因已经没有必要去考证。

此后，就是安抚那些没有被杀掉的人。石虎留下的辅政大臣是三个，除了张豺，还有一个石遵，他在京城之外，在刘太后和张豺的掌控之外。

为示安抚，封彭城王石遵、义阳王石鉴为左、右丞相。这是个分权制衡的老把戏，封官晋爵又不让大权独揽，高贵的刘太后玩起政治权谋来并不高明，老黄瓜刷绿漆，石遵又怎么能看不出来？况且，石遵想要的，即使是独揽丞相之位，都不能让他满足。

石遵是在回京的路上得知石虎死讯的。病得太突然，死得太迅速，留给石遵的时间并不足以让他赶到父亲的病榻前。

那就不去了，走在半道上的石遵停了下来，屯兵河内。父亲死了，皇城之内再无亲人。在京城里等待他的，或许是早已经挖好了的坟墓。

石遵就这么一直等着，直到和讨伐梁犊归来的平叛大军胜利会师，才开始下一步动作。和石遵会面的几位将军必须要提一下，后赵以后的历史，有他们太多太多的故事，分别是：姚弋仲、苻洪、征虏将军冉闵、武卫将军王鸾。

会面的过程不用详述，皇帝死了，即使有天大的军功，封赏也是以后的事。几个大男人抱头痛哭一场，各自追思对石虎连绵不绝的敬仰之情、表达对石虎的无限忠诚之后，事情就到了最关键的议题上：夺权。这，也是他们聚会的唯一目的。

"殿下长而且贤，先帝亦有意于殿下矣……声张豺之罪，鼓行而讨之，孰不倒戈开门而迎殿下者耶？"这就是会师之后广大将领的心声，攻打京师（邺城），夺取政权。石遵当皇帝，大家做元勋……百战而成的平叛之功，怎么能比得上见机而动的一次拥立呢？没有人愿意错过机会，将领们不愿意，石遵更不愿意。当然，前提是一定要声"张豺之罪"，当时若是建议立石遵为太子，哪有今天这档子事？

石遵的大军终于出发了。声张豺之罪，行篡位之事，击鼓而进。

会合平叛大军后的石遵是具有强大实力的，足以让他击鼓而进，在淡定从容中攻克正处于权力交接的混乱中的邺城。

没有开打，当石遵兵临城下的时候，守城的羯族士兵就倒戈相向了。"天子儿来奔丧，吾当出迎之，不能为张豺城戍也。"（《晋书·石季龙载记》）

然后，石遵入城掌控了一切，斩张豺，夷其三族。

刘太后再一次给石遵封官，丞相，兼领大司马、大都督，督中外诸军事、录尚书事，加黄钺、九锡，增封十郡。比起左右丞相来，这一次给石遵封的官爵算是够得上天了。但石遵并不满意，九千九百九十九岁并不等于一万岁，刘太后并没有给他那个他想要的位置——皇位。

那就继续吧，禅让与推辞的大戏开始上演。

为了保命，石世开始下诏书让位，石遵推辞。这种事情，双方都是要表明自己的坚决立场，只有这样，戏才好演下去。石世不能收回圣旨说自己不想让位了，石遵也不能着急，一脚把弟弟踹下来的事是不明智的。表演的过程应该是这样：石遵要口头推辞，写奏折推辞，在朝堂上当着文武大臣的面推辞。然后石世接着下诏书，石遵接着推辞，如是者三。群臣开始写劝进表，太后开始哭哭啼啼、不依不饶，皇帝石世也拉着哥哥的袖子不让走。于是，"百般无奈"之下，石遵深感众意难违，只好勉强答应。

皆大欢喜。除了刘太后和她儿子。

从登基到退位，石世只当了三十三天的皇帝。

349年五月十六日，石遵封石世为谯王，食邑万户，待以不臣之礼，废太后刘氏为太妃。不久，石世和他的母亲刘氏即被杀死。

权力游戏的巅峰从来都是如此，攀登的道路有很多条，或许万分艰难，或许轻松如意。但下来的路却只有一个，那就是摔下来，粉身碎骨。当不了皇帝的石世，再也没有可能去做皇子皇孙了，等待他的，只有粉身碎骨，万劫不复。

石虎总共有十二个儿子、一个养子。名字如下：石邃、石宣、石鉴、石苞、石韬、石斌、石挺、石琨、石遵、石祗、石世、石冲，养子石瞻（冉瞻，冉闵之父）。石世死后，尚在人世的只剩下六个，分别为石鉴、石苞、石琨、石遵、石祗、石冲。其他的那几个，算是英年早逝吧。

万勿生在帝王家，战死病死遭暗杀。百难脱得一条命，三十年后一刀剐。石世死后的日子里，石虎剩下的儿子们连三年都没坚持到，就全部被杀死。

349年的五、六月间，由于石虎的死，中国北方统治集团后赵再次掀起了皇族内讧的腥风血雨。石虎的儿孙们为了争夺权力，互相间进行了残酷的对砍。这恰恰印证了那样一句话：灭亡，首先从内部开始。具有强大军事实力的后赵就是如此，荒淫昏聩促使了它的衰败，无情杀戮让这个以武立国的国家迅速走向灭亡。

那段日子里，天象异常，征兆频现。比如，刮大风；比如，下大冰雹；最严重的是打雷烧了皇宫的宫殿，太武殿、晖华殿因之荡然无存，只留下满地灰烬。大火连烧一个多月才灭，后赵帝国的"乘舆服御烧者大半，金石皆尽"。更为恐怖的是，"雨血周遍邺城"，大落红雨，殷红如血，宛然一幅末日景象。现在，我们或许可以用科学来解释这一切，但在那个时代，唯一值得信服的说法叫作：遭天谴。

国家的状况如此，石氏家族的罪行罄竹难书，可怜的百姓只能等待上天来为他们主持公道。就像女娲娘娘给商纣送去了妲己，上天也派了石冲来点燃后赵灭亡的火焰。

应该说，石冲是一个冲动的家伙，在得知石遵弑君篡位之后，经过半天时间的"精心准备与谋划"，他的大军就出发了，目标：邺城。理由：讨伐叛逆。

石遵自然是罪恶滔天，自然是人人得而诛之。但是，诛不诛得了却是另一个大问题，在实力面前，强大者才真正"代表"正义。

石遵给石冲写了一封信，内容很充实，主要是联络兄弟感情，讲述骨肉情深。然后就是拍胸脯、打包票，要给石冲加官晋爵。只在最后一页的最后一段中阐述了一下自己这一封信的目的：收兵回家。

石冲很感动，哥哥的话，在理。因一怒而兴师之后，石冲想要因一哀而息兵。不能回！石冲手下的将军们不答应。帝王家的斗争，从来都是你死我活的战斗，哪里讲什么兄弟情义？石世和石遵难道不是兄弟，难道没有骨肉亲情？

那就打吧。众意难违，石冲的大军继续前进，石遵在又一次感人肺腑的亲笔信劝谕无果之后，也毅然选择了战争。

石遵的领军将领是冉闵（石闵）和李农，冉闵很能打，在保卫石遵的战斗中，冉闵更能打。因为，当初兴兵夺权的时候，石遵答应过他：事成之后，立尔为太子。

平棘之战，石冲战败，逃亡途中被冉闵在元氏县（位于今河北省中南部）抓住，就地赐死。此外，石冲手下三万劲卒，也全部被冉闵坑杀。

23. 冉闵其人

关于冉闵，需要拿整个章节来描写。

首先是冉闵名字的问题，比趴在地上的小崽子（石勒）还让人纠结。因为，他的名字的姓氏改变，意味着立场的不同。仇寇，或者亲人，转变在一字之间。

然而，在他生命的绝大多数时间里，我们无法否认，冉闵其实是叫石闵的，并且他也一直以石氏家族的成员自居，只是后来和后赵统治集团彻底决裂后，才恢复自己祖宗流传下来的姓氏——"冉"，算是认祖归宗。

冉闵，字永曾，小字棘（jí）奴，后赵武帝石虎养孙。父冉良，字弘武，魏郡内黄（今河南省内黄县西北）人。冉闵是军人世家，祖上曾担任过汉朝的黎阳骑都督，世代任牙门将。不过到了冉闵父亲冉良那一代，中原王朝没落了，冉氏家族也随之没落。在那段天下万民无以为继、无以为生的日子里，本为军人世家的冉良加入到了庞大的流民阵营中，成为"乞活军"的一员。关于身份的转变，我们甚至可以这样理解：本应该是政府公务员的冉良，因为种种原因，成了合同工。

乞活军的战斗大多数是和石勒打的，从司马腾开始到石勒立国，流水的军队，铁打的对手。人一直在换，战争却没有停过。310年七月，石勒击败乞活军将领陈午，俘获冉良。

当时，阵前观战的石勒给冉良的评价是："此儿勇健可嘉。"

后来石虎收冉良为养子，改名石瞻。那年，石瞻十二岁。

冉闵出生时，也因此只能姓石。

勇健可嘉的石瞻，勇猛多力，攻战无敌。

关于石瞻的死，《洛阳大事记》中记载：328年八月，前赵刘曜攻金墉城，斩后赵将领石瞻，枕尸二百余里。石瞻死在了前、后赵决战的前奏之战中，那时那地，也算是死得其所。

不知道冉闵当时几岁，石瞻死后，石虎收养了他。作为养孙，又是遗孤，冉闵很受石虎宠爱，视如己出。这在后赵皇族中应该是人尽皆知的，不然，石遵也不会说出要立冉闵为太子的话来。曾经，石氏家族拿冉闵当自己人，冉闵也觉得自己不是外人。这种感觉，冉闵保持了很久很久。

在"视如己出"这四个字眼里，我们最应该注意那个"如"字吧。因为不是，所以才"如"。当民族矛盾全面爆发以后，所有的羯族人用行动告诉了冉闵："如"就是不等于的意思。虽然之前或许真的"如"。

史书上对幼年时候的冉闵评价是颇高的：果敏。

成年后的冉闵身高八尺，骁勇善战，勇力过人，而且，多计谋，是个难得的军事人才，在崇尚武力的石虎眼中，这是一个突出的优点。授建节将军，封修成侯，历任北中郎将、游击将军。冉闵在重新回到老祖宗的"冉"姓之前，一直是作为后赵集团的一柄钢刀利剑出现的，积极充当着后赵政权稳固与开拓的鹰犬。

冉闵的成名战是338年的昌黎之战，那是他第一次领兵，和鲜卑战神慕容恪同时在历史舞台上登场。只是，史书详细记载了慕容恪的勇猛，对冉闵的着墨却是少之又少。不过此战之后，冉闵威名大显，得到了后赵军方的认可，石虎开始认识到他这个养孙卓越的军事能力，对他喜爱有加。

可以说，"成也恪儿，败也恪儿"。冉闵因为和慕容恪的对决而成名，也因为和慕容恪的对决而覆灭。然而这两个人却各自成就了对方，一个是武悼天王的传奇，一个是鲜卑战神的神话。

昌黎之战后，全身而退的冉闵又干了一件大事：告刁状。

按理说，喜欢干这种事的人是不地道的，并不值得称赞，尤其是冉闵，作为武将，本应该光明磊落。但是王者的远见卓识，却在冉闵与石虎的对话中彰显。

昌黎之战虽然失败了，立有大功的人员依然要封赏。比如苻洪，授使持节、都督六夷诸军事、冠军大将军，封平西郡公。

冉闵告的就是他。

出于私心，冉闵或许是因为嫉妒，苻洪功劳比他大，赏赐比他多，战场上或许也多有龃龉，同一地点协同作战，有些许摩擦也是情理之中的。但也或许冉闵是出于对石虎的忠诚之心，身处同一片战场，面对同一个敌人，本来不怎么照面的各单位友军，突然间摆到了一起，孰强孰弱一目了然。冉闵察觉到了苻洪的强大，料想到了苻洪对石氏集团的威胁，焉能不告？

"苻洪才智杰出，将士死力相报，诸子皆有非凡之才，且拥强兵五万，屯都城近郊，有危社稷，应秘除之，以安国家。"没有对苻洪深刻的了解，冉闵不会说出这样的话来。

就后来的发展形势来看，冉闵的建议是相当正确的。四十年后，正是苻洪的后代让整个中国北方重归一统。吞前凉，灭前燕，雄兵百万饮马江淮，整个东晋都在苻洪子孙的弯刀铁骑下颤抖，差一点就统一了中国。难道苻洪不值得当时的后赵去警惕？

冉闵并不知道后来的历史，但是从苻洪的身上，他看见了可怕与强大，看见了一个潜在的足以让他畏惧的敌人。所谓"秘除之"，现在杀他，都已经不能太过声张。隐患与威胁，已然存在。

不过石虎的决策也是对的，"我正倚仗他们父子攻取吴（东晋）、蜀（成汉），为何要杀死他们？"因为冉闵的告状，石虎给苻洪的待遇更加优厚。

隐患是未来的事，后赵帝国没有等到那一天就已经烟消云散，然而后赵没灭亡之前，多方征战的石虎还是得用着苻洪。

从增加苻洪的赏赐中我们依然可以看出，石虎是认可冉闵的判断的。多给赏赐，以安其心，苻洪即使想要造反，也要掂量掂量石虎多加赏赐的恩惠。更何况，造反有风险，行动需谨慎。没有相当的实力，苻洪并不敢轻举妄动。而对于石虎而言，所谓隐患，就还不是祸患。在更大的明的祸患没有被消灭之前，为什么要把它弄得那么明显？

石虎，算得上是颇有手段的政客了，拉拢该拉拢的，利用能利用的，只要还在可控的范围内，就不值得太过忧心。而且，事实证明，直到石虎死去，苻洪并没有造反，或许是恩义，或许是实力。苻洪自立，是石虎死后的事了。

至于冉闵，就此一事，我们不可把他和赳赳武夫相提并论。

339 年八月，东晋征西将军庾亮镇守武昌，准备北伐。九月，冉闵在沔南打败晋军，杀死东晋将军蔡怀。

这是一场较大规模的进攻战，后赵名将尽出，通过有效进攻，粉碎了东晋庾亮的北伐计划。在此次战争中，冉闵发挥了急先锋的作用。

再后来，就到了石宣被杀，十万多名东宫卫士被流放，心有不甘者在梁犊的带领下举起了反抗的大旗。出征平叛的冉闵打败了声势骇人的梁犊，平定了叛乱，于是，胡、汉各族将领无不畏服，冉闵在军中的威望空前高涨。

平叛大军还没有回到都城，石虎就已经死去，后赵也陷入争夺权力的内讧当中。冉闵没有幸免，也不可能幸免地卷入其中。而他在军中靠战功积累起来的威望，就是他在那场内斗中争权夺利的资本。

24. 内忧外患

石虎是在内忧外患中死去的，内乱未平（梁犊起义），外敌仍在（慕容鲜卑、东晋）。而且在他死后，幼主临朝，诸子争位，形势比之先前更加恶劣。

我们在讲述冉闵夺权之前，还是要来看看石遵称帝后的那段历史。虽然，石遵从登基到被杀只有短短的一百八十三天，但却是惊心动魄、热闹非凡的。一个帝国的衰亡，从来都没有一蹴而就，必定是先烂到了骨子里，然后才会戛然死去。从石遵开始，得位不正的原因让后赵陷入了此起彼伏的内忧和外患之中，自家兄弟积极火拼，无休无止；各方势力趁火打劫，蠢蠢欲动。

那些天，慕容鲜卑雄兵二十万，虎视其境。

那些天，文弱的东晋组织过两次北伐。

那些天，石遵的兄弟和手下每天都在想着干掉石遵，自己当皇帝。

这是一段群魔乱舞的日子，也是建功立业的大好时机，没有人愿意在不安分的年代安分下来，疯狂的岁月里，只要有机会，再庸碌的人也想要燃烧起来，绽放一份光彩。

国家乱了，并不可怕，选贤任能，尽心尽力整治一番，或许就可以计安天下；人心若是乱了，才是最要命的。

索取后赵性命的时刻，在风雨飘摇中日益迫近。

苻洪降晋

按照时间顺序，第一个要说的，是苻洪降晋。

苻洪是被逼降的，石虎死了，再没有人驾驭得了这位部族领袖，更没有人相信他的忠诚。而冉闵还在说他的坏话。

时间是在349年五月，那时候，石遵刚刚在冉闵和苻洪等人的支持下篡夺帝位。屁股刚刚落在龙椅上，冉闵的坏话就在他耳边响起："苻洪，人杰也。今以洪镇关中，臣恐秦、雍之地非国家所有。此虽先帝临终之命，然陛下践祚，自宜改图。"

时隔十一年，冉闵的论断依然。或许冉闵和苻洪有私仇，但更或许，冉闵是一片忠心。那时候的他，必定没有曹操杀吕布时大耳儿的心思（君不见丁原、董卓乎？），人中吕布若是在曹操帐下，想必定然会是刘备的大祸患了。在平定梁犊叛乱的战斗中，冉闵和苻洪再一次走到了一起，同吃同住同战斗，本应该亲密无间，但毕竟所属不同，消灭敌人的同时，也在观察监视着战友。手握重兵的一方统帅，谁都有可能成为下一个梁犊。作为石赵家族成员的冉闵，对苻洪的提防是极有必要的。

从冉闵的话中可以看出，石虎是相当信任苻洪的，临终以秦、雍之地相托，如果不是心腹爱将、铁杆忠臣，认定了他必无反心，石虎这事就办得傻了。然而石遵毕竟不同，资历尚浅，威望不足，又是谋权篡位。如果不长上一百个心眼，晚上两眼一闭，第二天早上不一定能睁得开。篡位夺权者，名不正，言不顺，石遵在道义上是理亏的，时刻生活在恐慌与多疑中。可越是这样，就越害怕别人走他的老路。

遵从之，遂罢洪都督。

苻洪和后赵并不是绝对的君臣关系，完全可以认为，双方是宗主国与附属国的结盟，这种情况下只有互惠互利才能长久，然而石遵夺去了苻洪已经吃到嘴里的肉，而且是在苻洪刚刚帮完石遵之后。

卸磨杀驴，也没这么快的。

那就反了吧，苻洪回到驻地枋头（今河南省淇县东南）之后，遣使降晋。

降晋是假的，要一个名号和靠山而已。那时，刚刚灭掉成汉帝国的东晋，在理论和实际上还是很强大的。从那时起，苻洪开始走上自己单干的路，脱离后赵控制，逐鹿关中，为建立前秦帝国拉开序幕。

褚裒（chǔ póu）北伐

褚裒，很有名。为人低调，作风简朴，不恋权位（多次辞让高官），连史书中对他的评价都是很高的，留有"皮里春秋""四时气备"的典故。

然而，他不会打仗，属于德高望重、能力草包的那种，能有机会率军北伐，完全是出于他的女儿的缘故。女儿褚蒜子，东晋康献皇后（褚裒北伐时升级为太后）。349年后赵大乱的时候，历史的车轮推动着褚裒走上了北伐的前线。事实证明，无论是古代还是现今，生了个好闺女，或许是整个家族发家致富、平步青云的不二捷径，真让人羡慕不来。

据说当时积极呼吁北伐的其实是桓温，平灭成汉（347年，桓温灭成汉帝国）以后，桓温的声威如日中天，想要趁此机会再立新功的心情溢于言表。这一点，满朝文武都是知道的。可是北伐的主将并不选他，只有一个原因：桓温若复平河、洛，朝廷将何以赏之？

换人吧，褚裒上。

349年七月，褚裒任征讨大都督，都督徐、兖、青、扬、豫五州军务，率军北伐。

初始时是格外顺利的，消息传出，北方士民降附者日以千计。石赵扬州刺史王浃投诚，东晋得到战略要地——寿春。随后，晋军兵进淮北，淮南之地悉数收复。

然后就出问题了，趁晋军北伐之际，鲁郡有五百余家起兵响应，并求援褚裒。声势浩大，一路凯歌，褚裒也就慨然应允了。然而很不幸，前去接应的三千精锐与后赵李农的两万骑兵（乞活军）遭遇于代陂，全军尽没，领军将领王龛被俘。

就整场战争而言，三千军队的损失并不算大，可褚裒竟丧失了北伐的信心，只有两万的后赵骑兵，吓破了他的胆气，吓没了他的志向。俗话说，慈不掌兵。征战上的事，需要的是能征惯战的将军，而不是德高望重的儒生。八月，褚裒退守广陵（今江苏省扬州市）。丢下翘首以盼的江北百万汉民，丢下之前取得的所有的北伐成果，一路狂奔，再不回头。

褚裒退军后，晋朝遗民二十多万渡黄河以归晋，然而大军已退，来时轰轰烈烈，去时寂静无声。悄悄地，一下子就跑没了踪影。这些汉民在石赵骑兵李农军队的追击下，尸横遍野，血流漂杵。雪上加霜的是，为了防止后赵奸细的渗透，晋军将那些"跨过淮河，游过长江"刚刚上岸的人全部斩杀，一个不留。

349年十二月初七，褚裒羞愧自恨而死。

石苞叛乱

石虎选的继承人没了，然而皇位还在。

石遵坐得，石苞怎么就坐不得？

石苞的叛乱并不是偶然因素，当石遵篡位成功的时候，同样也意味着他在向他的兄弟们传递这样一个信息：老爹留下的这张宝座，只要你能抢得到，你就能把屁股放在上面。

然而石苞的叛乱是未成形的，还在谋划中就已经是人尽皆知了，这一点反倒是不如那个果断的石冲。由于他"意欲"谋反，又引发了另一场战争。

无论是一个国家还是一个家庭，内部搞不好团结往往意味着会受外人的欺负，这几乎是铁律了。远如秦汉之交时的匈奴崛起，八王之乱在那时就更是眼前事了。总是在内斗中削弱自己，然后"趁机"强大了敌人。

时任梁州刺史的司马勋在得知石苞准备谋反之后，趁机，兵出骆谷，攻克后赵长城戍，设营垒至于悬沟（距长安仅二百余里）。随后，司马勋派治中刘焕攻打长安，杀后赵京兆太守刘秀离，攻克贺城。

一连串的胜利使得关中震动，三辅之地豪杰纷起，杀郡守县令以迎王师。受到的屈辱太多，受到的压迫太多，只要看到一丝希望，人们就会毫不犹豫地奋起反抗，宁可拼死以求活，绝不苟且以偷生。这是东晋屡次北伐的基础，这也是"杀胡令"得以推行的根基。正因为此，很快，司马勋的军队就集聚五万余人，营垒三十多座。

然后，石苞和石遵上演了一部"兄弟阋于墙，外御其侮"的戏码。石苞放弃了进攻邺城的图谋，集中兵力抵抗司马勋，当时，大将麻秋正在其手下，也参加了和司马勋的战斗。石遵也派出了援军，精骑两万，在车骑将军王朗的带领下救援石苞。

当然，石遵的援军目的并不单纯，在攻打司马勋的同时，顺带着把石苞劫持到了邺城。当时，王朗的大军兵临长安城下，石苞还以为石遵不知道自己要谋反，大开城门迎接援军，然后，援军进城就把他给绑了。

由于后赵援军的到来，司马勋再难取胜，349年十月，司马勋撤军。不过不同于褚裒的狼狈逃窜，司马勋在回师的路上攻克了宛城，杀后赵南阳太守袁景，随后，大摇大摆，退回梁州，东晋司马勋北伐到此结束。

闵、遵成仇

冉闵和石遵的矛盾，要从冉闵没有被立为太子开始算起。

应该说，冉闵其实是被涮了，因为太天真，石氏家族拿他当自己人并不代表他就真的是自己人，骨子里的汉人血统让他永远都不可能当上羯族人的皇帝，连太子都是不可能的。石遵只是想利用他打仗，并没有真心要立他为太子。皇位到手之后，太子是燕王石斌的儿子石衍。

备感失望之余，冉闵只能退而求其次，太子不让当了，掌握朝政总是可以的吧。冉闵自认为功盖一时，石遵应该给予相应的补偿。

事实也是相近的，石遵增加了他的官职，都督中外诸军事、辅国大将军、录尚书事，辅佐朝政。但是，同时升官的还有很多人，而且权力并不比他小。义阳王石鉴为侍中、太傅，乐平王石苞为大司马，汝阴王石琨为大将军。冉闵，只是众多高级官员之一。

史书没有告诉我们冉闵当时的心态，只提起他利用职务之便，使劲地拉拢人心。安抚殿中将士及原东宫高力之士，全部申报为殿中员外将军，晋爵关外侯，赐以宫女，这是一个不小的数字，仅仅东宫卫士就有一万多人。殿中将士是皇帝近侍，原东宫高力之士是一群饱受冷落之人，冉闵拉拢这些人的意图格外明显。当然，出钱的是石遵，得实惠的是冉闵，以君王之利，行个己之私。冉闵的恩德声望日益高涨。

石遵自然是知道冉闵的作为的，但太子的位置无论如何也不会让出，能做的只有对他进行打压抑制。冉闵不是想要恩德名声吗？好，石遵就败坏他的名声，想尽办法让冉闵臭大街。冉闵不是兵权在握吗？能给你兵权，我就能收回兵权，石遵用中书令孟准、左卫将军王鸾计，逐渐削夺冉闵兵权。

大功之后即行百般限制，冉闵的愤怒几乎到了爆发的边缘。但石遵的行动还在继续。武将的性子大多比较直，爆几句粗口也在所难免，然而这是招人厌恶的。正因为冉闵的不满，中书令孟准等人劝石遵，杀冉闵。

我们常说官逼民反，它的版本叫作农民起义。其实官逼官反也是有的，版本叫作政变。只是并不纯粹，有主动和被动之分，比如曹丕和司马炎就是相当主动。而冉闵，绝对是被动的受害者，性命堪忧、百般无奈之下，冉闵只能绝地反击。不求成功，只求不一败涂地。

25. 冉闵夺权

349 年十一月，石遵召石鉴等入宫，与母亲郑太后（郑樱桃，石邃之母）共商杀冉闵之事。

毫无疑问，冉闵是大功臣，能够杀死他的罪名只能有一个——谋反。综观冉闵的作为，只是拉拢了一下将士之心，可能还发了几句不该发的牢骚。或许有那个心思，但毕竟查无实据。然而他的确是个大威胁，往日功高，今时权重，每一句话的不满都会在朝堂上引起骚动。而这，定会让身为皇帝的石遵食不知味、夜不安寝。君王的疑惧与忧思，也算是冉闵必须死的原因了。

除掉手握军权的将领从来都是个大问题，稍有不慎就会酿成兵变。出于谨慎考虑，石遵召开了这个高规格的家庭会议，希望有关各方能达成共识，一决冉闵生死。会议在一片和谐友好的氛围中进行，融洽而且温馨，无须过多商议，本次会议的主要议题（杀冉闵）得到了几乎所有人的同意，包括石鉴。

表示反对的人只有一个——郑太后。

饱经沧桑的郑太后再也没有了当年的暴戾阴毒（害石虎老婆），反倒成了一个宅心仁厚、心地善良的人。在石遵篡位夺权的大戏中，冉闵厥功至伟，这个连郑太后都看得见，"若无冉闵岂能有今日"。在她看来，冉闵虽有骄纵，但罪不至死。想想人家为咱们立下的汗马功劳，骄纵一点又能算什么？为什么动不动就要把他杀了呢？那可是咱的大恩人。

石遵关于杀冉闵的大讨论在郑太后的反对声中戛然而止，冉闵也因此躲过一劫。

没做过什么好事的郑樱桃终于做了件好事，最终却因此害了自己的性命，失去所有，断子绝孙。曾经，她的阴毒让别人付出过生命的代价，得到了自己想要的一切。

本次会议是在秘密中进行的，参与人员皆是皇族至亲，本该同仇敌忾、众志成城。然而很不幸，其中出了叛徒。在会议结束以后，刚刚走出宫门的石鉴就派特使，向冉闵报告了会议的全部内容。当然，石鉴自己的态度是被选择性忽略的。

事实上，石鉴想当皇帝，他想借助冉闵之手除掉石遵。可见，石鉴这个人，只要诱惑足够，出卖起亲兄弟来如翻手覆手一样简单。

真不愧是石虎的儿子。

冉闵，需要保命。

不需要歃血为盟的仪式，共同的利益让冉闵和石鉴的结盟只需要一个眉来眼去。该行动了，晚一步就是"人为刀俎，我为鱼肉"的结局。

得到消息的冉闵立即挟持了两个重要人物——司空李农和右卫将军王基，共谋废黜石遵。在取得二人支持之后，冉闵手下将军苏亥、周成在如意观拘捕石遵（石遵不备，当时正在和妇人对弈），押至琨华殿后将其杀死。同时被杀的有郑太后、皇后、太子石衍、孟准、王鸾及上光禄张斐。

石遵在位共一百八十三天。

除去篡位那件事干得不地道外，石遵还是很不错的。当时，姚弋仲、苻洪、冉闵等人给他的评价是：殿下长而且贤。还有一个叫张举的，给他的评价是：燕公斌有武略，彭城公遵有文德。

在石虎的儿子们当中，石遵算是不错的了。

继石遵之后，登基称帝的是石鉴。

石遵被抓时，曾经这样说："我尚且如此，石鉴又能支撑多久呢？"

一语中的，石鉴真的没撑多久。

冉闵又升官了，武德王。那位被他挟持举事的李农也升官了，大司马、录尚书事。自此，冉闵和李农结成联盟，共掌朝政。

前面提到过李农，出身乞活军，相当有能力，在石虎时代凭借军功一步一步攀升到朝中重臣的位置，政治、军事上都是好手。在被冉闵裹胁以后，他获得了巨大的政治收益，就此登上了冉闵的战车，直到粉身碎骨。

冉闵，对石遵而言是威胁，更是石鉴挥之不去的阴影。由于政变的成功，冉闵更加强大，而且多了一个李农为帮手。有实力废掉石遵的冉闵，同样也足以废掉石鉴。单单这一点，就足够让石鉴每个夜晚都从噩梦中惊醒。

349 年十一月，石鉴决意刺杀冉闵、李农。

时间之紧迫，情况之复杂，行动之密集，无与伦比。

参与行动的有乐平王石苞、中书令李松、殿中将军张才。

行刺时间：一个漆黑的夜晚。

所选地点：宫内琨华殿（类似于"推出午门外斩首"的"午门外"）。

为什么当时两人深夜还在皇宫，就不得而知了。大概是皇帝陛下召冉闵、李农有事相商。还有一种可能：夜宿禁宫，如董卓事。不过从石鉴调兵遣将的行为能力来看，冉闵和李农远没有达到董卓当时的权势。那么，原因就只能是前者。

计划很周密，石苞等人准备趁二人不备之际，来了一个突然袭击，杀人，夺权，搞定。由于没有接到石鉴的明确命令，宫中将士并不完全听命于石苞。我们有理由相信，冉闵和李农是带着卫戍部队进宫的，不然，不会有那么迅速的应变能力。史书记载：不克。不克就是打了没打过的意思。很明显，在皇宫中，冉闵和李农有自己的军队。还有另外一种可能，宫中卫士反戈相向，帮助冉闵、李农……还记得冉闵在宫中将士中广布恩惠的事情吗？

总之，石苞等人的奇袭行动失败了，而且，由于皇宫的特殊性，引发了一场惊扰混乱，再难觅得冉闵、李农二人踪迹。

刺杀这种事，刺客的机会从来只有一次，一击不中，全盘皆输，没有人会站在那里像稻草人一样让你一刺再刺，而且做这种事的人必须是死士，如专诸刺王僚，如豫让酬智伯。无论成败，唯有怀必死之心以赴之，然后事可就也。群殴而胜之的不是没有，但是，如果对方是百战余生的猛士，再有护卫死命相护，又何异于百万军中取上将首级？

想要自保的人变成了石鉴。

冉闵毕竟是后赵的实权派人物，手握重兵，掌控朝政，已经不是石鉴能够驾驭得了的。就是在那个夜晚，石鉴杀李松、张才和乐平王石苞，这些人上一刻还在为石鉴浴血奋战，下一秒就成了石鉴刀下的冤魂。

行动既然已经失败，石鉴就只能嫁祸于那些忠实于他的执行者。事，你们来做；黑锅，你们来背。

误会，确实是个误会。冉闵和李农一手拿着钢刀，一手拿着绳索，笑吟吟地对石鉴说：臣等忠臣，陛下莫要误会。

冉闵的反抗都是在被动中进行的，可每一次事后，手中的权势就更上一个台阶，越发强大，也算是因祸得福。此次之后，冉闵终于架空石鉴，彻底掌控了后赵朝中大权。

至于石鉴推卸责任的表演，冉闵并不追究，也没心思去看。罪有应得还是无辜冤枉，真的有那么重要吗？

26. 关于乞活军

在金庸的武侠小说中，中原武林总会有这样一个帮派组织存在，他们衣衫褴褛、食不果腹，却有着扶危济贫、心系天下的侠肝义胆。如果说，金庸老先生刻意塑造的郭靖是为国为民的侠之大者，那么这个以天下兴亡为己任的帮派也足以称之为此了。这个帮派就是号称天下第一帮的"丐帮"。

在这里我们要说的，是丐帮的前身，乞活军。

就像丐帮有传奇人物如乔峰、洪七公、黄蓉一样，乞活军也是一支不断创造着奇迹的军队，建立成汉帝国，诞生名将如冉闵、李农，着实轰轰烈烈，气势非凡。

然而乞活军的起源与形成却是一个格外沉重的话题，但在那段历史中却无法避免也必须提及。通过它的形成，可以窥探在那个时代处于绝望中的广大百姓为了生存而进行的挣扎与反抗。

乞活，乞求活命之意。没有人愿意死，活不下去的时候，只能去"乞活"。乞活的人多了，再经过他人有目的地组织、培训，就成了军队——乞活军。五胡十六国时期，在中国的北方战场，乞活军很特殊，也很活跃，几经沉浮而不倒，属于特定历史时期的特殊产物。

乞活军是由官方组织起来的流民集体，为自己乞活，被他人利用。同时兼具官方和民间组织两种性质。所具有的共同的目标（乞活），让乞活军成为流民中最为团结、活动范围最为广泛、历时最为持久的队伍。为了最基本的吃饭和生存的问题，乞活军四处流动作战，其足迹遍布大江南北、黄河两岸，贯穿整个八王之乱，贯穿整个"五胡乱华"，直至南北朝的对峙。

有天灾，有人祸，就有乞活军。

吃饭的问题，就是乞活军存在的根源。

在"五胡乱华"时期，中国北方连年战乱，各方势力相继登场和垮台，加上频繁的瘟疫和自然灾害，广大劳动人民连最基本的生存问题都不能得到保障。

晋惠帝永兴二年（306年），"宁州频岁饥疫，死者以十万计"，以致"城中粮尽，炙鼠拔草而食之"（《资治通鉴》）；永嘉四年（310年），"幽、并、司、冀、秦、雍六州大蝗，食草木、牛马毛皆尽"（《资治通鉴》），可以说是见什么吃什么，蝗灾过后，能留给人类的，恐怕也只有光秃秃的土地和遍地骸骨了；永嘉六年（312年），"幽州大水，人不粒食"（《晋书》）。人不粒食的意思就是：人连一粒粮食都没得吃。饥饿足以让人精神崩溃而做出任何不可思议的事情，许多地区出现"易子而食""人相食"（《晋书》）的人间惨剧。

天灾无法避免，人祸也时有发生。以并州（今山西省北部）为例，"寇贼纵横，道路断塞"（《资治通鉴》），到处是强盗和兵乱，根本无安全可言。"府寺焚毁，邑野萧条"（《资治通鉴》），本该热闹的市井，颇有生机的乡村，处处残败如人间地狱。

生存受到威胁，人们不得不四处流浪和迁徙，以寻求能带来一口吃食和片刻安宁的避难之所。然而五胡乱世，安宁只是相对而言，世上本没有世外桃源，多数人都过着朝不保夕的流亡生活。

四处奔走"乞活"的那些人，就是流民，而乞活军的形成就是源于这种流民的泛滥。流民，在中国历朝历代都不同程度地存在过。因为战乱或饥荒，百姓无法生活，于是成群结队地迁往他乡。流民不同于移民，移民辗转迁徙后会定居下来，有最终的目的地；也不同于徙民，徙民是官方有组织的迁徙，到了地方，说不准还有安家费可以拿。流民在形式上表现得更为松散，居无定所，四处漂泊，哪里有粮食，哪里就是他们的家，吃完了，再去找下一家。

在中国的历史上，最为庞大的流民活动是李自成等人的农民起义，其实就是流民进行的武装乞活运动，经村过县，席卷所有能带走的一切。那些本不是流民的人，也因为流民的到来而成为流民。

铁骑上的十六国

事情总是在相辅相成中成长，即使它是一颗毒瘤。乱世出流民，因为没有饭吃；流民扰乱世，更乱的乱世让大家都没有饭吃，然后都去做流民。八王之乱和"五胡乱华"的那些日子，各方霸主相继逐鹿，地方政府朝不保夕，在惶惶中求以终日，根本无暇顾及泛滥而起的流民，所谓遣送安置更是无从谈起。在当时，流民之多、遍布之广，达到了旷世空前的境况。

有谁愿意接纳那些成千上万的流民呢？没有人，相反，流民所到之处都会受到排斥，无论哪里都缺粮食，有粮食也不愿意给他们吃。冲突也就在所难免。"司、冀、并、兖州流人数万户在于辽西，迭相招引，人不安业"（《晋书》），还有"流民之在颍川、襄城、汝南、南阳、河南者数万家，素为居民所苦，皆烧城邑"（《资治通鉴》），这就是当时情形的真实写照。为防止流民哄抢，各地纷纷组织武装防范，而流民受到攻击，就要自卫，也逐渐自发地形成了自己的武装。如"雍州流人王如、侯脱、严嶷等起兵江淮间"，"流民张平、樊雅各聚众数千人在谯，为坞主"（《晋书》），"秦州流民邓定、訇氏等据成固，寇掠汉中"（《资治通鉴》）。这些流民武装，客观上加剧了社会的动荡。

乞活军应运而生。其中最活跃、历时最久的便是燕王司马腾（就是那个准备把石勒卖掉充军饷的司马腾）的部队。西晋末年，"并州饥馑，数为胡寇所掠"，饥荒加上兵乱，以至于"郡县莫能自保"（《资治通鉴》）。无奈之下，州将田甄、李恽、薄盛等人便将流民组织起来，"悉随腾就谷冀州，号为'乞活'"，跟随司马腾到冀州谋食，这支队伍便被称作乞活军。

这样做有两个好处：一是将流民收编，使这些人有所依靠；二是形成了一支强有力的武装，便于谋食。没有财产住所，只为活命乞食，这样的部队打起仗来，无后顾之忧，勇敢强悍，成为司马腾麾下一支重要的军事力量。

乞活军所进行的战斗，主要是和石勒展开的。八王之乱时，司马腾镇守邺城，曾与成都王司马颖互相攻伐。司马颖死后，汲桑和石勒为司马颖报仇，攻下邺城，杀掉司马腾，焚城而去。乞活军又在田甄、田兰等人的带领下，替司马腾报仇，在乐陵杀了汲桑。

其后，乞活军内部由于政见不合走向分裂：一部分在李恽、薄盛带领下，投靠了东海王司马越。司马越死后，部众分散，李恽率乞活军逃至洧仓（今河南省许昌市东部），与石勒军队（此时石勒已是前赵的大将）进行过多次征战，让石勒吃了不少苦头。如"石季龙（石虎）袭乞活王平于梁城，败绩而归"（《晋书》）。但终究还是为石勒所灭。另一部分乞活军由田甄率领远走上党（今山西省长治一带），石勒付出很大代价才将其打败，其中陈午一部投降石勒，后又反叛石勒南走江淮，投靠了东晋。

这支活跃在中国古战场上的特殊部队，辗转存活了百余年，足迹遍布大江南北，成为"五胡乱华"时期流民武装的一个特例。一个"乞"字，一个"活"字，我们从中能读出那个时代所有流民的悲惨与不幸。乞活军的出现和存在，充分见证了那个历史大动荡时期的悲壮与凄凉。

冉闵、李农领导的军队，其实就是乞活军中的一部分。那些活不下去的汉人，是他们赖以起家立足的根本。褚裒北伐的时候，遇到的李农部队，其实就是投降了后赵的乞活军，纯粹由汉人组成的军队。

27. 胡汉之争

石赵是羯人的政权，而冉闵是汉人。

掌权以后的冉闵并没有意识到这一点，他的汉人意识是在胡汉矛盾极度激化的过程中逐渐觉醒的。父子两代为羯人效忠，自小在石虎膝前成长，冉闵怎么都觉得自己是石闵，隶属于后赵皇族。综合之前的表现，我们可以断定，冉闵热爱着他所效忠的那个国家。对于架空石鉴掌控朝政的做法，在他眼里，与石遵、石鉴的所作所为性质是一样的，皇族内讧而已。

然而羯人并不认同，在他们眼里，石赵永远都是羯人的政权，能够当家做主的，也只能是羯人。对于冉闵，他身体中流淌的血液、骨髓中充斥的灵魂，注定了他永远都是汉人，永远都是羯人眼中的"他"。用则用矣，想登堂入室成为主人，没门！

当汉人冉闵、李农掌控了后赵政权的时候，引起的震动是巨大的，后赵统治阶级因争夺统治权而引起的皇族内讧迅速转变为了激烈的、不可调和的、全面的胡汉冲突。

就在冉闵、李农平定石苞叛乱的同时，石虎的另一个儿子石祗在襄国联合姚弋仲、苻洪等人颁布檄文，讨伐冉闵、李农。

有句话叫"血浓于水"，其实在全世界都是通用的。冉闵的本质是汉人，并不是石虎的亲孙，随着实力的日益壮大并严重威胁到石氏集团统治的时候，冉闵必然会遭到包括石鉴在内的石虎子孙们的强烈反抗。父辈留下的大好江山，无论自己兄弟怎么抢，都不能拱手送于外人。冉闵并不是羯人的骨肉，虽然是被石虎抚养长大，但终究是汉人的血脉。喝酒吃肉的时候大家亲若一家，但一旦触动了各自最根本的利益，原本隐藏的最本质的东西也就会浮出水面。而这也成为后来冉魏政权遭到胡人势力联合绞杀的主要原因之一。

现在要来说一下石祗、姚弋仲、苻洪等人发布的那道讨伐檄文，虽然那是一段极度混乱的历史，但每一项行动和政策都有它的出处和来源。石祗等人发布的檄文，对随后的故事具有极大的影响。

内容已经不可查了，早已湮没在史书无数次的删除和篡改中。只有一个由后人根据内容杜撰得来的名字流传下来："杀汉檄。"杀，杀死的杀；汉，就是汉人的意思，不过那时应该叫作晋人；檄，即是檄文。整个的名称是这样的：杀死汉人的檄文。

这道檄文的目的就不用多说废话了，后来便出现了相应而生的另一道檄文，"杀胡令"。

只有在最血腥的屠杀之后，才会有最血腥的报复。

不管怎样，有了叛乱就该去平叛，尤其是当皇帝还掌握在被讨伐者手中的时候，更不应该持有异议。石鉴的平叛大军出发了，领军大将为大都督石琨、太尉张举、侍中呼延盛，步骑七万，分路进发。

就在两军交战之前，国都邺城的皇宫之内却发生了重大变故。

首先是中领军石成、侍中石启、河东太守石晖三人密谋刺杀冉闵、李农，未遂，事泄被杀。

随后，龙骧将军孙伏都、刘铢伏兵三千，欲杀冉闵、李农。

孙伏都所率领的三千人全部是羯人，而且这三千人是在皇帝石鉴不知情的情况下集结的。如果说三个人的密谋并不能引起冉闵的重视，那么，三千羯人自发的行动足以让他思虑万分了。是什么原因促使这些羯人在没有授权的情况下，就敢于和冉闵一战？每一次的深思，都会让冉闵惊出满身的冷汗。

毫无疑问，孙伏都的行动失败了。虽然其间上演了一部"挟天子以令诸侯"（请示石鉴）的插曲，但丝毫没有改变失败的结局。谋略不如冉闵、李农；实力不如冉闵、李农；连人缘都不如冉闵、李农。计划还没实施，秘密已经泄露，冉闵、李农的大军早已集结待命。焉能不败？

在孙伏都前来请示石鉴的时候，石鉴是站在孙伏都一边的。什么"国之干城""社稷栋梁"之类的赞美之词差不多都让石鉴说光了。但是当冉闵的军队破金明门强行入宫之后，石鉴的态度立刻发生了一百八十度的转弯，迅速和冉闵、李农站在了同一条战线上。宣布孙伏都谋反，招冉闵、李农入宫，并下旨，命令冉闵、李农讨伐孙伏都。

不要小看傀儡皇帝的圣旨，有了它，哪怕是让去杀皇帝他妈，行动也代表了合法，在人情和法理上也就都讲得通了。有了圣旨，史家会让讲不通的地方也能讲得通。曾经，有一个卖草鞋的叫作刘备的人，靠着汉献帝刘协给他的"衣带诏"所带来的"正义"，一跃成为"汉昭烈皇帝"。"正义"所指，就是民心所向。

前一刻的忠臣，下一刻就变成了叛逆。石鉴开始故技重施。孙伏都战败了，剩下的唯一作用就是替他背黑锅。石鉴需要自保，于是所有的祸事也就全部栽赃到孙伏都的身上。

战斗没有悬念，不无辜的在劫难逃，无辜的也少有幸免，皇城之内，横尸遍地，血流成河。整个皇宫仿佛接受了一次腥风血雨的洗礼。然后，冉闵控制了一切。

至于皇帝石鉴，冉闵不再理会他的忽悠，直接把他囚禁在了御龙观，光看守的士兵就派了好几千。任何人不得和石鉴接触，连吃饭都是悬吊着食物给他。

石成等人阴谋作乱的时候，冉闵还觉得这只是皇族的权力斗争，逮着杀掉就算了事，并没有多想。而这一次的政变却强烈冲击了他的大脑。石鉴事先并不知情，羯族将军却能够自发地组织起三千名羯族士兵攻击他。

这，到底是为什么？

冉闵应该是想明白了，石祗的"杀汉檄"就是最好的提示。为了防止胡人再举刀兵，杀掉孙伏都，平定叛乱之后，冉闵颁布了这样一条命令：内外六夷敢称兵杖者，斩之。

命令下达以后，胡人们开始大逃亡，他们攻破城门甚至翻越城墙而出，目的只有一个，逃出邺城，远离冉闵。

这些情况，冉闵定是知道的，因为他紧接着下达了第二道命令："与官同心者住，不同心者各任所之。"通俗地说就是：愿意跟我混的留下，不愿意跟我混的滚蛋。其实冉闵本意并不想让羯人走，他只是想表现作为王者的胸襟与气量。有时候，最好的挽留方式，恰恰是不留。

命令下达之后，戏剧性的却也是必然的结果出现了。一夜之间，周围百里

铁骑上的十六国

的汉人全部争相拥入城中，而邺城中所有的胡人全部离去。城门那里一面是大量的汉人拥进邺城来投奔冉闵，另一面是大量的胡人纷纷出城。双方对比格外鲜明，而鲜明的对比代表了鲜明的立场。冷眼欣赏之后，冉闵不得不相信，"非我族类，其心必异"说得颇有道理。

铁血军人出身的冉闵颁布了那道最出名的命令：杀胡令。既然不能为我所用，那就都杀了吧，免得被别人利用。

"杀胡令"只有一句，"内外赵人，斩一胡首送凤阳门者，文官进位三等，武职悉拜牙门"。（《晋书》）

"杀胡令"后，群胡尽反。太宰赵鹿、太尉张举、中军张春、光禄石岳、抚军石宁、武卫张季以及诸公侯、卿、校、龙腾等共一万余人出奔襄国。

后赵各地胡人将领据城自守（石琨出奔后据守冀州，张沈屯兵滏口，张贺度据守石渎，段勤据黎阳，杨群屯兵桑壁，刘国据守阳城，段龛据陈留，姚弋仲据混桥，苻洪据枋头），各拥兵数万，不听冉闵号令。

随后，各部胡人组成联军，兵马数十万，目标直指邺城，共同讨伐冉闵。

28. 汉军威武

350年正月，冉闵击败前燕大军二十万，擒斩七万余，斩杀上将三十余名，焚烧粮草二十万斛，夺郡县大小二十八城。经此一战，冉闵之名，威震中原。

正月，冉闵以谶文"继赵李"改后赵国号为卫，年号"青龙"，改石鉴为李鉴（自己为李闵）。整个后赵面目全非。

正月，冉闵率所部千余骑兵击败石琨七万大军，斩首三千余级。

二月，冉闵杀石鉴，同时，杀石虎子孙三十八人，诛灭邺城石氏。

同月，冉闵登基称帝，国号魏，年号永兴，史称冉魏。恢复汉姓"冉"。

三月，石虎子石祗在襄国称帝，后赵境内各部胡人纷纷响应。

自此，后赵皇帝石祗和冉魏皇帝冉闵开始了互相攻伐的岁月。弓上弦，剑出鞘，国仇家恨此时报。双方从平民到皇帝都在燃烧着复仇的火焰。

然而相对于有众多胡人兄弟的石祗，冉闵没有朋友。在石祗号召天下胡夷共伐冉闵的时候，冉闵只是孤零零的自己，带着满腔的复仇之火，愤怒地注视着他所有的敌人，时刻准备迎战。

在冉魏立国之初，冉闵曾向东晋寻求过帮助，邀东晋共伐中原。不过东晋君臣们在冉闵的来信中居然发现了许多不客气的字眼，原本就对"魏"（晋承魏）多有不满，于是也就置之不理。

不仅如此，350年四月，冉闵杀李农，同时被杀的还有尚书令王谟，侍中王衍，中常侍严震、赵升等人。原因不得而知，不过从所杀官员的职位上可以发现，这群人中有领袖人物、朝中大臣、宫中侍从。或许我们可以臆测他们被杀的原因：内外勾结，意图谋反；欲推李农上位，取冉闵而代之。曾经一起并肩作战的战友，成为冉闵皇位最直接的威胁。

这就是冉闵立国之初所面临的环境。外有强敌压境（天下胡人共讨之），无一人是其盟友；内有兄弟阋墙，自断手臂（杀李农）。

军人出身的冉闵并不具备高超的政治才能，无力在这种内外交困的环境中纵横捭阖，靠着三寸不烂之舌化解兵革、消弭困境。唯一能做的就是拿起武器，用他最熟悉也最为直接的方式，为自己。

历史注定了冉闵要在血与火中成长，在血与火中立国，然后在血与火中走向末路。

从立国之初到亡国之末，冉闵共历大战六次，次次惊心动魄、可圈可点。

首战，以汉骑三千夜破匈奴营，杀敌将数名，逐百里，斩匈奴首三万；

再战，以五千汉骑大破胡骑七万；

三战，以汉军七万加四万乞活义军破众胡联军三十余万；

四战，先败后胜，以万人斩胡首四万；

五战，以汉军六万，几乎全歼羌、氐联军十余万；

六战，以步卒不足万人，敌慕容鲜卑铁骑十四万，十战十胜。

几番大战，冉闵的军队打出了汉家铁骑的威风，羯族主力军被完全消灭。各部胡人均受重创，从此不敢小觑汉人的力量。

不得不承认，冉闵是野蛮的。在石虎的熏陶以及多年战阵的养成之下，冉闵少有文人的涵养，以暴制暴是他的座右铭。不妥协，不退让，更不懂得迂回的思想，这固然决定了他最终的灭亡。可是，在那个特定的历史时期，处于灭亡边缘的汉族，最需要的，恰恰就是这样的人物。数以千万的族人死于刀剑之下，依然需要用刀剑去拼得一条活路。

后人有诗赞曰："五胡铁蹄踏北国，弱汉无奈唯乞活。羯奴忍辱兴汉事，万代功绩话蹉跎。"

冉闵的作为凝聚了北方汉人，民众有誓死追随之意，豪杰有决死敢战之心。胡寇溃散，各族胡人开始退出中原。

羯人并不弱小，事实上，始终保持着的原始与野蛮让他们格外强大。在冉闵屠羯之时，有一支大约万人的羯人部族因为向北投降鲜卑而幸免于难。恰恰是这个幸存的羯人部落在随后爆发了恐怖的破坏力。此部落在鲜卑内乱中疯狂地屠杀鲜卑人，差点将鲜卑灭族。而后，由于鲜卑人的报复，残存的羯人（大约两千人）在侯景的带领下投奔梁朝（502—557，萧衍所建），成为雇佣军。在梁朝当差的日子里，侯景杀了梁武帝，并对人口众多、繁花似锦的江南进行了血腥的屠杀，久不见兵革的江南各地尸横遍野（仅建康城就有四万户约二十万人被杀），从此民生凋敝。后来，南梁人将土僧辩会同陈霸先（南陈建立者）、杜龛、韦载等人，花了很大的代价才将侯景彻底消灭。

侯景之乱的影响是长远的，陈霸先建立陈朝后，采取了很多恢复经济和人口的措施，然而直到隋朝灭陈，南方的人口依然没有恢复到侯景之乱前的规模。而且，此次动乱使得南朝再也没有力量组织北伐，南朝一统天下的梦想从此成为泡影。

侯景的羯族士兵只有几千人，带给江南的灾难却是毁灭性的。

如果没有冉闵和他手下的铁血汉军，后果不敢想象。

冉闵之后，桓温终于开始了北伐。他的军队人数众多、装备精良，而且训练有素。然而当他们面对北方胡骑的金戈铁马之时，双方战事进展得如秋风扫落叶一般酣畅淋漓。只是可惜，他们是落叶，胡骑，才是秋风。

冉闵之前的"汉"是柔弱的，冉闵之后的"汉"依然柔弱。但短暂的冉魏却如同黑夜里的一道闪电，震慑胡夷，光耀自己。

汉军威武，其实，是一种精神。

29. 武悼悲歌

冉闵最为精彩的故事的开始，其实也是他悲惨结局的序幕。

灭亡的钟声是在第一次襄国之战失败时敲响的。

在反击诸胡联军取得连续胜利之后，冉闵的军队迅速扩充到三十万人，信心也随之膨胀。350年十月，冉闵出师讨伐襄国。

战争的初始阶段，冉魏大军节节胜利，在短时间内就兵临襄国城下并将其包围。然后就是旷日持久的围困作战（一百多天），冉魏军队在攻城和围困中耗尽了最初的锐气，石祗却在抵抗与求和中（曾去帝号，向冉闵求和）等来了援军，胜利的天平随着时间的推移开始向后赵倾斜。351年三月，在石祗、前燕、姚弋仲三方围攻以及投降的胡人士兵趁机作乱的多重作用下（冉闵在此次作战中，重用胡人降兵），冉魏军队惨败。跟随冉闵出征的大军有十万多人，最终跟着冉闵逃回邺城的，只有十余骑。

毫无疑问，这是一次惨败，损失之惨重不言而喻，用片甲无存来形容也毫不为过。影响也是格外巨大的。据说，当时冉闵已经回到邺城皇宫好多天，但邺城的百姓还是以为他们的皇帝已经战死而惶惶不可终日，搞得冉闵只好亲自出宫安抚百姓——证明自己还活着，才算是安定了民心、军心。

这只是此次失败的直接影响，随后的副作用更为严重深远，直接断送了冉魏帝国的前途命运。

此战之后，冉闵赖以立国的基础消耗一空，根本开始动摇。虽然在随后的反击作战中取得胜利（351年四月，冉闵击败追击而来的刘显），但因失败而形成的颓势始终没有发生改变，冉魏陷入亡国的危机当中，并疲于应付。

国力的增加是日积月累的，尤其是在盖一所房子（皇宫）就足以拖垮一个国家的年代里，脆弱的国民经济使得国家行动必须慎之又慎，容不得半点马虎。比如曹操，周瑜一把火烧光了他八十三万大军的时候，同时也就烧掉了他一统天下的梦想，后期的权谋计算，只是为子孙后代篡夺汉室江山铺平道路罢了。还有刘备，戎马一生攒下来的积蓄因夷陵一败而荡然无存，哪里还有兴复汉室的信心？身心俱碎，万念俱灰。在电视剧《新三国演义》中，临死前的刘备对这两个成语有着堪称完美的表述。天下英雄谁敌手？曹、刘。悲催起来，竟也是一样的。

至于冉闵，固然表现得更加坚强，毕竟年轻就是最大的资本……然而也依然如同秋后的蚂蚱，无论怎么蹦跶，都改变不了必将灭亡的结局。有心杀贼，无力回天。脆弱的国民经济遭到破坏后，恢复起来是格外缓慢的，实力的损耗让冉闵不可能重塑辉煌，不可逆转地从巅峰跌下，走向末路。

不止于此，本着趁你病要你命的精神，东晋帝国趁火打劫，在冉魏军队和诸胡联军血战之际，拼命地挖起了冉魏的墙脚。351 年八月，东晋以皇朝正统之名义，大肆"接收"冉魏州郡。冉闵的徐州刺史周成、兖州刺史魏统、豫州牧冉遇、荆州刺史乐弘都携城堡归顺东晋。平南将军高崇、征虏将军吕护拘捕洛州刺史郑系，携三河归顺东晋。这些更是让冉魏政权雪上加霜。

应该算是消息不畅惹的祸。襄国之战失败后，连邺城百姓都认为冉闵已经战死，更不要说邺城之外的州郡了。通信工具的局限、流言蜚语的传播，给了东晋足够的可乘之机：冉闵已死，你们还不投靠我，等着效忠于谁呢？

再来看看，作为战胜方的后赵随后的诸多变故。

襄国之战获胜后，石祇乘胜进军，派大将刘显率军十万追击冉闵，直至邺城城下。不过战败了，那一战，冉闵倾城而出，用上了他仅存的全部力量，首战即斩杀刘显一万多人，解邺城之围。冉战追击刘显，消灭其三万多人，刘显狼狈逃回。

生死线上的反击，冉闵和他的军队再次用实力证明了自己的威武和强悍。

战后，狼狈逃回的刘显杀了石祇，并向冉闵投降。

您没看错，是杀石祇向冉闵投降。当时，冉闵得知消息后很高兴，封了刘显一大堆的官职，然后就率兵回家了。刚刚损失十万大军的冉魏，需要时间疗伤。从后来刘显的反复无常来看，冉闵着实应该乘胜追击。一个杀害自己的君主并向敌国投降之人，有什么值得冉闵去信任？除非，实力不允许他再攻打一次襄国，那么这样也就算是最好的结局了。

需要对后赵石氏做一个最后的交代了。在刘显杀死石祇向冉闵投降的时候，同时被刘显杀死的有乐安王石炳（石虎庶子）、太保张举、太宰赵鹿等，后赵石氏从此彻底族灭。

石虎的十四个儿子全部死于非命。其中，两个被石虎处死；六个自相残杀而死；五个被冉闵灭族；一个投靠东晋被斩于街市（石琨投靠东晋的时候，直接被东晋政权"请去了菜市口"，斩首示众，没有审问，更没有礼遇）。

一生造孽无数的石虎，终于在儿孙的身上得到了他应有的报应。

刘显本是石祇手下的一员大将，很受宠信，但终究反了石祇。

没过多久，刘显又反了冉闵。在再一次攻打冉闵失败、狼狈逃回襄国后，刘显当起了皇帝。

在封建时代，尤其是群雄并起之时，最高首领往往凭借"称帝"来重塑自己因战争失败而丧失了的个人威信、地位，提升士兵因战败而萎靡不振的精神士气。对于弑君篡位的刘显，更是如此。本就名不正、言不顺，再没个响亮的名头镇住场子、降住小弟，那么大哥的日子就算是混到头了。当然，最重要的是，临死也要过一把当皇帝的瘾。比如吴三桂，比如李自成，都是如此。

当了皇帝的刘显继续着后赵之前对冉魏的政策：进攻。其实用不上"持续"这两个字，因为冉闵受够了他，没有给刘显更多的机会。

352年二月，刘显进攻冉魏常山郡。冉闵以八千士兵救援，击败刘显后追至襄国，刘显部将曹伏驹打开城门接应冉闵，冉闵攻克后赵国都襄国。后赵终于尘埃落定，彻底灭亡。

刘显，长于背叛者终于死于背叛。

消灭后赵以后，在理论上，我们应该认为冉闵肃清了中原，随后的故事也应该步入正轨：休养生息，富国强兵，北伐南征，一统天下。然而历史真的就像一场舞台剧，压轴的总是在最后出场。在冉闵竭尽全力与后赵残余生死相搏之际，曾经的宿敌——前燕趁机南下，随之而来的是滚滚烟尘和漫天血雨。

在石虎去世之前，冉闵是被作为一个将军来培养的，主要任务就是在后赵北部边境防御前燕。没办法，谁让石虎老是打不过人家？应该说，冉闵的工作能力是不容置疑的，虽然前燕一直虎视眈眈，但是始终没有得到什么机会。后来，冉闵忙着在后赵皇族的内讧中争权夺利，也就顾不上前燕了。一不小心，前燕的大军就杀了进来，势不可当。

廉台地处河北，在灭亡后赵之后，属于冉魏的势力范围。前燕在辽东，在河北之北。这不是前燕第一次入侵中原，然而这一次来了，他们不想再走。

双方的遭遇是早有预谋的，当冉魏和后赵之间的战争正如火如荼进行着的时候，前燕趁机南下。鹬蚌相争，渔翁得利。很明显，前燕就是那个想要得利的渔翁。就后来的发展来看，前燕这个渔民做得可真是优秀得很。

对于前燕的南下，冉闵是不知情的。平定后赵之后，天下初定，百废待兴，等着冉闵去做的工作还有很多，比如让邺城的百姓们吃上一口饱饭。

当时冉闵的处境是艰难的，持续的作战让整个冉魏都处在战争机器的运作当中，停下来之后才发现：大家都去打仗，没人种地了。国都邺城更是如此，饥肠辘辘的百姓触动着冉闵的心弦。

冉闵分了军粮。

他把军队的口粮分给了邺城的百姓，然后，带着他最精锐的八千勇士出邺城"游食"。

铁骑上的十六国

然而很不幸，冉闵军的行踪被慕容恪探知，于是，大网张开，冉闵就和慕容恪所率领的十四万骑兵撞了个满怀。

游食：一边"游"一边吃之意，或者说哪里有吃的就到哪里去吃，俗称要饭。冉闵带着他的军队出城"游食"的时候应该是这样说的："弟兄们，把粮食留给百姓，哥带你们要饭去！"

皇帝混到了要饭的地步，至少说明了两个问题，其一：冉魏已经穷得揭不开锅了；其二：冉闵是个好皇帝。或许并不优秀到足以应对时局，但愿意省下口粮给百姓的皇帝确实值得拥戴。这也许就是邺城城破后，冉魏军民誓死不降的原因吧。

接下来，便是冉闵的最后一战。

时间：352 年四月

地点：廉台（今河北省石家庄市无极县东北）

战役名称：廉台之战

交战双方：冉闵 VS 慕容恪

起因："游食"途中，冉闵的八千步军与南下的慕容恪十四万骑兵遭遇。随后，冉闵军被围。

这是冉闵与慕容恪的第二次对决，生死之战。率先发起进攻的并不是慕容恪的骑兵，而是冉闵不足万人的步兵。今天的我们很难想象，食不果腹的冉闵汉军是如何依靠两条腿向慕容恪的十四万骑兵发起冲击的。然而他们做到了，面对必死的结局，冉闵和他麾下的八千勇士爆发出了惊世骇俗的勇气。

大将军董闰、车骑将军张温在战役的准备阶段劝谏过冉闵："鲜卑人乘胜利之势，锋芒锐利，而且敌众我寡，应该暂且躲避。等他们骄傲懈怠以后，再增加兵力，加以攻击。"

应该说，这是一个较为科学的建议，敌众我寡，确实不应该力敌。然而冉闵之前的战斗，哪一次不是以少胜多呢？胜利中的冉闵并不认为他需要躲避，或者说，明知道力不能敌，冉闵也宁愿选择战斗着死去。

"我要用这些兵众平定幽州，斩杀慕容儁。如今遇上了慕容恪而躲避他，人们该说我什么呢？"

好吧，那就去战斗。

冉闵最初的战术是正确的：首先，将部队布置在不利于骑兵展开的山高林密处；其次，令人在慕容恪军中散布流言，以扰乱军心鼓噪声势；最后，在进攻中利用步兵比骑兵更持久、更灵活（骑兵笨重，不利久战）的特点拖垮骑兵。

慕容恪的方法就简单了，用一次次的失败和退却将冉闵军队引诱到了平原地区，然后围而歼之。

最后的战斗开始了，中计被困的冉闵骑朱龙马，持矛戟，手刃鲜卑强兵悍将三百余人，麾下将士个个奋勇争先，悍不畏死。结果是石破天惊的，冉闵和他的八千汉军在十四万鲜卑骑兵组成的包围圈中十战十胜。

那该是一场什么样的战斗？八千个衣衫褴褛、食不果腹的步兵向十四万装备精良的鲜卑骑兵发起进攻。

近乎黔驴技穷的慕容恪拿出了他最后的撒手锏——铁浮屠。

铁浮屠，人、马均身披重甲，三人为伍，以皮索相连，人进一步，移马一步，誓不反顾。具有极强的进攻能力和防御能力。史书记载：精锐特甚，所向无前。

那是一个清晨，晨曦蹿入尸体枕藉的战场，清晨的静谧安详中带着恐怖与狰狞。冉闵的战斗是胜利的，然而越打越多的鲜卑军队和越发疲惫的冉魏战士让冉闵第一次陷入恐慌，他看不到胜利的希望。于是，冉闵决意突围。吃光了所有的存粮之后，像之前的十次战斗一样，冉闵和他的军队走向战场，向着他们的敌人发起进攻。

战斗异常惨烈，冉闵和他的八千勇士冲破了鲜卑人一道又一道防线。然而，在他们异常疲惫之时，迎着他们而来的是一支全身重甲的骑兵——铁浮屠，然后，撕碎了冉魏军队战阵。

冉闵，败了。

然而冉魏士兵并没有溃散，在掩护冉闵和文武大臣突围的过程中，筋疲力尽的他们机械般地挥舞手中早已残破的战刀砍向敌人，尽着自己最后的努力，一直战斗到最后一个人。整个战役的始终，冉魏没有被俘的士兵，更没有投降的战士！

也就是从那时起，铁浮屠成为汉族士兵的噩梦，在他们心中造成无尽的创伤和阴影。久久，挥之不去。

铁浮屠也就从那时起成了胡人军队屠戮汉军的撒手锏，从唐到五代都有用铁浮屠全歼汉军步兵数万的记录，在辽金时代更是被广为利用，而且所向披靡，直到岳飞的出现。

在付出了无数的鲜血、吸取了无数次失败的教训之后，1140年，岳家军与金兀术率领的铁浮屠大军展开决战，铁浮屠大军全军覆没，从此正式退出历史舞台。那一年，距铁浮屠的出现已经过去了将近八百年。

冉闵是在突围的路上被俘的，其实当时已经突出了包围圈，只是座下的朱龙马因为过度疲劳而突然死亡。两条腿的冉闵毕竟跑不过四条腿的鲜卑精骑。据说，当时朱龙马跑着跑着突然就停了下来，然后站着，无论冉闵怎么呵斥抽打，那马儿如泥塑一般，一动不动。

天亡我也，非战之罪。

被俘后的冉闵表现出了应有的气魄。虽然没有像项羽那样割首相送，但毕竟没有穿上青衣小帽为夷狄的官僚斟茶倒酒，更没有身着奴仆的装束为胡人的君王牵马置镫。

决绝的死让人敬佩感叹，不屈的活更让人肃然臣服。

冉闵，是不屈的。

慕容恪捉到冉闵后，赴蓟（jì）城（今天津蓟县）献与国主慕容儁。

左右命冉闵下拜，冉闵当然是拒绝的，乃叱之："汝何不拜吾主？"

冉闵回答："安有中朝天子拜汝夷狄乎？"

慕容儁嘲笑冉闵："汝乃奴仆下才，怎得妄自称帝？"

冉闵怒道："天下大乱，尔曹夷狄禽兽之类犹称帝，况我中土英雄，何为不得称帝邪？"

慕容儁大怒，鞭之三百，然后送至龙城（今辽宁省朝阳），告庙、跳庙（向祖先献俘，庆祝辉煌胜利），随后，斩冉闵于遏陉山。整个献俘的过程，冉闵大骂不止。

冉闵死后，山左右七里草木悉枯，蝗虫大起，从五月到十二月，天上滴雨未降。慕容儁大惊，派人前往祭祀，追封冉闵谥号为"武悼天王"。也就在那一天，天降大雪，过人双膝。

"武悼天王"是冉闵的敌人给他的谥号，一个武字，一个天王的称号，入木三分地体现了胡人对冉闵深深的畏惧。

邺城守军艰苦抵抗鲜卑军队一百多天，352年八月，邺城失陷，冉魏灭亡。绝望至极的冉魏臣子们守节自缢者有之，逃往东晋者有之。

但是，无一人投降前燕。

冉闵在冉魏政权的谥号，是很多很多年以后从其后人冉华的墓志上才知道的，谥曰"平"。历史上，皇帝的谥号是有严格设定的：布纲治纪曰平。原来，依仗八千汉军就足以横扫中原的冉闵，最为突出的并不是他的武力，而是"布纲治纪"。

冉闵在占领邺城时，救出了二十多万被羯人抢掠的汉人少女，并帮助她们寻找失散的家人，然而在冉闵放这些汉族少女回家时，有五万多人选择留下，因为她们已经无家可归。冉魏灭亡，厄运重新降临，南下的鲜卑大军将她们充作军粮。

第四篇　鲜卑山下走出的奇迹

01. 那座山，那群人

其实，那座山并不是一座山……两座。

在《三国志》及《晋书》中有记载："依鲜卑山，依山为号。"《魏书》中记载为"大鲜卑山"。据史学家考证，鲜卑山即今内蒙古自治区兴安盟科又中旗的蒙格罕山；大鲜卑山则位于发现有嘎仙洞的内蒙古自治区鄂伦春自治旗境内的大兴安岭北段。

具体是哪一座，早已没有办法搞清楚，也没有必要为之深究。总之，有那么一群人，几经迁徙后漂泊到了鲜卑山或者大鲜卑山脚下，走得累了，原本只是想小憩一会儿，然而一不小心小憩变成了小住，小住又成了久住，久住之后便赖着不走了，进而依山为号，成为我们在此所说的那个传奇的民族——鲜卑。

对于"鲜卑"这个词，其实还有另外一种解释：鲜者，少也；卑者，陋也。鲜卑，人数稀少且下贱的意思。

就像"匈奴"要带个奴字一样，鲜卑这个名字也是一种蔑称。然而很久很久以后，久到作为一个民族的鲜卑已经消失，这个蔑称却依然存在。在那些晦涩难懂的史书中，在布满灰尘的书页里，记载着关于鲜卑的故事，无论言语是仇恨还是赞美，"鲜卑"始终鲜活，栩栩如生，甚至光彩夺目。

我是在看电视剧《天龙八部》时知道鲜卑的，那时候年纪还小，在邻居家十四寸凯歌牌黑白电视机前匆忙瞟过的第一眼就迷上了"神仙姐姐"，然后认识了表哥慕容复，知道了他的鲜卑族种。后来神仙姐姐拍到了刘亦菲那个版本的时候才知道，原来段誉也是鲜卑人。现在也才刚刚搞清楚，原来，身为江南美人的神仙姐姐祖籍辽东，鲜卑人士。

对于鲜卑族的来历，共有四种说法：东胡说、东夷说、山戎说、逃亡汉人说。众说纷纭的背后，其实是对鲜卑族始终无法探究的神秘揣测。每一种说法，都是一个满是传奇色彩的故事，或真或假，已经不再重要，唯一可以确定的是：在漫漫历史长河中，永远有鲜卑光辉灿烂的一页。

东胡说

大约在汉王刘邦和楚霸王项羽争夺天下的那会儿，中原大地的战火烧得如火如荼，匈奴人也在打仗。有一个叫冒顿的匈奴人，用响箭杀死了他的宝马、他的爱姬、他的亲生父亲，进而抢到单于大位。这是一个很出名的历史事件，后世有无数人争相效仿，并冠以一个特殊的名号，"行冒顿事"。虽然冒顿的事有很多，比如"白登之围"，比如给大汉的吕太后写情书，轰动当时，震古烁今。然而，"行冒顿事"始终是特指。

后来，这个冒顿单于打败了一个叫"东胡"的部落，消灭了东胡王，俘虏掠夺了东胡的百姓和财产，占领了东胡人的土地。

正是在这样的大背景之下，残存的东胡人就跑到鲜卑山下歇脚去了。然后就出现了开篇关于"那群人"的介绍。

东夷说

《国语·晋语》有云："昔成王盟诸侯于岐阳。楚为荆蛮，置茅蕝，设望表，与鲜卑守燎，故不与盟。"成王，周成王是也。与鲜卑守燎，和鲜卑敌对之意，既然敌对，自然不能结盟。其实这是一句普通得不能再普通的话，然而对此的注释并不普通：鲜卑，东夷国。

于是，今天我们就有了这样的说法，鲜卑，源于东夷。

山戎说

《史记集解》引东汉服虔云："山戎、北狄，盖今鲜卑。"

我并不认同这种说法，生活在两千年前的草原上的人们并不能够像中原农耕民族那般稳固，能够祖祖辈辈耕耘播种，世世代代传承延续。游牧民族的生活方式和恶劣的生存环境让生活在那里的人们正应了这样一句话："铁打的营盘，流水的兵。"草原依旧，人流如歌，来了一拨又走了一拨，并不能代代相传，生生不息。一季干旱，一场雪灾，足以让脆弱的草原更换一个族种。

山戎固然是山戎，北狄自然是北狄，鲜卑也肯定是鲜卑，同样的地点，不同的是人。

逃亡汉人说

《史记索隐》引东汉应奉上奏汉桓帝书云："秦筑长城，徒役之士亡出塞外，依鲜卑山，引以为号。"

虽然有严酷的法令，虽然大秦的百姓生活在水深火热之中。但大秦是文明的，大秦的人们是文明的，修长城逃窜到塞外的中原人依然是文明的，他们的血液里流淌着的是华夏数千年的文化积淀，落后与原始只会让它更加熠熠生辉罢了。五百年的塞外生活真的能让他们退化回茹毛饮血的时代？不可能。

然而传说犹在，聊胜于无。

不管怎样，鲜卑，就这样横空出世了。

参天大树成长为参天大树之前，无一不是一株孱弱的树苗。因为倔强，所以成长。饱经风雨之后，无惧风雨，一柱擎天。

鲜卑，正是如此。

初次被世人知悉的鲜卑是作为匈奴人的"小弟"来到中原人民面前的。公元45年，鲜卑跟随匈奴侵犯汉朝边境，从此被中原王朝所知悉，正式登上历史舞台。

以前的那些岁月，谁知道呢。可能，一直在歇脚吧。

后来，鲜卑人的"大哥"走了——西迁。公元91年，汉帝国联合南匈奴打败北匈奴人，迫使北匈奴西迁。

不过鲜卑人没走，存留下来的鲜卑人趁机占领了原本属于匈奴人的蒙古草原，并吞并匈奴余种十余万部落，鲜卑开始从弱小走向强盛，迎来了从"小弟"变为"大哥"的机会。

02. 慕容氏之前

就像武侠小说中的故事一样，每每在关键时刻、关键节点上，总会有意想不到的事情发生，改变事物原先的进程。占据着广袤蒙古草原的鲜卑人经过长期的繁衍生息和发展，终于孕育出了一个带领他们由分裂走向统一的大人物——檀石槐。

檀石槐并不是慕容家族的成员，并且，根据史书上的记载显示：檀石槐不是人养的。

檀石槐的父亲是放羊娃出身，在那样的年月里，只有一条出人头地的路：当兵。于是，娶了媳妇没几天，檀石槐的父亲就骑上战马、挎起弓箭走了，风餐露宿，铁马金戈，不知不觉中，足足有三年没回家。

檀石槐的父亲得到探亲机会，怀揣着激动的心情和三年来浴血奋战抢来的金银珠宝，去见他娇美温柔可爱的妻子，掀开自家帐篷的门帘，探进头去，惊奇地发现：儿子满月了。

谁的？

媳妇的解释很牵强：走在路上听到电闪雷鸣的声音，抬起头想看看天气情况，不小心一块冰雹掉进了嘴里，滑溜溜甜丝丝，味道还不错，也就吞下了肚，没多久就怀了孕，十个月后，生了。就是这么简单。

我们信不信并不要紧，重要的是檀石槐的父亲信了，由原先的准备杀掉变成了将檀石槐扔掉，至于檀石槐的妈妈，肯定是被原谅了。从她能够及时通知娘家人把孩子捡去抚养就可以看出，何止是被原谅了，那是相当受宠。

檀石槐的父亲当时应该很难受很想哭。喜当爹的人们，大多并不欢喜。

史书中关于鲜卑的故事是由汉人笔墨写成，檀石槐的这一段描写多多少少反映了当时鲜卑社会的婚嫁情况：和诸多草原部落类似，鲜卑女子在出嫁前有一定的性自由，而且婚嫁保持有掠女的传统。也就是说，男子如果要成婚，一般以强抢为先，然后再以牛羊为聘礼，为妻家服役，服役满三年后方可带妻子自由离去。也就是说，娶媳妇是可以先打晕了扛走，再回丈母娘家善后的。

于是，檀石槐的身世之谜也就不难理解了。可以得出的定论是，檀石槐他爸一定不是他爸。

檀石槐是在姥姥家长大的。

通常，寄人篱下的日子并不好过，然而檀石槐生活得很轻松，虽没有父母的宠爱，但也没有长者的白眼和同龄人的欺凌，因为他勇健绝人。胆子大，长得壮，属于那种不仅能打架而且敢打架的一类。

檀石槐长到十四五岁时，外祖父家的牛羊被一个部族首领抢走，勇健绝人的檀石槐只身匹马前去追赶，一场一打十的大战之后，檀石槐夺回全部被抢牛羊。自此之后，檀石槐深受部落中的人们敬畏和信服。这是古今中外都通用的道理：拳头硬的人有威信。

长大后的檀石槐依然勇健绝人，智略更加绝人。能够在部落管理中制定法令，审理诉讼案件，没有人敢违犯，于是檀石槐被推举为部落首领。

鲜卑统一大业，从檀石槐开始。

在这个世间，但凡能够开创一番功业者，如果不是老爹或者老丈人家背景深厚，大多需要自身有些非凡的本领：比一般人结实那么一点点，比普通人聪明那么一点点，比别人运气好上那么一点点……能够在险恶的战场环境中赢得生存，能够在诡异的算计里略占先机。然后，可以揽四方英才，开基立业，成就功勋。

智勇绝人的檀石槐具备了这些条件。

在檀石槐的率领之下，他的部落日益强大，鲜卑各部归之如潮。檀石槐建立起了一个鲜卑人的大联盟，将鲜卑归于一统。

自古以来，功莫大于一统，始皇一统，书同文，车同轴，创中华万年一家之局面。在随后的两千年里，华夏民族磨难重重，历经藩镇、诸侯割据，饱受异族侵扰欺凌，但终归一统的大趋势始终没有改变。

鲜卑的统一固然不能和"六王毕，四海一"相提并论，然而做到了消除部落纷争，还各部落间一时和平与安宁，檀石槐难道不是鲜卑人的始皇帝吗？

檀石槐统一鲜卑各部以后，分鲜卑为中、东、西三部，从右北平以东，直至辽东，连接夫余、濊貊（huì mò）等二十多个城邑，为东部；从右北平以西，直至上谷郡的十多个城邑，为中部；从上谷郡以西，直至敦煌郡、乌孙等二十多个城邑，为西部。三部各置大人管理，直属檀石槐。

草原的生存法则是狼的法则，无数的绵羊用生命诠释着弱肉强食的真理。敢于一个人殴打一群人的檀石槐，自然不会是一只沉默的羔羊。

统一鲜卑各部之后，檀石槐全面出击，南掠东汉，北拒丁零，东击夫余，西进乌孙，完全占领匈奴人原先的地盘，其疆域东西长一万多里，南北宽七千多里，山川水泽和盐池都在其管辖范围之内，成为名副其实的草原霸主。

大汉帝国，根本治不了它。

说说鲜卑和大汉的两次战事。

率先动手的自然是鲜卑，这几乎成为惯例了，毕竟，自给自足的大汉子民没有鲜卑的牛马依然可以活下去，鲜卑牧民却必须要去抢汉人的布匹和陶罐，还有铁锅和粮食。

166年，鲜卑数万骑兵入汉北部九郡，汉中郎将张奂督大军退之。

就后来事件的发展可以看出，鲜卑人此战的损失是微不足道的，因为，强大的汉帝国在战后居然提出了和亲。

檀石槐不受。

不受的原因只有一个，华而不实的封赏没有抢劫来得多。攻破一座城池，里面所有的一切都属于自己，布匹、钱粮、女人和奴隶，想抢啥就抢啥。皇帝的女儿身上难不成比别的女人多长了稀罕物件？那就更要不得了。

从那以后，鲜卑各部对东汉边境的侵扰更为频繁。

公元177年，东汉灵帝命护乌桓校尉夏育，破鲜卑中郎将田晏、匈奴中郎将臧旻各率骑兵万余人，分别从高柳（今山西省阳高）、云中郡（今内蒙古托克托东北）、雁门郡（今山西省代县西北）出塞，分三路进攻鲜卑。汉军出塞二千余里，鲜卑首领檀石槐命东、中、西三部大人率众分头迎战，大败汉军，汉军死者十之七八。

打败汉军的意义是重大的：更广阔的发展空间，更安定的生存环境，更多的物质保障，等等。

最重要的是，各部落对檀石槐更高的认同感。

在檀石槐带领下的鲜卑发展势头非常之好，不仅对外战争连连取得胜利，而且国内没有了争端，各部落间和谐并幸福地生活着。应该说，檀石槐是个不仅能在军事上确立地位而且能够在政治上有所建树的人，比如统一鲜卑，协调好各部关系；比如曾经出兵抓来倭国渔夫教授鲜卑人捕鱼，从此，鲜卑人的餐桌上增加了一份颇具营养的大餐——鱼肉，大大缓解了鲜卑人的粮食压力。

只是好景不长，公元181年，檀石槐去世。

鲜卑人扩张的脚步戛然而止。

檀石槐死后，鲜卑分裂，西部鲜卑叛离，漠南自云中以东分裂为三个集团：一是步度根集团，拥众数万，据有云中、雁门一带；二是轲比能集团，分布于代郡、上谷等地；三是原来联盟"东部大人"所领属的若干小集团，散布于辽西、右北平和渔阳塞外。

后檀石槐时代，鲜卑族中势力最强、影响最为巨大的是轲比能集团。

关于轲比能，实在是那个时代小人物成长为大人物的励志典范。一个出身平凡的牧民家的孩子，连哪天生的都不记得，却靠着与众不同的品质——勇敢、执法公平、不贪财物——被推举为部落首领，虽然他的部落很小，在鲜卑的大家庭中几乎可以被忽略不计，然而这个小部落却在轲比能的带领下成长起来，逐渐走向强大。

轲比能恰逢乱世，那是一个绝好的发展时机，却也生不逢时，因为那个时代不仅仅有诸葛亮和周瑜，还有曹操、刘备，即使是他最初的邻居袁绍，那也是强大到不可招惹的存在。上天给了他生逢乱世、借机发展壮大的机会，却断绝了他进取中原、逐鹿天下的可能。

在和曹魏毗邻的过程中，依靠着战与和的反复，轲比能寻求着属于自己的最大利益，听从曹操号令，奉过曹丕的圣旨（进攻蜀汉），还被曹丕封为"附义王"。也曾经独自在北部边境和曹魏将领多次开战，严重威胁魏国北部边境，直至被魏国刺客杀死。

轲比能集团是鲜卑人建立的第二个强大的鲜卑政权，威行鲜卑各部，控弦之士十余万骑，对曹魏北部边境构成严重威胁。然而轲比能遇刺身亡之后，该政权即行崩溃，鲜卑各部再次陷入分裂、相互混战，各部落进入独立发展时期。

本篇所要讲的鲜卑慕容家族，就是在这样一个沉浮不定的历史环境中逐渐发展壮大，从白山黑水的原始森林里一步一步走到世人面前。

03. 奠基者

慕容家族的兴起是从莫护跋开始的。

莫护跋，慕容部鲜卑初代酋长，生卒年份均没有记录，在大人物的群体当中，属于轻轻地来轻轻地走的一位。唯一知道的历史事件是跟随司马懿讨伐过公孙渊，有功。

即使在全国上下吃五石散吃到步伐空虚、精神亢奋的魏晋时期，"有功"依然意味着加官晋爵、封妻荫子。战场上得来的荣誉，终究是比清谈更有说服力，尤其是当有功之人作为一支独立的政治力量存在的时候。比如跟在司马懿屁股后面讨伐公孙渊的莫护跋，有功往往意味着中原王朝对其更加丰厚的赏赐，对其部落在政治上合法地位的认可。这些，足以让他的族人在众多鲜卑部落里鹤立鸡群、独树一帜、高人一等。

有功之后，莫护跋官拜率义王，于棘城之北建国立都。鲜卑慕容部从较为原始的游牧时期进入封建时期。这些，其他鲜卑部落都未曾有过。

当然，慕容家族统治下的广大百姓还是要继续放牧的，毕竟耕地这种事，对于生长在马背上的民族来说，属于高难度动作，并不能一学就会。

于是汉人们就来了，由于中原战乱频仍，许多汉人为躲避战火而向北迁徙，随着他们迁徙而来的，还有耕种的技术。不仅如此，据说北迁的汉人还带来了一种叫作"步摇"的时髦东西。《释名·释首饰》："步摇，上有垂珠，步则动摇也。"

莫护跋很喜欢，于是也冠起了"步摇"。

在鲜卑部落中，这可是个新鲜事物，莫护跋的标新立异之举立即带来了极大影响，犹如百年前的中国女人不仅不再裹脚，而且可以和男孩在同一间课堂读书一般。特立独行的莫护跋因此被称为"步摇"。和"慕容"的关系竟是因为方言比较重，在那时那地，"步摇"的发音就是慕容。后来喊慕容的人多了，莫护跋因之为姓，中国历史上赫赫有名的慕容家族据说就这样因为对一件首饰的爱好而形成了。

不过后来的史书是这样记载"慕容"的来源的：慕二仪之德，继三光之容，遂以慕容为姓。

天、地两仪，日、月、星为三光。莫护跋的汉文学修养何其深哉。如果不是史学家们的杜撰，仅此一句，我们应该对他的学识表示赞佩。更可以看出，慕容一族对中原文化的向往，鲜卑汉化，大势所趋。

从莫护跋以后，慕容家族就开始姓"慕容"了。比如他的儿子，慕容木延；孙子，慕容涉归……重孙子叫慕容廆，从莫护跋开始算起，官四代。慕容廆的祖父就是莫护跋的儿子慕容木延，官至鲜卑左贤王，从毌丘俭征高句丽有功，加号大都督。

关于毌丘俭这个人，有必要做一个简单介绍：

毌丘俭，曹魏后期重要将领，238年从司马懿攻灭公孙渊；244年至245年两次率兵征讨高句丽，攻破丸都，几亡其国，刻石纪功而还；253 年击退吴国诸葛恪的大举进犯，战功累累。254 年，司马师废魏帝曹芳，掌控曹魏大权。毋丘俭感念昔日魏明帝之恩遇，遂为曹魏政权做拼死一搏，于 255 年发动兵变，可惜准备不足，兵败身亡。后人谓"淮南三叛"（王凌、毋丘俭、诸葛诞）之一。

所谓"从毋丘俭征高句丽有功"的意思就是说：在毋丘俭两次讨伐高句丽的过程中，慕容木延至少有一次跟着毋丘俭到高句丽砍过人。

至于慕容涉归，对鲜卑慕容部最重要的贡献在于他生了两个厉害儿子：一个叫慕容廆，为前燕帝国奠定了坚实基础，他的子孙更是用智慧和勇气谱写了那个时段中华的历史，精彩绝伦；另一个叫慕容吐谷浑，后来分了家，带领部众远赴西域，创立了一个以他的名字命名的全新族群——吐谷浑，在慕容家族烟消云散之后，甚至在鲜卑这个民族已成过往之后，吐谷浑依然雄踞西北，建国立业，觊觎中原，在中国历史上写下了不可磨灭的一章。

当然，慕容涉归的个人成就也是斐然的：迁邑辽东，学习汉文化，官拜大单于，包括和晋帝国开战。

八王之乱之前的晋帝国并不像后来那般软弱可欺，集魏、蜀、吴三国兵力于一体，太康之治的大好局面之下，慕容涉归的失败是必然的。282 年三月，晋帝国安北将军严询在昌黎之战中击败慕容涉归，斩杀及俘虏其部众近万人。

283 年十二月，慕容涉归去世，但是作为嫡子的慕容廆并没有顺利承继父亲留下的大位大单于，而是义无反顾地跑掉了，头也不回。

因为，慕容涉归的弟弟慕容耐成功篡位，并且对慕容廆下达了追杀令，一路追杀，上天入地，毫不留情。

皇位诚可贵，生命价更高，逃得一命青山在，改天回来穿龙袍。

关于慕容廆，史书中是有记载的：廆身长八尺，有大度，意思是长得人高马大，而且气量宽宏，属于那种你打他一下两下他都不好意思还手的人。

年少时慕容廆曾经拜访过晋安北将军张华。此处张华，就是那个让大晋帝国即使在贾南风、司马衷的统治之下依然能够维持稳定局面达十年之久的张华。当时，张华一见而奇之，谓之曰："君后必为命世之器，匡难济时者也。"这是了不起的评价，甚至高于"治世之能臣，乱世之奸雄"的曹操。不仅如此，张华还赠送了慕容廆小礼物，并且告诉他，有空常来玩。

长得好，又有名人进行过鉴定，而且青睐有加，一溜烟跑掉的慕容廆其实是个牛人。

逃跑是一门高深的学问，比如临阵脱逃的士兵，逃跑是会被督战队执行军法的。然而对于历史上的某些大人物来说，有些时候，不逃跑才一定会被杀掉。古人曰，这叫"留得青山在"，至于有没有柴烧，跑了以后才知道。

历史也总是不负众望地演绎着同样的故事，只要留得青山在，柴总是会长出来的，而且也是有机会回来砍柴的。仅仅两年以后的285年，慕容耐麾下部将杀死慕容耐，迎立慕容廆为鲜卑大单于。

一番波折之后，慕容廆终于得到了本应属于自己的东西。

04. 战与和的选择

马背上的民族从来都富有进攻性和侵略性，固然有物质匮乏生活所迫的原因，但更是草原上狼的子孙野性的呼唤。几经磨难后，终于登上鲜卑大单于的宝座，慕容廆做的第一件事情并不是发展生产、与民休息，而是举起他的战刀，报仇，报慕容涉归与宇文鲜卑之仇。

遗留到下一代还在计较的仇恨必然是巨大的，尤其慕容廆还是个"有大度"的人。仇恨的具体内容就不知道了，总之，慕容廆并没有成功。当时，相对于鲜卑慕容部而言，强大到无以复加的宗主国——晋帝国没有批准慕容廆的请求。

晋武帝没答应，慕容廆也不答应。这场本来应该发生在鲜卑人内部的武装冲突因为晋武帝想要表现一下大国威仪而改变了斗争对象，慕容廆对宇文鲜卑部的仇恨戏剧性地转移到晋帝国身上，双方开打。

或许，与同样快马弯刀的宇文鲜卑相比，晋帝国不仅油水多，而且温文尔雅、风度翩翩、礼贤下士好欺负。哪有舍肥肉而啃骨头的道理，本来打的就是你，来个迂回战术找个由头罢了。宇文鲜卑穷得叮当响，连口铁锅都造不出来，哪有什么好抢？

战争是游牧民族休养生息的方式，也是慕容廆新晋单于后立威的手段：能够带领部落族人抢个锅满瓢满的单于，才是好单于。

战斗经过庸俗且老套，先是慕容廆去晋国边境辽西郡抢劫，杀戮劫掠甚众。之后，晋帝国终于醒过神来，开始集中力量反击，司马炎调幽州诸军于肥如之战中大败慕容廆。不甘心失败的慕容廆又开始兴兵进犯，劫掠昌黎，连年不断。

对于晋帝国的百姓们来说，打仗是要死人的，而且会耗费数不清的兵马钱粮。朝廷会因为战争来临而拉走他们家里唯一的男人，还会拿走他们锅里最后的一粒米。每一次战争，百姓付出的代价都是惨重的。

然而对于以放牧为生的慕容廆的族人来说就不一样了，打仗算得上是游牧民族另一种生产方式，高效快捷。尤其是针对南方中央王朝的战争，不仅容易打，损失少，而且抢得多。一场战斗下来，家中的锅碗瓢盆以及使唤丫头就都有了。当然，前提是打得赢。事实上他们少有败绩，出征的男人们大多数时候都能满载而归。

慕容廆并不仅仅是去打仗，更是带领大家搞生产劳动创造财富去了。

还是285年，在与晋帝国持续作战的间隙，慕容廆率大军向东入侵扶余（今吉林省境内），这是一场没有仇恨的战争，但并不影响扶余国国破家亡的结果。究其原因，纯粹就是看它好欺负，于是打两下。打两下的结果是扶余王依虑兵败自杀，其子依罗逃往沃沮（今朝鲜咸兴市）。慕容廆荡平扶余国国都，驱赶万余人而还。

这是一场没有道德与正义的战争，甚至没有开战宣言，因为强大，所以征服，在弱肉强食的世界，赢家通吃。

然而由于王子依罗的存在，286年五月，慕容廆再次兴兵进犯辽东。俘虏了国王却跑了王子，战争是不能够结束的，否则就叫作放虎归山、养虎为患，卧榻之下有仇敌在侧，慕容廆连睡觉都不能安稳。

依罗并没有迎战，而是果断逃到了晋帝国，并向晋帝国求援。完整的一个扶余国尚不足以抵抗慕容廆的进攻，更何况此刻依罗手底下寥寥可数的残兵败将呢？

这是彰显天朝上国正义与威严的时候，晋帝国东夷校尉何龛命督护贾沈率军护送依罗回国，慕容廆部将孙丁率骑兵于中途截击。

一场早有预谋的遭遇战，双方均知道对方要来。血战之后，贾沈军大破鲜卑骑兵，斩杀孙丁。依罗光复扶余国。

应该说，八王之乱是晋帝国的分水岭，在那之前的日子，晋帝国要打谁就打谁。凶悍如鲜卑铁骑，照样战败于强大的晋军面前。然而八王之乱之后，晋帝国日薄西山，无论哪一方势力，都有可能向它发起攻击，而且能够战而胜之。

此时，晋帝国还有司马炎，虽然皇帝和大臣们在生活上日益腐败，但国家的总体实力还是在持续上升的，一支偏师就足以改变一个附属国的命运。

在当时的大环境下，和平才是主流，这样一场对扶余国影响巨大的战争并不能引起晋帝国的万众瞩目。对于晋武帝司马炎而言，也只是在心里为自己记上一笔"击败慕容廆，助扶余国复国"的小小功勋。相对于傻儿子司马衷给他带来的麻烦，此种功劳带来的喜悦瞬间淹没在无限烦恼之中。

小国和大国的斗争从来都会陷入这样一个泥潭：军事上的节节胜利并不能弥补战争对国家实力的损耗，兵力短缺、人口减少、战备物资日益紧张等。而大国虽然面临更惨重的损失，比如军队伤亡更大，兵器粮草损失更为触目惊心，但其雄厚的综合国力能带来巨大的缓冲空间，在拼消耗中足以拖垮一个貌似强大的小国，进而赢得最后的胜利。

这几乎是兵强而国弱者不可规避的旋涡，千百次肆意横行、战无不胜、攻无不克之后，蓦然回首，发现自己居然是注定失败的弱者。

很明显，慕容廆面临的情况比上述还要严峻，本来是出来搞生产创收入的，抢点东西就回去。然而战败了，尤其是和晋国正规军的对战中，不仅没有战利品弥补损失、增加收入，反而牺牲了不少的士兵，更损失了许多的财物。这并不是慕容廆想要的结果。

太康十年（289 年），慕容廆派遣使者向晋帝国投降。

"吾先公以来世奉中国，且华裔理殊，强弱固别，岂能与晋竞乎？何为不和以害吾百姓邪。"乃遣使来降。

——《晋书》

一场战斗，或许有赖于奇谋兵法；国与国之间的碰撞，从来都是靠绝对的国家实力。八王之乱以前，少数民族部落无论如何强大，对中原王朝至多算是威胁。即使强悍如控弦之士四十万的冒顿单于，依然始终撼动不了中原王朝的统治根基。

于是，慕容家族在抢掠晋帝国无数次之后，摇身一变就成了晋帝国的座上宾——晋武帝授慕容廆为鲜卑都督。

打得过就抢，打不过就和。晋帝国再次成为慕容鲜卑部强有力的后盾。

日益强大的慕容鲜卑部带给它的族人以庇护，但带给敌人的却是惶恐。东胡、宇文鲜卑、段部鲜卑都感受到了来自慕容鲜卑的威胁，本着"先下手为强，后下手遭殃"的古训，各部以攻代守，经常袭扰慕容鲜卑部。

出乎意料的是，慕容廆对待鲜卑各部的袭扰百般忍让，并且谦辞厚礼，以求和好，与之前对晋帝国一言不合即拔刀相向的作风截然不同，虽然晋帝国比整个鲜卑还要强大。

到底是什么原因，让慕容廆做出这样的选择？

更为奇怪的是，慕容廆得到的却是极好的结果：段部鲜卑酋长段阶将女儿下嫁慕容廆。

或许，最重要的应该是他的志向和因之而产生的智慧，一个只懂得进攻与杀戮的人，即使像吕布那样勇冠三军又能如何？刀剑带来的只有杀戮和恐惧，还有无尽的仇恨。

以德服人者，方能万众归心。当然，这些要建立在打得过的前提之上，比如晋武帝打得过慕容廆，慕容廆揍得了鲜卑段氏。还有，万众归心也需要基础，至少要有思想意识的同一性。这一点，向慕容鲜卑发动进攻的鲜卑各部全都具备。

晋帝国，不具备。

在慕容鲜卑的历史发展进程中，慕容廆的贡献是卓越的，在他的带领下，慕容鲜卑部完成了从游牧的原始作业方式向定居的农耕生活的转变。

元康四年（294年），慕容廆率部迁居至有"颛顼（zhuān xū）之墟"之称的棘城（今辽宁省义县西）。

前燕帝国的国都多有变化，随着其势力的扩张发展，以后还会有龙城、蓟城、邺城。然而在鲜卑慕容部的心里，棘城见证了这个风云家族的血泪沧桑史，只有这里才是他们永远的根基所在。在这座王都，跨越近半个世纪的岁月中，一个弱小的游牧部落傲然崛起，三场"大棘城血战"成为慕容部落永远的骄傲。尤其是后两场大战，其战争规模、激烈程度、历史意义并不在人所共知的赤壁之战、淝水之战之下，它们改变了当时整个东北亚地区的势力格局，并对中原王朝日后更迭产生了决定性的影响。因此，棘城是慕容鲜卑人心中永垂不朽的"精神王城"，无论走到哪里，慕容鲜卑人心中都凝聚着挥之不去的"棘城情结"。

棘城，是鲜卑慕容部顽强拼搏的精神象征，是鲜卑慕容部走向胜利的精神象征。

这些都是后话。在迁都棘城之后，慕容廆开始教习百姓从事农桑生产，开始了定居的农业生活。同时学习晋朝法制，逐渐接受汉文化，这些措施，有力地推进了慕容鲜卑汉化和封建化进程。

在 20 世纪的中国，封建代表着落后和愚昧，是禁锢中国两千年文明的枷锁，人们所向往的是自由和民主。然而在公元 3 世纪，对于停留在原始社会、奴隶社会的少数民族部落来说，封建制度代表着先进生产力的发展要求。

在慕容廆的倡导之下，一个划时代的转变正在鲜卑慕容部中进行。

慕容廆的政策是卓有成效的，在迁居大棘城八年之后，也就是 302 年，兖、豫、徐、冀四州发生水灾，幽州也受到影响，慕容廆开仓赈济，助幽州灾民渡过困境。由此可见，慕容部已经以农耕为重要的生产形式，并且已经能够开仓赈济灾民了。为嘉奖慕容廆，晋惠帝司马衷特褒赐命服。

也是在那一年，并州也受了灾，有一个叫石勒的人，由于没吃到慕容廆的赈灾粮，从此脱离了佃户的身份，成了流民，又成了乞丐，由于长得高鼻深目多须，还被抓住卖掉成为奴隶……

慕容廆的治国举措很有章法，严明法纪，虚心纳贤。在那个乱世人不如太平狗的年代，慕容鲜卑部成了中原百姓寻求安身保命的场所。流亡的士族百姓，拖家带口前来归附。

设侨郡以统一安置各处灾民，同时从归附流民中选拔各地才俊，委以重任。设立学堂，世子慕容皝带领贵族子弟拜师受业。为起到先锋带头作用，慕容廆甚至亲临学堂听课，于是，"朗诵之声日盛，礼让之风大兴"。

鲜卑汉化并不是部落族群中突如其来的灵光乍现，其过程源自初始时的一点一滴的渗透，一支好看的步摇，一句成为姓氏的经典；源自马背上的民族对汉民族先进文化的由衷向往。

05. 巩固基业

302 年，很普通的一个年份，并没有什么标志性事件发生。

在中国的那一年，八王之乱刚刚进入如火如荼的局面，司马家族的各大王侯正前赴后继、不知疲倦地敲碎支撑着晋帝国的每一块砖石，在争权夺利的混战中急速消耗着这个国家有限的国力。没有人对鲜卑投入太多的关切。

鲜卑人自己并不闲着，作为狼的子孙，恩德并不能让他们留恋久远，仇恨却会在血液中世代相传。慕容廆的世仇宇文鲜卑找上门来了。

302 年，宇文鲜卑酋长宇文莫圭命令其弟宇文屈云，率军进攻慕容廆。

宇文屈云的进攻以失败告终。慕容廆采用避实击虚的战术，避开宇文屈云的主力，侧面迂回进攻，重创其别部将领宇文素延。

随后，羞愧并且愤怒的宇文素延率十万大军再次发动进攻，包围慕容鲜卑国都大棘城。一时之间，宇文素延的大名威震慕容鲜卑，慕容廆麾下各部人人自危，军无战心。

危急关头，慕容廆坚忍不拔的性格在此处凸显，他亲自引军出击，激励士气，再次重创宇文素延兵团，史载：追击百里，俘斩万余人。鲜卑宇文部孟晖率部数千家，归降慕容廆。

越是在危难时刻，将领的个人能力越能够起到关键性的作用。苏洵在《心术》中讲道："为将之道，当先治心。泰山崩于前而色不变，麋鹿兴于左而目不瞬，然后可以制利害，可以待敌。"在宇文素延十万大军云集蚁附之际，慕容廆并没有像他的族人那样惊慌失措，依然能够保持镇静，冷静客观地指出宇文素延军队的不足之处：无法治。并且在作战时能够身先士卒，激励将士，在不利局面下奋勇拼杀，一举扭转预势，反败为胜。

想一想晋帝国"何不食肉糜"的司马衷，慕容鲜卑乃至五胡的崛起，难道不是必然的吗？其兴也勃。

307 年，慕容廆自称鲜卑大单于。

所谓自称，就是没有人加封的意思。307 年，八王之乱后的第一个年头，晋怀帝永嘉元年。那年，匈奴人刘渊的大军已经打到了洛阳城下，匈奴汉国的建立也在紧锣密鼓的布置筹备中。昔日强大的晋帝国自顾尚且不暇，哪里还拿得出实力和魄力来威慑远在关外的鲜卑各部？

于是，一向隶属于晋帝国的慕容廆也就自己给自己加封了，倒是省了大晋朝廷上上下下好多道烦琐的礼节程序。

309 年，慕容廆吞并素连、木津。这是一场同族间的战争，借口当然是有的：勤王。

那一年，辽东太守庞本因为私人恩怨杀了东夷校尉李臻。这种事按照程序是应该上报朝廷等待圣裁的，然而圣裁不了，只能是地方上自行解决。于是，就有鲜卑人素连、木津等人借口为李臻报仇而趁机作乱。

晋帝国地方政府镇压不了，并且屡战失利。在此背景下，慕容廆接受其子慕容翰建议，出兵勤王，帮助晋帝国剿灭素连、木津叛乱。

在西晋王朝风雨飘摇、自身难保的情况下，但凡有点儿实力的诸侯，有哪路不想问鼎天下？

"勤王"是那个时代吞并异己最好的借口，兴堂堂之师，行正义之事，得肥己之利。何乐而不为？当然，若是"王"落到了勤王之人的手里，下场并不比落到那些作乱的反贼手里好上许多，一丘之貉，追求利益的方式相异而已。

晋国的多事之秋，慕容鲜卑的辉煌时刻。

慕容翰建议慕容廆出兵的那段对话，堪称古代兵家战略决策之经典，在随后讲述慕容翰的章节，我们将着重进行介绍。

313 年，晋怀帝司马炽被杀，就是那个穿着青衣小帽为大臣们斟酒的家伙。不杀固然是侮辱，但杀了更让人羞愧。这是自称泱泱大国的中原王朝第一次保护不了自己的皇帝，以后还会有第二次、第三次……

旧皇已死，新皇当立。司马炽死后，晋国遗老立太子司马邺为帝，是为晋愍帝。

同年，晋大司马王浚奉旨任命慕容廆为散骑常侍、冠军将军、前锋大都督、大单于，慕容廆终于等到了正式册封。

在那个时代，虽然晋帝国处在风雨飘摇、朝不保夕之中，但是其政权的正统性依然无可取代，它的册封依然具有强大的法律效应，即使在游牧民族心里，同样如此。

晋愍帝当政期间，再次为慕容廆加官晋爵，镇军将军，昌黎、辽东二国公。

317 年，晋元帝司马睿称晋王，承制，封慕容廆：假节、散骑常侍、都督辽左杂夷流人诸军事、龙骧将军、大单于、昌黎公。

一连三次册封，都是在新君登基或是危难之时。无他，新任君王需要寻求支持与外援，即使不能使之成为盟友，也绝不能让如此强大的一股势力成为敌人。当然，接受与否，慕容廆也在审时度势中权衡利弊。

比如，在司马睿给慕容廆封官之后，慕容廆马上派使者走海路，前往劝说晋元帝登基称帝。关于此行，慕容廆也是听从了幕僚的意见之后下定决心的。我们来看看慕容廆的幕僚劝说慕容廆的那一番话。

"如今两京倾覆，天子蒙难，琅琊王（晋元帝）定居江东，实为人心所向。明公雄踞北地，统辖一方，但诸部依然凭借人多势众兴兵作乱，尚未遵循王道教化，其原因是官职非由君王任命，又自认为力量强大。现在应该派使者与琅琊王通和，劝勉他继承大业，然后广泛传布帝命，来讨伐负罪之人，谁敢不听从？"

晋国需要借助慕容廆来增大声势，体现上国威仪；慕容廆需要晋国认可，地位合法，进而巩固并扩大自己的基业。互相拥有利用价值，是双方友好的前提。还有，司马睿登基称帝的大趋势是慕容廆改变不了的。那么，劝进一下又何妨？

319 年，高句丽、宇文鲜卑、段部鲜卑三国围攻慕容廆。其实还要再加上一方，身为幕后主谋的西晋最后一任东夷校尉——崔毖。

崔毖，汉族，出身名门，官至平州刺史、东夷校尉，隶属于刘琨集团。当时，北方流亡人士接踵北逃，但大多投奔了慕容廆，崔毖虽有心怀柔，却没人归附，怨恨由此而生。

逃难的晋人不去投奔本国的官员而去投靠外族势力，到底是谁之过错？

崔毖联络高句丽、宇文鲜卑、段氏鲜卑，相约灭慕容廆而分其地。319 年，三国联合进攻慕容鲜卑部。

无论是如何的怀柔，人心所向往的，永远都是更大的利益。

> 彼信崔毖虚说，邀一时之利，乌合而来耳。既无统一，莫相归伏，吾今破之必矣。然彼军初合，其锋甚锐，幸我速战。若逆击之，落其计矣。靖以待之，必怀疑贰，迭相猜防。一则疑吾与毖谲而覆之，二则自疑三国之中与吾有韩魏之谋者，待其人情沮惑，然后取之必矣。
>
> ——《晋书·慕容廆传》

从上面这段话可以看出，慕容廆熟知三家分晋的故事，并且想要将此故事重新演绎。事实上，战争的进程大致也是如此。

首先，慕容廆坚守不出：一来避敌锋芒，挫敌锐气。慕容廆需要靠坚守来消磨敌人的军心士气，并杀伤其有生力量。《孙子兵法》曰：蚁附而攻城，杀士者半而城未拔者，下下之策也。二来拖延时间，因为迟则生变，尤其是对本来就互不统属的部落联盟来说，时间将会盟的热情冷却之后，内部矛盾就会逐渐凸显，貌合神离的情况就必然会发生。

慕容廆正是利用了这一点。

手段很简单，只是派遣使者带了几车酒肉前往宇文鲜卑部劳军而已。当然了，沿途散布些小道消息也是情理之中的，比如，崔毖昨晚派使者和我们家大单于密谈了一晚上……谈什么？我怎么知道，这么机密的事千万不要告诉高句丽和段部鲜卑。

就那么一次，高句丽和鲜卑段氏退兵而还，悄悄地离开了，并未知会宇文鲜卑部。

不战而屈人之兵，善之善者也。人性的弱点让离间计屡次生效，经久不衰。既往者深受其害，后来者始终不改。

"二国虽归，吾当独兼其国，何用人为。"（《晋书·慕容廆载记》）这是宇文鲜卑大人宇文悉独官在得知两国退兵后的战争宣言。

就当时的战略态势，慕容鲜卑部是占据地理优势的，慕容廆长子慕容翰据守徒河（位于今辽宁省锦州市），与慕容廆构成内外支持之势；宇文鲜卑部唯一的优势是人多——连营三十里，围慕容廆。

人多就是实力的象征，就是宇文悉独官在得知盟友尽皆退兵的情况下依然敢于独自进攻慕容廆的资本。毕竟那时候，号称十六国第一战神的慕容恪还没有长大。

开战之前的"上兵伐谋"之事都做完了，虽然减弱了些许威胁，但依然是强敌压境。慕容廆并没有洗洗就睡的闲情逸致，擦亮刀剑，叫上儿子，收起所有的疲惫，为部落的生存而战，为在乱世中寻求一片发展的空间而战。生死存亡，不止此一战；但是，生死存亡，在此一战。

面对宇文鲜卑的大军，慕容廆率先发起攻击。世子慕容皝冲锋在前，长子慕容翰由侧翼迂回包抄。是时，前锋大军刚刚兵刃相接，慕容翰就已经冲入了宇文部的兵营，放火烧营制造混乱，进而引起前军恐慌，宇文鲜卑大军随即大败。宇文悉独官只身逃命，慕容廆尽俘其众。

在这场战役中，长子慕容翰厥功至伟，功劳和风头甚至盖过了在前军冲阵杀敌的世子慕容皝。经此一战，作为弟弟的慕容皝深刻认识到大哥慕容翰强悍的战斗力。真的是人挡杀人，佛挡杀佛，厉害无比。慕容皝要是挡了……

失败属于崔毖，宇文鲜卑兵败的那一刻起，意味着他所有的谋划化为泡影。别说安置流民，能找到个地方安置自己就已经很不错了。

应该说，崔毖是幸运的，在得知慕容廆大破宇文鲜卑之后，他带领数十骑逃奔高句丽。此后不久，崔氏家族举家搬迁，全部迁往朝鲜半岛，并从此在那里安家落户，繁衍生息。后来，后来的后来，朝日鲜明之国诞生了崔氏家族。

当时，慕容鲜卑还是东晋远在辽东的属国，打了大胜仗当然是要有封赏的。

作为宗主国，在慕容部处在危亡之中拼命血战的时候不出兵救援就已经很是过意不去了，若是战后还不给予些许嘉奖，还怎么指望别人继续尊奉其为宗主国？更何况，封赏的东西本来就是人家已经取得的，靠武力征战所得，东晋所做的不过是一件顺水人情罢了。

晋元帝遣使者，任命慕容廆为监平州诸军事、安北将军、平州刺史，加二千户食邑。不久加任使持节，都督幽、平二州东夷诸军事，车骑将军，平州牧，晋封辽东郡公，食邑一万户，常侍、单于等一并如故；同时，赐慕容廆世代享有特权的丹书铁券（无论杀了多少人都统统免死的那种），统辖海东一带，置百官，设平州守宰。

慕容鲜卑家族的统治，日益稳固起来。

06. 表忠晋室

慕容廆对晋国的忠诚是可昭日月的，尤其是在阴天下雨、电闪雷鸣的时候。

当晋国处于风雨飘摇的情况时，依然能够遣使来朝的实力集团是极少的，慕容廆却做到了。不管他怀揣什么样的心思，终其一生都没有如刘渊、石勒那样扯旗造反，甚而攻陷帝都，劫掠宫室。慕容廆始终安安静静地寻求自己的发展空间，并对危难中的晋帝国多有助力，不仅有精神上的支持，还有物质上的援助，并不时对后赵进行军事攻击。慕容廆做到了作为一个塞外属国所能做的全部。

目的虽不纯粹，行为着实可嘉。

向晋国称臣是从 289 年开始的，在此前袭扰晋国边境以及入侵扶余国的战争中，慕容廆和晋国多有交手，并从中认识到了晋国的强大以及慕容鲜卑部的弱小。与强邻为敌并不明智，慕容廆选择了臣服。中原王朝有自己的虚荣，每一位君王都在幻想着万国来朝，君临天下；农耕民族也有自己的无奈，种地的老是打不过放牧的。卫青、霍去病之所以能够名垂千古，正是因为物以稀为贵、产量太低。能和骁勇的游牧民族保持和平而不被欺凌，何乐而不为？当时司马炎还在，高兴之余，授慕容廆鲜卑都督。

慕容廆对汉文化的认同，也促成了他对晋国的臣服。文化的认同感，往往会带来政治上的联谊。在迁都至大棘城之后，鲜卑慕容部开始了定居的农业生活，从事农桑生产，并逐渐接受汉文化。在法制建设上，慕容廆全盘照搬晋国法律，以成熟的晋国法律制度治理他原始而落后的族人。这些措施，有力地推进了慕容鲜卑部的封建化进程，也促使了慕容鲜卑部落在鲜卑各部落中崛起。每每都是这样，当一个民族的血液里流淌着游牧者的勇猛，管理上却有着华夏的文明的时候，就会异常强悍。

302 年，兖、豫、徐、冀四州发生水灾，连幽州都受到波及，各州难民逃难至幽州者数不胜数，在权力陷阱中苦苦挣扎的晋王朝根本无暇顾及。作为外藩的慕容廆却开仓放粮，救济在幽州的灾民。

这是一件大事，在那个连人都可以当成"两脚羊"下肚果腹的岁月，慕容廆居然舍得拿出粮食来赈灾，而且，灾民们并不是属于他的民众。虽然已经成为傀儡，但是作为那些灾民的皇帝陛下，司马衷依然表达了他对慕容廆的感激之情，褒赠命服[1]。从那以后，慕容廆身上穿的那件代表身份象征的衣服，是晋国皇帝陛下赠予的，保不齐司马衷还穿过。

然后就到了 307 年南下勤王的那一段，虽然慕容廆动机并不纯粹（为了坐大自己），但是毕竟出兵解决了晋国的边境问题。生死存亡之际，连国都都几近不保的时刻，居然依然有人遥相呼应，表达着对晋帝国的耿耿忠心，怎能不值得称赞呢？

如果晋帝国始终强大，鲜卑慕容部或许会是一个文明且表现优秀的番邦属国。

建武元年（317 年），晋元帝司马睿承制，授慕容廆假节、散骑常侍、都督辽左杂夷流人诸军事、龙骧将军、大单于、昌黎公，慕容廆辞让不受。承制，根据规定之意；辞让不受，就是不要的意思。

不仅不要官职，为表达自己一片忠心，慕容廆还专门派人从海上前往南方（陆地过不去），劝谏晋元帝司马睿登基称帝。

个中深意，固然有维持自己对部落的合法统治的考量，需要借东晋正统之名分，广传帝命，讨伐不从，然而却也是司马睿盼星星盼月亮都想着的事情。

晋元帝继位后，派遣谒者陶辽再次申明任命，授慕容廆将军、单于，慕容廆坚决辞让东晋封赏。

---

[1] 命服：古代官员因品秩等级不同而设定穿着的礼服。

东晋立国之初的紧要关头，急需慕容廆这样的人物来支持，哪怕只是停留在精神层面的一句口号，就足以让晋元帝拿出大把的官位来拉拢。即使自诩天朝正朔，依然需要别人的认可。至于慕容廆的推辞，更能显示他忠于晋帝国的纯洁之心了，无欲无求，只愿天朝血脉延续、王业永存。这是慕容廆向东晋发出的信号。

323年，西晋王朝已成往事，当时的中原是后赵天王石勒的天下，这是一个从最下贱的奴隶走向权力巅峰的人物，有着不凡的经历和超出常人的能力。

石勒派遣使者会见慕容廆，以求两家和睦，当然也有拉拢的意思。毕竟，那时候石勒最大的敌人是关中刘曜。那一年，刘曜耀兵前凉，势不可当。石勒需要拉拢团结一下身边的力量，以求和刘曜相抗衡。

慕容廆不买账，不仅拒绝了石勒的和平共处原则，还把后赵使者送到建康，交由东晋处置。恼羞成怒的石勒命令宇文乞得龟对慕容廆发起攻击。敌军大举来犯之际，慕容廆针锋相对，全部俘虏了宇文乞得龟的部众，并乘胜追击，攻克其国都，得财物数以亿计、民众数万户。

面对后赵（包括前赵）军队的进攻，远遁江东的晋军根本不敢与之交锋，数次北伐一触即溃，望风而逃。慕容廆却能够在北方对石勒产生事实存在并且有效的威胁，甚而取得局部战争的胜利，不得不说是对晋王朝的一大助力。

国破家亡了，依然有人愿意在危难时伸出援助之手，难道不是晋国人民所渴望的吗？敌人的敌人，就是我们的朋友。更何况，慕容廆始终把晋王朝当作宗主国来对待。

325年，晋成帝司马衍即位，加慕容廆为侍中，位特进。

侍中，在晋朝是相当于宰相的位置。至于慕容廆，虽然是遥领，并不参与晋国的内政事务，早上也不用早起上朝，但是人虽然不在，朝廷里的位置是始终要给"侍中"留着的。并且要"位特进"，地位比侍中还要靠前。

这并不是结束，恰恰相反，对慕容廆而言，在东晋朝廷里官职地位的上升才刚刚开始。330年，东晋朝廷加封慕容廆"开府仪同三司"。

开府仪同三司，官名。开府，指以自己的名义自置幕府与幕僚部属的行为。得授仪同三司加号者，可以得到与三公一样的待遇。开府仪同三司一般是在魏晋至元朝时，朝廷对有功大臣的重赐。

慕容廆辞让不受，态度坚决且诚恳。

原因就不得而知了。古往今来，人性的弱点都是相同的，没有谁能逃避得了加官晋爵的诱惑。东晋帝国的军队固然软绵绵，但东晋帝国的宗主地位却是硬邦邦的。在封建时代，君权神授的观念深入人心，王侯将相是有种的，演绎在现实中的事实就叫作"上品无寒门，下品无士族"，正在积极吸取汉文化的慕容鲜卑渴望晋国的认同，渴望地位的提升。我想，这也是慕容廆始终对晋王朝表达忠诚的原因之一吧。

当然，推辞，在很多时候是因为想要的更多。

后来，慕容廆在和东晋太尉陶侃的通信中表达了这种想法。

那是一篇腻腻歪歪的信件，在称赞当权者王导和庾亮的同时，对陶侃更是大加赞赏。在信中有这么一句话，现摘录出来："今海内之望，足为楚汉轻重者，惟在君侯。"

很难想象慕容廆的嘴里会蹦出这般肉麻的字眼，是了，有求于人嘛。英雄如慕容廆亦不能免俗。

在信中，慕容廆表示愿意为复兴大晋做出努力，但自己单干是绝对不行的，"孤军进攻难有成果"，期待在东晋大举北伐时出兵响应王师号召。……王师的号召是一直存在的，但响应者们却是极少，数来数去也只有寥寥几个在北地饱受压迫的晋国的遗民百姓。

这是一求求职信，并不是单单为了拍马屁和表忠心，然而通篇都是在向当权者和东晋朝廷献媚。只是在递交信件的时候，顺带把其他人等关于建议册封慕容廆为燕王、行大将军事的上书一并邮寄了过去。

慕容廆是忠心耿耿的，然而身边有些人总是有些小小的意见，比如官位和贡献不相称等。伟大的朝廷，您看看这可如何是好？如何安抚我的忠心？

朝廷开始商议了，漫长到永远，直到慕容廆去世，东晋王朝也没有拿出个意见来。后来知道慕容廆去世，连商量都不再商量了。遣使赠慕容廆大将军、开府仪同三司，谥号襄公。

没有封王。

朝廷的考量是长久的，或许当时已经觉察出了慕容廆不臣的苗头，也可以说东晋气量狭小，远在千里之外，隔海相望，事实何止开府，地位俨然君王，不过一个空头封号而已，有什么值得珍惜？难道可惜了那块玉质的印信？恐怕，这要和东晋崇高的朝廷法度及国家伦理纲常联系起来了。

337年，慕容廆的儿子慕容皝自称燕王，建立前燕，追谥慕容廆为武宣王。352年，慕容廆的孙子慕容儁称帝，追谥慕容廆为武宣皇帝，庙号高祖。

07. 故事一二三

关于慕容廆，我们最后来回顾一下那些关于他的故事。虽然无关紧要，但是缺失了，慕容廆总是显得不那么完整。

289年打了败仗后向晋国投降那会儿，慕容廆被晋武帝册封为鲜卑都督，心情很是愉悦，不用打仗了，只需要微微一个俯首，好处统统都到兜里来，慕容廆对中原王朝的好感瞬间爆棚。高兴之余，也是礼节之内，慕容廆前往东夷府，表达自己对晋帝国皇帝陛下的无上感激之情。

慕容廆是带着虔诚之心去的，并且为表诚意，他还专门模仿中原礼节，身穿中原服饰，行士大夫礼。但是，当时的东夷校尉何龛却是列兵相见。

这是一个可以想象的场景，满脸都是粗犷奔放胡须的慕容廆身穿晋朝最为飘逸文雅的儒士衣冠，逢人作揖、遇人行礼地走到政府门前（东夷府），却发现迎接他的是全副武装的晋军士兵，并且，怒目而视，如临大敌。

何龛的态度很明显：皇帝封了个"鲜卑都督"而已，你以为你就是自己人了吗？

对于慕容廆而言，何龛让他颇有热脸贴了个冷屁股的感觉，于是改戎衣而入。人问其故，廆对曰："主人不以礼，宾复何为哉？"主人不能以礼相待，客人还注意那些礼节做什么？何龛闻而惭之，弥加敬惮。

这是一场捍卫尊严的战斗，并不需要刀剑，却是对勇气和智慧的考验。面对强权的欺辱能够昂起自己的头颅来，不卑不亢，足矣。

一个简单的行动所表现出来的慕容廆，即使放在今天，依然值得我们弥加敬惮。

下面一段故事是关于慕容廆的情感纠纷的，是慕容廆和另一个男人一生不解的情缘，纠葛在命中注定。

在一个人足以定国家兴亡的年代，慕容廆的家事即国事。事实证明，此件家事对中国历史影响之深远，骇人听闻。

慕容吐谷浑，慕容廆的异母哥哥，庶出。在中国古代，只要大老婆生的儿子（嫡子）还在，作为庶出的儿子们是没有继承家业的权利的。

慕容家族从莫护跋时期就对汉文化欣欣然向往之，在吸收汉民族璀璨智慧之余，这个不怎么璀璨的汉人规矩也被他们传承了过来，慕容吐谷浑深受其害。

作为长子，却从两个单组染色体细胞合成为一个受精卵的那一刻起，就注定了他与父亲慕容涉归的偌大家业无缘。

但是分得部分家产还是应该的，慕容涉归还在世那会儿，大儿子慕容吐谷浑分得了大约一千七百户的部众。并没有更多的赐予，慕容涉归就急匆匆地去世了。

慕容廆和慕容吐谷浑的矛盾是因为放牧时双方马儿打架引起的，在此之前，矛盾可能也有。但是只能靠猜测，在浩如烟海的史书中并不能找到蛛丝马迹。

然后，突然之间，兄弟俩就因为牲口打架而分道扬镳了。

兄弟俩的部落相邻，慕容廆夺取政权之后，属于他的领地上的每一个部落都和他相邻，慕容吐谷浑尤其近。虽然父亲已经去世，但兄弟俩还是时常走动的，有了好吃的，慕容廆也时常送些给他那只有一千七百户部众的哥哥。

两家放牧时牲畜相距也并不遥远，在同一片草场上奔驰的两个马群，出现意外也是情有可原。但那一次慕容廆出离愤怒了，竟然派人责备慕容吐谷浑："先父把我们分开，你放马为什么不走开，而让它们互相争斗？"这是来自慕容鲜卑部首领的训斥，措辞之严厉，几乎可以理解为慕容廆要撵他哥哥滚蛋的意思。

事实上，吐谷浑就是这么理解的，慕容廆当时也正是借题发挥，就是这个意思。

"马是畜生，吃草饮水为生，春天气息发动，所以马群争斗，怎么能因此对人发怒呢？彻底分开很容易，现在便离开你一万里。"

既然不欢迎我的临近，那就离开吧，远远地离开。慕容吐谷浑作为兄长的强烈自尊心，使他面对弟弟的责备时并不能做到默默接受。

这也是再简单不过的道理，同一片蓝天下，同一片草原上，并不能同时容纳两个王者，即使他们是最为亲近的兄弟。

慕容吐谷浑带领着他仅有的一千七百户部众，赶着他稀疏的牛羊和马群，一路向西。

慕容廆在几天以后开始后悔，毕竟，血浓于水。眼看着吐谷浑日渐远去，慕容廆沉睡的兄弟情开始苏醒，从道义上和亲情上都让他心里越发不是滋味。这一去千里万里，这一去永不回还，这一去再不相见！陷入深深自责中的慕容廆派遣堂伯父和长史乙那楼前去追回慕容吐谷浑。

慕容吐谷浑不愿回去。当离别的号角吹响，谁都无法阻止他西行的脚步。"从祖父开始，就在辽右地区积德累仁，卜筮的人曾经说过：'先父的两个儿子，福祚都会遗传给子孙后世。'我是庶生的儿子，按说没有同时兴盛的道理，今日因为马匹争斗而相离别，乃是天意如此。各位试试赶马向东，马群如果东还，我一定随你们回去。"

这是一段哀伤的故事，因为无论乙那楼和他的随从如何努力，吐谷浑的马群总是东去不远就折返向西，其声也振，其鸣也哀。四蹄铿锵，次次犹如天神作祟。乙那楼望着向西方渐行渐远的马群，浑身透着无力感，也只能感叹此事"非人力所能及也"，就此作罢。

怎么能回去呢？只有独立自主地寻求发展，才有可能摆脱他人的束缚，成为真正的王者，不再臣服人下！

吐谷浑对他的部众说："我们兄弟俩的子孙，都应昌盛。慕容廆应传到儿子和孙子及曾孙玄孙 辈，这中间有一百来年，我则是到玄孙辈间才会崛起罢了。"于是向西依阴山而立。后来，逢晋朝大乱，为避免被波及，吐谷浑再度西行到陇西枹罕原（今甘肃省临夏市西北），以此为据点，子孙传承，三面（南、北、西）扩张，逐步壮大。

317年，吐谷浑去世，时年七十二岁。吐谷浑有六十个儿子，长子吐延继承其位。

后来，慕容廆追思慕容吐谷浑，作《阿干之歌》（鲜卑人称哥哥为"阿干"）。慕容廆的子孙称王称帝之后，用这首歌作为他们的国家之歌来传唱。

西行吧，哪里就是坏事？当入主中原煊赫一时的慕容鲜卑烟消云散时，地处西北边陲的吐谷浑却因为远离战乱纷争而存活得更加久远。直至五胡十六国尘埃落定，南北双雄对峙终结，隋唐盛世开启，吐谷浑仍然活跃在西北高原上，虎视华夏大地，给中原王朝带来不小的威胁。

慕容廆所处的时代，整个中华是动乱的，当匈奴、羯胡肆虐，中原衣冠南迁之际，身处辽东的慕容廆政令法纪严明，虚心纳贤，流亡的士族庶人大多携家小前来归附。

为安置归附者，慕容廆设立侨郡统管流民，冀州人归冀阳郡，豫州人归成周郡，青州人归营丘郡，并州人归唐国郡。并从中选拔中原才俊为己用，管理地方，参与政务，甚至直达中枢。比如平原刘赞，其人对儒学无所不通，慕容廆引为东庠祭酒，世子慕容皝带领贵族子弟拜师受业。慕容廆在审理政事的闲暇，亲临学堂听课，于是朗诵之声随处可闻，礼让之风兴起。

衣冠南渡之后的北方大地，也并不都是吃人的历史。

慕容廆曾从容言道："刑狱之事，牵连到人命，不可不慎。贤人君子，是国家的基础，不可不敬重。农业之事，是国家的根本，不可不抓紧。酒色阿谀之事，是扰乱政德的大祸，不可不禁止。"并且撰写数千字的《家令》来说明自己的主张。

房玄龄在《晋书》中有这样一段话："慕容廆英姿伟量，是曰边豪，衅迹奸图，实惟乱首。何者？无名而举，表深讥于鲁册；象龚致罚，昭大训于姚典。况乎放命挺祸，距战发其狼心；剽邑屠城，略地骋其蜇贼。既而二帝遘平阳之酷，按兵窥运；五铎启金陵之祚，率礼称藩。勤王之诚，当君危而未立；匡主之节，俟国泰而将徇。适所谓相时而动，岂素蓄之款战。然其制敌多权，临下以惠，劝农桑，敦地利，任贤士，该时杰，故能恢一方之业，创累叶之基焉。"

上面这段话是从《晋书》中摘抄的原话，正是对慕容廆一生的写照，藩属之国，算不上忠诚，更谈不上奸佞，一方豪雄，乘势而起，实在是无可厚非。现在对他做一个总结：恢一方之业，创累叶之基。

333 年六月四日，慕容廆去世，世子慕容皝继承父位。

08. 辽东公国始末

创累叶之基的慕容廆并没有处理好自己的身后事。至少，在众儿子的工作安排上，有失妥帖，甚而酿成了一桩又一桩悲剧。不得不说，对于儿子们的悲惨命运，慕容廆是负有很大责任的。屁股底下的宝座只能有一个继承人，然而儿子却很多。谁才是最为合适的人选？

华夏文明用她特有的智慧解决了这个格外让人纠结的问题——嫡长子。无论相貌美丑，无论是否贤良，也无论可曾为祖国和人民立下多少功劳。谁是"嫡长子"荣誉称号的拥有者，谁就是法定的符合世俗规律的无可辩驳的继承人。

慕容皝就是因此而拥有了继承权，顺应天理人心，无可争议。

慕容皝，字元真，297 年生，昌黎棘城人，慕容鲜卑部首领慕容廆第三子，母段氏。从曾祖父莫护跋算起，已经是官五代了。

常言道：三代才能培养出一个贵族。含着金汤勺出生的慕容皝，只要培养上不出现偏颇，怎么算也该成为一个贵族了。

慕容皝真的很优秀，史书记载：其人眉骨隆起，有帝王之相，门牙宽阔整齐，身高七尺八寸。并且，雄俊刚毅，富有权谋，崇尚经学，擅长天文。

"擅长天文"就是说慕容皝是个看星象算命的，现在我们叫它封建迷信，不过古时候却认为这是帝王才能知晓的学问，称之为"帝王之学"。在我们的书中，很多帝王擅长天文，甚至给了大家这样的错觉，擅长天文后，于是成了帝王。

在人才辈出的慕容家族，慕容皝的才华，和他的那些优秀又杰出的兄弟比起来，并不突出，甚至反而成为他的弱项。比如慕容翰，其人"雄俊刚毅，富有权谋"，一点儿也不比慕容皝差，并且多有战功，深得人心。比如慕容仁（慕容皝同母弟），同样地多有战功，而且"有勇略，得士心"。

慕容皝深忌之。

这是一个不出意外的故事。在英雄辈出的家族，甚至是狗熊辈出的家族，内斗几乎是风尚了。我几乎可以想象慕容皝兄弟之间的惨烈竞争。为了获得慕容廆更多的垂爱，为了争取更多的机会，以便获得更大的进步，每前进一个小台阶，都会是一场惊心动魄的斗争。慕容皝的兄弟们一定不会给了慕容皝应有的尊重，讽刺、挖苦、穿小鞋那已属相当温柔的了，挖坑、下绊子、搞暗杀都可谓理所应当。然而有慕容廆的庇护，至少在表面上，大家都相安无事。

后来，慕容皝就登上了父亲的宝座，统御鲜卑各部。

君王的猜忌是致命的，即使他们是亲兄弟。在惴惴不安中惶惶不可终日，在死亡的威胁之下，慕容翰选择了背叛和逃跑，逃往鲜卑段部避祸；慕容仁则举起了反叛的大旗，公然与慕容皝为敌。

共襄大业的还有慕容昭，同样是慕容皝的同母弟弟。

这个故事没有一丁点儿的喜剧成分，真不知道是慕容皝容不下亲兄弟，还是亲兄弟容不下慕容皝。总之，一母同胞的兄弟仨就这样决裂了。

那是一个漆黑的夜晚，在一间密不透风的房间里，从平郭（慕容仁镇守地，今辽宁省营口市附近）赶来奔丧的慕容仁和慕容昭进行了一次开诚布公的密谈，双方就慕容皝上台以后的作为和目前所面临的形势进行了深入的交流和分析，各自发表了具有建设性的意见。并一致认为，作为一母所生的嫡子，国家既然有慕容皝的也就应该有他们的。同时，二人达成共识，认为用法严苛的慕容皝一定容不下时常和他作对的兄弟们，与其坐以待毙，不如果断出击。双方在对慕容皝进行口诛笔伐的同时，深恶痛绝地唾骂了畏罪潜逃的慕容翰。最后制订行动方案：慕容仁兴兵于外，慕容昭接应于内，诛杀慕容皝。事成则分其地，事败……大丈夫行事，不成功则死。总之，绝不能像慕容翰那样跑到他国去，苟且偷生，可惜了一身的好本领。

333年闰十一月，慕容仁从平郭兴兵西进，兵锋直指棘城。

慕容皝一直被蒙在鼓里，直到有人将慕容仁、慕容昭的密谋报告于他，慕容皝依然是不相信的，不过派出了前去查验的使者。君王最在意的就是他的宝座了，谋反的消息无论真假都值得一查，这是一个宁可错杀一千不能放过一个的罪名。当慕容皝的使者走出棘城的时候，慕容仁的军队早已经到达了黄水（古河流名，不知道在哪）。所有的密谋随着使者的到来就变成了阳谋，袭击计划败露，慕容仁杀死使者，回军占领平郭。远在国都的慕容皝则杀死慕容昭，整军备战，讨伐慕容仁。

慕容皝任命高诩为广武将军，领兵五千与异母弟、建武将军慕容幼、慕容稚，广威将军慕容军，宁远将军慕容汗，司马佟寿共同讨伐慕容仁。大军在汶城以北和慕容仁部展开会战。慕容皝军大败，慕容幼、慕容稚、慕容军被俘，曾是慕容仁司马的佟寿顺势归降慕容仁。

此战影响巨大，直接导致慕容皝对辽东控制权的全面丧失。前任大农孙机等占据辽东城响应慕容仁；前去慰抚辽东的祭酒封弈连辽东城的城门都进不去，只好和慕容汗一同撤回；东夷校尉封抽、护军乙逸、辽东相韩矫弃城逃跑，慕容仁尽占辽东。与此同时，段部首领段辽和鲜卑各部都与慕容仁遥相声援。而作为法定继承人的慕容皝，此战之后仅据有今辽西走廊一带。自此，慕容鲜卑部一分为二，相互攻伐。

334年三月，慕容仁自称平州刺史、辽东公，建立"辽东公国"。这并不能称得上是独立的国家，因为并不完整的行政体系以及法理上的认可空缺，还有并不成功的"造反"和领袖人物并不明确的职位称号，都使这个国家仿佛是一个被阉割过并且注射了太多雌性激素的男人。然而这是一个事实存在过的政权，一名以冠之。

同年八月，一直在沉默中的东晋帝国终于有了新的声响。晋成帝派遣使者祭奠慕容廆，并册封慕容皝为镇军大将军、平州刺史、大单于、辽东公，持节、秉旨封官拜爵，与慕容廆制同。使者行至马石津，被慕容仁扣留。

慕容廆是在333年五月去世的，时隔一年又两个月之后，东晋朝廷终于想起要去祭奠一下这位已逝的"忠臣"。不年不节的日子，到底要干什么，用意何在？

正如前文所述，慕容鲜卑部是东晋的藩属国，而处于困境中的藩属是最好的拉拢对象。站在宗主国的立场,是不能允许藩国部落中的叛逆者窃居正位的,否则,宗主国的权威何在? 颜面何存? 其地位在属国心中必定大打折扣,自己国内怀有异心者也要争相效仿。慕容皝,即使全世界都抛弃了你,大晋帝国的宽厚臂膀依然供你停泊,温柔的胸膛依然供你依靠! 虚掩着半张虚伪的脸,晋帝国向慕容皝露出最为真诚的微笑。

同年十二月,知道内情的辽东公慕容仁对东晋展开攻击,地点新昌,都护王寓将其击退。

一年以后,慕容仁遣返所扣押的东晋使者。军事上没能打得过东晋,于是扣押的使者就有命活了下来,但终究没让他们和慕容皝见上面。

335年十二月,鲜卑段部和宇文部各自派遣使者拜见慕容仁。密谋什么事情就不得而知了,两位使者大人满怀希望而来,满载希望而去。然而很不小心,在归去的路上,慕容皝部将张英俘虏段部、宇文部使者,慕容仁追之不及。道理不再继续重复,总之,为避免三方势力联合,使自己陷于三线作战的窘境,慕容皝必须有所行动了。

经历了两年的励精图治和积蓄力量之后,336年正月十九,慕容皝率领其弟——军师将军慕容评出师讨伐慕容仁。

有鉴于慕容仁在陆路上防守严密,慕容皝采纳司马高诩建议,大军从昌黎出发,趁冬日海面冰封,一路踏冰东进三百多里。到达历林口之后,全军舍弃辎重,轻兵赶赴平郭。

自古兵贵神速,慕容皝就是要打慕容仁一个措手不及,以求毕其功于一役。

等到慕容仁的侦察兵将消息报告给慕容仁的时候,慕容皝的大军距离平郭只有七里。七里,意味着慕容皝的骑兵部队只需要一个冲锋就可以到达平郭城下! 而此时此刻,慕容仁并没有进行丝毫的战争准备。

冰天雪地的日子,不好好在家猫着享福,哪个傻瓜会出来行军打仗呢? 自然是有的,慕容皝。

叛乱者从来利在速战。一场拖延了两年之久的叛变,对于并不站在道德制高点上的慕容仁而言是极为不利的。军队士气会日渐低落,人心向背会逆转,综合实力会在不知不觉间跌入低谷。真是不知道这两年时间里,慕容仁除了守卫着他的平郭城,还干了些什么。

仓皇应战的慕容仁并不知道慕容皝亲自前来,还以为是慕容皝麾下小股部队的掳掠侵扰,他对左右侍从说:"今兹当不使其匹马得返矣!"(《资治通鉴·卷事实证明，说大话的本领人人都有，但把说出去的大话变成现实的少之又少。事实也又一次证明，机会永远偏向于那些有准备的人。放弃了在家里猫着享福的日子，冒着严寒，跨海踏冰而来，你当是来冬游的吗？

不成功，便成仁。

正月乙未日，慕容仁集结主力应战，可惜抵抗并没有想象中的那么坚决，就在两军阵前，部将慕容军所部临阵投敌。这个慕容军原本是慕容仁从慕容皝那里俘虏过来的，不知为何依然受到重用。而这居然成了慕容仁失败的直接原因。

慕容军的临阵倒戈给慕容仁的军队造成了极大影响，军心骚动，士气低迷。慕容皝乘机攻袭，重创敌军。慕容仁军中部众全部反叛，慕容仁被擒。

慕容皝斩杀了那些反叛慕容仁的部众，然后赐死了慕容仁。被慕容仁重用的丁衡、游毅、孙机等人，也全都被慕容皝斩首。辽东公国至此终结。

和慕容家族众多的英杰人物相比较，建立了辽东公国的慕容仁称不上优秀，虽然在史书中留下"有勇略，得士心"的评语，但在助力众多、局势大好的情况下，依然灭亡不了偏居辽西的慕容皝，反而逐渐走向没落，最终被慕容皝一战灭之，了了人物。

如果能力不能支撑起自己的野心，一定要想办法把能力足够的人拉下水。比如那个逃跑了的慕容翰，在寄人篱下的日子里，一定时刻惦念他的母国，怀念那些和自家兄弟把酒促膝的日子。

09. 慕容翰的悲剧

慕容翰的悲剧是天生的，因为不是嫡子，在娘胎里时就已经丧失了继承父位的权利；但由于智勇过人，又注定要受到继位者（慕容皝）的防备与忌惮。

能力越强，受到的防备与忌惮就越多；人望越高，受到的冷遇就越多。不允许反抗，甚至稍有不满就意味着灭亡。想要重获自由，要么逃跑，越远越好；要么反抗，像慕容仁那样……大丈夫行事，不成功则成仁。

慕容翰选择了逃亡。

那么，这个在慕容皝即位之后被迫避祸他乡的慕容翰到底是怎样的一个人呢？

> 性雄豪，多权略，猿臂工射，膂力过人。廆甚奇之，委以折冲之任。行师征伐，所在有功，威声大振，为远近所惮。作镇辽东，高句丽不敢为寇。善抚接，爱儒学，自士大夫至于卒伍，莫不乐而从之。
>
> ——《晋书·慕容翰载记》

性格豪爽，智勇双全，能征惯战，威震一方。而且礼贤下士，颇有人望，自士大夫至于卒伍，莫不乐而从之。这是一个可以和你大口喝酒、大块吃肉的人；这是一个文武双全足以战胜攻取、守卫一方安宁的人；这还是一个礼贤下士深得众心、振臂一呼应者云集的人。

不是王者却具有王者的能力和气质，这就是慕容翰个人悲剧的根源。

第一次看到关于他的叙述，印象中想到的第一个人是《天龙八部》里的萧峰。慕容翰已经久远，但那个萧峰却在金庸的笔下成为永久的传奇，同样的武功盖世、义薄云天，又同样处境尴尬、生存艰难。脑海中回放那一幕幕最为精彩的影像，在那个熟悉的英雄身上，我几乎可以找到全部的慕容翰的气息。

关于慕容翰的故事，我们从三国联攻开始说起。

319 年，东晋平州刺史崔毖联合高句丽、鲜卑段部和鲜卑宇文部共同攻打慕容廆。

事情的起因就不再赘述，总之，这场战争是慕容廆所面临的最为严峻的考验。生死存亡关头，慕容翰所起到的作用是巨大的，超越了世子慕容皝在战斗中的贡献。

当时，宇文悉独官虽然失去了两个盟友的支持（慕容廆施反间计得逞，高句丽和鲜卑段部相继离去），但依然实力强大，联营三十里，拥兵数十万。危急关头，慕容廆迅速征召慕容翰来援。针对敌众我寡的战场形势，慕容翰制定了奇兵扰敌的战术，并最终获得慕容廆认可。

事实证明，这是一条行之有效的战术，慕容廆于内线坚守，慕容翰于外线机动，时机成熟后，两军同时出击，形成内外夹击之势。

宇文鲜卑部就是这样战败的。在慕容翰的外部突袭及慕容廆的内部反击之下，两面受敌的宇文鲜卑部大军仓皇失措，军心大乱，一战而败，宇文悉独官独身逃脱，连自己的官印都没来得及带。

是役，慕容皝不仅全程参加，而且亲率精锐骑兵作为前锋进行突击，作战非常勇敢，然而和他的兄长慕容翰比起来，其闪耀的将星依然黯淡，夸耀一时的功绩依然渺小。哥哥的身躯伟岸，哥哥的胸膛宽厚，哥哥的功绩值得钦羡，哥哥的……对世子之位的威胁让慕容皝寝食难安。

其实，慕容翰的功劳何止于此。在慕容鲜卑由一个小部落走向强大的道路上，慕容翰立下过汗马功劳。307 年，在关于鲜卑军队是否南下勤王的分析上，足以彰显慕容翰超乎寻常的战略眼光和在慕容鲜卑部发展中的卓越贡献。

慕容翰这样劝说慕容廆："求助诸侯不如勤王，自古有为之君无不以此成就功业。素连、木津骄横跋扈，王师覆没，生灵涂炭，危急莫过于此。素连等人以诛庞本为名，实则叛乱为寇。辽东倾覆，已近两年；中原兵乱，晋军屡败，勤王仗义，时在今日。单于应申讨伐之威，救倒悬之命，发义兵以诛素连、木津。上则复兴辽邦，下则并吞二部，外可得忠义之名，内则尽收私利，此强之始也，终必得志于诸侯。"

慕容翰的这段话，指出了素连、木津的罪恶所在，对"勤王"的正义性、必要性和所将要获得的利益做出了充分说明和肯定。上举大义、顺人心，下吞敌国，强自己。勤王仗义，正当其时。

何乐而不为呢？

慕容廆当日即率兵征讨素连、木津，大败之，并斩杀素连、木津，将二部部众全都降服，迁之于棘城，立辽东郡而还。

321 年十二月，慕容翰出镇辽东。

并不是因为立了很大功勋，而是由于东晋对慕容廆的持续册封，慕容皝随之水涨船高，成为世子。出于政治考量，慕容廆命令出身卑贱的慕容翰出镇辽东，和他同时离开棘城的还有那位辽东公国的建立者——慕容仁，出镇平郭。原因相同。

这是作为一个父亲和君王的深谋远虑，既然名分已经确定，必须让没有希望的孩子远离权力中心，没有了参与的希望，就断绝了即位的可能，这样才能避免兄弟相争、父子相残的悲剧。

慕容翰的优秀在于他不仅能够在战火中凸显英雄，也能够在和平与安宁下彰显治世之才的本领。镇守辽东期间，慕容翰恩威并施，不仅安顿抚慰胡汉百姓，礼贤下士，深得人心，使士大夫至于士卒，莫不乐而从之。而且，有他在，足以远慑他国（高句丽），使其不敢犯边。

铁骑上的十六国

在平郭的慕容仁效仿之。

慕容仁起兵之初，鲜卑各部响应者甚众，一度有取慕容皝而代之的声势，除了慕容皝自己为政严苛不能容人之外，也有慕容翰的功劳在里面，慕容仁对慕容翰的效仿很成功。

原本是一个父慈子孝、全家英杰的经典版本，然而随着慕容廆的去世，鲜卑慕容部内部很快就变了天。

333 年十月，慕容翰和儿子出奔段部。面对慕容皝的猜忌，慕容翰别无选择。"我从先父那里接受任职，不敢不尽力，幸好仰仗先父的在天之灵，所向披靡，这是上天助我国，并非人力所为。但别人却说这是我的力量，以为我具有杰出的才能，难以制服，我怎能坐以待祸呢？"

留下，等待慕容翰的将是窝窝囊囊的死亡，出逃或许还有一线生机。当然，也可以反抗。联合慕容仁共同讨伐慕容皝，然后呢？一条家族内讧不断的不归路而已。

段辽对慕容翰的到来满是欣喜和看重，人才不仅在 21 世纪最贵，在公元 4 世纪的中国也同样让人为之疯狂。段辽希望自己的宠爱和看重能够让慕容翰心悦诚服，从此为自己所用。

334 年二月，柳城（今辽宁省凌源县凌源镇）。

已经搞不清楚这是第几次进攻了，慕容翰和段辽的弟弟段兰站在柳城外不远处的山岗上，看着如潮水般退下去的士兵，一脸无奈。段辽和慕容家族的战争断断续续打了好多年，由于慕容仁的反叛以及慕容翰的逃离，鲜卑慕容部遭遇一次又一次严峻考验，刚刚继承首领位置的慕容皝左挡右支，焦头烂额。

好时机是不容错过的，段辽在严厉训斥段兰等人之后，继续调兵遣将，加强进攻。

此刻，慕容皝的援军也终于出动，领军者是慕容汗。这是一个勇武有余而谋略不足的人，在慕容皝千叮咛万嘱咐以及司马封弈的极力劝阻之下，慕容汗依然急兵冒进，直扑柳城，于牛尾谷遭遇段兰伏击，惨败。

在柳城钝兵挫锐的段兰一战而扬眉吐气，并打算乘胜追击。但一直和段兰并肩作战的慕容翰却停止了进攻的脚步。避祸而已，并不是要做祖国的叛徒，更何况，如果鲜卑慕容部真的因此而灭亡了，慕容翰在鲜卑段部的价值还能剩下多少？

段兰不仅一眼就看穿了慕容翰的心思，而且直接挑明了慕容翰的忧虑，并且做出保证"以慕容仁为继承人，不使宗庙绝祀，必不负卿"。

按理说，话说到这个份上，慕容翰怎么着也该进军了，然而他并没有。在心思被看穿、劝说无效的情况下，慕容翰带领着他的军队独自返回。一心想要进攻的段兰也就只好放弃大好形势，随同慕容翰撤军。

看来，"洋装"和"中国心"的关系两千年前就已经可以共存。慕容皝应该感激他的这位哥哥，在被自己逼迫到逃匿他国的情况下，依然帮他消弭兵祸。

338年三月，在后赵及慕容皝的联合进攻下，段辽战败，逃奔密云。慕容翰失去藏身之所，投奔宇文部。

并不是所有的首领都会爱惜慕容翰的才华横溢，和段辽相比，宇文逸豆归显然缺乏王者的气度，才能非凡、名望颇高的慕容翰终于招来嫉妒，宇文逸豆归采取定期检查和不定期抽查的方式对慕容翰进行严密监控。

慕容翰开始装疯。

当原本高高在上的那个人突然间变成了一个卑贱者，放着雕梁画栋的房间不住，却愿意睡在猪圈里；放着山珍海味不吃，却愿意和路边的野狗争一碗狗饭；本是万人之上的王子，却在大街上向任何一个路过的平民百姓跪拜。无论是出于什么原因，这些都会让原本高大伟岸的形象在见识者心中轰然坍塌，道德最高尚者也会对其投以鄙夷的目光。

谁又会花费心思日日关心这样的人呢？事实也正是如此，宇文逸豆归解除了对慕容翰的戒备，而重获自由的慕容翰开始做起了间谍，将宇文部的山川形势牢记于心。……后来，宇文部因此灭亡。

在慕容翰将宇文鲜卑的山川地形记得差不多的时候，慕容皝适时出现，先是派一个叫王车的商人以经商为名前去试探态度。在得知慕容翰心念故国后，慕容皝专程为慕容翰制作趁手兵器（弓箭），开始为其谋划归国事宜。

340年二月，慕容翰携二子逃归，临走时偷了宇文逸豆归的宝马。

话说宝马虽然神勇，但居然没跑过追兵，眼看着就要被赶上时，慕容翰停下马步，对追兵言道："久居汝国，心存依恋，不忍杀尔等，尔等可距我百步树刀一柄，看我百步射刀，若中，尔等自可返回复命；若不中，任由尔等捕之。"追兵解下佩刀插在地上，慕容翰张弓搭箭，一箭正中刀环，追兵惊惧而散。慕容翰遂安全归国。

344年二月，慕容皝兵分三路，亲征宇文鲜卑部，前锋将军正是慕容翰。

由于慕容翰的存在，宇文鲜卑部所有的机密都已经不再成为机密。宇文部领军将领涉夜干阵亡，宇文部大军不战自溃，慕容部乘胜追击，攻克宇文部都城紫蒙川（今辽宁省朝阳西北），宇文逸豆归逃亡漠北。自此之后，宇文逸豆归到死都没有再回来。慕容皝尽收宇文鲜卑部畜产、物资、钱财，把五千多个村落迁徙到昌黎（今辽宁省义县），开辟国土一千多里。将原先涉夜干镇守之南罗城改名为威德城，然后班师回国。

最后的时刻终于到来了，立有大功的慕容翰并没有得到好的结果。敌国破灭，则功臣身死，理固宜然。

由于在攻打宇文鲜卑的战役中被乱箭射伤，慕容翰归国后就足不出户，长期卧病在床。有"飞鸟尽，良弓藏"的名言在，慕容翰本可以借此机会一直装病下去，保住性命。但伤情好转之后，慕容翰准备散散心，活动活动筋骨，于是在家中的小小院落里试着骑了一下马，三五分钟，慢跑了数百步。然后下马，进房，休息。

慕容皝的细作紧接着将这件事情报告给了慕容皝，于是这本不是什么事情的事情成了天大的事情：报告认为，慕容翰私下里练习骑乘是想要作乱造反。慕容皝钦佩、喜爱并且仰仗慕容翰，然而正是因为这样，心中也生出太多的忌惮。区区一个慕容仁就已经差点让他死无葬身之地了，如果慕容翰也造起反来，又该是怎样的一个结果呢？

慕容皝趁机赐死慕容翰。

"翰怀疑外奔，罪不容诛，不能以骸骨委贼庭，故归罪有司。天慈曲愍，不肆之市朝，今日之死，翰之生也。但逆胡跨据神州，中原未靖，翰常克心自誓，志吞丑虏，上成先王遗旨，下谢山海之责。不图此心不遂，没有余恨，命也奈何？"

中原未能平定，天下尚未统一，我还有那么远大的志向没有实现，然而今天却要死了，遗恨若斯，为之奈何？

令人扼腕叹息的是，英雄如慕容翰者却因为三叛其主而为人所不齿，前燕国内皆认为其是不祥之人，在其死去的消息传出后，国中百姓鸣鼓敲锣以庆之。

慕容翰，一个生活在流亡途中和监视之下的悲剧英雄，胸怀伟略，腹藏良谋，骁勇善战，万众归心，而且生逢其时，本该在那样一个乱世之中尽情施展他全部的才华，然而终究窝窝囊囊地死去，正如他窝窝囊囊地生存……

他曾经为慕容鲜卑部的崛起和走向强大建立过卓越的功勋。

10. 威震北方

公元4世纪的中国北方，匈奴人的快马弯刀，羯胡的凶残成性……每时每刻都在蹂躏着华夏文明。在那片多灾多难的土地上，天下再不是有德者居之，人间从此兵强马壮者称王。鲜卑慕容部的手段亦不差。

作为辽东公国的盟友，段部鲜卑和宇文鲜卑在辽东公国灭亡后依然和慕容鲜卑进行着战斗。虽然"战友"已逝，但征战尚未停止，他们共同的敌人——慕容皝依然在傲骄地嘚瑟着，而且越发猖狂。

336年六月，段辽屯兵数万于曲水亭，打算再次对柳城发起进攻，宇文鲜卑部首领宇文逸豆归同时出兵安晋（今辽宁省辽阳市西），对段辽的军事行动予以策应。面对两方联合进攻，慕容皝选择了"集中力量、各个击破"的战术，亲率步骑五万开赴柳城，迎击段辽，得胜之后，又北击宇文逸豆归，大破之。

"二虏耻无功而归，必复重至，宜于柳城左右设伏以待之。"（《晋书》）慕容皝对段部鲜卑和宇文鲜卑首领心思的揣摩是相当准确的，337年三月，段辽再次兴兵来犯，奉命在马兜山设伏的慕容鲜卑部司马封弈待敌人进入包围圈后，伏兵尽出，大败段辽，阵斩段辽将领荣保。

慕容皝乘胜追击，派世子慕容儁攻段辽、将军封弈攻宇文别部，皆大胜而还。此后，慕容皝在段辽部乙连城（在今辽宁建昌县内）东筑好城，又筑曲水城与之相呼应，借以威慑段辽。

面对慕容皝的咄咄逼人之态势，段辽连战皆败，先是运往乙连城的数千车粮草被慕容鲜卑劫掠，之后在夜袭慕容鲜卑兴国城（今辽宁省大凌河上游一带）的战斗中，扬威将军屈云战败被杀，部众全部被俘，损失惨重。

对于慕容鲜卑部而言，伴随着胜利而来的是更多的人口、土地资源，更多的金钱、物质财富，以及更加强大的军队和越发自信的军心士气。当然，最可怕的是慕容皝日益膨胀的由实力支撑起来的欲望。

在一系列军事行动全部取得胜利后，慕容皝再也压制不了自己积极要求称帝的心情。337年十月，慕容皝自称燕王，追谥慕容廆为武宣王，立世子慕容儁为王太子，备置群司，史称前燕。

当然，这并不是由东晋主动加封的官职，慕容皝更没有向他的宗主国请旨商量，然而又有什么关系？东晋必须认可！实力不济，形势所逼，路途遥远不可攻，以及东晋内部的倾轧与卑怯，每一个原因都让这个"宗主国"丧失着反对的勇气，即使明知道这是对自己尊严和脸面的挑衅与践踏。

不服来战！

在名义上，前燕类似于东晋的异族王诸侯国，但却拥有绝对的自主权，只是名义上的统属关系而已，根本不可控。

对东晋并不畏惧的慕容皝却在称燕王一个月后向后赵屈膝求和。337年十一月，为彻底解决段辽问题，慕容皝以其弟慕容汗为质，向后赵天王石虎遣使称藩，双方约定来年发兵，共取段氏鲜卑。

结果正如前文所述，段辽的威胁被彻底解决（段辽向后赵投降，慕容皝大肆抢劫一番，得胜而归），但是后赵石虎的威胁却紧随而至。由于在征伐段辽的过程中双方颇有积怨，更是出于政治需要，也可以理解为慕容皝的存在让石虎晚上睡不着觉，338年五月，后赵天王石虎亲率大军，讨伐前燕。

吓坏了的不只前燕的百姓，还有慕容皝。虽然有内史高诩的建议：坚守以拒之，赵兵无能为也。但是当前燕三十六城响应后赵之后，慕容皝的精神是崩溃的。站在棘城的城头上，望着城外漫山遍野的羯胡大军：刀如丛，枪似林，马嘶震天，人如恶魔。作为正常人类一员的慕容皝脑海中闪过的第一个念头是——逃跑！

当切身感受到死亡气息的迫近，有几人能坦然处之？这也正是为什么自古以来从容赴死的英雄是那么少，那么值得歌颂。对于死亡的畏惧，大家都是相同的，所不同之处在于面对死亡时所做出的选择。

在慕容皝正打算将想法付诸行动的时候，事实上已经开始行动，部将慕舆根劝阻说："赵强我弱，大王一举足则赵之气势遂成，使赵人收略国民，兵强谷足，不可复敌。窃意赵人正欲大王如此耳，奈何入其计中乎？今固守坚城，其势百倍，纵其急攻，犹足支持，观形察变，间出求利。如事之不济，不失于走，奈何望风委去，为必亡之理乎？"（《资治通鉴·晋纪》）

望风委去，为必亡之理。慕容皝这才作罢，但是仍然惧形于色。

对于慕容皝来说，这是一个前所未有的强劲对手，其实力之强大，绝非段辽、宇文可比，与之相抗，胜算渺茫，九死一生。人人皆想为帝王，哪个肯做刀下鬼？

玄菟（汉武帝时置，今辽宁东部及朝鲜咸镜道一带）太守刘佩建言："今强寇在外，众心恂惧，事之安危，系于一人。大王此际无所推委，当自强以厉将士，不宜示弱。事急矣，臣请出击之，纵无大捷，足以安众。"（《资治通鉴·晋纪》）话毕，刘佩遂率精骑数百，冲入后赵军阵之中，所向尽皆披靡，燕军士气由此大振。

但是慕容皝还是不放心，又问计于国相封弈。封弈回答："今石虎空国远来，攻守势异，戎马虽强，无能为患；顿兵积日，衅隙自生，但坚守以俟之耳。"慕容皝这才镇定下来，下定决心固守棘城。

当然，劝慕容皝投降的人也是有的，但是有了出城作战的胜利和主要谋臣的坚持后，慕容皝信心大增，不为所动："孤方取天下，何谓降也。"

这才是王者的宣言，也为两位军事天才的出场搭建了一个绝佳的舞台。

鲜卑战神慕容恪和武悼天王冉闵在那场战争中同时出场，二人各显才能与锋芒。他们应该感谢慕容皝，能够在巨大压力下依然选择坚持。否则，慕容家族的精彩或许就会在那一战中戛然而止，画上一个圆满的句号。

历史又会是一个怎样的模样？

此战，慕容皝不仅打败了强大的对手石虎，重新收复反叛城池，向南拓地至凡城（今河北省平泉南），而且，慕容鲜卑从此以后在中国北方彻底站稳了脚跟，奠定了前燕的大国地位，更吹响了进军中原的号角。

前燕军在战斗中打出了信心，此后和后赵的对战中，鲜卑慕容部再也不惧怕羯胡大军，即使面对麻秋、李农等后赵名将，即使双方实力悬殊，无论是坚守还是野战，他们都鲜有败绩。

340年十月，在得知石虎厉兵秣马、准备再次进攻前燕之后，曾经在后赵军面前战栗恐惧、瑟瑟发抖的慕容皝一改往日风格，亲自率军对后赵展开袭击。"石季龙自以安乐诸城守防严重，城之南北必不设备，今若诡路出其不意，冀之北土尽可破也。"（《晋书·慕容皝载记》）

燕军一路势如破竹，所到之处，将后赵之积聚全部付之一炬，予以焚毁，并掠民三万余户而还。石虎的进攻还没有成行，即已经被粉碎。

对于前燕而言，这是具有划时代意义的一战。从此以后，前燕与后赵攻守易位，后赵方面即使拥有冉闵这样的杀神，依然无法改变国家由进攻转入防守的战略态势。越战越强的传奇家族——鲜卑慕容氏，就这样打出了逐鹿中原的康庄大道。

341年正月，慕容皝命唐国内史阳裕等于柳城之北、龙山之西筑城，命名为龙城（今辽宁省朝阳一带），并于次年十月迁都龙城。和大棘城一样，在此后的岁月里，龙城成为慕容鲜卑的根基之地，乃精神之象征。

341年二月，慕容皝遣使至建康求取大将军、燕王印信，晋廷久谋未决。时东晋权臣庾亮已死，其弟庾冰、庾翼继为将相，秉持国政。慕容皝便上表参奏庾氏兄弟"擅权召乱，宜加斥退，以安社稷"。又写信给庾冰，指责他"安枕逍遥，雅谈卒岁，不思解四海倒悬之急"，以表心中不满。

两篇文章颇具文采，其中引经据典、借古讽今、指桑骂槐、针砭时弊，然而想说的并不是纸张上的言语。综合求封"燕王"而不可得之事，慕容皝在训斥朝中外戚当权、不能为国雪耻及表明自己忠心为国的同时，只有一个主题：东晋朝廷必须对"燕王"称号进行书面上的认可。

被揭了伤疤的庾冰心中甚惧，而慕容皝又远离东晋，难以制约，便与宰相何充等上奏晋康帝司马岳，从其所请。

晋廷遂封慕容皝为使持节、大将军、都督河北诸军事、幽州牧、大单于、燕王，备物、典策，皆从殊礼。又以世子慕容儁为假节、安北将军、东夷校尉、左贤王，赐军资器械无数，又封诸功臣百余人。

饮鸩止渴的做法，却又不得不为之，毕竟，能够打败石虎的势力，完全值得东晋去拉拢，哪怕它是暂时的。

有了战无不胜的武功，有了号称天下最正统的晋帝国的认可，慕容皝在中国北方可谓"口衔天宪，手握雄兵"，只待一个合适的时机，就可以挥师南下，逐鹿中原。

11. 功成身死

在南下的时机来临之前，慕容家族在北方积极进行着永无休止的扩张。

天性使然，也是没有办法的办法，在那样暗无天日的岁月里，鲜卑慕容部维持部落持续发展的唯一办法就是吞并和战争，段辽、宇文、扶余国，还有此刻要提到的国家——高句丽，吃或者被吃，别无他途。

高句丽也和慕容鲜卑一样，也是中国古代历史上存在过的一个地方政权。

慕容皝决定攻打高句丽是听取了慕容翰的建议，对于这个一直流浪在外的哥哥，慕容皝除了担心他会篡位夺权外，其他方面还是格外信任的，尤其是对外战争中，完全抛弃了所有的成见，一致对敌。

在攻打宇文鲜卑部还是高句丽的战略选择上，慕容皝和慕容翰进行过意义深远的探讨与谋划。

和宇文逸豆归有过长期接触的慕容翰告诉慕容皝，宇文逸豆归是个废物。

> 逸豆归篡窃得国，群情不附。加之性识庸暗，将帅非才，国无防卫，军无部伍。臣久在其国，悉其地形。虽远附强羯，声势不接，无益救援。今若击之，百举百克。然高句丽去国密迩，常有窥辽东之志。彼知宇文既亡，祸将及己，必乘虚深入，掩吾不备。若少留兵则不足以守，多留兵则不足以行。此心腹之患也，宜先除之。观其势力，一举可克。宇文自守之虏，必不能远来争利。既取高句丽，还取宇文，如返手耳。二国既平，利尽东海，国富兵强，无返顾之忧，然后中原可图也。

> ——《资治通鉴·晋纪》

铁骑上的十六国

老诚谋国者，国之重器。无怪乎慕容皝后来找了个屁大点的理由就把慕容翰杀掉。宝剑虽锋，然而握住剑柄的手，并不只有他自己。拥有自主权的慕容翰，是一个比慕容仁还要可怕的存在，久经考验、历经生死，才干毋庸置疑。

如此"二选一"的故事，中国历史上曾多次上演，我所知的更为经典的是一千年后朱元璋对陈友谅"志骄"和张士诚"气小"的论断，几近相同的版本，几近相同的说辞，换了时间、地点、人物，没变的是"利"与"欲"的主题。攻张士诚则"志骄"的陈友谅必定趁机而动，因为志骄者心怀天下；攻陈友谅则张士诚必定无所作为，因为气小者安于一隅。于是，有了鄱阳湖大战，有了先定南方纷争然后北伐的大方针，有了朱明王朝的一统天下。

当慕容皝面临那个二选一的问题时，慕容翰告诉他，强大的宇文逸豆归就是那个气小者，而弱小的高句丽却是个志在辽东的家伙，这才是真正的心腹之患。志向远大者，不会放弃每一次进取的机会。

进攻高句丽的路有两条，慕容皝依旧听从了慕容翰的建议：出偏师走平坦大路（北道），自己亲率大军走崎岖小路（南道）。"虏以常情料之，必谓大军从北道，当重北而轻南。王宜帅锐兵从南道击之，出其不意，丸都不足取也。别遣偏师出北道，纵有蹉跌，其腹心已溃，四支无能为也。"（《资治通鉴·晋纪》）

342年十一月，慕容皝兵分两路进攻高句丽，亲率主力从南路进兵，以慕容翰及其子慕容霸为前锋，长史王寓等率偏师从北道进攻。

事实证明，慕容翰的建议是非常正确的。高句丽王高钊将主力大军放于北道，自己亲率弱旅防守南道。

于是，大事不好了！

虽然前燕在北道由于寡不敌众而失败，但是却在南道大败高钊军，并乘胜攻入丸都（高句丽都城，今吉林省集安西），高钊只身逃走。

为防止高钊死灰复燃，继续顽抗，慕容皝挖高钊父乙弗利墓，载其尸，虏高钊母、妻及男女五万余口，收其府库珍宝，烧宫室，毁丸都而归。343年二月，高钊遣其弟向前燕称臣，慕容皝乃还其父尸，但仍留其母为人质。

该怎么评论慕容皝的作为呢？卑鄙有卑鄙者的通行证，高尚是高尚者的墓志铭。也许，在那时那地，这是解决问题最好的方式，刀兵已起，仇恨无法化解，那就把敌人永远踩在脚下。

彻底解决高句丽问题后，慕容皝回过身来，宛如一个庞然大物，压向宇文逸豆归。

率先动手的是宇文逸豆归。也许，当慕容皝彻底解决了高句丽问题的时候，他终于感受到了死亡的迫近。

343年二月，宇文部相国莫浅浑率兵攻燕，慕容皝采取骄兵之计，在敌军刚到锋芒正盛之际，虽然麾下诸将争相请战，但慕容皝仍下令坚守，致使莫浅浑戒备之心日减，乃至荒酒纵猎，不复防备。随后，慕容皝命慕容翰率骑兵出击，大败宇文大军，莫浅浑仅以身免，所部尽皆被俘。

率先动手的宇文逸豆归并没有讨到半分便宜，然而给慕容皝提了个醒。"宇文强盛，今不取，必为国患，伐之必克"，左司马高诩如是说。

344年二月，慕容皝亲率大军攻打宇文逸豆归，以慕容翰为前锋将军，慕容军、慕容恪、慕容霸及折冲将军慕舆根等率兵分三路并进。……慕容翰在宇文部所有的过往都将是决定此战胜利的因素和资本。

迎击前燕大军的是宇文逸豆归麾下将领南罗城主涉夜干。能够在这种时候出来统领全军的人物，一定是国之干城一类的精英，事实正是如此。宇文逸豆归把所有的精兵都派给了涉夜干，期待他能为宇文部带来胜利的消息。然而由于慕容翰的存在，所有的希望都化作泡影。

在宇文鲜卑部的那段日子，慕容翰装疯卖傻保命的同时，积极主动地为今天这一战做着准备，宇文部的山川地貌、风土人情，还有谋臣将领、兵势强弱，他全都了熟于心。兵法云：知己知彼，百战不殆。涉夜干能在关键战役中为宇文逸豆归所倚重，自然也会成为慕容翰的刻意关注对象。号称"雄悍"的涉夜干，在慕容翰眼里也就成了易与之辈。

那一战，慕容翰亲率骑兵突击涉夜干，两位强者的较量，从一开始就进入白热化，然而双方激战正酣之际，慕容霸从侧翼杀出，瞬间打破了双方的平衡。涉夜干战死，宇文部溃不成军。

胜负从此分出。

前燕大军乘胜攻克宇文部都城紫蒙川（今辽宁省朝阳西北），宇文逸豆归败逃，最后死于漠北，宇文氏从此散亡。慕容皝收其畜产，徙其部众五万余落于昌黎（今辽宁省义县），辟地千余里。自此以后，慕容皝将鲜卑各部牢牢掌控在自己手中，鲜卑各部首领全部听命于慕容氏，成为慕容家族的部属。

当然，在攻打宇文部的战斗中，慕容鲜卑部也是付出了代价的，屡献奇谋的左司马高诩中箭身亡。但相对于斩获，这一点损失微不足道。

慕容皝也并不认为折了高诩是很严重的损失，因为得胜不久，他又杀了另外一个功臣，慕容翰。

古语有云：千军易得，一将难求。并不犯二的慕容皝敢于如此行事是有其强大的资本的：前燕下一代领军人物已经成长起来，比如号称"鲜卑军神"的慕容恪，比如后燕时代，依然能够威震一方，建立一个属于自己国家的慕容霸（后改名为慕容垂），比慕容翰更加骁勇，比高诩更富有谋略，更具有侵略性和进攻性，最重要的是，更让慕容皝安心。高诩和慕容翰死后空出的要害位置，就让他们顶替。至少，军权在儿子手中，比在兄弟手中更让人安心。

345年十月，慕容恪再攻高句丽，拔南苏（今辽宁抚顺市东苏子河与浑河合流处），并派兵留守。

同年，慕容霸镇守徒河，准备进攻前燕的后赵征东将军邓恒在邻近的乐安城中拥兵数万，然而却一直在准备着。由于慕容霸的存在，始终不敢犯边。

346年正月，世子慕容儁率慕容军、慕容恪、慕舆根等将领率骑兵一万七千人袭击扶余国（今吉林省中西部松花江流域）。慕容儁坐镇中军指挥，慕容恪统率诸军进击，攻克扶余，俘扶余国国王及部落五万余口而还。

人世间其实并没有天才，所谓的"军神"其实也只是久在行伍中浸润之后，更加熟悉兵事罢了。俗语有云：久病成医，就是这个道理。慕容恪等人的传奇，其实，更多的是一步一步打出来的故事。

没有了慕容翰的时代，慕容皝治下的前燕依然蒸蒸日上。

除了赢得那些尸山血海的战争，慕容皝在政治上的成就也是斐然的。多年的战乱纷争，毁家灭族者无数，流离失所者更多。慕容皝招揽流民开荒种地，时燕国"以牧牛给贫家，田于苑中，公收其八，二分入私。有牛而无地者，亦田苑中，公收其七，三分入私"。(《晋书·慕容皝载记》)

虽然赋税很高，百姓辛苦劳作一年的收成，绝大多数入了慕容皝的口袋，但却是一次活命的机会，一整年下来，总会余留些口粮，并不够全家人吃几顿饱饭，可那又有什么关系呢？弄些稻糠或是麸皮，再挖些野菜，掺上点观音土，总是够全家人苟活的了，比起饿死路旁、暴尸荒野，岂不是好得多？

此外，慕容皝取消了当年慕容廆设置的侨郡、县，以渤海人设兴集县，河间人设宁集县，广平、魏郡人设兴平县，东莱、北海人设育黎县，吴人设吴县，直接隶属于燕国，加强了对地方流民的控制。

在教育方面，慕容皝崇尚儒学，设东庠（学校），以官宦子弟为官学生，号高门生，并且设置月考制度，对"高门生"每月都进行考核。

慕容皝喜好文籍，勤于讲授，有学生千余人，著有《太上章》，又著《典诫》十五篇以教子弟。

348年九月，慕容皝因病去世，享年五十二岁。其子慕容儁称帝以后，追谥其为文明皇帝，庙号太祖。

> 元真体貌不恒，暗符天表，沉毅自处，颇怀奇略。于时群雄角立，争夺在辰，显宗主祭于冲年，庾亮窃政于元舅，朝纲不振，天步孔艰，遂得据已成之资，乘土崩之会。扬兵南矛鹜，则乌九卷甲；建旆东征，则宇文摧阵。乃负险自固，恃胜而骄，端拱称王，不待朝命，昔郑武职居三事，爵不改伯；齐桓绩宣九合，位止为侯。瞻囊烈而功微，征前经而礼缛，溪壑难满，此之谓乎。
>
> ——《晋书·载记第十一》

慕容皝生逢乱世，得展雄才，真是好命！

12. 进军中原

好命的慕容皝终究还是死了，但是经过父子两代人的经营，前燕的江山交到慕容儁手上的时候，犹如铁打铜铸一般。

作为前燕帝国的开创者，即使是荫了祖宗的福分，慕容儁还是很突出的。在慕容儁刚出生那会儿，其祖父慕容廆曾摸着他粉嫩的小脸蛋，说过这么一番话："此儿骨相奇特，吾家后继有人矣。"

成年后的慕容儁果然与众不同：个高，人帅，文武双全，而且很多金。当然，和他的弟弟们相比，个人条件并不是最重要的，甚至很不突出，生得早才是关键。正是依靠这一点，慕容儁击败了慕容恪和慕容霸，在慕容皝死后，以世子身份顺利登上燕王宝座。

一个大好时机，一份宏图伟业，等待着刚刚继位的雄心勃勃的慕容儁。而慕容儁也在积极准备着。

我们先来看一看慕容儁即位后所面临的"国际"形势。

其一，对其自身而言，在南征北战中壮大自己实力的同时，慕容家族世代接受东晋册封，慕容鲜卑在名义上依然是东晋帝国的臣属，虽然已经很久不听东晋号令了。当时事实存在的情况是：只是东晋的"燕王"，并没有我们在此提及的大燕国。

其二，北方的代国俨然草原霸主，东至濊貊（huì mò），西及破落那，南距阴山，北尽沙漠，有众数十万。但与燕国相比，力量还是要稍逊一筹，代国国王是慕容儁的内兄拓跋什翼犍，有姻亲关系存在，只要慕容儁无心向北发展，双方就可暂保和平。

其三，高句丽，慕容儁即位那会儿，高句丽早已经称臣纳贡，被打得服服帖帖，久在龙城作客（人质）的高句丽太后始终没有归国。

其四，西北的凉州政权业已与慕容氏结盟，因为一个共同的敌人——羯胡政权（后赵）。

其五，前燕最为强大、最为危险的敌人是后赵。此刻，石虎依然健在，醉生梦死并不能消弭他的军事天分，后赵占据着幽、并、冀、司、豫、兖、青、徐、雍、秦十州的地盘，势力最为强盛。而且，实力超强的后赵并不安分，对周围各国也是虎视眈眈，不断对周围国家进行侵略。唯一的好消息是，此刻石虎命不久矣。

这就是慕容儁即位之初所面临的形势。东西无忧，北结姻亲，南临强赵。

慕容儁即位数月之后，后赵太祖武皇帝石虎即因病去世，后赵迅速陷入了四分五裂之中，石虎的儿子们忙于自相残杀，无暇他顾，中原再次陷入浩劫。最终，冉闵占领邺城，夺得统治大权。历史上赫赫有名的武悼天王冉闵粉墨登场，冉魏帝国横空出世。

然后就是我们之前说过的"杀汉檄"和"杀胡令"了。胡汉之间仇杀的混战给慕容鲜卑的南下创造了绝佳的机会。顺天时，占地利，得人和（胡人支持），一个绝佳的机会就这样平白无故地摆在了慕容儁的面前。

但是慕容儁并不打算珍惜。

深受儒家文化熏陶的慕容儁刚刚死了父亲，整个前燕正在服国丧。大悲大痛之际，慕容儁并不打算南下。

然而，并不是所有人都和慕容儁一样哭晕了脑袋，以慕容霸为首的众大臣强烈建议慕容儁，出兵南下。毕竟，机不可失，时不再来；毕竟，天与不取，反受其咎；毕竟，一旦中原的冉闵消灭了后赵残余势力，冉魏和前燕的战争就会爆发。那时，面对战神冉闵，胜负实未可知。

由于大臣们的坚持，350年二月，燕王慕容儁亲率大军二十五万，兵分三路，剑指中原。从此，前燕踏上了争霸天下的征途，一去不复返。无论等待他们的是辉煌，还是陨落。

南下的燕军，气势如虹，一路连战连捷，攻克北平县、无终县，不久，凯歌高奏的前燕大军继续向南，占领华北重镇幽州——古燕国都城。

据《周礼·职方》载，"东北幽州"。其范围大致包括今河北北部及辽宁一带，周武王平殷，封召公于幽州故地，号燕。

时至此时，燕王慕容儁才实至名归地成为燕王，占领幽州对于燕军的象征意义及影响不言而喻。自此之后，从前燕的普通士兵到慕容儁，都对前燕的未来充满信心。

随后，燕军又先后占领范阳郡、代郡和广宁郡，将整个幽州、平州都纳入大燕的版图。

战争从来都是伴随着杀戮的，有战场上对人命如蝼蚁般的践踏，更有战后对平民和战俘的无情屠戮，这几乎成了铁律，慕容儁当然也不能例外。

在攻占幽州之后，慕容儁打算活埋城中的几千降兵，原因不得而知。或许是因为粮食不够，无法养活那么多人。也或许是心底里压根儿瞧不上这群举手投降的"懦夫"，总之，就是想把这些人杀掉。

几千人，站在一起的话，会是黑压压的一片，并不是小数目。慕容儁只需要张张嘴，动一动他的小舌头，这些人就会永远地从这个世界消失。

关键时刻，慕容霸再次发表了他的建设性意见：燕军兴兵讨伐后赵，救百姓于水火，如果刚打了胜仗就杀俘虏，恐不利于燕军今后得到中原百姓的拥护。

杀降不祥，自古有之。深受儒家文化熏陶的慕容儁一定是饱读诗书的，对白起、李广等人的典故自然熟络。他立刻改变了自己的意图，保留了那些可怜降兵的性命。不过，从这一点上，依然可以看出慕容儁残忍的内心，明君乎？石虎乎？然而总算是听从了劝谏，相较于石虎那个魔鬼，算是明白事理的。

此后，燕军进攻鲁口（今河北省饶阳）受挫，转而绕开鲁口，直接攻打冀州，并很快占领了冀州之章武郡、河间郡和乐陵郡。

一连串的胜利对后赵的影响是巨大的，至少，在和冉闵的战争中做垂死挣扎的石祗看到了一线希望，哪怕是饮鸩止渴，哪怕是画饼充饥。石祗向一路所向披靡的慕容儁抛出了颇具吸引力的橄榄枝。石祗承诺：只要前燕派兵来援，愿将传国玉玺奉上。

传国玉玺，其实就是一块石头，取材于一块名叫"和氏璧"的美玉。当年秦始皇一统天下时，尽收六国珍宝，自然就得到了那块和氏璧，往事种种，历历在目，故人已逝，美玉犹存。秦始皇怀抱美玉时的心情想必是极好的，于是命人用这块和氏璧造玉玺一方，上刻"受命于天，既寿永昌"八个字。

后来，秦就亡了，汉高祖刘邦没有继承到阿房宫和成千上万的宫娥美女，却得到了这块石头。王莽篡位那会儿，王政君曾经拿它砸过人，掉在地上摔崩了一角。虽然王莽用黄金做了修补，但终究是个缺憾。后来，这个缺憾反而成了鉴别玉玺的防伪标识。再后来，经历东汉、曹魏、西晋、前赵、后赵，这样一直传到了冉闵的手上。据说，传国玉玺号称是皇权的象征，得之者即有九五之尊之命数。那个远在建康以正统自居的东晋，因为没有传国玉玺，一直被笑话为"白板天子"。

现在，穷途末路的石祗要拿冉闵手上这个家伙去换取前燕的援军。

南下，就是来抢劫的！

前燕大军出动，整整三万精骑。冉闵也理所当然地败了，在燕军和石祗的联合夹攻下，随从冉闵逃回邺城的，只有十余骑……

但是石祇拿不出传国玉玺，在赶走冉闵之后，石祇再次向慕容儁承诺：只要攻陷邺城，消灭冉闵，定将传国玉玺奉上。传国玉玺并不在石祇那里，而是在冉闵手上，而这也正是冉闵只占邺城一地就敢悍然称帝的原因之一。有传国玉玺在手，冉闵认为，他就是天命所归。

慕容儁不愿再上当，虽然诱惑巨大，但被人当枪使的感觉很不好，作为燕王，慕容儁并不愿意因为一点诱惑就被人牵着鼻子走路。得到胡萝卜的方法有很多，等待别人的赐予是最笨的方式。作为北方最强大的政治力量，慕容儁准备自己去取，不打算和任何人合作。

慕容儁随即撤军，失去外援的后赵残余很快就在冉闵的强势进攻下灭亡。

352年四月，慕容儁命令鲜卑战神慕容恪率精骑十余万南下，此刻，刚刚走向和平的冉魏皇帝冉闵正带领着他的八千步卒游食。双方在常山等地遭遇，于是开战，这是一场天才对决的旷世之战。

此战，"铁浮屠"横空出世，鲜卑战神一战成名。此战，在连续十次战胜慕容恪之后，实力悬殊的战神冉闵战败被擒。

此后，燕军攻克冉魏都城邺城，然而并未找到传国玉玺。相传那块石头已经被冉闵部将蒋干送到了建康，东晋收入囊中，再也不用做"白板天子"了。

弄丢了传国玉玺的慕容儁并没有过多忧虑，谁说没有传国玉玺就不能当皇帝？煌煌天朝如东晋者不也做了好些年的"白板天子"吗？慕容儁自然也做得。

得没得到传国玉玺和想不想做皇帝，这本身就是两码事。

当然，为了表现自己是天命所归，慕容儁编造了一个冉闵之妻献传国玉玺的故事，并赐予其"奉玺君"之称号，然后又杜撰了一个"三只头戴皇冠的小燕子"的故事，就在大臣们的恭维声中，于352年十一月在中山堂而皇之地称帝了，定国号"燕"，年号元玺，国色尚黑。前燕帝国正式诞生。

13. 璀璨将星

成功，并不是一个人的事。

前燕，之所以能够成功入主中原，而不是众多不为我们所知的早已经消亡的小部落之一，自然有它的原因所在。在那个民不聊生、兼并频繁的年代，能够在众多大国角力的夹缝中寻求生存并获得一席之地，最终入主中原，雄霸中国北方，慕容鲜卑部自有其独特的优势所在。

人才。慕容家族一代又一代人中所涌现出的人才支撑着这个部落熬过了刘聪的虎视眈眈，熬过了石虎的屡次进犯。每每在生死关头，慕容家族中的精英分子总是能够适时出现，挽狂澜于既倒，扶大厦于将倾，拯救着慕容家族以及他们的国家，并一步一步走向强大。

在慕容儁时代，慕容家族有着与慕容皝时代同样优秀的人才，慕容恪、慕容霸等人的出现，完全取代了慕容皝、慕容翰等人在军事上、政治上的作用。而且，大燕国在他们的手中更加强盛，为其短暂的争霸之路平添上许多精彩。

现在，我们来看看那个时代最为优秀的人才的生平往事。

慕容恪

这是第一个要介绍的人物，无他，我喜欢"恪儿"这个称谓。慕容恪，321年生，昌黎棘城（今辽宁省义县）人，和慕容儁是同乡，嗯，还是弟弟。

和顺顺利利当上世子并安安稳稳即位称王的慕容儁相比，慕容恪其实是个可怜人。由于母亲不受宠爱，慕容恪从小并不被慕容皝关注，像什么"父皇抱一抱"之类，更是从未有过。后来，那是在慕容恪出生很久很久以后的事情了，慕容皝在和他这个儿子的对话中发现，他的恪儿才华横溢，与众不同。这才开始看好这个儿子，而慕容恪也才开始从毫不起眼走向万众瞩目。

没人关心慕容恪在那之前的努力。只知道，那一年慕容恪十五岁，这在古时候已经是大人了，事实上，在慕容皝和慕容恪那里，他的生命才刚刚开始。

毫无疑问，有些人生下来是为了吃饭的，有些人吃饭只是为了等待死亡。慕容恪却是不同的，他生而为战！在慕容家族生死存亡关头，在逐鹿天下的关键节点上，慕容恪力挽狂澜，如定海神针一般，为燕国奠定着胜利的基础。他的出现，就是燕军胜利的保障，即使面对的敌人是那个如"杀神"一般的冉闵。

338年，慕容恪十七岁，尚未成年，然而却是要去做大人的事情了，在那年五月，后赵天王石虎发兵数十万兵围棘城……

这是慕容恪的首次亮相，格外耀眼。当然，敌方阵营同样有一颗耀眼的将星——冉闵，也是初来乍到，在此之前，同样没有接触过战争。

双方各显神通，各放异彩。慕容恪所向披靡，战无不胜，从此成为燕军绝对的主力战将；冉闵进退有度，全师而还，也因此备受石虎的褒奖。

还是在那一年，因为鲜卑段氏的反复不定（先降后赵，又降前燕），慕容恪有幸和后赵名将麻秋过招，那是一场并不对称的战斗。慕容恪七千骑兵横扫麻秋三万精锐，俘虏后赵司马阳裕，曾经威风赫赫的麻秋弃马步行才得以逃脱。

341年十月，慕容恪出镇平郭。这是一块烫手的山芋，作为辽东公国的大本营，自从慕容翰逃亡、慕容仁被杀之后，广袤的辽东几乎成了慕容鲜卑的鸡肋，弃之可惜，守之无人，直到慕容恪的出现。镇守平郭的那段日子，慕容恪"抚旧怀新"，并且"屡破高句丽兵"。这是一个了不起的成就，内安国民，外御强敌。慕容恪的治世之才和统军之力在此彰显。

高句丽畏之，不敢再入燕境。

344年二月，慕容皝发兵进攻宇文逸豆归。在消灭宇文逸豆归的战役中，虽然有慕容翰这个主角存在，慕容恪依然是功不可没，三路人马，慕容恪独领一军。当然，还有慕容垂，当时还没有改名字，还叫慕容霸，也是一路人马的主将。

345年十月，慕容恪攻高句丽，拔南苏。

346年正月，慕容恪与世子慕容儁、慕容军、慕舆根率骑兵一万七千人袭击扶余国。慕容儁坐镇中军指挥，慕容恪统率诸军冒矢石进击，攻克扶余，俘扶余国王玄及部落五万余口而还。

352年四月，廉台之战。慕容恪祭出汉军天敌"铁浮屠"，武悼天王冉闵被生擒活捉，冉魏帝国从此终了。这也是慕容恪奠定自己在中国历史上地位的一战。从此，前燕帝国入主中原，再也不是北方蛮夷，丹青史书再也无法将其回避。

慕容霸

相较于慕容恪，慕容霸是幸运的，他有一个幸福美满的童年，还有一个宠溺自己的父亲。

饱受父爱的慕容霸并不是温室里的花朵，339年，慕容霸跟随兄长慕容恪出战宇文别部，勇冠三军，一战成名。那一年，慕容霸十三岁，还是个孩子，却立下了三十岁的人都无法望其项背的功勋。

342年，慕容皝攻高句丽，最终攻陷丸都城，那一役，慕容霸作为前锋将军出现在战场上。前锋，顾名思义，大军最先接敌之力量，第一个向敌人发起攻击，承担着挫敌锋芒、旗开得胜之责任，往往最为精锐，同时也意味着最为危险、最先阵亡。那一年，前锋将军慕容霸只有十六岁。

他的经历，不是和平年代的我们可以想象的！

344年，在攻打宇文逸豆归的战斗中，慕容霸已经成长为独领一军的方面军将领，配合慕容翰消灭宇文鲜卑部，并因功进封都乡侯。

345年，慕容霸驻守徒河（今辽宁省锦州西北），意图吞并前燕的后赵将领邓恒数万大军虎踞乐安（今河北省乐亭县），却从此望北却步，秋毫不犯。

后来慕容皝去世，新一任燕王即位，慕容霸的待遇和地位也因之发生了根本上的变化。在慕容皝的时代，慕容霸是作为儿子活跃在前燕的舞台上的，备受宠爱与器重。而慕容皝之后，慕容霸则作为燕王慕容儁的兄弟走进朝堂，虽然同样备受重用，但也饱受猜忌与提防。

其实，在慕容皝身边得宠的慕容霸犯了慕容儁的忌讳。父亲每一次对他的赞誉，对慕容儁而言都是威胁。

为敲打这个弟弟，慕容儁以慕容霸曾坠马断齿为由，改其名为"慕容䶮"，后更去"夬"而成慕容垂。一字之差，从争霸天下的"霸"变成了垂首而立的"垂"，用意非常明显，希望慕容垂从此消弭争霸之心，从此垂下头颅，安安分分地做个听话的臣子。

慕容霸从此成了慕容垂，也很听话，直至前燕抛弃了他！

在后来的那段跌宕岁月中，慕容垂声威名望毫不逊色于慕容儁，其所代表的武功与传奇，毫不逊色于慕容恪。

慕容评

在慕容恪和慕容垂的光环照耀下，细数慕容家族的那些牛人，也就只有慕容翰能与之比肩。不过，在同时代的人物中，其实慕容评也算是堪用将才。只是后来贪婪和自私的劣迹完全掩盖了其作为堪用将才的光芒，内心的龌龊也使他的才能大打折扣。但是，慕容评在前燕历史中的重要地位是毋庸置疑的，"先帝所托，唯在二公"（《晋书》）。一个是慕容恪，还有一个就是慕容评。

慕容评，慕容廆少子，就辈分来讲，慕容评其实是慕容恪和慕容垂的叔叔，本该是德高望重的那一类人物，但是由于年龄的原因，只能把他划拉到慕容恪的阵列中去。事实上，直到慕容恪去世，作为叔叔的慕容评依然健在，用他崇高的地位和拙劣的手段折腾着强大一时的前燕帝国，直到灭亡。

在慕容皝时代，伴随着慕容恪等人的将星璀璨，作为叔叔的慕容评却是一个籍籍无名者，除了在339年袭击后赵辽西的战役中立有战功外，再无战绩，直至慕容儁即位。

349年五月，慕容评被慕容儁任命为辅弼将军，同时被任命的还有慕容恪——辅国将军，左长史阳骛——辅义将军，时人称之为"三辅"。

慕容恪已经有过介绍，不再多言。阳骛，到了慕容儁这一代已经是三朝元老，德高望重，才华横溢，多次进献治国安邦之策，慕容皝临终托孤时曾这样告诉慕容儁："阳士秋（阳骛）忠心耿耿，很有才干，可托大事，汝善待之。"在一代君王将死之时仍能够对其有这样的评价，怎会是平庸之辈？事实上，在慕容儁称雄中原的过程中，阳骛厥功至伟，仅次于慕容恪。

当然，慕容评也是有功劳的，尤其是在消灭冉魏的过程中，慕容评参与了活捉冉闵的那场惊世之战，并指挥军队攻克邺城，灭亡冉魏政权。

这并不是慕容评唯一的战绩，在随后灭亡后赵残余势力以及与东晋的若干次战争中，慕容评的功劳与日俱增。

这些战功也确立了他日后在前燕朝堂上的关键地位，更为以后的若干故事和事故埋下伏笔。

一个国家由无数精英呕心沥血而建，却因为一个人的贪婪和自私而亡。

14. 逐鹿天下

在慕容评的时代还没到来之前，前燕的先辈们还在为他们的国家走向强盛奋勇拼杀，并没有料到他们披荆斩棘所建立的基业会葬送在慕容评的手中。

北方，已经改了名字并成为吴王的慕容垂率领步骑八万，讨伐丁零敕勒于塞北，斩俘十余万级，大胜而归。

西北，匈奴单于贺赖头率军三万五千人归降。

东北，高句丽王高钊遣使称臣。

西面，几乎和前燕同时建国的前秦帝国此时依然弱小，在燕军铁骑之下，前秦黎阳太守韩高、河内太守王仓投诚。

而在南方，燕军一路南下，迅速扫清后赵残余及其他敌对势力，在淮河一线和晋国发生激烈碰撞。接连失利的东晋军丢掉了整个淮北，兰陵太守、济北太守、建兴太守纷纷投降。

在此要讲述的，就是燕军南下的道路上几场经典之战。

鲁口之战

冷兵器时代，由于缺乏重型打击武器，蚁附攻城从来都是兵家大忌。南下的燕军带着草原的悍勇之风可以在野战中消灭战神冉闵，但是当快马弯刀的鲜卑骑兵面对坚城时，却只能够望城兴叹。鲁口（今河北省饶阳），是燕军南下遇到的第一座坚城。

352年，廉台之战结束之后，冉闵之子冉操逃往鲁口，镇守鲁口的是后赵幽州刺史王午。

在对抗前燕南下的过程中，王午曾经英勇地战斗过，并且，王午是汉人，在"杀胡令"下，在中原诸胡向中原汉人举起屠刀之时，在冉操心里，王午是亲人。

王午在得知冉闵被俘后，于352年七月自称"安国王"，继续对抗前燕。八月，慕容儁命令慕容恪、太尉封弈、尚书令阳鹜攻打鲁口。

王午把冉操送给了燕军，虽然有坚城作依仗，但时势不再，面对鲜卑大军围城，王午选择抛弃已经没有了政治价值的冉操。

慕容恪也是屯兵坚城之下毫无办法，既然得了冉操，不算空手而归，又将城外的庄稼尽数收割，燕军随即撤回中山（今河北省定州市）。

其实慕容恪还是打了胜仗的，消灭冉魏余部，杜绝隐患；抢夺鲁口粮草，直接给王午埋了颗定时炸弹。战乱不止的岁月，粮食就是兵源，就是战斗力，就是生命。缺少粮食的鲁口，不战自危。

十月，慕容恪屯兵安平，积粮，修攻城器具，准备再次讨伐王午。

然而很不巧，由于苏林的叛乱（起兵于无极，自称天子），耽搁了慕容恪的行程（先行讨伐苏林），而王午也由于苏林的叛乱丧失了与慕容恪一战的机会。十月，王午为其部将秦兴所杀，随后吕护又杀秦兴，继安国王位。

一系列变乱之后，没有了王午，没有了万众一心和同仇敌忾，鲁口再也不是之前那座坚不可摧的城池了。354年二月，慕容恪再次发兵围鲁口，于三月克之。吕护逃往野王（今河南省沁阳市）。因攻占鲁口之功，慕容儁以慕容恪为大司马、侍中、大都督、录尚书事，封太原王。

广固之战

镇守广固的是鲜卑段氏，也算是慕容家族的老冤家了，曾几何时，差点就将尚未茁壮的慕容鲜卑灭亡在成长的道路上。

虽然终究被慕容部战败，但经过多年蛰伏发展，350年前后，鲜卑段部终于卷土重来，段兰之子段龛趁后赵内乱、冉魏新立之机，率领其部众一路辗转迁徙，最终东迁至广固（今山东省青州市），自称齐王，并向东晋称臣，封镇北将军。

前燕攻灭石氏、冉魏以后，疆域得到极大的开拓，成为地跨幽、冀、并、平四州的政权，慕容儁也随即称帝，开元建国。相较于异常平静的原宗主国——东晋帝国，作为东晋臣属的鲜卑段氏却显得义愤填膺，355年，段龛致书慕容儁，批评其称帝之非。

那封信，多角度全方位地阐述了慕容儁称帝的非法性及危害性，批判与规劝之意跃然纸上，其言凿凿，其心拳拳，其情切切。

然而老虎的屁股终究是摸不得的。段龛的这封书信触动了慕容儁最为敏感的神经：连那个全身被缚的冉闵都敢当面叫嚣，"尔曹夷狄禽兽之类犹称帝，况我中土英雄，何为不得称帝邪"！

我慕容儁"何为不得称帝邪"？

可以想见慕容儁读罢信件之后的愤怒。当然，段龛敢于在此刻致书慕容儁是有底气的，在占领广固之后，段龛实力大增，而且由于地理位置的特殊性，其战略地位极其重要，已经威胁到前燕在中原的统治地位。

355年十一月，慕容儁以慕容恪为大都督、抚军将军，尚书令阳骛为副将，发兵广固。

即使没有那封书信的刺激，出兵讨伐也是势在必行的。前燕帝国不会容忍其南下的道路有猛虎在侧，清除所有已经威胁或可能产生威胁的非己势力，成为南下的燕军必须完成的任务。

十二月，燕军抵达黄河北岸，慕容恪以轻舟渡河，借以侦察段龛动向，试探对方虚实。对于如何应对慕容恪的进攻，段龛之弟段罴认为，慕容恪高强的武力值是鲜卑段部无法直接抗衡的，燕军一旦渡过黄河，兵临广固城下，局势将一发不可收拾。最好的办法是拒敌于黄河之北，如果阻击成功，大部队及时跟进，必能大获成功。如若无法阻止敌人渡过黄河，广固城就没有守的必要了，弃城投降，哥哥仍然可以拜将封侯。

段龛没有听从其弟的建议，并且，由于段罴的坚持，最终将其杀害。

临阵斩将，兵家大忌，形势从此不可控制。

356年正月，慕容恪大军全部渡过黄河，距广固百余里，段龛率军三万迎战。正月三十，慕容恪于淄水战败段龛，降兵数千，段龛逃回广固，闭城固守。慕容恪命令燕军在广固城外以高墙深堑围困之。同时，以怀柔手段招抚广固四周诸城，段龛所署徐州刺史王腾等于是年二月投降慕容恪。

七个月后，困守广固的段龛向东晋求援。

八月，东晋徐州刺史荀羡奉命率军解围，然而在燕军的强大声威下，荀羡军至琅琊即畏缩不前。时恰逢慕容恪部将王腾（原是段龛徐州刺史，后投降前燕）攻鄄城，荀羡进击阳都（今山东省沂南县），斩王腾。取得少许战果之后，荀羡随即撤军。

东晋的救援，至此宣告结束。

不久之后，外无援兵内无粮草的广固陷入路人相食的境地，无以为守的段龛率全军出战慕容恪，当然是失败的。惨败，全军覆没！

段龛单骑逃回广固城中。

十一月，段龛出降。

广固之战，慕容恪运用长围久困战法，待其食尽、兵疲、心散之际，轻易攻取坚城，以最小的损失达到预期战果。此战为教科书式的攻克坚城战法，也是继廉台之后，慕容恪军事生涯的又一杰作。至于段龛，不纳忠言，临阵杀将（其弟），并困守孤城，外援无力。他的失败，并不值得丝毫惋惜。

广固之战后，东晋泰山太守诸葛攸率兵攻前燕东郡（今河南省濮阳市），慕容恪统阳鹜、慕容臧率兵进击，大败之。诸葛攸退回泰山（今山东省泰安市）。

慕容恪乘胜过黄河，占领河南部分土地。此后，前燕辖境迅速延至黄河以南，对东晋构成了威胁。

野王之战

野王之战发生在慕容儁去世之后。

在介绍野王之战前，先来看看野王之战的主要人物——吕护，就是在鲁口之战中逃跑了的那位。

吕护是个小人，或者说，是个在乱世当中纯粹的利己主义者。终其一生，先后两次投靠东晋，两次投靠前燕，一次投靠后赵，最初时，是冉魏的征虏将军。

361年二月，受慕容儁去世的影响，镇守野王的前燕宁南将军吕护暗投东晋，并且密谋引晋军偷袭前燕都城——邺城。

在行动开始之前，事情败露。

是年三月，慕容恪率军前往野王平叛，野王之战开始。

战争的结果在初始时就已经注定，吕护是毫无悬念的失败者。在燕军强大的实力面前，吓破了胆的吕护毫无还手之力，唯一能做的就是闭城固守。慕容恪遂于野王城外修筑深沟高垒，切断守军外援，以待机击之。

本是反叛之军，没有主动出击，却陷入了围城的困境，在一个又一个漆黑的夜晚，吕护站在城头上，望着远处星罗棋布的敌军篝火，夜夜无眠。一直持续到当年的七月份，吕护陷入内无粮草、外无救兵的窘境，在出城决战失利之后，遂下决心寻机突围。还是在一个漆黑的夜晚，吕护率领着他最为精锐的力量向慕容恪的薄弱环节展开进攻。

突围是成功的，因为吕护终于跳出包围圈，跑了出来。突围也是失败的，因为慕容恪早有准备，重兵围堵之下，吕护损失惨重，损失掉了全部部下，单骑逃往荥阳（今河南省荥阳市）。

慕容恪随即攻克野王，结束野王之战。

此时此刻的前燕，其领土基本涵盖了平州、幽州、冀州、青州、中州、兖州、豫州、徐州、并州等地，东达朝鲜汉城附近，西至黄河以西，南到淮河以南，北连大漠以北，共有郡一百五十七个，人口在一千万以上。这是一只来自北方的狼，对着南方的温柔乡和花花世界虎视眈眈。

前燕南下中原以后，经过一系列的战斗，基本消灭了中国北方各种敌对势力，神州大地再次出现三国鼎立的局面，只不过这一次与魏、蜀、吴三国不同：魏、蜀、吴三国呈正"品"字形，燕、秦、晋三国鼎立则呈倒品字形。南方是一家独大的东晋，北方则一分为二，东边为新兴的前燕，西边为低调发展的前秦。在这三国中，燕国的实力远超秦、晋。

没有了大小势力的掣肘，前燕开始能够集中力量办大事。同时，也为后来前秦统一北方打下了良好的基础，一战灭燕以后，中国北方再无大战。

15. 抱憾而亡

公元 357 年，慕容儁迁都邺城。

从最初的昌黎到现在的邺城，前燕帝国前前后后共四次迁都，五个都城（昌黎—大棘城—龙城—蓟县—邺城）。在这漫长而繁杂的过程中，慕容家族完成了一个由小部落群体向大帝国封建的转变，由原始落后走向繁荣富强。

当然了，鲜卑贵族们也逐渐告别了艰苦创业的岁月，越来越入乡随俗，走向腐败与堕落。

这并不是我们的重点。

历史上的每一次迁都，都是统治阶级政治考量之后的结果。于是有了不愿"锦衣夜行"的西楚霸王，于是有了"天子守国门，君王死社稷"的朱明王朝。崇祯最终也用行动践行了这一点。

对于前燕帝国，从自保于辽东到逐鹿中原的政治需要的转变，邺城成了前燕统治集团的最佳选择。

邺城是当时中原的第一大名城，关于它的故事纷杂且精彩，其见证了那个时代的辉煌与昏暗，经历了汉族的无上荣光与无限屈辱，一座历史名城，一片传奇之地。

邺城地处中原腹地，向南可以进击东晋；向西可以震慑前秦，其战略地位无比重要。据说，在前燕迁都邺城之后，东晋和前秦纷纷去帝号以避锋芒。东晋司马家的皇帝自称为"大岛夷国"国王，前秦苻坚自称"大秦天王"。那时，悠悠华夏只有一个皇帝——大燕国烈祖景昭皇帝慕容儁。那时那地，前燕在名义上统一了中国。

这当然是不可能的，在统一天下的道路上，慕容儁还有很漫长的一段路要走。至死都没有走完。

358年十二月，慕容儁在全国范围内下达了征兵令，预备扩军一百五十万，以求早日实现一统天下的雄心壮志。

原本的命令是，前燕所有州县每户只允许留一个成年男子，其余全部参军。但是，在那个人口稀缺的年代，一百五十万是一个天文数字，刚刚占领中原的前燕并不具备这样雄厚的国力。后在刘贵的劝谏下，改为五丁抽三，并将征兵完成时间延长到第二年冬天，慕容儁准备征兵完成后举行浩大的阅兵式，借以威慑秦、晋。

360年正月，应征前来的百万大军在邺城集结完毕。那时慕容儁已经抱病在身，但依然站在邺城铜雀台上检阅了他的大军，其兵刀锐矛锋，剑如丛，枪如林，马蹄声脆，声震八方……仿佛回光返照一般，慕容儁心中顿时升起万丈豪情，仿佛看到了胜利，看到了前秦、东晋的皇帝胆战心惊地跪在自己面前，任由自己数落罪过。

阅兵式进行完毕，慕容儁随即病倒，病入膏肓。

弥留之际的人，不仅畏惧死亡，还能够感受到死亡的到来。一病不起的慕容儁感觉到了自己大限将至，时日无多，只能想尽办法交代后事。

慕容恪，作为慕容儁手中最为锋利的一把剑，也是他最为信赖和倚重的大臣，毫无疑问地成为慕容儁托付后世的人选。

慕容儁首先对他这个忠心耿耿的兄弟进行了试探，就像刘备对诸葛亮那样，"少主堪辅则辅之，不堪辅则君取而代之"。当然，亲兄弟之间没有那么委婉，慕容儁直接告诉慕容恪，"吾所疾惙然，当恐不济。修短命也，复何所恨。但二寇未除，景茂冲幼，虑其未堪多难。吾欲远追宋宣，以社稷属汝"。(《晋书·慕容儁载记》)

我想，慕容恪当时是很想说"好"的，只是不能够罢了，面对兄弟间的骨肉亲情，面对君王的恩遇有加，面对屏风后可能存在的五百刀斧手，慕容恪能够做的只是不断地推辞、做保证，以打消兄长对身后事的顾虑。

"太子虽然年幼（太子慕容暐是年十岁），但是很聪明（天纵聪圣），一定能够完成陛下遗愿，光大燕国。不可因其年幼而乱正统。"

回答并不能使慕容儁满意，自己的儿子哪怕真是天纵英才，但和眼前这个兄弟相比，犹如寒鸦之比白天鹅！

让你当你就当，兄弟之间岂虚饰也，难道连这点信任都没有吗？

当然没有，古往今来，多少皇室家族就因为这个皇位而骨肉相残。慕容恪是学习和实践的优等生，对此时刻保持着警醒。

"陛下若以臣堪荷天下之任者，宁不能辅少主乎！"慕容恪双膝跪地，面带诚恳。

"若汝行周公之事，吾复何忧？"慕容儁得到了他想要的答案，心中大喜，于360年正月二十，溘然长逝。时年四十二岁，谥号"景昭皇帝"，庙号烈祖。

其实，慕容儁的担心是很有道理的。在359年慕容儁和大臣们宴饮聊天时谈到关于儿子的问题，慕容儁老泪纵横，连连感叹，好儿子不好生。

在慕容暐之前，慕容儁有太子慕容晔，356年病逝。司徒左长史李绩评论其有八德：其一，至孝；其二，聪明敏锐；其三，沉着坚毅；其四，恨阿谀而爱刚直；其五，好学；其六，多才多艺；其七，谦恭；其八，好施。而现任太子慕容暐就缺陷颇多，喜欢打猎和丝竹乐器，在君王面前用这样的话来评论现任太子，并且还当着太子的面。我们几乎可以想象李绩的委婉，以及慕容暐的不堪。

俗话说，三岁看到老。慕容儁的担心不无道理，仅仅十年之后，慕容暐就带领着曾经强大到不可一世的前燕帝国走向了灭亡。

慕容儁在位时期是前燕帝国最为强大的时期，在他的统治下，燕国由割据辽东一隅的部族政权一跃成为傲视中原的霸主，前燕帝国的军队横行天下，敌对者无不闻风丧胆。

固然，他的天下主要是靠他弟弟慕容恪、慕容垂打下来的。无可否认，慕容恪、慕容垂都是百年一遇的良将，甚至可以认为，二人的军事能力高于慕容儁。但我相信，只有慕容儁这个大哥，才能让这几个兄弟誓死追随，才能让国内无数能力超强的将领不敢有二心。

历史给了慕容儁争霸中原的机遇，也给了他争霸中原的资本，却没有给他统一天下的时间，如之奈何？正如诸葛亮出山时的故事，水镜先生司马微有一句这样的谶语：孔明虽得其主，不得其时。

至于慕容儁，虽得其时，亦不得其时。每每读之，莫不扼腕，为之奈何？

最后，以《晋书》中对慕容儁的评价做一个结尾：

宣英文武兼优，加之以机断，因石氏之衅，首图中原，燕士协其筹，冀马为其用，一战而平巨寇，再举而拔坚城，气詟傍邻，威加边服。便谓深功被物，天数在躬，遽窃鸿名，偷安宝录。犹将席卷京洛，肆其蚁聚之徒；宰割黎元，纵其鲸吞之势。使江左疲于奔命，职此之由。非夫天厌素灵而启异类，不然者，其锋何以若斯。

　　这是一段长他人志气、灭自己威风的评语，竟赫然出现在正史之中，毫不掩饰地说出"天厌素灵而启异类"的话来，景仰之情如滔滔江水，连绵不绝；钦羡之意如黄河泛滥，一发不可收拾。何止表现了对前燕正统地位的认同，简直是对当时东晋政权的蔑视了。

　　上大都厌恶了曾经长久据有中原的人们，于是重新找寻一个新的族种，君临万方。作为"素灵"的大晋国的人们，天厌之。

　　那么，为什么慕容儁的这个燕国被称为"前燕"呢？在前燕之后，慕容儁的五弟慕容垂、侄儿慕容泓、少弟慕容德，都先后恢复过大燕，历史上分别称之为后燕、西燕、南燕。慕容家族最早建立的这个燕国，就按辈分被称为"前燕"了。

　　这些是前燕帝国灭亡之后的故事了，依旧精彩，依旧有名震天下的豪杰和哭笑不得的笨蛋。我们后面会逐一讲到。

　　慕容儁的死是前燕的重大损失，整个国家顿时陷入动荡之中。但前燕并没有因此而停止争霸中原的脚步。由于慕容恪主政，国家政治平稳，军事强大。在慕容儁死后的七年时间里，慕容恪带领着鲜卑铁骑南征河南，夺取了大片领土，前燕帝国依旧强盛。

16. 主政者慕容恪

　　360年二月，慕容恪官晋太宰、录尚书事，总摄朝政。前燕从此进入慕容恪时代。

　　和皇帝有关，也和皇帝无关。

　　行周公事是艰难的，曹操有诗云："周公吐哺，天下归心。"可见，一个称职的"周公"是连吃饭都不得安稳的，尤其其所处的时代又是久不得安宁。

当时的政治环境对于前燕来说，应该是强敌环伺，西面有刚刚崛起的前秦，占据关中以后日益强大；南方有屡弱却坚挺的东晋，始终战斗在"北伐"的道路上。主政期间，慕容恪能够对两位邻居，始终保持碾压势头，当真不易。如果只是学会了"周公吐哺"，慕容恪一定做不了那么多、那么好。

那年，慕容恪也就四十岁的样子，如花一般的年纪，正是年富力强，事业心和个人欲望都处在一个爆发的关口。虽然此前向皇帝哥哥保证过些什么，但史有先例，在我们所熟知的那些典故里，年少懵懂的皇帝常有，周公却是极少的。些许保证，并不能说明什么问题。

慕容恪完全可以选择健忘。

事实上，在"行周公事，总摄朝政"之后，非但没有发现慕容恪丝毫的反迹，反而在辅政之初即受到各方势力的掣肘，慕容恪并不是朝堂上的一枝独秀，心有不服者大有人在。

这也是一个流传已久的故事，众心未服，众心未附。慕容恪执政道路上所要拔除的第一个绊脚石并不是外部那些强大的敌人，而是来自自己战线上的某些同志和兄弟。毕竟，越是熟悉的人对其了解得就越加深刻，忌惮之心就越发淡薄；毕竟，和慕容恪所担负的职责相比，四十岁的慕容恪依然太过年轻，纵然有非凡的智慧和卓著的战功，在元老遍地的朝堂上，年轻的慕容恪并不能完全做到领袖群雄。

这是一个严肃的话题，在家天下的时代，一个不足以使众人心悦诚服的上位者会使得原本安分守己的大臣们心生轻蔑甚至不臣之心，进而大局失控，亡家亡国。

慕舆根就是野心勃勃者之一。

当时，慕容儁任命的辅政大臣共有四人：慕容恪、慕容评、阳骛，以及慕舆根。有着丰功伟绩的慕容恪是他们当中资历最浅薄的一个，然而却是首辅大臣。

矛盾就这么出来了。

慕舆根，历经慕容皝、慕容儁、慕容暐三朝。这样的大臣即使没有功劳也是有苦劳的，更何况数十年来慕舆根厥功至伟。任职期间，慕舆根见证并参与了慕容家族从一个小小部落成长为大燕帝国的整个过程。慕容儁去世后，慕舆根以太师之位辅政，其权势地位、朝野威望，分毫不次于如日中天的慕容恪。在他的眼里，反倒是有些看不上靠关系（皇室宗亲）上位的慕容恪。冲锋陷阵一莽夫，何敢决断天下？

现在，不仅仅要接受资历和功勋都不如自己的慕容恪的领导，每天还要向一个乳臭未干的小儿参拜。

那可是"城头变换大王旗，人人轮流做天子"的年代，慕舆根怎能甘心？

这是个大人物，在前燕是绝对的重量级选手，高傲一些是应该的，看不起年轻人也是可以理解的，然而想要造反却是绝无可能的。毕竟，托孤重臣并不只有他一个，他也并不是总领全局者。这些，极大地限制了慕舆根能量的发挥。

但是欲望得不到满足，野心始终都在，始终不改。

又到了亘古不变的桥段：弱主强臣，豺狼环伺。

然而有周公在侧，宵小于是也就只能是宵小，并不能掀起多大的风浪来。

最大的 BOSS 慕容儁已经去了，在前燕，几乎没有人的威望资历、权谋功勋能够超过慕舆根。高高在上的那个小儿，并不值得我去顶礼膜拜。慕舆根如是想。

事实上，慕舆根在军机上的敏锐嗅觉让他立即就找准了慕容家族的关键症结之所在——团结。正处于事业上升期的慕容家族的内部矛盾并不明显，各方势力在面对外敌时依然众志成城、同仇敌忾。而这，正是慕舆根牟取权势道路上的最大阻碍。

慕舆根首先以可足浑太后干政为由唆使慕容恪夺权篡位。这是一个极具诱惑的借口，后宫干政是历代王朝经久不衰的话题，万般忌惮，屡禁不止，代代翻新，始终如故。

慕容恪有皇叔之尊、首辅大臣之权，如果再有其他顾命大臣的支持，他几乎可以正大光明地进行谋权篡位的勾当了。至少，驱逐可足浑太后，独揽朝政，是丝毫不在话下的。

然而慕容恪没有接受，以一句"你喝醉了"搪塞慕舆根。不仅此时，纵观慕容恪的一生，即使在权力最为鼎盛的时期，依然恪尽职守，忠实履行自己在慕容儁临死前的誓言。

愿做周公。慕容恪在心里时刻告诫自己。

这样的建议一旦被拒，即使最亲密的战友也极有可能转化为仇敌，更何况，慕舆根和慕容恪本不亲密。

慕容垂和大臣皇甫真在得知事情经过后建议慕容恪杀掉慕舆根，以绝后患。

慕容恪依然没有接受，整个国家还在因为慕容儁的死而动荡，这样一个过渡时期，最为重要的是稳定人心，顾全大局。此刻去斩杀一个同为辅政大臣的三朝元老，并不是什么上策。

作为战场上厮杀的高手，慕容恪能够充分理解刀光剑影中的血腥，但却严重低估了政治斗争的残酷。朝堂之上的杀人者，并不手持利刃，目露凶光。

在挑拨慕容恪谋反失败后，慕舆根转而投向慕容暐母子的怀抱，试图离间慕容暐与慕容恪之间的关系，进而借可足浑太后之手，诛杀慕容恪。

慕舆根当时心里有什么样的想法是不为人知的，但有一点我深信不疑：反复者，必小人。

先君新丧，尸骨未寒。任何挑拨是非者，都是纯粹的利己主义者。

依然很可惜，慕容暐表示支持慕容恪，并及时阻止了可足浑太后的行动。慕舆根再次功败垂成。

然而这竟不是慕舆根唯一的败笔，在谋划自己这些阴谋的同时，慕舆根建议还都龙城。

迁都邺城的作用前文已经有过表述，作为太师、辅政大臣，建议还都龙城就意味着想让前燕放弃目前的大好局面，放弃已经到手的花花世界、大好河山，重新回到辽东苦寒之地去，意味着前燕帝国将近十年的努力全部化为泡影，意味着已经张牙舞爪的前燕需要收起它的爪牙，重新做一只温驯的羔羊，任人欺辱，任人宰割。

或许，慕舆根是高瞻远瞩、眼光如炬，已经从迁都邺城之后的政治、经济生活的改变中预感到了未来的民族危机，但作为既得利益者的慕容家族决不答应。吃到嘴巴里的肥肉，哪有再吐出来的道理？

慕舆根的作为终于触犯了慕容恪等统治阶级的底线，生命受到威胁，利益遭受侵害，还要让我们放弃现在的荣华富贵，回到东北那旮旯儿去打猎，是可忍孰不可忍？

得知慕舆根的图谋后，慕容恪联名慕容评，上书可足浑太后，诛杀慕舆根。

前燕帝国迎来了新一轮的寒冬，虽无外患，然而内忧却异常严峻，老皇帝刚刚去世，新皇帝还那么年轻，睡觉尚需妈妈讲故事，朝堂内就有了一轮腥风血雨的大清洗。无论慕舆根是善良还是邪恶，留给百姓们的印象永远是恐慌：朝廷要变天了，刚刚死了皇帝，就要诛杀大臣清除异己。其影响不可估量，国家动荡，人心惶惶。

对此，慕容恪向人们表现出了自己最为镇定的一面，举止如常，出入随意，以安民心。同时，慕容恪命令慕容垂南镇蠡台（今河南省商丘市），右卫将军傅颜率军南巡直至淮河。在此一系列有效措施下，前燕帝国终于从慕容儁的死以及慕舆根的叛变中安定下来。

铲除了内部异己，安定了广大百姓，还有要继续去做的事情：开疆拓土，一统天下。

365 年三月，慕容恪与吴王慕容垂攻克洛阳。

当时，镇守洛阳的沈劲被俘，沈劲并不被我所知，然而在那个时代却是名扬千里的奇才，或许书法好，或许绘画优，又或许擅清谈……总之，慕容恪听闻其大名久矣，甚是爱惜。

本可以活下来的，终究还是死了。因为名气太大，慕容虔认为，沈劲此人终究不能为我等所用，留之必为后患，遂杀之。

这是慕容恪的最后一战，攻克洛阳之后，前燕大军趁机略地至崤、渑。前秦皇帝苻坚亲自领军设防，慕容恪才引兵退去。

366 年，慕容恪病重，落后的医疗条件让他的生命在那一年定格。即使有超世之才，即使权倾天下也毫无办法。临死之前唯一能做的，就是为他的国家遴选一位合格的主政者，去完成父兄尚未完成的事业，也为曾经的誓言做一个圆满的交代。

"吴王（慕容垂）兼具文武，才匹管、萧，我死之后，陛下如果把政务交给他，定能保国家安定，否则，秦、晋两国窥觎之计顿生矣。"这是慕容恪在慕容暐亲临府中咨询后事时最后的嘱托。慕容恪言终而卒，谥号桓。

看看人们对慕容恪的评价吧。

慕容儁："恪智勇俱济，汝其委之。"

桓温："慕容恪尚存，所忧方为大耳。"

王猛："慕容玄恭信奇士也，可谓古之遗爱矣。"

崔浩："王猛之经国，苻坚之管仲也；慕容恪之辅少主，慕容暐之霍光也。"

诸如此类，不胜枚举。

盖棺之后，何忧论之多也？

遗憾的是，慕容垂没有成为前燕的掌舵者，反而因为可足浑太后的讨厌和慕容评的趁机夺权而遭受排挤，远离权力中心。但这并不影响慕容垂的优秀，更不能说明慕容恪的眼光有失水准。恰恰相反，在东晋帝国再次出兵北伐，前燕屡战屡败、亡国在即之时，正是慕容垂阻止了准备仓皇逃窜的前燕君臣，也正是慕容垂率兵击退晋军，予以重创，挽救了整个前燕。

17. 桓温发家史

被慕容垂打败的晋军将领名叫桓温，这是他第三次北伐了，也是最后一次。

当慕容垂击败了桓温北伐大军的时候，也打碎了桓温的通天之路。此败之后，即使桓温依旧权倾朝野，却再也没有了取东晋皇帝而代之的政治空气和土壤。人生理想还在，但实现它的途径却被慕容垂生生掐断。前燕，因为桓温的战败而苟活；东晋，因为桓温的战败而苟活。

毫无疑问，失败了的桓温是个大人物。

在中国北方群雄并起、逐鹿中原之际，东晋的疲软是众所周知、有目共睹的。面对北方铁骑，晋帝国的北伐大军一触即溃，屡次错失大好时机。收复失地、重整河山成了在轻风细雨里、在烟柳画桥下醉生梦死的统治阶级遥不可及的梦。陆游有诗云"刘琨死后无奇士，独听荒鸡泪满襟"，原来竟是一句写实的话语，庙堂之上欢歌乐舞，江湖之远血泪满襟。

故国久念千千遍，隔壁父老，邻家小妹，尽为胡人蹄下奴隶、刀下亡魂。这一状况，直到桓温的出现才得以改观。

桓温，312 年生，字元子，东晋谯国龙亢人，士族（谯国桓氏）。

和琅琊王氏、陈郡谢氏和颍川庾氏相比，谯国桓氏是不足道的，但在那个"上品无寒门，下品无士族"的时代，这是桓温进阶的资本，不容小觑。当然，不仅如此，其父桓彝曾参与平定王敦之乱，做过宣城太守，而且还是"江左八达"之一。

桓温呱呱坠地时，就注定将来会是朝廷官员。这样的人很多，但后来的成就能够如桓温者，凤毛麟角。

那年，桓温不满周岁，大名士温峤（曾经做月老为自己和表妹说媒，抱得美人归）见而奇之，曰："此儿有奇骨，可试使啼。"于是，桓温在人力操作下（揍或者掐），非自然地哭起来，可能比较疼，哭声稍大了些。及闻其声，温峤又曰道："真英物也。"于是，从那天起，为了感恩温峤的不吝赞誉，桓温即因之成为桓温了。奇骨、英物之意昭然。

后来，当桓温的权力大到连皇帝都可以废黜的时候，并没有想到要改名，可见他对自己的名字还是相当满意的，对来历也颇感骄傲。

名士温峤的评语很重要？那是当然。

清谈之士们吃饱了之后，在辩论玄之又玄的玄学的时候，也会大嚼舌根，讲一讲谁家有"一树梨花压海棠"的风流韵事，也会偶尔谈及世间的某些"俊逸"，美其名曰"品藻人物"。被大名士温峤品鉴过的桓温，多半会成为众人的谈资，不可避免地再次乃至多次被品藻。也许，在桓温还不知道自己名叫桓温的时候，桓温就已经名满江东了。

这是极具现实意义的事件，因为将来朝廷选拔官员的时候，也是靠"品评"划分候选人等级的，而那些被名士用良好词语"品藻"过的人物，有优先权。当然，被"品藻"过的人们在若干年后就可以有资格去品藻下一代"奇骨、英物"，桓温他爸和温峤是好朋友……眼界是由圈子决定的，品藻者无寒门，自然与寒门无关。

良好的家世，以及温峤"奇骨、英物"的评语，尚在襁褓之中的桓温就已经走在东晋无数寒门子弟的前列了。桓温的起点，并不是那些寒门子弟奋斗的终点，而是他们努力一生都遥不可及的梦。

事实也正是如此，并不经历石勒年少时的苦难，也不需要刘渊、慕容家族创业时的艰辛，高贵且富有的桓温在少年时的生活是贵族公子式的，斗鸡走马，放浪形骸，游戏人生。曾有在赌场输光老本后依靠朋友翻盘的经历，那段日子，桓温很有钱，很任性。

对于我们而言，桓温是含着金汤匙出生的，富贵不可限量。即使一辈子无所作为，至少也能当上副县长。但是在"王、谢"等一流世家眼中，"奇骨、英物"的桓温所拥有的不过是一根汤勺而已，在他们大口吃肉的时候，桓温最多舀口汤。而且，由于父亲桓彝在"苏峻之乱"中战死，桓温差点弄丢了那根"舀口汤"的汤勺。

然而恰恰是因为"报父仇"事件，桓温把盛汤的汤勺换成了盛肉的汤勺。虽然还是汤勺，区别却是本质的。

那年，桓温十五岁，所有的美好因为父亲的死而破碎，家道中落，生活的重担全部压到了桓温的肩上，再也不能无忧无虑地过日子了。可能是由于年龄的缘故，桓温这个家长应该是不称职的，史书中并未找到有关于他为家族振兴而做的努力，没有去打工挣钱，也没有选择自主创业，只记载了他为给母亲治病而把弟弟桓冲当掉换羊的一段经历。

生活越是艰辛，报仇雪恨之心就越是强烈，在得知父亲桓彝的死和泾县县令江播有关之后，桓温枕戈泣血，志在复仇。

江播是病死的，在害死桓温父亲的三年之后，桓温也在三年之后终于迎来复仇的时机。假扮吊客只身闯入灵堂，手刃江播三个儿子，然后镇定离去，只留下惊恐的吊唁者。这是一件有预谋有目的的持刀入室杀人案件，而且是一次杀死三人，行凶者目标明确，手段凶残。在现在看来，无论如何都是罪无可赦的事情，在当时却是值得被广为称赞的——为父报仇天经地义，更何况江播是曾经参加过叛逆的乱臣贼子，死不足惜。

手刃仇人之子的桓温就这样再次出名了，有胆有识、有勇有谋、有背景（士族），而且还是忠烈遗孤，值得同情，值得赞扬。孝悌之心人所共知。再联系起年幼时"奇骨、英物"的评语来，于是，一个艰苦奋斗的、积极上进的、大有可为的、可以作为励志典范的大好青年出现在世人面前。

或许桓温也没想到，自己为父报仇的事情最终传到了晋成帝司马衍的耳朵里；更没想到，这成了他出人头地、成为一代枭雄的契机。

司马衍亲自接见了桓温，还和他聊天，在闲话家常之余，双方共同回忆了桓彝为国尽忠的英勇事迹。桓温也抓住机遇，积极表明自己愿为皇帝尽忠、为皇帝服务。司马衍自然大为喜爱，不仅允许他承袭其父亲万宁县的男爵位，而且见他容貌端庄、器宇轩昂、才学过人，还把姐姐南康长公主嫁给了他。

就这样，桓温一跃成为皇帝的大舅哥，而且由于天子佳婿的身份，终于获得了涉足东晋政坛的政治资本。

这是桓温人生最为重要的转折点，获得皇室的信任是一切成就的前提。

南康长公主是有名字的，叫司马兴男，晋明帝与庾皇后（庾文君）所生，性格刚烈豪爽，颇具男儿气概。晋成帝觉得如此姐妹和持刀杀人者桓温正是一对，于是就便宜了他。

司马兴男在历史中是留有故事的，《世说新语·贤媛》中有记载：

> 桓温灭掉成汉后，娶成汉后主李势的妹妹为妾，甚宠爱之。南康公主妒火中烧，趁桓温不在，持刀欲杀李氏。但见李氏在窗前梳头，发垂委地，姿貌绝美。徐下结发，敛手向公主说："国破家亡，无心以至。若能见杀，实犹生之年。"神色闲正，辞气清婉。南康公主掷刀上前抱着李氏说："阿

子，我见汝亦怜，何况老奴。"（连我看了都会心动，更何况是那老家伙）

这事就这么流传了下来，后来成了一句成语，叫作：我见犹怜。

由于姻亲关系，由于共同的理想（北伐），桓温和庾翼（媳妇的娘家舅）亲近起来，两人相约，共同平定天下。

当时庾翼官至荆州刺史，手握数万大军，而且正在准备北伐。刚刚成为天子佳婿的桓温和庾翼在权势上并不在一个级别上，只能给人家打打下手，在庾翼麾下任职前锋小督。志同道合者大多互相欣赏，初涉政坛的桓温自然也得到了庾翼的推荐："桓温少有雄略，愿陛下勿以常人遇之，常婿畜之，宜委以方叔、召伯之任，托其弘济艰难之勋。"

庾翼死后，正是桓温继承了庾翼衣钵，领导对成汉和北方胡族的战争。

成年后的桓温为人豪迈爽朗，有雄风高节，姿貌奇伟，面有七星。史称桓温"挺雄豪之逸气，韫文武之奇才"。刘惔（魏晋八君子之一，有识人之明）曾称赞他说，"温眼如紫石棱，须作猥毛磔，孙仲谋、晋宣王之流亚也"。并不辜负庾翼的荐举，也确如温峤所言：有奇骨，真英物也。当然，刘惔还说："不可使居形胜之地，其位号宜常抑之。"刘惔不仅看出桓温才华横溢，更看出桓温志向非常。

或许，真的是相由心生吧。人心中所思所想和所有的志向，日积月累后，会长在脸上。

345年七月，庾翼去世。八月，桓温接替庾翼任安西将军、荆州刺史，持节都督荆司雍益梁宁六州诸军事，并领护南蛮校尉，掌握了东晋在长江上游的兵权。从那一天起，桓温手握雄兵，居形胜之地（荆州），开始了他的枭雄之路。其实，庾翼死前希望接替自己的人并不是桓温，而是他自己的儿子，虽然庾翼非常欣赏、器重桓温，但并不代表他愿意向朋友出让自己家族的权益。荆州，太过重要。

东晋朝廷在商讨庾翼的继任者时，推荐桓温的侍中（执政中枢）何充对荆州的战略地位有过一段精彩阐述："荆、楚，国之西门，户口百万。北带强胡，西邻劲蜀，地势险阻，周旋万里。得人则中原可定，失人则社稷可忧，陆抗所谓'存则吴存，亡则吴亡'者也。"

那时那地，荆州具备了东晋建国以来最好的社会经济实力和优越的地理环境，它是战备物资中心，是战士来源之处，是南征成汉的桥头堡，是北伐中原的前进基地。荆州，由于地处长江上游，是东晋王朝国之西门，随时影响建康安全，威胁东晋安危。执掌荆州，为桓温后来的南征和北伐打下一个坚实的基础。并且，从此之后，桓氏的兴亡与荆州紧密联系在一起。

突然想起《隆中对》中的一段话："天下有变，则命一上将将荆州之军以向宛、洛，将军身率益州之众出于秦川，百姓孰敢不箪食壶浆以迎将军者乎？诚如是，则霸业可成，汉室可兴矣。"可惜后来荆州丢了，于是，诸葛孔明纵使有经天纬地之才，也只能坐困西蜀一隅，六出祁山而无功。

有理想有抱负的大好青年桓温是决然不会沉溺于温柔乡中吃"软饭"的，否则也绝不会有史书中那般赫赫威名。艰难险阻或者安逸享乐只会让怯懦者止步，梦想却会敦促强者义无反顾，一往无前。

345年，前燕还是东晋的属国，并没有后来那般强大，依然在辽东的土地上东征西讨，寻求机遇发展壮大，偶尔也会派遣使者，问候一下作为宗主国的东晋朝廷。强大的后赵还没灭亡，石虎也还健在，在暴风雨来临之前，正和他的儿子们过着残害人类的日子，家庭和睦，其乐融融。

那年，刚刚兵权在手的桓温内心却是澎湃的、躁动不安的。有志向者，还需要有实力去实现，现在他都有了，并不打算等待，渴望建功立业的目光投向了西南一隅的那个国家——成汉帝国。

消灭成汉的战争，因为桓温的到来而紧锣密鼓地准备着。

18. 成汉帝国

成汉是两个朝代，前期叫作"成"，后来因为内乱改成了"汉"。但皇帝是一家人，因此，我们统称为"成汉"。

成汉帝国的建立者是巴氐李氏，性质上属于流民起义，算是乞活军的一支。但率先造反的并不是他们，而是西晋的益州刺史赵廞。

时间回溯到"八王之乱"。300年，赵王司马伦废杀皇后贾南风，十一月，征益州刺史赵廞为大长秋（皇后宫内高级官员，负责宣达皇后旨意，管理宫闱，领诸宦者）。

赵廞和贾南风是姻亲关系，在贾南风倒台之后，她的党羽转眼间就从显赫一方的军政大佬变为唯唯诺诺的太监头儿。这样的任命，其意图显而易见。为避免成为贾南风的陪葬，赵廞据成都反晋，自称大都督、大将军、益州牧，建元太平，史称太平王朝。301年正月，流民军首领李特等引军攻成都，赵廞兵败逃亡，随即被部下所杀，太平王朝灭亡。

灭亡了"太平王朝"的李特兄弟并不是四川的土著居民，而是陕西略阳以北的巴氐族人。296年，氐人齐万年造反，关西一带兵连祸结，连年灾荒，略阳、天水等六郡流民蜂起，进入汉川的乞活者有几万家。李特兄弟就是在这样的大环境下，跟随流民从略阳来到了川蜀之地。

和普通贫苦百姓不同，李特兄弟祖上是当官的，家境殷实，流亡路上不仅不用去讨饭，还能时常赈济灾民，小施恩惠下，颇得众心。当然了，由于饿不着，走到剑阁这样的雄关险隘的时候，也就有心情调侃一下如同废物一样的刘禅。到达蜀地之后，由于家世背景和颇得众心的缘故，李特兄弟被益州刺史赵廞聘用，待遇优厚，生活嚣张，时常会干些横行乡里、欺男霸女的事情来。不过，那时李特兄弟是以赵廞爪牙的身份出现的，暴露的是本性，代表的却是赵廞。

至于后来袭杀赵廞，并不是由于赵廞反叛朝廷，而是因为赵廞杀死了他们的弟弟李庠。对于李特兄弟的本事，时人评价曰，"并有雄才"。而李庠之所以被杀，正是因为他的"雄才"——恰被赵廞所嫉妒。为复仇，李特、李流率领流民起义，灭亡了太平王国。

经过这场动乱，李特兄弟组建起了属于自己的武装力量，为后来的成汉立国奠定了基础。

其实，李特兄弟的初衷和那些飘荡乞活的流民并没有大的区别，他们本质上也是流民，所追求的不过一口饱饭、一块安身立命之地而已。如果当时朝廷能够妥善处理流民的安置问题，李特兄弟最多也就是游侠或者以某地官员的身份终老，绝不会有后来成汉帝国的存在。然而在太平王国灭亡之后，新任益州刺史罗尚命令川蜀之地流民，七日之内返乡。

吃饱了饭的人们永远无法体会处于饥饿中的流民所具有的绝望和决绝，在官府的逼迫下，李特顺利成为聚集在川蜀之地各地流民的领袖。

一场"将流民赶出去"和"坚决要留下来"的战争拉开了序幕！

为了一口饱饭，为了安稳的小日子，为了活着。

流民起义军和西晋政府军进行了艰苦卓绝的战斗，在付出惨重代价之后

（李特战死，李流病死），流民军最终攻克成都，建立起"五胡乱华"时期第一个少数民族国家——成汉帝国。

304年，流民军首领李雄称成都王，建元建兴。

306年六月，李雄称帝，国号"大成"，改元晏平。

李雄，字仲俊，李特第三子，这种说法是建立在法理之上的，真实情况是这样的：李雄他妈打水的时候在水边睡着，梦见大蛇绕身而孕李雄，十四个月后，生之。

李雄他妈还做过两道彩虹升天的梦，据说预示着命长的儿子能够富贵，李雄就是命长的那个。他的兄长叫李荡，和父亲李特一起战死。

成年的李雄身高八尺三寸，容貌俊美，帅得不像凡人。然而在没有办法靠颜值吃饭的岁月，李雄在李特领导的流民起义军中始终战斗在最前线，军中威望极高。后来李特战死，继任者李流也在不久之后病死，义军领袖的位置就理所当然地落在了李雄的屁股底下，从此，流民军声势日盛，最终平定川蜀，成就霸业。

李雄是个好皇帝，作为久经沙场之人却并不嗜杀，反而性情温厚、待人宽和。即使是背叛自己并伤害自己母亲的凶手，当他们再次归降的时候，李雄依然能够宽恕他们。这是了不起的胸怀，在那个四方多战事的年代，这也是巴蜀之地能够平安无事的重要原因。在李雄的统治下，成汉帝国兴学校、置史官，精简刑律、轻徭薄赋。政事之余，作为皇帝的李雄手不释卷，公事少而劳役不常有。百姓富庶殷实，路不拾遗，夜不闭户，夷夏各族人心安定，四方士民归之如潮。

当然是有缺点的，比如朝堂上下不尚礼法，一品宰相和九品小吏经常撞衫，不容易辨认；军队缺乏统一管理，打仗时各自为战、互不支援等。但相较于那件影响成汉国运的事情，这些都是鸡毛蒜皮的小事了。

李雄打算把皇位传给他的侄子李班。

作为成汉最为英明神武的君主，并不昏聩的李雄能够做出如此违背人伦的举动自然有他的理由，据李雄交代，主要原因有三：

其一，李雄认为其兄李荡是"嫡统，丕祚所归"。正因为李荡英年早逝，李雄才有机会成为义军领袖，进而开创帝业。将皇位传给李班，意在还社稷于李荡一支。

其二，李雄认为自己的十几个儿子均为庶出（小老婆生的），且"皆尚奢靡"，不成器，非安邦定国之才。

其三，李班"谦恭下士，动遵礼法"且"仁孝好学，必能负荷先烈"（《资治通鉴》），李雄认为李班将来定能承继先辈遗愿，成为一代明君。

324年，李雄力排众议，正式册立李班为太子。

史书记载："乱自此始。"李雄的儿子们绝不会心甘情愿！

中国封建社会，皇位传承大多是"父死子继"的，而且要"以嫡、以长"。打破这个规律，往往就是引发祸乱的根源。李雄定然没有想到，他别出心裁的做法会为成汉帝国埋下皇族内讧的种子。以侄子身份继承皇位的李班在他死后不久就死于非命，而凶手正是李雄的亲生儿子。那时，他自己都还没下葬！

李班是个好人，集谦虚、博纳、好学、宽厚、仁慈、孝顺、节俭、泛爱、真诚于一身，在李雄旧病复发、行将就木之际，"诸子皆恶而远之，独太子班昼夜侍侧，不脱衣冠，亲为吮脓"（《资治通鉴》），且"殊无难色，每尝药流涕……其孝诚如此"（《晋书》）。在李雄最需要亲人照顾的时候，儿子们全都"恶而远之"，只有作为侄子的李班尽孝床前，虽然太子要做出表率作用，但其实李班依然可以找到一万个理由离开。结合李雄去世之后李班的表现，我们可以认定李班孝心的真诚。论德行操守，李班在中国历代皇帝中堪称前列。

334年六月，李雄病逝，时年六十一岁，谥号武皇帝，庙号太宗。太子李班即位。

李班不是个好皇帝。

由于李雄对成汉帝国的良好治理，在李班即位之初，整个国家政局稳定，并没有给心怀叵测者留下生存空间。应该说，只要李班妥善处理好自己和众堂兄弟们之间关于皇权的问题，是可以做到稳定大局，进而实现叔父对自己的殷切期望的。但是，李班并没有做到。

在好人李班的世界里，天下根本没有贼。然而历史用鲜血告诉我们，每一次善与恶的碰撞，先受伤的总是那些善良的人。可惜在失败即灭亡的皇权游戏里，等待李班的，并不是亡羊补牢的故事，而是一失足成千古恨的叹息。

李雄的儿子们绝不会放弃夺取那本该属于自己却最终花落别家的皇位的机会，哪怕这样的机会只有一分一毫。在根本利益面前，任何形式的友好都不值得一提。从李班被册立为太子的那一天起，双方哪有情义可言。

就在李班一片真诚地对李雄的儿子们"推心待之"的时候，灾难来临。十月一日夜，李雄子李越"因班夜哭，弑之于殡宫"，趁着李班正在哭丧的时候，李越在父亲的灵柩前将李班杀害。

再后来的事就没有任何新鲜的了，失败了的李班罪行罄竹难书，原本对其照顾有加的太后也对这样的人深恶痛绝，表示自己之前完全是受其蒙蔽。废帝号是必须的，太子的名头也本不该落在他的头上。李期即位后，谥李班为戾太子，并杀李班弟李都。

李班作为皇帝的尊严，直到李寿即位才被承认，谥曰"哀皇帝"。恭仁短折曰哀，好人啊，却啥事都没来得及干！

除了哭泣。

李期，字世运，李雄第四子。和好人李班相比，他还是干了些事情的，比如派李寿攻克汉中，设地方官，治所南郑，对成汉有开疆拓土之功。

仅止于此。

虽然此前有"聪慧好学、轻财好施"的好名声，但并不妨碍李期即位之后的昏聩、滥杀和荒淫。李期在位期间，宠信小人、庸才，致使国家法纪紊乱、纲常崩坏；害死兄弟（嫌疑）；朝中大臣有进谏者即获罪，获罪即被抄家、灭族，被抄家灭族者的老婆、闺女以及财产全归李期所私有。大臣们人人自危，皇宫内外道路以目，但求苟活免祸，无人敢再进忠言。成汉帝国的光辉前景就这样暗淡了下来。

338年，李寿（李雄堂弟）以"清君侧"为名，率军攻克成都，废李期自立，改国号为"汉"。

让李寿下定决心谋反的原因并不是李期身边的奸佞作乱，而是由于自己开始被猜忌（李期怀疑李寿谋反，多次派亲信刺探李寿的情况），而且，为了铲除李寿，李期毒杀了李寿的养弟李攸，以剪除其羽翼。进入李期猎杀名单的李寿，下定决心造反。

被废的李期终究算得上是有些骨气的，发出一句"昨日天下之帝王，今天小小一县公"的感叹之后，自缢而亡，时年二十五岁。在位五年，谥号幽公。

李雄的儿子们在李寿掌权之后，全部被杀。

如果李雄没有选择李班，子孙被屠灭殆尽的事情或许就不会发生了。俗话说，爬得越高，摔得越疼。富贵至极的人，所面临的灾难，也大多是毁灭性的。躲得了初一，并不一定躲得了十五。

作为老一代造反者，即位之初，李寿继承了李雄宽和简朴的作风，能够做到克己奉公，广开言路，查民生疾苦，责己之过失，颇有明君风范。不过随着出使后赵的使者带回关于石虎的消息，李寿就改变风格了。对于石虎的所作所为，李寿虽身不能至，心向往焉。

李寿一改宽和的作风，效仿石虎滥用刑罚，苛待下臣，大臣们稍有过错，即遭杀身之祸。对于那些劝谏的大臣，李寿也不再广开言路、虚心纳谏了，一个字：杀。劝谏错误的直接杀掉，劝谏正确的换个理由杀掉。总之，杀人的原则只有一个：杀之以立威。

在物质享受方面，鉴于成都人口稀少、物资匮乏，李寿下令，成都周围郡县三丁以上人家都入成都居住；同时，李寿还下令抽调各郡县能工巧匠，大肆建造宫殿，极尽奢华。

皇帝家的好日子也是需要花钱的，为搜刮财富、满足私欲，李寿创造性地发明了"汉兴钱"。汉兴钱，按钱文排列方式分为上下排列的"直汉兴"和左右排列的"横汉兴"，钱文采用纪年，突破了铢两制货币体系，是中国古钱币从记量到年号的转折点，后世帝王大都把铸行年号钱作为立朝建制的标志之一。"汉兴钱"开创了中国年号钱之先河。

汉兴钱虽然在一定程度上满足了当时社会发展的现实需求，避免了货币流通市场的紊乱，但是李寿家的汉兴钱体重约一克，轻薄如榆钱，加重了对劳动人民的剥削，致使整个成汉怨声载道。在李寿的盘剥榨取和严刑峻法之下，欲反之人十有九焉。

成汉帝国在他的统治之下，日趋没落。

343年七月，李寿病死，谥昭文帝，庙号中宗。太子李势继位。

李势，字子仁，成汉昭文帝李寿长子，也是成汉最后一位皇帝。

这是一个长相很圆的人，《晋书》记载："势身长七尺九寸，腰带十四围，善于俯仰，时人异之。"换算成今天的单位制，李势身高一米八，腰围四米，长得像个椭圆形的球，居然还善于"俯仰"（低头、抬头），时人异之。……大家都觉得，长成这样居然还能做抬头低头的运动，真了不起！

开基立业的君主各有各的风采，亡国之君的风范却大多是相近的，比如穷奢极欲、昏聩无能、宠信奸佞等。李势并不属于特例，在位期间，"骄淫，不恤国事，多居禁中，罕接公卿，疏忌旧臣，信任左右，谗谄并进，刑罚苛滥，由是中外离心"。曾因册立太子的事情，逼死亲弟弟李广，并且残杀马当、解思明等人，这是两个很有名望的大臣，皆是忠良之士：解思明有智谋，马当得人心。二人被杀之后，成汉士民无不哀悼。

在百姓心中的那杆秤上，这是一个成反比的关系，被杀的大臣在百姓心中有多贤良，李势在百姓心中就有多邪恶、多残暴。自此之后，无复纪纲及谏诤者。此外，李势贪恋女色，常杀人而夺其妻。……一旦被李势发现家中有娇妻美妾，全家灭门之日就不远了。

李势人心尽失，川蜀之民咸欲归晋！

346年冬，太保李奕谋反，从者数万人。若不是李奕在战斗中逞匹夫之勇，一时兴起，单枪匹马冲击成都城门，被一箭射死，李势几乎没有赢的可能。

李奕叛乱虽然被平定，但经过此次动乱，成汉帝国国力大减，蜀地以前生活在大山之中的獠人也走出深山，危害川蜀百姓。政府对此毫无办法，任由獠人作乱，加上战争造成的饥荒，天府之国成萧条之地，成汉政权陷入风雨飘摇之中。

君主昏庸残暴，大臣离心离德，政局动荡不安，百姓贫苦交加。这就是成汉帝国在桓温西征前的真实写照。

桓温知道并抓住了这个时机，一战而灭其国。

19. 阴错阳差的胜利

孟子曰："人必自侮然后人侮之，家必自毁然后人毁之，国必自伐然后人伐之。"成汉君主们用实际行动践行了孟子的这句名言，自己作死，然后外患临之，死于敌手。

当时，东晋最主要的敌人并不是成汉，而是北方的后赵。在胡族铁骑的萧萧战马声中，一次又一次的北伐梦想被无情践踏、碾碎成尘。收复故土成了东晋君臣永恒的话题，也成了他们心中永远的痛。

对于东晋而言，后赵依然是不可战胜的存在。桓温的实力并不允许他北伐建功，内乱不止的成汉成为桓温立功受奖、扩充实力，实现荡平天下之志向的突破口，西征成汉也是他北伐中原的奠基之战。

桓温麾下的将校军官们起初并不赞成，守膏腴之地，拥娇妻美妾，享佳肴珍馐……对于外出作战这种事，没有困难也是要制造困难的，更何况，那注定是一段生死未卜的旅程，胜固可喜，败则死无葬身之地。并不是每个人的脑海里都激荡着和桓温同样的梦。

在桓温麾下众多将校军官中，只有江夏相袁乔认为，西征成汉是完全有可能取得胜利的，原因有四：其一，和后赵相比，成汉实力较为弱小，应先易而后难，优先攻打；其二，李势残暴，上下离心，蜀地虽险峻，但战备不修，可一战而胜之；其三，川蜀之地，户口殷实，物产丰饶，且居长江上游，战略地位极为重要，拿下成汉可以壮大我方实力；其四，石虎不会轻举妄动，即使有意侵犯，沿江诸军也足以抵御，不必有后顾之忧。

袁乔的分析坚定了桓温西征的决心，346 年十一月，东晋安西将军桓温向东晋朝廷递交了西征成汉的奏疏之后，拜表辄行，任命袁乔为先锋，率领精兵万余西征成汉。桓温大军出发的时候，远在建康的中央政府尚未收到桓温西征的奏疏。

能坐而论道一整天的清谈大臣们不敢想象桓温是以何种胆量兴师西征的，只有万人的军队，千里远征，没有后援。川蜀地形艰险，后勤粮草无法保障；而且，北方石虎随时可能趁虚攻打荆州。桓温孤注一掷的打法，让吃多了五石散的飘逸之士们浑身冒冷汗，连玄学的谈论都没办法愉快地进行了，朝廷上下，深以为忧。

曾经认为桓温"不可使居上游"的刘惔却对此次行动给予了肯定：桓温本是赌徒，不会做没有把握的事情，因此此次伐蜀定能成功。但灭蜀之后，朝廷将无法控制实力迅速膨胀的桓温。

据后来形势发展，桓温又一次被刘惔一语中的。

桓温并不确信自己能赢，成汉是未知的世界，充满变数，此去固然可能一战成功，但也可能兵败身死。行军经过三峡，桓温见江面波涛汹涌，两岸绝壁天悬，遂发出传世之叹："既为忠臣，不得为孝子，如何？"

自古忠孝难两全，危亡之际，生死关头，做了忠臣的人们，大多没有机会再回家去做孝子。

桓温刚刚闭上感叹自己不能当孝子的嘴，一只母猴从江岸跃起，撞死在桓温船头。经调查得知，原来是一名士兵捉了一只小猴，母猴在岸上号哭跟随百余里，营救小猴无望后，遂一头撞死。有好事士兵剖开母猴肚腹，发现肚中肠子尽断成寸状。桓温随即命令，严惩那个捉猴的士兵！

儿子思念父母，有"忠孝难两全"的叹息；父母思念孩子，却是可以"肝肠寸断"。

347 年三月，桓温军到达蜀地彭模，在分兵进取还是合力一击的问题上，桓温再次采纳袁乔"合势齐力，以取一战之捷"的建议，集中兵力，以破釜沉舟之势直捣成都。

李势在得知消息后立即派兵迎战。不过巧合的是，前来迎战的成汉前将军昝坚居然和桓温走岔了道，两军擦肩而过，并未相遇接战。而袭击彭模的成汉军队也被桓温留守部队击败。并且，在得知桓温逼近成都的消息后，昝坚大军斗志全无，迅速溃散。晋军一路势如破竹，三战三胜，迅速到达成都城外的笮（zé）桥，李势倾巢出动，与桓温在笮桥展开决战。

兵少将寡且孤军深入的晋军在开战之初即陷入被动，前锋受挫，参军龚护战死，成汉军的弓箭甚至射到了晋军主帅桓温的坐骑前。晋军心生恐惧，人人思退，受到惊吓的桓温也发出了鸣金收兵的命令。

但是，受命鸣金的鼓吏却因惊慌失措而戏剧性地敲响了战鼓（古时两军作战，有专人负责击鼓鸣金。击鼓为进军，鸣金为撤退。这里晋军思退，应当鸣金，鼓吏却击了鼓）。一时间鼓声大作，前锋将领袁乔趁机督军力战，处在崩溃边缘的晋军退无可退，只得拼命死战，终于大破成汉军，取得笮桥之战的胜利。

孤军深入的西征大军如果此战失败，桓温攻打成汉的战争将会变得漫长，甚至面临成汉主力军及地方军群起而攻的局面，很可能，桓温的故事就会在成都城下戛然而止。当然，在此之前的故事也必会被史官略过，谁会着意笔墨于一个首次出征即失败丧命的将领？

幸尔，胜之！

桓温乘胜追击，火烧成都城门，斗志全失的李势连夜弃城，逃至葭萌关（今四川广元西南），随后向桓温请降，成汉帝国至此灭亡。

来分析一下成汉灭亡的原因。

第一，内部因素。

李特兄弟所进行的虽然是农民起义建立政权的战争，但是打天下所依靠的依然是六郡世家大族（阎、赵、任、杨、李、上官六大族）的支持。此外，李雄还重用氐族豪强，并礼遇西山范长生，在宗教上确立其政权合法性。但是从李雄开始，李氏家族成员受到重用并掌握兵权及朝政大权，其他世家大族被排斥出权力中心，这自然就招致六郡大族和本地土著的不满，上下离心。

李寿登基后，在政权内部进行大换血，六郡大族被彻底排挤出去，而且也得罪了以龚壮为首的本地士族。成汉是一个由少数民族建立的政权，和汉族本来就有民族隔阂，排挤世家大族之后，更得不到普通汉族百姓的拥护。

李势即位之后，众叛亲离，内乱丛生，国力大减，成汉军队实力受损，士兵毫无斗志。所以，晋军前后只用了四个月的时间就攻进了成都，灭亡成汉。

第二，外部因素。

桓温治理荆州期间，礼贤下士，收抚荆州民望，大批人才投入其麾下，以原荆州庾氏旧部为代表的士族也归附于他，桓温西征的骨干皆为庾氏旧部，像司马无忌、袁乔等都是这个集团的人，这是桓温成事之本。

在军事策略上，桓温采用谋士袁乔建议，掩其不备，长途奔袭，集中优势兵力，绕过成汉主力，袭击成都。在晋军摧枯拉朽的攻击之下，成汉很快土崩瓦解。

桓温孤军深入，经过千里转战，一战破敌，灭亡了氐族李氏建立的成汉，俘获成汉皇帝李势。这样的胜利在东晋建国以来是空前的，大大振奋了东晋朝野的民心士气。

西征的胜利有着一定的偶然因素，如果不是前来迎战的昝坚和桓温走岔了道，如果不是本该鸣金的鼓吏敲响了战鼓……桓温将遭到惨败。

尽管如此，桓温定谋伐汉的果断、对袁乔意见的及时采纳、在关键时刻的身先士卒和镇定精神，都充分展示了桓温的军事才能。但桓温赌博式的成功，为他以后的北伐失利埋下了伏笔，胜利使他忽视了这次行动中策略上的缺陷。

太多的偶然因素让我们相信成功的偶然，然而在桓温之前，东晋镇守荆州者多矣，一战而灭敌国者，只有桓温。

其实我们完全可以这样理解：桓温为了达到突袭的目的，刻意避开了前来迎战的昝坚，并且在笮桥之战的生死存亡之际，桓温及时下令敲响战鼓，以激励全军士气……

身为主帅的桓温一定明白，以区区万人之兵力，孤军千里，深入敌国腹地，一旦战败即意味着灭亡，哪里有退路可走？

灭成汉之后，桓温一方面"叙古今成败由才，存亡系才"，在蜀地收买人心；另一方面以强硬手段斩杀叛乱将领。桓温的政策还是比较成功的，虽然桓温回师之后，蜀地又发生叛乱，但整体局势却在掌握之中。两年以后，川蜀之地彻底安定。

战后，桓温遇到了蜀汉丞相诸葛亮在世时身边的一个小官吏，此时已经是个一百多岁的老人了。桓温问："诸葛丞相今谁与比？"答曰："诸葛在时，亦不觉异，自公没后，不见其比。"诸葛亮活着的时候也没觉得有多了不起，等到他死了以后才发现，再也没见过能比得上他的人。

这是正史对蜀汉成汉丞相诸葛亮的评价，仔细想来，并不觉得比那个"状诸葛之多智而近妖"的《三国演义》中的描述有分毫的差别。

桓温仅在蜀地待了三十多天即匆匆赶回荆州，消灭成汉只是他前进路上的一个里程碑。在桓温眼中，最主要的敌人在北方，收复中原才是他的终极理想。当然，离开时顺便将李势的漂亮妹妹带回了家中，不小心被司马兴男发现……

348年，有灭国开疆之功的桓温迎来了朝廷对自己的封赏：征西将军、开府仪同三司，封临贺郡公，一时声名鹊起、威震朝野。其实，原本是打算以豫章郡封赏桓温的，但是朝中有大臣不同意："温若复平河洛，将何以赏之？"遂改。

对桓温的封赏和钳制桓温的行动同时进行。

西征成汉是桓温政治生涯的重要转折点，胜利给了他北伐中原的信心和实力；高官厚禄的封赏给了他专权国政的政治地位；孤军冒进的战术方针给了他相近的战斗经验，只是敌人相异，胜败不同，这一经验为后来北伐的失败埋下伏笔。

20. 北伐（上）

桓温是早已经立志北伐了的，为了实现可以见人的和不可以见人的远大志向，桓温并不介意亲冒矢石，以身犯险。

在西征成汉胜利之后，东晋确实拥有一段相当长时间的北伐良机，其间也组织了两次北伐战争，然而领军北伐者，并不是桓温。

当时的北方局势极其混乱，349年，后赵皇帝石虎去世，为争夺皇位，石虎的儿子们先后将屠刀挥向了自家兄弟，后赵陷入内乱之中。经过一系列血腥杀戮，冉闵胜出，建立汉人政权——冉魏。此后，中原汉人和内迁的胡族进行了一场事关民族存亡的大血战，"灭汉檄""杀胡令"伴随着尸山血海纷至沓来。在此期间，冉闵曾以冉魏皇帝的名义向东晋发出进军中原的邀请。远在辽东的前燕也趁机南下，于352年消灭冉魏，逐鹿中原。

镇守荆州的桓温并没有"琴棋书画诗酒茶"的闲情雅致，也决不愿意跳出功名利禄之外，在群雄逐鹿的乱世做一个悠闲的看客。"笑看风与云"的情操，并不是每个人都拥有或愿意拥有的。灭亡成汉后的几年时间里，桓温屡次上书朝廷，要求北伐，并且积极部署兵力，全力备战。

然而，每次在他的北伐行将施行之际，却总有一支友军举起北伐的大纛，率先出击，将桓温晾在一边。

已经获得了西征成汉的胜利，如果北伐再取得成功，桓温的威名不仅会响彻东晋的大街小巷、犄角旮旯，甚至会在百姓的心中获得永生。司马家族是以军队起家谋权篡位而立国的，对于相似情况下的桓温，不得不防，不敢不防。那时的景象，是司马家族的荣光，也是梦魇，并不愿意场景再现。功勋显赫的桓温不但不被重用，反而被东晋世家大族和朝廷（当权者为司马昱）极力压制。

349年，在桓温数次上书请求北伐之后，褚裒（chǔ póu）率军北伐。代陂一战，后赵军击败褚裒部将王龛并将其俘虏，北伐失败。投奔北伐军的晋朝遗民二十余万陷入绝境，孤立无援，被后赵骑兵尽数屠戮，褚裒羞愤而死。

350年，在数次上书要求北伐之后，桓温决心效法西征成汉时的做法，拜表辄行。大军进驻武昌，并沿江而下，伺机北伐。但司马昱劝阻了桓温的行动，因为要"思宁国而后图外"；因为桓温此举为"异常之举"；因为朝廷已经派遣殷浩率军北伐，无余力支撑桓温的军事行动。

桓温随即退军还镇，坐看殷浩成败。

殷浩是名士，视金钱如粪土，待功名似浮云。朝野推崇备至，时人誉之：出仕则江东兴，归隐则天下亡。殷浩是隐士，盛名之下，果断放弃唾手可得的功名利禄，在荒山野岭里隐居了十年。当然，换来的结果是声名更盛。司马昱曾写信给殷浩：再不出来当官，置天下苍生何？

东晋的天空下，地球上如果少了殷浩，大概不会再转动了……

司马昱之所以起用殷浩，正是为了利用殷浩之盛名和西征之后声威大振的桓温相抗衡。但桓温并不看好殷浩，因为其幼年时曾经和殷浩进行过一段不怎么愉快的玩耍，殷浩总是捡他玩腻了丢弃的玩具，而且这样评价殷浩领兵："阿源（殷浩）有德有言，向使作令仆，足以仪刑百揆，朝廷用违其才耳。"明明是治理一方的文官，却要让他领兵行征战之事，怎么能做得好？

殷浩的北伐以前锋将领姚襄在进军途中的临阵倒戈而告终，前后历时两年，两次出击均遭惨败，损兵折将、劳民伤财，除此之外，没有成就。在桓温的强烈要求下，殷浩被废为庶人。

怪不得殷浩宁愿隐居。还是回到那荒山野岭中居住吧，但是，再不称之为隐居。

两次北伐的失败大大打击了东晋中央政府的权威，褚裒和谢氏（殷浩北伐，以谢尚为安西将军）势力均受到严重削弱，从此之后，东晋各势力中能够担任北伐大任者，只剩桓温一人。

欲取之，先予之。并不是每一次的争夺都要拼个头破血流，因为，兵者，国之大事，死生之地，存亡之道，在其任而不称其职者，并不能搪塞以对。所以争取，是为了让三军将士免受一将无能之累。

西征的胜利也让桓温明白，只有战争和胜利，才是他突破门阀士族的禁锢，进而获取更高权力的唯一途径，否则，将永远在东晋门阀世家的重重封堵之下，仰他人鼻息。

经过漫长的等待之后，桓温终于迎来了属于自己的北伐时机。然而，时光荏苒，北方局势已经趋于平静，前燕入主中原，前秦也已经抵定关中，属于他的北伐时机，已经逝去。

但北伐还是要继续的，即使已不具备所有有利的外部条件，只要恢复河山的梦还在。

出击。

这是魏晋大写的风骨！

354 年四月，长安城外，灞上。

初夏的暖风拂过桓温冷峻的脸庞，并未给他带来些许温暖，身披战甲策马而立的桓温凝视着远处巍峨的长安城墙，面色凝重，神情复杂，一言不发。城内的苻健虽只剩下六千老弱，但城外却游荡着雷弱儿率领的三万精锐秦军，苻苌的败兵也在逐步收拢并与雷弱儿会合。厚重古老的长安城，仿佛一战可定，却又仿佛坚不可摧。桓温回头望了一眼军营中斗志高昂却疲惫不堪的晋军将士，迟迟下不了进攻的决心。

这是桓温的第一次北伐，北伐军有步骑四万，梁州刺史司马勋、前凉秦州刺史王擢各自率军攻打前秦西部，策应北伐。

在偏师取得攻克上洛、俘获前秦荆州刺史郭敬的胜利之后，354 年四月，桓温主力在蓝田县与前秦太子苻苌展开激战。此战，前秦苻生参战，其人勇猛非常，犹如常山赵子龙附体，单骑突阵，前后斩杀晋军将领数十人，北伐军将士肝胆俱裂。但是在桓温的率领下，晋军仍然取得了最终胜利。与此同时，桓冲也在白鹿原击败前秦丞相苻雄。桓温随即进军长安，驻军灞上。

这是一场对后世具有深刻教育意义的战斗，苻生在战斗中的表现告诉我们：凶残，如果用对了地方，也可以称为英勇。……桓温也用行动告诉我们：虽然被吓坏了，但只要团结起来，还是可以打败对手的，即使他是恶魔一般的存在。

当时，前秦首都长安危若累卵，晋军北伐形势一片大好，三辅之民归之如潮，百姓箪食壶浆者不计其数。更有年老者望着晋军旗帜，老泪纵横："不图今日复见官军。"军民一家，场面感人，士气振奋。

承平日久了，生活太过幸福美满、安逸富足，我们举目皆兄弟，处处是同胞，根本无法体会那些在异族铁蹄下苟活的人见到祖国军队时的心情。"遗民泪尽胡尘里，南望王师又一年"是时代最为悲惨的哭泣。桓温的到来，给了那些西晋遗民以希望：异族的奴役不会永久，"我们"终究是会打回来的。

然而，桓温驻军灞上之后并未渡过灞水攻击长安，而是与前秦军展开对峙。

数万大军，千里深入，披荆斩棘，浴血奋战，到了马上就要成功的时候突然止步不前，让人费解，引人遐想。

于是很多人给出了解释：桓温的北伐是为了获取声望而不是收复关中，数次胜利之后，北伐目的已经达到，无意再行进军。

当时，有个叫王猛的人来到桓温的军营。关于他的到来，史书中有颇为详细的描述，如下：

> 桓温入关，猛被褐而诣之，一面谈当世之事，扪虱而言，旁若无人。
>
> 温察而异之，问曰："吾奉天子之命，率锐师十万，杖义讨逆，为百姓除残贼，而三秦豪杰未有至者，何也？"
>
> 猛曰："公不远数千里，深入寇境，长安咫尺而不渡灞水，百姓未见公心故也，所以不至。"
>
> 温默然无以酬之。

"默然无以酬之"成了桓温北伐动机不纯的最大把柄，惹来了当时人和现代人千百年的非议。也正是因为桓温的止步不前，让"三秦豪杰"心生疑惑，对战争胜负持观望态度，"未有至者"成为理所当然的事情。毕竟，在不能确定北伐必胜之前，没有世家大族愿意把家族的兴衰押宝在突然出现的晋军手里，即使他们是"自己人"。神州陆沉已经很多年了，谁不是谁的匆匆过客？

对于桓温停止进军的原因，其实还有这样一种解释：

其一，长安城的守军并不是孤军，游离在城外的苻苌、苻雄的败军加上雷弱儿的三万精兵，军队数量并不比晋军少，甚至在晋军之上。守军极有可能是苻健的诱饵，作为统帅，桓温必须考虑久攻不下时被城外秦军腹背袭击的情况。

其二，即使能够迅速攻克长安，在当时形势下，也有可能导致北伐军在攻克长安后被周边秦军包围，造成困守孤城的局面。要知道，在长安城外伺机而动的秦军实力并不比晋军弱小。

其三，桓温在等待另一支北伐军的到来。此刻，司马勋正从子午谷奔袭长安，桓温在等待两面夹击情况的出现，然后双方合兵一处，围困长安，进而切断长安守军粮草，逼其出战。这样要比桓温孤军奋战更有把握。

可惜，北伐军进攻步伐的停止，给前秦创造了布局反击的时间。在双方对峙期间，战场形势发生变化。司马勋虽攻破陈仓，但在子午谷被主动出击的苻雄击败，致使桓温两面夹击的战略企图破产。随后，苻雄军携胜利之势，在白鹿原再败桓温，北伐军损失上万人，桓温军士气受挫。坚守长安的苻健在固守之余，实行坚壁清野政策，麦熟之际，派遣部队抢先收割长安附近的麦子，致使桓温就食于敌的计划落空，北伐军粮草不继，陷入缺粮困境。

354年六月，先机尽失的桓温携关中三千余家南归。前秦军乘胜追击，屡败晋军，至潼关时，晋军伤亡以万计。桓温退兵之后，负责策应的司马勋退回汉中，前凉王擢退回略阳。

在抵抗前秦追兵的战斗中，北伐军射伤前秦太子苻苌。不久，苻苌即因箭伤发作而死，这也算是桓温的意外收获。

第一次北伐至此结束。

桓温先胜后败，损失战士以万计，然而带给了人们战胜北军、光复中原的希望，也让前秦认识到：晋军之威武雄壮，并不在己之下；晋军之赫赫军威，同样能摧枯拉朽。

那年金戈铁马、两军再次碰撞之际，才有了"草木皆兵"的故事流传。

那个向桓温发表了一番见解和牢骚的王猛，并没有和桓温同进退、共荣辱，在桓温兵败撤退之际，王猛选择了留下，等待着寻找一位真正属于他的主人，演绎一段丝毫不次于桓温的传奇故事。属于君王的谋士，并不愿做将军的幕僚。后话再说。

在桓温带回来的平民当中，有一老妇曾是刘琨婢女，一见桓温便潸然泪下：

"公甚似刘司空。"这让一向以刘琨自喻的桓温大喜过望，忙整冠以问。老妇答道："面甚似，恨薄；眼甚似，恨小；须甚似，恨赤；形甚似，恨短；声甚似，恨雌。"桓温大为失望，为此不高兴好多天！

或许，桓温的北伐若是成功，老妇人的话便不会那般刻薄了。当年那时，刘琨并没有今日此时桓温的实力。

桓温的第二次北伐因羌族叛将姚襄而起。

其实，姚襄心里很委屈，虽然以前他是后赵将领，但后赵灭亡之后便随父亲姚弋仲归降了东晋，忠心事主，并无二心，在姚弋仲去世之后即率部南归，为东晋戍守一方。殷浩北伐期间，姚襄是作为先锋领军出征的，率先接敌，第一个抛头颅、洒热血，胜则全军跟进，共同摘取胜利果实；败则断后阻击，用鲜血和生命为他人铺平回家的路。姚襄无怨无悔。

作为北伐军主帅的大名士殷浩并不信任姚襄，一直以来做事都很讲究的殷浩对其一点儿都不讲究，不仅派军队袭击姚襄，还多次派刺客对其实施刺杀，但刺杀失败之后依然让姚襄做自己的前锋将军，古怪至极，个中隐情就不得而知了。据说后来有刺客对殷浩的做法实在看不下去，到了姚襄军营后，就把殷浩派其前来执行刺杀任务的事告诉了姚襄，姚襄盛情款待刺客，待之如故友。

羌人姚襄，何其坦荡；名士殷浩，如此戚戚！

353 年，北伐进军途中，姚襄倒戈反晋，迅速打败了殷浩的北伐军，并纵横淮河地区，在盱眙（xū yí）建立根据地。354 年，姚襄占领陈留，其势力范围已经可以直接威胁建康的安危，后由于部将劝说，率军北上，转据许昌。在得知东晋叛将周成占领洛阳后，356 年，姚襄率军攻打洛阳，企图以洛阳为根基，进而占领关右地区，以图天下。

严峻形势下，东晋升任桓温为征讨大都督，督司、冀二州诸军事，率军讨伐姚襄。

桓温第二次北伐开始。

356 年八月，北伐军到达伊水，久围洛阳而不克的姚襄随即撤围，率兵迎战桓温。

伊水之战，桓温识破姚襄诈降之计，亲临战阵，披甲督战。晋军结阵向前，大败姚襄，斩首数千，姚襄仅率千余人逃走。随后，叛将周成向晋军投降，北伐军收复洛阳。

当时，军中盛传姚襄已死。许、洛百姓闻之，无不望北而泣。

当时，弘农杨亮自姚襄处投奔桓温，对战败而逃的姚襄做出如下评价：神明器宇，堪比孙策，然而雄略武勇，恐在孙策之上。

357年，姚襄被前秦将领邓羌所杀，时年二十七岁。

收复故都洛阳后，桓温拜谒并修复先皇陵寝，数次上书东晋朝廷，要求还都洛阳。

从当时的情况来看，随着岁月流逝，老一代中原遗民渐渐消亡，年青一代并没有切身的亡国之痛，北伐的"人和"优势正在淡化，此次进军洛阳是最好也是最后的机会。前秦正在忍受苻生的苛政折磨；前燕慕容氏内部不稳，慕容儁在幽、冀一带疲于奔命；而东晋经过数年休养生息，国力大增，正是还都的大好时机。

但是，建康城中的东晋君臣早已忘记南渡时"惟有蹈节死义，以雪天下之耻"的誓言。

江南的大宅子已经建起来了，各处产业也早已丰硕，完全适应江东生活的东晋君臣一心偏安，不敢也不愿返回故地。认为迁都洛阳是"驱蹙于穷荒之地……离坟贲墓，弃生业……舍安乐之国，适习乱之乡"。

总之，好日子已经过上了，除了桓温，大家都不想走。

桓温只能徒然叹息："永结根于南垂，废神州于龙漠，令五尺之童掩口而叹息。"

无奈之下，桓温携周成及三千余家平民南归。

第二次北伐至此结束。

由于前燕的扩张，司、青等四州随即得而复失，北伐成果没能保住。

第二次北伐收复了洛阳，赶走了姚襄，达到了预期战果，桓温声威大振。《世说新语》中载：简文作抚军时，尝与桓宣武俱入朝，更相让在前。宣武不得已而先之，因曰："伯也执殳，为王前驱。"简文曰："所谓'无小无大，从公于迈'，正是在此时发生。"

桓温的声威，已经达到可以和当时尚在主政的简文帝司马昱"无大无小"的地步了。固是谦辞，却也是写照。

北伐的成功加深了朝廷对桓温的忌惮，永和十二年（356年）第二次北伐结束，升平四年（360年），朝廷才因功加封桓温为南郡公，桓温既没能掌控朝堂，也没有获得豫州、徐州的控制权，这为桓温的第三次北伐埋下伏笔。

不可否认，对更高权力的追求，是桓温北伐目的之一。战场上为祖国披坚执锐的将军，同样也梦想着出将入相、万户封侯。投笔从戎去，万里觅封侯。这并不是桓温的过错，恰是他的动力所在。

关乎根本利益之所在，才会迸发出洪荒之力的英勇。

第二次北伐成果的丧失，也让桓温深刻认识到国力不足的无奈。数万将士浴血拼杀的辉煌战果，却因为后续力量不足而拱手让人，这是桓温后来实行"土断"的直接原因。

国与国的战争，归根结底是综合国力的角逐。

21. 北伐（下）

南宋大诗人陆游晚年写给儿子的诗中有这么一句："汝果欲学诗，功夫在诗外。"战争也是同样的道理，胜败与否，绝不仅仅取决于沙场征战的将士，国家每一个角落里的龌龊肮脏或高贵纯洁，都影响着胜利天平的倾斜。

先后进行了西征和两次北伐的桓温对东晋帝国"外难未弥，内弊交兴"的状况深有体会，优秀的将领，勇敢的士兵，最终依然在战争中失败了。那么，决定胜负的因素，一定在战争之外，在社会生活中的每一个缩影。

战事进行期间，桓温多次上书朝廷，力求通过改革以增强国力、提高军队战斗力。最为著名的有《七项事宜疏》等，其内容针砭时弊，足以彰显桓温卓越的政治才能。

在具体事务方面，桓温主持了东晋历史上第三次"土断"。

所谓"土断"，大可以参考当代的"人口普查"，即通过清查户口，使广大百姓登记在册，"黑户"变"白户"，以便于统治。

进行"土断"的主要原因在于，晋人南渡和世家大族的荫庇，导致大量没有户口的"黑户"产生。"黑户"由于没有户口，所以不需要交赋税，也不用服兵役，只对"荫庇"他们的世家大族和地主交租，对国家无任何贡献和义务。这种情况的产生，严重影响国家税收，损害东晋国家利益。"土断"在客观上具有抑制和打击世家大族和地主势力的作用，是东晋迅速提升国力的必然选择。

364 年，桓温受命主持"土断"，史称"庚戌土断"。

与晋元帝、晋明帝年间的两次"土断"不同，"庚戌土断"不但要斩断士族高门与南迁流民的联系，而且要清理他们隐匿的所有民户。这些民户被清理出来后，从此脱离士族高门，并且要向朝廷纳赋税、服兵役。

在实施过程中，桓温执法严苛，不畏权势，使"土断"得以顺利贯彻落实。据《晋书》记载，王彪为会稽内史，执行桓温"土断"法令，仅会稽一郡"亡户归者三万余口"。

"庚戌土断"是东晋历史上最彻底的一次土地改革，国家控制的人口数量大大增加，赋税随之增多，腐朽没落的东晋国力得到了一定程度的复苏。同时，"庚戌土断"为桓温第三次北伐及后来谢安当国、组成北府兵，一举取得淝水之战的巨大胜利奠定了基础，更是令其后整个南朝皆为之得益的关键政绩。

多年以后，再一次实施"土断"的刘裕这样评价桓温的政治改革："财阜国丰，实由于此。"

仓皇南渡的东晋，能够在总体上对北方政权保持攻势，桓温承上启下，功莫大焉。

对于桓温而言，一切的改革，都是为实现北伐的成功而服务，光复山河的理想才是他的终极追求。当然，我们也可以认为，这是为了实现其日益膨胀的个人私欲所做的必要准备。

不同的目的，却需要用同样的手段来完成。于是，安于享乐的清谈家们和宁愿孤身犯险的桓温就有了很深的"误解"。对错姑且不论，可以肯定的是，坐而论道一定不可能收复沦丧的山河和拯救异族铁蹄下的百姓。

唯物的历史观说，是、非这两者是不能够混为一谈的，否则将会影响我们对历史人物的客观评价，使真相湮灭在时间的消磨中。人性本就复杂，他年之非不能掩今日之是。

369年四月，桓温发兵，北伐前燕。

个中原因总结如下：

其一，改革完成，国力大增，有了"财阜国丰"的基础，桓温认为，晋军有实力和北方骑兵一战。

其二，前燕南下后，多次进攻东晋，并于365年攻克洛阳等地，给东晋造成极大的威胁。

其三，桓温自363年掌握朝政之后，尚有徐、兖二州及豫州兵力不受控制。据载，由于东晋内部政治斗争，桓温不可能通过正常的途径获得以上三州军政大权，所以急需通过北伐建功，以提高自身威望来实现野心，最终达到谋权篡位的目的。

其四，前燕战神慕容恪病死之后，慕容垂远离政治中心，慕容评与太后可足浑氏沆瀣一气，专权乱政。桓温认为，北伐前燕的时机已经成熟。

这是桓温历次北伐中规模声势最为浩大的一次，出师时有百官相送，都邑尽倾。北伐军共有步骑五万，兵分东西两路。西路由王导时留下的宿将袁真带领，任务是穿过谯、梁二郡，打通石门水道，把粮草运送到黄河前线；东路由桓温亲自率领，从驻地姑孰出发，经水路进入黄河，沿河西上与袁真会师。

北伐军途经金城（今江苏省句容县北），桓温看到曾经在此任职琅琊太守时种下的柳树已有十围粗，当时场景历历在目，悲愤之情油然而生，于是折枝在手，潸然泪下，感慨良多：树犹如此，人何以堪？

草木无情，人生易老，桓温第三次北伐时，中原沦落已经五十余年，晋氏南渡，也已经传到了第五代皇帝。南渡遗民已经老去、凋零，在南方长大的新一代遗民子弟，早已将他乡认作故乡。桓温所感慨的，不仅是自己壮志难酬，也是无数仁人志士北望中原而无可奈何的叹息。

壮志未酬身已老，中原北望呼奈何。但有三千精骑在，为君百死定风波。感慨中的桓温正手握数万大军，肩负着太多人的梦。

晋军过淮、泗，沿河北上，桓温率众将登船楼北望，但见满目疮痍、破败不堪。饱经战乱的中原各地萧条荒凉，早已经不复当年景象，桓温慨然叹曰："遂使神州陆沉，百年丘虚，王夷甫（王衍）诸人不得不任其责。"

时有袁宏在侧，闻之曰："运有兴废，岂必诸人之过。"

桓温很生气，以刘表有千斤大牛能吃饭却不能干活，最后被曹操所杀为喻，用以反驳袁宏，意指如袁宏这样身居高位者，徒有高官厚禄却不能为国尽职出力，误国误民。当时满座骇然，尽皆失色，袁宏随即被免职。

不过故事还是有续集的，不久之后，桓温发现自己尚缺北伐檄文一份，于是命袁宏赋之。当时正在进军途中，没有条件为袁宏提供一张安静的书桌，文房四宝也不齐全，袁宏以马背当案几，以口水润狼毫，顷刻间写就檄文，洋洋洒洒数千言，精彩非常，寓意深刻，扬我军威，挫敌胆气。桓温览之大悦！

后来，这段故事便流传下来，成了一句形容人们才华横溢、才思敏捷的成语"倚马千言"。

369年六月，北伐军将领檀玄在湖陆击败前燕拦截军队，俘获敌宁东将军慕容忠，北伐军至山东金乡。

时值大旱，桓温命冠军将军毛虎生凿巨野泽（在今山东省巨野北）三百里，引汶水（今大汶水）汇于清水（古济水自巨野泽以下又称清水）。这条航道后人称之为"桓公渎"。桓温率大军乘船自清水入黄河，舳舻连绵数百里。

在北伐军进入黄河前，晋军内部曾对下一步进军方略产生争论。谋士郗超认为：北方正值旱季，漕运难通，北伐军可原地驻守，积聚军需，过冬之后再继续进兵，方法虽迟缓，但我军必能立于不败之地；或者大军直扑邺城，逼迫燕军主力出城决战，即使燕军据城坚守，也可尽收城外百姓、财货，防止敌人坚壁清野，易水以南，必交臂请命矣。

桓温没有采纳，既不肯直趋邺城，决胜负于一役，又不肯顿兵河、济，以待来年。坚持按原定计划，沿河西上与袁真会合。北伐军进入黄河，逆流西进。

很多人认为，这是桓温无心真正北伐的凭据，若从郗超之言，必不致后来的惨败。

铁骑上的十六国

直趋邺城固然能达到出其不意、攻其不备的效果，但是，同样意味着北伐军需要舍弃船舶辎重，远距离徒步奔袭，而据城而守的前燕军却是以逸待劳，这是以己之短攻敌之长。在敌方有生力量并未受损的情况下，桓温只要进攻稍有不利，前燕四方援军转瞬即至，是时，内外夹击，北伐军必败。事实上，在当时，前燕已经有所反应，开始派兵拦截北伐军进军。作为首都的邺城，前燕不可能毫无防备。

对于"顿兵河、济，积蓄粮草，来年再战"的建议，桓温更不可能采纳了。悬师日久，会对军心士气造成极大损害，导致师老兵疲，这不是一番慷慨激昂的鼓励就能够改变的。而且会给前燕太多的准备时间，从容调度，到时候依然是胜负难料的结果。

桓温真正的胜算在于：东西两路大军全部达成预定战役目标，会师于前燕首都邺城城下。那时，北伐军体力充沛，士气如虹，兵精粮足。前燕却会因为无法阻止晋军北上而陷入恐慌，屡战屡败之后，军心涣散，不可能阻止北伐军攻破邺城。

开战初期，战事发展正是桓温想要的样子，直到负责打通粮道的袁真出了问题。

六月，北伐军在黄墟（今河南省民权县北）大败前燕下邳王慕容厉两万步骑，慕容厉仅以身免；燕军继任者慕容藏节节败退；同月，前燕高平太守徐翻投降，兖州刺史孙元起兵响应；同月，桓温前锋邓遐、朱序大破燕将傅颜八万大军于林渚（今河南省郑州市东北）。

七月，北伐军进至枋头（今河南省浚县），距前燕国都邺城仅二百余里。

接连的战败让燕国君臣惊慌失措，惶恐不安，皇帝慕容暐及主政者慕容评连逃往和龙（今辽宁省朝阳市）的马车都已经准备好了，正在搬家。

想起那座代表着慕容家族精神的大棘城。那年，大棘城下，慕容廆激励将士，亲自出击，重创宇文素延数十万大军。那年，依然是在大棘城下，刀枪如林，马嘶震天，慕容恪仅以两千骑兵即击破后赵天王石虎，一战而名扬天下。

国都迁到了邺城，皇帝也换成了慕容暐，桓温还没有围城，情况并不比当年糟糕，先辈的荣光也还在，但前燕君臣的骨头，酥了。慕容垂阻止了前燕皇帝陛下的逃跑行动，"臣请击之，若战不捷，走未晚也"。

在国家危难之际，慕容垂发挥了自己在关键节点上的关键作用，阻止皇帝的逃跑，稳定了前燕的军心、民心，为下一步行动的有效实施奠定了基础。

慕容暐停下脚步，任命慕容垂为使持节、南讨大都督，率众五万抵抗晋军。同时派遣使者赴前秦求援，许诺割让虎牢（今河南省荥阳西北汜水镇）以西上地，换取前秦出兵救援。然而战后，前燕食言，此即成为前秦灭燕的导火索。

当时，到达枋头的晋军情况并不乐观，虽然北伐军节节胜利，但西路军袁真在平定谯、梁之后，并没能顺利打通石门漕运粮道，完成战役目标。慕容垂派前燕范阳王慕容德、兰台侍御史刘当率骑兵一万五千驻屯石门，完全断绝晋军东、西两路会师的可能。桓公渎也由于干旱而水位下降，不能通运。北伐军水运不通，退路及粮食供应均被切断。桓温屯兵枋头，邺城虽近在咫尺，却不敢挥兵直进。

而且，在屯兵枋头之后，桓温和慕容垂几次交手均遭失败，又有传言，前秦援军将至，北伐军士气越发低迷。此消彼长之下，退兵已成必然。

369 年九月，由于水路不通，桓温命令烧掉所有船只，放弃全部辎重，从陆路撤军。沿途为防止燕军投毒，一路凿井而饮，行七百余里而追兵不至，晋军于是放松警惕，开始大踏步后撤。

其实，前燕的追兵一直就在北伐军的身后，慕容垂亲自率领八千骑兵尾随追踪，并不是不愿出击，而是在等待一击而胜的时机。

当晋军认为燕军并没有派出追兵时，当晋军放松警惕、防备松散时，当晋军思乡心切、战意渐消时，当晋军日夜兼程、疲惫不堪时，那就是燕军进攻的时机。

很荣幸，慕容垂等到了这样的机会；很不幸，晋军正如慕容垂所料。

桓温见追兵未至，于是大胆撤军，命令晋军兼程而进。紧随北伐军身后的慕容垂随即下令急速追赶，并使慕容德率精骑四千于襄邑（今河南省睢县西）设伏。

九月，慕容垂在襄邑追及晋军，慕容德伏兵尽出，前后夹击，大败桓温，杀伤晋军达三万人。前秦援军也应邀而至，前秦将领苟池在谯国再次击败桓温，晋军伤亡以万计。

369年十月，桓温收拢散兵，屯驻山阳（今江苏省淮安市），第三次北伐以惨败告终。

这是桓温最后一次北伐，此败之后，再不北伐。

值得一提的是，劝说前秦苻坚出兵救援前燕的人，就是那个在桓温军帐中扪虱论天下的王猛。一别经年，各为其主。

总体而言，桓温三次北伐并无建树，最后一次更是损失惨重。在此对北伐失败的原因总结如下：

首先，借用史书话语，桓温北伐动机不够纯粹。"挟震主之威，蓄无君之志，企景文而慨息，想处仲而思齐，睥睨汉廷，窥觎周鼎。"北伐成了桓温立威东晋、名震江东的工具，收复失地、还我山河反倒成了次要愿望。也正因如此，桓温害怕失败，进军务求持重，大好形势下常观望不前，贻误战机。

其次，在将领的个人谋略上，正如前燕申胤所评，桓温"骄而恃众，怯于应变"。固然有其务求持重的原因，但也反映桓温不善于捕捉战机、指挥作战缺乏灵活性。尤其在第三次北伐撤军途中，其个人谋略明显比慕容垂略逊一筹。

最后，东晋君臣偏安东南一隅，志在割江自保，无意恢复失地。反倒是对桓温权势日盛而深怀戒心，不愿看到桓温北伐成功。因此，桓温北伐并不能得到东晋朝廷的全力支持。正如前燕申胤所评："以温今日声势，似能有为，然在吾观之，必无成功。何则？晋室衰微，温专制其国，晋之朝臣未必皆与之同心。故温之得志，众所不愿也，必将乖阻以败其事。"

桓温的北伐是孤独的，前有强敌，后有掣肘。一段伟大的事业，本该上下同心、全力以赴的征程，在上位者各自利益的驱动下，成了桓温一个人的旅程。

桓温所进行的北伐，虽然损失惨重、建树无多，但为北方人民反抗剥削与压迫的斗争提供了支援，沉重打击了少数民族的残暴统治，这是符合当时北方人民的愿望的。桓温的北伐，犹如一盏明灯，带给了北方人民在黑夜中战胜异族奴役的信心和希望。

战后，慕容垂功高遭嫉，被迫出逃。

战后，渡过难关的前燕没有兑现向前秦求援时的割地许诺，燕主慕容暐遣使，谓之苻坚，"分灾救患，理之常也"，双方因之反目。这直接导致了前秦发动灭亡前燕的战争。

桓温的北伐没有灭亡前燕，前燕却因为桓温的北伐而走向灭亡。

22. 前燕灭亡（上）

前燕，直接灭亡于前秦的入侵；前燕，更是灭亡于慕容家族皇族的内讧。亡国的丧钟，在慕容恪去世的那一刻敲响。

慕容恪行将就木那会儿，对前燕后继的主政大臣曾经有过明确的交代："吴王（慕容垂）天资英杰，经略超时……吾终之后，必以授之。"（《晋书》）

可惜，死人终究当不得活人的家。慕容恪去世之后，慕容评趁机上位，全盘掌握前燕军政大权。慕容垂则挂了几个虚衔，赋闲在家，被排挤出权力中心。直到桓温北伐、国家危在旦夕之际，慕容垂才有了走向前台的机会。救世扶危之主，崛起于大厦将倾之际，慕容垂之命也，幸也！

成为主政大臣之后，由于缺少了慕容恪的节制，慕容评贪婪的本性暴露无遗，"官非才举，群下怨愤"。可足浑太后及皇帝慕容暐更是穷奢极欲，"后宫之女四千余人，僮侍厮役尚在其外，一日之费，厥直万金"。前燕国势江河日下，百姓困弊，寇盗充斥，纲颓纪紊。尚书左丞申绍上书建议根除弊病，燕主置之不理。仆射悦绾实施改革，出隐户二十余万，然而却触动了慕容评等权贵的利益，"寻贼绾，杀之"（《晋书》）。

嘴上有天下的人，是众之又众的；心中有天下的人，却是少之又少的。利益既得者拼命守护属于自己的蛋糕，谁触碰，谁灭亡。古往今来的改革者，无论成功与否，很多都没有好下场。比如商鞅。悦绾并不是第一个，更成不了最后一个。

那一段时期的慕容垂，空有济世经邦之才，徒无报国效命之路。面对前燕日益糜烂的局面，连商讨救国之策也仅仅限于私底下议论一番，并就此作罢，可以想见当时慕容垂处境的无奈。

原先是叫慕容霸的，因为需要被压制，所以改了名字成为"垂"。

当然，慕容儁和慕容垂的恩怨，绝不仅仅是改了一个名字那么简单。

更深层的矛盾，起源于慕容家的女人。

慕容垂的媳妇儿是鲜卑段部首领段末柸的闺女，出身高贵，且才高、性烈、气傲，在和皇后可足浑氏相处的过程中，不时流露出的贵族气质，时常触及可足浑氏隐藏于内心深处的自卑。双方因此颇为不睦，可足浑氏深以为恨。

358年，为置段氏于死地，可足浑氏命令属下以巫蛊之罪诬告段氏及吴国典书令高弼，向来对慕容垂不满的慕容儁也想借此机会把慕容垂牵连进来。

巫蛊，封建迷信产物，起源远古，历史悠久，包括诅咒、射偶人（偶人厌胜）和毒蛊等，在古代相当有市场，据说姜子牙就曾经用巫蛊之术使我们的"财神爷"赵公明得以升天。在封建皇室中，巫蛊之术一经发现，基本属于牵连到谁谁就会死的罪责，绝不姑息，从无幸免。比如汉武帝时期的那个巫蛊事件，死者数万人，包括太子刘据和皇后卫子夫，后来，也包括了那个叫江充的始作俑者。

屠刀高举，只等杀人，杀牵连到的所有人。

被捕下狱的段氏及高弼受到严刑拷问，但二人"志气确然，终无挠辞"（《晋书·慕容垂载记》）。

当时，慕容垂已经放弃了生的希望，暗中派人告诉段氏："人生会当一死，何堪楚毒如此。不若引服。"段氏叹息道："吾岂爱死者耶。若自诬以恶逆，上辱祖宗，下累于王，固不为也。"（《晋书·慕容垂载记》）心高气傲的段氏最终被折磨致死，慕容垂则因之幸免于难。

这是一起由皇后主导、皇帝纵容，以诬陷为手段，罗织罪名，企图陷害朝廷重臣的政治事件，最终因段氏的死而不了了之。慕容垂遭受飞来横祸，佳偶丧命，其和可足浑氏的关系之恶劣，可想而知。

后来，和段氏伉俪情深的慕容垂以段氏之妹为继室。后来，可足浑氏将段氏废黜，以其妹嫁与慕容垂为妻。后来，由于夫妻关系不睦，可足浑氏更加记恨慕容垂。后来，后来的后来，慕容垂登基开元，光复大燕，终以段氏之妹为皇后。

十年生死两茫茫，沧海桑田之后，依旧难忘。

情况就是这样，当时，慕容垂大权旁落完全是情理之中的事情。

纵使有慕容恪临终举荐，纵使"天资英杰，经略超时"，在可足浑太后和慕容评的操纵下，慕容垂仍毫无办法。

枋头之战的胜利带给了慕容垂走向政治中心的机会，但是，浴血奋战、大功告成之后，慕容垂并没有得到相应的褒奖。恰恰相反，主政大臣慕容评对其又嫉又恨，压下了慕容垂申报嘉奖麾下将领的奏章。二人随即发生争执，关系恶化开来，可足浑氏趁机与慕容评联合，欲诛杀慕容垂。

勇略震主者身危，而功盖天下者不赏。

后世，同样是名将，同样功勋卓著，同样被冤屈的檀道济对于此事做了一个最为生动且精准的定义："乃坏汝万里长城。"

这是大功于国者的宿命。

在得知慕容评及可足浑氏的阴谋之后，慕容垂断然拒绝了慕容恪之子慕容楷及舅舅兰建"先发制人"的建议，虽然那时候发动政变、夺取政权对于慕容垂来说，易如反掌。但是，父兄开基立业之艰辛，慕容垂不愿意骨肉相残而致使国家败亡，"必不可弥缝，吾宁避之于外，余非所议"（《资治通鉴·卷第一百零二》）。

保卫了祖国和人民之后，国家却没有了他的容身之所，反倒需要靠逃跑来换取一线生机，国事如此，不亡何待？

369年十一月，即在击败桓温仅仅两个月后，慕容垂以狩猎为名，逃出邺城。

原计划是逃奔故都龙城，因为世子慕容令认为，在龙城那个地方，进可以做"周公"，等待慕容暐幡然悔悟，继续为大燕国发光发热，不失大义；退可以守卫一方，保族全身。然而逃跑途中，他却被另一个儿子慕容麟出卖，只得折返西行，经洛阳投奔前秦。随行人员有：段夫人，子慕容令、慕容宝、慕容农、慕容隆，侄子慕容楷，舅兰建，郎中令高弼。至于他的正室夫人——可足浑太后的妹妹，被慕容垂毫不犹豫地抛弃在了邺城。

卿本佳人，奈何卷入政治的旋涡？

请记住慕容令和慕容麟的名字。一个是慕容家族下一代中最为优秀的人才，是慕容垂成功出逃的直接策划者和实施者，出奇谋、阻强敌，勇略双全，厥功至伟；一个是慕容垂最不喜爱的儿子，背叛父亲，害死兄长，后来更是在后燕与北魏的关键决战中因一己私欲而葬送了数万精锐，使慕容垂辛苦经营的大好国运毁于一旦。

> 微子奔周而商亡，由余奔秦而戎灭，伍胥奔吴而楚覆。自来豪杰出亡，甘为敌用，必致祖国沦胥，如慕容垂之奔秦，亦犹是也。
>
> ——《两晋演义》

毫无疑问，慕容垂的去留，决定着前燕的生死。虽然燕国的当局者们并不这样认为。

被前燕抛弃的臣子，却得到了前秦空前热烈的欢迎。苻坚闻慕容垂来归，大喜，亲自到郊外迎接，执其手说："天生贤杰，必相与共成大功，此自然之数也。要当与卿共定天下，告成岱宗，然后还卿本邦，世封幽州，使卿去国不失为子之孝，归朕不失事君之忠，不亦美乎。"（《资治通鉴·卷第一百二》）

关中士民素闻慕容垂父子大名，皆向慕之。一时之间，长安城因为慕容垂的到来而万人空巷，人们争相一睹这个能够将桓温打得屁滚尿流的英雄到底是什么样的人物，举国上下茶余饭后议论的话题，也终于从名相王猛转移到名将慕容垂身上。

热烈欢迎背后的冷静者还是有的，比如王猛。这是一位据说才能不下于诸葛亮的人物，虽然没有羽扇纶巾的习惯，但依然能保持清醒的大脑，客观而准确地分析着这位"熟悉的陌生人"。

> 慕容垂，燕之戚属，世雄东夏，宽仁惠下，恩结士庶，燕、赵之间咸有奉戴之意。观其才略，权智无方，兼其诸子明毅有干艺，人之杰也。蛟龙猛兽，非可驯之物，不如除之。
>
> ——《晋书·苻坚载记》

杀了吧，这是位英雄，我们驾驭不了，留下恐后患无穷。王猛向苻坚做出了他深思熟虑后的建议。后来的事实也证明，王猛何止是独具慧眼，简直料事如神。

> 吾方以义致英豪，建不世之功。且其初至，吾告之至诚，今而害之，人将谓我何？
>
> ——《晋书·苻坚载记》

当年，曹操面对天下英雄之刘备、杀其子侄及爱将之张绣时，其坦荡胸襟，其瞻前顾后之虑，亦是如此。

统一天下的事业，需要众多英杰之士呕心沥血、前赴后继才能够完成。怎能因忧虑一人而废天下俊杰之望？

慕容垂的到来，不仅满足了前秦君臣百姓的猎奇心理，更消除了苻坚对前燕最后的顾虑。369年十一月，苻坚以前燕未按约定割让虎牢以西土地为借口，命令王猛统建威将军梁成、洛州刺史邓羌等率步骑三万，兵出函谷，进攻洛阳。大军临行前，王猛求以慕容令为参军，充当向导。

前燕，因为慕容垂的出走而迎来了最后的时刻。前秦灭亡前燕的战争，拉开序幕。

370年正月，王猛在首战前燕援军失利的情况下，迅速集结部队，以迅雷不及掩耳之势，再次对前燕援军发起攻击，大破慕容藏十万大军于荥阳。随后，王猛携胜利之威，一纸书信而下洛阳，攻取了可以沿黄河东进北上的战略要地，为潞川之战打下基础。

在此次战役中，全军总指挥王猛指挥若定、谈笑功成。战斗间隙，顺手巧施"金刀计"，虽没有能够将慕容垂陷害致死，但最终导致其子慕容令被杀。这一成就，甚至比攻克荥阳、洛阳的影响更为深远。

那是在出征的前一天晚上，慕容垂设宴为王猛饯行。两人英雄相惜，酒逢知己，激动之余，更是指天画地，结义为兄弟。王猛赠挚爱之镇纸以为信物，慕容垂送家传金刀聊作相思。

这是大臣之间正常的交往，慕容垂自以为和王猛从此肝胆相照，终于可以在前秦立足站稳。酒酣耳热之后，畅快淋漓之余，回屋睡觉。王猛却怀抱金刀，坐在返回军营的马车上，构思着下一步的计划，彻夜未眠。

对于桓温的实力，王猛当年在灞上扪虱论天下时即深有体会，将帅之才，不可多得。慕容垂居然能将其打败，而且是大败，处处料敌先机，算无遗策。其人实在不容小觑，必为陛下除之。素来行事坦荡的王猛定下了此生最为阴狠的计谋。

洛阳城下，前秦和前燕大军展开决战之时，王猛开始了他的第二步计划：重金收买曾在慕容垂家中打过工的小卒，使之诈称为慕容垂所派，持金刀为凭，传语慕容令，令其投奔前燕。

慕容令并不知道父亲和王猛结义的事情。故人有言，金刀为证，惊疑不定之余，思前想后之后，慕容令决定再次反水，连夜投奔前燕。

慕容垂在得知其子叛逃的消息后，于出逃途中被捕。

王猛几乎要成功了，布局完美无瑕，效果显著明了，略施小计即陷盖世英雄于万劫不复之境地，而且事实已成，百口莫辩。

在慕容垂自己都认为这回总算是被儿子坑死的时候，苻坚赦免了他："卿家国失和，委身投朕，贤郎心不忘本，仍然返国，倒也不足深咎，不过燕已将亡，非贤郎所能使存，徒入虎口，有损无益。朕非暴主，也知父子兄弟，罪不相及，卿何必畏罪骇走？"

后来，慕容令在燕国企图第三次反叛时，由于其弟弟慕容麟的出卖而失败被杀。

王猛的计谋虽然最终没有要得了慕容垂的性命，但却葬送了慕容垂的身后希望所在——慕容令。后来，慕容垂再造燕国（史称后燕），定因后继无人而痛惜"太子"慕容令的无辜身亡，更为王猛的毒计而感到不寒而栗。

王猛，不仅直接率领军队灭亡了前燕，也为后燕埋下了灭亡的种子。

在攻克洛阳、荥阳之后，王猛命令建武将军邓羌屯兵金墉城，自领大军返回长安，前秦攻燕势头戛然而止。

正积极准备防御的前燕在得知王猛撤军之后，误认为前秦只是为了夺取求援时所许诺的土地，并不是要进行灭国决战，防御部署随即中断。当时，前燕左丞申绍认为，"非唯守境而已，乃有吞噬之心"，建议增加边境各要点之兵力，加强战备。慕容暐心存侥幸，未予采纳。毕竟，增加边境守备是一件很费钱的事，万一王猛不再率兵前来了呢？

前秦第二次攻燕时，王猛旬月而下"天造之险"壶关，进而兵出潞川，正是第一次攻燕时打下的基础。

23. 前燕灭亡（下）

有慕容垂来投，双方力量此消彼长，前秦就有了灭燕的实力；有了洛阳和荥阳，就打通了黄河漕运，后顾无忧；有了前燕君臣的麻痹大意，就可以兵出敌人所不意，战而胜之。

此所谓"得天时，占地利，拥人和"，条件足备。

370年四月，王猛率杨安等十位将军、六万步骑兵，再次东伐前燕。此战，为灭国而来。

出征的那一天，苻坚亲自送行，直至灞上，君臣举觞对饮，互道珍重。

"今授卿精兵，委以重任，当先破壶关（属山西上党），继平上党，长驱取邺，此捷济之机，所谓疾雷不及掩耳。我当亲率万众，继卿星发，舟车粮运，水陆并进，于邺相见。卿尽管前行，但忧贼，不烦后虑也。"

苻坚所言，语重心长，深得山西地理军事之妙，秦军出征后的进军方略，正是按此进行。有了第一次伐燕的胜利，王猛自是信心满满、踌躇满志，"……藉宗庙之灵，禀陛下神算，残胡不足平也。愿不烦銮轸，冒犯霜露。臣虽不武，望克不淹时。但愿速敕有司，部置鲜卑之所"（《晋书》）。

这是一段格外肉麻的马屁，但却恰当其时，苻坚听后备感愉悦舒心，王猛拍完也觉得精神抖擞，三军将士更是士气高昂。在如鱼得水的君臣关系中，王猛率大军，直扑上党险要关隘——壶关。

上党，即今长治市，位于山西省东南部，"郡地极高，与天为党，故曰上党"。东据太行南麓，西临霍山、太岳，南通晋城、洛阳，北走左权、太原，有沁、漳二河萦流其间，关山险固，"自战国以来，攻守重地也"。长治周围，据高设险，东下壶关，则至安阳而走河北，南过太行则抵沁、孟（河内地区）而入河南，"诚自古必争之地矣"。

370年七月，王猛率军围攻壶关，遣大将杨安另率一军攻晋阳（今山西省太原西南）。

纵观整个灭燕过程，前秦的战略层次极为分明，先取洛阳、荥阳以通漕运，然后攻上党，出潞川，下燕都邺城。至于杨安所率偏师，任务更是明了，掩护主力，牵制晋阳守军，使其不能南救上党，以便达成战略意图。

八月，从幻想中清醒过来的慕容暐悔之不及，命令太傅慕容评率全国精兵四十万众，迎击秦军，并命令宜都王慕容桓领机动兵力一万，驻于沙亭（在今河北省大名县境内），作为慕容评后继。

此时，错过了最佳防御时机的慕容暐欲哭无泪，大军出征后惶惶不可终日，自我安慰式问计于朝臣，渴望得到一个类似于"秦军到此一游"的答案，然而大臣们的回答击碎了他最后的幻想：千里远来，焉能不战？

由于燕军防守薄弱，王猛不久即顺利攻克壶关，俘虏上党太守南安王慕容越。所过郡县，皆望风而降，前燕举国震惊。之后，王猛亲临晋阳，九月十日，秦军攻克晋阳。

接连的胜利恐吓住了慕容评，其所率领的四十万大军进至潞川（今山西省浊漳河）后即止步不前，企图利用潞川阻止秦军进攻。十月十日，王猛率军进逼潞川，与慕容评相持。

潞川之战，正式开始！

双方相持之初，慕容评以王猛"悬军远入，利在速战，议以持久制之"，坚守不肯出战。

在对方士气如虹之际，坚守不战未尝不是避敌锋芒之策。如司马懿对阵诸葛亮，正是用此方法多次迫使诸葛亮粮尽退兵。空有经天纬地之才、十万效死之士，却只能换得六出祁山而无功。但是此时情况相异，王猛在第一次攻燕时，已经疏通漕运，可谓后顾无忧，完全耗得起。更何况，前秦此次侵犯志在灭燕，慕容评除了战而胜之，别无选择。

手握四十万燕军精锐，一箭未发而和区区六万秦军相持，除了怯敌畏战，还能对慕容评如何评价？

两军相持过程中，正值生死关头，慕容评却丝毫不以国家存亡为重，不知体恤士卒，专以敛财为本。为捞取钱财，身为统帅的慕容评居然封闭山林、泉水，规定所有士兵必须出钱向其购买木材和饮水，并明码标价：入绢一匹，方得给水二石。统帅收钱高如山岭，士兵痛恨深入骨髓！

王猛探得消息后大喜过望："慕容评真奴才，虽亿兆之众不足畏，况数十万乎。吾今破之必矣。"

当时，慕容垂正在前秦军中，真不知得到如此消息后会作何感想。故国已成往事，一声叹息而已。

王猛并没有打算和慕容评耗下去，精兵锐卒，远驱千里，自然不是为了来看慕容评的笑话。在掌握燕军的情况之后，王猛命令游击将军郭庆率骑兵五千，乘夜由小路绕至慕容评大军背后，火烧燕军辎重。偷袭成功的那天夜里，大火所映起的漫天红光，连身处邺城之中的慕容暐都看得见。

邺城内外人心惶惶，一片败亡之象！

惊恐万分的慕容暐急忙派遣大臣斥责慕容评，令其速将钱财发散士卒，并立即向王猛军进击。不得已之下，慕容评派兵向王猛军挑战。

至于慕容评是否将搜刮到手的钱财还给了士兵们，已经不再重要了。大错铸成，三军将士无战心。正如王猛所言，"吾今破之必矣"。

十月二十三日，王猛于渭源列阵誓师："王景略受国厚恩，任兼内外，今与诸君深入贼地，宜各勉进，不可退也。愿戮力行间，以报恩顾，受爵明君之朝，庆觞父母之室，不亦美乎！"（《晋书》）前秦将士闻之，人人奋勇，破釜弃粮以示拼命，大呼竞进。

两军对阵之际，人多势众的燕军着实让王猛心头一紧，燕军数量的优势几乎可以弥补士气的不足。时见勇将邓羌在侧，于是勉励道："今日之事，非将军不能破劲敌，成败之机，在兹一举，将军勉之。"（《晋书》）

邓羌趁机请以司隶校尉一职为破敌之赏，王猛无权任命此职，只能答应予以安定太守，封万户侯，邓羌不悦，率部回营睡觉。

这是明载史册的事情，为一己私欲而置国家利益于不顾，并不是慕容评一个人的特权。人性的弱点，不分阵营。

开战之后，战事一时胶着，王猛急召邓羌而不应，于是"驰就许之"。紧要关头，王猛选择了妥协，答应了邓羌的全部要求。邓羌遂和猛将徐成、张蚝等上战马，舞长矛，直扑敌阵，往来冲杀，如入无人之境。"出入数四，旁若无人，搴旗斩将，杀伤甚众。"

战至中午，燕军大败，损失五万余人。王猛指挥部队乘胜追击，又歼灭敌军十万余人。慕容评单骑逃回邺城，残军四散。

战后，邓羌亲至王猛驾前谢罪。

是该前来谢罪，仅就临战求位之事，足够杀邓羌一千回的，更何况还要了一回"任性"。生死存亡的紧要关头，王猛在处理邓羌问题上所表现出的度量和通达，令后世史家赞不绝口。若是始终固执拘拗，潞川之战胜负实未可知。

对于前燕和前秦来说，人的贪婪和自私都是一样的，率部回营的邓羌并不比慕容评高尚。胜负的关键在于如何驾驭和利用这"人性的弱点"。王猛用它来激励士气，驾驭悍将，于是全军振奋，个个奋勇；慕容评却因为这种贪婪和自私伤害了全军将士，致使军无斗志、兵无战心，虽坐拥四十万众，最终只能惨败收场。

战后，王猛为邓羌请司隶校尉之职，苻坚专为此事下诏："……司隶何足以婴之。其进号镇军将军，位特进。"（《资治通鉴》）

当个司隶校尉怎么能配得上呢？于是给个更大的。

仅仅在一年前，前燕还击败过桓温的北伐大军，还是那些将士，实力比之当时甚至更加强大，也同样是保卫祖国的战争，然而军心变了，结局也就变了。没有了慕容垂的燕军，虽百万不足惧。

潞川之战取得胜利之后，王猛乘胜进军，直逼燕都邺城。

当时，燕军战败，邺城周围社会秩序荡然无存，一片混乱不堪。待王猛军至之时，秦军军纪严明，政令简约宽大，百姓遂由乱而安，奔走相告曰："不图今日复见太原王（慕容恪）。"

可怜了战神慕容恪，上马天下无敌，下马人民安业，却在死后仅仅三年即家国沦丧，一生努力成为泡影。

王猛闻之，特具太牢，亲往慕容恪墓前祭奠。

得到潞川之战取得胜利的消息后，苻坚留太子苻宏守长安，亲率十万大军向邺城进发，行军七日即至河南安阳。王猛弃大众而前迎苻坚，二人同至邺城城下，共攻邺城。

370年十一月七日夜，燕散骑侍郎余蔚率守军五百余人，打开邺城北门，引秦军入城。

燕主慕容暐在逃亡途中被抓，苻坚命其回城率文武百官出降；太傅慕容评逃至高句丽后，被送交秦军；领兵为机动的宜都王慕容桓被追兵斩杀。前燕其他州、郡守牧及部族首领尽皆投降。

至此，前燕灭亡。

慕容垂当时也跟随苻坚到了邺城，收集诸子，抱头痛哭，哀家国沦丧，叹命运多艰！父兄数代人的全部心血至此成空，自己纵有奇谋良策，此时此刻，也只能徒呼奈何。

前秦灭燕之战，是一场以少胜多、以弱胜强的战争。综观当时形势，前燕国大、人众、兵强、地险，并没有必亡之理。然而在前秦进攻之下，数月之间即告灭亡，个中缘由，令人回味深思，分析如下：

其一，双方政治差异明显。

苻坚当政之后，励精图治，民殷国富，百官拥护，人民爱戴。因此，前秦虽国小民稀，但却拥有赫赫大国的实力。

前燕方面，由于慕容暐年幼暗弱，太后可足浑氏骄奢淫逸，太傅慕容评视财如命、贪得无厌。二人狼狈为奸，专断朝政，致使前燕政治黑暗、经济困顿，国力不断下降。据《资治通鉴》记载，燕"仓库空竭，用度不足"，"国家政法不立，豪贵恣横"，以致造成"吏断常俸，战士绝廪，官贷粟帛以自赡给"的困难局面。

正因如此，前燕虽国大民众，据山河之险，但是其民心、军心士气，乃至于战争实力均无法和前秦相比较。灭燕之战表面上看是以弱胜强，事实上却是一场摧枯拉朽的战争。

其二，双方在人才任用上，差距巨大。

苻坚收天下英才为己用，且知人善任。遇关中王猛时，"一见便若平生，语及废兴大事，异符同契，若玄德之遇孔明也"。对王猛委以重任，"军国内外万机之务，事无巨细，莫不归之"。

王猛，作为前秦灭燕的直接指挥者出现在本篇当中，不仅会拍马屁，调和君臣关系，而且精于实干，名副其实。

前燕方面，可足浑氏和慕容评嫉贤害能，官非才举，有一慕容垂而不能用，居然迫使慕容垂远走他乡，使前秦不费吹灰之力，即解除了进攻前燕途中所面临的最为可怕的对手。在军事统帅的任用上，贪财如命的慕容评和踌躇满志的苻坚、王猛更完全不在一个数量级。

其三，双方指挥艺术优劣明显。

在攻打洛阳、荥阳时，王猛先以部分兵力控制成皋险关和孟津渡口，堵塞燕军出逃通道，然后重兵威逼，兵不血刃，迫降前燕洛阳守军，完成灭燕第一阶段战略任务（打通漕运）。两军相持阶段，王猛以五千骑兵奇袭敌军辎重，火烧敌军粮草，乱敌军心，为随后以弱势兵力击败燕军四十万大军打下基础。在追剿残敌过程中，王猛不给敌人以喘息之机，力求歼敌务尽，将逃窜之敌全部擒获，彻底消灭前燕势力。

这些重大的作战行动，环环相扣，而王猛挥洒自如，发挥了高超的指挥艺术。秦军节节取胜，愈战愈勇。

相比之下，缺少了慕容垂的燕军表现极为拙劣。慕容藏十万大军救援洛阳，面对秦军万人迎击，一败而龟缩于黄河以北，不敢再战，坐看敌人攻克战略要冲。最高统帅慕容评更是闹了一个人类战争史上的千古笑话——封闭山林、泉水，让士兵出钱购买，岂能不败？

前秦灭燕之战，距燕国击败桓温北伐仅仅一年时间。同样一支燕军，在慕容垂的领导下，能够将东晋五万精锐几乎歼灭殆尽。在战役实施过程中，军事行动章法分明，指挥有序，阻击、进攻、追击有条不紊，充分显示了燕军固有的作战实力和素养。然而，一年之后，燕军却在慕容评的统率下不堪一击。所谓"千军易得，一将难求"，诚如是也。

前燕，灭亡在自己的手里！

24. 桓温的后北伐时代

终究还是放不下他，虽然桓温在正史当中多有贬抑，但是不可否认，他仍然是东晋的英雄。坐而"拉呱"者，不能让北方铁骑望而却步。

随着桓温枋头兵败、威望受损，且又年事已高，而在桓温多年前错过的那个不世奇才王猛的努力下，长期分裂的北方已经成为一个政令统一、国富兵强的大国。桓温再也没有可能收复中原。

北伐之后的桓温其实只做了一件事：废立立威。

为了挽回失去的名声，为了威震朝堂，权倾东晋，北伐失败后，这是桓温保持权力的唯一选择。

其实桓温还是做过努力的，平灭袁真叛乱。不过他的第一谋士郗超告诉他，平灭袁真（是时袁真已死，子袁瑾立）的功勋，不足以弥补北伐失败对桓温威望所造成的损伤。唯有行"废立之事，为伊、霍之举"，否则不足以威压四海，震服宇内。

371 年十一月，桓温以"阳痿之疾"废黜皇帝司马奕，改立司马昱为帝，年号咸安，是为晋简文帝。

天下事皆可说，唯裤裆里的物件不足为外人道也。司马奕无论如何，也无法向他的大臣们展示证据。

其实，即使证据十足又能如何？

桓温想要的，不过是一个借口而已，个人的意志不会因借口的有无而有所改变。

据《晋书》所载，废立之议虽倡之郗超，桓温却是谋划已久。他曾卧对亲信言道："为尔寂寂，将为文、景所笑。"接着抚枕而起，"既不能流芳百世，不足复遗臭万载邪。"其部下见桓温口出不臣之言，莫敢答对。又，桓温过王敦墓，连声赞叹："可人，可人。"

此即为"宿有此计"。

那时的桓温：入为相，权倾朝野；出为将，死士万千。如此身份下，我们不可否认其日益滋长的不臣之心，但仅凭桓温终其一生未曾反叛，"宿有此计"即为污蔑之言。当时权柄天下无二，口出狂言亦举世无双。实未曾做，有何患哉？倘使小心翼翼行于朝堂，战战兢兢柄国执政，那么，这样的人还是那个敢于亲冒矢石、披坚执锐的桓温吗？

形势使然，如此而已。

司马昱登基后，诏桓温依汉丞相诸葛亮故事，甲仗百人入殿。赐钱五千万，绢二万匹，布十万匹。

这算是答谢，傀儡皇帝也是皇帝；也算是安抚。从此，司马昱生活在战战兢兢中。

前秦苻坚听闻桓温废立之事，很不以为然，"温前败灞上，后败枋头，十五年间，再倾国师。六十岁公举动如此，不能思愆免退，以谢百姓，方废君以自悦，将如四海何"？

柄国日久者，没有人愿意急流勇退。"如四海何"，我不得知。但是，如果桓温拱手让出权柄，东晋朝廷的上上下下，一定要给他好看。

四海依旧。

相比于文景和司马炎，桓温所做的，温婉也可人。

之后的事情就很老套了，为排除异己，桓温以谋反之罪诛庾倩、殷涓之族，"威势翕赫，侍中谢安见而遥拜"。

当然，简文帝司马昱也在桓温掌握之中，虽身为帝王，常惧被废，曾对郗超咏庾阐诗曰："志士痛朝危，忠臣哀主辱。"虽然郗超以全家百口性命担保桓温，不会再发生类似事变，但司马昱在位期间，唯拱默守道而已，不到两年即忧愤而死。

其实，桓温是想向司马昱阐明自己废立的本意的，并为之写过一篇讲辞。但是每一次君臣相见，司马昱总是哭哭啼啼，泪流不止，桓温为之战战兢兢，一言不敢发。

一个真正想要篡权夺位的权臣，见到皇帝的时候，何必如此呢？且看司马昭。至于司马昱临死前在诏书中写明的话语："少子可辅者辅之，如不可，君自取之。"居然有评论说，这是想要让位的打算。我不这样认为，且看刘备托孤于诸葛亮，慕容儁托孤于慕容恪，不也是一样的吗？如此话语，反倒应该认为是对桓温作为忠臣的认同与勉励之语了。

简文帝死后，桓温拜谒司马昱陵墓，被新任皇帝特许，无须跪拜，但桓温却一直神情恍惚，自言见到司马昱鬼魂，连连拱手施礼，喃喃自语"臣不敢、臣不敢"。

若非桓温，想必司马昱不会如此早逝。从"从公于迈"到"君君臣臣"，彼此纠缠近三十年，如此一幕，多少有些是对司马昱的愧疚，憾恨自己终究逼死了这个品性高洁之人，更玷辱了他一生自持的清华与高洁，使之如白雪堕入污泥、如花少女掉进妓院……

明末史评大家船山先生王夫之干脆就怒喷——司马昱是和桓温狼狈为奸的国贼："温，贼也；简文相其君而篡之，亦贼也。"

也是在那一年（373年），桓温因病去世，时年六十二岁。

在生命的最后时刻，桓温想要的，不过"加九锡"而已。但由于谢安的敷衍，未能如愿。

据载，桓温以为简文帝临死将禅位于己，不然也会使己如周公行居摄之事。证据在于写给其弟桓冲的信中有这样一句："遗诏使吾依武侯、王公故事耳。"

不满意是一定的，但是，如果仅凭这一点就说桓温想要"遗诏传位"，却也是子虚乌有。中国封建历史两千余年，从未有过皇帝遗诏传位给大臣的事情发生。那么，这种中二的想法从何而来呢？如果是真的，我们是不是可以认为，东晋帝国的三军统帅、权倾朝野的桓温，在思考国家大事的时候，居然萌萌哒。

从史书中来。

纵观桓温一生，攻灭成汉，西取巴蜀；北伐关中，兵临灞上；大破姚襄，收复京洛；再攻关东，功败垂成；主持土断，压制门阀。论文治武功，东晋一朝无人能及。

他是想当皇帝的，但终究没有去做。可是，天下欲称王称帝者不知凡几，为什么单单要骂桓温？

或许，只有真的做了，而且做踏实了，也就无人敢骂了。

桓温给后人留下了诸多成语典故，知名度甚至超过了他本人：

他的谋主是"入幕之宾"郗超；他的妻子对情敌"我见犹怜"；连他的主簿也善辨美酒，管好酒叫"青州从事"，劣酒叫"平原督邮"。

他在行军路上，怜悯因思子而"肝肠寸断"的母猴，处罚捕猴的士兵；看到昔年亲手植下的柳木，长叹"树犹如此，人何以堪"，竟至泣下。

他是天下知名的孝子，为父报仇枕戈泣血整整三年，曾自解权柄为母送葬，却又在绝壁天悬下高呼，"既为忠臣则不得为孝子"。

腐朽高门不喜欢桓温勤于军政，却短于玄谈和经学，骂他是"老卒"，于是就有了"我不为老卒，尔辈安得高坐"之高论。

他以豪杰自许，以功业自励，称大逆贼王敦是"可人"，也曾自比刘琨，只因同样有荡涤中原之志。

他从不遮掩自己的野心，以晋帝国奠基之祖司马懿为偶像。在奢靡之世，他俭约自苦，每次宴饮仅以茶果待客，一生所求唯有梦想。最终喊出了中国历史上最具"真性情"的名言之一：既不能流芳后世，不足复遗臭万载邪。

几十年来，他的幕府名士众多，太尉郗鉴的孙子郗超是他的谋主，谢安的长兄谢奕经他举荐为方镇，王导的孙子王珣为他主簿掌管军中机务，甚至后来的北府军创立者谢玄也给他做着参军，连大宰相谢安自己也曾拜在桓温府上。

世家大族之所以制衡桓温，只是希望尽可能维持贵族虚君制，以便使自己家族的利益能够最大化。从不当真对司马氏有什么忠诚，更没有人愿意为晋帝国的社稷殉葬。谢安们不过是号准了桓温不想撕破脸，才敷衍了事。一边明面上不合作，一边早早便让家中子弟在可能的桓氏新朝谋求出路。

清流领袖谢安见桓温而行君臣大礼，用"君拜于前，臣怎可揖于后"，愤然表示对司马昱沦为权臣手中木偶的不满，并在多年后仍讥讽司马昱这个"先帝"除了会清谈，只配比于痴儿司马衷。一句"简文（司马昱）为惠帝之流，清谈差胜耳"，如此，盖棺定论。

桓温死后，并没有将桓氏基业留给自己的儿子，而是交给了一直主张对朝廷恭守臣节的弟弟桓冲。

十年之后，正是镇守荆州的桓冲率领桓温一生经营的西府军，和代表中枢的谢氏北府军精诚合作，打赢了实力悬殊的淝水之战，令如庞然大物一般的前秦帝国顷刻间土崩瓦解；进而兵锋直抵黄河，一举收复河南，建立了自永嘉南渡以来东晋帝国空前之武功。

千百年来，多少人嘲笑桓温欠缺后辈赌徒的胆略和勇气……

他当然想做帝王，想做的是一个凛凛然有生气、为后世留下佳话逸事的名士帝王，而不是一个彻头彻尾、只为利益驱动的政治动物。

他当然想驱除胡虏一统河山，但是想恢复的却是名士风流的太康盛世，而不是法吏当道的秦汉帝国。

哪怕内心洞彻、世事通明，行事亦未必非要人情练达，偏要任性恣意书写华章，世俗权位和功业皆我欲也，精神上的华贵崇高同样亦我欲也。

"越石已矣，千载而下，犹有生气。彼石勒段碑，今竟何在?"秉承着刘琨一样的魏晋风骨，千载之下栩栩如生，桓温亦是如此人物。

唯大英雄能本色，是真名士自风流。

第五篇　大哉前秦

01. 氐族起源

作为在"五胡乱华"时期先后建立过仇池、前秦、后凉、成汉四个国家的民族，作为唯一一个在这一时期统一过中国北方的少数民族——氐族，我们不能将它的来龙去脉一概而过。虽然英雄可以不问出处，虽然它和鲜卑一样，早已消失在历史长河中，但在那段历史中它所占据的地位，以及那些因它而起的故事和传说，在时间的河流中所掀起的涟漪，同样波澜壮阔、动地惊天。

氐族，中国古代少数民族，由地名而转为族名，自称"盍（hé）稚"，"氐"为他族对其之称。由于氐、羌相邻，先秦人视之为氐地之羌，又觉与羌有别，因称之为氐羌，或单称"氐"。孔晁在《逸周书·王会篇》"氐羌以鸾鸟"的注中提到："氐羌，氐地羌，与羌不同，故谓之氐羌，今谓之氐矣。"魏晋以降，逐渐成为氐人自称。

关于氐族的起源，主要有两种说法：

一种说法认为，氐、羌同源而异流。

执此观点者认为，在古典资料中，羌先见于记载，有羌无氐或羌氐共用，如《尚书牧誓》中提及武王伐纣事，周率"蜀、羌、髳（máo）、微、卢、彭、濮人"伐商，有羌无氐。又如《诗经·商颂·殷武》云："昔有成汤，自彼氐羌，莫敢不来享，莫敢不来王"，羌氐共用。资料显示，在西周之前，未曾有氐人单独存在的记录。

于是，有观点认为，氐族最终能够形成一个独立的民族，是由于有些羌人部落从高原迁徙于河谷，由游牧转向农耕，并在与周围汉族日益频繁的接触中，受汉族先进经济与文化的影响，其语言、经济、文化发生变化所致。

氐族，是被汉化了的羌人。

另一种说法认为，氐、羌虽自古关系紧密，但从来都是两个不同的民族。

在古代，羌、氐同属西戎，境地相邻，且多错居杂处，关系十分密切。但是从羌、氐的原始分布、经济生活、服饰习惯等方面来看，两者区别很大，氐族有自己独特的语言、风俗习惯、心理状态，与羌不同，故而自古就是两个独立的民族。

其实还有一种说法，认为氐族的形成和"三苗"有关。作为在我国古代传说中出现的部落集团，三苗与华夏族先民有着极为密切的联系。最早分布在长江以北、淮河以南地区，后来华夏先民向南扩张，三苗被迫向西、向南迁徙，让出自己的领地。其中，有一支沿汉水向西北迁徙，即《舜典》提及的"窜三苗于三危"，迁徙到渭水上游和岷山以北地区。后来，这些地区就成为氐族的发源地，因此认为，三苗西迁是氐族形成的渊源之一。

那么，氐族究竟从何而来呢？

我们综上所述，概括如下：氐族的形成和中国古代的西戎、三苗密切相关，又因为和羌族相邻、杂居共处，也融合吸收了羌族的成分，同时深受汉民族的影响，最终形成了本篇所要讲述的民族——氐族。

其实，以上的任何一种说法，都可以信之，并不丝毫有损它的威名。正如《两晋演义》开篇所言："华人非特别名贵，夷人非特别鄙贱。所尊贵的，我们所要敬仰的，是他们身上拥有的文明。"

在春秋至秦汉时期，氐人的活动范围在西起陇西，东至略阳，南达岷山以北地区，即今甘肃省东南、陕西省西南、四川省西北交界处。汉代在氐族聚居区设有武都、阴平等郡，并置十三氐道，制始于秦。"五胡乱华"时期先后建立政权的略阳蒲（符）氏（前秦）、吕氏（后凉），其先人都是从武都迁徙而来。

由于战乱的原因，氐人在汉武帝时期（开拓西南境）和三国时期（曹操、刘备相争）经历了两次较大规模的迁徙，分布范围进一步扩大。至魏晋时期，氐人除分布在武都、阴平两郡外，在关中、陇右一些郡县也形成了与汉人及其他各族交错杂处的聚居区，主要有两个：一是以京兆（长安）、扶风、始平三郡为中心；一是以陇右的天水、南安、广魏（晋时改称略阳）三郡为中心。

五胡十六国时期，战乱更加频繁，氐人的迁徙也更加频繁，分布区域也日益扩大。在氐族最为强大的前秦时期，氐人分布在司、冀、并、豫、雍等州，人口近百万。

若不是后来前秦苻坚在淝水之战中战败，前秦帝国土崩瓦解，氐人的足迹将会遍布长江南北、黄河上下、长城内外。

在经济生活方面，氐族以定居农业为主。乡居悉以板盖屋，在风格上与羌族"俗皆土著，居有屋宇。其屋，织牦牛尾及羧羊毛覆之"截然不同。农业经济发达，《魏略》有云：氐"俗能织布，善种田，畜养豕、牛、马、驴、骡"。氐人利用麻缕所织成的异色相间的"殊缕布"，畅销内地。

在社会组织方面，氐人各部"自有君长"，众多分支"各有称号"，西汉初年，部落中作为统治阶级代表的"王""侯"已经形成。《魏略·西戎传》中提及："氐人有王，所从来久矣。"诸部"各有王侯，多受中国封拜"，"今虽都统于郡国，然故自有王侯在其虚落间"。即氐人虽然大量移入关中或留居原地，受郡县统辖，接受中央政府册封，但是仍保留了自己的部落组织，形成大分散小聚居的局面，受本部落豪帅或小帅的支配。

氐人有自己的语言。由于与汉族等杂居共处，交往日久，所以又兼通汉语。《魏略·西戎传》云："其自还种落间，则自氐语。"《通典》曰："其俗、语不与中国及羌、胡同。"在和汉人接触交往时，氐人就说汉语，回到自己家中，氐人就说自己的氐语。这一点，很是和今天的维吾尔族人相似，大多能够像掌握母语一样掌握汉语。

氐人服饰尚青、绛及白色，善织殊缕布，喜穿麻布衣（丝绸穿不起），民族特色鲜明。《魏略·西戎传》云："其妇人嫁时著衽露，其缘饰之制有似羌，衽露有似中国袍。皆编发。"《南史·武兴国传》亦提及氐人服饰特点，"著乌串突骑帽，长身小袖袍，小口裤，皮靴"。与羌人"皆衣裘褐""披毡为上饰""被（披）发覆面"不同，仿佛处于两个不同社会阶段的族群。

不过，氐人早期婚嫁风俗与羌族相似。《后汉书·西羌传》云："其俗氐族无定，或以父名母姓为种号，十二世后，相与婚姻。父没则妻其后母，兄亡则纳其嫂。"《魏略·西戎传》亦云："其嫁娶有似于羌。"不过，至公元5、6世纪，由于与汉族杂居，氐人的婚俗、文化深受影响，变化颇大，"婚姻备六礼，知书疏"，与羌族的习俗已经相去甚远了。

众多的民族特色并没有为氐族人带来富足幸福的生活，氐族人始终生活在水深火热之中，即使是在晋国一统时期，即使有泰康临世，其生活依旧可以用"凄惨"来形容。

那时，统治阶级从自身利益出发，在"非我族类，其心必异，戎狄志态，不与华同"的思想支配下，一方面对氐族上层统治者封官赐爵，羁縻拉拢；另一方面对氐族下层百姓实行残酷的压榨和剥削。

晋初规定："凡民丁课田，夫五十亩，收租四斛，户绢三匹，绵三斤。"较曹魏时的田租多了一倍。并规定"远夷不课田者输义米，户三斛，远者五斗，极远者输算钱，人二十八文"。近夷"服事供职，同于编户"。而且，地方官员大多任非其才，或贪婪，或残暴，对辖区各少数民族妄加诛戮，随意剥削，更加深了内迁各族人民所受的苦难。内迁诸族往往沦为依附农民或相当于依附农民的世兵，甚至被大批掠卖为奴婢。比如那个石勒，其境遇足以让我们管中窥豹。从奴隶到主人的机遇是鲜有的，但沦为奴隶的境遇却是普遍的。

值得庆幸的是，不管是少数民族还是汉族的人们，在像狗一样地活着都成为奢望的时候，他们并不愿意在沉默中等待死亡，而是能够奋起反抗，用鲜血和生命，在绝境中拼得一条活路。

在氐族人所进行的反抗中，以秦、雍地区的齐万年起义影响最为巨大。

齐万年起义历时仅两年即被西晋王朝残酷镇压，不过，他们的反抗杀死了名将周处，就是那个除"三害"（山中猛虎，水中蛟龙，还有周处）的周处，给晋王朝以沉重打击。并且，由于战乱的原因，间接地将李特兄弟和羌、氐、汉十余万流民赶往蜀中，拉开了川蜀地区流民起义的序幕。

至于开创前秦帝国的蒲氏家族，并没有随着流民南下蜀中，而是带领着他们的族人坚持留在略阳，并幸免于战乱，扛过了饥荒，得以书写另一段氐族人的传奇故事。

02. 投降奠定基业

关于苻氏家族的记载，是从苻洪开始的，在他之前的岁月，只知道其家世代为氐族酋长，正宗的官宦世家，祖传的官职，世袭的首领。

苻洪本是没有姓氏的，因家中池塘生有五丈长的蒲草，邻里常以"蒲家"相称，久而久之，也就以"蒲"为姓了；苻洪本也是没有名字的，出生时恰逢阴雨不止，传有民谣说"雨若不止，洪水必起"，于是，其父亲就以"洪"字给苻洪取了名。"苻"姓是他后来自己改的，只为了一句谶（chèn）文："草付应称王。"在实力足够强大时，为了能顺利称"王"，果断抛却父辈传下的姓氏，才有了本章所要讲的"苻洪"。改姓氏那会儿，苻洪已经姓了很多年"蒲"了。

为成就霸业，改"姓"是再简单和正常不过的了。即使是两千年以后，也依然有人愿意为高官厚禄而抛却祖宗、改投敌寇。典型人物如汪兆铭，当时闻风归附者，何止百万。

苻洪，字广世，略阳临渭（今甘肃省秦安陇城）人，为人好施舍、多权变、有谋略，而且善骑射，勇猛威武，算是个文武双全的人物，酋长的职务传到他手里时，氐人既敬且畏还很服之。杰出的个人能力和崇高的威望为苻洪后来的成就奠定了坚实基础，也是他在多方投靠之后却不至于众叛亲离的资本，反而能够在一次次的投降中走向强大。

其实，苻洪并不是真心愿意投降，从他的第一次投降是被胁迫的即可看出。上位者有上位者的自尊和骄傲，但是，依附更强者却是弱者在乱世当中保全性命的必要选择。

当时正逢西晋永嘉之乱，中央政权的沦丧使诸如苻洪这样的小部落处在生死存亡的边缘，何去何从，死生立定。但是即便如此，苻洪毅然拒绝了刘聪的招降，并不是刘聪不够强大，只是因为心中大义尚存，曾经的皇帝陛下，那时正穿着青衣小帽为刘聪端茶斟酒、牵马执鞭。

为安身立命计，苻洪广纳英杰，自立盟主。不过当匈奴人刘曜在长安建都立国时，面对近在身边的威胁，苻洪却不得不低下头颅，在蒲光等人的逼迫下，向前赵投降。

这是苻洪势力的历史性时刻，投降刘曜之后，苻洪被封为率义侯。此次投降不仅使自己在强权面前转危为安，而且一举告别草莽时代，完成了从农民军向正规军的转变。

后来，刘曜战败，前赵随之灭亡，石虎大军横扫关中，对前赵残余势力进行了血腥的剿灭和屠杀。正是在此形势下，苻洪再次选择了投降，和第一次被胁迫的投降有所不同，这一次苻洪很主动，率领着他的两万部众，欣欣然来到石虎帐前，下跪，缴械，认尿并拍马屁，一气呵成。石虎很欢喜，高兴之余向石勒上表，举荐苻洪为监察六夷军事、冠军将军，并让其管理西部事务。

西部事务有很多，比如一方军政要务、税收、安置流民等。苻洪就是在这些西部事务中日益强大起来的。

在石虎统治时期，苻洪备受信任，即使有冉闵的诽谤，石虎依然丝毫不减对苻洪的器重。当然，苻洪的回报也是极其丰厚的，不仅为石虎维持其残暴统治献计献策（迁关中豪强充实都城），而且屡立战功（平定梁犊等）。也正是在此期间，苻洪势力获得了极大的提升，麾下十余万众，官至车骑大将军、开府仪同三司、都督雍秦州诸军事、雍州刺史，晋爵略阳郡公，其部下被封侯者两千余人。

从这里我们可以看到石虎虽然残暴，但其统治依然稳固的原因。被残酷剥削，被无情压迫，被血腥屠杀的，永远都是那些像羊一样的晋国遗民。而维持其统治的利剑，始终被石虎攥在手中，光洁如新，锋利无比。

石虎死后，篡位成功的石遵听信冉闵进言，为防止苻洪割据自立，解除苻洪都督雍、秦州诸军事职务，不再让其镇守关中。愤怒之下，苻洪派使者向东晋投降。

这是苻洪的第三次投降，冲冠一怒为官职，什么君臣大义、华夷之辨统统不是事，重要的是利益。谁能给予苻洪更为巨大的利益，谁就是苻洪宣誓效忠的对象。当年那个坚决不向刘聪投降的苻洪已经不复存在。

当时，苻洪的实力已经足以自立，也已经有了割据一方的想法，为此还专门改了姓氏，蒲姓改为苻姓。当属下建议他向后赵讲和的时候，苻洪更是喊出了自己的心中想法："吾不堪为天子邪！"（《资治通鉴》）

天下之主，兵强马壮者为之。当时乱世，建国者何止十六。礼义廉耻都是可以不要的，哪里还有什么配不配？能在危难时屈膝投降，就能在强大时称霸称王。对于有过三次投降纪录的苻洪来说，这压根儿不是事。向东晋所抛出的橄榄枝，完全是苻洪尚未充分准备时的权宜之计，毫无压力。不用去朝拜，不用去纳贡，只是象征性地低一下头，就少了一个强敌，多了一份大义的名头，何乐而不为？

在北伐并不成功的时候，居然有北方实力派来降，即使明知道只是名义上的，东晋朝廷依然非常高兴，这正是体现自己是天命所归、王朝正统的时候，大晋正义的光环照耀下，足以兵不血刃而略定北方。

这不，有敌将来降！

350年正月，东晋朝廷授苻洪为氐王、使持节、征北大将军、都督河北诸军事、冀州刺史、广川郡公。

这些，正是苻洪想要的。从此，以王师之名，攻克的每一座城池，占领的每一块土地，名义上都属于大晋。

这是各怀心思的苟合，东晋利用苻洪，想以胡制胡，作壁上观，以求渔翁之利；苻洪降晋也不过是权宜之策，以便出师有名，趁乱夺取关中，成就真正属于自己的霸业。

在打败姚襄、占领关右地区之后，苻洪自称大都督、大将军、大单于、三秦王，将已经没有了利用价值的东晋朝廷撇在一边。

这是苻洪的高明之处，也正是东晋朝廷的迂腐之处。其根源在于，无论谁打下了城池土地，都不可能拱手送人，东晋也绝无办法去染指。而且，众势力角逐之后的最强者，必将成为东晋的敌人。

在还我河山的道路上，靠奇思妙想是没有用的，唯有自己去拼。

那时的苻洪，志得意满，傲视群雄，曾对博士胡文言道："孤率众十万，居形胜之地，冉闵、慕容儁可指辰而殄，姚襄父子克之在吾数中，孤取天下，有易于汉祖。"

如果苻洪熟读史书，一定会发现，其实汉高祖取天下是很不容易的，即使拥兵数十万时也曾有过被打败而抛妻弃子的经历，很多次死里逃生之后，才换来了天下一统。苻洪所言，精神可嘉。其实，即使单单从死里逃生这件事上来比较，他也是比不过汉高祖的——只被害过一次，却难逃一死。

害死他的人叫麻秋。此人曾多次出现在本书中，后赵重要将领，先后和段辽、慕容恪、谢艾（后面会提到）等人交手，能力介于名将和一般将领之间，属于那种和名将打了会败、和一般将领打了会胜的将领。为后赵征战多年，功勋卓著，深为石虎所倚重。冉闵颁布"杀胡令"时，麻秋杀掉军中胡族以响应冉闵，但在回师邺城的途中被苻雄（苻洪子）击败并俘获，麻秋随即投降苻洪，被任命为军师将军。

事实上，麻秋和苻洪是老相识了，不仅是同在后赵供职的同僚关系，那年前赵败亡时，正是由于麻秋领兵来攻，才迫使苻洪向石虎投降，从而转危为安，最终成就今时之强大。

虽然在打仗上屡次败于名将之手，但数十年的征战经验也锻炼出了麻秋卓越的战略眼光，堪称一位卓越的军师。正是他为苻洪勾画了"占领关中稳固根基，进而东进争夺天下"的战略构想。即使后来苻洪被其所害，前秦的后继者们依然秉承此战略，坚定不移。

350年三月，万物复苏，春花烂漫，正是故友相聚、请客吃饭的好时候。麻秋请苻洪吃了顿饭，二人共同回忆了过往的美好岁月，也畅想了对未来的美好愿景，双方友情更加深厚、牢固。酒足饭饱之后，宾主尽欢而散。唯一的不愉快在于，麻秋为了实现自己不可告人的小小梦想，"欲并其（苻洪）众"（《资治通鉴》），在苻洪的酒里下了点药。苻洪回家后发觉肚子有点痛，本以为是吃坏了肚子，直到痛不可耐，才明白自己原来是被阴了。

一段本可以高山流水的友谊，突然就变成了拔刀相向的仇恨。

临死前，苻洪向儿子苻健交代后事："所以未入关者，言中州可指时而定。

今见困竖子，中原非汝兄弟所能办。关中形胜，吾亡后便可鼓行而西。"（《晋书》）言终而死，年六十六。

虽然被麻秋所害，但是苻洪还是从内心里认同麻秋所提出的战略方案，人虽死，西进关中的战略不能死，一统天下的梦想更不能死。

苻健擦干眼泪，抓住并杀死麻秋，收拾行囊，按照其父亲留下的遗训，带领着十万之众，向关中进发。

苻洪的一生是谋略的一生、算计的一生，在乱世纷争中左右逢源，在斗争的刀丛里翩翩起舞，依靠屈辱的投降而逢凶化吉、遇难成祥，并将之当成谋取政治利益的重要手段，因之逐步走向强大。然而，最终却被投降之人所害，也算是报应循环，死得其所。

永和七年（351年）正月二十，苻健即天王位，建立前秦政权，追谥父亲苻洪为惠武皇帝（《资治通鉴》作武惠皇帝），庙号太祖。

作为奠基者，苻洪对于前秦霸业的最终确立，功不可没。

03. 抵定关中

苻健，字建业，略阳临渭人，苻洪第三子。其母梦大熊而孕之。

可能是遗传的原因，长大以后，苻健果然健壮如熊，而且勇猛果敢，善骑射，好施舍，此外，还善于侍奉人。在需要依靠投降保命的岁月里，或许"善于侍奉人"是苻健最为出众的优点。也正因如此，石虎父子尤亲近喜爱之。在石虎出于忌惮而秘密杀掉了苻健两个兄长的情况下，始终留他一命。

苻洪死后，苻健不仅坚定地执行进军关中的战略，而且继续秉承乃父的投降政策，先是取消秦王称号，称东晋所封官职，并派人到东晋报丧，表示臣服，用以减轻东晋对他的敌对态度。随后，为防止进军关中的意图泄露，苻健更是再次向后赵投降，接受后赵皇帝石祗所任官职，并在驻地修宫室、种麦屯田，以示无西进之意。对于知道内情而不愿耕地种麦者，苻健杀之以示众。

从后期进军关中的军事行动进展顺利上可以看出，苻健的保密工作做得很成功，达到了"出其不意，攻其不备"的效果。至于那些不愿种地而被杀掉的人，哪里是死在不愿种地上了，其作为完全是在向敌人昭示苻健心中的军国机密，况且还有违抗军令的罪过，两罪并罚……"仁慈"啊，全家老少很多口，只砍了他一颗脑袋。

不久之后，苻健自称晋征西大将军、都督关中诸军事、雍州刺史，于盟津搭浮桥渡黄河，全军西进。

那时，苻健修建的宫殿刚刚打好地基，播下的小麦还没有发芽，东晋、后赵册封其官职的诏书也还在路上。

这是一场生死存亡的战争，苻健并没有退路，一旦失败，就意味着他需要退回中原，带着残兵败将和冉闵一争天下，还要和慕容恪逐鹿中原。当然，他还可以继续选择屈膝投降。但是称过王的人，但凡有点骨气，宁愿去死也绝不真的臣服，而且，时过境迁，称过王的人，即使再次选择投降，也多半不会有什么好下场。

苻健大军兵分两路，一路由苻雄（其弟）率步骑五千入潼关，一路由苻菁（其侄）从轵关（今河南省济源市东北）入河东。临行之前，苻健握着苻菁的手勉励道："事若不捷，汝死河北，我死河南，不及黄泉，无相见也。"（《晋书·载记第十二》）此战若是不胜，我们就只能死后再相见了。苻健亲率主力随苻雄之后，大军渡过黄河，随即烧毁浮桥，断绝后路，以示必死之心。

进军过程不再详述，断绝了退路的秦军将士格外英勇，两路大军所到之处无不投降，三辅之地尽皆平定，苻健顺利进据长安，并定都于此。

值得一提的是，在进军途中，虽然所战皆克，苻健还是给当时占据长安的杜洪写了一封信，表示自己是为拥立杜洪为帝而来，并献上珍宝、名马。乍看颇有些不理解苻健，以为是在长他人志气，后来渐渐懂了他当时的心态：在并不能确信自己必胜的前提下，卑辞重礼以骄之，减轻对方的敌对心态，更何况骄兵必败。即使杜洪真的头脑发热称了帝，那时的苻健也可以高举正统与大义的旗帜，灭之。

占据长安后，苻健遣使献捷东晋，并修好桓温。

至于后来和桓温的战争，完全是政治上的需要，自立就意味着必须再次反晋——本来就是出于政治考量的假投降，苻健表示，反晋毫无压力。桓温却是要捍卫王朝正统，对于叛变者不加以讨伐，何以申威仪于天下？于是就有了桓温第一次的北伐。

其实，东晋朝廷在接受苻健投降的那一刻起，就应该明白苻健终会自立的结局。对于一个乱世枭雄，所谓忠孝节义，是工具而不是累赘。

终于占据关中了，再也不用向他人低头，包括东晋也已经成为苻健"用过了的洗脚水"，该泼掉了。不过，在他的朝堂上，却出现了颇为搞笑的一幕，军师将军贾玄硕等没能体察出苻健心意，也可能是故意为之：表苻健为侍中、大都督关中诸军事、大单于、秦王。苻健当廷大怒："我官位轻重，非若等所知！"

已经占据关中形胜之地，不自立待何？居然还让我做别人的臣子，难道我的反叛之心还不够昭然若揭吗？苻健表示很无奈，随即暗示贾玄硕等欲自立称帝之意。

351年，苻健称天王、大单于，年号皇始，国号大秦，史称前秦，都长安，建宗庙社稷。

352年，苻健即皇帝位，诸公晋位为王，授子苻苌为大单于。

在先后击败晋司马勋、谢尚，前凉王擢等人之后，苻健逐步消灭关中反对势力，在关陇地区站稳脚跟，实现了"占领关中稳固根基，进而东进争夺天下"战略构想的前半段。在击败桓温北伐军之后，前秦更是拥有了争夺天下的资本。

和桓温的对决是苻健入关中以来最为凶险的一战，若不是桓温犹豫徘徊导致粮尽退兵，前秦几近亡国。不过在追击过程中，前秦太子苻苌战死，为苻健晚年的变乱和暴君苻生的登基即位埋下伏笔。

苻生是个"独眼龙"，更是个混蛋，从小就很浑的那种，"幼而粗暴，昏醉无赖"（《十六国春秋》）。在七岁那年，其祖父苻洪戏之曰："吾闻瞎儿一泪，信乎？"苻生当即大怒，拔出佩刀自刺瞎眼，出血，曰："此亦一泪耶！"

七岁小儿能如此做派，真是彪悍了得，当时就吓傻了苻洪，于是鞭之。

苻生回道："受得了刀枪，扛不住鞭打！"

苻洪回答说："再这样干，就罚你做奴隶。"（汝为尔不已，吾将以汝为奴。）

苻生对曰："可不如石勒也。"成了奴隶，岂不是要和石勒一样了？

这段故事发生的时候，石勒还没有死，石虎尚要俯首听命，况降将苻洪乎？吓得苻洪急忙跑过去捂住苻生的嘴，慌张到连鞋都来不及穿（跣而掩其口）。

童言固然无忌，但童言也同样彰显精神、体现性格，此儿狂勃！事情以祖父苻洪想要杀死苻生却在父亲苻健正要动手时被苻雄阻止而结束。苻生捡回了一条命，后来他用这条捡回来的性命要了很多人的命。

长大以后的苻生，力举千钧，雄勇好杀，手格猛兽，走及奔马，击刺骑射，冠绝一时。桓温北伐前秦时，苻生第一次上战场，单马入阵，所向披靡，搴旗斩将者前后十数。

能够骁勇如此，苻生也算是少有之悍将！只不过，只有战场才是他施展才华的地方。当地点换成了"温情脉脉"的朝堂，他的骁勇和好杀只能被称为残暴。

正是在那场战争中，前秦太子苻苌受重伤而死。355 年，苻健以谶言"三羊五眼"为应，立只有一只眼的苻生为太子。

可能，苻健和绝大多数的父母亲一样，对于身体有缺陷的孩子，心理上总会觉得有所亏欠，总想在其他方面给予些许弥补。于是，大好的皇帝宝座就便宜了"独眼龙"苻生。妇人之仁，成千秋憾事。

想起赵子龙单骑救主的故事，那是一段值得歌颂的英雄事迹，虽然最终结果是那么地让人无奈。历史，就是这样幽默。

当然有人不服。355 年六月初六，时值苻健卧病在床之际，其侄子苻菁误以为苻健已死，率兵入东宫，欲杀苻生自立。

此苻菁就是那个在苻健入关中时自领一军独立作战的苻菁，攻城拔寨，所过皆降；占上洛，设荆州，使国用充盈。在平定关中和稳守关陇地区的一系列战斗中，苻菁立下过汗马功劳。然而当皇帝这事，没他的份。

可惜，情报上的失误让苻菁做出误判。当时苻健还没死，苻生也不在东宫，当苻菁转而进攻皇宫的时候，苻生搀扶着奄奄一息的苻健出现在皇宫的城楼上，苻菁麾下将士顿时溃散，他自己也被抓住杀死，反叛就此失败。

355 年六月十五日，也就是平定叛乱的数日之后，苻健因病去世，时年三十九岁。谥明皇帝，庙号世宗。

苻健算不上好人，曾经干过妻人后母而辱人为子的事情，而且因之将其逼反，最终将其杀掉，无论仁义，没有道德。

苻健是个好皇帝，尤其是在后赵石虎的衬托之下，苻健做得很优秀。占领关中后与百姓约法三章，轻徭薄赋，简修宫殿，专心政事，优待老者，崇尚儒学。百姓受灾时，自行免除赋税，而且以身作则，减膳食，撤乐器，穿白衣，避正殿，以示哀悼悲伤之心。关中地区在饱经动乱之后，苻健的统治为那里的人民带来了休养生息的时机。

虽然英年早逝，但是苻健的一生堪称辉煌，入据关中，建立前秦，击败桓温，稳守关陇，在生命的最后几天还平定了侄子苻菁的叛乱，个中心血，丝毫不逊色于其父为壮大本部落所付出的努力，虽然是站在乃父的肩膀上，但却建立了乃父毕其一生都不曾有过的功绩。即使是后来苻坚篡位，依然认可苻健对前秦的巨大贡献，改谥号为景明皇帝，庙号高祖。

临死之前，苻健为太子苻生安排了八位辅政大臣，分别是：太师鱼遵、丞相雷弱儿、太傅毛贵、司空王堕、尚书令梁楞、左仆射梁安、右仆射段纯、吏部尚书辛牢，然而却这样告诉苻生："六夷酋长将帅及大臣中握有实权的人，如果不听从你的命令，应渐除之。"

一代暴君，就此种下残忍的种子，理直气壮。

04. 变态君王

苻生即位之后的第一件事是改年号。按照职业行规，新皇帝登基的第一年一般不改年号，为缅怀刚刚死去的先帝，示天下以仁孝之心，要等到第二年才改，更有皇帝用先帝年号好多年的。对于苻生的不孝举动，大臣们自然反对："先帝晏驾甫尔，不宜改号。"在一片反对声中，苻生想起父亲临终前的嘱托，怒而不从，穷推议主。

穷推议主的意思就是说，苻生说什么都要找到那个反对他的主谋，然后杀了他。

355年七月，苻生杀右仆射段纯（辅政大臣之一），以太子门大夫赵韶为仆射，太子舍人赵诲为中护军，著作郎佐董荣为尚书。自此之后，苻生身旁佞臣环绕，多个贤良忠直大臣，就是由于他们的蛊惑和挑拨而被杀死。

如果说，改年号是为了早日推陈出新，杀辅政大臣也可理解为段纯本就居心叵测，任用亲信完全是被蒙蔽视听，那么苻生接下来要做的事情，几乎可以确证他是个十足的暴君和混蛋了。

苻生当年和桓温北伐大军浴血奋战时，麾下有一位名叫强怀的将领战死沙场。不巧的是，其子强延尚未得到授封，苻健就已经去世。于是，在新皇帝苻生的某一次出游途中，强怀的妻子樊氏身穿白衣孝服，拦住苻生车驾，为儿子请封（论怀忠烈，请封其子）。

这是忠烈遗孤、战友家属，为国尽忠之后，孤儿寡母在请求他们早该得到的抚恤……

欣欣然的喜悦被打断，苻生顿觉很是晦气，怒声骂道："我想赏就赏，哪是你能求的？"樊氏趴跪在地上，一介弱女子，唯一能做的就是不停地哭泣，乞求怜悯。

苻生张弓搭箭，射而杀之。

家里的男人为国战死，赏她口饭吃，又能怎么样呢？

我相信，那时那地，苻生身后的三军将士们，都在睁着眼睛看。

355年九月，中书监胡文、中书令王鱼上奏苻生："根据天象，有客星犯帝，应在大秦，不出三年，国有大丧，大臣戮死。愿陛下勤政修德，惠和群臣，以成康哉之美，感动上天，躲过劫难。"

天人感应，本就虚有，这是臣下借天象劝谏皇帝修德向善之举，然而苻生曲解了其中深意，既然"国有大丧，人臣戮死"，那么，让国家出现这种情况不就应验了？"皇后与朕对临天下，亦足塞大丧之变。毛太傅、梁车骑、梁仆射受遗辅政，可谓大臣也。"于是杀其妻梁氏及太傅毛贵，车骑将军、尚书令梁楞，左仆射梁安（皇后祖父）。不久之后，又诛侍中、丞相雷弱儿及其九子、二十七孙。

苻生登基仅三个月，辅政大臣八戮其五。

然而，这仅仅是开始。

356年正月，天象再次有异变：日蚀之灾。右仆射董荣趁机进言："日蚀之灾，宜以贵臣应之。"且"其在王司空"。至于董荣要置王司空（辅政大臣王堕）于死地，竟然是因为王堕不愿和他说话，并且骂了他（董荣是何鸡狗，而令国士与之言乎）。总之，生从之。

杀完王堕之后，苻生于太极前殿大宴群臣，饮酒、乐奏，苻生亲自献歌一首以助酒兴。但是，担任酒监的吏部尚书辛牢（辅政大臣）担心大臣们喝多了会酒醉失仪，劝酒不是很积极。正打算与群臣同乐的苻生勃然大怒，张弓搭箭，射而杀之。

堂堂吏部天官、辅政大臣，竟然因为劝酒不力被杀。

大臣们无不满饮，昏醉污服，失冠蓬头，僵卧朝堂，再也没有人在乎君前失仪。

生以之为乐。

这是怎样的君臣关系？固然是为君者的不仁，却也是为臣者的悲哀。

每天上朝，苻生都在手边摆着弓、箭、锤、钳、锯、凿等各种刑具。看到哪个不顺眼，就砍腿、砍手、锯脖子、拉断双肋。即位仅仅几个月，杀大臣五百多人，八个顾命大臣，到此处时只存太师鱼遵一人。

每逢苻生喝醉了不上朝，大臣们就互相庆贺，恭喜多活了一天。

苻生的亲舅舅光禄大夫强平实在看不下去，入殿进行规劝，话还没有说完，苻生即命侍卫凿穿他的头颅，强平顿时脑浆迸裂，当场死亡。

强太后（苻生生母）得知有逆子如此，忧郁成疾，绝食而死。

苻生丝毫不为母亲的死而悲伤，反而亲手写下诏书，为自己辩解：

> 朕受皇天之命，君临万邦，嗣统以来，有何不善？而谤讟（dú）之声，扇满天下，杀不过千，而谓之残虐，行者毗肩，未足为希，方当强刑极罚，复如朕何？

杀的人还没超过一千，居然说我残暴，往后更要强刑极罚，你们又能奈我何？

我们继续看下一则故事。

话说苻生尤爱吃枣，吃完后不怎么刷牙，于是牙疼。

太医令程延检查过后，奏报："陛下别无他疾，食枣太多，因致损齿。"

苻生听后一声狂吼："咦。汝非圣人，怎知我多食枣？"

程延刚想下跪谢罪，脑袋已经被砍掉。

苻生闲暇时问身边侍者："自临天下以来，外人以我为何如主？"

有侍者答曰："天下太平，百姓都歌颂陛下圣明。"

苻生怒骂："你这是在阿谀奉承。"立即将其杀死！

数日之后，苻生又问了同样的问题："外人以我为何如主？"

左右不敢再奉承，于是对曰："稍觉滥刑。"

苻生怒骂："你这是在诽谤君王。"立即将这人杀死！

那么，不说话还不行吗？当然是不行的，拒不回答皇帝的问题同样也是死罪，毋庸置疑。

大臣们度日如年，有弃官不做、逃离朝堂者，皆曰："从虎口出。"宗室、勋旧、亲戚被屠戮殆尽，侥幸存活者身心俱残，道路以目。

一日，苻生出游阿房，路遇男女二人，相貌清秀俊美，异常般配，遂命左右召唤二人，亲自问话："汝二人却是佳偶，已结婚否？"

二人答道："小民乃是兄妹，不是夫妻。"

生笑曰："朕赐汝为夫妇，汝即可就此处交欢，毋庸推辞。"

兄妹俩坚决不从，苻生拔剑出鞘，斩之。

大臣们不服从命令，苻生都能马上杀掉，更何况俩小老百姓？不过即使真是夫妻，众人面前的交欢也是万万做不得的，不如被斩之。

随后，苻生和夫人登楼眺望，见帅哥一枚从楼下过，夫人问道："姓谁名谁，现居何官？"苻生视之，乃尚书仆射贾玄石，其人仪容秀伟，素有美名，形如宋玉，貌若潘安，比只有一只眼的自己不知要好看多少倍。

苻生顿时醋意大发，酸溜溜的味道溢于言表："莫非汝艳羡此人乎？"苻生随即解下佩剑，命卫士执剑斩贾玄石头来，卫士携剑下楼，顷刻之间，取贾玄石首级复命。

苻生将贾玄石的头颅扔到夫人身旁："喜欢，就送你好了。"

夫人羞愧难当，局促不安，匍匐待罪，幸好其人生得颇有姿色，苻生没舍得杀，终携手与归。

当时，潼关以西，长安以东地区，野兽出没，虎狼为害，白日敢拦路行凶，夜晚敢入室寻猎，不食六畜，专务吃人。百姓徙居城邑，不敢下田耕作。于是，百官奏请禳灾，苻生狞笑道："野兽腹饥，自然食人，饱即不食，何必过虑？天道本有好生之德，只因民多犯罪，特降虎狼替朕助威，惩罚罪人，为什么要去祈禳呢？"

苻生的话似乎有些道理，野兽吃饱了，自然不会再去伤人。在苻生之后千年，依然有人说出同样有道理的话来。时大明嘉靖年间，蒙古大军入侵，兵临北京城下，内阁首辅严嵩有言："抢够了，自然就退了。"一语中的，果然如此。

357年二月，有天象"太白犯东井"，秦太史令康权上言："……恐主暴兵犯京师。"苻生一阵狂笑："太白入井，想是口渴了要喝水，与人事有何关系呢？"

说得很对，也很幽默风趣，但在那个"畏大意，敬神明"的时代，苻生的幽默却是在表现自己的无知。

天象和人事本是没有什么关系的。其中的联系在于，有心人想要二者之间发生关系。要畏惧的不是天象，而是人心。

康权终究没有善终，为他的忠诚和执着付出了生命的代价。357年六月，康权再次上奏："根据天象显示，恐有以下谋上的祸患产生。"意思就是说，可能会有人要造反，苻生怒而拍案："又敢来造妖言吗？"立即下令，将其杀死。

古有名言：君明则臣直。明知道苻生残暴昏聩，康权仍然多次劝谏，直至身死，其行可勉，其忠心可嘉。识时务的人太多了，于是在世人皆醉时仍然清醒并坚守者，难能可贵。

357 年夏，符生梦大鱼食蒲，以为不祥之兆，又有长安民谣曰："东海大鱼化为龙，男皆为王女为公，问在何所洛门东。"民谣本意指东海王符坚，因有"大鱼"的原因，符生不及分辨，诛杀太师鱼遵及其七子、十孙。

至此，符健指定的八位辅政大臣，全部被符生杀掉。

然而，屠刀能够杀戮的是人们的头颅，却永远诛灭不了人们内心的反抗。

长安复起民谣："百里望空城，郁郁何青青？瞎儿不知法，仰不见天星。"预指清河王符法。符生不解深意，听闻之后，尽毁境内空城。

疏忽大意的地方，往往就是要命的所在。然而，符生的朝堂之上，再也不会有"康权"告诉他了。

因为是半瞎，符生听不得"不足""少""无""缺""伤""残""毁""偏"等字眼，通通不能讲，谁若是不小心说出来，就会被杀掉。

高贵的身份和残缺的身体的差异导致符生心理上的畸形病变，容不得别人有丝毫的不敬或讥讽。

有一次，太医调配安胎药，符生嫌所用人参太过细小。

太医回答："参质虽细，未具人形，但已可合用。"

符生大怒："汝敢讥笑我吗？"使左右剜出医目，然后枭首，太医至死不知所犯何罪。后有他人察及剜目情由，才知符生误以为太医借未具人形之人参喻己。

然而，枉杀了，并不道歉，连尸首都已被符生喂了狗。

符生还有一种奇特嗜好。大殿之上，符生高坐饮酒，呼令嫔妃、宫女与大臣们全部脱光衣服，在大殿之上做那些男女之间的事情。

符生还喜欢看活剥牛、羊、马等动物的皮，剥皮以后看它们在殿上奔跑。或者将鸡鹅鸭点着，看它们被活活烧死……

种种怪剧，不胜枚举。

残缺的身体并不可怕，变态的灵魂尤为可怖。符生惨无人道的变态行径，早已天怒人怨。

357 年七月，东海王符坚篡位，杀符生。

死前，符生饮酒数斗，昏醉受刑。年二十三，谥厉王。

十年后，符生的五位弟弟先后举兵叛乱，时称"五公之乱"。

篡权夺位的仇恨，是没有办法用"仁义"化解消融的；符坚虽然迅速平定

铁骑上的十六国

了五公之乱，但并没有从中吸取教训，隐忧仍在。

05. 篡位者——苻坚

苻坚，字永固，和苻生是堂兄弟关系。父亲苻雄，在辅佐兄长创业的过程中，苻雄厥功至伟，有前秦之"周公"之称，封东海王。苻雄死后，苻坚袭父爵。

作为在十六国时期唯一一个统一中国北方的君主，苻坚的身世自然与芸芸众生颇为不同，从孕育阶段开始。

那年，苻坚的母亲苟氏在漳水河畔游玩。已经过去很久了，那个与河神沟通的巫婆也许是迷了路，仍然没有回来，不过却遇到了西门豹祠，遂入内求子。大户人家的媳妇，香油钱自然捐得多，连烧的香火也比别人家的粗两圈，祠堂内顿时蓬荜生辉，仙气紫绕。回家之后的当晚，苟氏梦见有神人至，交欢，遂孕。十二个月后，生苻坚。出生时，有一道神光自天而降，照亮苻坚家。

科学研究表明，光由七色汇聚而成。在射向苻坚家的那道神光中，不知可曾分出一道明亮的绿色，照向苻雄的脑袋？

必是没有的。

异象不止于此，据传，苻坚背上有红色谶文若隐若现："草付，臣又土，王咸阳。""草付"是"苻"；"臣又土"是繁体的"坚"，意思就是说：苻坚将来要在咸阳立国称王。

大吉大利之兆，遂为之取名苻坚。

至于苻坚背上是否真的有字，那就不得而知了。当时，苻洪尚为他人臣子，自然不敢声张，偷偷记下，竟被后世史家得知。

苻坚自幼聪慧过人，七岁时，言谈举止犹如大人。未及长大，已经相貌出众：姿貌魁杰，臂垂过膝，目有紫光。祖父苻洪也非常和蔼可亲，并不鞭打他，奇而爱之。

高平徐统有知人之鉴，路遇苻坚正在玩耍，奇而异之，拉着他的手说："苻家孩子，这是皇帝巡行的街道，小儿怎敢在此嬉戏，不怕司隶校尉把你抓起来吗？"

"司隶校尉只抓有罪之人，不抓小儿嬉戏。"

"此儿有霸王之相。"待苻坚走远，徐统对身边随行人员如此说道。

苻坚所言固然机敏非常，但在我看来，更重要的一点在于，有资格在官街御道上嬉戏之人，自然不怕被抓。

不久之后，二人再次相遇，徐统下车屏退左右，悄悄告诉苻坚："苻郎面相不俗，日后必当大贵，不过我却看不到那天了，该如何是好？"

"诚如公言，不敢忘德。"真像您说的那样，必定铭记您的恩德。

苻坚的童年，就在如此充满关爱和赞扬的环境中度过。自觉高贵非常，没有心理阴影，这也为他后来能够宽怀待人奠定了基础。

高贵如我者，还有什么包容不下的呢？

恰和石虎、苻生成长环境相异，长大后也正和二人性格相反。

前秦最为博大的，并不是纵横万里的疆土，而是君王苻坚的气量胸怀。

八岁那年，苻坚求学，向苻洪表达了学习的愿望，"世世代代只知道喝酒吃肉的民族，今日居然有了想要读书的孩子"！苻洪欣然许之，第二天就把老师请进了家中。

学习期间，苻坚潜心研读汉人经史典籍，饱受儒家文化熏陶，遂有"经世济民、略定天下"的大志向。后来更是广交豪杰，着意为自己的远大志向储备人才，王猛、吕婆楼（子吕光，后凉建立者）、强汪、梁平老等并有王佐之才，全部被苻坚收入麾下，为其所用。

在这些人的辅佐下，苻坚很快贤名远播，朝野称颂。

苻雄死后，苻坚袭父爵东海王，伯父苻健更托以"神授"，拜苻坚为龙骧将军，哭着告诉苻坚："汝祖昔受此号，汝父亦为之，今汝复为神明所命，可不勉之。"苻坚很勉之，精神上备受鼓舞，行动上也表现亢奋，"挥剑捶马，志气感厉"。士卒见此，莫不心服苻坚。

在乱世之中能够称雄一方的君主，自然有其独特的魅力和常人所不及的能力。苻健的激励深远绵长，苻坚心怀慷慨、常思报效。

357年，苻坚与苻黄眉（苻坚堂兄）、邓羌等擒杀姚襄，并逼迫姚襄弟姚苌率部归降前秦。那时，已经是苻健去世的第三个年头。勉励之人虽已远逝，报国之士枕戈长存。

然而，苻生让这样的感恩之心荡然无存，大胜之后，不仅没有褒奖有功将士，反而对前去报功邀赏的苻黄眉一顿臭骂，当众折辱，直接导致苻黄眉谋反。虽事败被杀，但三军将士从此心冷。

朝中大臣和军中将领也劝苻坚抓紧谋反，顺天意，应民心，行汤、武之事，以免神器重业落入他人之手。

谋反叛乱带给我们的印象，从来都是乱臣贼子在密室里的阴谋勾当。如苻坚这般正义凛然，万众瞩目又拥护的，少之又少。

就这样，贤名在外又战功赫赫的苻坚成为朝中大臣和将士们推翻苻生残暴统治的众望所归者。话说回来，假如苻生不残暴，反而勤政爱民、贤良淑德，苻坚的作为又算得了什么呢？所以，苻生必须是残暴者。

可能是走漏了风声，也可能是酒醉后的胡言乱语，苻生夜饮之后有言："苻法（苻雄庶长子）、苻坚兄弟，亦不可信，明日当除之。"

伺候在苻生身边的宫女听到后，转身出去，告诉了苻坚。

一直处在密室谋划状态的谋反再也进行不下去了，先发制人，后发制于人。得到消息后，苻法与梁平老、强汪二人号召壮士数百，经云龙门潜入皇宫。苻坚亦与侍中、尚书吕婆楼率麾下三百余人，紧随苻法脚步，鼓噪继进。一时之间，鼓声雷动，杀声震天。宫中宿卫将士，皆倒戈相从。

失人心至此，即使坐拥天下，又有什么意义？

苻坚杀入宫中的时候，苻生还在睡。直至寝室门外，才被喧哗声吵醒，问左右："这些人何故擅入？"左右答言："是贼人。"苻生醉眼蒙眬，尚未清醒，张口说了一句可能连他自己都想象不到的话："既然是贼，何不拜他？"是啊，贼人来了，都是要跪下磕头乞求饶命的，尔等为何不拜？

生死存亡的关头，紧张严肃的气氛，被苻生这一句问话搞笑了场，为平叛而聚集在苻生身边的文官武将窃笑不已，再也不复抵抗，连苻坚的将士也且笑且哗，笑声、叫喊声不绝于耳。苻坚喊了好几遍"严肃点"，才堪堪减弱哄笑的声响。

这本应是这场笑话的高潮，不过苻生又把笑点推向了更高层次。他催促了一遍身边的人们：何不速拜？不拜就斩！

苻生，可还记得你是前秦帝国的君王？

毕竟是自家兄弟，也许是怕丢人丢大了，有损自己的脸面。苻坚忍住笑："不要你拜，只要你移居别室即可。"

政变就此成功。

原来，那个曾经勇悍的将军、残暴的君王，灵魂深处竟如此懦弱胆小，像个小丑一样。之前的恐怖作为，只是为了掩饰内心的恐惧。

酒醒之后，苻生权威尽失，无力回天，只好继续饮酒作乐，至死不再酒醒。

至于董荣、赵韶等二十余名苻生身边的佞臣，生时与之亲近，死后与之同行，大家都不孤单。

苻生死后，苻法、苻坚二人就谁来即位的问题着实谦让了一番，苻法以"庶出"为名，苻坚以"年幼"为因，互相谦让不已，面红耳赤，差点打起来，直至曾"梦与神交"的苟氏出面，问题才得以解决。

无论苻法、苻坚哪个即位，作为苻雄正妻的苟氏都将是名正言顺的皇太后，在由谁继承皇位的问题上，也最有话语权。"苻坚年纪小能力弱，不堪承担社稷重担，大家却非要推他上位，将来要是做得不好，过错不在苻坚，诸位也是难逃责任的。"话毕，满朝文武力挺苻坚。

就这样，苻坚勉为其难、不情不愿地登上了前秦帝国的皇位。

为示谦逊，苻坚去帝号，称"大秦天王"，改年号永兴。追谥父苻雄为文桓皇帝，尊母苟氏为皇太后，妻苟氏为皇后，子宏为皇太子。兄法为东海王、使持节、侍中、都督中外诸军事、丞相、录尚书事。在朝廷上，苻法手握军政大权，成为名副其实的前秦帝国二号人物，也算是皆大欢喜。

前秦，终于开启了苻坚时代。

苻法当时应该是没想明白，在他让出皇帝之位的时候，也同样让出了掌控自己命运的机会，从此被他人掌控。

不过，根据古代继承传统，皇位是应该由苻坚来继承的。这一点并没有错。

"从此"并没有持续太久。苟太后享受了做太后的美妙滋味之后，苻坚坐稳了"天王"宝座之后，某一天，苟太后微服出游，见苻法家门庭若市，往来皆位高权重者，恐其结党作乱，不利于苻坚，遂与尚书左仆射李威罗织罪名，赐死苻法。

整个过程，苻坚不发一言，也一直未曾露面，直到行刑的那一天，终于现身与兄长诀别。

那是一段悲伤的场景，苻坚抱着他敬爱的哥哥哭得死去活来，直至口吐鲜血。但是，自始至终，身为大秦天王的苻坚没有表示出要饶恕其兄长性命的意愿。

法家至大吗？证据确凿吗？母亲是不是在冤枉好人？兄长的性命完全值得苻坚推翻罪名重新查起。只要刀还没有砍下去，苻法就有活命的机会。

那是一个强大到威胁自己地位的存在，既长且贤，而且有过政变成功的经验，即使他自己忠心无二，也难保会有龙袍加身的一天。

让出皇位的那一刻起，已经注定了今天。

当然，就苻坚后来的表现来看，也可能是真的不知情，得到消息时，苻法已经在刑场上引颈待戮。母亲的旨意，真的会让苻坚无力回天。

后来，苻法的儿子谋反，理由就是其父亲"无罪受诛"。参与者还有王猛的儿子，为了更大的利益，而不是王猛死时要求的"二十亩地，十头牛"。

谋反如果是为了诛灭暴君，消除弊政，如果能够带给百姓以福祉，还百姓以安康，不是正义又是什么呢？

在以后的岁月里，在王猛的辅佐之下，苻坚做到了这一点。

06. 关中良相唯王猛（上）

苻坚从苻生手里抢下来的是个烂摊子，在战乱中立国的前秦，本就千疮百孔，尚未获得足够的休养生息，即又遭受苻生蹂躏，时弊未除，新乱又生。苻生在位时间仅仅两年，整个前秦社会一派混乱，本就不健全的法律秩序荡然无存，千里秦川豪强横行，水旱灾害时有发生，百姓苦不堪言。

如何使混乱的前秦重新秩序井然，还百姓一个安定和平的生存环境，是刚刚篡位成功的苻坚的当务之急。

关键时刻，关键地点，关键人物——王猛，应运而出山。

这是一位不仅能领军打仗、战胜攻取，而且善于治国理政、富国安民的军事、政治双料人才，各科成绩全优。

王猛，字景略，汉族，325 年生于青州北海郡剧县（今山东省寿光县东南）。出生时正值乱世，羯胡肆虐，民不聊生，年幼的王猛随家人颠沛辗转，来到魏郡（在今河南北部与河北南部）。

可能是祖传的原因，也可能是搬家的路上被羯胡抢过，王猛年少时家贫如洗，以卖畚箕为生。

放在现在，王猛算是自主创业的手艺人，保不齐能开个厂，将具有民族特色的手工艺品远销海外。然而在那时却是卖不上价的，没有田地的人家大多意味着生活上的艰辛与困苦。

不过非常之人自然有非常之境遇，某次远赴洛阳卖货，遇一买畚箕者，不仅没有现钱，还要求送货上门，然而价高。为了多挣点钱，王猛背起畚箕，跟随那个人回家拿钱。

路尽有林，林尽得山，大山深处，便是那买畚箕者的家。王猛被带到一位须发皓然、侍者环立的老翁面前。作为后生晚辈，王猛自然要参拜施礼，老翁忙道："王公，您怎么好拜我呀?"一声"王公"，足见其对王猛的尊重赞美之情，老翁不仅给了王猛十倍的畚箕钱，而且专门遣人送他出山。

王猛出山后才发现，原来自己已到中岳嵩山。

从洛阳到嵩山的距离，足有五十公里。没有马车，也不能坐轿，王猛为了几个畚箕钱，去一趟得走上一整天。

大山深处自有隐士，哪里是要买畚箕，年纪大了，走不动路，让王猛过来一趟，好一览未来济世奇才之容颜! 少年虽在泥途，老翁却独具慧眼，也算是王猛幸运之所在。

穷人的孩子早当家，卖草鞋的（刘备）能当皇帝，卖畚箕的当个宰相自然不在话下。人之所贵者，在其志，在其为实现志向所做出的奋斗和努力。

不管王猛的志向如何远大，那时那地，他都需要卖掉手中的畚箕，换了钱，买些糙米，做一锅清可见底的稀粥来，与全家人果腹。

吃饱肚子活下去，才是王猛的当务之急。

也正是这样清苦贫贱的生活，让王猛生出要给天下百姓一口饱饭吃的梦想。体验过民生之苦，品尝过贫困之艰，才会知道百姓真正需要的是什么，他年执宰天下时，自然明白该如何去做。

生活的重担没有压垮他，在凄风苦雨中，王猛坚持学习，广泛汲取知识，而且尤好兵书。兵荒马乱的岁月，王猛远离硝烟战火，做一个冷静平和的看客，静观天下风云变幻。

置身天下事外，醉心天下事中。王猛从来不是天生的智者，只是在潜心学习，细心观察，苦思冥想之后，成为一个真正的开悟者。原来，想让纷杂混乱的天下重归于和谐美满，并不是原本想象中的那么艰难。

成年后，王猛长得英俊魁梧、雄姿勃勃，为人严谨庄重，深沉刚毅，胸怀大志，气度非凡。绝鸡毛蒜皮之小事，杜凡夫俗子之往来。也正因如此，浮华之士咸轻而笑之，邻居大妈也对其恶评如潮。王猛却悠然自得，不以为意。

不为琐事所拖，不为尘世所累，只为那个仿佛遥不可及的梦想积攒才华和能力。从贫贱中走来出的少年英杰，待虚名如浮云。

然而却是务实的，后赵时王猛曾游历国都邺城，感受世事人情，更想寻求被赏识重用的机会。但是没有哪位达官显贵瞧得上出身寒门的王猛，唯有"有知人之鉴"的徐统"见而奇之"，这是曾经见苻坚也"奇之"的妙人，眼光着实让人钦佩。奇之之后，就想着要给个官做，任命他为功曹（郡守或县令的总务长官，掌人事并得参与政务），王猛遁而不应，隐居华山，静候风云变化，等待出山良机。

我想，王猛应是嫌官小，区区功曹，如何施展他的雄心与抱负？更是因为在游历之后，继续保持对后赵的失望，直至桓温的到来。

354年，桓温北伐前秦，军灞上，关中父老箪食壶浆以迎王师，更有泪流满面者："不图今日复见官军。"

王猛应时而出，来到桓温军营，开始自己"扪虱论天下"的故事。

桓温虽然没有采纳王猛的建议，但是对他的评价还是极高的："江东无一人比得上您。"

后来桓温粮尽撤退，临走的时候，赠之以香车名马，许之以高官厚禄，希望王猛能够一同南下，共襄大业。

在士族盘踞的东晋朝廷，作为出身寒门者，王猛很难有机会一展胸中抱负；追随桓温则等于为虎作伥，助其篡晋，势必玷污清名，王猛更不愿为之。但是，徒留此间，空有一身经天纬地的才学，无人识，无人用，蹉跎岁月，虚度年华，保不齐就会终身与荒山野岭相伴。于是王猛迷茫，好不容易遇到个识货的桓温，到底该何去何从？

回到华山请教他的老师，曰："卿与桓温岂并世哉。在此自可富贵，何为远乎？"

猛乃止。

一时瑜亮，伯仲相当，还是各为其主的好。更何况，此间自有富贵。

那就继续过着隐居读书的日子，等待英明君主的召唤吧。

"怀佐世之志，希龙颜之主，敛翼待时，候风云而后动"（《晋书》），恰是对那时王猛最好的写照。

孤独和忍耐的日子，是最磨炼心智的时间。

桓温退走的第二年，前秦苻生即皇帝位。

为除掉苻生，尚书吕婆楼向苻坚力荐王猛，并亲自前往华山，请其出山入仕。

还好还好，此时王猛不仅"尚能饭"，而且两鬓未白，正是建功立业的大好年纪。

苻坚和王猛一见便若平生，语及废兴大事，异符同契，句句投机，苻坚自觉如鱼得水，若玄德之遇孔明。王猛坚信得遇明君，从此满腹才学抱负得用武之地，遂留苻坚身边，为其出谋划策，受命驱使。

这是两个不同背景、不同民族的人，却有着共同的理想，从此一起奋斗，只为创造一个崭新的大秦。

苻坚即位之后，以王猛为中书侍郎。后因始平县住有许多的"枋头西归之人"（跟随苻健一同入关中者），自视功高，不好管理，导致豪强横行、盗寇充斥，遂转王猛为始平县令。

不知道为何要把一个中书侍郎转为县令，可能是王猛自己的请求，不过也正是通过对始平县的治理，从此为苻坚所倚重。毕竟，空谈误国，实干兴邦。

下车伊始，王猛便着手治理始平县，严明法纪，彻查凶恶，禁暴锄奸。一时之间，全县为之惊惧、肃然。

有一奸吏作恶多端，王猛将其查处后，当众施鞭刑处死。其同党趁机煽动百姓，起哄上告，上级部门遂将王猛逮捕，押送至长安。

苻坚亲临监狱，责备王猛："为政之体，德化为先，莅任未几即杀戮无数，何其酷也！"

虽已身陷囹圄，但王猛仍然坚持己见，极力反驳，明确告诉苻坚，"宰宁国以礼，治乱邦以法"，并且宣称，像始平那种地方，杀一个是远远不够的，正要为圣明君主尽除奸佞、凶暴之徒，却以酷政罪我，不服！

苻坚且叹且赞，向在场的文武大臣说道："王景略真管仲、子产者也。"

始平县从此大治。

苻坚从此全力支持王猛的治国举措。

王猛从此像坐了火箭一样升官。

三十六岁那年，王猛创下一年之内五次升官的纪录，直做到尚书左仆射（宰相之一）、辅国将军、司隶校尉（包括京师在内的广大腹心地区的最高军事长官），而且，加骑都尉，居中宿卫。一时之间，权倾朝野。

位高权重是王猛推行新政的必备条件，可是年纪轻轻就身居高位，勋贵旧臣自然不服，心怀怨恨者有之，甚至咬牙切齿，伺机报复。

氐族豪帅出身的姑臧侯樊世最先跳出来，先是当众言语侮辱，侮辱不成便老拳相向，没打着就破口大骂，朝堂之上，符坚面前，污言秽语不堪入耳。符坚大怒，立命斩之。

其后，反对派对王猛由公开攻击转为暗中谗害，尚书仇腾、丞相长史席宝多次毁谤王猛。符坚将二人赶出朝堂。

对于飞短流长的氐族大小官员，符坚甚至当堂鞭打脚踢，以儆效尤。

而后上下咸服，莫有敢言。

君王的支持，是王猛能够顺利实施新政的保障和前提。

管他是敢怒不敢言还是心悦诚服，最重要的是，从此以后，王猛终于可以大显身手，在十六国乱世纷争的大舞台上，倾其文韬武略，为实现心中蕴藏已久的抱负和梦想，竭尽所能。

而符坚慧眼识英才、用人不疑，在众多权贵、亲信的反对声中，能够坚守自己的信念和眼光，放手、放权给王猛，大胆革新，堪称当世英主。

事实上，历史上对符坚的评价确实是极高的，即使有了后来那场不可挽回的失败。

良禽择木而栖，贤臣择主而侍。古往今来，多少俊杰能臣因遇人不淑而明珠暗投，结果宏才枉费，遗恨九泉。而王猛类同张良、孔明，识英雄于草创之先，择明君于患难之际，取得了保证事业成功的先决条件。

有明君如符坚者，不枉费王猛呕心沥血、鞠躬尽瘁之情。

07. 关中良相唯王猛（下）

杂草不除，良苗不秀；乱暴不禁，善政不举。执政以后，王猛首先整顿吏治，明赏罚，裁冗劣，拔贤能，挑选得力官员巡查四方，整顿地方各级统治机构。对于违法乱纪的公卿贵族，王猛更是不畏权贵，有罪必罚。

359 年，王猛由咸阳内史调任侍中、中书令（皆宰相职），兼京兆尹（京都长官）。京城之地，显贵聚居，或皇室宗亲，或大功于朝，身居要津，恣意妄为，无法无天。对于他们的不法行为，寻常执法官员根本就不敢过问。王猛的矛头，首先对准的就是这样一群人。

时有贵族强德（皇太后弟弟），酗酒行凶，欺男霸女，王猛未及奏报，收而斩之。等到苻坚的赦书飞马赶到时，强德早已"陈尸于市"。

随后，王猛与御史中丞邓羌通力合作，全面彻查害民乱政的公卿大夫，弹指之间铲除不法权贵二十多人。于是，百僚震肃，豪右屏气，路不拾遗，令行禁止。

苻坚感叹道："直到今日，我才知道天下是有法度的，天子是尊贵的。"

有能臣如此，苻坚怎么可能不全力支持，惜之爱之?!

在"有罪必罚"的同时，王猛还力求做到有才必任。王猛从自己的亲身经历中，对贤才遭嫉有着深刻的体会，"木秀于林，风必摧之。行高于人，众必非之"。所以，他也像苻坚保护自己一样保护贤才，用才不疑。先后举荐在职官员苻融、任群和处士朱彤等，使他们各得要职。灭燕之后，又推荐房默、房旷、崔逞、韩胤、田勰等一大批关东名士担任朝官或郡县长官。

反之，对于那些不称职者，王猛弃之如敝屣，坚决罢黜那些不称职者。

在吏治和人才选拔方面，王猛认为，单纯的个人考核和推荐是不能满足政府需要的，也不能确保人才的质量，只有成熟规范的制度才是解决问题的根本方法，为此，王猛创立了荐举赏罚制度和官吏考核新标准。

主要内容如下：

首先，荐举赏罚方面，地方官员分类别荐举孝悌、廉直、文学、政事人才，上报中央，由朝廷对被举荐者加以考核，合格则分授官职；凡所荐人才名实相符，则荐举人受赏，否则受罚。

官吏考核方面，凡年禄百石谷米以上官吏，必须"学通一经，才成一艺"，不通一经一艺者统统罢官为民。

荐举赏罚制度和官吏考核新标准的实施，沉重地打击了早已沦为士族垄断政权工具的九品中正制，也否定了十六国以来许多胡族军阀统治者迷信武力、蔑弃文化知识的落后观念，有效地提高了前秦各级官僚的才德素质，"才尽其用、官称其职"的新局面日渐形成；社会风气和社会治安状况为之一变，贿赂请托、恣意妄举的腐败现象逐渐消除，养廉知耻、劭业竞学之风日盛。

经过此项改革，没有才能的氐族旧贵族势力纷纷倒台，新崛起的少壮派官员则出自前秦社会的各个阶层，取代了当时各国将领家族化的现象。到前秦灭燕时，苻坚手下的大小将领无论在数量上还是在质量上都堪称两晋十六国之最。王猛、权翼、邓羌、张蚝、毛当、石越、吕光、窦冲、梁成、慕容垂、姚苌、苻融、苻洛、苻丕等尽皆文武双全，足以和赤壁之战前的曹操势力相比，而且

铁骑上的十六国

仿佛略胜一筹。尤其难得的是，众将领个个都是有勇有谋的年轻人，而非体衰年迈的老头子，建功立业的进取心不容置疑。

其次，兴办教育，培养人才。在王猛的倡导之下，前秦恢复了太学和地方各级学校，广修学宫，聘任学者执教，并强制公卿以下子弟入学读书。苻坚每月亲临视察督导，以扩大影响力和号召力。先进的汉族传统文化很快在北方得到复苏和振兴，前秦官员的后备人才培养也随之步入正轨。

再次，调整民族关系，促进民族融合。前秦废黜了胡汉分制之法，确立"黎元（百姓）应抚，夷狄应和"的基本国策，诸族杂居，互相融合。减少了氐族和汉族、氐族和其他少数民族之间的矛盾。

对于破坏民族团结者，苻坚均予以严肃处理。于是，匈奴、鲜卑、乌桓、羌、羯诸族纷纷归服，有才干者皆被委以要职重任，"四夷宾服，凑集关中，四方人种，皆奇貌异色"。

此外，王猛作为汉人而能尽忠于前秦，与苻坚名为君臣、形同兄弟，为前秦的民族团结政策做出了榜样。

最后，兴修水利，奖励农桑，努力发展社会生产。

为解决关中少雨易旱问题，前秦政府征调豪富僮仆三万人开泾水上游，凿山起堤，疏通沟渠，以灌溉梯田及盐碱地，"百姓赖其利"。

通过召还流民，徙民入关等途径增加农业劳动力，并节约开支、降低官僚俸禄、减免部分租税，以减轻人民负担。

前秦政府还经常派员巡察地方，推广先进的生产技术，奖励勤劳耕作的农民。

于是，荒田重耕，帛、粟满库，前秦立国的物质基础大大增强。

王猛的施政举措为前秦帝国带来了崭新气象，境内清平安静，百姓家给人足，安居乐业，"自长安至于诸州，皆夹路树槐柳，二十里一亭，四十里一驿，旅行者取给于途，工商贾贩于道"。百姓有歌唱曰："长安大街，杨槐葱茏；下驰华车，上栖鸾凤；英才云集，诲我百姓。"

良好的国内情况与苻坚、王猛二人彼此的信任、配合是分不开的。

王猛执政期间，苻坚大胆放权，以其任"军国内外万机之务"，自己则"端拱于上"（端坐拱手于朝堂之上）而天下大治，"兵强国富，垂及升平，（王）猛之力也"。

苻坚对王猛满怀感激之情："您日夜操劳，忧勤万机，我好像周文王得到了姜太公似的，可以优哉游哉享清福了。"

王猛回答："没想到陛下对臣评价如此之高，臣才微学低，哪里能和古人相提并论？"

"据我看来，姜太公也比不上你。"苻坚郑重言道。

苻坚不仅给予王猛高度的赞誉、评价，还时常嘱咐太子苻宏、长乐公苻丕等皇家子弟："你们敬事王公，要像奉事我一样。"

能够把一个烂摊子治理得国富兵强，王猛对得起苻坚的评价，对得起苻坚的知遇之恩。

前秦入关中而立国，所占地区虽然形胜，但在当时却是陷入四面包围之中，东西南北全是敌人：北有拓跋鲜卑所建代国及其他部落集团；西有汉人张氏的前凉、氐族杨氏的仇池以及分布于甘肃、青海间的吐谷浑集团；在东方，前燕帝国独据中原，直至慕容垂西逃之前，燕国是前秦不可能战胜的存在；南方，东晋帝国虽然屡战屡败，但是依然屡败屡战，时时刻刻虎视眈眈。

这就是当时前秦所面临的政治环境，偏安一隅有余，主动出击艰难。尤其是东、南方向，实力悬殊。

但是，苻坚和王猛从没想过要苟安于关中一隅，花费那么多的心血精力去治理国家，就是为了有一天能够一统天下。

王猛的愿望是先统一北方，为将来统一全国打好基础；苻坚则更加雄心勃勃，志在"混一六合，以济苍生"。为此，苻坚和王猛制定了"稳定西北，使无后顾之忧；争锋东南，以图大业"的战略规划。

以后的很多年里，苻坚的进军路线，大体就是按照这个战略规划进行的，包括后来导致灭国之灾的淝水之战。

前秦进军西北的战略成效迅速且显著，通过政治、军事手段，到366年五月，匈奴刘氏部、乌桓独孤部、鲜卑没奕干部和拓跋部的代国等都先后归服前秦。

366年七月，王猛率军进攻东晋荆州北境诸郡，初战告捷，掠取民众一万余户北还。

367年二月，王猛讨平羌族头目敛歧叛乱。

367年四月，王猛大破前凉国主张天锡军，斩首一万七千级，俘甲士五千余人；继而兵不血刃，智擒原张氏部将李俨，夺占重镇袍罕（今甘肃省临夏东北）。

367年十月，苻生弟苻柳据蒲阪反叛，苻生其余四弟同时响应。王猛率军攻破蒲阪，杀苻柳。其他各路大军也尽皆获捷，平定"五公之乱"。

370 年十月，潞川之战，王猛以六万秦军击败慕容评四十万大军，取得灭亡前燕的决定性胜利。随后王猛与苻坚合兵，共同攻取邺城，灭亡前燕。

镇守邺城期间，王猛选贤举能，除旧布新，安定人心，发展生产，燕国旧地六州之民如旱苗逢雨，欢欣雀跃。

生逢乱世，改朝换代见得多了，百姓们更关心的是自己鼻子底下的那张嘴，谁能让自己吃饱饭、过上安稳的日子，谁就是好的政府。至于是"步摇"家还是"蒲草"家，并不重要。

灭燕之后，苻坚、王猛掉过头来，剑指西北。

371 年，前秦将领杨安攻灭仇池国（氐人杨茂搜所建），尽迁氐人于关中。与仇池互为掎角之势的前凉就此被孤立。

为不战而屈人之兵，王猛将此前攻打前凉时俘虏的五千甲士全部放回，并致前凉国主张天锡书信一封。在信中，王猛引古论今，透彻地分析了天下大势和当前前凉所面临的危险处境，奉劝张天锡认清形势，抓紧投降。张见信大惧，寝食难安，最终向前秦谢罪称藩。

陇西鲜卑乞伏部，甘肃、青海之间的吐谷浑部紧随前凉之后，向前秦俯首称臣。

373 年至 374 年，前秦略定巴蜀及其以南地区。桓温拼了老命打下来的成汉故地，至此全部丢失。

到王猛临死前，前秦帝国已经基本统一北方各地（前凉和代国均已臣服）。十分天下，秦居其七，拥兵百万，名将如云，辎重如山，带给了东晋前所未有的压力与威胁。晋国满朝文武，无人敢言"北伐"。

正是在王猛的治理下，前秦成为当时诸国中最有生气的国家，因而敢于与群雄逐鹿，四面出击，越战越强。

在统一北方的进程中，王猛常亲自统兵出征，战必胜，攻必克，表现出了卓越的军事指挥能力和大将风范。苻坚曾有赞誉，"文武足备"的姜子牙不如王猛。

王猛，一代传奇的政治家、军事家。

后人对王猛有诗赞曰："关中良相唯王猛。"

当然，还有相对应的下半句，"天下苍生望谢安"。我们后面再写。

前秦的故事也暂且停顿。让我们回过头来，看看那个独占凉州七十余年、向前秦谢罪称藩后仍然被灭国的政权——前凉，十六国时期国祚最为绵长的国家。

08. 前凉始末（上）

和其他政权不同，前凉是汉人建立的政权，其君主在很长很长的一段时间里，是作为晋国臣属存在的。它的建立者张轨是西晋的地方官员，并无反心。"永嘉之乱"后，衣冠南渡，晋室南迁，凉州和晋国中央政府的陆上往来被阻断。当时情况比较特殊，没有飞机和无线电，即使是热气球也不曾发明，与中央政府断绝了路上交通的凉州地区只能独立发展，时间久了，上位者不臣之心日盛，渐渐地就成了一个国家。

张轨，字士彦，255 年生，安定乌氏人，西汉常山景王张耳第十七代孙。其家以专攻儒学著称，世代举孝廉，年年都当官。

西晋泰始初年，张轨承其叔父恩荫，为官五品，时年十岁。

十岁的官员能干什么？处理政事是不可能的，但是却可以领俸禄。据我想来，那时这样的官员应该是极多的，官宦世家们都从晋帝国领分红，司马炎篡魏这事儿，才会万众拥护。

不过张轨算是个人才，年少时即聪明好学，文雅端庄，颇有声望。相较于众多尸位素餐的庸碌者，也算对得起五品官员的俸禄。

后来，中书监张华找张轨谈了话，就是那个在史书中留有评语"虽当暗主（晋惠帝）、虐后（贾皇后）之朝，而海内晏然，乃是张华尽忠匡辅之功"的张华，两人谈了些经义学问，聊了聊时政利弊。之后，张华对其大为赞赏，认为才如张轨者，在人才的二品等级里也堪称优秀。

于是，张轨的声名更加显赫，仕途也越发顺畅，授太子舍人，后升任散骑常侍、征西军司。

有好名望就有好前途，这是那个时代的铁律，以制度的形式确定下来。

八王之乱，天下分崩，出于远离是非之地的考量，已经为官多年的张轨遂向朝廷请求出任凉州刺史，公卿大臣们也多有推荐，认为以张轨之才，足以统辖远方。

301 年，张轨出任护羌校尉、凉州刺史。

并不曾造反，没有费一兵一卒，张轨怀揣一纸文书，手持一方官印，得占凉州。这一占就是七十多年，子孙后代凭借张轨的福荫，在乱世之中列土分疆。

到任之初，张轨立即讨伐叛乱，剿灭盗匪，尊晋攘夷，显威名于凉州；设崇文祭酒，建学校，征召贵族子弟入学，施教化于河西，拔擢贤才入仕；经济上，统筹土地和赋税，劝课农桑，重铸五铢钱，恢复货币流通。

一系列行政措施的实施，使凉州大治，军心安定，人民乐业。后来天下大乱的时节，凉州地区始终保持安定团结，成为滞留北方的汉人唯一的避难所。

当然，张轨在凉州的日子并不是一帆风顺的，即使大权在握、叛乱尽除、功勋卓著、独霸凉州时，凉州世家大族欲颠覆张轨者依然有之。事情严重到张轨开始收拾行囊准备走人，朝廷改任凉州刺史的命令也已经写好、马上就要颁布的地步。但张轨终究平定了祸乱，安然渡过危机。

幸好正值天下大乱，晋帝国自身难保，无暇西顾；幸好张轨始终掌控着凉州的军政大权，不曾假手他人。

西晋王朝行将覆灭之际，凉州虽远隔数千里之遥，但张轨派去救援的队伍旌旗相应，络绎不绝。相较于在东南观望不前的司马睿，张轨的表现何止是忠臣，简直可以光照千秋、彪炳史册了。事实上，史册确有记载。

在军事行动上，凉州地区曾多次派兵救援洛阳，先后击败王弥、刘聪，洛阳城中传有"凉州大马，横行天下"之民谣。

在物质支援方面，张轨不仅献上兵器甲胄、田出土产，在得知京师饥荒匮乏之后，立即支援朝廷马五百匹、毯布三万匹。

对于逃往凉州避难的人士，张轨设武兴、晋兴二郡以收容安置。

天下已乱，各方诸侯早已不听朝廷差遣，但是从凉州派出朝贡的使者，四季不绝。

如果真是一个有反叛之心的军阀，那时那地，张轨完全可以主动切断和中央政府的联系，然后割据自守，以待时变。巨大的人力物力支援，正是张轨对晋帝国忠心最好的体现和证明。

然而，西晋的灭亡不是张轨以一州之力可以阻止的，况且，那时的他，已经年老体迈，命不久矣。

314年五月，张轨因病去世，终年六十，谥武公。

张轨，十六国奠基立业过程中最为和平者。

继任者张寔，张轨长子，字安逊，为人学尚明察，敬贤爱士。初入政坛时在首都洛阳为官，永嘉元年（311年），辞官回凉州。张轨死后，张寔继位，官拜持节、都督凉州诸军事、西中郎将、凉州刺史，领护羌校尉、平西公。

在位期间，张寔多次派兵勤王，曾以五千义兵入卫长安，在百姓惊惧、士卒离散之际，只有凉州义兵岿然不动，终和晋帝国共存亡。

不过，由于地处边远，更由于中央政府的沦丧，张寔对晋帝国颇有些傲慢轻视之心。在司马睿改元称帝时，张寔依然坚持使用晋愍帝"建兴"年号，并且，私通汉赵、后赵，成为事实上脱离东晋控制的割据政权。史称"前凉"。

320年六月，擅长旁门左道的刘弘作乱，张寔被刺杀而死，凡在位七年，谥号昭公。

部下以张寔子张骏年纪尚幼，拥立其弟张茂继位。

在张轨、张寔执政期间，凉州地区政治开明，社会安定。都城姑臧为西北政治、经济和文化中心；河西走廊为东西陆路要道，商业繁荣，农业和畜牧业也较为发达。

西晋灭亡后，大批内地流民相继到来，为凉州地区提供了丰富的劳动力，并传播了先进的生产技术、经验，使凉州的社会经济更加发展。当时，在胡夷遍地的中国北方，凉州为保存汉族传统文化做出了贡献，并且，凉州还是中国接受西域文化最早的一个地区。

张茂，字成逊，为人高雅谦逊，恬静好学，晋国朝廷曾两次征召他入朝为官，全部辞不就任，遂留下不好俗世功名的美名。张寔被杀后，继任使持节、平西将军、凉州牧。

窃以为，哪里是不好功名，分明是不敢去！和平时，去了是质子；战乱时，去了白送死。西晋灭亡在即，张寔辞官回家，张茂自然不来。况且，此间自有富贵，何为远乎？死赖在凉州不走。

张茂在位五年，借民谣"手莫头，图凉州"，沉重打击过凉州豪门大族；攻克陇西、安南地区，置秦州郡，扩充了凉州版图。此外还盖了两套房（灵钧台、灵钧台），投过一次降（前赵刘曜），无其他贡献，连儿子都没生出来。324年5月，张茂因病去世，死前拉着侄子张骏的手交代，"谨守人臣之节，无或失坠"，谥号成。由于已经向前赵投降，刘曜亦遣使到来，赠太宰，谥成烈王。

迟来了五年的凉州牧终于回到了张骏的手里。幸也，叔父没有儿子。

张骏，字公庭，不仅长得帅，而且很聪明，十岁就能写文章，只是十三岁时还是因为年幼与凉州牧失之交臂。为人卓越不羁，喜欢微服出游，不仅白天游，晚上也常走街串巷。国人得知，争相效仿，遂成风俗。

看得出，张骏人缘还是不错的，风评也好，至少百姓并不厌恶他在大晚上出来四处溜达，民风彪悍之地，居然没有针对张骏的拦路抢劫、打闷棍的情况发生。

正是在张骏的模范带头作用下，姑臧城内，晚上逛夜市的人比较多。

张骏继位时，凉州地区和东晋的联系被完全切断，已经没有办法向朝廷汇报情况并讨得封号。不过晋愍帝时派来的使者尚在，俗话说："钦差所至，如朕亲临。"遂使钦差拜张骏为使持节、大都督、大将军、凉州牧，领护羌校尉、西平公。前赵刘曜依然遣使来贺，册封张骏为凉州牧、凉王。

对于两方的册封，张骏选择全部接受。那时那地，无论张骏是怎样地心系母国，坚信正统在晋，都无法改变已经和晋帝国长久失联的事实。况且，当初刘曜兴兵来犯时，其叔父张茂确实曾表示臣服，否认不了，也没有必要否认，以免留人话柄，甚至再动刀兵。张骏不仅接受了前赵册封，而且派出使者与前赵建立了友好联系。

不是凉州背叛了晋国，而是晋国抛弃了凉州。

张骏的官职是没有得到晋帝国正式册封的，也就是说，张骏对凉州的统治虽事实存在，但在法理上却不被认可。

张骏很着急，从市井小民到朝中文武官员都知道，世代为晋臣的张氏政权传到张骏手中的时候，居然没有被朝廷正式册封过，甚至都不知道他的存在。

古人有云：名不正则言不顺，言不顺则事不成。如果有人趁机造了张骏的反，理由很充分，张骏这个名不正的凉州牧不占据正义的位置。

如何联系上东晋，获得法理上的认可和册封，成了张骏继位之后的头等大事。

当时的凉州，完全被敌国包围，无论从哪个方向前往东晋，都将经过敌占区，危险重重。几经权衡之后，张骏把目光锁向当时占据巴蜀之地的成汉帝国。打算借道成汉，由川蜀之地入东南，和东晋取得联系。

为达到目的，张骏巴结了李雄整整九年，其间，写亲笔信联络感情有之，派遣使团进行友好访问有之。最后实在没办法，张骏以向李雄称臣为条件，才换得一张通行证；即便如此，前往建康的使者依然差点被李雄沉江杀死。333年，凉州终于和东晋朝廷取得正式联系，宣誓效忠后，张骏的地位获得认可。

治理凉州期间，张骏善用人，勤政事，大力发展经济，减轻刑罚。在他的治理下，凉州地区国富兵强，成为中国北方少有的繁荣地区，凉州百姓因其贤明，称之为"积贤王"。

军事上，张骏极力扩张，向西降服龟兹、鄯善，称霸西域；向东尽有陇西；趁前、后赵交兵之机，攻占河南地（黄河以南，非现在河南）。疆域达到极盛，地域包括今天的甘肃、宁夏、新疆、内蒙古、青海各一部，史载其疆域"南逾河、湟，东至秦、陇，西包葱岭，北暨居延"。

在位期间，后赵一统中原，张骏畏其强大，向后赵石勒称臣。

345年，张骏自称大都督、大将军、假凉王，并仿照东晋官名设置官职。

346年5月，张骏病死。私谥文公，晋穆帝追赠谥号：忠成公。其子张重华继位。

张重华，字泰临，张骏第二子，为人性情宽和，端庄沉稳。继位时年仅十六岁，自称持节、大都督、太尉、护羌校尉、凉州牧、西平公、假凉王。仍沿用晋愍帝"建兴"年号。

张重华在位期间，办过的最值得称道的一件事就是：重用了一个叫谢艾的儒生为大将。在后赵虎狼之师的进攻下，正是由于谢艾的存在，前凉政权才得以保全，也成就了一代儒将的千秋功名。

09. 名将谢艾

谢艾用三次战役，确立了自己在十六国历史上可以被淡化但不可以被磨灭的名将地位。

广武之战

事情的发展是这样的。

由于之前张骏曾向后赵投降过，张重华继位时，前凉算是后赵的藩属国，新人初立，不敢得罪这个强大的邻居。于是，在所有的仪式办理妥当之后，张重华向石虎上了一份表章，汇报一下自己的情况，同时也表示一下自己的友好心情。

东晋的支援是指望不上的，连互相通个消息都格外艰难，但却有强敌在侧，表示臣服成为前凉保全自己的主要方法。石虎得到消息后，认为这是吞并前凉、统一中国北方的大好良机，于是出兵。

前凉的一纸表章，换来的并不是石虎的友好情谊，而是十万虎狼大军。

347年，石虎任命麻秋为凉州刺史，率军攻入凉州，连下武街、金城，兵锋直指前凉首都姑臧。前凉统帅裴恒陈兵广武，深沟坚壁，逗留不进。凉州人心慌乱，形势不容乐观。

司马张耽向张重华建言："国之存亡在兵，兵之胜败在将。……主簿谢艾，文武兼备，可用以御赵。"

谢艾是以儒学入仕的，出身也一般，在张耽举荐之前，籍籍无名。然而正是这样的形势，让一个默默无闻的主簿走向历史前台，成为名震天下的将军，时人谓之：前凉之韩信！

那时，张重华并不确定谢艾的能力，其实对这个人连听都没听说过，于是召而问之。"乞假臣兵七千，为殿下吞王擢、麻秋等。"后赵大兵压境的紧急关头，倾国之兵也不过换来对峙的局面，国内人心惶惶，不可终日。危局如此，居然还有人敢如此说话，壮之，壮也，壮哉！

张重华闻之大悦，任命谢艾为中坚将军，拨给步骑五千，兵出广武，抵抗麻秋。

没有达到谢艾要求的七千之数，可能是张重华手里真的是无兵可派，主力全被那个叫裴恒的人带去砌墙头搞对峙了；也可能是心存试探，毕竟，面对麻秋的数万大军，五千和七千的差距，真的会那么大？

击败后赵这种事，如果给谢艾七千人就能够办到，那么，其实给他五千人也一样能办到。

以少胜多的战例已经有很多了，面对实力悬殊的敌人，取胜的唯一可能在于，将士们能够在军心士气上压倒对方，在交战时抱必死之心，一往无前，血战到底。

能够让士兵之英勇达到如此效果的方法在于，让他们怀抱必胜的信念。

交战的前一天夜晚，恰逢两只猫头鹰闯入谢艾军营，叫了两声之后，走了，留下满地惊恐的士兵。

家中人之将死，身上散发出的死亡气息会吸引猫头鹰的到来。换言之，猫头鹰停在谁家屋檐上，谁家不久就会有人死去。民间因此有风俗，猫头鹰是不祥的象征，伴随死亡而来。

决战前夕，有猫头鹰在军中鸣叫，自然是不祥的征兆。

谢艾却趁机鼓励士兵："赌博时，得枭（猫头鹰）者胜。如今猫头鹰来到咱们这里，恰恰预示此次征战，必胜！”

士兵们的恐慌神色一扫而空，全军士气振奋，斗志高昂。主将说得对，赌博时确实是得枭者胜。

谢艾和猫头鹰的故事应该是个巧合，可正是这种巧合奠定了谢艾名将的地位：善于捕捉机会、利用巧合鼓舞士气的将领，超脱于平庸者之上。

其实还有制造巧合的名将，比如，在出征前铸造一大把两面都刻有××通宝的铜钱，出战前当着全军将士的面许愿，如果此战必胜，苍天就会让每一枚铜钱字面朝上。然后撒出，结果……果然……

相较于手中的武器，士兵们更坚信上天的力量。善于用兵者，会巧妙利用士兵们的这种信仰。

广武军前的情况还是和昨天一样，昨天和前天也没有差别。两军对峙久了，双方人马都会心生懈怠，以为打仗就是来到敌人阵前生火做饭，然后等着太阳落山。无论他们曾经是如何的英勇、何等的精锐，日久则兵疲。时间，对敌我双方的影响是一样的。

谢艾带来的五千步骑，并没有被时间消磨锐气，怀揣着猫头鹰带给他们的信心，求战心切，斗志高昂。应该是采取突袭的战术，在敌人未做出有效反应之前，谢艾挥兵直进，突然实施攻击，打乱敌人部署。已经做好战斗准备的裴恒大军随即跟进，奠定胜局，斩首五千余人。

此战之后，后赵攻势立止。

这是谢艾的第一次出征，赢得干净利落，潇洒漂亮。

在不远处的大后方，张重华的脸上笑开了花，深感自己有识人之明，危难之际，能够慧眼识英雄于草莽，因而取得大胜，立封谢艾为福禄伯。这是其祖父张寔曾经被册封的地方，现在居然被拿出来册封功臣，可见谢艾受赏之隆重。

然而很快就到了我们所熟悉的“兔死狗烹”的桥段了，虽然当时后赵这只“兔子”还在，甚至比老虎还凶猛，但前凉的权贵们等不及了。

诸宠贵恶其贤，共毁谮之，乃出为酒泉太守。

荣誉全部取消，京城也不让谢艾待下去，这就是谢艾第一次出战的战果。幸好，“兔子”还没死，于是，谢艾也就还能活着。

长最之战

第一次的失败并没有引起石虎的警觉，347 年，石虎命令后赵征西将军孙伏都及将军刘浑率步骑两万，会同麻秋所部，再次进犯凉州。克大夏，筑城长最（今甘肃省天祝县）。

得到消息后，张重华果断起用谢艾，以谢艾为使持节、军师将军，率步骑三万，进军临河，麻秋同样以步骑三万拒之。

长最之战爆发。

这是谢艾一生中最为经典的一战，如果说，广武之战多少有一些投机取巧，夺取他人劳动果实（对峙日久，以致兵疲）之嫌疑，长最之战则是谢艾军事能力的完美体现。当时，谢艾乘辂车（由车轮、车轴、车舆和伞盖等组成），头戴白色头巾（没穿盔甲），鸣鼓而进。其形象，完全是一个在战场上少了羽毛扇的诸葛亮。

此时的麻秋全副武装，见对手如此装扮，大怒："艾年少书生，冠服如此，轻我也！"随即命令其军中精锐部队——黑矟龙骧军向谢艾发起进攻，其军容之威武，声势之汹汹，连谢艾身边的将士都被惊呆吓傻，乱作一团，更有人劝谢艾抓紧上马，以便形势不利时逃命。

谢艾走下车，在一张椅子（胡床）上坐下，从容部署防御，表情淡定，动作超然。正在进攻的后赵精锐见敌方主将行事如此，以为有伏兵在侧，心生畏惧，不敢继续向前。此时，谢艾手下部将张瑁奉命沿河而上，迂回包抄，从后赵军背后发起进攻，麻秋大军顿时大乱，谢艾趁机出击，前后夹击，大败后赵军。

长最之战，阵斩麻秋麾下将领杜勋、汲鱼，斩俘后赵军一万三千级，麻秋单骑逃回大夏。

不久之后，麻秋攻打前凉重镇枹罕再受重挫。连续三次失败，让麻秋心生感叹："我用兵于五都之间，攻城略地，往无不捷。及登秦陇，谓有征无战。岂悟南袭仇池，破军杀将；筑城长最，匹马不归；及攻此城，伤兵挫锐。殆天所赞，非人力也！"

纵横中原所向披靡，来到凉州却损兵折将，这是上天眷顾他们，不是人力所能改变。后赵名将麻秋已经丧失了吞并前凉的信心。

石虎得到失败的消息后，一声叹息："我靠一旅偏师就平定了九州，如今用九州的兵力却无法平定凉州，他们真是人才济济！"

战后，张重华论功行赏，升任谢艾为太府左长史，晋爵福禄县伯，食邑五千户，赐帛八千匹。

谢艾之名，名震凉州。

神鸟之战

347 年五月，不甘心失败的麻秋集结后赵在黄河以南兵力八万余人，会同石虎援军两万，再次向前凉发起进攻，这一次，终于攻陷前凉军事重镇枹罕。所部先锋王擢，攻占晋兴、广武，大军越洪池岭，直至曲柳，进逼前凉首都姑臧。

麻秋再次兵威大振，来势汹汹，凉州震恐。

张重华听从别驾从事索遐建议，任命谢艾为使持节、都督征讨诸军事、行卫将军，领步骑两万，再次出征，抵御后赵大军。

有了前面接连两次的胜利，此时的张重华对谢艾可谓心服口服，全权委以征伐重任。出兵之后，谢艾果然不负所托，先于神鸟（今武威南）击败麻秋前锋王擢，逼退后赵大军。随后，回兵讨伐叛变的斯骨真万余部落，斩首千余级，俘虏两千八百人，缴获牛羊十余万头，大获全胜。

此后，麻秋虽据有枹罕，拥兵十余万众，却再也没有了攻击前凉的雄心与胆气，直至投降苻洪后被杀死。

作为能够献计苻洪"进军关中"的人物，与慕容恪也多有交手，虽然每一次都战败，但也足以证明麻秋绝非庸才，谢艾能够以弱势兵力屡败之，不堪称名将耶？

事实上，在十六国名将排行榜上，仅凭三次击败麻秋的功绩，谢艾的排名就在桓温之前。战后，谢艾被张重华兄长张祚及内侍首领赵长谗害，再次贬职为酒泉太守。

353 年十一月，张重华去世。十二月，张祚篡位，废张耀灵，诛杀谢艾。也许，这就是名将的宿命。

此后，前凉内乱迭起，再无经国良将。

任职酒泉期间，谢艾建有酒泉钟鼓楼，用以巡逻、报时、报警之用。后人有诗叹曰："五凉烽烟皆散尽，至今犹见谢艾楼。"

酒泉钟鼓楼，至今犹在。那座楼，所彰显的，是一代名将被贬边远后依旧不减的雄心壮志和保家卫国的忠义之心。

著有《谢艾集》，失传。

10. 前凉始末（下）

张祚，字太伯，张骏庶长子。由于是庶出，父亲死后，身为长子的张祚只能和前凉君主的位置擦肩而过。

每天看着弟弟前呼后拥、高高在上、颐指气使、威风凛凛地接受万众朝拜，而自己只能臣服在其脚下，连选择的机会都没有，张祚心里憋屈、嫉妒、怨恨，报复之心日盛。

张祚是个很有才能的小人，其人博学多才，精明强干，然而却阴险狡诈，心术不正，善奉承拍马，混淆视听，颠倒黑白。

历史无数次用血淋淋的教训告诫我们，如张祚者，才是真正让人背部生寒的存在。没有道德底线，只要对自己有利，任何祸国殃民的事情都做得出来，毫无心理压力，而且很有能力为之。

张重华并不知道张祚居然是这样的哥哥，了解得并不深刻，只知道兄长对自己很好，凡事都顺着自己的心意，忠心耿耿，而且在处理政事上井井有条，颇有才干。如果连如此优秀的兄长都不信任，还能信任谁呢？

张祚起初并没想着要篡位，但为生活愉悦起见，给每天活在自己头上的弟弟添堵的事还是很乐意为之的。为达到目的，张祚采取表面逢迎、私下使坏的策略，暗中结交张重华的宠臣赵长、尉缉等人，与之结为异姓兄弟，在朝堂上形成攻守同盟，对于有功于国的大臣，共同谗害之。谢艾等，深受其害。

手段不仅这些，凭借张重华兄长的身份，张祚时常出入后宫，时间久了，居然和张重华的生母马太后勾搭成奸。这是他的后母，年轻貌美寡居，寂寞难耐，和张祚并没有血缘关系。在张祚有心且长得帅的情况下，二人一勾即搭，遂发展成地下情人。

风言风语席卷凉州，大家都知道了，然而宫闱秘事，大臣们不敢多嘴，只瞒住张重华一个人。每天见张祚勤于政务，作为主公和亲弟弟，张重华时常要道一声："兄长辛苦，稍息片刻，太后那里几日不见你，正想得很，要与你说话叙旧哩。"

那些日子，张祚越发地不压抑，望着威严庄重的弟弟，有时候实在憋不住，或许会"扑哧"一下笑出声来。

后来，张重华死了，临死前还想着要让张祚做他的"周公"，大臣们及时劝谏，才想起让谢艾进宫侍卫，不过为时已晚，命令谢艾进宫的诏书墨迹未干即被张祚扣下。等到张重华十岁的儿子张耀灵即位时，张祚已经成为前凉事实上的主人。

一个月后，在和张祚一度春宵、缠绵万千之后的第二天早上，沉浸在甜蜜幸福中的马太后亲自下令，废黜张耀灵为凉宁侯，改立张祚为前凉之主。

即使是亲孙子，也比不过情郎来得亲。

达到目的的张祚马上就和马太后不亲了，继位之后，张祚将已经人老珠黄的马太后晾在一边，不予理睬，转而将魔爪伸向后宫更为年轻的女人。

事实上，那些人都是他的亲人，不过连后妈都已经上手，对于其他人，张祚表示内心没有丝毫的负罪感。

先是和张重华的老婆裴氏通奸，玩腻了之后，张祚果断将其杀死，接着又强暴了张重华所有的姬妾，随后又将张重华几个年仅十多岁的女儿全部奸淫。更加疯狂的是，张祚将自己尚未出嫁的姐妹（同父异母）也全部召进宫中，逼其就范，无一人能幸免。

我们无法想象，这是一种怎样的疯狂，更无法想象，张祚是以怎样的心态进行禽兽之举。在他的心中，只有欲望和报复的快感。对父亲的报复，对兄弟的报复，压抑多年的欲望极度释放，促成了他的变态和疯狂。

事实上，他的父亲和兄弟对他很好，唯一的遗憾是，没有把他认为应该属于他的君主之位传给他。

根据当时的伦理，如果不是和马太后相好，最后阴谋得逞，前凉之主的位置，无论如何也轮不到张祚来坐。

近代某文人于如此事曾有名言："生我的，我不敢；我生的，我不忍。其余……"每次读来，愤恨交加，却原来，如此人物竟有张祚相伴。此话也是对张祚行为最好的总结，或许，他也很敢很忍心吧。

爽了，但也臭了。据史书记载，姑臧城中的百姓惊掉了下巴，互相见面打招呼时，养成了先吟诵一遍《诗经》里描写宫廷淫乱的《墙茨》然后再开口说话的习惯。国人之无奈和嘲讽之意，可见一斑。

就是这样一个淫棍，在执掌凉州不足两个月之后，居然做了其祖先三代人都不敢做的事情，自立。

354年一月，张祚自称凉王，改元和平，不再沿用晋国年号，且采用皇帝礼乐，正式和晋帝国分道扬镳。

虽然前凉在事实上早已经是一个独立王国，但从未旗帜鲜明地打出凉国称号，即使称王也是"假凉王"，数十年来始终奉晋为正统，名义上始终以人臣自居。张祚此举，形同公然反叛，凉国上下无不侧目。虽然后来张玄靓、张天锡去凉王称号，也重新捡起晋国年号，但因之产生的裂痕，无法弥合。这也为后来张天锡投降东晋后受到侮辱埋下伏笔。边远州郡，居然敢僭位称尊，晋国大臣们无不耻笑，酸酸的葡萄味从嗓子眼往外冒。

舒心的日子过了一年多，祸事就来了。355年，张祚和河州刺史张瓘闹翻，派去攻击张瓘的军队被打败。随后，张瓘传檄凉州各地，声称得到马太后密旨，废黜张祚，拥立张耀灵复位，兵锋直指前凉首都姑臧。

同年八月，骁骑将军宋混的弟弟宋澄起兵万余人响应张瓘，共同讨伐张祚。

原本打算留着张耀灵的性命博一个仁义的名号，没想到居然是烫手山芋、祸患源泉。得到消息的张祚气急败坏，下令将张耀灵杀死。执行命令的人掰断张耀灵的腰肢，然后胡乱挖了个沙坑，埋完了事。

被杀时，张耀灵年仅十二岁，谥号哀公。

这下授人以柄了，张瓘、宋澄的讨伐大军从此名正言顺，连身边的亲信也不再忠心，张祚陷入众叛亲离的境地。

不久之后，宋混大军兵临姑臧城下，张瓘的弟弟张据和儿子张嵩开城门以应之。

和跪下求饶的石生相比，张祚还算有骨气，临死前还端坐殿中，持剑督战。不过人心尽失，手下士兵四散而逃，无一人愿意为他卖命。连他最为亲信的把兄弟赵长等人也背叛了他，跑到后宫劝说马太后立张玄靓为前凉之主。

这就是小人之间的情意，无关忠孝节义，只有自己的利益。利重则合，利尽则散，何必曰"义"？

宋澄将张祚的脑袋割下示众，尸体扔在路边，任人践踏。百姓得知张祚被杀，尽皆欢呼雀跃，拍手称快。君王的死居然会让百姓兴高采烈，是为人君者最大的悲哀，行事如此，得人心如此，确实该死！

张祚死后，张瓘、宋混拥立张重华六岁的儿子张玄靓为凉王。后去凉王号，称大都督、大将军、校尉、凉州牧、西平公。

由于张玄靓年纪幼小，自然有权臣当道，短短几年时间，前凉上演了四次大臣争权夺利的政治变乱。

359年九月，张瓘谋反未遂，宋混灭张瓘全族。

361年，宋混病死，大司马张邕起兵杀宋澄，灭宋氏一族。

同年十一月，张重华弟弟张天锡杀张邕，以大将军、都督中外诸军事辅政。

363年八月，张天锡谋反，杀张玄靓，自称大将军、凉州牧、西平公。

值得一提的是，马太后在此期间又重新坠入爱河，和掌权的张邕相好。张邕被杀后，马太后颜面尽失，心灰意懒，两年后在郁郁寡欢中去世。一生身处政治旋涡，经历多次兵变叛乱，最终居然寿终正寝，也算是不幸中的万幸。

一个为爱情奋不顾身的女人。

篡位成功以后，张天锡对其兄长张祚的腐败生活很是向往，虽然没有张祚那么变态，但是也一头扎进温柔乡中，过上了"春宵苦短日高起"的生活，据说连看望母亲的时间都会时常忘却。

那时前凉，饱经动乱，早已经衰败不堪，在张天锡的昏庸统治下，更加政治昏暗，国势日衰。

其堂弟张宪曾抬棺入谏，希望张天锡能励精图治，一改前凉衰败气象。

不过感受了"好日子"滋味的张天锡哪里还有雄心壮志？依旧我行我素，在醉生梦死中等待最后时刻的到来。

由俭入奢易，由奢入俭难。一代枭雄刘备也曾经在孙尚香的石榴裙下乐不思蜀，差点放弃光复大汉的远大志向，更何况张天锡呢？

成大事者，第一要务就是要克制自己的欲望。温柔乡是英雄冢，此言诚不虚。温柔乡更是庸碌者的坟墓，而且，永远都爬不上来。

终于回到前秦时段，376年七月，前秦步骑十三万大举伐凉。大军出征前，苻坚在长安为张天锡建好了安置他的宅邸。

此战，为消灭前凉而来。

前秦大兵压境，禁中录事席仂建议张天锡学习孙权以屈求伸，送质子及财宝，以换取前秦暂时撤军，赢得谋划对策时间。不过其他大臣极力主战，认为只要倾国出战，胜负未可知。

张天锡将前秦派来劝降的使者吊于军门之上，乱箭射死，以示决一死战之心，随后，命令前凉军队迎战前秦。

战况很不利，前凉军队数次出击均被击败，将领死伤惨重，不得已，张天锡亲自出城迎战。然而，军队刚刚出城即被告知，城中有人趁机叛乱，无奈之下，张天锡只好回兵平叛，前秦大军紧随而至姑臧城下。

张天锡走投无路，出城投降，前凉灭亡。

前凉，自 301 年始，共历九主七十六年，除张祚外，其余全部自称晋臣，沿用晋愍帝年号。

淝水之战的时候，张天锡投降了东晋，颇受东晋大臣的调笑侮辱，以致精神恍惚。晚年穷困，得东晋皇室照顾，任职庐江太守。

398 年，张天锡病逝于建康，时年六十一岁，谥悼公。

在亡国之君的境遇里，张大锡的待遇还算不错。

11. 帝国隐忧

王猛死了，作为前秦伟大的功臣，王猛没有看到他为之呕心沥血的国家统一中国北方的盛况。375 年七月，王猛积劳成疾，医治无效去世，终年五十一岁。他是活活累死的，为了"知遇之恩"，为了"治国平天下"的理想！

死前，王猛遗言苻坚，晋国正统，上下和安，不可伐；鲜卑、羌人等亡国俘虏如仇敌在侧，不可不除。也许是悲伤过度，苻坚全盘没听清楚，后来更是忘得一干二净，既重用了鲜卑和羌人，更讨伐了东晋。于是有了后来的灾难。

在王猛生病期间，苻坚悲伤至极，向山川祈祷，向宗庙、社稷求福，特赦全国死罪以下囚犯，然而终究没有挽回他的宰相的生命。他手拿着这位为国鞠躬尽瘁的大臣的临终奏疏，读一行字，流两行泪，泣不成声，悲恸左右。其后更是三次临棺祭奠，谓太子宏曰："天不欲使吾平一六合邪？何夺吾景略之速也！"葬礼极尽哀荣，依汉大将军霍光故事。秦国上下哭声震野，三日不绝。

临死，王猛嘱咐其子以十具牛（二十头牛）耕田务农，其余一无所求。比"成都有桑八百株，薄田十五顷，子孙衣食，自有余饶……"的诸葛亮表现得更为清廉节俭。苻坚也常以刘备与诸葛亮比喻自己和王猛，事实上，此二人比那二人更为亲近和睦，更为"如鱼得水"。名为君臣，实以兄长敬重之，更是苻坚最为得力的助手和老师，感情极为深厚，追谥王猛"武侯"，同汉丞相诸葛亮。

王猛死后，苻坚追忆过甚，不到半年便须发尽白，那时，年仅三十八岁。

生前位极人臣，死后哀荣绝代。得人君如此，王猛何其幸也。

苻坚是仁义的君王，不仅体现在和王猛的相处中，更体现在治国上。即位之初，前秦国库亏空，民生凋敝，经济形势极为困难。苻坚就偃甲息兵，与民休息，短短数年时间，一举扭转社会百废待兴的萧条局面。

在吏治上，虽然有满朝文武及勋贵的极力反对，苻坚依然坚定支持王猛新政，严惩贪腐枉法行径，整顿吏治，改善社会风气和治安。

在文化教育上，苻坚以身作则，每月亲临太学一次，勉励学生学习。本来是每月亲临两次的，后来有学校老师告诉他，先贤至圣不过每月来两回，苻坚这才减之，以示不敢超越古之圣贤。前秦上下劝学敬业、养廉知耻的风气日盛。

在民生上，苻坚以发展农业为基本国策，自己虽贵为君王，但依然用实际行动向百姓表达休戚与共的心情，农耕时节，亲自下地耕作，他的皇后也亲自到长安近郊种桑养蚕，以身作则，勉励农事。百姓受灾时，苻坚减膳食、撤声乐，下令后宫嫔妃宫女皆穿布衣，文武官员相应减俸，并停止一切军事行动，以减轻人民负担。同时，解除对山川河流禁令，其中资源由国家和百姓共享。

有良相新政，有仁义君王，前秦国力在苻坚即位后仅仅几年即得以恢复，出现了安定清平、家给人足的新气象。然后才有了足够的实力消灭前燕，略定北方。

王猛死后，前秦休兵半年，在此期间，苻坚恪守王猛遗教，勤于国政。其后，迅速灭掉前凉和代国，完全实现了北方的统一，东夷、西域六十二国和西南夷全部遣使来朝；原属东晋的南乡、襄阳等郡（辖境在今湖北省）也被攻下，前秦臻于极盛，成为中国历史上第一个统一北方的少数民族政权。泱泱华夏大地，只有东晋龟缩于东南半壁与之对峙。

前凉已经有过叙述，至于代国，其君主是拓跋什翼犍，关于他的故事，我们留到将来讲述北魏时再详细讲述，在此先予以略过。总之，千难万险之后，拓跋什翼犍的子孙创立了并不亚于前秦帝国的功业，甚至是超越之。

苻坚不仅对自己的子民心怀慈爱，对待那些亡国投降的俘虏，也做到了仁至义尽，并没有像前朝和后世那样，对他们进行拘禁、虐待、侮辱，甚至直接屠杀。而是用自己的宽容仁爱之心厚待之，对其中才能杰出者，更是极力重用，甚至委以兵权。

其中典型，首推慕容垂。

虽然有王猛和苻融的劝谏，以及出逃被抓事件的事实，苻坚依然对这位前燕战神青睐有加，不仅没有杀掉他，反而对其好言宽慰，复其爵位，礼遇如初。灭掉前燕后，也没有对前燕平民及皇室予以屠杀，而是进行了安抚，并任用慕容家族皇室成员为官，这是真的官职，有实权，而不是只领俸禄的虚衔。就连亡国之君慕容暐也被封为新兴侯，待遇极为优厚。

对于羌族首领姚苌，或许是因为近亲（羌、氐同源），也或许是因为投降时间比较早，苻坚更视其为肱股，授封号"龙骧将军"，这是苻坚自己曾经担任过的职务，祖、父相传，登基之后，"龙骧之号未曾假人"，既没有授予皇室近亲，也没有授予一起出生入死的功勋大臣，反而给了姚苌，可见苻坚对其之器重。……可惜姚襄死得早，没赶上这样的好日子。

至于张天锡之流，是早已经建好了别墅等着他搬进来。虽然是一种政治姿态，但也足以说明苻坚心慈人善。毕竟，处于苻坚位置的绝大多数人，为他的敌人和俘虏最多不过是营建　问华丽一些的牢房，甚至只是简简单单挖个坑。

苻坚的仁爱之举确实为自己赢得了民心，赢得了许多有才之士的大力支持，也获得了慕容垂、姚苌等人的拥戴，这些人为前秦统一北方的事业立下了汗马功劳。然而，正如王猛临终所言，这些人也犹如卧榻之侧的猛虎，在淝水之战惨败后，慕容垂、姚苌等人相继叛变，与前秦兵戎相见，甚而杀掉苻坚，夺取前秦天下，丝毫不感念苻坚当年对他们的仁善、宽厚之情。

这是后话了。此时此刻，这些敌国的降将俘虏正沐浴在苻坚仁爱的光环之中，位高爵显，兵马众多，实力非凡。很多人的爵位官职，甚至超过了那些和苻健一同入关、为前秦的建立而浴血奋战的元老旧臣。

当然，苻坚也是犯过错误的，尤其是对前燕慕容家族，过错足以抵消他全部的恩典。

这也是没办法的事，谁让人家姑娘媳妇长得俊呢……连男孩子都俊。或许，这是促使慕容家族在后来疯狂复国的原因之一吧。

捍卫祖先的荣耀，重拾丢弃的尊严，还要保卫心爱的姑娘，当然最重要的是，满足自己对权力的欲望，这些都值得他们在苻坚狼狈不堪时选择背叛，放手一搏。

前文已有交代，慕容垂并不是一个人来投奔的，虽然把妻子可足浑氏抛弃在了邺城，但是却带上了夫人段氏。苻坚在优待慕容垂的同时，对他的夫人段氏也是颇为优待，经常将段氏召入宫中，饮酒游玩，同裳共寝。段氏为了保护慕容垂，只能选择牺牲自己，曲意承欢，并时常吹枕边风，说几句慕容垂的好话，慕容垂也极力巴结讨好。于是，虽有王猛谏言在耳，苻坚还是逐渐放松了对慕容垂的警惕，并授予高官实权。

古人有云："杀父之仇，夺妻之恨，不共戴天。"一个曾经打败天下无敌手的英雄，连桓温都曾经是其手下败将的人物，居然甘心受辱，而且奉上的还是他最为心爱的女人。忍辱负重也好，迫不得已也罢，无论以什么样的理由来解释，在慕容垂的心里，仇恨的种子已经种下。这些，正迷醉在段氏裙下的苻坚是不得而知的。

后来，第一个站出来反叛苻坚的人，正是慕容垂。所有的恩典都不能弥补夺人妻女的羞辱，更何况慕容垂本就不甘人下。

其实，苻坚身边大臣对慕容垂的防范与忌惮始终存在，即使在出征东晋前夕，依然有大臣建议苻坚，杀死慕容垂以绝后患。但是，苻坚不仅没有杀死慕容垂，反而给他千军万马，让他自领一军，独立作战。

灭燕之后，大患已除，苻坚意气风发的同时，将前燕皇宫里的一对佳人揽入怀中，即皇子慕容冲及清河公主（佚名）。

那年，清河公主年仅十四岁，芬含豆蔻，艳若芙蕖，正是幻想美好未来的年纪，然而作为亡国之女，只能任由苻坚纳入宫中，充作玩物。当时慕容冲更是年幼，只有十二岁，尚未到青春期，脸上不曾长青春痘，皮肤细腻光滑，长相上更是沾了慕容家族的光，有龙阳之姿，直生得面如美玉、目似桃花。苻坚怜之，爱之，也把他纳入宫中，充作娈童，朝夕与共。于是，宫闱之内，床笫之间，姐弟二人共事苻坚。长安有民谣曰："一雌复一雄，双飞入紫宫。"

慕容家族真是好基因，不仅能生出慕容恪、慕容垂这样的英雄，还能生出清河公主、慕容冲这样的美人。

后来，在王猛的极力劝谏下，苻坚才将慕容冲遣送出宫，另行安置。然而，其中依依之情，无以言表。

或许，这种事对于苻坚来说只能算得上是一桩风流韵事，无伤大雅。然而对于慕容冲而言却是奇耻大辱，父辈的荣耀光照千秋、震古烁今，自己却沦为别人的床上禁脔，任由摆弄，而且是和姐姐一起。国破家亡，身不由己，个中经历不堪回首。

后来，正是慕容冲率兵将苻坚赶出长安，将帝王之都变成人间地狱，用鲜

铁骑上的十六国

血洗涤自己难以启齿的往事。

据说慕容冲兵临长安时，苻坚还送给他以前在宫中时穿过的锦袍一件，寄希望于唤醒往日温馨，以保全性命。

慕容冲的到来，正是因为对往事的念念不忘、历历在目。

至于姚苌之所以杀苻坚，我想，杀机忽生的那一刻，他定是想起了死在苻坚手里的哥哥，更是为那仿佛唾手可得的皇位。

苻坚若是谨遵王猛遗言，至少也是可以和东晋南北对峙下去的，必不致有后来的悲剧发生。然而，形势在发展，一统天下的功勋近在眼前，谁又能把持得住呢？

此外，出于统治的需要，苻坚将各国俘虏尽皆迁往关中居住，却将氐族人分散驻守前秦各地，以实现对前秦广阔疆域的有效控制。然而，这一政策直接导致氐族力量过于分散，甚至在京畿地区也要弱于其他民族。

等到苻坚想要集结力量反击时，分散的氐族使这一想法成为不可能。也是后来苻登拼命力战，多次打败姚苌，却因实力不济无法将其消灭，乃全始终被称为"穷寇"的重要原因。

不仅如此，连年的征战导致前秦内部问题开始凸显，首先是士兵们不想打了，心理上的疲敝远胜于身体上的疲劳。百姓也因为战争而陷入穷困，因转运粮草而累死、饿死于道路者随处可见，厌战情绪在全国范围内滋长。

当然，此刻的苻坚正沉浸在混一六合的梦想中，积极地准备着南征东晋的战事，并未想到这些潜在的忧患，虽然，它们是致命的存在。

12. 决战前夜

在前秦忙着灭前燕、收前凉、平代国、远征西域的时候，东晋一刻也没闲着。面对强大的前秦，虽然再也不敢出师北伐，但是东晋朝廷上上下下都明白，一旦前秦统一北方各地，届时必然会挥师南向，大战不可避免，事关生死存亡。

376年正月，年仅十四岁的小皇帝司马曜亲政，任命谢安为中书监、录尚书事，东晋开启了由谢安当政的时代。

虽然不是那场战争的直接指挥者，但是我认为，谢安当政是东晋赢得那场决定中国历史走向的战争的关键性因素。有名臣当国，才有后来的一切，包括某些貌似偶然的必然事件和因素。

与王猛相比，谢安是没有战胜攻取的武功的，但是在治国方面，同样堪称出类拔萃，毫不逊色。当政期间，谢安选拔了徐邈、范宁、谢玄、桓伊等一大批文武贤才。同时以节俭治国为方针，改革赋税制度，降低官员俸禄，裁撤冗员，杜绝虚耗用度，停止一切非军国要事的差役和费用。这些措施减轻了百姓负担，使东晋从桓温北伐失败的阴影中走出，国力开始增强，为后来的那场决战打下了坚实的物质基础。

在缓和国内门阀大族矛盾上，谢安任命桓冲为荆州刺史，桓嗣（桓温子）为江州刺史，以王蕴（皇后父亲）为徐州刺史，谢玄为兖州刺史，领广陵相。长江中下游的方镇大权分别由桓、谢、王三大家族掌握，东晋各大族互相妥协让步，利益关系得以协调，桓氏一家独大的局面得以缓和，朝廷与方镇之间，上下团结和睦。

强大的国力，上下团结一心，正是取得战争胜利的先决条件。幸甚，在前秦南征之前，东晋完成了物质和心理上的双重战争准备。对于一个国家来说，这最为艰难的一步，正是在谢安的主导下顺利实现的。

当然，军事上的准备也同样重要。当时，为抵御前秦的巨大威胁，在谢安的举荐和命令下，负责江北战事的谢玄组建了一支在中国历史上赫赫有名的军队——北府军。

北府军

北府军，又称北府兵，东晋时由谢玄主持创建，军队主体为北方流民，因谢玄镇守地京口又被称为北府，其军因而得名，是东晋抵抗北方胡族入侵的中坚力量。初始时由谢氏家族掌控，后来随着政局发展，其军队领导人几度易主，最终成为南朝军队主力。北府军成军期间，名将辈出，战功卓著，其军队统帅传到刘裕手中时，开多兵种协同作战之先河，北府军战斗力到达巅峰，号称中国古代最强之军队。

一支军队的战斗力是由多种因素决定的，北府军的强大，同样由多种因素促成。主要有以下几点：

其一，军队主体为北方流民，除了一路逃难的幸存者外，还包括残存的乞活军和北方义军。这些人是在"五胡乱华"的背景下从尸山血海中爬出来的，和北方胡人有着血海深仇，敢于拼杀，骁勇顽强，是北方汉人仅存的精髓。

亲眼见识过亲人和朋友如何被杀死，自然知道该如何拿起刀来拼命。

其二，谢玄在组建北府军时，并不是单纯招募流民然后自己训练，而是通过招募流民军首领整合成军，军队凝聚力大，军官掌控能力强，临阵指挥经验丰富。

大浪淘沙之后，依然能够带领一帮兄弟在快马弯刀的胡人铁骑下活命，自然有其非凡的胆识和智慧。可以说，北府军是北方汉人精髓中的精髓。

其三，拥有优秀的统帅。除组建者谢玄外，在其后来的历史中，北府军中先后有刘牢之、刘裕、王镇恶、檀道济等名将出现，尤其是在刘裕任统帅时期，北府军战斗力到达巅峰，创造了步兵打败骑兵的神话。王夫之有言："裕之为功于天下，烈于曹操。"

其四，特殊的时代背景影响，外族入侵带来的巨大压力和肆意践踏、屠杀，使汉人感觉到了亡国灭种的危险。在当时，北方汉人要么加入义军杀死胡人，要么独自逃跑然后被胡人杀死，别无选择。所以他们只能团结以求生，共同抵御胡人的屠戮。这就使这支军队从将领到士兵都养成了强悍的性格和习气，战斗力自然不差。

总之，北府军是一支由凶悍的士兵（久经战场淘汰后的精髓）、优秀的将领（义军统帅中的精英分子）、杰出的统帅（刘裕等人），再加上特定的历史时期给予的团结和勇气，共同组建而成的军队。

前秦所要面对的，原来是这样的东晋。

不过苻坚并不得知，在顺利消灭前凉和代国所带来的喜悦中，苻坚认为，大军所至，东南必当授首。

其实这是无解的战事，在中国，任何一个已然平定了北方的政权，无论是华夏族还是他族，都必然会挥戈南向，以求一统天下，只是胜负难料、成败不同罢了。

这是秦始皇注入我们血管中的血液，也是他永久的丰碑。影响之巨大，今日尚存。

378年二月，为夺取东晋北部战略要地襄阳、打通南下通道，苻坚正式向东晋用兵。

前秦大军兵分四路：一路是征南大将军苻丕，统步骑七万，出武关（今陕西省商县西南），直趋襄阳；一路是京兆尹慕容垂及扬武将军姚苌，率军五万，取南阳（今河南省南阳市），经南乡（今湖北省丹江口东南），再下襄阳；一路由领军将军苟池、右将军毛当、强弩将军王显率兵四万，兵出武当（今湖北省郧县东南）南下；一路由征虏将军石越统率精锐骑兵一万，兵出鲁阳（今河南省鲁山县）。四路大军，会攻襄阳，以求一战必胜。

战事打响后，为策应襄阳方面的进攻，苻坚又命令兖州刺史彭超、后将军俱难、右禁将军毛盛、洛州刺史邵保等率步骑七万，向东线的淮南地区进发，进攻淮阴（今江苏省淮阴市西南）、盱眙（今江苏省盱眙县东北），以造成对东晋的东西夹击之势。

面对来势汹汹的前秦大军，东晋采取分兵固守之策略：在东线，以尚书仆射加侍中谢安都督扬、豫、徐、兖、青五州诸军事，率重兵防守建康，确保江淮地区、九江以下及京师建康的安全；西线以荆州刺史桓冲都督荆、江、梁、益、宁、交、广诸军事，防守江汉地区，确保长江中下游的安全，防止秦军顺江而下。

淝水之战的前奏之战，襄阳、淮南争夺战爆发。

襄阳之战

378 年四月，前秦将领石越趁襄阳守将朱序不备，以五千骑兵泅渡汉水成功，并顺利夺取襄阳外城。朱序惊慌失措，率军退守襄阳内城后继续负隅顽抗。前秦各路大军随后继进，围攻襄阳。

此处朱序就是后来高喊"秦军败了"的那位，当时正任职梁州刺史，镇守襄阳。虽然后来被俘投降，但是那一声高喊，足以证明朱序对东晋的忠诚。

朱序并不是一个人在守卫襄阳，依然是有帮手的，即他的母亲韩氏。

在得到秦军来犯的消息后，韩氏率领自己的婢女和城中服徭役的妇女在城内筑起了一道牙城（即朱序退守的内城）。秦军攻破外城后，东晋守军正是凭此牙城得以坚守，继续抵抗，襄阳人称之为"夫人城"。这道城墙，带给将士们的不仅仅是一道抵抗的屏障，更给予了他们在随后长达一年时间的围困中坚守下去的精神力量。

这座城池，全民皆兵，万众一心，同仇敌忾。

苻坚在重用降将朱序的时候，真应该查查他的家谱和履历，有如此巾帼英雄的母亲，朱序怎么好意思做个软骨头？

然后就是漫长的攻防战了，声势浩大的前秦四路大军围攻襄阳，却在坚城之下钝兵挫锐，从四月一直攻打到当年的十二月，毫无进展。而朱序虽困守城中，却时常派兵伺机偷袭，并屡屡得手，守城守得不亦乐乎。

十几万大军攻打一座孤城，仗却打成了这副模样，前秦的朝臣们自然多有弹劾。苻坚也有点坐不住，下诏责备襄阳方面统帅苻丕，赐宝剑一柄，"来春不捷者，汝可自裁，不足复持面见吾也"。

千军万马杀过去，却连一座孤城都打不下来，苻丕自然是没脸去见苻坚的。从 379 年止月起，苻丕总督各路军队，加紧进攻襄阳。此时，虽然东晋各路援军均不敢救援，但朱序却因为屡破前秦军，心生麻痹，防备开始松懈。

即便如此，前秦军依然没有攻克襄阳，直到守军内部发生了变故，转机才得以出现。

379 年二月，东晋襄阳督护李伯护派其子暗通秦军，成为前秦内应。苻丕命令各部趁机猛攻，在秦军和叛徒的里应外合下，终于于三月六日攻克襄阳，生俘东晋守将朱序。

春天已经深矣。

襄阳争夺战以前秦的胜利而告终，苦战之后，苻丕也终于从地上捡回了去见苻坚的脸面，虽然已经有点脏，但是只要涂上一些脂粉，还是可以挂上去的。

战后，苻坚对固守襄阳的朱序大加赞赏，认为如此人物忠勇可嘉，任命其为度支尚书。然而却杀了李伯护，理由是吃里爬外、当汉奸！

这是匪夷所思的结果，毕竟，如果没有李伯护叛变做内应，前秦并不一定真的能攻下襄阳。杀了他，以后谁还敢为前秦通风报信？

忠义者应当给予尊重，但小人却也有小人的用途，如明末清初的吴三桂之流，乱世之中，举足轻重。在苻坚感叹东晋忠臣义士之多的时候，可曾想过，自己也在为他们的存在推波助澜！

唯一的解释在于，苻坚坚信他一定能一统寰宇，根本不需要这种小人的存在，反而要用如此人物的项上人头来向他的部下们宣示忠义的重要。天下即将在握，诸位以后要做忠义者，而不是卑鄙的叛徒。

淮南之战

在东线方面，378 年八月，前秦军彭超、俱难分别对彭城（今江苏省徐州市）、下邳（今江苏省睢宁县西北）展开进攻，淮南之战爆发。

与襄阳方面面临的情况相同，由于晋军的坚决抵抗，彭城的攻城战同样旷日持久，直到襄阳之战结束，彭超尚未能将其攻克。后来谢玄用计使彭超撤围，将守军全部救出，前秦军才得以将彭城占领。

其间，由于彭城被围，内外消息断绝，谢玄的援军到达泗口（古泗水入淮口，在今江苏省淮阴西南）后，无法和彭城守军取得联系。军中一个叫田泓的将领自告奋勇，表示愿意前往告知消息，然而不幸的是，虽然田泓一路潜行，但仍然被秦军抓住。彭超在一番劝说之后，赏给了田泓很多财物，"到了彭城告诉守军'援军已败'，荣华富贵就应有尽有"。话毕，彭超瞥了一眼这个抱着金银珠宝不撒手并一个劲点头的晋军将领，眼神中满是轻蔑。

然而当田泓来到彭城城下时，望着城墙上惊疑不定的守军，他却突然大声高喊："援军将至，诸位务必坚守！"

这是以自己的生命为代价的一句话，为彭城的守军带去了希望和勇气，一直顽抗到谢玄的到来。值得一提的是，谢玄率领的援军正是北府军，田泓只是其中一个普通的基层军官。

明知必死，依然选择了为国而战。起起武夫，无双国士。这样的人可能从小到大都没听说过所谓"孔曰成仁，孟曰取义"吧，然而却用行动将其诠释。

在国家和民族危难时的每一个奋不顾身的勇士，我们都应该铭记！

彭超占领彭城后，和已经攻克下邳、淮阴的俱难会师，南下进攻盱眙。占领了襄阳的前秦西线部队也在毛当、王显的率领下，起兵两万东进，支援彭超、俱难。

379 年五月，彭超、俱难攻克盱眙。随后，前秦六万大军围困三阿（今江苏省宝应境内），其兵锋距东晋腹地广陵（今江苏省扬州境内）不足百里。

刚刚完成救援彭城任务的谢玄再次临危受命，率军自广陵出发，救援三阿。

五月二十五日，谢玄击败彭超、俱难，前秦军退走盱眙，前秦在东线方面的攻势被遏止，前秦一败。

六月七日，谢玄攻盱眙，彭超、俱难再次战败，退兵淮阴，前秦二败。

随后，谢玄命部将率水军乘潮水而上，乘夜焚毁秦军所架之淮河桥，秦将邵保战死，彭超、俱难退兵淮北，前秦三败。

随即，谢玄率军追击，双方再战于君川（今盱眙县北六里），彭超、俱难仅以身免，前秦军四败。

淮南争夺战是北府军成军后第一次参加战斗，首战即以弱势兵力大败前秦十余万大军，并且屡战屡胜，使一直以来无往不克的前秦大军遭受了惨重损失。战后，彭超自杀，俱难被削职为民，前秦精锐士卒伤亡惨重，军心士气严重受挫。而经过这次战争，晋军士气大振，为后来取得淝水之战的胜利奠定了信心。

经过连续反击作战，晋军夺回淮阴等军事要地，稳定了淮水地区局势。但是，东晋未能收复军事重镇彭城，前秦在东线南下的条件依然具备。

好了，让我们来看看那个通过政治改革让东晋有资格赢得淮南之战乃至于后来的淝水之战胜利的人——谢安，天下苍生为什么要望着他呢？

长得帅那是一定的，但不仅如此。

13. 天下苍生望谢安

谢安，字安石，320 年生人，祖籍河南陈郡。永嘉之乱后，陈郡谢氏南迁至南京乌衣巷，时人称之为"谢家兰玉真门户"，地地道道的名门世家。唐代大诗人刘禹锡有诗云："旧时王谢堂前燕，飞入寻常百姓家。"其中"谢"字，说的就是谢安家，其家族在东晋四大家族中排行第二，仅次于"王与马，共天下"的王家。

出身名门的谢安自小就声名远播，四岁时即被桓彝（桓温父亲）大加赞赏，"此儿风神秀彻，后当不减王东海（王承，东晋初年第一名士）"。十三岁时，谢安之名远传辽东，连当时年仅七岁的慕容垂都知道他的大名，特地送白狼眊一对，以示对谢安的仰慕，可以想见其名声之响亮。

不仅如此，王导（东晋政权奠基人之一）对其也深为器重，于是其名望之高，更加一发不可收拾，文人士子顶礼膜拜，万千少女趋之如狂，乃至于一举一动都会被世人争相效仿，连咏诗时候鼻音较重（有鼻炎）都被文人书生冠以专用名"洛下书生咏"，并以此方式吟诗为荣，俨然东晋朝野上下、大街小巷茶余饭后必谈之第一明星偶像。

原来，天下苍生之所以望谢安，竟是因为他名气大。

谢安曾经巧妙利用这一明星效应做善事。

有一次，谢安的一个老乡在建康做生意（卖蒲葵扇），然而比较倒霉，回家的路费花光了，扇子却一把也没卖出去。谢安得知情况后，专程经过那人的货摊，抓起一把蒲葵扇，然后旁若无人地扇了起来，招摇过市。结果建康街头人人争相效仿，积压的扇子很快便以高价卖光。

那位老乡不仅挣回了回家的路费，而且省下了谢安的广告代言费，很是赚了一笔。

名望如此之高且又出身名门，谢安自然是不用考公务员的，连孝廉、中正都不用举，直接就可以做官。不过谢安当时志不在此，不愿意以个人的出身和名望去博取世人心中向往的荣华富贵。在朝廷征召他为佐著作郎时（第一份官职），谢安仅仅做了一个月就辞职回家了，从此隐居会稽东山，拒绝应召。

隐居期间，谢安出则渔弋山水，入则吟咏属文，挟伎乐优游山林，最多就是在家教子侄读书，就是不愿当官。曾经赏脸和好友王羲之一起参加兰亭集会，我们的书圣高兴之余就写下了有"群贤毕至，少长咸集"之语的佳作——《兰亭集序》。当然，那时的书法也因为心情愉悦而登峰造极。

值得一提的是，谢安对家中孩子的教育是很成功的，教导出有"咏絮之才"的侄女谢道韫，曾发出"不意天壤之中，乃有王郎"的哀叹，更为后世留下"言传身教"的成语。

后来，谢安拗不过郡县官吏的催促，又一次应召当官，依然只是干了一个多月，薪水都没领，再次辞职回到会稽东山，从此优游山水，对于朝廷的征召，不再复出。

谢安出世超尘的态度激起朝廷众多官员的不满，终于换来了"终身不得为官"的处分，后经皇帝亲自下诏才得以赦免。此事影响之大，朝野震惊，然而谢安却不屑一顾，泰然处之。

驭人之道的关键在于掌控人们心中的欲望，能够及时给予，也能够随时剥夺。然而对于谢安这样的人却是无可奈何的，本就无心为官，"不让做官"于我何加焉？

现在看来，最重要的一点在于，谢安是个喜怒不形于色的人，我们无法从表象上揣度出他真实的内心。城府深沉之人固然如此，胸怀豁达之人确实淡然。

铁骑上的十六国

有一次出海游玩时遇到暴风雨，风急浪高甚是骇人。舟船行将倾覆之际，众人皆慌乱不已，哀号苍天不公、末日将临，独谢安镇定自若，不为所动，并劝说众人：与其无济于事地惊慌，不如冷静下来好好思考。众人虽然不能如谢安那般镇定，却也不再惊慌，并因此得免，安全归来。

前程断送、生死关头，谢安尚且淡定如此，泰然处之。

不堪为将否？不堪为相否？自然是堪的。风流不羁的外表，弱不禁风的样子，却有一颗无比强大的内心。

如此种种事迹，自然导致谢安的名声越来越响，时人推崇为"江左风流第一"。果然如桓彝所言，其名望不减王东海。盛名之下，世人皆曰："安石不肯出，将如苍生何？"

简文帝司马昱也曾经说过同样的话，说的对象是隐士殷浩。同样是大名士，但刀剑证明，殷浩还是继续"不出"的好，否则，苍生真的不知道该如何是好了。至于谢安，是否货真价实，也同样需要用刀剑来验证。

当然，司马昱对谢安也是说过的："安石既与人同乐，必不得不与人同忧，召之必至。"

事实证明，虽然后来贵为天子，但司马昱的眼光实在让人不敢恭维，因为无论怎么召，安石都不来。

出名，是因为与众不同，毕竟，天下众生，熙熙攘攘，尔虞我诈，皆为利来利往。大家于是都很困惑，名望如此之高，为什么不去做官呢？

后来连谢安的媳妇都有些坐不住了，看着家里的兄弟子侄个个达官显贵，只有自己老公孑然白身，很是羡慕，于是问谢安："大丈夫不该去当官吗？"

安掩鼻曰："恐不免耳。"

好多的白话文把"恐不免耳"翻译为"恐怕在所难免"。在我看来，谢安想要表达的意思应该是：唯恐不能避免。而且是掩着鼻子说的，唯恐嗅到话语间的那种世俗与酸臭。

谢安的世界，他媳妇不懂；我们，自然也不会懂。

后来，家门出现变故，谢安的兄长谢奕病逝，弟弟谢万（时任豫州刺史）不久后因救援洛阳不力被废黜，经营十年之久的豫州被大权臣桓温一手拿下。谢氏家族在朝中无人支撑门面，家族权势受到极大威胁，面临着门庭凋敝的危险。正是在此种情况下，谢安方才临危受命，"始有仕进志"，开始准备步入仕途。那时，谢安已经是一位四十多岁的中年大叔了。

关于谢安的出山，其实还有另外一种说法，"歌女血溅花叶死，谢安仰天长啸出"。

在天下苍生都在眼巴巴地望着隐居的谢安的时候，有一位歌伎在为谢安跳完一支舞后，突然发问："世道混乱，救国安民要先做什么呢？"

谢安从容答道："必先积蓄其德义。"

歌伎听后，面含悲戚，双眸满泪："德义不厚却想救国安邦，乃'伏而舔天'也。"话毕，自刎而死，血溅花叶。

谢安悲痛至极，更羞愧难当，怀抱着这位满身血污的歌女，仰天长啸曰："安不如一介纤弱女子也，羞矣。"

从此立志出山，救万民于水火。

本可以大有作为造福百姓，却身负才华冷眼看世，同样为世人不齿。歌女血染花叶的同时，也点燃了谢安匡世报国之心，从此，谢安脱下风流名士的外衣，心怀尘世烟火，在乱世之中，终为天下百姓承托了数十年的太平与安宁。

360年，谢安接受征西大将军桓温邀请，担任其司马一职。消息一出，朝野震动，一直淡泊名利的谢安石终于要当官了。在信息闭塞的年代，如此重大新闻若不议论上几个月，出门都不好意思跟人打招呼。由于谢安隐居东山，后人于是把重新出来做官这样的事编排成了一个成语：东山再起。

据载，谢安动身赴任时，许多朝中大臣特意赶来为他送行。中丞高崧更是在送行时"调戏"谢安："卿屡违朝旨，高卧东山，诸人每相与言，安石不肯出，将如苍生何？如今出山为官，如今苍生亦将如卿何？"向来淡定的谢安甚有愧色，深感自己虚度的那些岁月对不起天下百姓。

处境不同，身份不同，谢安自然是要好好"羞愧"一番的，不然，如何做个天下百姓人人爱戴的好官呢？

其实，让谢安"羞愧"的事不止于此。在桓温府中时，有客人曾送桓温一味名叫"远志"的草药，当时桓温见物起意，遂问谢安："这种药又被称为小草，为什么有两种称呼呢？"谢安尚未及回答，名士郝隆应声答曰："在山中曰远志，出山后名小草。"借以讥讽谢安高卧东山，素而远志，但出山后只任职司马。后来，这一事件就流传了出来，人们便以"小草远志"意指隐居与出仕，或以小草谦指自己居官低微。

这是小插曲了，对于谢安的到来，桓温还是十分高兴的。二人相见即畅谈平生，欢笑终日。在谢安告辞后，桓温极为自豪地对手下人说道："你们以前见

铁骑上的十六国

过我有这样的客人吗?"愉悦之情溢于言表。后来去拜访谢安时,桓温更是耐心等待谢安梳洗完毕方才相见,足见对这位名满天下者的器重。

其实,谢安没有选择在朝中任职,而是去了桓温的军府之中充当幕僚,就是为了让桓温高兴。

个中缘由非常值得玩味:不是谢家得罪了桓温,而是桓温伤害了谢家(侵占豫州)。这又是什么道理呢?然而,这就是道理。

以桓温的实力,整个东晋尚且俯首帖耳,自然不是谢氏家族可以轻易得罪的,桓温能伤谢家一次,就可以害谢家两次。对于此,谢安唯一能做的,就是通过自己的到来,修复和桓温的关系,缓和桓、谢两家的矛盾,这是谢安出山后的头等大事,更是他选择在桓温处任职的直接原因。

即使桓温明知缘由如此,依然会感到高兴。

第二年,谢安以为其弟谢万奔丧为由,离开了桓温。在处理完丧事后,谢安来到东晋首都建康任职,从此和桓温分道扬镳,开始了自己的宰相之路。

由于和桓温关系好,又在朝廷里任职,谢安成了缓和桓温与东晋朝廷矛盾的润滑剂。在以后的十余年岁月里,桓温和朝廷的关系日益恶化,但正是由于谢安和桓温在这一时期的密切关系,他们之间的矛盾始终没有冲击到谢家。谢安也充分利用自己和双方的特殊关系,在二者之间巧妙周旋,竭力辅政。

不过,据了解,或许是因为桓温专政的原因,谢安在这一时期并没有什么拿得出手的政绩。唯一值得称道的是,简文帝司马昱死后,谢安依然选择站在朝廷一边,和东晋各大家族联手,粉碎了桓温篡晋自立的企图。

373 年,桓温入朝祭奠简文帝司马昱,当时,先皇驾崩,新皇继位,朝中政局混乱,各种传言甚嚣尘上,大家都认为,桓温此行,为篡位而来。

朝廷派去迎接桓温的主要大臣有两个,一个是谢安,另一个叫王坦之,在当时,其名望和谢安齐。

可能是生疏有别,毕竟谢安和桓温是故交,两人曾经有过一段相当值得回忆的过往;不过关于二人在此事件中的表现,大家都认为是胆气的差别。

临行时,京城传言,桓温要杀掉王坦之和谢安,王坦之非常害怕,而谢安却神色不变,并勉励王坦之:"晋祚存亡,在此一行。"等到和桓温相见,王坦之汗流浃背,紧张得连记事用的手板都拿反了;而谢安从容就座,在只言片语之间,让桓温尽去壁后伏兵,然后二人谈笑良久,方才依依惜别。此后,桓温断绝代晋自立的念头,不久即率领军队返回驻地。众人至此方知,王坦之、谢安两大名士孰优孰劣。

在强权和暴力面前，惊惧战栗者众矣，大义凛然者亦有之，只有谢安以其镇定自若的风度，变杀气成和气，化恐吓成笑话。滔天祸乱，消弭于无形！

后来桓温病重，暗示朝廷为他加九锡，谢安一拖再拖，一道锡文改了半个多月没改完，硬是以一个"拖"字诀将桓温拖死，解决了朝廷天大的难题。

谢安的镇定，使晋室得以稳定。

桓温死后，谢安升任尚书仆射，总领吏部事务，加后将军，与时任尚书令的王彪之共同执掌朝政。

在此后的数年时间里，谢安凭借其杰出的政治才能，利用朝廷的政治优势，迫使桓氏家族逐步妥协让步，平衡了东晋各大家族势力，瓦解了桓氏一家独大的局面。各大家族互相制衡，构成了能够团结一致对外的政治基础。

而且，也正是在谢安的主持下，东晋朝廷推行了一系列行之有效的战时改革。主要有三点：

其一，自上而下推行以树立中央权威为目的的文化运动，奉行推崇忠君观念的儒学，有针对性地淡化玄学。

其二，进行税务制度改革，改按田征税为按口征税，增加国家税收。

其三，军事改革，起用年轻将领谢玄等，组建新军队——北府军。

谢安的改革，是东晋何以忠臣义士如此之多的原因，是东晋有实力支撑战争的原因，是晋军为何强大的原因，更是东晋能够团结一致并最终打败前秦的原因。

14. 淝水之战（上）

在东晋积极备战以应对前秦入侵的时候，前秦也正如其所料，积极筹备着南下事宜。

虽然在淮南争夺战及随后的几次小规模进攻中遭遇惨败，但是，从总体上来看，前秦势力依然处于扩张状态，至淝水之战前夕，其疆域之广，"东极沧海，西并龟兹，南苞襄阳，北尽沙漠"。整个华夏大地，只有东南一隅的东晋尚未被苻坚收入囊中。

虽然有王猛的临终遗言，大臣们也时常拿出来给苻坚提个醒，但是，那时那地，在统一北方之后，南下消灭东晋，建立一个大一统的国家是苻坚的必然选择。

无论谁处在那样的位置和历史时期，都不会选择与东晋划江而治、和平共处。当时的情况，正应了这样一句诗："胡运何须问，赫日自当中。"南下讨伐东晋，是大势所趋。

382年十月，苻坚和他的大臣们开始了关于是否南征东晋的讨论，"自吾承业，垂三十载，四方略定，唯东南一隅未沾王化。今略计吾士卒可得九十七万，吾欲自将以讨之，何如"？

苻坚的意愿遭到了以苻坚弟弟苻融为代表的众多文武大臣乃至后宫妃嫔的强烈反对。总结了一下反对意见，主要有以下三点：

其一，国家内部不稳，叛乱时有发生，鲜卑、羌、羯人归附不久，且与我有亡国灭家之仇，大军出征后，恐有不虞之变生于腹心肘腋，悔之不及。

其二，晋朝是天命正统，上下和睦，内外同心，更有谢安、桓冲等人尽心辅佐，且有长江天险难以跨越。正所谓：得天时，占地利，拥人和。诚未可图也。

其三，我方数战兵疲，民有畏敌之心。淮南及随后几场战事的失利，严重影响了前秦军心士气。此刻最应该"按兵积谷，以待其变"。

对于以上三点，苻坚逐一予以驳斥，他认为：只要不断地取得胜利，击败晋军，鲜卑、羌、羯人自然畏我天威，心悦诚服，所谓隐患，就会不复存在；至于长江天险，"今以吾之众，投鞭于江，足断其流，又何险之足恃乎"？谢安、桓冲等人，待灭晋之后，让他们入朝为官，大家济济一堂，岂不更好？而所谓畏敌之心，更是无从谈起：御驾亲征，拥兵百万，资仗如山，消灭东晋犹如秋风扫落叶，甚至可以"有征无战"。

总之，只要此次伐晋取得胜利，所有的担忧都是没有必要的。更何况，在苻坚看来，讨伐晋国是"乘累捷之势，击垂亡之国，何忠不克"？伐晋是一定会取得胜利的。

大臣们居然会反对，苻坚表示很困惑。

没有人支持吗？

自然是有的，即那些被反对者视为仇寇的羌人和鲜卑人，以及由出身富家子弟的"良家子"组成的三万羽林郎。这些人要么从未经历过战争，不知兵凶战险，要么渴望建功立业，封官拜爵，在前秦站稳脚跟；要么心怀叵测，有

"螳螂捕蝉，黄雀在后"之心。总之，战争能让他们获得利益，自然全力支持。

京兆尹慕容垂就曾力挺苻坚，"弱并于强，小并于大，此理势自然，非难知也。以陛下神武应期，威加海外，虎旅百万，韩、白满朝，而蕞尔江南独违王命，岂可复留之以遗子孙哉。《诗》云：'谋夫孔多，是用不集。'陛下断自圣心足矣，何必广询朝众？晋武平吴，所仗者张（华）、杜（预）二三臣而已，若从朝众之言，岂有混一之功？"

正是这位鲜卑战神的话，使苻坚出兵伐晋的决心得以坚定，"与吾共定天下者，独卿而已"。

很多人都认为，在文武大臣尽皆反对的情况下，苻坚依然决定出兵讨伐东晋，是刚愎自用、一意孤行的表现，而慕容垂等人力劝苻坚出兵，更是别有用心。毕竟，苻坚和鲜卑慕容家，无论是男人还是女人，都发生过太多不可描述的事情。此中恩怨，一言难尽。

苻融言于苻坚曰："鲜卑、羌虏，我之仇雠，常思风尘之变以逞其志，所陈策画，何可从也。良家少年皆富饶子弟，不闲军旅，苟为谄谀之言以会陛下之意耳。今陛下信而用之，轻举大事，臣恐功既不成，乃有后患，悔无及也！"

战事未开，结果未显，没有人能未卜先知，自然也就很难判断孰对孰错。好战者多言战，偷安者必称和。动兵与否的关键，在于战略决策者——苻坚。

其实，如果淝水之战以前秦的胜利而告终，苻坚百万之众会师建康城下，能够略定东南，一统天下。我想，慕容垂、姚苌等人必定不会反叛，只会去做一个和苻坚"共定天下"的忠臣良将。谁又能说，他们当时发表意见时不是赤胆忠心？而苻融等人的言论，难道不是顽固保守势力的阻挠吗？

可惜，前秦战败了，都是言战者的罪过。

为破坏前秦南下计划，383年五月，桓冲集结十万大军，发动以攻占襄阳为目的的秦晋襄阳之战。然而，此次战役仅仅经过数次小规模战事之后便宣告结束，晋军退回原处，未能实现遏制前秦南下的战略企图。

383年八月八日，秦王苻坚自长安出兵伐晋。

临行前，苻坚不仅为司马曜（晋孝武帝）、谢安、桓冲等人册封好了官职，连他们居住的宅第都已经建好，只待卿来。

很多人认为，苻坚如此作为，正是所谓"骄兵必败"的最佳描述，自以为能够轻易取胜，孰料终成笑柄。

并不是第一次如此了，攻打前凉时，苻坚也是为张天锡建好了房子再出兵的，那一战，秦军马到成功。如此作为，难道不是鼓舞士气的举动吗？

历史，以成败论英雄！

秦军兵分三路，具体计划为：

东路军由幽、冀经彭城（今江苏省徐州市）南下，先占淮阴、盱眙，经三阿，攻广陵；西路军于蜀、汉经长江、汉水而进，攻取江陵、夏口、江州，会同主力由水路进逼东晋京师建康；苻坚自率主力大军为中路，经洛阳，沿汝河、颍水直趋寿阳（今安徽省寿县），再推进至长江北岸，造成晋军三面受敌、顾此失彼之势。

出兵之日，前秦军共有步兵六十余万，骑兵二十七万，"东西万里，水陆齐进，运槽万艘"，声势十分浩大。

在战略意图上，前秦军集中主力于淮南，企图一举歼灭晋军淮水地区主力，彻底摧毁东晋在东部地区的防卫，从而扫除进击建康的基本阻力。

综观当时态势，除了或许要让前秦军民休息外，我认为，苻坚的决策是正确的，战略战术上也可圈可点，直至此时，并没有错。

面对前秦的大举进攻，东晋方面采取东西两面抗击，集中机动兵力确保淮南，从正面屏障建康的对策。

在西部，以桓冲为统帅，率军十余万，扼守江、汉地区，阻止前秦大军顺江东进；东部则以谢石（谢安弟弟）为统帅，谢玄为前锋都督，集中机动兵力八万，防守淮河一线的战略要点，阻止秦军渡过淮河，确保建康安全。

九十多万人的进军是个大问题，到当年九月，当苻坚所率领的中路军主力到达项城（今河南省沈丘县）时，前锋统帅苻融所率之张蚝、苻方等部众二十多万人已进至颍口（今安徽省寿县西南），慕容垂所部正在向郧城（今湖北省安陆市）进发，而后续凉州军才进至咸阳（今陕西省咸阳市东），刚刚出了长安没多远；从幽州和冀州出发的东路军更是正在路上，陆陆续续开进彭城（今江苏省徐州市）；西路军的姚苌统率的数万兵马，此时才开始由蜀地顺江而下，也许刚刚接到进军的命令。

这是一场声势浩大的进军，然而从进军情况上可以看出，前秦军的百万之众并不是同时到达战场，更没有同时投入战斗。事实上，最终参加战斗的，只有苻融的二十多万前锋部队。双方实力虽然悬殊，但差距并没有想象中的那么严重。

对于东晋的表情，完全可以用"吓呆了"来表现，京师震动，人人惊恐。

除了一个人——谢安，始终保持着镇静。

当时，时任前锋都督的谢玄向谢安请示应敌之策，谢安很平静地回答："已另外有旨。"然后就不再理会谢玄。被晾在一边的谢玄不敢再问，便派部将张玄再来请示，谢安直接置之不理，带着亲朋好友出去游玩，至深夜方回。

负责防守西线的桓冲担心建康安危，遣三千精锐协防京师。谢安以"处分已定，兵甲无缺"为由拒绝了桓冲的援军。桓冲得到消息后，对佐吏叹曰："谢安石有庙堂之量，不闲将略（不知战略），今大敌垂至，方游谈不暇，遣诸不经事少年（谢玄）拒之，众又寡弱，天下事已可知，吾其左衽矣。"

手握十数万大军的桓冲尚且认为东晋一定完蛋，足见前秦之强盛、当时情况之危急……谢安心理素质之良好。

其实，哪里是不需要的原因，西线的桓冲或东线的谢玄，有任何一方战败，守卫建康的兵马即使再多三万，无能为也。

十月十八日，秦军前锋统帅苻融在淮河方向攻克有"建康之肩脾，淮西之本源"之称的战略重镇寿阳（今安徽省寿县），打通颍水、汝水水路通道。

在此简要介绍一下寿阳的地理情况。

寿阳，今安徽省寿县，坐落于安徽省中部，地势由东向西倾斜，县北境为低山丘陵，著名的八公山、硖石山等均在其境内，沿淮列布，形成一道北边长城，在南北对峙期间，对抵挡北方敌兵进犯有重要作用。尤其是硖石山，对峙于淮河两岸，形势雄壮险要，历为北朝必攻、南朝必守之地。寿县地形更重要的在于，涡、颍二水自北向南经东西两侧流入淮河；淝水又自南而来，经其西北入淮。在鸿沟水运交通网未被破坏之前，从中原南下，可沿狼荡渠（即鸿沟）折入涡、颍二水，进抵淮河，再由淮河出淝水、巢湖、濡须水直达长江；陆路上从寿县到合肥也十分便捷。因此，在当时，寿县可谓"北扼涡、颍，南通淝、巢"，"外有江湖之阻，内保淮淝之固"，进可以北伐中原，退可以固守淮南，处于南北交通的冲要地位。

因此，对寿阳的占领，使前秦军在后勤补给及进军上均获得极大便利，战略意义极为重要。

东晋处于被动防御地位。

此时，前往增援的东晋龙骧将军胡彬在得知寿阳失守后，遂止军不进，率领所部五千水军退守硖石（在寿阳西北的淮水北岸，今安徽省凤台县西南），意图凭借硖石山险要地势，阻止前秦军沿淮水东进。

苻融自然也明白晋军意图，在占领寿阳后，随即向硖石进攻，同时命令卫将军梁成等率军五万，占据洛涧（今安徽省怀远县以南之洛水），并于洛口（洛涧入淮处）设置木栅（栅淮），阻断淮河交通，以阻止晋军沿水路西进。

这时，苻融犯了一个战略性的错误，在攻击硖石不顺之后，主力部队居然掉转进攻方向，全力围困胡彬所部。这就为东晋形成了以偏师牵制敌军主力，大部队得以从容部署、寻求战机的局面。

前秦的进军，应当以消灭东晋有生力量为目的，而不是在某一座城池前钝兵挫锐。在梁成东进后，苻融如果只以部分兵力继续围困胡彬、主力部队随后推进，就会给晋军造成更大的压力，也不会导致后来梁成孤军突出、战败后得不到救援而被全歼的严重后果。毕竟，困守孤城的胡彬所部只有五千人，并不能对前秦军造成实质性的威胁。

但是，就是因为这五千人，苻融麾下二十多万部队就在淝水寿阳地区停滞不前。

相似的故事在千年以后又一次上演，有一个叫陈友谅的人也犯下了同样的错误，他在南昌城下待了一白多天。而他的对手恰恰利用这段时间完成了部队的集结、休整、调度，然后在一个叫鄱阳湖的地方将他锐气尽失的六十万大军全部消灭，一战定乾坤。

苻融不可能知道这个故事，真是可惜。

由于苻融的迟疑，谢石、谢玄所率领的八万晋军主力顺利到达淝水地区，在距洛涧二十五里处下寨，观察战场形势。

恰在此时，苻融截获了胡彬的求救信，得知晋军兵疲粮尽、军心动摇。于是，他向苻坚发出了"敌兵少易擒，速来"的报告。

在收到苻融的消息后，苻坚犯下了他动兵以来的第一个错误：抛弃中军主力，只率领八千轻骑驰往寿阳。

兵贵神速固然能够及时捕捉战机，但作为一国之主，苻坚最重要的工作应该是居中调度、协调局面，使各路大军实现分兵合击的战略意图。然而他却轻易脱离主力部队，以身犯险，实在是不智之举。而且，由于离开了指挥位置，在战事失利后，苻坚无法对军队重新进行整合，这是致命的存在，也为前锋部队战败后，秦军百万之众随之整体崩盘的严重后果埋下伏笔。

我们只能说，那时，苻坚对打败东晋是相当地有信心。

15. 淝水之战（下）

为防止晋军退守长江，达成在寿阳地区一举歼灭晋军主力的战略目的，苻坚下令，不得泄露他已经到达寿阳的秘密，"敢言吾至寿阳者拔舌"。保密工作做得相当不错，当时，不仅谢石、谢玄不知道苻坚已经到达前线，连秦军的前锋将士们也不知道他们的天王陛下已经驾临。

苻坚此行，除了增加自己的危险系数，没有任何意义。

紧接着，苻坚出了一个昏招，派遣使者——朱序出使晋营，做政治劝降。

就是那个在襄阳之战中被俘虏的东晋将领朱序，终于被派上了用场。

理论上是一着妙棋，有威慑敌胆之作用，但是，朱序到达晋军军营之后，不仅向晋军报告了苻坚已到寿阳的消息，而且向谢石、谢玄和盘托出了秦军部队的虚实情况，并建议："若秦百万之众尽至，诚难与为敌，今乘诸军未集，宜速击之，若败其前锋，则彼已气夺，可遂破也。"（《资治通鉴》）

此时不打，等敌人大军云集之后，死的就是"咱们"了。

情况完全在苻坚意料之外，高官厚禄并没有换来忠心，他的信任反倒为朱序的间谍行动提供了便利。我相信，朱序在晋军军营中谋划的，肯定包括那句"秦军败矣"的呼喊。

正是由于朱序的情报，东晋方面准确掌握了秦军情况，在部将劝说下，晋军统帅谢石决心向秦军前锋发起攻击。

十一月，谢石命令广陵相刘牢之率五千精锐（北府兵）驰往洛涧，向前秦卫将军梁成发起攻击。梁成闻讯，依洛涧列阵以待。

刘牢之进至洛涧之后，乘夜渡水，以夜袭的方式对梁成军发动攻击，一举将其击败，阵斩梁成、王咏等十将，秦军被杀及淹死者一万五千人，秦扬州刺史王显等人被俘，晋军缴获梁成军全部军械辎重。

洛涧之胜是一次关键性的重大胜利，晋军冲破了秦军对淮河的封锁，为后来的淝水之战的胜利创造了有利的条件。更为重要的是，此战的胜利，极大地鼓舞了晋军将士的士气，坚定了东晋方面的破敌信心，北府兵首战告捷，为淝水之战的胜利打下了基础。前秦方面则恰恰相反，由于此次战役的失败，秦军丧失了沿淮河对晋军实施封锁的有利局面，梁成军几乎全军覆灭，挫伤了军队士气，对后来的决战产生了极为不利的影响。

符坚亲至寿阳后，并没有对战争全局进行周密部署，而是心存幻想，派遣朱序劝降，意图不战而胜，反而将己方弱点暴露给晋军。在两军对阵时，前秦方面明显没有进行周密谋划，作为先锋部队的梁成遭到袭击后，秦军并未采取相应救援措施。一方面是由于晋军突然反击、出其不意的效果；另一方面也说明秦军在用兵上缺乏灵活机动的应变能力。

东晋在前秦大军来势凶猛之际，能够以弱势兵力坚守待时、后发制人，是极为正确的战略决策。当发现梁成孤军突出，与符融主力部队脱节的情况后，谢石、谢玄等人能够当机立断，抛弃消极防御的作战意图，及时抓住敌人破绽，派奇兵乘夜袭击洛涧，攻敌所不备，战果显著。

洛涧之战取得胜利后，晋军沿淮河水路并进，直抵寿阳东北淝水岸边，与前秦部队隔河对峙，淝水决战态势形成。

383 年十一月，决定中国历史走向的秦晋淝水之战正式开始。

淝水，也称肥水，淮水支流之一，发源于古庐州（今安徽省合肥市）西北鸡鸣山，分两个支流，一支经合肥东，折向东南注入巢湖；一支经寿阳东北，改向西注入淮河。它并不是什么大江大河，却因为这场战争而名著史册。

在得知晋军兵临淝水之后，符坚登上寿阳城头观察晋军情况，但见对方队伍严整、将士精锐，又遥望远处八公山上，草木皆类人形，误以为也是晋军士兵，回过头来对符融说道："此亦劲敌，何谓弱也。"一改当初"有征无战"的想法，而且怫然有惧色。

君王尚且如此，自然可以想见将士们当时的心态，成语"八公山上，草木皆兵"由此而出。应该说，洛涧之战的失利，让符坚认识到了东晋的强大，对东晋的坚决抵抗的心理准备不够充分。成语固然是用来嘲讽符坚的，却也未尝不是秦军将士心生畏惧的写照。原来敌人那么强大，我们也是会战败的，而且可能会败得很惨。

两军隔河僵持，没有办法前进，也不愿意后退，更不敢下河，只能耗着。

晋军前军统帅谢玄抓住秦军急于决战的心理，派遣使者向符融建议："君悬军深入，而置陈逼水，此乃持久之计，非欲速战也。若移陈少却，使晋军得渡，以决胜负，不亦善乎？"（《晋书》）

符坚认为很"善"，可以在晋军渡河时"半渡而击之"，符融也表示赞同，于是接受谢玄请求，命令沿淝水列阵的秦军后撤一箭之地（两百米左右），只等晋军半渡之际，骑兵乘势掩杀。

兵法上确实有这么一说，但是就当时情况而言，秦军新败，军心士气不稳，而且人数众多，指挥难度大，并不适合临敌变阵，兵势如水，一旦动起来，就不是那么好控制的。或许最好的做法应该是主力逼阵，以骑兵侧翼迂回攻击，在晋军阵脚大乱后，主力再渡河进攻；或者一直等，等到中军主力全部到来，强行渡河。怎么着，都比一厢情愿的"半渡而击之"好得多，要知道，对方敢于渡河，就一定会有所防备。

果然，秦军在接到后撤命令后，阵势顿时大乱，不可复止。那个叫朱序的间谍更是趁机在后阵大呼："秦兵败矣！"正在撤退中的前秦将士真的以为秦军已败，于是争相逃跑，一发不可收拾。

这时，谢玄所率领的八千精骑已经渡过淝水，趁势猛冲，前秦部队更加混乱。苻融在阻止部队后撤时跌下战马，被晋军杀死，苻坚也在乱军之中被流矢射中，秦军前锋统帅被杀，直接导致全军崩溃。晋军乘胜追杀，直至青岗（今寿县西北）。

前秦后续部队见前军溃败，也一起溃退，四散逃命。逃跑途中，闻风声鹤唳，皆以为晋军追至，昼夜不敢歇。据史书记载，在此战中，前秦士兵被晋军杀死、冻死、饿死，自相践踏而死者，"蔽野塞川"。

苻坚单骑逃至淮北，潸然流涕，对随行的张夫人（她曾劝苻坚不要出兵）道："吾今复何面目治天下乎？"不仅没有面目统治天下，经此一战，苻坚连统治前秦的资格和实力都已丧失。

在苻坚惨败的同时，幽、冀军进至彭城的部队，凉州军进至咸阳的人马，相继退走。

龙骧将军姚苌正自蜀地顺流而下，闻苻坚兵溃，退回原州郡。

荆州方向，慕容暐战败，部将被杀，自己弃军而逃。

至此，中国古代历史上规模最为宏大的秦晋淝水之战，以前秦的惨败而告终。

苻坚逃回淮北后，所统大军大都溃散，只有慕容垂所率三万余人全师而还，并护送苻坚回到洛阳。

383年年底，苻坚回到长安，等待他的，是前秦整个政权的总崩溃。

胜利的消息传到建康时，晋军统帅谢安正在和客人下棋，随意看了一眼战报，便将其放在床上，了无喜色，淡定如常，继续下棋。不过客人实在是憋不住，问他前线情况如何，谢安徐徐答曰："小儿辈遂已破贼。"稍后客人告辞，谢安回屋,在过门槛时不小心将所穿木屐的屐齿折断都没发觉,可见心中喜悦之情。

而这,就是典故"谢安折屐"之由来。

一颗热忱却镇定的心,鼓舞了整个东晋的抗战。

淝水之战后,东晋先后收复了襄阳、彭城、蜀地等在淝水之战前丢失的全部领土,而且有乘机向北扩张之势。但是,外在威胁解除之后,东晋内部的潜在矛盾再度凸显,谢家父子叔侄遭受排挤,谢安忧愤成疾,在淝水之战两年之后(385年)去世。东晋未能抓住机遇,匡复中原。

前秦发动的旨在灭亡东晋的淝水之战,是中国历史上规模空前的大战役,其力量对比之悬殊、结果之出乎意料、损失之惨重、影响之深远,绝无仅有。除上文提到的失败原因外,其他原因总结有以下几点:

一是苻坚对国内形势估计错误。

伐晋之战,是一定会发生的,在前秦统一北方的基调形成之时,这一点就成为历史发展之必然。但是,攻打晋国的时机却是可以人为选择的,前秦发动战争时,选择的时机并不对其有利。

正如文中反对伐晋的大臣们所提到的那样,前秦统一北方时日尚浅,根基不够稳定;政权内部民族矛盾重重,被迫投降的鲜卑、羌族,时刻都在等待风云变幻、东山再起;苻氏集团内部不团结,叛乱时有发生,统治力量内耗相当严重;伐晋之战,统治阶层意见严重分歧,难以形成统一意志,合力作战;而且,在统一北方进程中,国力消耗严重,兵疲民困。诸多因素,构成前秦在出兵伐晋时的不利局面。

攘外尚且要先安内,更何况是主动出击?

假如苻坚能够听取大臣们的意见,按兵积谷,以观东晋之变,再伺机而动的策略,或遵从王猛"鲜卑、羌人宜渐除之"的遗言,着力抓好内部的团结与稳定,消灭东晋也只会是时间问题。

在国内形势尚未完全具备取胜条件的情况下,苻坚急于"混一六合",倾国伐晋,这不能不说是前秦失败的基本前提。

二是骄傲轻敌。

在南下伐晋之前,苻坚统一北方的过程太过顺利,灭亡最为强大的燕国只用了一年时间,其余小国更是望风而降,基本没打过什么硬仗、恶仗。这就使苻坚心生傲慢轻敌之心,认为在伐晋之战中,只要凭借"累捷之威"和"有众百万、资仗如山"的军事优势，足以"何忠不克"，甚至"有征无战"，没有看到秦军在"累捷之威"的背后存在着因长期作战而"兵疲将倦，有惮敌之意"的致命短板。

由于骄傲轻敌之心的存在，苻坚对于军队的调集、战争的准备、战略策略的制定、临战的组织指挥等，便十分轻率和粗略。对敌人的战争实力、抵抗意志、军队数量、作战素质，更是一无所知。一个军事统帅，陷入这样一厢情愿的盲目骄狂情绪之中，自然难以逃脱骄兵必败的历史规律。

在《资治通鉴》中，司马光评论说"坚之所以亡，由骤胜而骄敌也"，并非"由不杀慕容垂、姚苌故也"，切中要害。

三是战略指挥上的失误。

在伐晋过程中，苻坚兵分三路，会攻建康的战略是极为正确的。但是，从进军情况来看，各路大军只有分进而没有合击，更没有进攻上的协同配合。整个淝水之战，其实只有苻融的中路军前锋部队投入战斗，而且该部队先在洛涧之战中遭遇惨败，兵力优势已经减弱，军心士气更是饱受打击。这样的军队和东晋的精锐部队北府军对阵，优势并不明显。

苻坚甩掉中军主力，亲自前往前线，既把自己置身于危地、险地，又脱离了指挥中枢，失去了对全局的掌控，同样是战略上的一大失误，难不成还想着亲自上阵砍颗人头下来？

假如当初苻坚能够坐镇京师，或者进至项城时紧守大本营，指挥调度各路大军、协调进攻，那么，即使有洛涧、淝水的战败，秦军依然可以凭借后续部队的到来对东晋展开持续攻击，至少不会引起全局的总崩溃。

苻坚的伐晋之战，带有很大的盲目性，对战争的整体规划、战略战术的部署，均没有进行详尽周密的安排。

四是前秦军临战后撤。

苻坚固然有太多的失误，但是强大的实力依然使秦军极有可能赢得战争，如果没有那一退的话。

这是极为重要的偶发原因，但却是引起秦军溃败的直接因素。苻坚把战胜敌人的希望寄托在一厢情愿的"半渡而击"上，殊不知临敌乱阵，犯了兵家大忌，给了朱序扰乱军心的机会，给了谢玄趁乱进攻的宝贵时机。

一着不慎，满盘皆输，即使事先早有预谋，如此结局也是晋军始料未及的。秦军的主动后撤，不能不是导致秦军惨败的决定性偶发因素。

就战斗本身而言，淝水之战在数小时之内即已结束，甚至没有经历激烈的战斗过程，但此战却是中国历史上毫无疑问的具有决定性意义的战役——使中国北方重新陷入长期分裂混战的局面，但也使中国未完全陷于少数民族统治之下。否则，苻坚将成为中国历史上第一个统一中国的少数民族领袖。

此战之后，直到刘裕北伐，南北双方再无大规模的正式战争发生。

16. 帝国余晖

苻坚还是那个苻坚，然而前秦已经不是那个前秦。可以说，淝水之战的失败，直接毁掉了苻坚和王猛多年改革的成果，也使前秦当初反对南征的大臣们所担心的那些隐患全部成为现实难题。

384年正月，慕容垂借平定丁零叛乱之机，脱离苻坚，以复兴燕国为口号，集结鲜卑旧部，于荥阳称燕王，史称后燕，其后定都中山。一代战神，历经坎坷，终于抓住了"五胡乱华"的尾巴，开始了一段属于自己的时代。

384年三月，慕容儁之子慕容泓同样以复兴燕国为口号，在关东起兵，建立西燕，慕容冲起兵响应。由于西燕影响范围小、实力弱，史学家并不将其计算在十六国范围之内，但是它的存在和前秦的灭亡密切相关，所以在此记之。

同年，羌人贵族姚苌由于在镇压慕容泓叛乱的行动中遭受失败，受到苻坚责备，也被迫反叛，在渭北地区称大将军、大单于、万年秦王，建立后秦政权。

旧乱未平，新乱又起，满朝文武尽皆一脸忠贞，然而苻坚却谁也不敢派出去独领一军了，只好亲自率军平叛。战事初期进展顺利，前秦军一度切断姚苌军水源，致使许多士卒渴死，致使其军危人惧。然而正是在关键时刻，天降大雨于姚苌军中，积水三尺，并且，出其军营则暴雨骤减，水不盈寸。当时苻坚正在吃饭，得知消息后再也无心进食，仰天怒吼："苍天无心，何故降泽贼营？"

苍天是否有心我是不知道的，但是人要是走了背运，喝凉水都会塞牙，苻坚居然敢吃饭。

双方形势逆转，姚苌军心大振，越战越强，从此一发不可收拾，苻坚却损兵折将，苦苦支撑。

在两军鏖战之际，接手了西燕的慕容冲进军至长安城外，歼灭秦军数万人，占据阿房城。久战不利的苻坚只能撤军回守长安，然而却坐困孤城，面对的是越发糜烂的局面。

慕容冲和苻坚的关系是暧昧且微妙的，既有亡国受虏之恨，又有枕席胯下之辱，此中细节不可描述。总之，慕容冲很惦记苻坚，掌控西燕之后，立即领兵来攻；苻坚也很念其冷暖，登城临望之际，想到军旅苦寒，送慕容冲锦袍一件，以示旧情难舍，惦念万分。

已经是兵临城下的时候，苻坚居然还希望通过联络个人感情来赢得喘息之机，这是不切实际的想法，同时也暴露了苻坚内心的幼稚且单纯。事实上，慕容冲对苻坚的感情，直接导致了他在攻克长安后，纵兵行凶，血洗了长安城。

"孤家以天下为任，怎能看这一袍小惠。如果你束手来降，我们慕容家对待你也不会比你从前待我们家差。"这是慕容冲收到锦袍后对苻坚的回复，以天下为己任。

苻坚气得几乎吐血，大叫："悔不用王景略和阳平公（苻融）之言，使白虏（鲜卑）敢猖狂如此！"然而，此时此刻，除了狂怒和大叫，苻坚已经没有办法收拾局面了。

而且，在得知慕容冲领军来攻之后，长安城内的鲜卑人也开始蠢蠢欲动，深受苻坚厚待的前燕亡国之君慕容暐正积极联系遗民旧部，策划刺杀苻坚。直到消息走漏，苻坚才将长安城中的慕容家族及鲜卑男女老幼尽数剿灭。

那时，想必苻坚满心都是悔意。

原来，无论多少恩惠，都无法弥补亡国灭家带来的仇恨。

自此以后，中国的历史开了一个很不好的头：灭人国者如果不忍心对亡国皇族斩尽杀绝，劝谏者往往以苻坚"柔仁邀名"为例，致使后代亡国皇族少有保全者。

国亡则族灭。

攻城战打得很辛苦，慕容冲亲自率众登城，苻坚也全身甲胄，亲自督战，而且飞矢满身，血流遍体。数月之间，关中地区烟尘四起，百姓死伤无数。

围城日久之后，长安城开始出现了断粮困境，甚至出现了人吃人的惨剧。苻坚倾其家底，设宴款待群臣，没多少吃的，连在前线作战的将领也分不到几片肉，大家把肉塞进嘴里，不敢嚼，更不舍得咽下，待回到家中时"吐肉以饴妻子"，可以想见当时苻坚情形之凄惨悲凉。

长安城守不住了，病急乱投医的苻坚听信谶言"帝出五将得长久"，留太子苻宏守城，自己从长安出奔五将山（今陕西省岐山西北）。慕容冲随即攻破长安，纵兵大掠，死难者不可胜计。负责留守的太子苻宏逃往武都（今甘肃省成县西），后投奔东晋。

逃到五将山的苻坚并没有得到他想要的"长久"，没过多久，姚苌即派兵围困五将山，将其活捉。

在索要玉玺及要求禅让被拒后，385年八月，姚苌将苻坚杀死在新平（今陕西省彬县）一座佛寺内。死前，为避免一同出逃的两个女儿受辱，苻坚亲手将她们杀死。幼子苻诜及宠妃张夫人自杀殉国。

为掩盖弑君罪行，在杀死苻坚后，姚苌谥苻坚为"壮烈天王"；同年，苻坚庶长子苻丕即位，谥苻坚为"宣昭皇帝"，上庙号"世祖"；远征西域的吕光得到消息后，谥苻坚为"文昭皇帝"。

在杀死苻坚的两年以后，屡战屡败的姚苌在与前秦苻登的战争中终于打了一次胜仗。387年十二月，后秦将领姚方成活捉前秦雍州刺史徐嵩。本想劝降，结果反被徐嵩一顿臭骂。姚方成恼羞成怒，分三次将徐嵩斩杀，并把俘虏的前秦士兵全部沽埋，妻女尽皆赏赐给己方将士。姚苌得知消息后，将已经死了两年多的苻坚从坟墓中挖出来，鞭尸无数，然后将其衣服扒光，用荆棘包裹，随便挖个土坑埋掉完事。

大哉前秦！其兴也勃，投鞭断流，势吞天下；其亡也速，一场战争的失败，庞大的帝国就瞬间从巅峰跌入低谷，分崩离析，万劫不复。本该是流芳千古的君王，落到连妻子儿女都保护不了的境地，死后更受鞭尸裹荆之刑，何其凄惨，何其悲壮！

前秦的失败，其根源不在于所谓"华夏正统"，也不在于实力对比，回顾整个五胡十六国时期，前秦帝国应当算是最清廉、最有活力、最为得民心的国家，在长安围城战中，全城百姓都甘愿和苻坚共存亡就足以说明问题。

主要问题，在于苻坚自己。

首先，前秦帝国立国之初，就已经被苻坚建立在泥沙之上。

中国历史上的每一个实权人物，手上都有一支唯其马首是瞻的骨干力量，而苻坚恰恰缺少这种东西。为支持王猛，毁掉了自己赖以起家的旧的绝对忠诚的骨干力量——氐族豪强，却没能培养出一支新的、绝对忠诚于自己的骨干力量来代替。以致在淝水之战后，苻坚竟然不知道自己下一步该做何打算，更不知道该去投靠谁。他有打破旧世界的魄力，却没有维系新世界的能力。

其次，在于思想上的偏执。我们注意到，苻坚这个人无论做什么事都全力以赴，不留后路，支持王猛就全力支持；打击贵族就狠狠打击；对待手下仁至义尽，发慈悲就慈悲到底；决定南征时就不顾反对全力南征等。这就造成了部下认为苻坚给予的恩惠是理所应当的，不会感念他的恩典，一旦苻坚战败失势就会全体叛变，而战败的苻坚却没有退路可走。

事实上，除了当年被狠狠打击的苻氏宗族尚还忠心、出兵救援外，并没有几人忠诚于他。淝水之战后，张蚝、吕光、慕容垂、姚苌等都先后独立，苻坚所搜罗的人才没有一人为他"尽忠"不降。后来被困长安，苻坚终究没有等来援军，只有那些平时感激苻坚恩义的平民甘愿为其效死。正应了那句老话，"仗义每多屠狗辈，负心尽是读书人"。这不能不说是苻坚的巨大悲剧。

最后，苻坚有仁慈之心，而无防备之念。

苻坚是个好君主，正是由于他推行仁政，结束了他的前任皇帝苻生的暴虐统治，才解救民众于水火，经济得到发展，从而赢得了民心；正是由于他礼贤下士、求贤若渴，才网罗了一大批人才，前秦才得以强大起来。

但是，苻坚固然无害人之心，却也无防人之心。

"我看青山多妩媚，料青山看我亦如是。"在苻坚眼里，只要自己待人以善、以诚，推心置腹，别人也会这样待我。殊不知这只是他的一厢情愿，正人君子也许会对他感恩戴德、知恩图报，卑鄙小人则有奶便是娘，很世俗很功利，不会跟他讲情义。对于卑鄙小人而言，你如果有利用价值，对他好则罢了，一旦失势不会再给他带来好处，或者十件事给办了九件，有一件事情没有满足其要求，他就会翻脸不认人，露出白眼狼的嘴脸。

遗憾的是，苻坚只知道献出一颗爱心，捧出一片仁慈，放弃了必要的警惕，对任何人都不设防。须知"人无伤虎意，虎有害人心"，王猛临终时曾有告诫："鲜卑（慕容氏）、羌虏（姚氏），我之仇雠，终为大患，宜渐除之，以便社稷。"苻坚始终不以为然，终究自食苦果，遗恨千古，令人扼腕叹息。

苻坚死的时候，姚苌手下"后秦将士皆为之哀恸"。伟人的魅力并不因为民族间的矛盾或国家间的仇恨而有所淡化。在中国历史上，即便沦落到众叛亲离的境地却仍能让全体敌人为之流泪的君主，苻坚恐怕是唯一的一个。

苻丕即位不久，由于内乱出逃，反而在途中被东晋将领截杀。之后，苻坚远房族孙苻登即位称帝，扛起了前秦复国的大纛，和姚苌进行了漫长而精彩的"狐狸与刺猬的战争"，直至身死国灭。

第六篇 群魔乱舞

01. 狐狸和刺猬的战争

杀死苻坚的姚苌是羌人，"五胡"中最后一个在中国北方建立了国家的少数民族。虽然建国较晚，但是羌族参与"五胡乱华"的历史是久远的。从姚弋仲开始，到姚苌建立后秦时，羌人已经在中国北方活跃了半个多世纪。

羌，原是古代人们对居住在中国西部地区游牧部落的一个泛称，活动中心主要包括今甘肃、青海的黄河、湟水、洮河、大通河和四川岷江上游一带。据史书记载，殷商时期，羌为其"方国"之一，有首领担任朝中官职。《诗经·商颂》记载，"昔有成汤，自彼氐羌，莫敢不来享，莫敢不来王……"反映了古羌与殷商密切的关系。

春秋战国时期，羌人开始有了原始的农业生产。此后，羌族进一步发展、分化，形成各羌人部落，分布范围随着大规模的迁徙而进一步扩大。

汉代时，羌人分布广泛，部落繁多，中央政府在羌人聚居区建立地方行政系统——郡、县，并设立护羌校尉等官职对其进行管理。同时，由于大量归附的羌人内迁，羌族又在地域上分为东羌和西羌。进入中原的东羌与汉族杂居、通婚、融合，从事农业生产，逐步进入封建社会。未进入中原的西羌大部分散布在西北、西南地区，保持着原民族特色，大部分处于氏族部落阶段。

建立后秦政权的姚氏家族，属于南安羌人（东羌），既吸收了汉族的文明和智慧，又保留了游牧民族的勇武和狡黠。

关于姚弋仲和姚襄的故事这里就不再赘述。姚苌最终能开基创业、割据一方，固然是自己努力的结果，更承继了父兄两代人全部的心血。

姚苌，字景茂，南安赤亭人，羌族，姚弋仲第二十四子。少聪慧，多权略，随其兄姚襄出征，常参大谋。357年五月，姚襄在进军关中的战斗中被前秦将领邓羌斩杀，姚苌率部向前秦投降。

苻坚即位后，姚苌在前秦统一北方的战争中屡建大功，中国广袤的北方战场，无不留下羌军征战的印记。当然，苻坚也是不吝赏赐的，"龙骧之号，未曾假人"（《晋书》），然而却给了姚苌，足见苻坚对姚苌的器重和信任。如果没有淝水之战的失败，二人必能谱写一段人所称道的君臣佳话，更不会有后来的悲剧发生。

然而，没有如果。

384年四月，姚苌在渭北地区称大将军、大单于、万年秦王，大赦境内，改元白雀，称制行事，建立"后秦"政权。在粉碎了苻坚的征讨后，后秦势力迅速壮大。385年七月，姚苌在五将山俘获苻坚，不久将其绞杀。

386年三月，西燕慕容冲被部将杀死，慕容永弃守长安，率鲜卑男女四十万人东归。姚苌乘机进占长安，不久在长安称帝，建国号"大秦"，改元"建初"，史称后秦。

同年十一月，苻坚远房族孙苻登即位，改年号太初，继承前秦衣钵。

苻登，字文高，氐族，苻坚远房族孙。年少时雄勇有壮气，然而为人粗鲁凶狠，不修细行，与从小就知道读书的苻坚不是一个风格，所以苻坚也就"弗之奇"。长大以后才开始"折节谨厚，颇览书传"，不过依然没有受到苻坚的重用，而且曾因犯错被贬过官职。

淝水之战后，关中动乱，苻登随同其兄长苻同成投奔前秦河州刺史毛兴，在其手下任职司马。那时的苻登，已经成长为一个"度量不群，好为奇略"的人，每次讨论时事都切中要害，然而却受到其兄长的压制，不过毛兴对其很是佩服，还把小女儿嫁给了苻登，但却因为心存忌惮而不敢委以重任。

姚苌叛变后，派其弟姚硕德进攻河州（今甘肃省临夏回族自治州，位于甘肃南部），和毛兴展开激战，双方相持日久，互有胜负。386年，毛兴被氐族主和派杀死，临死前告诉苻同成："能够消灭姚硕德的，必是苻登。"

386年七月，苻登受氐族部落推举，取代新任河州刺史卫平，称使持节、都督陇右诸军事、抚军大将军及雍、河二州牧、略阳公，专统征伐之权，率领氐族部落抗击后秦将领姚硕德。

西北地区本就少雨，当时正值大旱，百姓颗粒无收，饿殍遍野，死尸满路，苻登自然也没有余粮来供养军队。于是，每次出战杀敌，苻登就将敌人的尸体拉回来当饭吃，称为"吃熟食"。由于有人肉吃，苻登的士兵个个身强体壮，战斗力强，"饱健能斗"。

姚苌得到消息后，急命姚硕德撤军，"再不撤，你的军队就被苻登吃光了"。

这是此刻的我们无法理解的疯狂，然而却事实存在于史书中。"两脚羊"终于吃到了他们自己的头上，在这里却找不到半分的欣喜。"壮志饥餐胡虏肉，笑谈渴饮匈奴血"，此处并不是激情豪迈的情怀，而是不得不为的无奈。

符丕死后，符登即前秦皇帝位，修缮兵甲，率军东向，后秦皇帝姚苌也亲自领军来攻。一场狐狸与刺猬的精彩战争拉开序幕，双方仇恨无法化解，不死不休。

和姚苌相比，符登所面临的局面并不占优。西北地区人烟稀少，土地贫瘠，没有足够的人力、物力、财力支撑符登进行一场旷日持久的战争，唯一的优势在于，姚苌杀了符坚，失了"大义"。

为激励士兵，符登在军中立符坚遗像，在遗像前亲读祭文祷词，抽泣流泪，请求符坚的在天之灵能够庇佑他报仇成功。麾下将士无不悲痛恸哭，都在盔甲兵器上刻上"死休"二字，表示与后秦军决一死战、至死方休之决心。

每次作战，符登用长矛钩刃结成步、骑兵混合的方圆大阵，然后根据具体情况，居中调配人员，弥补疏漏，阵中士兵互相协同，所向披靡，屡次击败后秦军。

面对兵锋士气占据压倒性优势的符登，姚苌采取"能避就避，能躲就躲"的方针，始终避免主力决战。符登虽然屡战屡胜，却始终不能歼灭后秦军主力，更达不到以战养战的目的。随着战争的持续，符登突然发现，自己居然面临兵疲食尽的窘境，士兵们甚至需要采桑葚充饥。而姚苌虽然实力尚存，但也因为多次失败而被拖得很惨，关中不少豪强大族都背叛他而去。

正是在此背景下，双方爆发了一场亘古未有的战斗——哭战。

388 年十月，姚苌驻军安定（今甘肃省泾川县北泾河北），符登亲率骑兵万余人包围姚苌军营，然而攻不进去。于是乘夜命令军队，对着姚苌军营放声大哭，直哭得哀声冲天、情悲四野。姚苌也命令士兵大哭以应之，后秦军人多势众，哭声自然也更响亮。符登没能哭过姚苌，于是撤军。

由于屡战屡败，姚苌认为，必定是因为符坚的神灵庇佑，于是向符登学习，也在军中立符坚像，并祈祷求福。

由于祷文内容颇能表现姚苌性格，特附之如下：

> 臣兄襄救臣复仇，新平之祸，臣行襄之命，非臣罪也。符登，陛下疏属，犹欲复仇，况臣敢忘其兄乎？且陛下命臣以龙骧建业，臣敢违之？今为陛下立像，陛下勿追计臣过也。

天下事，有无耻过于此乎？

符登登楼遥望，对姚苌言道："为臣弑君，而立像求福，庸有益乎？"继而高声怒吼："弑君贼姚苌何不自出？吾与汝一决生死，以免牵连无辜。"姚苌惧不敢应。

不久，后秦军依然屡战屡败，军营之中每夜数惊，还不如没立符坚像之前的日子。姚苌斩符坚像首以送符登。

这就是历史，有些时候，仁义就是这样被无耻肆意践踏的。

389年三月，符登囤辎重于大界，自率轻骑万余攻克安定羌密造堡。

五月，符登再发兵攻后秦，后秦军屡战屡败。为挽回败局，姚苌命令其子中军将军姚崇偷袭大界，符登将计就计，于安丘（今甘肃省灵台境内）拦击姚崇，大败之，俘斩后秦军两万五千人。

七月，符登攻克平凉（今甘肃省华亭西）。

八月，符登据苟头原（今甘肃省泾州西北），进逼安定。

持续的胜利让符登有些骄傲轻敌了，姚苌却利用符登的麻痹大意，亲率三万轻骑乘夜再次对符登的辎重重地大界发起袭击。此战，姚苌攻克大界，俘前秦毛皇后及符登之子、南安王符尚，擒名将数十人，掠男女五万余人而还。

被俘的前秦毛皇后名叫秋晴，前秦河州刺史毛兴的小女儿。将门之女，自幼习武，弓马娴熟，长得不仅身材修长，体格健壮，而且肤白貌美，丽质天成，英姿飒爽又风姿绰约。在姚苌袭击大界的战斗中，毛皇后拼死力战，杀敌无数，终因寡不敌众，力竭马蹶被擒。

毫无意外，姚苌被秋晴迷住了，美丽的容貌，诱人的身材，女性的柔美中带着军人的英武。虽然当时蓬头垢面，满身血污，发鬟衣裳凌乱不堪，但依然无法掩饰她独特的魅力，吸引着、激发着男人征服的欲望。

姚苌欲纳其为妃。

毛皇后誓死不从："吾天子后，岂为贼羌所辱，何不速杀我？"

姚苌侮辱了她，辱完以后施以裸刑，将毛皇后全身衣服扒光，然后当着全军将士的面将其斩首。临刑前，毛皇后仰天大哭，痛骂姚苌："姚苌无道，前害天子（指符坚），今辱皇后，皇天后土，宁不鉴照！"

一代巾帼英雄，就此香消玉殒，被杀时年仅二十一岁。

这是符登和姚苌之间的转折之战。此战之后，符登的实力乃至于军心士气都受到严重打击，元气大伤，而姚苌则在随后的战斗中改以计胜为主，兼以笼络人心，逐渐改变了颓势，多次击败符登，甚至让符登发出了"朕与此羌同世，何其厄哉"的叹息，再也不复当初誓与苻坚报仇的雄心壮志，双方形势开始发生逆转。

高尚是高尚者的墓志铭，卑鄙是卑鄙者的通行证。

也许，只有如姚苌那样的人，才是那个时代的适应者。

至于所谓仁义道德，我们只能从已逝者的墓志铭中去寻找了。

战争形势虽然越发对姚苌有利，但姚苌却等不到亲手消灭苻登的那一天了。394年正月，姚苌病逝，时年六十四岁。

据史书记载，姚苌死前做了个噩梦，梦见苻坚"将天官使者、鬼兵数百突入营中"，带领鬼兵来找他报仇。姚苌心中恐惧，就在宫内乱跑，宫中侍卫于是帮他刺鬼，一不小心刺中了他的要害（阴部），"误中苌阴，出血石余"。梦醒之后，阴部果然肿大，医生刺之，出血如梦中，此后遂胡言乱语："臣苌，杀陛下者兄襄，非臣之罪，愿不枉臣。"不久之后，姚苌不治而亡。

俗话说，"不做亏心事，不怕鬼敲门"，姚苌不仅将苻坚绞死，后来还把他从坟墓中扒出来鞭尸，而且"裸剥衣裳，荐之以棘"，如此下作地、残忍地对待一个曾经对他颇有恩惠的人，也恰恰说明了他对苻坚的畏惧以及愧疚，杀死苻坚，成了姚苌永远的心病。后来亏心事越做越多，如斩苻坚像、侮辱毛皇后等，都是些下三烂的勾当，很不地道，内心的不安也就越来越多，做噩梦就是心中的不安集中爆发的一种表现，被吓死自然也就不足为奇。

苻登虽然没有杀死姚苌，苻坚却将其吓死，也算是亲手报了仇。

姚苌遗诏命太尉姚旻、尚书左仆射尹纬、右仆射姚晃、将军姚大目、尚书狄伯支辅政，并告诉姚兴："有毁此诸人者，慎勿受之。汝抚骨肉以仁，接大臣以礼，待物以信，遇黔首以恩，四者既备，吾无忧矣。"

或许，这就是为什么姚苌虽然奸诈、卑鄙、无耻，却依然有人追随的原因。

虽然打不过你，但是活到了看你坟头长草的年纪，也可以算作是胜利的一种方式。得到姚苌去世的消息后，苻登很高兴："姚兴小儿，看我用鞭子抽死他。"

394年正月，苻登大赦全境，率领全军，向姚兴发起了进攻。

事实上，苻登并没有心情去看姚苌的坟头到底长草了没。他战败了。394年四月，由于争夺水源的战斗失利，前秦士兵渴死者甚众，随后双方废桥决战。苻登大败，前秦士兵尽皆溃散，苻登单骑逃奔雍城。

负责留守的苻广（苻登弟，留守雍州）和苻崇（太子，留守胡空堡）得知苻登战败，两人立即出逃，留守部队尽皆溃散。苻登无家可归，只得收拾残兵，进驻平凉马毛山。

击败苻登后，姚兴这才为姚苌发丧，并继位称帝，谥姚苌为武昭皇帝，庙号太祖。

六月，姚兴出兵马毛山，苻登战败被杀，时年五十二岁。

其子苻崇即位后，谥苻登为高皇帝，庙号太宗。

狐狸与刺猬之间的战争，就这样以姚苌病死、苻登战死而结束。

姚苌和苻登的七年恶战还为后世留下了几个名词，比如把主将的营地称为大营，据说就是从姚苌开始叫起的。《晋书·姚苌传》中记载：时诸营既多，故号苌军为大营，大营之号自此始也。

394 年十月，西秦武元王乞伏乾归杀苻崇，前秦灭亡。

02. 明君姚兴

姚兴，字子略，后秦昭武帝姚苌长子，曾在前秦任职太子舍人，姚苌叛变自立后，从长安成功出逃，后被册立为皇太子。

在姚苌和苻登血战的那些日子里，姚兴坐镇长安，统理政事，很是积累了些政治才能和个人威望，其间时常和一些汉族的儒家学者讲经论道、交流学习，不因兵危战凶而荒废学业，深受儒家思想影响，时人以之为榜样。

在军事能力上，虽然和久经战阵、狡黠如狐的姚苌无法相提并论，没有乃父那样突出，但是姚兴的表现依然可圈可点。

393 年五月，前秦右丞相窦冲脱离苻登，自立为秦王。七月，窦冲被围，转而向姚苌求援。姚苌接受大臣尹纬建议，命令当时正好在安定前线的太子姚兴领军出战。

在姚兴率领下，后秦军采取"围魏救赵"之策，避开敌军主力，部队直扑前秦军老巢，一举偷袭得手，以极小的代价重创敌军，顺利完成了救援任务。

这是姚兴第一次亲自领军作战，虽然作战计划由姚苌事先制订，姚兴只是战术的执行者，但是能够率领千军万马顺利完成作战任务，统军能力就足以得到肯定。

学习过，勘察过，体验过，真刀真枪地和敌人战斗过，后秦的臣民们就会知道，他们的太子殿下、未来的皇帝，是上过战场打过胜仗的。有了这些，对于姚兴来说，足够了。

姚苌临终前，当辅政大臣姚晃问询该如何攻灭苻登时，他回答说："今大业垂成，兴才智足办，不必再问。"关于身后事，大多数君王都是放不下的，而姚苌能够说出这样的话来，足见其内心对姚兴的认可。

也或许，他自己也不知道该拿苻登如何是好。只好将问题交给下一代来解决，是相信后人的聪明才智远胜前人？

俗话说，知子莫若父。我们还是要相信姚苌的判断的，因为事实确实如此。

姚苌死后，姚兴的处境并没有姚苌想象的那么轻松，不仅要对付前秦苻登的虎视眈眈，还要防范后秦内部的各种势力集团，更有咸阳太守刘忌奴趁机反叛，威胁近在咫尺，形势不容乐观。

为此，姚兴采取秘不发丧、暂不称帝的策略，先是对来到长安表达忠心的叔父姚硕德以诚相待、礼敬有加，安抚国内实力派代表，缓和后秦国内的紧张气氛。然后以奇兵突袭咸阳，擒获刘忌奴，剿灭叛乱，解除后顾之忧。对于闻讯而来的苻登大军，姚兴自号大将军，以辅政大臣尹纬为长史、狄伯支为司马，亲率大军予以迎头痛击。在废桥决战中抓住前秦师老兵疲且严重缺水（渴死好多人）的有利时机，一举击溃前秦军主力，苻登单骑逃走。

废桥决战是决定姚兴命运的一次重要战役，正如大臣尹纬在战前所说："先帝刚刚驾崩，人心不稳，现在不趁大家心怀思念发奋之情，拼命打败苻登，我们就死定了。"（先帝登遐，人情扰惧，今不因思奋之力，枭殄逆竖，大事去矣。）废桥决战的胜利极大地提高了姚兴的威望，巩固了姚兴的地位，为后秦最后消灭苻登、称霸关陇奠定了基础。废桥之战结束后，姚兴正式为姚苌发丧，并在始平附近的槐里即位称帝，大赦天下，改元皇初。

消灭苻登以后，为根绝隐患，姚兴将俘获的苻登部众全部遣散并安置他们耕田务农。为解决由于鲜卑、氐人外迁而导致的京畿地区人口不足问题，姚兴迁阴密（今甘肃省灵台县百里镇）人口三万户于长安，并将自己的直属大营分为四军，由四军分别统领这些民户。回师长安后不久，姚兴消灭盘踞在武功（今陕西省旧武功）的割据势力窦冲，彻底控制陇东地区。

这是一位头脑清晰冷静，且有手腕、有作为的君主，在乃父死后短短数月之内就能够消除隐患，剿灭叛乱，铲除劲敌，并对境内实施有效控制。即使是因为站在先辈的肩膀上，姚兴的能力也是毋庸置疑的。

姚兴统治的前期，他较好地处理了统治集团内部的关系，没有因自己的担忧忌惮而逼反后秦实力集团，酿成亲者痛、仇者快之事。军事上，他重用两位能征善战的叔父——姚绪和姚硕德，开疆拓土，四面出击。政治上倚重足智多谋的尹纬，能够虚心听取臣下意见，及时改正错误，并注意选拔人才担任要职。在姚兴的治理下，后秦逐渐从连年征战的创伤中得以休养生息，国力逐渐增强。

在人才选拔上，姚兴有自己的独到见解。他认为，有作为的帝王在选拔人才时，既没有办法找先贤，也不能等后人，他们都是依靠当世之才取得成功的。大臣们抱怨世间人才稀少，是自己没有识人之明，怎么能说天下没有人才呢？

在听取臣下意见上，姚兴不仅听取朝中重臣的意见，即使是下官小吏，有一言之善，辄予以封赏，而且从谏如流，即使有所顶撞，也不以为意。

在澄清吏治上，姚兴采取严厉措施惩治贪官污吏，而对于为官清廉者，姚兴不仅予以物质奖励，还下诏书予以表彰，越级提拔他们的官职。

为避免冤假错案的发生，后秦在长安办有法律特训班（律学），学员由地方郡县的闲散官吏组成，经学习合格后，学员遣回原籍负责司法工作。姚兴还规定，凡州郡县地方政府不易判定的案例，一律报请中央政府裁决。他本人也经常前往咨议堂，旁听判决。

姚兴还给地方政府发布命令：凡是因灾荒贫困而卖身为奴的百姓，还以平民之身；禁止百姓制造锦绣和过多地进行祭祀，防止不必要的浪费；安葬在战场上阵亡的将士，对其家属进行抚恤等。

此外，姚兴以身作则，厉行节俭，从不用装饰奢华的车马器物。正是在姚兴的带动下，后秦上下节俭之风盛行，达官显贵也不敢铺张浪费。

这些措施的实施，对于后秦阶级矛盾的缓和和关陇地区经济的恢复与发展，无疑是有益的。

由于受到儒家思想的影响，姚兴大力提倡儒学，兴办学校。当时，许多著名的学者云集长安，讲学授徒，远道而来的求学者有成千上万人。姚兴特别指示各地关卡，对往来儒生一律放行，不许刁难。闲暇之余，姚兴也时常召见学者，和他们一起讲经论道、错综名理。其中一些善于为文者，姚兴将其安排在身边，参管机密，起草诏书。

提倡儒学意在维护统治，历朝历代莫不如此。但是，在十六国那个特殊的历史时期，姚兴对儒学的提倡，客观上为中国北方保存和发扬汉族传统文化做出了贡献。

军事上，姚兴注重军纪，他的军队"军令齐整，秋毫无犯，祭先贤，礼儒哲"，能够做到"军无私掠"，堪称文明之师。后秦的军队，俨然有了一丝人民军队的风范。

与此同时，姚兴积极进行军事扩张，向周边各国发起攻击，均取得丰硕战果。

西面，396 年，姚兴先后攻取成纪、上邽（两地皆在甘肃省天水市西），势力到达天水郡。并命令其叔父姚硕德为秦州牧，领护东羌校尉，镇守上邽，为全面夺取陇西做准备。

东面，396 年年底，姚兴派其叔父姚绪东渡黄河，攻占了原属西燕的河东地区。西燕灭亡后，河东地区成为真空地带，姚兴趁机予以夺取。

北面，397 年九月，姚兴之弟姚崇攻击鲜卑薛勃部，后秦的疆域向北扩展到上郡（今陕西省榆林南鱼河堡）一带。

从 399 年开始，姚兴向东晋发起攻击，逐步蚕食。先是逼迫东晋的弘农（今河南省灵宝县北）太守、华山（今陕西省华县）太守以地归附，占据上洛（今陕西省商县），扫清进军洛阳的障碍，之后，姚兴命其弟姚崇、镇东将军杨佛嵩攻取古都洛阳。

洛阳之战，东晋河南太守辛恭靖坚守百余日，终因援兵不至而城破。随即，淮河、汉水以北的许多地方势力都归附了姚兴。

400 年，姚兴亲自率兵西进，攻灭西秦（乞伏国仁所建，鲜卑族），尽占陇西之地。

之后，姚兴的兵马越过黄河继续西进，先后消灭后凉（吕光所建，汉族），逼降南凉、北凉和西凉，占据西部重镇姑臧（今甘肃省武威市）。

至此，后秦的疆域达到极盛，"南至汉川，东逾汝颍，西控西河，北守上郡"（《读史方舆纪要》），成为十六国后期国力仅次于后燕的强盛王朝。

因功绩杰出，人们称姚兴为小苻坚。

真没想到，那样的姚苌，居然生出这样的儿子来。

03. 西秦——时来之运

淝水之战后的那段日子里，割据建国者甚多，但国祚绵长者甚少，有实力争雄天下的更是寥寥无几。所以没有必要对每一个政权都单独列篇细致讲述，本也没有那么多值得要说的事。随后的章节中，将按照事情发展的脉络对这些纷杂的割据政权进行叙述，在以后秦为主线的故事段里，将逐一讲述被后秦灭国的西秦、后凉。

至于投降的南凉、北凉和西凉，和后秦的关系属于藩属关系，内政、外交依然自主，与被灭国的西秦、后凉有着本质区别，我们后面再讲。

相传，在很久很久以前，远在西北的乞伏鲜卑（包括乞伏、弗斯、出连、叱卢四部）自漠北南迁，路遇巨虫一只，状若神龟，大如丘陵，拦住了南迁者的道路。于是首领带领众人杀马祭之，祈祷曰："若善神也，便开路；恶神也，遂塞不通。"不久，巨虫消失不见，存一小儿卧于路中。队伍中乞伏部有一年老者，膝下无子，想收养这个孩子。既是善神，众人自然无不应允，老人遂收而养之，名之曰纥干，汉语意为依倚，倚靠依仗之意，孤苦一生，从此有依仗了。

这个小孩，就是西秦的建立者乞伏国仁的祖先，路边捡来的。

纥干十岁时即骁勇善骑射，能弯弓五百斤，力大无穷。长大以后，四部服其雄武，推为统主，即乞伏鲜卑酋长。官职世代相传，到乞伏国仁的父亲乞伏司繁担任酋长时，由于受到后赵的袭扰，乞伏司繁率部逐渐南迁至陇西，和当地汉人杂居。因此，乞伏鲜卑又被称为陇西鲜卑。

前秦灭前燕之后，开始向西扩张，处在陇西的乞伏鲜卑部于是成了前秦大军西进时顺手牵羊的果实。

371 年，前秦益州刺史王统率军攻乞伏鲜卑部，乞伏司繁率三万骑兵据守苑川（今甘肃省榆中县东北），抵抗王统。王统袭击乞伏司繁后方根据地度坚山成功，俘获男女五万余人。前方战士得知后方妻子儿女已经被俘，军心瓦解，一时溃散，乞伏司繁不战而降。苻坚封其为南单于，留于长安。

其后，乞伏司繁在征讨鲜卑勃寒部时有功，苻坚遂将其外放，命其镇守勇士川（今甘肃省榆中县东北）。乞伏司繁去世后，乞伏国仁继承父职，任前秦镇西将军，继镇勇士川，直至那场影响巨大的战争到来。

在淝水之战中，乞伏国仁本是应该以先锋的身份出现的（被任命为前将军，领先锋骑），然而就在大军开拔的前夕，远在陇西的乞伏国仁的叔父乞伏步颓谋反，苻坚随即命令乞伏国仁率军平叛。

淝水之战，乞伏国仁没去成，但是并不妨碍他在战后从崩溃的前秦手中分得蛋糕。

苻坚的想法真是异于常人，在此就不再做评论，但是我却理解了苻坚为什么那么器重慕容垂和姚苌。

……是傻！

仗是肯定打不起来的，乞伏步颓亲自迎乞伏国仁于路上，叔侄俩相逢大悦，置酒高会。两杯酒刚刚下肚，乞伏国仁即大放不臣之言，公然宣布其割据一方之意，群情汹汹，蠢蠢欲动。

后来的故事就老套了，苻坚果然战败，乞伏国仁果然开始行动，召集诸部，有不附者，讨而并之，众至十余万。

苻坚被杀后，乞伏国仁应时而动，谓其豪帅曰："苻氏以高世之姿而困于乌合之众，可谓天也。夫守常迷运，先达耻之；见机而作，英豪之举。吾虽薄德，藉累世之资，岂可睹时来之运而不作乎？"（《晋书》）

385年九月，乞伏国仁自称大都督、大将军、大单于，领秦、河二州牧，改元建义，置十二郡，筑勇士城（在勇士川内，即后苑川郡城）以都之，史称西秦。

一方霸业，自此功成。

388年六月，乞伏国仁去世。

由于死得太早，儿子乞伏公府还比较年轻，大臣们于是推举其弟乞伏乾归继位，称大都督、大将军、大单于、河南王。迁都金城（今甘肃省兰州市西北），改元太初，"置百官，仿汉制"，逐渐任用陇右一些汉族豪强为官。

随后，乞伏乾归开始向周边用兵，连续出兵降服临近诸部，"于是秦、凉、鲜卑、羌、胡多附乾归"。西秦疆域西至金城、苑川，东暨南安、平襄，北抵牵屯，南达枹罕（今甘肃省临夏附近，后被后凉吕光占领）。

前秦苻登败亡后，乞伏乾归击败前秦苻崇和仇池杨定四万联军，杀杨定及苻崇，尽有陇西、巴西之地。

394年十二月，乞伏乾归改称秦王，在中央设置尚书省、门下省，进一步汉化。同时保留大单于号，以便统治境内众多其他民族；保留大将军号，以便掌握兵权。

乞伏乾归在位期间，多次与汉人吕光建立的后凉政权发生战争，而且曾和南凉秃发乌孤组成联盟打败后凉，还出兵击败过南边的吐谷浑部落，可谓战功赫赫、傲视群雄。

正所谓"树大招风，肉多引狼"，在西北地区战无不胜的西秦，在逐步走向强大的过程中成为后秦统一关陇、进军河西的障碍，尤其是乞伏乾归把首都从金城东移至苑川（今甘肃省榆中县大营川地区）后，更使姚兴感到不安。于是，想要东进的西秦和积极西扩的后秦之间，不可避免地爆发了战争。

400年五月，姚兴命姚硕德领军五万，由南安峡进击西秦。乞伏乾归从苑川赶赴前线，两支"秦"军在陇西城（今甘肃省陇西县南）下形成对峙。

情况对后秦军很不利，由于深入敌境，人地生疏，樵道被切断，后勤补给难以为继，部队逐渐陷入困境。姚兴得报后，立即封锁消息，亲率大军增援姚硕德。

面对倾国而来的后秦军队，乞伏乾归虽然在西北屡败强敌，却也不敢有丝毫大意。为此，他做了一个周密的作战计划。

首先，乞伏乾归在柏阳川（在今甘肃省清水县）埋伏中军精锐两万人，在侯辰谷（在今甘肃省清水县）伏外兵四万为后继，然后自己率领数千骑兵迎候姚兴，准备在交战时佯装败退，引敌人入包围圈，一举歼灭后秦军主力。

理想很丰满，计划也很周全，然而在执行的时候还是出了问题。交战那日，大风忽起，沙尘弥漫，遮天蔽日，乞伏乾归在撤退途中迷失道路，与中军失去联系，误入外军阵地，作战计划不能正常进行，西秦军措手不及，被姚兴打败。乞伏乾归弃大军，轻骑逃回苑川，失去主帅的西秦军计三万六千人放下武器，向后秦投降。

其后，乞伏乾归开始了自己的逃亡生涯，先是由苑川奔金城，又由金城逃奔南凉秃发利鹿孤，后又从南凉东去枹罕，向后秦投降，封归义侯，西秦至此灭亡。

西秦虽然灭亡，但是陇西鲜卑实力尚存，姚兴为巩固和扩大他在河陇地区的统治，对乞伏乾归父子及原西秦势力采取安抚笼络政策，保存了他们的实力，"复以其部众配之"，这就为乞伏乾归父子后来的复国创造了有利条件。

西秦之亡于后秦，并不仅仅是因为一次军事上的失败，而是有其必然因素。

首先，乞伏鲜卑建立的西秦政权主要依靠的是陇西鲜卑各部贵族势力，以军事征服为手段，合并各地方实力派组成。因此，政权内部极不稳定，地方实力派叛服无定。

其次，西秦内部的鲜卑各部落正处于由游牧向农业定居的转化过程中，汉化程度及经济实力远比不过占据关中的后秦。《晋书·姚兴载记》中多次提到，后秦占领陇右后，"军无私掠，百姓怀之"；取后凉姑臧后，"祭先贤，礼儒哲，西土悦之"。固然是溢美之词，但也反映了后秦汉化程度较深，军队法纪严明，进入河陇地区后，颇得该地区广大汉族豪门及百姓支持。

最后，西秦仅据陇右西部，四面皆有强敌，后凉、南凉、吐谷浑，以及东面的后秦，将其团团包围，战略环境并不理想。在后秦西征之前，西秦专与后凉、吐谷浑连年征战，忽视了即将西进的后秦，以致在后秦大军压境的情况下，一战溃散而亡命南凉，致使国家灭亡。

从385年称制建元至400年为后秦所吞并，西秦立国凡十五年。至于后来的复国，那就是另外一段故事了。

04. 后凉风云

后凉的立国过程大致可以参照前凉的故事，辛辛苦苦在凉州站住了脚，回过头来却发现祖国没了，于是割据自立，很是顺其自然。

建国者吕光，略阳氐人，出生时因"夜有神光之异"，故以光名之，字世明，生有重瞳。据说"重瞳"乃是帝王之眼，古之帝舜、霸王项羽亦皆有之，至于始皇嬴政、汉祖刘邦之流，由于异象在别处，眼睛就和我们大家一个样了。其父亲名叫吕婆楼，前秦苻坚之佐命功臣，在苻坚急需人才、谋划大事（推翻苻生）的时候，正是他推荐了王猛。

年少时期的吕光不爱读书，只喜欢斗鹰走马，过着官宦世家纨绔子弟的生活，长大后却比较老实，沉稳持重，宽宏大量，喜怒不形于色。由于不善表现，不仅苻坚弗异之，认识他的人也都觉得他不怎么样。只有王猛对其颇为看重，认为他"非常人"。

由于父亲是做大官的（太尉），更由于王猛的推荐，吕光很顺利地举了贤良，任职美阳县令，不久就升了官，迁鹰扬将军，开始了跟随苻坚南征北战的岁月，从此开始大显身手。在攻打张平的铜壁之战中，吕光一战将有"万人敌"之称的张平养子张蚝刺于马下，从此威名大震，前秦上下好评如潮，连苻坚也认为他"忠孝方正，必不同也"。此后，吕光的战功越发赫赫，官运也就越发亨通起来。

382年九月，西域车师前部王、鄯善国国王入长安朝贡，表示愿协助秦军征服西域诸国。当时前秦兵强马壮，苻坚正有西进意图，遂以吕光为特使持节，都督征讨西域诸军事，安西将军、西域校尉，组织征西大军，准备统一西域。

383年正月，淝水之战前夕，吕光拜别苻坚，率领步兵七万、骑兵五千，以车师前国、鄯善国两国军队为向导，出征西域。

西域，即使放到现在，依然是神奇且神秘的字眼，那里有无尽的荒漠，有如画的绿洲，有最甜的水果，还有能歌善舞的姑娘，每一处的美都足以让人流连忘返、念念不忘。

西域，一般指玉门关（今甘肃省敦煌市西北小方盘城）和阳关（今甘肃省敦煌市西南董滩）以西，即今新疆地区，在广义上，包括新疆以西、中亚细亚的广大地区。西汉时期，西域有大国三十六、小国六十多，不过到吕光西征时，西域只剩下屈指可数的几个大国。

当苻坚在淝水之战中惨败、百万大军灰飞烟灭、前秦帝国土崩瓦解、自己困守长安等待命运的责罚的时候，吕光在西域却一路高歌猛进、所向披靡。他的军队经高昌（在今新疆吐鲁番），穿越三百里沙漠，降焉耆（yān qí）及其附属诸国。384年七月，吕光大败七十万西域联军，占领龟兹国国都延城（今新疆库车），西域三十余国上缴汉朝所赐符节，纳贡请降，吕光统一西域全境。

苻坚很快就得到吕光平定西域的消息，任命吕光为使持节、散骑常侍，都督玉门以西诸军事，安西将军、西域校尉，晋封顺乡侯。但是那个时候，关中动乱，道路已绝，苻坚封赏的诏书已经没有办法送到吕光的手中。

吕光自然也不知道苻坚的情况，保不齐心里还在想，他的天王陛下早已经有征伐战略定东南了吧。既然不知道，那就不着急走。西域好啊。好不容易打下的龟兹国更好，好吃的羊肉，上好的瓜果，还有从未见过的胡姬，十年陈酿的葡萄酒，予取予求。《晋书》中用了一句话概括前秦士兵们的奢华："士卒沦没酒藏者相继矣。"

好日子总是过得很快，时间一晃就过去了大半年。该吃的都吃了，能玩的都玩了，将士们终于想起了要回家，正在吕光军中的西域高僧鸠摩罗什也向吕光建议："西域凶亡之地，不宜久留。"385年三月，吕光引军东归。

回家的队伍比出征时还要盛大，仅是用来驮运西域奇珍异宝的骆驼就有两万多头，此外还有骏马万余匹，浩浩荡荡，风风光光，一路东行。然而当队伍走到宜禾（今新疆安西南）时，却被凉州刺史梁熙拦了下来。

前秦乱了，人心散了，各地州府的长官们自然有着自己的小算盘。梁熙不想让吕光踏入凉州，前秦在，他是凉州牧守，前秦不在，他就想成为凉州的霸主。吕光的到来，身后可是带着十万大军，若是知道苻坚完蛋了，吕光心里会怎么想，会是一个匆匆过客吗？极有可能反客为主，占了他的地盘。

这时，吕光已经得到苻坚惨败的消息，遂继续引兵东进，相继迫降高昌、敦煌、晋昌三郡，兵锋直达玉门。梁熙以"未接诏书，擅自撤军"为由，发布檄文，命令部队予以堵截。吕光一方面回送檄文至凉州，斥责梁熙既没有奔赴国难又堵截军队回师之罪责；另一方面命令部队迅速东进，击败梁熙的拦截部队。武威太守彭济擒梁熙请降，吕光斩杀梁熙，入驻姑臧，自任凉州刺史、护羌校尉，凉州各郡县尽皆归附。在相继平定部将尉祐及前凉余孽张大豫叛乱后，吕光尽占凉州之地。

然后，吕光不走了。

386年九月，苻坚被杀的消息终于传到凉州，吕光悲恸欲绝，下令三军俱缟素，举国尽哀鸣。在尽表哀悼之后，吕光于是年十二月自称使持节、侍中、中外大都督、督陇右河西诸军事、大将军、凉州牧、酒泉公等，建年号太安，正式建立后凉政权。

389年二月，吕光称三河王，改元麟嘉，置百官，立妻石氏为王妃，子吕绍为世子。

396年六月，吕光即天王位，国号大凉，改元龙飞，置百官，以世子吕绍为太子，以中书令王详为尚书左仆射，著作郎段业等五人为尚书，子弟进公侯者二十人。后凉达到全盛，统治疆域略与前凉同。

在统治凉州期间，吕光初以严刑峻法治国，后经段业劝谏，行宽简之政。然而日子过得并不舒服，其麾下将领及地方郡守多有叛变，西秦乞伏乾归更是出尔反尔，时降时叛。吕光的日子，就是在平叛的战斗中和走向平叛的路上度过的。尤其是在即位天王之后，鲜卑秃发部首领秃发乌孤趁后凉内乱，出兵占后凉南部部分地区，建立南凉政权。其部将沮渠蒙逊、段业相继叛变，在夺取后凉部分地区后，沮渠蒙逊等人拥立段业建立北凉政权。401年，沮渠蒙逊再反北凉，建立了西凉政权。

那一年，凉州地区四凉并立。

这些一旦割据便和后凉对峙存在的势力，我们后面再讲。

399年十二月，吕光病重，传位于太子吕绍，自称天上皇帝（太上皇），以庶长子吕纂（zuǎn）为太尉，子吕弘为司徒，共同辅政。并告诉吕绍："军队交给吕纂，朝政交给吕弘，自己什么都不要做就可以了，千万不要互相猜忌，否则大祸将至。"（……吾终以后，使纂统六军，弘管朝政，汝恭己无为，委重二兄，庶可以济。若内相猜贰，衅起萧墙，则晋、赵之变旦夕至矣。）权力交接完毕后，吕光于当日去世，时年六十三岁，庙号太祖，谥懿武皇帝。

吕绍，不知道字是什么，出生年月也不详，父亲对他的评价也不是很高，称其"才非拔乱"，唯一知道的是他是个好人，很老实。在他的堂兄弟吕超劝说他干掉手握兵权的吕纂的时候，他拒绝了，并且表示愿意让位给吕纂，即使吕纂真的要去谋反作乱，他也愿意慷慨赴死、坐以待毙，因为不想让袁尚、袁谭兄弟的事在他们之间发生；因为他的父亲说过，不要互相猜忌，手足相残。

吕纂也答应过他的父亲，不敢有二心。不过在吕绍继位仅仅五天之后，他就和吕弘勾结，带兵攻下皇宫，逼死吕绍，自己成了后凉的天王。

史书中没有吕绍专门的传记，关于他的故事，是在讲述别人的时候顺便提到的，一笔带过。死后，谥隐王。

吕纂，字永绪，吕光庶长子，年少时即弓马娴熟，喜欢鹰犬游猎，不爱读书。年长后常年领兵作战，颇有威名。由于是庶出，吕光没有将王位传给他。不过没关系，吕纂终究还是通过自己的努力将王位抢到手。

成长环境塑造人物性格，这样的吕纂不可能成为一个性情和顺的人，战争将其塑造成一个"性多猜忌，忍于杀戮"者，大家都很怕他。吕绍刚刚继位时就提出让位于吕纂，吕纂当时没同意，但没两天就翻了脸，后凉也由此开始了内乱和衰落。

篡位成功的吕纂很快就和他的同伴加兄弟吕弘翻了脸。共同的事业已经完成，剩下的就是兔死狗烹的桥段，不过率先动手的却是吕弘，被忌惮，怕被烹，于是想着先下手为强，结果战败被杀，连他的妻女都成为吕纂赏赐给士兵们的战利品。

在位期间，吕纂基本没什么作为，沉迷于酒色游猎，虽听取劝谏却不知悔改。曾力排众议去攻打南凉，结果战败而回，损兵折将。一年后，因为喝醉了酒声称要杀吕超（曾劝说吕绍杀吕纂），结果在游玩时猝不及防，被跟在身旁的吕超当胸一剑刺死，就此结束了自己对后凉的统治。

谋逆者终被谋逆者所杀，也算是罪有应得。吕隆即位后，谥吕纂为灵皇帝。吕纂的媳妇姓杨，肤白貌美，吕超很想纳之，杨氏不从，自杀而死，谥穆皇后。

乱世纷争，人心沦丧，趋炎附势者如过江之鲫，然而十六国之奇女子多矣，竟不少于那些乘势而起的英雄。

吕隆，字永基，后凉武懿帝吕光之侄，吕超之兄。在吕纂死后，被拥立为后凉天王。

如果说，吕纂的篡位多少还有点理直气壮，吕超的刺杀纯粹就是心虚使然。但是既然已经成功，总是要道貌岸然地去面对满朝臣工和后凉百姓。吕隆即位之后，为树立自己的威信、声望，对豪门望族，乃至于宗亲大臣，但有不顺己者，全部杀掉，朝廷内外一片哗然，议论纷纷。

在吕隆的恐怖统治下，后凉经济、生产均遭受严重破坏，斗米五千钱，百姓根本就买不起，生活难以为继，姑臧城内甚至出现了人吃人的惨象，有十多万人被活活饿死，姑臧城中，大街小巷，死尸遍地。为防止出现连锁反应，吕隆将想要出城活命的难民全部坑杀，每日以数百人计。

这哪里是君临天下，分明是为一己私欲而弃天下苍生于不顾！人性中最为丑陋的残忍、自私与卑鄙，在吕隆的身上以无数国人的生命为代价展现出来。末日气象，笼罩后凉。

401年七月，后秦将领姚硕德率步骑六万出征后凉。在抵抗失利后（被阵斩万余人），吕隆于是年九月遣使，向姚硕德投降。

对于凉州人民来说，这是一群崭新的面孔，后秦军队军纪严明、秋毫无犯，而且祭奠先贤，礼遇儒生和哲人，完全是和吕隆麾下部队不一样的存在，凉州人民咸悦之。

在投降后秦后，吕隆被任命为镇西大将军、凉州刺史、建康公，继续镇守姑臧。但是由于在随后与南凉秃发傉檀、北凉沮渠蒙逊的战斗中，吕隆损失惨重，无力再战。获得姚兴同意后，吕隆于403年八月率文武百官内迁，后凉灭亡。

416年正月，吕隆因参与姚愔叛乱，被姚泓杀死。

居然多活了那么多年，真是一个"好人不长命，祸害活千年"的时代。可怜芸芸众生，在他们的眼里，如草芥一般。

05. 走向衰亡的后秦

当后秦在西北大肆扩张的时候，与之同一时期立国的北魏（建国者拓跋珪）也开始积极南下，入主中原。在后秦的北部和东部，北魏以一个半包围的态势，阻止后秦东扩，并威胁其安全。双方互有吞并之意，摩擦不断。

两国嫌隙由来已久，早在392年，姚苌因收容反叛拓跋鲜卑的没奕干部，即开始和北魏结怨。姚兴又重用被北魏打跑了的赫连勃勃，更是激起拓跋珪的愤怒。

战争的导火索源自一次不成功的联姻。

为缓和双方矛盾，北魏曾遣使向后秦求婚，但是由于同样的政治考量，当时拓跋珪已册立慕容氏（慕容宝之女）为皇后。后秦公主岂能居于亡国之女之下？姚兴收下聘礼（一千匹马），却扣留了使者，拒绝了和亲。

双方于是开战。

402年正月，北魏以五万大军攻陷高平（今甘肃省固原市），镇守高平的没奕干与赫连勃勃逃往上邽（今甘肃省天水市），魏军将高平府库积蓄及马四万多匹、骆驼牦牛三千多头、牛羊九万多头（只）洗劫一空，并将所有百姓全部迁往平城（今山西省大同市，时为北魏首都）。富裕的没奕干顿时成了穷光蛋。与此同时，北魏阳平太守贰尘发兵攻入河东，从东部威胁后秦。另有一支魏军，击败后秦附庸国黜弗、素古延等部落。

数路魏军一齐攻击，兵锋所向，玉石俱焚，城池村落皆成废墟。后秦举国震动，长安城内人心惶惶，关中各城池即使白日也不敢打开城门。

自从即位之后，姚兴杀苻登，平西秦，灭后凉，大军所至，群酋授首。志得意满之时，却被北魏当头一棒打蒙了圈，从来没吃过这么大亏的姚兴不甘示弱，决定回击北魏。

402年五月，姚兴以大将姚平、狄伯支领兵四万为前锋，亲率大军四万七千人为后继，出兵东进，攻击北魏并州地区。两个月后，后秦军攻克并州要塞乾壁（今山西省襄汾县西北）。拓跋珪迅速反应，倾兵来救，将撤退途中的姚平大军包围在汾水东岸的柴壁（今山西省临汾市西南）。围点打援、聚而歼之的经典战役——柴壁之战爆发。

在重兵合围柴壁的同时，拓跋珪听从部将安同建议，筑浮桥渡汾水，抢占汾水西岸渡口天渡，并筑围阻击后秦军，以防止姚平突围或姚兴后军主力强攻救援。

八月，姚兴援军到达蒲阪（今山西省永济市西南），犹豫不进十数日后，终于决定经汾水东岸的蒙坑（今山西省襄汾、曲沃两县交界处）救援柴壁，进军途中

铁骑上的十六国

反被拓跋珪伏兵击败，折损千余人。此后，姚兴后退四十里扎营，屯兵汾西，不敢再进。北魏分兵据险，严防后秦军再次接近柴壁。

对于姚兴来说，千余人的损失并未伤筋动骨，然而却让他认识到了北魏的强大，从此不敢轻举妄动。可是救援柴壁还是要继续的，为切断汾水东西两岸的魏军联系，姚兴异想天开，砍伐山上柏树，捆成捆，然后从汾水上游顺流而下，希望用此方法将魏军浮桥撞断。魏军也赶到上游，将树木全部打捞，拿回营地生火做饭。

两军相持三个月，魏军不攻，后秦军也不敢妄动。然而被围困在柴壁的姚平坚持不住了，粮绝矢尽，只能强行突围。姚兴大军隔岸举火，大喊助威，却不敢攻击魏军。姚平见对岸火光冲天，寄希望于姚兴前来接应，而姚兴希望姚平能抢下浮桥，自行突围成功。

双方互相希望着，于是就没有了希望。拓跋珪集结主力全力阻击，将突围部队逼至汾河边上，无奈之下，姚平率麾下三十余骑投汾水而死，狄伯支及四万余后秦军将士尽数被擒。

在汾河西岸摇旗呐喊的姚兴坐视姚平败亡却无力救援，全军号啕大哭，声震山谷，哭完后仓皇南撤，一路狂奔至蒲阪，拓跋珪也一路尾随追杀，直至蒲阪，姚兴数次求和，均被拒绝。若不是北方柔然来犯，迫使拓跋珪匆忙回师，后秦的历史可能就此打住。

柴壁之战后，后秦再也无力东进和北魏争锋，丧失了逐鹿中原的信心和实力。姚兴一战而蔫，再也不复往日之飞扬跋扈，更无心开疆拓土，反而一心向佛，认真钻研起佛法来，并将佛教当成国教大力推广。既然军事上打不过，就只好寄希望于佛祖的庇佑了。

北魏方面，拓跋珪撤军以后，为避免两线作战，专心对付来自柔然的威胁，主动提出议和。双方罢兵休战，握手言和。

然而，后秦和北魏之间的议和，却令与北魏有深仇大恨的赫连勃勃愤而起兵，创立胡夏帝国，带领着胡夏铁骑横扫凉州，终其一生都在和后秦作对，成为姚兴除不掉、灭不了、挥不去的梦魇。直至后秦灭亡，胡夏都一直在北部给后秦放血。

在与胡夏的战争中，后秦先后损失兵力近十万人，人口、牲畜、财产被掠无数。为集中兵力对付赫连勃勃，姚兴甚至将支援南燕的部队撤回，此举直接造成东晋方面迅速攻灭南燕，转而对后秦产生巨大威胁。而且，由于接连战败，原本臣服于后秦的部落纷纷改头换面，投向胡夏。

再来看后秦对凉州地区的统治。

在消灭后凉、占领姑臧以后，后秦在凉州地区的统治并不一帆风顺，北凉沮渠蒙逊和南凉秃发傉檀都对姑臧城心生觊觎，吕隆就是他们打跑的。为保住姑臧，姚兴每年都要投入大量的兵力来戍守，负担重，压力大，损耗多，姚兴有意弃守。

事实上，后秦对凉州地区的统治是卓有成效的。在远离长安，困守孤城的情况下，后秦凉州刺史王尚努力发展生产，安定人心，并且轻身率下，躬俭节用，很受凉州人民的拥护，后秦对凉州的统治日趋巩固。然而这一政绩直接被姚兴无视，只想找个地方实力派接手，甩掉这一沉重包袱。

于是，"忠心耿耿"的地方实力派就来了。

406 年六月，南凉秃发傉檀向姚兴献战马三千匹、肥羊三万只，姚兴立马觉得在凉州诸凉国主中，秃发傉檀最好了。忠心耿耿，战马和肥羊可鉴，很适合做接盘侠。于是，姚兴下令召回王尚，任命秃发傉檀为凉州刺史。

消息传到姑臧，举凉州哗然。凉州方面立刻派遣使者赶赴长安，请求留住王尚，并向姚兴指出，不该因小利而将河西五郡拱手送人，更不该送给秃发傉檀，此人心怀叵测，他的到来必将给凉州人民带来灾难，也会对后秦造成潜在的巨大威胁。姚兴于是后悔，但是悔之不及，秃发傉檀得到任职凉州刺史的消息后，立即领兵三万进至姑臧，挤走王尚。

随着姑臧的丧失，后秦的势力逐渐退出凉州，仅有的保留下来的只是对诸凉名义上的领属关系。后来秃发傉檀将后秦军击败，立即改弦更张，自立门户，脱离了和后秦之间的臣属关系。

对于土地的损失，不止于此。

403 年，后秦趁东晋内乱（桓玄之变），向南攻取了东晋南乡、顺阳、新野等十二郡。真是好大一块地，土地肥沃又人口众多，然而当刘裕平定桓玄叛乱后，向姚兴索要丢失郡县，姚兴居然满口答应，将十二郡全部归还东晋。将士们拼命血战得来的领土，到头来无功而返。姚兴除了徒耗兵力，什么都没得到。

再来说说姚兴佞佛。

姚兴对佛教的推崇，源自一个名叫鸠摩罗什的僧人。

鸠摩罗什，又译鸠摩罗什婆、鸠摩罗耆婆，也可以叫他罗什，意译童寿，后秦僧人、思想家、佛学家、哲学家和翻译家。

其父为天竺望族，家世显赫，弃宰相之位周游列国，在西域龟兹国时与国王妹结合而生鸠摩罗什。据说他的母亲怀上他后，立马就变聪明了，无师自通学会梵文。简直是宝妈之典范，其事迹足以破"一孕傻三年"之传闻。

鸠摩罗什天资超凡，半岁会说话，三岁能认字，五岁开始博览群书，不过七岁就随母亲出家做了和尚。天才的种子，从此长在了释迦牟尼的土地上。

年轻时，鸠摩罗什回到故乡，游学天竺诸国，遍访名师大德，深究佛学妙义，很快就成为一代佛学大师。通梵文，娴汉语，博大乘、小乘佛经，又精通经藏、律藏、论藏三藏，成为"三藏法师"第一人。

吕光远征西域时，除了掠夺了无数的财宝和牛羊马匹外，顺手将正在西域的鸠摩罗什带到了凉州。后来后秦灭后凉，鸠摩罗什就又被顺手带到了长安。姚兴对鸠摩罗什尊崇备至，待以国师之礼，常亲率大臣及僧众听其讲解佛经。

当时，中国佛学经文多有谬误，鸠摩罗什遂建言重新翻译。姚兴在圭峰山下逍遥园中千亩竹林之心"茅茨筑屋，草苫屋顶"，建草堂寺，为鸠摩罗什译经场所，并派遣名僧八百余人为其助译。远近闻讯而来向罗什求学的僧人达三千之众，于是遂有"三千弟子共翻经"之说。

姚兴不但为鸠摩罗什的译经提供支持，还曾亲自参与翻译，《广弘明集》中存有姚兴同罗什等人探研经义的一些材料。

经鸠摩罗什之手，前后译经九十八部，四百二十五卷。他的译经活动不仅有利于佛教的传播，而且奠定了中国翻译文学的基础。其译经和佛学成就前无古人、后无来者。鸠摩罗什也因此成为与玄奘、不空、真谛并称的中国佛教四大译经家之一，并且位列四大译经家之首。翻译学鼻祖、语言学大师、中国佛教"八宗之祖"等很多光环笼罩在他头上，若不是《西游记》的宣传效果，其声望远远超过玄奘。

座下著名弟子有道生、僧睿、道融、僧肇，合称"什门四圣"。

在姚兴的提倡和鼓励下，后秦举国上下崇信佛教，一时之间，寺院佛塔林立，仅长安一地的僧人就有五千多，各地事佛者"十室而九"。

但是，佞佛之风耗费了大量的人力物力，虽成就了鸠摩罗什，却拖垮了姚兴。那么多人信佛，就少了很多人干活，赋税减少，耗费众多，后秦府库为之一空，人民为之疲敝，关陇地区经济、生产受到严重影响。后秦国力开始衰退，走向下坡路。

为弥补国用不足，姚兴巧设名目、增加税收，极大地加重了百姓负担，激化了阶级矛盾，为自己酿下新的苦酒，旧患未除，新乱又起。

在损兵失地、叛乱迭起、崇佞佛教的同时，姚兴还做了一件贻害无穷的事情：放任两宫相争。

姚兴有很多儿子，但是他即位之初就册立了太子，储君之位既定，本不该有争储的事情发生。

太子姚泓，性格宽厚，才能平庸，而且体弱多病，虽然是嫡子，却很不讨姚兴的喜欢。姚兴喜欢的儿子叫姚弼，认为他颇类己，心里就有了二手打算，平日里对其多有骄纵，后来连丞相的职位都送给了他。姚弼恃宠而骄，渐生夺嫡之心。

为打垮太子，姚弼暗地里在朝中培植亲信党羽，掌控中枢机要；栽赃污蔑太子及其亲信大臣，以图姚兴对太子失望，丧失信心。此外，姚弼还在姚兴身边安插亲信，时刻掌握姚兴动向，以便见机行事。

大臣们自然对姚弼所为十分反感，甚至上书姚兴，建议尽早铲除姚弼势力，以绝后患。姚兴自己也对姚弼的所作所为有所察觉，但却不以为然，继续放纵包庇，甚至在自己生病期间，姚弼意图谋反也不加严惩。

众多儿子都在看，太子之位，姚弼夺得，我为什么夺不得？事态就这样一发不可收拾，甚至有人已经做好了在姚弼篡位时率兵入京勤王、做"黄雀在后"的打算。

416年二月，姚兴病重，姚弼党羽在谋杀姚泓和劫持姚兴未遂后，入宫作乱，姚兴遂逮捕姚弼。姚弼宫外党羽误以为姚兴已死，率兵攻打皇宫，一时之间，皇城内外战云密布，杀声震天，血流成河。

姚兴拖病体至殿前，处死姚弼，平息事变。

第二天，姚兴病发去世，终年五十一岁。

这场两宫之争把很多大臣一并卷入，造成后秦后期很多政治倾轧和内讧，激化了后秦上层矛盾。姚泓最终虽然顺利继位，但是其人诚非乱世之主，身上的孝服还没脱，后秦便乱作一团，先有哥哥姚懿想夺皇位，后有弟弟姚懿、姚恢想杀他自立，赫连勃勃也乘乱出兵，抄掠数郡，满载而归。

更为严重的是，东晋刘裕也牢牢抓住后秦动乱的历史时机，于416年八月出兵北伐，最终攻克长安，平灭后秦。

06. 慕容垂的复国之路

写完了姚苌所建立的后秦，我们回过头来看一看复兴了燕国的慕容垂。他才是淝水之战后掀起反叛苻坚狂潮的第一人。

除了父亲在世时享受过一段幸福时光外，慕容垂生命里的大多数时间都充满了挫折。慕容儁在世时，他即被打压、被猜忌，多亏了媳妇性情刚烈如火、为人忠义无双，舍命相护才逃得性命。哥哥死后他依旧饱受排挤，即使立下匡扶社稷之功也不能改变命运，幸亏发现得早、跑得快才捡回一条性命。到了以宽仁著称的苻坚手下，光明磊落的王猛也对他耍起了阴谋，巧施金刀计，除掉他最为看重的儿子慕容令，连他的夫人都为保全慕容垂而和苻坚眉来眼去、暧昧无边，活得实在是艰辛、窝囊又可怜。

往事不能回想，想起来都是泪，怎一个"惨"字了得！

历史用事实告诉我们，没有被命运的磨难击垮的人，终究会成为这个世界的强者。

淝水之战的时候，慕容垂和姚苌一样，也没有参加，带着他的三万大军全须全尾地退了回来，顺道护送草木皆兵的苻坚回到洛阳，算是还了苻坚恩宠甚厚的人情。慕容宝（慕容垂世子）在苻坚来投时，曾建议慕容垂将其杀掉："……愿不以意气微恩而忘社稷之重。"慕容垂虽然没有同意，却也在此后借口"祭祖"来到邺城，联络鲜卑旧部，开始准备自己的复国大业。

镇守邺城的苻丕怀疑慕容垂有反秦之心，压根儿就没让他进城，想要杀他又实力不够，而且慕容垂当时反行未露，实在没有正当理由。当时正值丁零族翟斌在河南起兵反秦，苻丕便让慕容垂领兵两千前去平叛，并命令其堂兄苻飞龙领兵一千随军监视。打赢了说明慕容垂忠心耿耿，打输了就让他死在外边吧。

"吾尽忠于苻氏，而彼专欲图吾父子，吾虽欲已，得乎？"（《资治通鉴·卷第一百五》）答案肯定是"不得"的，那就反了吧。

就在进军途中，一个夜黑风高的夜晚，慕容垂率先出手，前后夹击，全歼苻飞龙及一千氐兵，然后会同翟斌叛军，转过身来，向邺城进军，开始公然反叛。那个时候，慕容垂终于道出了自己"外假秦声，内规兴复"的心声。

无论之前苻坚对慕容垂有多少恩惠，无论之前慕容垂对苻坚有多少忠心，那时那地，前秦大厦将倾之际，慕容垂反了，真心实意！

384年正月，在途经荥阳时，慕容垂自称大将军、大都督、燕王，建元燕兴，史称后燕。慕容垂第三子慕容农在康台泽（今河北省邱县邱城东南五里）掠取前秦牧马数千匹。自此，后燕步骑云集，兵强马壮。

邺城是前燕的旧都，也是慕容垂"兴复大燕"所必须攻克的城池。然而在攻克邺城外城后，慕容垂遇到了苻丕在中城的顽强抵抗。慕容垂集结丁零、乌桓等少数民族部众共计大军二十余万，架云梯、挖地道攻城，均未奏效。后更引漳水灌城，仍然没能将其攻克，反倒是苻丕在探知慕容垂外出打猎的消息后，派兵偷袭，一时之间，矢石如雨，差点将慕容垂当场射杀。

两军相持累月，邺城固若金汤，久攻不下。丁零人翟斌渐渐觉得，其实慕容垂也不怎么样，连邺城都打不下来，于是认为自己拥立慕容垂特有功，恃功骄纵，索求无厌，而且渐有反心。后来更是想当尚书令，被慕容垂婉言拒绝，遂反。暗中与苻丕联络，并派兵决堤放水，解除慕容垂水淹邺城之策。慕容垂得知情况后，杀翟斌兄弟。

值得一提的是，翟斌的侄孙翟辽（翟真之子）在翟斌被杀后逃亡黎阳（今河南省浚县），后在黎阳建国"大魏"，史称"翟魏"，这是十六国时期唯一由丁零人建立的政权。392年，慕容垂兵出两路，渡黄河，灭翟魏。

在攻击不顺后，慕容垂寄希望于苻丕能够知难而退，主动让出邺城，其间甚至解围而去（开其逸路，进以谢秦主畴昔之恩，退以严击真之备），然而苻丕却始终坚守，誓死不退。燕军粮草补充完毕后，再至邺城，围三缺一，留苻丕西去之路。苻丕兵疲，势穷，粮尽，而且没有援兵，遂遣使向东晋求援。

无论谁占领邺城，都不是东晋想要的结果，或许觉得慕容垂更强一些，威胁更大，更是为了趁乱北伐、将邺城收入自己囊中，谢玄命令刘牢之、滕恬之领兵两万救援邺城，并从水路运米两千斛，接济苻丕。

北府兵就是胜利的保证，在刘牢之的带领下，晋军多次击败后燕军，慕容垂一路北退，刘牢之一路狂追，连苻丕得到消息后也出兵跟进，随同晋军一同追击。然而当追兵到达五桥泽（今河北省广宗县北）时，部队因抢夺后燕丢弃的战备物资陷入混乱。慕容垂回军猛攻，大败追兵，斩数千人，刘牢之单骑而逃，幸亏苻丕领军在后，才救他一命。东晋方面得到消息后，将刘牢之召回，至此苻丕再无援兵。

385年八月，苻丕得知苻坚死讯，率男女六万余人撤出邺城。燕军随即占领邺城，后燕攻邺城之战结束。

这是慕容垂的生死之战，不克邺城，大燕难兴。攻城期间变故诸多，有丁零人翟斌临阵叛变；慕容垂在久攻不下后，居然撤围以待其自走；连东晋都派兵参战。秦、燕两军相持经年，战乱不止，幽、冀两州饥荒不断，燕军多有饿死者。慕容垂以桑葚充军粮，甚至为此而下令百姓不得养蚕。

战争对双方都是一场煎熬和考验，最能扛的那个，就是最后的胜利者。

386年正月，慕容垂自立为帝，改元建兴，立慕容宝为太子，定都中山，正式建立后燕政权。

可惜了慕容令，没有等到这一天。

登基后不久，慕容垂亲自领兵南下，兵锋直指被东晋占领的前秦诸州郡，成功将后燕势力推进至淮北地区。后又和北魏拓跋珪联合，瓜分了北方匈奴刘显部，尽得其牲畜辎重。此后数年间，慕容垂先后消灭河北叛军，征服北方贺兰部，攻灭翟魏，加上之前由慕容农击败的高句丽，后燕巩固了自身统治，成为北方强国，其实力超过在西北地区横行霸道的后秦，以及在后燕更北方正在悄然崛起的北魏。

台壁之战

以"复兴燕国"为口号起兵的，除了建立后燕的慕容垂以外，还有建立了西燕的慕容泓（慕容儁之子）。二人同为鲜卑慕容氏，近亲。不同之处在于，后燕是慕容垂在前燕故土上所建立，西燕则是前燕战败后迁往关中的鲜卑子弟所建，仅此而已。这是两个商量商量就可以合并的国家，却因为西燕的变故，改变了发展方向。

还记得那个和苻坚有很多故事的慕容冲吧？在占领长安后不久，慕容冲即因为不愿东归而被部将杀死。后来几经辗转变故，西燕政权掌握在了慕容永的手里，他和慕容垂的关系就疏远了许多，是慕容廆弟弟的孙子。在谁才是大燕正统的问题上，慕容垂认为自己根正苗红，而慕容永只是宗室疏属，"僭举位号，惑民视听"，不具备法理正义性。

当然，慕容永自己并不这样认为，既已得国，焉能拱手相让，臣服他人？

慕容永建都长子后，地有山河之固，坐拥十万大军，自觉羽翼丰满，足以和慕容垂分庭抗礼，于是尽杀慕容儁及慕容垂在西燕的子孙；收留被慕容垂消灭的翟魏余党；在后燕和北魏交恶后，转而和北魏交好，共同对付后燕。双方势同水火，矛盾不可调和。慕容垂更下定决心，在有生之年将其除之，不复留逆贼以累子孙。

392年，后燕灭翟魏，开始和西燕接壤。393年十一月，慕容垂发步骑七万，经井陉西进攻晋阳。次年二月，增调司、冀、青、兖四州兵力，从东、南、北三个方向上进攻西燕，自己亲率主力屯兵于邺城西南，做进攻状。

慕容永分兵据险严守，并囤粮草于战略要地台壁（今黎城台北村）。这时，由于慕容垂自屯兵后月余不进，慕容永疑心大起，认为英雄如慕容垂者，按兵不动的唯一解释在于：正在谋划更为阴险的进攻。

经过分析，慕容永认为慕容垂将会主攻南线，于是征调各路大军前往南线，屯兵轵关（今河南省济源市），守太行道。囤积辎重粮草的台壁只剩下一支孤军驻守。

铁骑上的十六国

进攻的机会终于来了，在西燕主力尽数集中于南线时，慕容垂率后燕军主力入天井关（今河北省涉县天井峪），奔袭台壁。慕容永在得到台壁被围的消息后，立即率领守卫长子的五万精锐阻击，并命令刚刚集结完毕的南线西燕军回援。

双方围绕台壁摆开阵势，慕容垂亲自率兵列阵于台壁之南，慕容农、慕容楷各自领兵分为两翼，并在浊漳河深涧中伏骑兵千余。开战之时，慕容垂佯装败退，慕容永急于解台壁之围，不知有诈，率军猛追，遂陷入后燕伏击圈，一时伏兵四起，西燕军猝不及防，死伤无数，被斩首者八千余人，慕容永引败军退回长子城，台壁随即失陷。

西燕晋阳守将在得知慕容永战败后，弃城逃走，后燕轻取晋阳。

394年六月，后燕军进围长子。

八月，西燕太尉逸豆归部将伐勤等人开城门投降，后燕军攻入长子，杀慕容永和公卿大将三十多人，收西燕所统辖八郡七万余户及大量物资，西燕灭亡。

台壁之战，是一场典型的"调虎离山"之战，也是"明修栈道，暗度陈仓"计谋的再应用。在此战中，慕容垂巧妙利用了自己在鲜卑人心目中"战神"之形象，使慕容永做出错误判断，将驻守在各关隘的部队调走，从而避免了后燕军陷入攻击有重兵把守之险要关隘的窘境。之后攻敌所必救，一战灭西燕。

借用一句名言来评价此战：曹操奸恶之名，远比曹操本人更可怕。

慕容垂之威名，足以克敌制胜！

在消灭西燕后，慕容垂基本恢复了前燕版图，统治区域有今河北、山东及辽宁、山西及河南大部，成为十六国后期中原地区最为强盛的国家。

07. 梦断参合陂

后燕和北魏的关系原本是极好的，同是鲜卑族，而且世为姻亲。从亲戚关系上讲，拓跋珪是慕容垂的外甥，后来更是成为他的孙女婿，亲上加亲，血脉相连。

在北魏复国的过程中，慕容垂曾出兵支持拓跋珪征服独孤部和贺兰部，两家还曾联合瓜分过铁弗匈奴刘显，慕容垂尽得其牲畜辎重，拓跋珪全占地盘。但是，当双方各自的敌人逐渐被消灭，两国矛盾也就开始凸显：慕容垂想控制住拓跋部，使之成为后燕统治北方诸部的附属国；拓跋珪自觉国力日增，想要摆脱后燕，独立发展，而且渐有问鼎中原之心。但是逐鹿中原的胜利者永远只会有一个，双方关系开始微妙起来。

冲突起源于一次关于马的纷争。

为求得大宛良马，后燕扣留了北魏来使拓跋觚（拓跋珪之弟）。野蛮的绑票行为遭到拓跋珪强烈抗议，果断拒绝后燕所求，于是两国交恶，北魏转而和西燕（当时尚未灭亡）结盟，共同对付后燕。

此事错在后燕，处理问题的方式简单粗暴，毫无远见，使原本可以协商解决的事件变成了双方互相敌对的导火索，直接将北魏推向了自己的对立面。不过此事恰也说明了，两国仇视的态度只剩下了最后一层窗户纸，一捅就破。

后燕之所以鲁莽行事，其实恰是慕容垂对拓跋珪的试探，日益强大的北魏开始让他心生忌惮，急需看一看这位盟友是否还一如既往的忠诚。

结果虽然并不让人欣喜，却使慕容垂的担忧得到验证。

在后燕出兵攻打西燕期间，拓跋珪曾出兵救援，虽然援兵尚未赶到西燕即已灭亡，但是自此以后，北魏和后燕开始兵戎相见，魏、燕大战一触即发。

395年五月，慕容垂不顾大臣的反对，命令太子慕容宝、辽西王慕容农、赵王慕容麟领兵八万为主力，以范阳王慕容德、陈留王慕容绍率步骑一万八千人为后继，大军兵出五原（今内蒙古包头市），向北魏大举进攻。

慕容垂当时年已老迈，命不久矣，所以并没有亲征。他希望通过自己坐镇指挥，采用群狼扑虎的战术，歼灭拓跋珪，锻炼诸子的统军能力，为后燕的将来做长远打算，并不认为区区北魏会战胜他的十万大军。

得到燕军来犯的消息后，拓跋珪一面转移牲畜财产，一面兵分三路流窜：一部撤向东北，一部撤向西北，自己则亲率部队从都城盛乐（今内蒙古呼和浩特市和林格尔县境内）撤出，西渡黄河以避之。慕容宝弃其他两路魏军不顾，紧紧咬住拓跋珪不放，长驱直入，顺利到达五原，收北魏别部三万余家，粮一百万斛。大军进至黄河东岸，打造船只，准备渡河进攻。拓跋珪亦不再撤退，进军至黄河西岸，与燕军隔河对峙。

其间，拓跋珪向后秦遣使求援，并发挥自己主场作战优势，与撤向西北方向的军队会合，备战迎敌，同时命令撤向东北方向的魏军迂回到燕军后方，切断燕军与都城中山的联系。

很凑巧，慕容垂派往前线的使者被魏军抓着了一个，高官厚禄和恐吓要挟之后，成功将其策反。拓跋珪将使者带到黄河岸边，隔河向慕容宝喊话："慕容垂已死！"

慕容垂在出兵时业已身患疾病，由于道路被断，当时，慕容宝已经很久没有得到国内消息了，对慕容垂的近况一无所知，听到消息后忧虑不已，三军将士顿时军心涣散，麾下将领更有趁乱起兵造反者。十月，慕容宝烧毁渡船，率领全军回撤。

古时候的冬天比较冷，胡天八月即飞雪，十月份时黄河已经结了冰，不过河面还没有被冻住，河水也正在滔滔不绝。撤退中的慕容宝认为，北魏缺少船只，不可能过黄河追击，也就心生大意，没有布置军队殿后，连侦察部队都懒得派。

十一月三日，也就是燕军撤走的第八天，黄河两岸狂风骤起，气温迅速下降，河面上的冰块很快被冻结，不仅可以溜冰，连驮着人的马匹都可以四蹄如飞。短短一日之内，滔滔黄河变成了通途大道。拓跋珪挑选精锐骑兵两万余人，留下所有辎重，亲自带兵过河，全速追赶燕军。十一月九日黄昏，魏军追至参合陂（今内蒙古凉城东北，一说今山西阳高），赶上正在那里扎营的燕军。拓跋珪连夜部署，人衔枚，马勒口，趁着夜色向后燕军营靠近。

慕容宝在参合陂地区是派出了警戒部队的。燕军退至参合陂扎营时，大风忽起，有黑气如堤，自军后而来，覆于燕军营地之上。随军沙门支昙猛见而异之，告诫慕容宝，风云突变是魏军将至之征兆，宜派兵警戒，甚至以苻坚轻敌致败为例相劝谏。司徒慕容德亦建议小心为上。慕容宝遂遣慕容麟率军警戒，以备非常。

那么多天过去了，没有人相信魏军会追过来。慕容麟的警戒部队仅仅在营地周围转了一圈，打了打猎，根本不设防，更不远探。旅途劳顿的燕军很快便陷入了香甜的梦中，魏军摸到跟前，尚不得知。

第二天清晨，当后燕军忙着埋锅造饭、收拾行囊准备继续东归时，才发现营地周围静悄悄的山岗上，漫山遍野地站着魏军骑兵，初升的太阳柔和的光线照射在那些士兵的战刀上时，闪烁着银亮的光芒，比冬日里最凛冽的寒风还要刺骨。

燕军惊慌失措，混乱不堪，奔跑落水，人撞马踩，轧死淹死者数以万计，投降者四万余人，后燕右仆射、陈留王慕容绍被杀，鲁阳王慕容倭奴、桂林王慕容道成、济阴公慕容尹国等文武官员数千人被俘，慕容宝单骑逃出，仅以身免。魏军缴获兵甲粮草等不计其数。除选用有用之才为己用外，拓跋珪将后燕文武官员及降兵四万余人全部坑杀。

这是决定北魏、后燕两国国运的一战。经此一役，后燕受到重创，由盛转衰，双方强弱易势，北魏的触角开始伸入中原。

此战中，连续平定翟魏、西燕的后燕军恃强轻敌，志气骄横，不把北魏放在眼里，犯了兵家之大忌。北魏军在开战之初，能够正确判断敌我态势，充分利用后燕军骄横之缺点，采取示弱远避、诱敌深入之策略，将强敌拖垮，后发制人。在战役进行过程中，拓跋珪能够充分利用自己主场作战之优势，切断敌人通信道路，并采用心理战术，动摇瓦解敌军军心。后燕军撤退后，拓跋珪身先士卒，亲自率军追击，以士气如虹之旅攻疲敝困顿之师，终获全胜。

反观后燕军内部，统帅慕容宝志大才疏，在整个战役过程中没有什么建设性的谋略展现。后燕军事力量虽然强大，但是内部斗争激烈，不能同心协力杀敌，在听闻慕容垂去世消息后，立即有部将临阵造反，兄弟子侄间争权夺利，军心动摇，给北魏以可乘之机。更为严重的是骄傲轻敌，在连续攻灭翟魏、西燕后，后燕内部骄横之气日盛，无视北魏之强大，轻敌冒进，麻痹大意，且疏于防范，最终招致惨败。

伤亡如此惨重，败得那么窝火，自然是不能拉倒了的。尤其是对于慕容垂而言，这一生从未败过，刚刚身染小恙，就有人揍自己的娃了，要是有一天自己不在了，国破家亡岂不就在转瞬之间。是可忍，还有什么不能忍？

396年三月，慕容垂调回旧都龙城的精锐骑兵（简称龙城精骑），亲自领军，再次出征北魏。那一年，慕容垂年已七十矣。仿佛就是为这个时代而生，虽垂垂老矣，但生命不息，战斗不止。

后燕大军秘密出发，凿太行山道以行，直逼北魏重镇平城。

驻守在平城的是拓跋珪的弟弟拓跋虔，一向不曾设防，更不曾想到燕军在新败之后会以迅雷不及掩耳之势突然杀到，直到敌军兵临城下时才仓促出战。充当先锋的龙城精骑个个奋勇争先，人人如下山猛虎，势不可当，一战而斩拓跋虔，平城三万守军全部被俘。消息传来，北魏各部开始心怀二心，拓跋珪惊慌失措，逃无可逃。

燕军一路向前，到达昔日之战场参合陂，但见积尸如山，遗骸遍野，一时间，三军俱缟素，哀声动山谷。

已经白发苍苍的慕容垂面对此情此景，回忆当时出征盛况，数万生龙活虎的将士转瞬间便成如山尸骨，心中悔恨交加，悲从中来，当场口吐鲜血，旧疾复发。

是啊，如果上一次即亲自领军出征，还会有如此惨败吗？

一战便败光了后燕的骨血。

慕容垂在平城休整了十天，因病情加重而无奈退兵，归途中病逝于沮阳（今河北省怀来县东南），终年七十一岁，谥成武皇帝，庙号世祖。

一代战神，就此陨落。伤心的是，为之奋斗终生的大燕，到他临死的时候，居然摇摇欲坠。他一定很清楚，慕容宝终不能当大事。

有慑于慕容垂威名，拓跋珪虽知其人已逝，不复来追。

燕军撤回中山后，太子慕容宝继位。396年八月，拓跋珪率大军四十万攻燕。

在强敌来犯之际，慕容家族没能团结一致、同仇敌忾。恰恰相反，北魏大军将都城中山团团围困时，那些杰出的兄弟子侄仍然在忙着争夺皇位。

先是尚书郎慕舆皓等人密谋杀死慕容宝，拥立慕容麟为帝。阴谋败露后，慕舆皓等数十人被杀，慕容麟逃往丁零。此事发生后，慕容宝怕被慕容麟手下报复，弃守中山，率一万骑兵北返旧都龙城。

随后，中山军民拥立上谷太守、开封公慕容详为帝。这是个大昏君，即位之后不仅没能率领军民抗击北魏，挽回时局，反而大肆杀戮，诛王公以下五百余人（名马事件中被扣留的北魏特使拓跋觚也在此时被杀），而且将慕容宝的嫔妃全部占为己有，终日与诸女淫乐，无恶不作。可怜了中山城内的百姓，被围日久后，开始发生饥荒，饿死者无数。

逃往丁零的慕容麟伺机而动，回师偷袭中山，将慕容详及其党羽三百多人全部斩首，自立为帝。不久，国库粮尽，慕容麟逃出中山。北魏大军兵不血刃，占领中山。

此时距慕容垂病逝，只一岁耳。

攻克中山后，拓跋珪吸取参合陂杀俘教训（慕容垂亲自来攻，中山军民拼死抵抗），尽赦所有投降的公卿大臣。唯独不肯放过已经死去的慕容详，将其挖坟掘尸，再次予以斩首，以报拓跋觚被杀之仇。慕容详因其生前死后被斩两次而留名青史。

随后，北魏扩大战果，将后燕拦腰切为两段，慕容宝据有辽西，延续后燕；镇守邺城的慕容德则率部南迁至滑台（今河南省滑县），建立南燕。

中兴大燕的梦想，只剩下了最后的挣扎。

淝水之战后建国的所有国家至此讲完（北魏下一篇单讲）。目光回到西北，辽阔而贫瘠的土地上，依然在演绎着这个时代精彩的一幕。

08. 北凉风云（上）

虽然北凉的第一任君主是段业，但事实上北凉的建立和段业并没有多大关系，就像武昌起义之与黎元洪，逃不掉，躲不过，于是剪了辫子，从了义军。

北凉真正的建立者叫沮渠蒙逊，家住临松卢水（今甘肃省张掖市），匈奴人，祖先原是匈奴左沮渠（官名），后来即以之为姓，称沮渠氏，世代为卢水胡酋长。

由于家庭出身好、社会地位高，沮渠蒙逊不仅可以把大量的时间用在学习上，而且深受特殊的家庭环境熏陶。史书记载，其人"博涉群史，颇晓天文，雄杰有英略，滑稽善权变"，是一个有学识、有志向、有头脑而且很幽默风趣的人。前秦凉州刺史梁熙及后来占据凉州的吕光皆对其"奇而惮之"。有鉴于此，沮渠蒙逊常以游饮自污，不让自己表现得那么突出抢眼，借以在乱世之中保全性命。

这是一个真正的聪明人，不敢让人看出他的"聪明"。

吕光建立后凉时，对沮渠家族是委以重任的：沮渠蒙逊的伯父沮渠罗仇为西平太守，堂兄沮渠男成为晋昌太守，沮渠蒙逊自己则率领着父亲留下的部众成为吕光的近卫，可谓满门权贵、显赫当时。后来，沮渠罗仇随同吕纂讨伐西秦战败，吕光委罪于沮渠罗仇，将沮渠罗仇及其弟沮渠麴粥杀死。沮渠蒙逊借为沮渠罗仇送葬之机，聚众万余人，起兵造反；沮渠男成得到消息后，也在晋昌起兵。二人推举建康（今甘肃省酒泉市）太守段业为使持节、大都督、龙骧大将军、凉州牧、建康公，定年号神玺元年（397 年），定都张掖，北凉由此建立。

在和后凉的战争中，沮渠蒙逊的军事才能得到充分展现，不仅攻占了后凉军事重镇西郡（今甘肃省永昌县），而且多次劝谏段业，所言颇有见地，使之在作战中免于失败。在追击吕弘的战斗中，段业不听沮渠蒙逊劝阻，结果招致惨败，侥幸活命后，感叹道："孤不能用子房之言，以至于此。"足见其谋略之强、洞察之准。

后来，"不听子房之言"渐渐多了，沮渠蒙逊心里就泛起了嘀咕，莫非段业的反对纯粹就是为了反对，只对人，不对事？害怕段业不能相容，从此隐藏智慧，少有建言。

是真的，段业就是忌惮沮渠蒙逊的英略雄武，而且微欲远之。

领兵，足以战胜攻取；运筹，足以洞察当时。用得好是一把锋利的战刀，用不好就是一颗在身边随时都会爆炸的炸弹。段业何止是心存忌惮，简直就是寝食难安！

反叛之心源于一次阴谋。

为了让沮渠蒙逊滚远点，段业让他的亲信门下侍郎马权代替沮渠蒙逊为张掖太守（段业被拥立时，任命沮渠蒙逊为张掖太守），而改任沮渠蒙逊为临池太守。马权此人，不仅长得帅，而且才智出众、气度非凡、谋略超群，是一个智慧与美貌并存的男人，深为段业所器重。

正因如此，马权时常欺辱沮渠蒙逊，沮渠蒙逊也对马权又恨又怕。占了别人的官位，时不时还欺负人家一下，谁受得了？于是工谗："天下不足虑，惟当忧马权耳。"这种事历来都是宁可信其有不可信其无的，有鉴于每次不听沮渠蒙逊的话总要吃亏，段业不再犹豫，将马权杀之。

时常能欺负一下沮渠蒙逊的马权就这样死掉了。段业之愚昧、昏聩、庸碌在此事件中暴露无遗，沮渠蒙逊再也无所顾忌，一颗反叛之心蠢蠢欲动。

造反固然是大家的事，也需要寻找帮手。沮渠蒙逊找到了和他一起造反时的战友，也就是他的堂兄沮渠男成。反了吧，段业是个废物，非济乱之才，信谗爱佞，无鉴断之明。欲除段业以奉兄，何如？备受忌惮却又扫清了反叛道路的沮渠蒙逊有些迫不及待。

造反这种事，从来都是一人挑头，全家上阵，少有窝里反的。没办法，万一失败了，要诛灭满门，谁都跑不了。不过沮渠家是特例，也许是好日子过惯了，沮渠男成一点儿都没从父辈们的经历中吸取教训，在听闻沮渠蒙逊的极端言论后，立即表示反对：段业有吾兄弟，犹鱼之有水，人既亲我，背之不祥！

谋反计划就此作罢，不祥之兆，也开始降临到沮渠男成的头上。

有些事，既然知道了，不参与是不行的。否则，知道得太多，让当事者怎么安心？

沮渠蒙逊要走了，自请到更为边远的安西（今甘肃省敦煌市东北）做太守。自己早已经被段业所忌惮，心中打算也已被他人得知，不走远点心中着实不安，万一祸起突然，连个应对的时间都没有，岂不是只能束手就擒？段业也害怕沮渠蒙逊突发朝夕之变，果断同意了他的请求。临行前，沮渠蒙逊找到沮渠男成，告诉他，马上要出远门了，很久才能回来，约个时间，一起去兰门山祭祖。

感情很真挚，理由也很充分，沮渠男成欣然应允。走了好，走了就不用行谋反之事，更不用连累到我，对于堂弟仅剩的这点小要求，沮渠男成并不忍心拒绝。好人啊，临走了还知道要去看一眼祖宗！

沮渠蒙逊转过脸来，拂去脸上的愉悦与依依惜别，立即派出使者向段业报告："沮渠男成欲借祭奠兰门山祖坟之机，聚众谋反。届时他若向陛下请假前往，则臣之言应验矣。"

那天，沮渠男成果然来了，于是被抓。不甘心引颈受戮的沮渠男成将事情的前因后果向段业和盘托出，并且保证：诈言臣死，则沮渠蒙逊必反，那时臣领兵讨之，事无不捷。

段业没有同意，弟弟聚众谋反，哥哥领兵平叛，此种事前车之鉴不远，当吾是傻子乎？逼令沮渠男成自杀。

自此之后，沮渠蒙逊师出有名，造反有理，以为沮渠男成报仇为号召，聚众万余人，所到之处，守军望风而降，羌胡皆起兵响应，连段业派去平叛的右将军田昂也在两军相遇时率五百骑来归。比至张掖城下，田昂兄子（侄子）田承爱斩关纳之，段业左右尽皆溃散。

刀斧加身时，段业还想着沮渠蒙逊能饶自己一命，好回家和妻子儿女相见。

段业，儒素长者，从吕光征西域时著有《龟兹宫赋》，以文辞华美、寓意深刻而传诵一时。无他权略，时事将其推上了风口浪尖，终为奸佞所误。

从开国到被杀，段业共在位四年，无甚建树，史书不曾给他立传。一般认为，沮渠蒙逊才是北凉政权的实际建立者。

沮渠蒙逊的谋反被称为中国历史上最阴险的兵变，没有之一。

其实，沮渠蒙逊的经历还告诉我们，属于自己的东西，一定要攥在自己手里，绝不能随便送人。否则，不仅心里不舒服，想要拿回来时也要颇费周章，甚至还会因此搞坏了自己的名声。

可以不要回来吗？当然不可以。否则，沮渠蒙逊将会成为下一个沮渠男成，一定的。

401年六月，沮渠蒙逊自立为使持节、大都督、大将军、凉州牧、张掖公，改年号永安，大赦境内，再建北凉。

即位之后，沮渠蒙逊所面临的情况并不乐观。当时，凉州地区五凉并立，各以"大凉"自称，互相攻伐；后秦姚硕德兴兵来犯，大破后凉；其所辖的酒泉、凉宁二郡，叛降西凉李暠。

对于刚刚经历过兵变的北凉来说，无论如何都无法将"四凉"攻灭，远道而来的后秦更是不可战胜的存在，连叛降西凉的两个郡都没办法讨要回来。北凉最需要的是和平，是发展，积蓄力量而后动。

当时，北凉三面受敌，西有西凉，东有后凉，东南面又和南凉接壤，沮渠蒙逊既要西防，又要东争。但北凉所处的地理形势比较优越，它以张掖为中心，南托祁连，北依大漠，是天然的国防屏障，这就为北凉的生存提供了地理上的优势。

为避免争端，在后秦征服后凉后，沮渠蒙逊向后秦称藩，接受后秦所封官职；把自己最为得力的弟弟沮渠挐送到南凉做人质，以换取和平；对其西面刚刚兴起的西凉李氏政权，沮渠蒙逊采取东进西守策略，在西线防备西凉进攻，东线则全力向东发展，联合南凉秃发傉檀两面夹击后凉，迫使吕隆东迁。

在后凉亡国之后，由于后秦的干预以及西凉的牵制作用，后凉领土为南凉所据，沮渠蒙逊并没有捞到多少好处。不过，南凉在迁都姑臧后，同样陷入了四战之地的窘境，要面临沮渠蒙逊和乞伏乾归（国已亡，势力还在）的两面夹击，开始走向灭亡的深渊。

410年，经过多年发展，沮渠蒙逊自觉羽翼已丰，亲率三万大军进攻南凉，夺取南凉国都姑臧，迫使南凉国主秃发傉檀迁都乐都。

412年，沮渠蒙逊迁都姑臧，改称河西王，改元玄始。

此后，重新复国的西秦攻灭南凉政权，但却陷入后秦和北凉的两面夹击中，为集中力量对付后秦，西秦对北凉只能采取守势。如此一来，北凉在东线上战事趋于平静，沮渠蒙逊腾出手来，全力对付一直防守着的西凉政权。

09. 西凉——无奈的爱国者

在继续北凉的故事前，我们回过头来看一看被北凉灭国的西凉政权。

西凉，河西地区兴起的第二个汉族王朝。建立者李暠（lào），字玄盛，小名长生，陇西成纪（今甘肃省秦安县）人，自称西汉飞将军李广第十六世孙。李氏家族世居河西，家世显赫，为当地汉族豪姓。其祖父李弇（yǎn），在前凉张轨帐下任职武卫将军，封爵安世亭侯。不过李暠的父亲死得早，李暠为其遗腹子。

据史书记载，李暠其人，少而好学，性情沉稳又聪明，为人宽厚谦和，气度优雅，通涉经史，尤善天文。年长以后，颇有声名，兼习武艺，诵孙吴兵法。

虽然出生时没有什么奇异天象，成长的过程中更没有什么非凡境遇，但是，李暠其人，近乎完美了。他的家世渊源，以及所受到的教育，是石勒之流永远无法想象的。

北凉建立时，李暠工作的地方正好在其辖区内，于是也就随之改换门庭，造了后凉的反。段业以其为效谷（今敦煌市东北）县令，后升为安西将军、敦煌太守，兼护西胡校尉，官秩和沮渠蒙逊同。

对于李暠来说，这是关键的一步，从此以后开始列土分疆，拥有了在乱世中割据称雄的资本。

段业自然也是有所警觉的，在自称凉王后，曾派出右卫将军索嗣赴敦煌取代李暠。当然是不能让的，李暠随即派兵将索嗣击退，并上书段业，要求诛杀索嗣。

为安抚李暠，段业不仅将索嗣杀死，派使者向李暠道歉，而且分出敦煌的凉兴、乌泽，晋昌的宜禾三县设置凉兴郡，升任李暠为持节、都督凉兴以西诸军事、镇西将军，兼任护西夷校尉。自此，李暠的势力逐渐强盛起来。

打跑了朝廷任命的官员，不仅啥事没有，反而被升了官，这是什么道理？匪夷所思！

段业应该是本着息事宁人的态度来处理这件事的，付出的代价是君王的权威。李暠虽然没有马上就翻脸，可是在随后不久就造了反，无所顾忌。

软弱的朝廷，不仅让敌人蔑视，也难培养出忠诚的臣子来。

400年，北凉晋昌太守唐瑶叛变，传檄敦煌、酒泉、晋昌、凉兴、建康、祁连六郡，共同推举李暠为冠军大将军、沙州刺史、凉公，兼敦煌太守。李暠于是大赦境内，改年号庚子，建立西凉政权。至于段业升职又加薪的恩惠，早已经抛到九霄云外去了，不是还想着找人取代我吗？

建国后，李暠以"诸事草创，仓帑未盈，故息兵按甲，务农养士"为指导思想，在政治上努力做到知人善任，积极纳谏，执法宽简，赏罚有信；在经济上，大赦境内，号召因战乱离乡的百姓重返家园，从事农业生产，并给这些百姓以优惠和资助；为统一河西，派将军宋繇东征凉州，西击玉门，所战皆捷；此后，实施"寓兵于农"的措施，将大批军队开到玉门关、阳关等地开荒屯田，广积粮谷，以做东征之用。

此外，李暠在敦煌城南门外临水处建"靖恭之堂"，作为他同大臣们商议朝政、检阅武备之用；为振兴文教，培养儒士，他修建了泮宫（学校），在各郡设置五经博士，负责传授经学。

正是由于李暠的这些措施，北凉文风大兴，教化日盛，敦煌因战乱而遭到破坏的经济，很快得以恢复和发展。

405年正月，李暠自称大都督、大将军，领秦、凉二州牧。

他没有称王。这便和段业有着本质的区别，也就是说，李暠只承认自己是一个地方牧守而已。

那么，他为谁守牧一方呢？

东晋。

李暠继承了前凉以来河西汉人以"大晋"为正统的观念，虽割据一方，仍遣使江东，请求册命，以晋臣自居。

这和前凉又有所不同，张轨毕竟是晋国的官员，始终坚守是其本分所在。

李暠所做的，却是因为血脉相连。同为炎黄子孙，对一统华夏的渴望，对万里河山胡夷遍地的无奈。

送往东晋的表文为李暠亲手所书，其中充满了悲愤的爱国主义情怀，表文部分摘录如下：

> 自戎狄陵华，已涉百龄……今帝居木复，诸夏昏垫，大禹所经，奄为丘墟，五岳神山，狄污其三，九州神都，夷秽其七……微臣所以叩心绝气，忘寝与食，雕肝焦虑，不遑宁息者也，江凉虽辽，义诚密迩，风去苟通，实为唇齿，臣虽名未结于天台，量未著于海内……今天台邈远，正朔未加……冀仗宠灵，全制一方，义诚著于所天，立风扇于九壤。殉亡身，殒越慷慨。

这是一篇文采飞扬、激昂悲壮的文章，足以体现李暠作为一个身处危境、志在回天的华夏儿女忠贞爱国之情怀。

是年，李暠迁都酒泉。那是一个记录着汉家功业的地方，曾经有一位马踏匈奴的将军，在那里将皇帝陛下赏赐的御酒倒入泉水中，与三军将士共饮。

在未迁都酒泉前，河右不生槐，至是，酒泉有槐树生焉。不管是野生的还是李暠人为所植，这是一件喜庆事。作为中国最古老的树种之一，槐树曾被华夏族奉为国树……至今仍要到大槐树下去寻根。那时那地，槐树所唤起的是河西汉族人民炽热的民族情感，反映了当地人民对祖国命运的忧思与苦闷。

李暠当时心情正是如此，于是作《槐树赋》以记之，叹西凉之地僻陋遐言，非立功之所。其赋文辞华美、风骨清劲，属我国爱国主义文学作品名篇。内容虽已失传，但其精神足以证明，在乱世边陲，我中华志向犹在，风骨尚存。

李暠与北凉的战争，在初期取得了卓越建树，不仅东征玉门以西诸城皆下之，而且在北凉来攻时，全力进行抗战，夺回了被劫掠的人口、财产。但是，有限的国力注定了西凉政权只能采取守势，李暠统一河西的梦想也注定无法实现，而北凉却越发强大，成为河西地区最为强大的地方势力。相较之下，西凉只是勉力自保而已。

丰满的理想遇到了骨感的现实，李暠很失落，壮志难酬之余，作《述志赋》以叙之。

在此赋中，李暠坦言了自己只适合做一个文人的现实，只是生不逢时，神州沦丧之际，只能选择抗争，深切表达了自己对华夏民族的热爱，表现出了自己在这个离乱社会中一个奋斗人生的缩影。

血泪满纸，报国无力。

417 年二月，李暠因病去世，立其子李歆为西凉之主，留有遗言："……死、老大理，吾不悲，之所恨者，志不伸耳。"时年六十七岁，在位十八年，谥武昭王，庙号太祖。

李暠一生"通涉经史，玩礼敦经"，且尤善文学，是五凉时期著名的文学家。著有《靖恭堂颂》《述志赋》《槐树赋》《大酒容赋》等数十篇，除《述志赋》外，其他均已遗失。

乱世文豪，生不当道，为之奈何。

所当道者，沮渠蒙逊之流是也。有阴谋诡计，有铁血手腕，以杀戮来达成目的，用战马刀枪去实现理想。

李歆，字士业，西凉武昭王李暠次子，在其兄长去世后，被册立为太子。和乃父相比，李歆不仅在文学上毫无建树，连政治上都相去甚远，继位之后，"用法颇严，又构缮不止"，在境内推行强力统治，镇压异己，完全背离了李暠"以德治国"的传统国策，威望、人心远不如前。"构缮不止"则劳民伤财，增加百姓负担，损伤国家元气，国力越发孱弱。虽然在即位初期抵抗沮渠蒙逊进攻的战斗中取得了良好战绩（417 年四月，解支涧会战，李歆大破北凉军，斩杀七千余人）。但是，西凉和北凉之间的实力差距越来越大，这一点，连沮渠蒙逊都心知肚明。

由于活得久，418 年十月，李歆终于等来了其父梦寐以求却不可得的东晋朝廷的正式册封：持节、都督七郡诸军事、镇西大将军、护羌校尉、酒泉公。

飘荡的游子终于找到了组织，心情激动的不仅仅是李歆，正式册封的到来对整个西凉军民的士气都是极大的鼓舞和振奋，意味着被河西人民视为正统的东晋对西凉的正式承认。自此以后，西凉的一切行动，皆为合法的政府行为。

两年后，中央政府改组（刘宋代晋），刘裕没舍得忘记身处西域边陲的西凉，再次对李歆进行册封：都督高昌等七郡诸军事、征西大将军、酒泉公。官职未变，朝代已改，李歆依然接受了册封。东晋虽亡，王朝正统却传承到了刘宋手中，得认。

沮渠蒙逊也没有忘记李歆，虽然国小力弱，但却是一个敢于主动出击的家伙，多次向北凉发起攻击，尤其是在其得到南朝（东晋、刘宋）的正式册封后，更让沮渠蒙逊心生嫉恨，如鲠在喉。

为消灭西凉，沮渠蒙逊先对外声称，攻击西秦的浩亹（hào mén，水名，今大通河），大军到达目的地后，立即秘密回师，折返西向，驻军川岩，静候西凉动向。

当时，南朝刘裕北伐大胜，在其驱逐胡虏、恢复中原的政治气氛影响下，李歆也想发动东征，统一河西。在听闻北凉沮渠蒙逊东征西秦的消息后，认为此刻正是千载良机，不可不乘，于是不顾其母亲及大臣们的反对，更无视战争形势的急剧变化，只想和北凉军进行一次硬碰硬的较量，一战而克姑臧，荡平北凉。

东征大军共计有步骑三万，由李歆亲自率领，自酒泉向东而进，目标直指北凉首都——姑臧。

当然是到不了的，沮渠蒙逊的大军已经埋伏在李歆进军的路上了。

为防止消息走漏，沮渠蒙逊下令在西部边境遍传北凉军攻克浩亹的消息，并扬言大军将继续东进，进攻黄古。

探得消息后，李歆大喜过望，继续向前开进，沮渠蒙逊也率军迎击。双方在怀城展开决战，沮渠蒙逊大败西凉军。

原来，沮渠蒙逊并不在东线和西秦开战，而是在西线专程等着自己！

在这种情况下，大多数将领在喊上一声"中计"后，会带领部队迅速脱离战场，以保存实力，日后再战。

李歆是个例外，喊完了"中计"后却并不打算撤走，自觉有失体面，无颜再见苦苦相劝的老母亲，于是双方在一个叫蓼泉的地方展开第二次会战，西凉军虽做殊死搏斗，但众寡悬殊，实非敌手，最终全军覆没，李歆阵亡。

两军对垒、实力不济时，以弱胜强的关键在于将帅的谋略，是否得占先机，可以出奇制胜，然后事有可为，否则莫过于退守避战。李歆在已经中计的情况下仍然以孱弱之师和敌人硬碰硬，再战身死，弃家国于不顾。

何弃疗？

其实，李歆的母亲最希望看到的，是儿子能够平安回家。

421年三月，沮渠蒙逊攻灭西凉，尽占凉州之地。李暠终其一生都未曾实现的统一河西的梦想，最终却在沮渠蒙逊手中完成。

两百年后，李暠六世孙李渊不仅统一了河西，而且统一了天下，开创了中国历史上最为辉煌的王朝——大唐。

10. 北凉风云（下）

在攻灭西凉以后，北凉达到极盛，不仅领土扩大，占据西凉七郡，而且平息河西战乱、交通西域，百姓的生产生活开始恢复，佛教大兴，河西地区进入一个新阶段。

不过，在统一河西后，沮渠蒙逊迅速从艰苦奋斗的岁月中脱离出来，开始志得意满，腐化堕落。

在崇信佛事上，沮渠蒙逊和姚兴有得一拼，佞佛使财，毫无节制，曾在姑臧南百里处山崖中（今武威天梯山）大造佛像，形态万千，造型各异，惊诧当时。

还记得鸠摩罗什否？这位伟大的翻译家在行将圆寂前曾发愿：如所译经文无误，则死后焚身而舌不烂。果然，众僧在火化其遗体时，独舌不灰，是为舌舍利，又称不烂舌。

沮渠蒙逊在得知关于"不烂舌"的传奇故事后，致书后秦讨要，终于在姚兴死后、后秦内忧外患行将灭亡之际将"不烂舌"从长安请回凉州。为之修鸠摩罗什寺，在鸠摩罗什精舍旧址上造宝塔以供奉之。

在攻克敦煌时，沮渠蒙逊迎西域高僧昙无谶来到姑臧，这也是一位翻译大师，在姑臧期间，曾译出《大般涅槃经》等十几部大乘经典，对中国的佛学发展有重要贡献。不过，此高僧不同于鸠摩罗什，除译书外，善医百病并精通神鬼秘术，在西域时即有大咒师之称。

沮渠蒙逊于是遣女儿、儿媳妇到昙无谶处学习生男秘术，不知道昙无谶是怎么教授课程的，总之，一时之间，闺庭之中，略无风纪，淫风盛行，加速了统治集团的腐化堕落，沮渠蒙逊却谓之曰："圣人。"

后来，北魏拓跋焘也听说了"圣人"的神通，很想将其请过去教授课程，于是派人前去索要，在使者表达了拓跋焘"不给就打"的意思后，沮渠蒙逊果断将昙无谶杀死。

当时，北魏国力如日中天，雄踞中国北方，北凉也已经向其称臣，沮渠蒙逊不敢拒绝，又担心昙无谶到北魏后于己不利，于是心生杀念，在昙无谶西行求经的路上，将其刺杀。

崇信了那么久的佛事，终究因为利益问题，放不下手中的屠刀！

佞佛事件花费了大量的财物，加重了北凉人民的负担。而且，除此之外，沮渠蒙逊日益荒淫暴虐，好于刑戮，百姓虽有太平日子，却没有幸福生活，反而要承受着统治者越发残酷的压榨和剥削，阶级矛盾迅速激化。

433年四月，沮渠蒙逊病逝，时年六十六岁，谥武宣王，庙号太祖。

继位者沮渠牧犍，字茂虔，沮渠蒙逊第三子，自幼聪明好学，和雅有度。本来继承王位这事是和他没关系的，由于世子年幼，大家就选他了。

在处理完沮渠蒙逊的丧事后，刚刚脱下孝服的沮渠牧犍做的第一件事是把妹妹兴平公主送到北魏去。这是父亲在世时答应过的事情，更由于杀死了昙无谶，北魏大军随时都会兵临城下，不抓紧点，可能就会悔之不及。

这是一桩政治和亲，没人在意兴平公主是悲伤还是喜悦，扒掉丧服，披上嫁衣，匆匆忙忙就爬上了拓跋焘的床。

虽然上过昙无谶的课，但是以后的事，姑娘只能自求多福。

拓跋焘很愉悦，立即忘掉了会授课的西域高僧，封兴平公主为右昭仪，并遣使至北凉，册封沮渠牧犍为使持节、侍中、都督凉沙河三州以及西域羌戎诸军事、车骑将军、开府仪同三司，领护西戎校尉、凉州刺史，晋爵河西王。

身为一国之君，送上亲妹妹去做别人家的小老婆，自己还要任人摆布，怎能甘心？所谓效忠北魏，更是无从谈起。

沮渠牧犍在接受北魏册封的同时，派出使者前往南朝，向刘宋政权称藩，意图在两国之间周旋以获利。当时，刘裕已死，宋文帝刘义隆在和北凉建立藩属关系后，同样册封沮渠牧犍为都督凉秦等四州诸军事、征西大将军、凉州刺史、河西王。如此，沮渠牧犍便成了南北两朝天子同时承认的藩王。

与此同时，沮渠牧犍利用地理位置之便利，极力挑拨柔然及西域诸国与北魏的关系，谎称北魏业已衰落，天下为北凉独强，西域诸国不明真相，信以为真，与北魏貌合神离起来。

其实，由于北凉地处丝绸之路交通要道，所以很受北魏重视，沮渠牧犍也因此颇受拓跋焘青睐。为有效控制北凉，437年春，拓跋焘将妹妹武威公主嫁与沮渠牧犍为妻，以敦促其继续实行亲魏政策。

意图是好的，然而北凉的灭亡之路也从此开始。

沮渠牧犍原本是有王后的，为西凉国主李暠的女儿李敬爱。

李敬爱并不是因为和亲来到北凉，而是在北凉大军攻陷酒泉时，以俘虏的身份和母亲一起被押送至姑臧。沮渠蒙逊见年轻的豆蔻貌美、年长的爱国忠贞，心生恻隐，将二人赦免，母女俩由此幸免于被送往浣衣局的命运。

国破家亡后，成为他人之鱼肉，却能得如此待遇，实在万幸。李敬爱因此时常入宫向沮渠蒙逊谢恩，以表达西凉亡国太后和公主对北凉君主的感激之情。

某天，某次，谢恩正在进行时，李敬爱和沮渠牧犍偶遇。

见惯了匈奴姑娘的沮渠牧犍对这位娇艳温婉的汉家女子一见倾心，瞬间觉得自己遇上真爱了，于是向父王讨要。

据载，其实沮渠蒙逊也对这位西凉公主心有意焉，本想在彰显帝王气度后，以德服人，将其纳之，没想到被儿子抢了先，又不好意思抢回来，只好予以成全。沮渠牧犍继位之后，李敬爱顺利升格，成为北凉王后。

后来就是不幸的事情了，武威公主的到来，打碎了李王后所有的宁静与幸福。亡国的西凉公主无论如何的貌美温柔，也无法和北魏宗主国的公主相提并论，况且，为了北凉政权的稳定，沮渠牧犍无论愿意与否，都会不顾一切向北魏靠拢。也就是说，武威公主到来后，李敬爱必须给人家让出王后的位置。

北凉的公主嫁到北魏可以做昭仪，北魏的公主嫁到北凉却一定是王后。双方实力的差距，就是各家女儿地位的差别。不谈风月，无关爱情，一切都为之让步。

为避免难看，在征得沮渠牧犍同意后，李王后和她的母亲一起回到了故乡酒泉，从此再无消息。

不必再有消息了，如平民一般老去，悄然消亡，就是那个时代这对可怜的母女最好的归宿。

出于对大国的敬畏，也是由于新鲜，武威公主刚到北凉时，沮渠牧犍对其体贴入微、敬重有加。后来时间久了，热情就减了许多，而且在此期间，沮渠牧犍和嫂子李氏勾搭成奸，两人郎情妾意，干柴烈火，水乳交融，如胶似漆，只是冷落了武威公主。

作为拓跋焘的妹妹，武威公主有强大的北魏撑腰，自然是不甘心的，察觉沮渠牧犍出轨后，立即抖擞其上国公主之威风，将沮渠牧犍骂了个狗血喷头。

一国之君，治下有万千子民，即使向北魏称臣，也是迫于实力不济不得已而为之，依然有君王的体面与尊严，绝不任人羞辱。

一顿臭骂反倒使沮渠牧犍醍醐灌顶，想起了李王后的美丽与温柔，想起了只能做昭仪的妹妹，想起了自己的帝王之尊。虽然迫于媳妇的娘家太硬，不敢对其动粗，但是就此生出逆反心理，变本加厉，与李氏更加火热起来。

君王的宠爱就是权力的源泉，就是胆大妄为的资本。

东窗事发了，沉溺在幸福之中的李氏突然觉得，这位北魏来的公主是她幸福的绊脚石，早晚会将她和心爱的小叔子拆散，于是心下一横，找了个机会在王后的饭菜里放了些毒药。

可能是剂量小，药力不足；也可能是买药时遇上骗子，买了假货；还可能是武威公主当时食欲不振，吃了两口不想吃了。总之，武威公主在吃了掺有毒药的饭菜后上吐下泻，脸色蜡黄，状态很不好。但是，没死。

公主殿下被下毒的消息很快就传到了平城，拓跋焘派御医星夜兼程，赶赴姑臧，为武威公主精心治疗，终将其治好。

我在地图上量了一下平城到姑臧的距离，大约 1250 公里，往返就是 2500 公里……幸亏医生马快，要不然，路上稍有耽搁，公主殿下的毒也就该排干净了。

难道下的是泻药不成？

跳出史书，情况其实还可以有另外的解释，李氏压根儿就没下毒，这件事完全是武威公主的栽赃诬陷。只有自己出了事，才可以向娘家哭鼻子，然后给沮渠牧犍施加压力，进而除去眼中钉、肉中刺。李氏除了偷情外，自始至终都是无辜者，甚至连是否偷情都不是她可以左右的。我们甚至可以想象，武威公主在远嫁北凉的前夕，拓跋焘很可能对其有所交代：一定要找到沮渠牧犍的错处来，不然，我拿什么理由发兵藩国，荡平西北？

在讨要李氏不果后，拓跋焘罗列沮渠牧犍罪状一十二条，亲自率兵，西征北凉。

439 年八月，拓跋焘攻破姑臧城，沮渠牧犍及文武官员五千人尽皆反缚，向拓跋焘当面请罪投降，姑臧城中的二十余万百姓及府库中的无数珍宝全部归北魏所有。

也正是在此时，一个名叫心儿的北凉公主来到北魏，化名李未央后，和拓跋家的王子们演绎了一段名叫《锦绣未央》的爱情故事。

大凉无罪，然而必亡。

北凉的灭亡，标志着五胡十六国时代结束、南北朝时代开始。但是我们的故事还不能就此终章，因为……还有好多国家没写。

第六篇　群魔乱舞

11. 南凉往事

建立南凉的秃发鲜卑与建立北魏的拓跋鲜卑同出一脉，始祖为拓跋鲜卑部首领——拓跋诘汾。

故事从匈奴人大规模西迁开始。

当时，由于曹操对匈奴的持续打击及内迁政策的影响，原本生活着大量匈奴人的北方草原出现真空，于是，时任拓跋鲜卑首领的拓跋诘汾率领部众南迁。

关于此次迁徙，《魏书》中的形容颇具神话色彩，先是"山谷高深，九难八阻"，原本打算停下来安家，然而"有神兽，其形似马，其声类牛，先行导引，历年乃出"。

总之，在神兽的带领下，历经千辛万苦之后，远在北方苦寒之地的拓跋鲜卑部终于来到了匈奴故土，广袤的、肥美的、可以养育出漫山遍野的牛羊马匹的大草原。从此，由弱小走向强大。

伟大的事业需要卓越的领袖，如拓跋诘汾一般的凡人自然是不能够胜任的，于是，鲜卑拓跋部真正的天之骄子出现。

那是一次很寻常的狩猎，拓跋诘汾正率领着他的数万骑兵搞劳动生产，忽见宝马香车从天而降，落地后不但没摔坏，反而从中走出一位美丽的姑娘，衣袂飘飘，仙气十足。拓跋诘汾很是惊异，于是策马近前，轻声问道："姑娘从哪里来，要到哪里去？"

"我乃天女，从天上来，受命与你成婚。"

身为部落首领，有大权在握，办事效率就是高，当天完婚，马上就洞了房。第二天清晨，天女即行返回，临行前告诉拓跋诘汾："明年此时，此地，我们再相会。"话毕，挥一挥衣袖，如风一般散去，仿佛从来不曾来过。

时光荏苒，很快就到了第二年的那一天，拓跋诘汾再次来到和天女相遇的那个地方。天女如约而至，将所生的男孩交予拓跋诘汾："这是我们的孩子，望善加抚育，将来子孙相传，世世代代为帝为王。"话毕，再一次挥一挥衣袖，如风一般散去，从此消失，永不再现。

这个孩子名叫拓跋力微，由于出身传奇，为"天女"之子，有神仙血脉，长大后继承了其父亲部落首领的官职。时人传有谣谚：诘汾皇帝没有妇家，力微皇帝没有舅家。

多好的一段故事，足以证明"君权神授，天道正统"。然而，拓跋力微并不是南凉的祖先，而是北魏的先祖。北魏立国后，道武帝拓跋珪追谥其为神元皇帝，庙号始祖，称北魏始祖。

南凉的先祖是拓跋诘汾的长子拓跋匹孤，由于不是"天女"之子，更没有其他神话传说傍身，成长过程也比较大众化。在父亲死后，拓跋匹孤虽身为长子，却不得继位。

按照风俗，部落首领之位本该是他的，就这样没有了。

南凉的故事，因拓跋匹孤失去首领之位而开始。

人人生而平等，但唯一平等之处在于，每个人在出生时都是赤条条、光溜溜的。其他的，又哪里会是一样？

拓跋匹孤很是愤愤不平，然而毫无办法，不甘心做弟弟臣子的他只能带领一些部落族人远走他乡。自塞北阴山、河套一带，沿黄河，顺贺兰山脉东麓南下，至河西、陇西以北地区（今内蒙古额济纳旗至宁夏北部一带），从此在那里落脚，游牧为生。因此，拓跋匹孤率领的鲜卑部落又被称为河西鲜卑。

至于为什么改称秃发鲜卑，则又是一个关于生孩子的传说了。

传说，拓跋匹孤的儿子拓跋寿阗（tián）因母亲怀他时在棉被中睡觉而将其生于棉被之中，鲜卑语称棉被为"秃发"，拓跋寿阗就成了秃发寿阗。当时，部落族人皆因拓跋匹孤不得继承父位而心怀愤恨，秃发寿阗继承其父部落首领之位后，族人们尽弃原拓跋姓氏，改姓秃发，其部落也由此得名，称秃发鲜卑部。

其实，还有另外一种说法，据专家考证，"秃发"本就是"拓跋"的同音异译，事实上就是拓跋。

管他呢，浩瀚的历史完全容得下这样的失误，反倒是增添了悬疑，使之多一分精彩。

秃发寿阗死后，首领之位由其孙秃发树机能继承。

这可是一位大人物，我们甚至可以认为，秃发树机能正是"五胡乱华"兴起的根源所在。据《晋书》记载，其人"壮果多谋略"。如此人物，恰是带领广大百姓起兵造反的好首领。

西晋泰始年间，河西、陇西地区连年大旱，颗粒无收，当地数十万民众陷入饥荒，嗷嗷待救。

当时，灾区秦州胡汉混杂，尤以河西鲜卑为多。为防止饥荒酿成民变，晋武帝司马炎命令悍将胡烈为秦州刺史，随时准备镇压闹事百姓。

也就是说，饥寒交迫的灾区百姓，并没有等来朝廷的赈灾物资，反而等来了皇帝陛下派来随时准备镇压民变的军队。

胡烈到任后，不但不安抚救济民众，反而采取高压手段，派兵占据要津，威压各部。如此，不仅失羌戎之和，更加剧了灾区各族百姓的苦难。

在此背景下，270年，秃发鲜卑首领秃发树机能率部起义，起兵反抗西晋的暴政，轰轰烈烈的秃发树机能起义拉开了帷幕。

其实，秃发鲜卑自迁入河西地区后，就没有过上什么好日子，不仅要忍受西北地区干旱少雨的自然环境之苦，还要忍受曹魏及西晋统治阶级的剥削和压迫。当时，鲜卑等少数民族虽自有首领，但在中原王朝的统治下，各部落民众往往被征发为兵，甚至被掠夺，沦为奴婢或种田的佃户，同时还要向政府缴纳赋税，生活日益困苦，民族矛盾日益尖锐。大旱连年时，终于断了口粮，绝了生路。

起义持续了十年之久，其间秃发树机能先后大破西晋封疆大吏胡烈、苏愉、牵弘、杨欣，尽占凉州之地，威震天下。司马炎惊呼："虽复吴蜀之寇，未尝至此。"为之寝食难安。

280年十二月，秃发树机能为西晋名将马隆所败，旋即被叛徒杀死。

起义虽然失败了，但是自此之后，少数民族反抗西晋残暴统治的战争从未停止，终成大器，终酿大祸。

秃发树机能死后，秃发鲜卑部并未因此溃散，部落首领之位由其堂弟秃发务丸继承。秃发务丸死后，其孙秃发推斤继位。秃发推斤死后，首领之位由其子秃发思复鞬继承。建立了南凉的秃发乌孤，即是秃发思复鞬之子。

从秃发树机能战败被杀到南凉的建立，其间一百余年，发生了很多事情。仅仅作为一个部落存在的秃发鲜卑，并没有实力去和风起云涌的中原王朝相抗争，一直在蛰伏，一直在发展。直到淝水之战后，那个庞然大物轰然坍塌，天下分崩离析，四方割据，秃发乌孤也就应运而生了。

然而，秃发乌孤并没有像慕容垂、姚苌那样，立即趁乱而起，建国立邦，而是一直蛰伏发展，直到397年才打出南凉旗号。

其原因在于，在他的父辈秃发思复鞬时期，秃发鲜卑部蒙受了沉重的打击，元气大伤，不得不选择继续休养生息。

在吕光入主凉州时，秃发鲜卑部选择支持图谋复国的前凉后裔张大豫，曾和前秦军队为争夺姑臧城而发生大战，秃发鲜卑战败，损失极为惨重。后凉政权建立后，实力更为强大，极力压缩秃发鲜卑的生存空间。而且，由于在姑臧城下战败的原因，原本归附秃发鲜卑的各鲜卑部族重新叛离，脱离秃发鲜卑控制。秃发乌孤继位后，势力范围大幅缩水，自保尚且吃力，并没有足够的实力割据自立。

那就继续等。

早出头的椽子先烂，又不是去抢钱，着什么急？

秃发乌孤继位后，在经济上，实行养民务农的措施，给予百姓休养生息，以增加因战败和部族叛离而锐减的人口，恢复自身实力，为将来的战事做好兵源和物质储备。在政治上，对内礼俊贤、修刑政，大量吸收优秀人才为己用，尤其是汉族人才，使管理体系规范、清廉，百姓安居乐业；对外则采取"循结邻好"的策略，不事战争，在强敌环伺的情况下，秃发鲜卑部争取了十余年和平发展的宝贵时间。

为避免和后凉再次发生冲突，秃发乌孤向吕光称臣，连续两次接受吕光册封。

394年，吕光见秃发鲜卑部逐渐壮大，于是遣使册封秃发乌孤为假节、冠军大将军、河西鲜卑大都统、广武县侯。次年，秃发鲜卑陆续击破乙弗、折掘、意云鲜卑等部，重新降服原先叛离的各鲜卑部落，吕光再次遣使，拜其为广武郡公。

不过，在396年，吕光即天王位，改国号"大凉"后，第三次对秃发乌孤进行册封时（官职为征南大将军、益州牧、左贤王），秃发乌孤留下了吕光给予的赏赐，却并没有接受册封的官职。

已经不是后凉初立时的情形了，当时，吕光年已老迈，后凉内乱不止，外患难平，民众怨声载道，国力日衰，已经无法对各郡县实施强有力的控制，整个国家大有土崩瓦解之势。

而且，从封号"益州牧"上可以看出，吕光希望秃发乌孤向南方发展，而不是把矛头对准北方，和自己作对。这个时候，已经不是秃发鲜卑惧怕后凉，而是后凉开始对秃发鲜卑产生了畏惧心理，不希望与之发生战争。

既然是一只没有了威胁的老虎，也就没有再害怕的必要了，更不必继续臣服。所谓天子，兵强马壮者为之，吕光当得，我秃发乌孤就当不得？

上天不会抛弃那些拒绝诱惑、潜心发展、苦苦坚持、耐心等待的人。等了好久终于等到今天，再不动手，对不起赶上的那个王侯遍地的时代。

397 年正月，秃发乌孤反叛后凉，自称大都督、大将军、大单于、西平王，大赦境内，改年号太初，建立南凉政权。

比吕光册封的所有的官职都大。

12. 走向强盛

经过多年的潜心发展和耐心等待，南凉初立时的形势是格外有利的。内部团结稳定，实力大增；外部主要敌人后凉则内乱不止、外患不断，无暇他顾，给了秃发乌孤极好的立国机会。

南凉的立国之战是一场进攻战，没办法，秃发乌孤急需一场胜利来证明自己、增强国威，可惜敌人居然无暇顾及，那就只好打上门去。

秃发乌孤出兵，攻占了金城郡（今甘肃省兰州市西）。这是后凉刚刚从西秦手中夺取的城池，立足未稳，守军根本无法抵御锐气正盛的南凉大军。在随后的反击战中，后凉军更是一败涂地，完全丧失了阻止南凉崛起的可能。

秃发乌孤旗开得胜，取得了自立后的第一个胜仗，疆域拓展、实力大增、威信提高、政权稳固等好处，不言而喻。而且，就在南凉建立的同一年六月，北凉也建立了起来。在沮渠蒙逊的带领下，北凉同样击败了前往平叛的后凉大军。这是对后凉更为沉重的打击，自此之后，吕光失去了对张掖以西地区的控制，势力更加衰弱。南凉却借此东风，形势大好。

根据"敌人的敌人就是我们的朋友"这一原则，秃发乌孤制定了西联北凉、东合西秦的策略，集中全力进攻后凉。

后凉却没有办法集中全力去抵抗，在秃发乌孤、沮渠蒙逊相继叛变后，同年八月，后凉内部又爆发了由郭黁（nún）、杨轨二人发动的"郭、杨之乱"，吕光不仅无法平定南凉和北凉，还要将前线部队调往国内平叛。

秃发乌孤则趁此机会，发兵夺取后凉"岭南五郡"（广武、西平、乐都、浇河和湟河五郡），并以之为根本，招纳汉、夷俊杰之士，选贤任能，量才叙用。一时之间，四夷之豪隽、西州之德望、文武之秀杰、中州之才令、秦雍之世门，皆内居显位、外宰郡县，官方授才，咸得其所。在此期间，岭南羌胡归附者数万人，连在"郭、杨之乱"中被后凉打败的杨轨也率部来投。南凉实力大增，统治日益完善、巩固。

398年年底，秃发乌孤改称"武威王"，始有夺取姑臧、取后凉而代之之心。399年，迁都乐都，专力经营河湟地区，巩固统治。

形势一片大好，前景光辉灿烂，本可以大有作为的时候，秃发乌孤却出了意外。399年六月，秃发乌孤因醉酒从马背上跌落，摔成重伤。为稳定南凉局势，安定众心，笑曰："差点让吕光父子看了笑话。"

然而身体的重创不会因为一句乐观的玩笑而痊愈，很快，秃发乌孤就知道吕光父子终究还是要看笑话的，故谓群下曰："方难未静，宜立长君。"言终而死，谥武王，庙号烈祖。其弟秃发利鹿孤继位。

作为南凉的立国之君，秃发乌孤是很有作为的。正是在他的带领下，秃发鲜卑部从姑臧城下惨败于吕光的阴影中走出来，经过十余年的休养生息，重新振作起来，建立了属于自己的国家——南凉。

此外，秃发乌孤虽然去世，却为后继之君留下了宝贵财富：首先，通过多次战争胜利，扩张了领土，壮大了自身实力，为南凉在混乱的凉州争霸中赢得一席之地，为南凉的进一步发展打下坚实基础。其次，通过广招俊杰之士，为南凉政权笼络了一大批汉族和少数民族人才，通过对他们量才叙用，迅速巩固了统治。最后，秃发乌孤制定了"西联北凉，东合西秦，集中全力进攻后凉"的国策方针。事实证明，这一政策切实可行，为随后南凉的发展指明了方向。

秃发乌孤虽然去世，南凉却迎来了一个更加兴盛辉煌的时期。

当时，河西地区最为强大的力量依然是后凉。秃发利鹿孤继位后，将首都从乐都迁往更为安全的南凉腹地西平，然后即开始执行其兄长的既定国策，遣使北凉，加强联盟，共同对付后凉。

率先发起进攻的是后凉。在秃发利鹿孤连横合纵、准备对付后凉的时候，吕光死了，后凉实力派吕纂篡位，先后杀后凉天王吕绍、大司马吕弘。然而，靠杀戮兄弟得来的王位终究不能让人信服，吕纂决意发动战争，以军功来威慑群臣，巩固王位。

400年三月，吕纂亲率后凉精锐南征南凉，秃发利鹿孤在得到消息后，派遣其弟秃发傉檀领兵迎击，双方在三堆（今大通河南）遭遇。和两位哥哥相比，秃发傉檀不仅年少机警而且颇有才略，其父很奇之，曾谓诸子："傉檀明识干艺，非汝等辈也。"他是秃发家族少有之人才。秃发利鹿孤继位后，军国大事皆以委之，后来更是将王位传予之，足见其才堪大任。

抵抗吕纂进攻的重任，毫无意外地落到秃发傉檀的头上。

国力的差距体现在军事上，就是当南凉的军队见到装备精良的后凉大军时，腿肚子都吓得抽筋了。士兵们的脸上满是紧张和恐惧，没有人认为他们能够打赢这一仗。

秃发傉檀让人抬来一张胡床，然后在两军阵前，当着所有人的面跨下战马，从容不迫地坐在上面，姿势优雅，神色淡然。南凉将士见主帅如此镇定自若，胸有成竹，精神为之一振，军心大稳。

心理上的胆怯消除之后，处于上升期的南凉和处于没落期的后凉之间的优劣一目了然。

首先，虽然吕纂是沙场老将，但是秃发傉檀同样久经战阵，而且颇有才略，军事指挥能力明显高于吕纂。其次，南凉军队自建国以后，屡战屡胜，早已经走出多年前在姑臧城下惨败的阴影，军队战斗力、凝聚力要强于后凉。此时的后凉，早已不是昨日之秦军。

最为重要的是，吕纂篡位，内乱迭兴，导致后凉虽然人多势众、装备精良，但是军心涣散、士气低落，无征战之心。除了吕纂，大家都不想打。南凉则恰恰相反，卫国之战，不能不打，不敢不打，必须拼命打。

战斗很快就分出了胜负，南凉军队在秃发傉檀的带领下，大败后凉军，阵前斩后凉士兵两千余人，取得三堆大捷。吕纂仓皇逃回姑臧。

本打算通过军事行动立威的，没想到却被一顿胖揍打了回来，怎能甘心？吕纂像个输光了的赌徒，失败反而刺激他再次发动战争，不顾一切地想要翻本。不过南凉却是不敢再打了，于是矛头西向，直指北凉。

在强者面前输掉的，就要去弱者那里讨回来，这样才不会亏本。这就是吕纂欲以威慑群臣的武功。

在三堆战役结束三个月之后，400年六月，后凉天王吕纂率兵围攻张掖，并分兵攻打建康，发动了针对北凉的战争。

当时段业尚在，北凉在严防死守的同时，向南凉派出使者，要求南凉履行结盟条款，出兵救援，攻打后凉。

真是好机会，自己正在谋划如何全力进攻后凉的时候，盟友居然前来求助。这就是传说中的打瞌睡了送枕头吧！秃发利鹿孤立即派秃发傉檀率精锐骑兵一万，趁虚攻打后凉首都姑臧。

围魏救赵也好，趁火打劫也罢，总之，此时出兵是完全符合南凉国策和根本利益的，何乐而不为？

留守姑臧的是吕纂的弟弟吕纬，两线作战的后凉顿时陷入了兵力不足的窘境，不仅无法阻止秃发傉檀的骑兵兵临城下，连固守城池都捉襟见肘。吕纬一面收缩兵力，固守姑臧南城和北城；一面派人请求吕纂，撤军回援。

秃发傉檀在察觉后凉军固守待援的企图后，果断放弃攻打姑臧。不过，为打击后凉军民士气，为将来夺取姑臧、消灭后凉做准备，秃发傉檀首先在姑臧城南门——朱明门大摆宴席，犒劳将士，并奏钟鼓以和之，欢愉之声响彻全城。然后又在东门——青阳门举行阅兵式，耀武扬威，以一个胜利者的姿态向后凉军民施加精神压力。仪式结束后，将东门外的八千多户百姓全部带走，进一步加大后凉对南凉的恐惧。

好好的进攻战就这样转变成了一场心理战，南凉军一箭未发，却赚了个盆满钵满。当吕纂从北凉前线马不停蹄地赶回姑臧时，秃发傉檀早已经带着胜利的荣耀和无数的战利品优哉游哉地回到了南凉。

本不是实力对等的战争，和后凉相比，南凉国小兵弱，然而却在连续两次战役中击败后凉，甚至能够在后凉的首都姑臧城楼下把盏示威。这足以说明，后凉在经过多次动乱后，昔日的凉州霸主已经今非昔比，再也不复当初十万雄兵征服西域之盛况，只剩下表面上的强大而已，随时都有灭亡的可能。南凉却因为多年休养生息，尤其是在这两次战役取得胜利后，俨然成为河西地区最为强大的势力。

按照正常发展，在不久的将来，南凉就会攻克河西中心城市——姑臧，进而灭亡后凉，然后继续向西，直至统一河西地区。然而就在南凉君臣准备再接再厉的时候，比河西地区任何国家都要强大的后秦介入进来，完全打乱了南凉所有的计划，更打破了整个凉州的原有局势，情况变得更加复杂起来。

13. 占领姑臧

后秦在攻灭西秦后，继续西进攻打后凉；南凉的盟国北凉也在此时发生变乱，晋昌太守唐瑶叛变，推举李暠建立西凉政权，将北凉一分为二；次年，北凉再次发生内乱，沮渠蒙逊发动兵变，杀段业自立。那段时间，凉州地区风起云涌，形势变幻莫测。

鉴于凉州局势变化，秃发利鹿孤认为，其兄长秃发乌孤生前制定的“西联北凉，东合西秦，集中全力进攻后凉”的国策已经不能适应当前形势变化。为此，秃发利鹿孤重新更改国策，以指导南凉下一步行动。

首先，全力进攻后凉的方针不变，仍然以夺取姑臧、进而称霸凉州为首要目标。

其次，厚待被后秦灭国后前来投奔的西秦国主乞伏乾归，将秃发傉檀的女儿秃发公主（其侄女）嫁与留在南凉做人质的西秦太子乞伏炽磐为妻，企图利用乞伏乾归的影响力将西秦旧部收为己用。

最后，向后秦称臣。这是一股超越凉州地区所有国家的力量，为避免遭受攻击，成为西秦第二，秃发利鹿孤决意向后秦称臣，暂且避其锋芒，借后秦之力消灭后凉，然后在后秦势力离开凉州后借机占领姑臧，以最小的代价实现利益最大化。

虽然乞伏乾归最后叛逃，但是秃发利鹿孤审时度势制定的发展策略，使南凉避免了后秦的直接攻击，继续保持强盛势头，为最后占领姑臧、称霸凉州奠定了基础。

在更改对外政策的同时，南凉国内也进行了一系列增强国力的改革。其起因居然是秃发利鹿孤头脑发热时的荒谬。

事情发生在后秦进入凉州之前，由于国力大增，南凉连续取得军事上的胜利，秃发利鹿孤内心开始膨胀，觉得自己有上天护佑，实在是应该登基称帝，民间也很应景地传出“真龙见于长宁，麒麟游于绥羌”的谣言，大臣们为了更进一步，纷纷表示赞同。

只有一个人表示反对——安国将军鍮（tōu）勿仑。

鍮勿仑认为，造反尚未成功，凉州诸多政权未有称帝者，率先称帝势必会成为众矢之的。而且，虽然南凉在凉州地区实力最为强盛，但依然保持着游牧迁徙的习俗，一旦称帝就要在乐都定居，这样就会为他国提供最好的攻击目标。

在反对秃发利鹿孤称帝的同时，鍮勿仑提出了进一步改革内政的建议：“宜置晋人于诸城，劝课农桑，以供军国之用，我则习战法以诛未宾。”简单地说，汉人种地，鲜卑人打仗。

建议并不新颖，当时各少数民族政权都在不同程度地使用，但是人尽其能，非常实用，一直到南北朝时期都在用。

这一政策直接导致的结果是，会种地的汉人越来越多，能打仗的少数民族人口越打越少。于是，终于让历尽磨难的北方汉人们缓过了劲，然后才有了汉人门阀大族成为北朝柱国的可能，才有了杨坚（隋文帝）篡位的政治基础。

可以倒过来吗？

不可以。在有限的土地下，耕地产的粮食所养活的人口远比放牧产的肉所养活的人口多得多，想要强大，就必须要种地。

秃发利鹿孤采纳了锸勿仑的全部建议，取消称帝打算，但是将王号由"武威王"改为"河西王"，以向各国示威，表明自己兼并河西、统一凉州之心；在全国范围内实行"汉人种地，胡人打仗"的胡汉分离政策，增强国家储备及军队战斗力。

秃发利鹿孤在米纳锸勿仑建议的同时，也采纳了汉人史暠关于"建学校，开庠序"的建议，设置博士祭酒，专门教授秃发鲜卑少年学习汉族的礼法与儒学。秃发利鹿孤实行的这一系列改革措施，不仅使南凉国力增强，而且逐渐改变了以往只知攻城略地、不知安抚百姓的作风，南凉政权进一步巩固和强盛。

就在南凉努力改革发展的时候，凉州局势再次发生变化，401年七月，后秦姚硕德率领六万大军再次西征。秃发利鹿孤向后秦称臣，北凉沮渠蒙逊、西凉李暠亦向后秦称臣。后凉在抵抗不利后，于同年九月正式向后秦投降。

姚兴并没有彻底灭亡后凉，姚硕德在接受后凉投降后，随即领军东归。留下苟延残喘的后凉和姑臧城，让凉州诸国去争。

当然是要争的，后秦撤军后，南凉和北凉摩拳擦掌，都想将姑臧城收归己有，双方轮番对后凉展开攻击。

但是，北凉由于内院起火，酒泉、凉宁二郡相继反叛，投降西凉，致使国力大减，沮渠蒙逊对后凉的进攻并未取得实质性进展；南凉则通过步步蚕食，逐渐对姑臧形成包围之势，夺取姑臧的时机日益成熟。

也就是在这个时候（402年），秃发利鹿孤因病去世，谥康王，其弟秃发傉檀继位。

秃发利鹿孤在位期间，继承了其兄长秃发乌孤制定的国策，并根据具体形势进行内外改革，大力吸收汉族先进文化，使南凉在复杂多变的环境中继续保持稳定兴旺的发展势头；对后凉进行持续攻击，基本完成了对姑臧的包围，对南凉后来称霸凉州起到了决定性作用。秃发傉檀正是凭借两位兄长十几年来打下的基础，带领南凉进入鼎盛时期。

402 年三月，秃发傉檀继位，改"河西王"为"凉王"，改年号弘昌，将都城由西平重新迁回乐都。历史上将秃发鲜卑政权称为"南凉"，即是由此事而来。

就在秃发傉檀继位不久，发生了一件影响深远的小事：作为人质留在南凉的西秦太子乞伏炽磐跑了。抛弃妻子，孤身一人，逃奔其父亲乞伏乾归而去，一直跑到允街才被南凉发现。

已经不是第一次了，在秃发利鹿孤时期，乞伏炽磐就已经逃跑过一次，结果被追兵抓获，秃发利鹿孤本打算将其杀死，亏了秃发傉檀求情才将其赦免。然而这一次并没有再派追兵追赶，秃发傉檀认为，乞伏炽磐其心可嘉，其行可恕，并不因其逃跑而生气，反而将被他遗弃的妻儿送还。

本是仁善之举，有曹操释关羽之遗风，然而同样也有了曹操释关羽之后患。秃发傉檀做梦也不会想到，十几年后，正是乞伏炽磐趁他外出征战之机，出兵攻灭南凉，自己也最终身死其手。

想来，秃发傉檀若是知道今日之善行将酿成他年万劫不复之祸患，无论如何也要宰了乞伏炽磐。

那年月，好人总是要自食苦果的；那年月，并不是善良者的天下。

妻儿尚且可以抛弃，更何况一纵之恩？早已经忘记。

虽然早已向后秦俯首称臣，但是南凉夺取姑臧的目标始终未变。然而在后秦强大军力的笼罩之下，姑臧城只能智取，不能强夺。

为此，秃发傉檀实施了一系列迷惑后秦的方法。

首先，将南凉目前的首都乐都规模扩大，扩建为内、外两城，加强首都防御力度的同时，借以迷惑姚兴，使之相信南凉安于现状，无心夺取姑臧。

不过此法事实上是失败的，由于后凉疲于应付南凉和北凉的攻击，403 年八月，吕隆内迁长安，后凉灭亡。姚兴任命后秦司马王尚为凉州刺史，镇守姑臧，将河西地区牢牢控制在自己的手中。

"大城乐都"工程没能迷惑住姚兴，秃发傉檀为应对王尚到来后的局面，采取了进一步措施：取消南凉年号；撤销尚书丞郎官等官职；遣使去后秦向姚兴修好，解释修建大城乐都的原因。

去年号、撤官职以及解释"大城乐都"等方法成功麻痹了姚兴，使之对南凉的警惕性逐渐降低。秃发傉檀再下猛药，开始了下一步向后秦表示忠心的措施：派遣其弟秃发文支率军征讨河西地区尚未臣服于后秦的南羌、西虏等部落，帮助后秦完成河西地区的统一，使姚兴相信，南凉已经真正归顺后秦。

在大获全胜后，秃发傉檀上表姚兴：为了让尚未臣服的部落早日归顺，南凉要求得到姑臧，获得对凉州的控制权。

可能是有点性急了，刚刚打了胜仗就按捺不住自己的觊觎姑臧之心。姚兴当然不会同意，如此明目张胆地讨要，太让人心生警惕了。但为表彰忠诚，姚兴加封秃发傉檀为散骑常侍，增邑两千户，就此作罢。

曾经自称凉王的秃发傉檀哪里会在意这些官职？但是，通过此次晋升，秃发傉檀认为，后秦对南凉的戒心日益放松，自己接下来要做的就是再接再厉，继续表现对后秦的忠心，耐心等待夺取姑臧的时机。

406年六月，秃发傉檀率军攻打早已不向后秦称臣的北凉，沮渠蒙逊环城固守，不敢应战。秃发傉檀将氐池（今甘肃省民乐县）到赤泉（今甘肃省民乐县北）之间的庄稼禾苗尽数铲除，然后率领大军返回。

未发一矢却大获全胜，回到乐都后，秃发傉檀立即向姚兴表奏其赫赫战功。和上次不同的是，此次随同使者一同前去的，还有三千匹骏马和三万只肥羊。

时间到了406年，后秦早已不复当年之勇，在和北魏的战争中屡战屡败，损兵折将，国力日衰，暮气日盛，已经对凉州力不从心，凉州地区也仅剩下南凉还在向其称臣纳贡。

看在好多匹马和好多只羊的分上，姚兴顿时就被秃发傉檀的忠心感动了，回忆起南凉这几年来的种种，遂任命秃发傉檀为使持节、都督河右诸军事、车骑大将军、领护匈奴中郎将、凉州刺史，常侍、公爵如旧（广武公），镇守姑臧，同时命令原凉州刺史王尚返回长安。

消息传出，后秦朝廷上下立即就掀起了轩然大波，反对之声不绝于耳。姑臧城得到消息后，也顿时沸腾了，立即遣使，请求姚兴收回成命。

秃发傉檀也坐不住了，从没想过幸福会来得那么突然，愕然又欣喜，然后就开始慌张起来，意识到自己在事情出现变故之前占领姑臧的必要性，简直是刻不容缓、迫不及待。

秃发傉檀接收姑臧的大军和姚兴派去收回任命的使者在半路上碰个正着，于是便一同入了姑臧城，在使者的眼皮底下完成了接管工作。

406年八月，秃发傉檀终于实现了其两位兄长的梦想，兵不血刃地占领姑臧，成为凉州地区一时之霸主，南凉由此进入全盛时期。

但是，秃发傉檀占领姑臧的同时也使自己成为凉州地区的众矢之的，北凉沮渠蒙逊、西凉李暠、西秦乞伏乾归父子都将矛头对准了秃发傉檀。在进入全盛的同时，南凉也陷入了两面夹击的境地，逐步走向灭亡的深渊。

14. 走向衰落

沉浸在攻占姑臧喜悦中的秃发傉檀完全没有预料到接下来将要面临的危险，为占据整个河陇地区，秃发傉檀制定了"攻打北凉、搅乱后秦"的战略方针。

南凉在占领姑臧城后，其首要目标由消灭后凉变成了占据整个河陇地区，在目标实现之前，并不愿意过早招惹处于关中的后秦。而且，和后秦相比，北凉国小兵弱，更容易攻打。更有西凉可以作为盟友，在进攻北凉时，可对其形成东西夹击之势，攻打后秦则不具备这样的优势。当时，西秦的乞伏乾归父子及即将建立胡夏的赫连勃勃尚未能对后秦产生威胁，连南凉自己也正在臣服于后秦，突然与之翻脸于己不利。

从理论分析上看，秃发傉檀的选择很正确。唯一的疏忽在于，大阴谋家沮渠蒙逊并不是那么好欺负的，恰恰相反，其个人能力一点儿都不比秃发傉檀差。而且，刚刚立国的北凉如旭日东升，朝气蓬勃，很有战斗力。

当时并没有开打，所以不知道，而且，沮渠蒙逊不是还给南凉送过人质嘛。既然表现得那么尿，不打你打谁？

从来如此。

秃发傉檀实施计划的第一步是扰乱后秦，将如意算盘打到一直想要复国的乞伏乾归父子身上。

这是老交情了，简直就是一家人。秃发傉檀遣使至长安，联络乞伏炽磐，回忆当年友谊（翁婿，送还妻儿），许诺各种支持，唆使他反叛姚兴，以达到扰乱后秦的目的。

当然不能同意，此时反叛，且不说能否从长安安全脱身，即使成功复国，西秦也会夹在后秦和南凉两国之间，生存几率非常渺茫。

乞伏炽磐不仅拒绝了使者的游说，而且将计就计，将使者斩首，把首级送到姚兴面前，表明自己的忠心，离间南凉和后秦的关系。

果然，秃发傉檀的伎俩引起了姚兴的不满和戒心，两国关系日趋紧张。乞伏乾归父子则气定神闲地在角落里窥视着，坐视两国相争，等待着复国的良机。

行动失败了，本该好好反思，总结经验教训，认真谋划下一步的应对措施，然而秃发傉檀并未因为搅乱后秦的失败而警觉，反而继续开始他的下一步计划，进攻北凉。

407 年八月，秃发傉檀以出游浇河为名，袭击北凉西平、湟河诸羌，掠羌人三万多户，大胜而归。首战告捷后，秃发傉檀集中戎夏之兵五万余人，于方亭（今甘肃省武威市西）举行阅兵，部队随后开赴战场，继续进攻北凉。

双方在均石（今甘肃省张掖市东）展开大战，战斗过程已经无从知晓，总之，弱小的北凉战胜了南凉的五万大军，并予以重创。随后，沮渠蒙逊乘胜进攻，攻克西郡，俘虏南凉西郡太守杨统。

至此时，秃发傉檀执行"进攻北凉、搅乱后秦"计划尚不足一年，行动全线落败，南凉完全陷入两线作战的被动之中。

就当时情况而言，如果秃发傉檀能够迷途知返，及时调整战略，事情还是大有可为的。也就是在那时，刚刚建立胡夏的赫连勃勃向其伸出了橄榄枝，要求和亲、结盟。

千载难逢的好机会，上天真是厚待了秃发傉檀。如果两国结盟，南凉完全可以通过胡夏来牵制后秦，自己则可集中力量攻击北凉，不必有东顾之忧。对于赫连勃勃来说，南凉作为凉州地区最为强大的国家，与之结盟就可以从西、北两个方向上攻击后秦，使姚兴疲于奔命，减轻自己的压力。

这本是一场双赢的合作，但是被秃发傉檀拒绝了。在他眼里，刚刚建国的赫连勃勃只不过是一个不堪一击的草寇，根本不足以和南凉大国平起平坐。

两国开战。

恼羞成怒的赫连勃勃一声令下，两万胡夏骑兵风驰电掣般来到南凉广武郡支阳（今甘肃省永登县南），瞬间杀伤南凉军队一万多人，掠人口两万七千多户、牛羊马匹十多万头而还。

一切来得太快太突然，南凉自始至终都还没弄清楚到底是怎么回事，秃发傉檀甚至怀疑支阳遇袭的消息有误。等到所有的情况都摸清楚时，胡夏骑兵已经踏上归途，满载财货和俘虏，只留下遍地狼藉和一路马粪。

一群乌合之众居然抢到了南凉的头上，秃发傉檀表示无论如何都不能忍，立即率兵追了上去。

赫连勃勃得知秃发傉檀率兵来追，立即做出部署，将战场选在阳武下峡

（今甘肃省靖远县），在南凉军队的必经之路上预先用凿冰埋车的方法将道路堵塞，然后将骑兵主力埋伏在战场四周，静候南凉追兵的到来。

气急败坏的秃发傉檀不仅轻敌冒进，而且连侦察兵都懒得派，只待追上赫连勃勃后一场厮杀，以泄心头之恨。部队进入阳武地区胡夏军预设的伏击圈后，立刻遭到了胡夏骑兵袭击。

为了能够带着金银财宝安全回家，胡夏士兵发挥了前所未有的勇敢，作战勇猛，攻势凌厉。南凉军虽然人数众多，却是突然遇袭，猝不及防，且由于道路被堵，部队无法展开，士兵战斗力发挥不出来，只能被动挨打。虽然在战斗中将赫连勃勃右手臂射伤，但根本无法挽回败局，南凉军几近被全歼。赫连勃勃追杀败军八十余里，南凉将领阵亡者十数人，秃发傉檀和数名骑兵逃往南山（支阳南山）躲避，差点被追兵抓获，狼狈至极。

战斗结束后，赫连勃勃将战死的南凉将士全部斩首，用人头堆起一座"髑髅（dú lóu）台"，然后才撤军回国。

南凉上下，闻胡夏铁骑而色变。

阳武之战是南凉在均石之战惨败后所受到的又一次重创，此战之后，南凉不仅实力大损，而且军心士气备受打击，国力开始逐渐衰退。

由于接连两次战败，秃发傉檀为防止北凉和胡夏的再次入侵，采取"坚壁清野"之策，将姑臧周边三百里以内的所有百姓全部迁进姑臧城内。本意是出于保护群众，但是强迫性的搬迁引起了国内百姓的惊骇怨恨。军事上的接连失利也引起南凉部分大臣的不满。于是，外敌尚未到来，姑臧城内先爆发了一场以辅国司马边宪、军咨祭酒梁裒等七人为首的叛乱——边、梁之乱。

"边、梁之乱"虽然很快被平息，但是此次叛乱表明，在南凉国内，从普通百姓到统治阶级都已经开始对秃发傉檀不满，甚至到了需要诉诸武力来解决的境地。

后秦来了，在得知南凉阳武战败及"边、梁之乱"的消息后，姚兴以其子姚弼及将领敛成等步骑三万为前军，以将军姚显领军两万为后继，出兵南凉。

由于姚兴事先以讨伐赫连勃勃为借口，成功骗过秃发傉檀，使之不设防备，后秦军一路凯歌高奏，顺利进至姑臧城下，屯兵西苑。

州人王钟、宋钟、王娥等人和后秦军秘密联系，欲充作内应，准备待后秦军进攻时里应外合，开城门响应后秦军。

但是很不幸，联系后秦的信使被稽查的候吏抓住了。

大敌当前，危急万分，最恨通敌叛国者。为防止内乱、安定人心，秃发傉檀当机立断，采取果断措施，将所有内应全部予以坑杀，前后杀死与之相关者五千余人，同时把内应者的妻女全部充作赏赐，犒赏全军。

什么样的内应能在秃发傉檀的眼皮底下蛊惑五千余人？秃发傉檀又该是如何的不得人心？

都不重要了，内乱和杀戮引起了全城百姓及士兵的恐慌，唯恐在抵抗时还有内应趁乱打开城门。秃发傉檀无法继续固守，只能选择迅速打败后秦，稳定南凉局势。

为击败后秦军，秃发傉檀命令姑臧城中及周边各郡县将所有牛羊赶到靠近后秦军的空旷地域，然后分两路伏兵埋伏，准备突袭前来抢掠牛羊的后秦军。

抢！后秦大将敛成在发现营地周围出现大量的牛羊后，根本没多想，立即带领着他正准备攻城的大军哄抢，之所以来打仗，不就是为了多抢点东西吗？哪里还有什么约束和队形？士兵们各自奋勇，指望能多抢两只牛羊带回家。

战斗的过程不再赘述了，南凉两路伏兵齐出，大败敛成，斩杀后秦军七千余人。后秦军主帅姚弼死守大营，并派人向姚兴求救。

秃发傉檀久攻姚弼军营不克，于是截上流河水，欲断后秦军水源以困之，结果恰逢大雨，截流的堤坝被冲垮，后秦军这才脱困，士气复振。

作为后继的姚显在得到姚弼败报后，星夜兼程来援。到达姑臧后，为展示军威，姚显派了五名神箭手在凉风门前挑战，箭矢尚未及发，南凉材官将军宋益纵马奔驰而至，将五人尽皆斩杀。此后，姚显再不敢在阵前出现。

后秦军进退两难，只好把罪责全部推到败将敛成身上，遣使向秃发傉檀谢罪请和。在后秦援军到来后，秃发傉檀也意识到，消灭姚弼的机会已经丧失。于是双方讲和，秃发傉檀撤围，并派大臣徐宿前往长安，向姚兴谢罪。后秦军迅速离开凉州，返回长安。

秃发傉檀虽然击退了后秦军，但是南凉在这场战役中损失了大量的财物，尤其是用作诱饵的牛羊，姑臧城中及附近百姓储蓄为之一空。沉浸在胜利喜悦中的秃发傉檀显然没有意识到胜利背后潜在的危机，在他看来，南凉依然是凉州最为强大的国家，击败后秦后，前景更加美好，道路一片光明。

408 年十一月，秃发傉檀重称凉王，改元嘉平，大赦天下。

从南凉和后秦的这次战争中可以看出，秃发傉檀具有优秀的军事指挥能力，南凉也并未因为屡次受到重创而完全丧失元气，如果能够借助击退后秦的契机励精图治，局面尚有可为。然而秃发傉檀再次建号称王，等于是将自己置于风口浪尖、四面树敌，即使后秦不再进攻，北凉和即将复国的西秦也会将其当成头号劲敌。

重新称王的那一刻，就是秃发傉檀走向灭亡的开始。

15. 南凉灭亡

在打败后秦、重新称王后，秃发傉檀野心大增，再也不用向他人臣服，自觉统一河西指日可待，内心顿时膨胀，根本不顾国力衰退的现实情况，向邻国北凉重启战端。

为了梦想也好，为了复仇也罢，总之，损失惨重的南凉百姓是休想得到休养生息的，仅是他人实现欲望的工具而已。

409 年年底，秃发傉檀派兵攻北凉之临松，掠百姓一千余户而还。沮渠蒙逊得到消息后，立即还以颜色，率五千骑兵大破附属于南凉的车盖鲜卑部，同样掠百姓千余户而还。

第二年年初，南凉太尉秃发俱延进攻北凉战败。为扭转对北凉进攻上的颓势，秃发傉檀亲率五万精锐骑兵再次进攻北凉，欲报均石惨败之仇。

南凉左仆射赵晁和太史令景保以"岁星在西，易以自守"为由，力劝秃发傉檀养德自省、罢兵息战，景保甚至为此次出兵断言："天文不虚，必将有变。"

暴怒的秃发傉檀下令将景保逮捕，并让其随军出征，打算让他亲眼见识一下自己是如何打败沮渠蒙逊的。并告诉景保："战胜则杀汝以示惩戒，战败则封侯百户以证所言不虚。"

气势汹汹的秃发傉檀在穷泉（昌松郡西）遇到了倾国而来的沮渠蒙逊，双方开战。人多势众且全是骑兵的南凉军又一次被沮渠蒙逊打败，而且败得比均石之战还惨，五万精锐骑兵几乎全军覆没，秃发傉檀单人匹马，逃回姑臧。

至于随军出征见证"胜利"的景保，秃发傉檀自然没时间带着一起跑，在乱军之中侥幸活命后，为沮渠蒙逊所擒。

让之曰："卿明于天文，为彼国所任，违天犯顺，智安在乎？"

保曰："臣匪为无智，但言而不从。"

蒙逊曰："昔汉高祖困于平城，以娄敬为功；袁绍败于官渡，而田丰为戮。卿策同二子，贵主未可量也。卿必有娄敬之赏者，吾今放卿，但恐有田丰之祸耳。"

保曰："寡君虽才非汉祖，犹不同本初，正可不得封侯，岂虑祸也。"

上面这段对话，摘选自《晋书》原文，非常生动，所以只字未动，予以附之。

对话结束后，沮渠蒙逊将景保放回，秃发傉檀封之为安亭侯。

南凉君臣之间哪里是"未可量也"，分明知之甚深。

心中居然惋惜起秃发傉檀，如此君王，擅军事、明事理，最后居然亡了国……不是秃发傉檀无能，而是对手太狡猾。

在穷泉之战取得胜利后，411 年，沮渠蒙逊乘胜进军，包围姑臧。鉴于姑臧城上次被围时秃发傉檀一次性清除五千余人的教训，姑臧城内外百姓尽皆惊惧溃散，依附于秃发鲜卑的叠掘、麦田、车盖等部全部向沮渠蒙逊投降。

战争没法再继续了，秃发傉檀虽然心有不甘，但是当时情况表明，自己已经完全丧失了再次和沮渠蒙逊一战的实力，只能遣使求和。

形势逆转，再也不是北凉请和时的情景，沮渠蒙逊表示，求和可以，但是要像当年北凉一样，送人质请和。要知道，当年沮渠蒙逊为了换取短暂和平，硬是答应南凉的无理要求，将人质由年幼的儿子换为自己最为得力的弟弟。

秃发傉檀命令司隶校尉秃发敬归和自己的儿子秃发他作为人质前去北凉。不过半路上两人却一起逃走，最终，秃发敬归逃了回来，秃发他被追兵抓回。为惩戒报复，沮渠蒙逊强迁南凉百姓八千多户到北凉。

姑臧被围是秃发傉檀继位以来所遭受的最为沉重的打击，不仅在战斗中全军覆没，而且被迫交出人质，颜面尽失，百姓又被掠夺，实力受损，元气大伤。从称凉王至今时尚不足三年，南凉遇到了建国以来的最大危机。

哪里是凉州最强大的国家，灭亡就在眼前！

既然不能攘外患，内乱于是丛生了。南凉右卫将军折掘奇镇据石驴山（今青海省西宁市北川西北）反叛，秃发傉檀不能平之。

何止是不能平之，秃发傉檀简直是内外交困！既要担心沮渠蒙逊再次来攻，还要担心折掘奇镇攻占自己的大后方岭南地区，那是秃发鲜卑建国创业的地方，根基所在，不能有丝毫差池。

为保障岭南根据地不失，秃发傉檀决意迁都乐都，留大司农成公绪镇守姑臧。成公绪根本就控制不了姑臧局势，秃发傉檀前脚刚刚踏出姑臧城，焦谌（chén）、王侯等人后脚就关闭城门作乱，聚百姓三千余家据守南城，并向北凉沮渠蒙逊投降。至此，南凉丢失姑臧。

从406年六月秃发傉檀占领姑臧并设为首都到410年放弃姑臧，由盛转衰，仅仅五年而已。

再也没有了翻盘的机会。

沮渠蒙逊在彻底占领姑臧后，并没有即刻返回，而是乘胜追击，进攻乐都，不给秃发傉檀以喘息之机。

原本想避开北凉的直接进攻，搬了家后，人家追着打上了门。为解乐都之围，秃发傉檀采取避实击虚之策，出奇兵绕道番禾，突然出现在北凉军后方，欲使沮渠蒙逊产生错觉，认为南凉将进攻北凉腹地，主动撤军回援。

虽然这支奇兵最终获得了胜利，掠北凉百姓三千余户而还，但是沮渠蒙逊并未因此而撤军，他坚信后方的骚乱是秃发傉檀制造的假象，持续不了多久，当务之急是攻下乐都，只要乐都陷落，秃发傉檀纵有通天之术，也无回天之力了。

乐都攻城战打了三十多天，沮渠蒙逊没能打下来。为防止南凉各路援兵到来对自己不利，沮渠蒙逊派使者入城，向秃发傉檀宣称，只要将自己宠爱的儿子献出做人质，北凉将马上撤军。

秃发傉檀派其子秃发安周为人质，沮渠蒙逊撤军返回北凉，第一次乐都围困战结束。

在北凉撤军后，位于乐都西南方向的吐谷浑首领树洛干趁火打劫，攻占南凉浇河郡，并打败前来拒敌的南凉太子秃发虎台。就这样，南凉在丧失姑臧后，又丢掉浇河郡，领土进一步减少。

可真是"前门拒虎，后门进狼"，曾经的凉州最强大者如今成了任人宰割的肥肉，怎能甘心？秃发傉檀不顾劝阻，再次进攻北凉。

这一次，秃发傉檀并没有直接攻打姑臧，而是绕过姑臧，兵分五路，攻打北凉境内之番禾、苕藋（tiáo diào，今甘肃省永昌县附近）地区，打了沮渠蒙逊一个措手不及，掠居民五千多户。

但是，不久之后，大雾弥漫，风雨交加，南凉军陷入泥泞之中。别说打仗了，陷入泥泞里的战马连马蹄都拔不出来。这时，沮渠蒙逊大军忽至，趁机发起攻击，包括秃发傉檀在内的所有南凉军只得舍弃战马、辎重，徒步逃命。

沮渠蒙逊收缴所有物资后，骑上南凉军丢弃的战马，开始了对秃发傉檀的追击。失去战马的南凉军根本不是北凉军的对手，秃发傉檀再次大败。沮渠蒙逊乘胜追击，第二次包围乐都。无奈之下，秃发傉檀将自己的另一个儿子秃发染干作为人质送到北凉，沮渠蒙逊撤军。

这已经是第三个儿子了，幸亏儿子生得多，不然秃发傉檀真不知道该如何打发兵临城下的沮渠蒙逊。

沮渠蒙逊第三次兵围乐都时，快要没了儿子的秃发傉檀送出了自己的亲弟弟。

哪里还有一点儿"南凉王"的体面和尊严？

实力，是一切的根本。

在得知南凉屡战屡败、元气大伤后，于409年复国的西秦也开始将战刀挥向南凉。秃发傉檀连西秦的进攻都已经难以抵御，屡战屡败，损兵失地。

从408年秃发傉檀重新称王到412年乞伏炽磐暂停进攻，南凉先后被北凉、西秦及吐谷浑夺取武威、番禾、武兴、西郡、昌松、三河、兴晋、浇河等地，控制地区只剩下位于湟水流域的西平、乐都、湟河、晋兴、广武五郡而已，形势越发危急。

秃发傉檀还要再打。

413年四月，秃发傉檀再次出兵北凉。

这一次，沮渠蒙逊应对得从容不迫，先后在若厚坞（乐都附近）和若凉地区两次大败秃发傉檀，并乘胜第三次包围乐都，河湟太守文支以整个湟河郡来降。

在坚守了将近一个月后，秃发傉檀以其弟秃发俱延为人质向北凉求和，沮渠蒙逊退军返回姑臧。

此战之后，南凉仅只剩下完整的西平、乐都两郡以及晋兴、广武两郡的部分地区，随时都面临着灭亡的威胁。

然而秃发傉檀还是要打下去，他需要通过新的战争和掠夺来缓解国内的困境和矛盾，为自己赢得一线生机，而不是通过长年累月的休养生息，缓慢恢复。这就好比一个成为赌徒的农夫，在感受到一夜暴富的快感之后，他就再也无法通过辛勤耕种来积累财富了。当输光一切时，唯一能做的是再赌一把，再赌一把，哪怕是早就债台高筑。还有妻子儿女可以卖。

414年，由于连年征战，百姓多年无法从事农业生产，南凉终于闹起了饥荒，内外困窘。北凉是不敢再打了，秃发傉檀决定，西征乙弗鲜卑，攻占他们的土地，俘虏他们的人民，掠夺他们的牛羊马匹，以拯救当前困局。

临行前，他告诉太子秃发虎台说："乙弗名微众寡，易于讨御，吾不过一月而还。且夕所虑，唯在炽磐，汝谨守乐都，勿使有失。"

秃发傉檀率七千骑兵袭击乙弗，大破之，获牛羊马匹四十余万。

一切进展顺利，如果能够安全归来，南凉的饥荒算是平安度过了。

但是，就在秃发傉檀乘胜追击扩大战果的时候，乞伏炽磐乘虚来袭，秃发虎台仅仅坚守了十天，乐都即告陷落。

秃发傉檀得到消息后并没有回师救援，而是准备继续西进，彻底消灭乙弗部。为激励士气，他向他的七千骑兵做了一番慷慨激昂的演讲："卿等能与吾借乙弗之资以赎妻子者，是所望也。……岂忍见妻女在他人怀抱中耶。"

自然是不忍的，很多士兵向东逃回乐都，秃发傉檀派兵追捕，结果追兵也逃跑不再回来，部队就此溃散，仅数人留在秃发傉檀身边。

大势已去，无力回天，秃发傉檀在自发一番感慨之后，"愿见妻子儿女而死"。遂向乞伏炽磐投降，南凉灭亡。

由于其妻子秃发公主的原因，乞伏炽磐初时待秃发傉檀如上宾，封骠骑大将军、左南公，但不久即嫌其"老而不死"，下毒药将秃发傉檀秘密毒死。

秃发傉檀中毒时，左右劝其服解药，秃发傉檀回答说："吾病岂宜疗邪。"遂毒发身亡。时年五十一岁，凡在位十三年，谥景王。

哀哉，惜哉。一代枭雄竟是如此死法。

其实，如果不是穷兵黩武，南凉还是可以坚持很久的，远不至于亡国。

后秦姚兴在进攻南凉前，曾派尚书郎韦宗来南凉探查底细。秃发傉檀与韦宗论六国纵横之规，三家（魏、蜀、吴）战争之略，远言天命兴废，近陈人事成败。谈论时机变无穷，言辞明辩。韦宗出而叹曰："命世大才、经纶名教者，不必华宗夏士；拨烦理乱、澄气济世者，亦未必《八索》《九丘》。五经之外，冠冕之表，复自有人。车骑（秃发傉檀）神机秀发，信一代之伟人，由余、日磾岂足为多也。"

聊以此作为秃发傉檀最后的总结吧。

十六国成败事多矣，优秀如秃发傉檀而最后成为亡国之君者，实在是少而且可惜。

也真是难为了沮渠蒙逊，居然打得过这样的秃发傉檀。

16. 叱咤风云

攻灭南凉的西秦是在409年复国的，当时，后秦由于遭到北魏和胡夏的持续打击，国内又佞佛成风、耗费无度、国力日衰，姚兴已经没有力量对地方实力派进行有效控制了。从南凉逃奔后秦的乞伏炽磐趁机起兵，攻占枹罕。乞伏乾归得到消息后逃归枹罕，召集西秦旧部，重称秦王，改年号更始，立乞伏炽磐为太子，恢复百官，大赦境内，再建西秦。

历尽风雨和磨难之后，乞伏乾归父子终于实现了多年以来的复国梦想，人还是西秦灭亡时的那些人，但是人也早已经不是西秦灭亡时的那些人。个中变化，正是西秦复国后走向强大的原因。

虽然苍老了肉体，但是却强大了内心。

之后的故事就是西秦在英明首领乞伏乾归的带领下四处扩张了。从410年开始至412年乞伏乾归去世，西秦先后击败后秦姚兴、南凉秃发傉檀、西羌彭利发、吐谷浑支统阿若干等，不仅恢复了原西秦领土，而且由于屡败强敌，缴获颇丰，疆域扩张，国力迅速增强。

当时，南凉和后秦已经走上了下坡路，日薄西山，灭亡在即，早已不复当年之强盛，正为西秦的重新崛起提供了极好的良机。重建家园者，注定会倍加珍惜。

就在西秦蒸蒸日上时，乞伏国仁之子乞伏公府内心开始不平衡起来。

乞伏国仁去世的时候，乞伏公府因年幼（年仅八岁）而未能继承王位。正因如此，在他看来，西秦王位本是属于自己，其叔父乞伏乾归理应在他成年之后将王位交还。然而事实上是，乞伏乾归在复国后立其子乞伏炽磐为太子，乞伏公府只不过是其麾下一将军（振威将军）而已，哪里还有半点希望？西秦国势越好，乞伏公府怨恨越深，遂决定铤而走险，夺回原本应该属于自己的王位。

412年六月，乞伏公府趁乞伏乾归在五溪（今甘肃省陇西县东）打猎时发动政变，杀死乞伏乾归和他的十几个儿子，但是太子乞伏炽磐并不在此列。

当时，乞伏炽磐已经掌握了西秦实权，并未随父亲一同打猎。在得到父亲被杀的消息后，立即命令其弟乞伏智达、乞伏木奕于率三千骑兵前往平叛。乞伏公府战败逃走，在胡夏嵯崮南山被抓，乞伏智达将乞伏公府父子五人于谭郊（今甘肃省积石山县境内）处以"车裂"之刑，全部杀死。

乞伏乾归在位共计二十四年，谥武元王，庙号高祖。其子乞伏炽磐于是年八月继位，改年号永康，自称大将军、河南王。

西秦，开始了最为强盛的乞伏炽磐时代。

乞伏炽磐继位后，对内笼络陇右汉、羌，重用汉族豪门、俊杰之士，使刚刚经历政变的西秦政权得以巩固。对外则出兵征伐，吞并别部，强大自己。

从继位之后的第二年开始，西秦连续对外用兵，收获颇丰。讨吐谷浑树洛干部于浇河，大破之，俘获百姓三千多户；东讨休官部权小郎、吕破胡于白石川，收降之，俘获男女一万多人，进驻白石城后，又收降万余人；后休官部权小成、吕奴迦据白坑反叛，乞伏炽磐再破之，杀权小成、吕奴迦及部下四千七百人，陇右休官部尽皆投降；又讨吐谷浑别统句旁于泣勤川，大破之，俘获其众；乞伏炽磐又亲率各路大军讨吐谷浑别统支旁于长柳川，掘达于渴浑川，皆破之，前后俘获男女两万八千余人。

414年，乞伏炽磐趁秃发傉檀西征乙弗、都城守备空虚之机，亲率步骑两万袭击乐都，十日而下之，迁南凉太子秃发虎台、文武百官及百姓一万多户至枹罕，灭亡南凉。

在兼并南凉后，西秦兵强地广，实力大增，乞伏炽磐遂于同年十月改称秦王，立其妻秃发氏为王后。

西秦秃发王后是为南凉公主，秃发傉檀之女，乞伏炽磐在南凉做人质时由南凉国主秃发利鹿孤赐婚，后来两次出逃所抛弃的妻子就是这位南凉公主。也多亏了这位公主，在乞伏炽磐第一次出逃失败后，其岳父秃发傉檀保他一命，并在其第二次出逃时任其去之，之后更将秃发公主送到乞伏炽磐身边，让夫妻二人团聚。

好亲密的关系，好大的三份恩情（救命、纵逃、送妻子，嫁女儿不算），然而乞伏炽磐终究还是趁虚而入，攻灭了南凉，并在第二年将其岳父秃发傉檀毒死。

好狠的心。

不过乞伏炽磐对待秃发公主还是很不错的，在毒杀岳父之后，待之如初。不仅原谅了秃发虎台意图联合北凉谋害自己的行为，还将自己的一个女儿嫁给了秃发公主最小的异母弟弟秃发破羌（源贺）为妻。可是在连续经历被丈夫灭国杀父之后，秃发公主陷入痛苦之中，爱恨交织，最后决心报仇。

在经历了八年的卧薪尝胆、忍辱负重后，秃发公主终于培养了不少死党，积聚起复仇的力量。423年十月，秃发公主与秃发虎台联合同党，准备暗杀乞伏炽磐。

秃发公主有个妹妹，在南凉灭亡后也嫁给了乞伏炽磐，被封为左夫人，有宠。计划正在密谋中时被这个妹妹得知，这位西秦的左夫人一心只想争宠，想要取其姐姐而代之，当上王后，并不把国仇家恨放在心上，在得知内情后，将密谋告诉了乞伏炽磐。

事情就此败露，秃发公主大骂乞伏炽磐，历数其罪，诅咒之声不绝。乞伏炽磐恼羞成怒，将秃发兄妹及其同党十余人全部处死。

同党固然不可活，但其实秃发公主还是有转圜余地的。在密谋泄露时，她只要能够认个错，乞伏炽磐还是会重新接纳她的，这是个单纯、善良又无辜的女人，对待自己也是真心实意的，多年恩爱，断不至此。

但是秃发公主没有给他一丝原谅的机会，与其痛苦地活着，不如痛快地死去。密谋纵使成功，也没什么可喜，既然失败，也没什么可惜。她是中国历史上唯一一个自愿奔赴刑场的王后，不同的是，她殉的不是情，而是自己的心，曾经爱他，现在恨他却依然爱他的那颗心。

乞伏炽磐比妻子多活了五年，但是这五年之中他并未再立王后。那位为争宠而出卖哥哥姐姐的小秃发公主，始终都是左夫人。

乞伏炽磐死后，这位左夫人在另一场谋反中被新即位的乞伏暮末杀死。

一位很可怜的公主，祖国被丈夫所灭，父亲被丈夫所杀，连自己都死在亲妹妹的手中。然而刚烈之气堪得一赞，并不因荣华富贵而忘记国仇家恨。对她来说，无论怎么选择，都是艰难的。

在攻灭南凉后，乞伏炽磐在继续攻打吐谷浑等各部落的同时，其主要战争对象变成了北凉的沮渠蒙逊，一方想要西进，一方要求东出，双方不可避免地发生碰撞，火花四溅，旷日持久。

415年，沮渠蒙逊攻取西秦广武郡（今甘肃省永登县），乞伏炽磐遣大将乞伏魁尼寅截击沮渠蒙逊，被杀；又遣大将折斐领军一万据守勒姐岭，被擒七百余人。连败之后，乞伏炽磐亲自率军三万，攻取北凉河湟郡（今青海省化隆县附近）。这是西秦复国后和北凉的第一次交战，双方各取一郡，乞伏炽磐折损大将两员，略吃小亏。

同年，乞伏炽磐攻打漒川（今甘肃省西南洮河），沮渠蒙逊攻石泉（今陕西省安康市西部）以救之。双方各自撤兵，沮渠蒙逊遣使行聘，与秃发傉檀结姻和亲。

和亲的结果是双方休息了大约六年的时间，沮渠蒙逊利用这段时间攻灭西凉，然后转身东向，再战西秦。

421年，沮渠蒙逊命令将领沮渠鄯善率军七千东征西秦，乞伏炽磐派兵将其打败，斩杀两千余人。

422年，沮渠蒙逊派将领沮渠成都率军一万于洪池岭（今乌鞘岭）展示兵威，并屯兵于五涧。乞伏炽磐派部将出连虔率骑兵六千予以攻击，生擒沮渠成都。

424年，乞伏炽磐派太子乞伏暮末率步骑三万攻河西白草岭及临松郡（今甘肃省民乐县南古城），掠百姓两万多口而还。

425年，乞伏炽磐遣大将卢键攻河西，擒北凉将军沮渠白蹄于临松，掠百姓五千多户，迁之于枹罕。

426年，乞伏炽磐遣太子乞伏暮末率步骑三万攻北凉西安不下，转攻蕃禾，沮渠蒙逊发兵抵抗，并遣使向胡夏求援。胡夏赫连呼卢古率二万骑攻打苑川，赫连韦伐率三万骑攻打南安。九月，胡夏军攻取南安。十一月，胡夏军围枹罕（西秦都城），攻入南城，西秦军力战将其击退，胡夏军掠西秦民众二万多户而还。

就战事总体而言，西秦在和北凉的对决中，胜多负少，斩获颇丰，不仅将北凉势力驱逐出湟水流域，而且不时向河西进攻，威胁北凉。直至北凉、胡夏联军来攻时，虽然损失惨重，但是依然将其击退。……真是难为了乞伏炽磐，在和沮渠蒙逊的对战中，居然不落下风。

乞伏炽磐能够攻灭南凉，并不是撞了大运、投机取巧而为之。

在遭受北凉、胡夏联合攻击后，乞伏炽磐意识到单凭一己之力难以应付两国联攻，于是遣使入贡北魏，请求和北魏结盟，共同攻伐胡夏。

428年，乞伏炽磐去世，太子乞伏暮末继位。死前乞伏炽磐曾对太子乞伏暮末言道："吾死之后，汝能保境则善矣。沮渠成都为蒙逊所亲重，汝宜归之。"

所言足见其对身后事的担心，乞伏暮末不是沮渠蒙逊的对手，与北凉讲和才是上策。然而西秦的最终结局却是：向北魏投降，被胡夏所灭，故土却被吐谷浑所占，其间和北凉的战事从未间断过。

《晋书》中评价曰："炽磐叱咤风云，见机而动，牢笼俊杰，决胜多奇，故能命将掩浇河之酋，临戎袭乐都之地，不盈数载，遂隆伪业。览其遗迹，盗亦有道乎。"

成语"叱咤风云"正是出自《晋书》中这一段对乞伏炽磐的评语，也是对他精彩的一生最好的概括。

在乱世之中承担了复兴家国的重任，不曾盗。

谥文昭王，庙号太祖。

乞伏暮末继位后，西秦向北凉的请和并没有持续太久即宣告破灭，在位期间，连续遭到北凉、吐谷浑及胡夏的攻击，损兵失地，国力日衰；西秦内部也不再稳定，上到皇亲宗室，下到依附的羌人部落，叛乱不止。

431年正月，胡夏国主赫连定派其叔父赫连韦伐攻伐西秦，乞伏暮末所据守的南安城发生饥荒，城中人相食，文武大臣出逃者甚众。乞伏暮末穷途末路，载空棺出降，西秦灭亡。

同年六月，赫连定斩杀乞伏暮末及西秦皇族五百人。

西秦最为兴盛时，所辖疆域从甘肃武威到天水、陇西及青海东部，共有十一州、三十郡、四十八县、二护军。

西秦的存在，对于陇右地区经济、文化的发展及各民族之间的融合均具有重大意义。

17. 游击战神——赫连勃勃

赫连勃勃，字敖云，铁弗匈奴人，五世祖为匈奴右贤王刘去卑。建安元年（196年）时，刘去卑曾出兵协助汉献帝从长安逃往洛阳，与前赵光文帝刘渊同族。因宗室缘故，赫连勃勃曾祖父刘虎在刘聪在位时曾被封为楼烦公，显赫一时。所以，赫连勃勃也叫刘勃勃，而且叫了很久。刘勃勃建立大夏国后，因不愿子从母姓，才以义易之，"帝王者，系天为子，是为徽赫实与天连"，遂改姓赫连。

情同以往，本文始终以赫连勃勃呼之。

赫连勃勃其他非皇族的部众们在其改姓时也一并被赫连勃勃改了姓氏——铁伐，以示"刚锐如铁，皆堪伐人"。

赫连勃勃的父亲名叫刘卫辰，亲的，当时尚未改姓。前秦统一北方那会儿，刘卫辰从塞外迁居关内，苻坚任命其为西单于，督摄河西诸族，屯驻代来城（今内蒙古鄂尔多斯市东胜区西）。淝水之战后，前秦分裂，刘卫辰趁机占领朔方之地，自此兵强马壮，拥士卒三万八千人。

然而他还是打不过北魏，391年十一月，刘卫辰进攻北魏战败，拓跋珪乘胜追击，攻克代来城，刘卫辰在逃亡途中被部下所杀，宗族同党五千余人被拓跋珪杀死，尸体全部扔进黄河。年仅十岁的赫连勃勃逃奔叱干部，仅以身免。

可能杀的人比较少，黄河水并没有为之断流，然而却是赫连勃勃家族的全部了。不敢想象，这样的经历会对年幼的赫连勃勃的心灵留下怎样的创伤。我们在谴责他的凶狠残暴的时候，应该回过头来看一看，那些让他变得残暴无情的原因之所在。

过去固然无法改变，却可以成为将来的老师，避免悲剧重演。

叱干部首领叱干他斗伏并没有打算收留赫连勃勃，国破家亡了，形单影只的赫连勃勃不仅没有利用价值，反而有可能招来北魏的大军，不如卖个人情，送给北魏。

戍守在大洛川的叱干他斗伏兄子叱干阿利得到消息后，立即飞马来谏："鸟雀投人，尚宜济免，况勃勃国破家亡，归命于我？纵不能容，犹宜任其所奔。今执而送之，深非仁者之举。"

确实不是仁者之举，但却是识时务者之行，叱干他斗伏果断没有同意，收容落难者的一时仁义怎能比得上叱干部整个部落的安危？叱干阿利阴遣骁勇之士于半路抢劫之，然后和赫连勃勃一起投往后秦高平公没奕干处。刘卫辰在世时曾与没奕干结盟，那里是赫连勃勃唯一的可去之处。

没奕干以女妻之。

年长后，赫连勃勃身高八尺五寸，腰带十围，聪明善辩，风度翩翩，仪表非凡。姚兴见而奇之，对其深加敬重，拜骁骑将军，加奉车都尉，并让赫连勃勃常参军国大议，宠遇逾于旧勋。随后更准备册封赫连勃勃为安远将军、阳川侯，使其助其岳父没奕干镇守高平，并以三城、朔方杂胡及刘卫辰旧部配之，准备让赫连勃勃攻伐北魏，以为侦察。

姚兴弟姚邕固谏以为不可，他认为，赫连勃勃其人，天性不仁，难以亲近，而且，"奉上慢，御众残，贪暴无亲，轻为去就，宠之逾分，终为边害"。兴乃止。

但是敬重之心还在，事情过去很久之后，久到姚兴大概是忘记弟弟的话了，但是依然记得赫连勃勃的不世之才。406年，姚兴任命赫连勃勃为持节、安北将军、五原公，配以三交五部鲜卑及杂胡两万多人，镇守朔方（今内蒙古杭锦旗北）。

从此以后，赫连勃勃终于有了自己的势力，国仇家恨尚在，注定了他不可能永远去做姚兴的臣子，只有拼命壮大自己，才会有报仇雪恨的那一天。黄河水早已冲洗干净赫连勃勃家族五千多条生命的血迹，但是部族的冤魂却始终在他心间萦绕，去战斗，去复仇，只要还有一线机会。

为壮大自己，赫连勃勃截留了河西鲜卑贡献给姚兴的八千匹马，以狩猎为名，召其部众三万余人至高平川，袭杀其岳父没奕干，尽数兼并其众，人马至数万人。

在赫连勃勃走投无路时，是没奕干收留了他，并且将自己的女儿嫁给他，还将他推荐给姚兴。可以说，没有没奕干就不会有今天的赫连勃勃，然而他却成了赫连勃勃第一个袭击的对象。

407 年，由于后秦和北魏停战言和，与北魏有世仇的赫连勃勃遂以此为借口，愤然起兵，叛秦自立，并于当年八月称大王、大单于，大赦境内，建元龙升，设置百官。自认匈奴人为夏后氏之苗裔，故国号大夏，历史上亦称之为胡夏。

从姚兴配给兵马属地到叛秦自立，其间仅仅一年而已。

行事风格果然很匈奴。"苟利所在，不知礼义。"（《史记·匈奴列传》）

在陆续打败薛干鲜卑等三部之后，赫连勃勃开始对后秦用兵。407 年十月，赫连勃勃连续攻陷后秦北部诸戍，斩杀后秦将领杨丕、姚石生等人。

这时，有部将建议赫连勃勃定都高平，凭坚城固守，先固根本，使众人心有所依，然后大业可成。

> ……吾大业草创，众旅未多，姚兴亦一时之雄，关中未可图也。且其诸镇用命，我若专固一城，彼必并力于我，众非其敌，亡可立待。吾以云骑风驰，出其不意，救前则击其后，救后则击其前，使彼疲于奔命，我则游食自若，不及十年，岭北、河东尽我有也。待姚兴死后，徐取长安。姚泓凡弱小儿，擒之方略，已在吾计中矣。昔轩辕氏亦迁居无常二十余年，岂独我乎。

——《晋书·赫连勃勃载记》

上面这一段不仅是赫连勃勃在立国后对自己战术的阐述，更是对胡夏随后发展的整体战略规划。在战术上，发挥骑兵机动优势，采用突袭战术，出其不意、攻其不备，使姚兴疲于奔命、防不胜防。在战略上，则逐步蚕食，以时间换取空间，用二十多岁的赫连勃勃耗死已近年老的姚兴，然后逐步进取长安，以成大业。

后来的发展证明，赫连勃勃的战略战术是面对强敌时的明智之举，先进而且实用。胡夏正是借此与后秦等国周旋，屡战屡胜。

赫连勃勃——中国古代游击战之鼻祖，其战略战术在千年以后依然影响着后世兵家。我们今日更熟知的，是毛主席对游击战术的总结和升华：敌进我退，敌驻我扰，敌疲我打，敌退我追。

在胡夏骑兵的"游击战"袭击下，后秦岭北地区诸城白昼亦不敢开城门，"大夏"成了后秦北部边境之心腹大患，如鲠在喉，姚兴空有大军却束手无策，只能颓然叹曰："悔不用黄儿（姚邕）之言，以至于此。"终于想起弟弟那一番精辟又准确的话来，然而悔之晚矣。

至于攻击南凉的那场战斗，则完全是一场意外。赫连勃勃本打算联合南凉夹击后秦，结果被秃发傉檀好一番鄙视，于是怒而兴兵，一不小心赢得了建国以来从未有过的大胜仗，不仅用人头筑起"髑髅台"以威慑南凉，而且缴获大量人口物资，从此国力大增，用度丰饶。

一战而让南凉对胡夏望而生畏。

主要的战事还是在和后秦所进行。战绩如下：

407年，赫连勃勃于青石原（今甘肃省泾川县境）击败后秦将领张佛生，斩俘后秦军五千七百人。

408年，姚兴遣将领齐难率军两万攻赫连勃勃，赫连勃勃先以轻骑远遁，再趁齐难纵兵四掠时回军袭击，俘后秦军七千余人，尽收其兵器战马。随后乘胜进军，攻克齐难所退守的木城（今陕西省榆林市榆阳区），俘获齐难及后秦军一万三千人，战马一万匹。战后，岭北夷、汉归降大夏者数万人。

409年，赫连勃勃率骑兵两万攻后秦，掠平凉杂胡七千多户，进驻依力川。

同年，姚兴亲征大夏，赫连勃勃乘秦军尚未集结完毕，率军攻姚兴所驻之贰城（今陕西省铜川市西），以佯退设伏之战术，全歼姚兴追兵，兵败之后，姚兴退回长安。随后，赫连勃勃连续攻克后秦敕奇堡、黄石固、我罗城，皆下之。

410年，赫连勃勃兄子赫连罗提攻定阳（今陕西省宜川县西北），坑杀战俘四千余人，妇女尽赏军士；又攻清水城，后秦将领姚寿都弃城逃走，赫连勃勃迁清水城一万六千户于大城；攻三城，后秦守将姚详逃往大苏，路中被赫连勃勃截击，尽俘姚详及所部军队。赫连勃勃将姚详大骂一顿后，斩之。

411年，赫连勃勃率三万骑兵攻安定，大败后秦将领杨佛嵩，俘获后秦士兵四万五千人，缴获战马两万匹；又攻克东乡，收降后秦将领党智隆，迁东乡三千多户于贰城。

这何止是心腹大患，简直要了姚兴的老命！

在胡夏骑兵"游击战"战术的进攻下，后秦军几乎毫无还手之力，数年之间，连吃败绩，兵马钱粮人口领土损失无数。而胡夏通过一次又一次的战争掠夺走向强大，逐步实现了赫连勃勃立国之初的战略构想。

叛秦来降的后秦镇北参军王买德在回答赫连勃勃提问时曾评价说："……陛下奕叶载德，重光朔野，神武超于汉皇，圣略迈于魏祖……"虽是溢美之词、奉承之语，但是赫连勃勃作为一个全新战术的发明者和实践者，能够依靠游击战术在北魏和后秦两个大国的夹缝之中迅速崛起，实是当之无愧的"游击战神"。

18. 胡夏灭亡

在与南凉、后秦的战斗连续取得胜利后，胡夏国力大增，赫连勃勃终于决定结束自己云骑风驰、居无定所的游击生活，于413年任命叱干阿利为将作大匠，征岭北胡汉十万人，在朔方水北、黑水之南（今陕西省靖边县北）修建都城，即是赫赫有名的"统万城"。

当时，都城所在地并不如今天这般荒凉，史书上说它"临广泽而带清流"，既有湖泊，又有河流，还有青青草地，一派塞外风光。虽然人少又偏远，更不是什么政治、经济中心，但是却北临北魏，有自己于此镇守，大夏国必然无虞。当然，最主要的原因在于，赫连勃勃认为，那里是他一生中所见过最美的地方，正是万年基业之所在。

叱干阿利一如当初劫道时那般忠诚，在他的监督下，工人以蒸土筑城，监工以锥试之，如果锥入一寸，则杀筑城者，并将其一并筑入城中。赫连勃勃得知后，深以为然，于是又将监造诸军所用兵器的任务交给叱干阿利。

兵器制成验收时，如弓箭射甲不入，则斩做弓者，否则，则斩制甲者。由是，所造之兵器尤为精锐。又造百炼钢刀，嵌以青龙、朱雀相环绕，名曰"大夏龙雀刀"，背部刻有铭文"古之利器，吴、楚湛卢。大夏龙雀，名冠神都。可以怀远，可以柔逊。如风靡草，威服九州"，为当世珍宝。又用铜铸造大鼓、飞廉、翁仲、铜驼、龙兽等，以黄金为饰，陈列于宫殿之前。

都城建造历时七年，共杀死工匠数千人。都城完工后，规模庞大，气势恢宏，由外城和内城组成，内城又分为东城和西城，墙体呈白色，坚硬如铁，城上马面林立，角楼高耸，宫殿雄伟壮观，"崇台密室"结构独特，器物精美华丽。赫连勃勃自言："朕方统一天下，君临万邦，可以统万为名。"都城遂名曰"统万城"。当时，胡夏周边南有刘宋，北有朔方，东有北魏，西有北凉，赫连勃勃因以为名，称南门为朝宋门，北门为平朔门，东门为招魏门，西门为服凉门。

历时一千六百年之后，这座以"统一天下，君临万邦"而命名的都城遗址尚存，是至今保存基本完好的早期北方少数民族王国都城的唯一遗址，是研究大夏和西夏文化的重要文物资料，我们依然能够从它残存的痕迹中，一窥当时的轮廓和规模，感受它的壮丽与宏伟。

在忙着修建都城的同时，赫连勃勃继续进行着与后秦的战争。只有消灭后秦，才能积蓄足够的力量，挥师北上，与北魏一决雌雄，才能有机会报破国灭家之仇。

415年，赫连勃勃攻杏城（今陕西省黄陵县西南），二十天而克之，俘后秦将领姚逵等，坑杀后秦士兵两万人。

416年，乘后秦和仇池国杨盛征战之机，赫连勃勃先后攻下上邽（今甘肃省天水市）、阴密（今陕西省灵台县西），前后斩杀后秦秦州刺史姚平都、阴密守将姚良子及官兵一万五千余人。安定守将姚恢惊惧而走，安定人胡俨等献城投降。不过，赫连勃勃在进攻雍城（今陕西省凤翔县南）、郿城（今陕西省郿县）失利后，胡俨等人立即杀死胡夏安定守将，举城再叛，投降后秦。安定得而复失，赫连勃勃退守杏城。

当时，东晋刘裕已经开始北伐后秦，水陆并进，声势滔天。为创造攻取长安的有利条件，赫连勃勃在退兵杏城之后不久，再次出兵攻占安定，将后秦岭北各郡县全部纳入胡夏手中。然后一方面遣使与沮渠蒙逊结盟，以避免陷入两线作战；另一方面厉兵秣马、休养士卒，集中力量夺取长安。

417年，刘裕攻克长安，灭亡后秦。

这是自西晋灭亡百年以后，汉族势力第一次占领长安。但是，世事沧桑，物是人非，连北伐军的心思都已经不在恢复故国上了，刘裕急着回建康篡位。于是在占领长安之后，刘裕遣使修书赫连勃勃，请通和好，约为兄弟。

天使驾到，赫连勃勃自然不想被看扁了，为显示自己其实很有文化，赫连勃勃让人事先将回信写好，自己背熟，然后召刘裕使者近前，口授舍人为书，封以答裕。

使者回去之后，言赫连勃勃口述回信之能，又说赫连勃勃仪容奇伟、英武绝人。刘裕览其文而奇之，叹曰："吾所不如也。"

两国结盟遂成。

之后，赫连勃勃为了让刘裕安心，抓紧离开长安，自己先行回到统万城，刘裕随后于同年年底班师，留其子刘义真及将领王镇恶、沈田子、傅弘之、王修等镇守关中。

机会来了，赫连勃勃随即任命长子赫连璝为都督前锋诸军事，兼领抚军大将军，率骑兵两万为前锋，任命第三子赫连昌为前将军，屯兵潼关，任命王买德为抚军右长史，阻断青泥（有青泥关，即峣关，在今陕西省西安市蓝田县城南），自领大军随后跟进，南下攻打长安。

在绝对利益面前，所谓结盟，从来都是糊弄人的过场，一纸文书、两句好话就想罢兵休战，岂不是笑谈？

刘裕可能是初来乍到，不适应北方诸国撕毁盟约的速度久矣。

418年，胡夏大军一路势如破竹，军至渭阳时，关中民众归之者络绎不绝。晋军在抵抗失利后发生内讧，王镇恶、沈田子、王修先后被杀，刘义真收缩兵力固守长安，关中各郡县尽皆投降。赫连勃勃进据咸阳后，封锁长安各处通道，切断守军补给。

在得知长安被围的消息后，刘裕派大将朱龄石接替刘义真，并命令刘义真东归。

临行前，刘义真所部放开手脚，在长安城内大肆掠夺，狠狠地抢了一把才走。此行深深地伤害了善良的关中人民，刘义真前脚刚刚走至灞上，关中百姓后脚即将朱龄石驱逐，并迎赫连勃勃入主长安。

赫连璝领军三万追击刘义真，大败之，刘义真单人匹马而逃。守在青泥的王买德拦截东晋败兵，俘获东晋宁朔将军傅弘之、辅国将军蒯恩、司马毛脩之等人，斩败兵无数，积人头以为京观。被驱逐的大将朱龄石也因水道被断被俘，押解至长安后被杀。

至此，刘裕不仅将辛辛苦苦打下的长安拱手让予胡夏，而且损兵折将，大批猛将及北府兵被杀，辛辛苦苦的北伐成果，轻轻松松就丧失殆尽了。

赫连勃勃入主长安后，不久即于灞上称帝，大赦境内，改元昌武。由于需要应对北魏的侵扰，赫连勃勃并没有将都城迁往长安，在长安设置南台后，即率军返回统万城。

此时的胡夏帝国南界秦岭，东戎蒲津，西收秦陇，北薄于河，国力达到全盛。

军事力量的增强、统辖范围的扩大，以及匈奴人曾经建立过的辉煌，使铁弗匈奴民族的自信心及自豪感迅速增强，但是与此同时，尤其在攻克长安后，以赫连勃勃为首的铁弗匈奴人更深一步地体会到汉文化的博大精深，因此又表现出一种不自信的心理。在巨大落差以及极端骄横的双重刺激下，赫连勃勃所表现出来的，就是通过杀戮来掩盖内心的恐慌。

赫连勃勃曾征召关中隐士韦祖思入仕，结果韦祖思到后，恭惧过甚。赫连勃勃大怒："吾以国士征汝，奈何以非类处吾。汝昔不拜姚兴，何独拜我？我今未死，汝犹不以我为帝王，吾死之后，汝辈弄笔，当置吾何地。"遂杀韦祖思。

回到统万城后，赫连勃勃更是将自己残暴嗜杀的性格表现得淋漓尽致。常站于城头之上，将弓剑放于身旁，但有嫌弃憎恶之人，便亲手将其杀死。大臣们有敢对视者瞎其眼，有敢发笑者割其唇，有敢进谏者割其舌，然后杀之，完全遵从自己的心情，毫无章程可循。于是忠良卷舌，人心尽丧，夷夏震恐，百姓民不聊生。

赫连勃勃晚年越发昏聩，听信谗言，欲废太子赫连璝而改立赫连伦。赫连璝得到消息后，不甘坐以待废，领兵七万攻伐赫连伦，赫连伦率三万骑兵相拒，战败被杀。随后，赫连昌率骑兵一万袭杀赫连璝，尽并其众，然后率军八万五千人回统万城。接连丧子的赫连勃勃悲愤不已却也无可奈何，只能改立赫连昌为太子。

太子之争使夏国连损两位柱石，元气大伤，开始走向衰落。

无论曾经是多么的英雄了得，年纪大了，涉及孩子们的事，终究有些力不从心。

太子之争后的第二年，赫连勃勃去世，终年四十五岁，谥武烈皇帝，庙号世祖，太子赫连昌继位。

关于赫连勃勃的葬地，史载不详，只有世传，仅供参考。

清嘉庆年间《延安府志》记载："赫连勃勃疑冢，在延川县东南六十里白浮图寺前。有七冢，相传为夏王疑冢云。"《延川县志》记载："白浮图寺，在县城南六十里，寺前有七冢，前人以为夏王疑冢。"《延绥揽胜》也记载："白浮图寺，在城南七十里处，相传赫连勃勃葬地。"

具体在哪，大家都不知道。现仅存两冢，位于陕西省延安市延川县稍道河乡古里村东 1.5 公里处，为县级重点文物保护单位，妥善保护中。

　　该怎么评价赫连勃勃呢？"奕叶载德，重光朔野，神武超于汉皇，圣略迈于魏祖。"显然是太过褒奖了，然而毕竟是游击战之鼻祖，就用它。

　　427 年，北魏攻取统万城，次年，擒赫连昌。之后，赫连昌之弟赫连定在平凉称帝，延续夏祚。431 年，北魏攻灭胡夏。前后共立国二十五年。

　　拓跋焘攻入统万城后，见大夏皇宫富丽堂皇而民众穷困潦倒，怒曰："竖子之国，巴掌大小，滥用民力，奢华如此，怎能不亡？"

　　固若金汤的城池，挽救不了胡夏帝国行将灭亡的命运。

第七篇 北魏崛起

01. 北魏前传

建立北魏的拓跋鲜卑与建立南凉的秃发鲜卑同出一脉，始祖为拓跋鲜卑部首领——拓跋诘汾。

自从天女把孩子送来，拓跋诘汾就对他钟爱有加，取名拓跋力微，虽然不是长子，但拓跋诘汾还是在死后将部落首领之位传给了他。因此，长子拓跋匹孤还闹了一出离家出走的大戏，我们在上一篇里用了好多章才将他讲完。

作为天女的后裔，拓跋力微生而英睿，气度不凡，然而他的首领之位却做得并不一帆风顺。就在刚刚即位不久，就有西部种族来犯，拓跋力微无力抵抗，便依附于没鹿回部大人窦宾。

后来窦宾也和西部开了战，还是没打过，战败的窦宾连战马都来不及骑，徒步而逃，拓跋力微命令部下将自己所乘之骏马送予窦宾，这才逃得一命。

在得知是拓跋力微临危送马之后，窦宾割一半领地以赠拓跋力微。当然是不能要的，受人领地如杀人父母，更何况窦宾是打西部而战败，他们有着共同的敌人，拓跋力微固辞不受。窦宾于是以女妻之，又让他率部众居于长川，以图发展。十多年后，拓跋力微教化大行，重新聚集离散旧部，实力逐渐恢复。

后来，窦宾死了，临死前告诫他的两个儿子，望谨奉拓跋力微。二子不从，欲趁拓跋力微奔丧之机将其杀掉。阴谋正在准备中就泄露了，拓跋力微在宫中埋伏刀斧手，又手刃窦宾妻子窦氏，然后命人快马传讯，说窦氏暴亡，让二子速来奔丧。二子到来后，拓跋力微拘而斩之，尽并其众，诸部大人尽皆归附。在吞并没鹿回部后，拓跋力微实力大增，威震草原，史称其"控弦上马二十余万"。

虽然我总是认为事情应该是拓跋力微趁窦宾新死而行吞并之举，然而史书却如是记载，个人想法查无实据。

寄人篱下者，却让主人恭谨事之，那么谁才是窦宾所部真正的主人？从杀其妻子这一点来看，拓跋力微又是何其的心黑手狠！

为避免像匈奴人那样因贪图财货而抄掠边民以致与中原政权结仇，拓跋力微决定吸取前代教训，力主和当时的曹魏政权和亲通好，并派其太子拓跋沙漠汗出使魏国，为质子、观风土，双方自此和平相处，诚信相交，通使、贸易不断。

留在曹魏为质的拓跋沙漠汗不仅人长得好，身高八尺，英俊魁梧，而且表现很优秀，魏国之朝士俊秀多与之亲善，很受人尊敬，曹魏每年赠给他的金帛数以万计。应该说，拓跋沙漠汗为两国的友好做出了不可磨灭的贡献。

西晋初年，因拓跋力微年事已高，拓跋沙漠汗曾回国一次，不过后来又率使团来到晋国，这一次差点没走成，晋征北将军、幽州刺史卫瓘见其雄杰卓异，恐成后患，极力劝谏司马炎将他留下，直到两年后（277 年）才将拓跋沙漠汗放回自己的国家。其间，卫瓘不惜重金贿赂拓跋部各部大人，施反间计，挑拨他们与拓跋沙漠汗之间的关系，该计策直接导致拓跋沙漠汗回国后被杀。

拓跋力微得知拓跋沙漠汗返回，很是高兴，派遣各部大人前往迎接。酒酣之际，拓跋沙漠汗仰视飞鸟，谓诸大人曰："为诸位大人打下来。"于是掏出弹弓，援弹飞丸，飞鸟应弦而落。各位大人惊呆了，如此神技，国中从未得见。于是相顾而言曰："太子服饰同于华夏，又有绝世奇术，若继国统，必变易旧俗，吾等必不得志，不若国中诸子，习于本分，淳厚朴实。"又因有卫瓘相离间，遂生加害之心。

迎接完毕后，各部大人先行返回复命，向拓跋力微报告说："太子才艺非常，引空弓而落飞鸟，是似得晋人异法怪术，乃乱国害民之兆，惟愿察之。"

很明显，他们不知道那是弹弓打鸟，拓跋力微也不知道。当时拓跋力微年已老迈，颇受迷惑，诸子又宠爱日进，也就不觉得拓跋沙漠汗有多重要了。最重要的是，部落稳定高于儿子性命，为各部大人所反对者，是不可能继承首领之位的。拓跋力微听闻诸部大人所言，于是回复："不可容者，便当除之。"

诸部大人飞马驰往，遂杀拓跋沙漠汗。

这是鲜卑拓跋部第一个因汉化而被杀死的人。

死得真冤枉，拓跋力微在不久之后也十分后悔，却也只能为了部落稳定而独自承受，在同年于丧子之痛中死去，时年 104 岁。

拓跋沙漠汗是代国君主拓跋什翼犍的曾祖父，为北魏建立者拓跋珪的五世祖。拓跋珪即位称帝后，尊拓跋力微为神元皇帝，庙号始祖，尊拓跋沙漠汗为文皇帝。

拓跋力微死后，诸部大人四散分离，脱离控制，拓跋鲜卑部陷入内乱之中，首领更换频繁，国内连年纷扰。到拓跋什翼犍这一代时，拓跋鲜卑部已经经历了很多次叛乱，也已经更换了很多个首领，在艰难中苟延残喘，延续生命。不过还好，首领之位始终掌握在拓跋家族手中。在西晋正处在风雨飘摇之中时，拓跋部首领拓跋猗卢曾发兵助刘琨，被封为代公，晋愍帝时改封代王。

拓跋什翼犍尚在襁褓之中时，正赶上部落叛乱，其父代王拓跋郁律被杀。当时叛军四处捕杀拓跋郁律家男丁，以求斩草除根，他的母亲将他塞在裤筒里，一边亲见血腥屠杀，家中成员尽被屠戮，一边暗暗祈祷："若老天庇佑，千万别哭。"拓跋什翼犍可能是睡着了，果然没哭，才没被发现，躲过一劫。

他的兄长拓跋翳（yì）槐就更加幸运了，叛乱发生时正好去了姥姥家，住在贺兰部，远离刀兵，得以生还。八年后（329年），贺兰部出兵为外甥家报仇，将叛乱者赶走，并联合各部大人，推举拓跋翳槐为新一任代王。

为获取外部支持、巩固统治，拓跋翳槐即位后的同年即命令其年仅九岁的弟弟拓跋什翼犍赴后赵为质，以求与后赵实现和平友好。

陪同拓跋什翼犍一同前往后赵的部落人口足有五千多户，对于拓跋鲜卑部来说，几乎就是一场不小规模的人口迁徙了。拓跋翳槐此举，不仅使石勒重视拓跋什翼犍的到来，也为自己的家族保存了一支非常强大的力量。拓跋什翼犍在后赵待了十年之久，其间游历襄国、邺城，密切接触中原文化，丰富学识，为自己后来对代国的改革打下了坚实基础。

338年十月，拓跋翳槐病危，临终遗命各部大人："必迎立什翼犍，社稷可安。"其弟拓跋孤亲往后赵迎接，向后赵天王石虎表示，愿以自己为质，以替拓跋什翼犍。石虎虽残暴不仁，却深重义气，为其所感，遂送二人归国。

338年十一月，拓跋什翼犍在繁畤城北（今山西省浑源县西南）继位，改元建国，分国之半以谢拓跋孤。是年，拓跋什翼犍十九岁。

在后赵生活多年，使拓跋什翼犍汉化较深，学习了中原王朝的许多典章制度，在其继位次年，即对代国实施改革。

首先，设置官职，分掌众职。当时，代国虽已建国，但是它的组织形式依旧是游牧民族的部落联盟式，并不是以完整的国家形式存在。所谓代王，依然是部落联盟的首脑而已。拓跋什翼犍通过分设官职，使大大小小的各个部落首领（大人）成为代国的官员，他们既需要对自己的部落负责，也需要对代王负责，由此建立起一种组织上的保障。

其次，制定法律。根据犯罪程度裁定刑罚，使代国上下"法令明白，百姓晏然"。法律的产生，意味着代国粗具国家规模。

最后，开疆拓土，发动战争。对于拓跋什翼犍而言，想要获得各个部落的拥护，首先需要带给拓跋鲜卑各部更丰富的物质财富、更美好的生活。解决这一问题的方法就是掠夺和战争，这一点尤为重要，只有在战争中获胜，才能获取更多的财富，才能让部众过上更好的生活。甚至可以认为，掠夺和战争就是游牧民族的生活方式之一。

通过设官任职，能够比较自如地调动和指挥拓跋鲜卑各部落后，拓跋什翼犍开始了对外进行征服性或掠夺性的战争。

向西进攻铁弗匈奴，夺取其河套地区，掠牛羊马匹数十万，一步一步将铁弗匈奴赶至甘肃、宁夏一带，并于341年将其逼降。

向北进攻高车部，大败高车，俘众万余人，获牲畜一百余万头；又攻击高车别部没歌部，获牲畜数百万头。

向南则与前燕和亲，慕容皝将其妹嫁于拓跋什翼犍为皇后，双方少有战事，和平相处。

经过数十年经营，代国的势力范围极为广大，东自濊貊（huì mò，松花江流域和嫩江流域），西至破落那（中亚地区，大宛国所在地），南距阴山，北达沙漠，无不归服，人口达数十万之多。

改革从来都是艰难的，拓跋什翼犍将他从中原学到的制度、文化硬生生地移植到代国，其中的困难与阻力不言而喻，除了想要像后赵那样建城定都遭到极力反对外，其他各项措施均获得巨大成功，代国实力日益增强。

然而，就在代国日益强大的同时，另一个更为强大的国家——前秦，忽然出现在代国面前，庞然大物一般，根本无法战胜。

365年，铁弗匈奴首领匈奴左贤王刘卫辰（赫连勃勃之父）叛代归秦，拓跋什翼犍率军对刘卫辰开始了长达十年的连续打击。375年，刘卫辰再次战败南逃，并向前秦求援。

当时，前秦早已东灭前燕，南下巴蜀，西征前凉，其统一北方的步伐无人可挡，正在蓬勃发展的代国自然也成了前秦的目标。

在攻灭前凉的同一年（376年），苻坚应刘卫辰所请，命大司马苻洛领兵十万、大将邓羌等领兵二十万，兵分两路，北伐代国。

当时，拓跋什翼犍身染重疾，不能领兵，代国所属之鲜卑白部、独孤部及南部大人刘库仁率兵抵抗秦军，接连战败，拓跋什翼犍被迫北走阴山。但是，原先因战败臣服于代国的高车部此时突然反叛，拓跋什翼犍四面受敌，对各部统治无法维系，遂继续向北退至漠南，待秦军稍退后方才返回都城盛乐。

然而此时代国内部再次发生叛乱，拓跋什翼犍庶长子拓跋寔君起兵谋反，杀拓跋什翼犍及异母弟六人。前秦军闻讯，立即回兵，再攻代国，拓跋鲜卑各部尽皆逃散崩溃，代国遂为前秦所灭。

拓跋什翼犍被杀时，年五十七岁。

苻坚得知拓跋寔君弑父恶行后，感慨言道："天下之恶一也。"将其车裂而死。

拓跋珪即位后，追谥拓跋什翼犍为昭成皇帝，庙号高祖。

02. 北魏复国

拓跋珪，拓跋什翼犍之嫡孙，世子拓跋寔之子。相传其母亲贺兰氏夜梦日出于户，醒来见天光自窗而入，因而有感，遂孕之。

然而拓跋珪却是个可怜人，尚未出生时，其父亲正赶上部落将领长孙斤行刺拓跋什翼犍，拓跋寔舍身卫父，力擒长孙斤，自己却因伤势过重而死。没了父亲的拓跋珪在六岁时又赶上代国灭亡，差点被苻坚强迁到长安，幸亏一个叫燕凤的大臣极力劝阻，认为留下拓跋珪对代国有"存亡继绝"之恩，将来必定忠心大秦，苻坚遂留之。拓跋珪这才跟随母亲，投奔南部大人刘库仁部，留在故地，使后来的复国成为可能。

燕凤同样是个传奇人物，字子章，代郡汉人，年轻时即博览经史，精通阴阳谶纬之术。拓跋什翼犍继位之后，曾以重礼相聘，结果被拒，于是亲率大军包围代郡，谓代郡人曰："燕凤不来，吾将屠汝。"燕凤乃至。

在代国灭亡之际，只燕凤的一番劝阻，足以报拓跋什翼犍"围城求人"之礼遇。拓跋珪及赫赫北魏的所有精彩，都应当感谢这位在代国国破家亡时依然心念故主者。

投奔刘库仁的拓跋珪母子受到了极大的优待，史载："库仁尽忠奉事，不以兴废易节，抚纳离散，恩信甚彰。"并且，刘库仁还时常告诫他的儿子们："帝有高天下之志，兴复宏业，光扬祖宗者，必此主也。"希望他们恭谨以待。

当时，苻坚出于制衡需要，将代国民众领土分为两部，以黄河以西归刘卫辰，黄河以东归刘库仁。这两人本是平起平坐的关系，后来因为刘库仁工作出色，苻坚遂予以嘉勉，加刘库仁为广武将军，赠幢麾鼓盖（旌旗仪仗之类），地位高于刘卫辰。

刘卫辰自然不甘心居于刘库仁之下，于是杀前秦五原太守以叛。刘库仁领兵击之，逐之于阴山西北千余里，俘获刘卫辰妻儿。不久，苻坚以刘卫辰为西单于，总督河西各部，治代来城。此后多年，二刘再无战事，直至拓跋珪光复代国后，为复仇而来，诛灭刘卫辰。

为一己私欲而轻行背叛的人，并不值得原谅与怜悯，可惜了苻坚的仁爱之心，全用在了一群狼心狗肺的人身上。

没有威行相伴，所有的宽厚仁爱之举，其实尽是纵容。

淝水之战后，前秦国内大乱，中国北方重新陷入分裂，隶属于前秦的刘库仁在对抗后燕时被慕容文夜袭杀害，其弟刘头眷代领其众。两年后，刘库仁之子刘显杀其叔父刘头眷自立，又欲杀拓跋珪，以剪除威胁。

拓跋什翼犍甥子梁六眷时任刘显谋主，尽得刘显阴谋，秘密遣人驰告拓跋珪；刘显弟妻为拓跋珪姑母，亦将刘显之意图告知拓跋珪母亲贺兰氏。贺兰氏于是请刘显饮酒，以姿色相诱，将其灌醉，拓跋珪连夜逃往母族贺兰部。

不久，刘显部发生内乱，贺兰氏得以逃回贺兰部，与拓跋珪会合。不过拓跋珪的日子并不舒心，其舅舅贺兰染干（贺兰氏之弟）忌惮拓跋珪颇得人心，试图将其杀害，多亏了母亲出面周旋，才存活下来。

苻坚死后，拓跋珪在贺兰部首领贺兰讷（贺兰氏兄长）及诸部支持下，于386年二月二十日在牛川（今呼和浩特东南）即代王位，建年号登国，光复代国。

好一番艰辛的经历！颠沛流离，九死一生，却也是艰难困苦，玉汝于成。虽然人们在经历磨难后并不一定能够成就一番事业，但是能成就事业者，必定经历磨难。拓跋珪属于后者，正是在他的手上，拓跋鲜卑部得以复兴。

即位之后，拓跋珪选贤任能，励精图治，推动农业发展，让百姓休养生息。不久又移都原代国都城盛乐，并在同年四月改称魏王，史称北魏。

此时的北魏强敌环伺，北有母族贺兰部，南有刘显独孤部，东有库莫奚部，西边在河套一带有铁弗匈奴刘卫辰，阴山以北有柔然和高车部，太行山以东有慕容垂建立的后燕，太行山以西则有慕容永统治的西燕政权。

这就是拓跋珪立国之初所面临的情况，可谓诸国林立、夹缝求生。为应对困局，拓跋珪遣使向后燕朝贡，与之结盟，引以为援。毕竟，因为慕容垂的原因，后燕是北魏无论如何也打不过的存在。

然而拓跋珪首先面对的并不是外敌的入侵，而是亲族争位，巩固自己的政权。

在代国灭亡时，拓跋什翼犍幼子拓跋窟咄曾被苻坚强迁至长安，前秦崩溃后，拓跋窟咄与刘显勾结，进逼北魏南部边境，欲取拓跋珪而代之。

在拓跋部，相比孙子而言，拓跋什翼犍的儿子或许更具话语权，听闻拓跋窟咄兴兵前来，北魏各部躁动不安。

内乱很快就发生了，拓跋珪身边的将领于桓等欲杀拓跋珪以应之，代人莫题亦暗中和拓跋窟咄联系。拓跋珪得知后，将准备谋害自己的于桓等五人予以诛杀，但对暗中和拓跋窟咄联系的莫题等七姓家族全部予以赦免，不予问罪。

这是有先例的，当年官渡之战时，曹操也同样放过了与袁绍暗通书信者。强敌来犯时，慷慨奋战者少，顾全身家者多，全部予以问罪，是对自身实力的极大削弱，不如卖个人情，以示宽宏大量、笼络人心，毕竟，人都是有羞愧之心的。但是对于意图谋害者，就要采取果断措施了，否则将会成为下一个苻坚。

前途未卜、叛降不定、众臣择主之时，人主的仁厚之心，决定着他的王图霸业最后究竟能走多远。

然而并不提倡首鼠两端、暗通款曲，忠义之心虽然不存在于为利来为利往的那时各个部落中，却在我们的心中划着一道又一道永不磨灭的刻痕。

为防止内乱继续发生，拓跋珪率领部众向北越过阴山，再次依附母族贺兰部，并派遣使者向后燕求援。

386年十月，拓跋窟咄日益逼近，而援军未至，北魏上下尽皆惶恐，拓跋珪遂命令使者先行返回，以示后燕援军随后即至，以安众心。随后，拓跋珪与后燕援军会合，在高柳大败拓跋窟咄，拓跋窟咄率残兵向西逃往铁弗匈奴部，被刘卫辰所杀，拓跋珪尽收其众，平定了其叔父拓跋窟咄的争国之乱，使自己对北魏的统治得以稳固。

这是拓跋珪即位之后极为重要的一战，此战的胜利，不仅确立了他在国内的正统地位，使拓跋鲜卑各部归心，对北魏的统治得以稳固，而且获得了后燕的大力支持，军心士气大增，进而有余力东征西讨，降服各部。

387年六月，后燕因刘显夺刘卫辰所献之马，出兵攻击刘显，将其打败。拓跋珪趁机亲征刘显，从马邑（今山西省朔州市）南追击其至弥泽（在马邑南），大败之。

其后，在后燕军配合下，拓跋珪开始大规模地对外用兵，先后大破库莫奚、高车、贺兰、纥奚等部，占领他们的土地，俘虏他们的人口，掠夺他们的牛羊马匹。数次战争之后，北魏国力迅速增强，兵威大盛。

不过，随着国力日增，北魏和后燕的同盟关系逐步走向瓦解，表现为拓跋珪越来越不听话，慕容垂对北魏越来越生忌惮防范之心。尤其是发生后燕扣留北魏使者以讨要良马事件后，双方的同盟关系破裂，反目成仇。北魏转而和西燕结盟，后燕却因为西燕的存在，腾不出手来收拾北魏，双方暂时保持和平，直至后燕攻灭西燕，斩杀慕容永，双方才在参合陂开战。

391 年十月，拓跋珪进攻柔然。这是与拓跋鲜卑的祖先同样的游牧民族，逐水草而生，每年冬天到来的时候，大雪覆盖草原，严寒会冻死他们无数的牛羊马匹，为求生存，只能南下前往更温暖的地方。每年如此，至少一次，遇到什么抢什么。

北魏非常有讨伐柔然的必要。

北魏大军在粮草耗尽时以备用战马为军粮，一路穷追不舍，终逼柔然首领缊纥提投降。

在消灭各部后，拓跋珪挥戈西向，向铁弗匈奴发起攻击。这是北魏的世仇了，在拓跋什翼犍时期即和铁弗匈奴数次发生战争，也正是由于铁弗匈奴首领刘卫辰的背叛，最终导致拓跋什翼犍身死，代国灭亡。能留刘卫辰活那么久，拓跋珪真是"人好心善"。

凭借巨大的军事优势，拓跋珪直接进攻铁弗匈奴都城代来城，刘卫辰在逃亡途中被部下杀死，拓跋珪尽诛刘氏宗族五千余人，将尸体全部丢进黄河中，以泄心头之恨。

虽然逃走了赫连勃勃，但是历史用血淋淋的事实告诉我们，斩草没除根也是不要紧的，只要实力足够强，完全可以在它春风吹又生时再斩一次。

大家都不愿意费事。

此战之后，黄河以南诸部尽皆投降，北魏国力大增，俨然已经成为中国北方实力最为强大的政权之一，为不久入主中原奠定了基础。

此时的后燕正忙着收渤海、征高句丽、占辽东，还没开始对西燕用兵，北魏却已经做好了准备，严阵以待。

03. 入主中原

其实，拓跋珪并不想马上就和后燕开战，有十六国第一战神之称的慕容垂几乎是不可战胜的存在，最好能将战事拖到慕容垂死后，毕竟慕容垂已经年届七旬，而拓跋珪才刚刚二十出头，这是他和慕容垂相比最大的优势。

但是慕容垂却等不了了，年已老迈，麾下诸子无一人是拓跋珪的对手，必须在有生之年解决北魏问题，否则，在他一命归西后，拓跋珪将成为他的儿子们解决不了的问题。在攻灭西燕仅仅数月之后，慕容垂向北魏动兵。

这是一场无法避免的战争，尤其在后燕攻灭西燕后，华北地区只剩下北魏和后燕两国对峙，究竟谁最终能够定鼎中原，在此一战。

面对后燕的大举来攻，拓跋珪采取诱敌深入之策，退兵至黄河以西，凭黄河之险与之对峙，并借助熟悉地理的优势，切断后燕军与中山的联系，然后放出"慕容垂已死"的谣言，扰乱后燕军心，迫使后燕统帅慕容宝撤军。之后，拓跋珪趁黄河结冰，率精骑渡过黄河追击，于参合陂追上后燕军并大败之，坑杀后燕降兵四万余人，史称"参合陂之战"。

虽然有慕容垂的再次来攻，但是已经改变不了后燕因参合陂之战的失败而造成的颓势，灭亡只是时间问题。在慕容垂死后，396年七月，拓跋珪建天子旌旗，改元皇始，正式开始准备攻打后燕，逐鹿中原。

396年八月，拓跋珪亲率十万大军南出马邑，越句注（今山西省代县雁门关），攻燕之并州，并派偏师东出军都山（今燕山和太行山脉接合部），攻燕之幽州。九月，魏军进至晋阳，后燕守将辽西王慕容农出战失利，退兵回城时其司马慕舆嵩叛燕降魏，闭门不纳。慕容农率妻儿及数千残兵东逃，结果被北魏追兵赶上，燕军全军覆没，慕容农受伤，仅率三骑逃回中山，妻儿尽成他人俘虏。

在攻克并州后，拓跋珪置宰守以治之，并州士大夫但有才能者，即拔擢任用，招抚离散，鼓励农耕。

随后，拓跋珪命人修复当年汉大将军韩信在井陉时所用之路，并取道此路进逼中山。慕容宝在得知北魏来攻后，婴城固守，不予出战。由于没有部队阻击，拓跋珪在攻克常山后，后燕各郡官员或逃或降，偌大一个后燕，仅余中山、邺城及信都三城仍在据守。拓跋珪兵分三路，自领大军攻中山，其余两路攻邺城、信都。

由于之前坑杀后燕降兵的原因，进攻中山的战斗打得异常艰苦，始终没有攻克，虽然最后拓跋珪和进攻信都的军队合兵一处攻克了信都，但是进攻邺城的军队却被后燕范阳王慕容德击败。直到后燕内部因争夺皇位而发生内乱，慕容宝、慕容麟相继出逃，拓跋珪才得以入据中山，邺城也终于在次年因慕容德的弃守而被占领。

拓跋珪在新占领的中山、邺城建立行台，以防变乱。随后迅速扩大战果，将后燕拦腰切为两段，慕容宝据有辽西，延续后燕；慕容德则率部南迁至滑台（今河南省滑县），建立南燕。

鲜卑慕容氏，再也成为不了北魏的威胁。

398年春，在攻占后燕大部分领土后，拓跋珪返回盛乐，六月，正式裁定国号为"魏"；七月，迁都平城（今山西省大同市），营造宫殿、宗庙、社稷，同年十二月二日，改元天兴，即位称帝。

如果说与后燕的战争还让北魏有所忌惮和畏惧的话，那么对后秦的战争则完全就是自信满满的碾压了。虽然，后秦在对凉州诸国的战争中同样保持着碾压的状态，而且在和北魏交锋时其国力正值鼎盛。其中意思是一样的，实力等级存在代差。

402年，后秦和北魏之间爆发柴壁之战，拓跋珪一战打光了姚兴所有逐鹿中原的雄心壮志，使他从此一蹶不振。要不是柔然来犯，拓跋珪被迫撤兵，后秦在那一年也许就要画上一个圆满的句号，更不会有后来刘裕北伐后秦时的赫赫军功了。……蝴蝶振动翅膀所引起的效应，恍然间改写了好多的历史。

随着军事行动深入中原，拓跋珪开始深入接触汉文化，逐渐发现汉族统治方式的优点，开始招贤纳士，任用汉族学者治理国家，但有投奔者，努力做到人尽其才，尽量给予机会。

在国家制度和礼义方面，效仿汉制，设置爵位官职，完善官僚体系和军事制度，制定礼乐，申明法律和禁令，规划行政区域，统一度量衡，让国家变得井井有条。为加强封建化，拓跋珪强制解散原先由血缘关系组成的北魏各部落组织，重新按居住地组织编制，使他们成为国家的编户，以加强政府对百姓的统治。

在占领中原的广大土地后，拓跋珪根据各地情况，制定了详细的赋税制度，把原先游牧的氏族成员转化为稳定的农耕人口，此举推动了北魏的经济发展，国家财政从中受益匪浅。

在文化上，拓跋珪也开始向中原文化靠拢，在即位称帝时，曾令朝野皆束发加帽，一改鲜卑留辫风俗，其后又设五经博士，增国子监太学生三千人，并大索全国书籍，汇集平城，以供学习之用。

一系列改革措施的出台，让北魏贵族们心生疑虑，害怕拓跋珪改变传统的举动会损害自己的利益，不愿配合，拓跋珪也觉得自己的权威因贵族们的反对而受到挑战。为加强皇权，拓跋珪采纳博士公孙表建议，效法韩非，以严法治国，在杀掉数名违法贵族后，终于震慑群僚，使改革得以顺利推行。

当然，由于血缘和文化的不同，拓跋珪在任用汉人官员推行改革的同时，不可避免地和汉族官员心存隔阂，产生猜忌，积累矛盾。在399年时，拓跋珪曾因矛盾激化而杀掉汉族官员崔逞，废黜张衮等人，此举给北魏造成了极大的负面影响，直接导致东晋发生桓玄之乱时，原本打算投奔北魏的东晋宗室司马休之不敢前来，改投南燕。拓跋珪后悔不已，从此开始亡羊补牢，对汉族士大夫宽容相待。

不过拓跋珪在引入汉家文化的同时，把"五石散"也引了进来，晚年因吃多了"五石散"而性情暴躁，开始刚愎自用、猜忌多疑、喜怒无常，常因想起臣子昔日之罪责而枉造杀孽，有时连大臣举止失当也会认为是居心叵测，拓跋珪往往亲手将其击杀，并陈尸于殿前。大臣们惶恐不安，不敢与之亲近，无心处理公务，只求自保，致使国内盗贼横行，百姓白日亦不敢出门。

407—409年间，拓跋珪先后杀死了司空庾岳、北部大人贺狄干兄弟、高邑公莫题父子及其堂兄拓跋仪。

当年拓跋窟咄来犯时，莫题曾与之暗通书信，说拓跋珪"三岁牛犊岂能胜任重载"。二十多年后，有人状告莫题在家时倨傲无礼，拓跋珪就突然想起这一茬了，遂遣使赐羽箭一支，并留有言曰："三岁牛犊今日若何？"莫题父子抱头痛哭，次日即被收斩。

其余被杀大臣，原因可参照莫题。那么多年过去了，谁又能想到拓跋珪会借着五石散的药劲翻旧账呢？然而他心中历历在目，如刚刚才发生一般。

清河王拓跋绍，拓跋珪次子，其母为贺兰氏、拓跋珪母亲的妹妹，也就是拓跋珪的小姨妈。当年拓跋珪在贺兰部时，见贺兰氏年轻、肤白、貌美，于是很想纳之。其母亲不同意，竟不是因为"小姨妈"的原因，而是因为"太过貌美，恐于陛下不利，且已有夫君，夺之不义"。很想纳之的拓跋珪哪里还顾得上这许多？派人将贺兰氏的夫君杀死，然后纳之，遂生拓跋绍。

这是一个坏人，生性凶残，不仅无文功武略，而且整日游手好闲、为非作歹，以劫掠行人为乐，曾干过剖孕妇观婴儿之事，恶行昭彰，毫无人性。拓跋珪得知后，将其痛打一顿，捆住双脚，倒悬于枯井之中，直到快死了才将其放下。太子拓跋嗣也常以善言相劝，但是拓跋绍不仅不思悔改，还对父兄怀恨在心。

他的存在，或许就是冥冥之中对拓跋珪强抢小姨妈的报应。

409年十月十三日，拓跋珪因拓跋绍事训斥贺兰氏，责备她教导无方，以致出此劣子，并将其囚禁，打算处死。贺兰氏密遣人向拓跋绍求救。当时，拓跋绍年仅十六岁，当晚即与宫中守卫及宦官勾结，趁夜翻墙入宫，刺杀拓跋珪。

当时拓跋珪正在熟睡，被惊醒后四处寻找武器反抗，慌乱之中居然没找到，终为其所杀，时年三十九岁。

第二天，拓跋绍假传圣旨，召集百官于端门，从门缝中探头问曰："我有叔父、兄长，诸公从谁？"众人无不愕然，良久，南平公长孙嵩回答："愿随大王。"百官这才知晓拓跋珪已死，都装聋作哑、沉默以对，唯有阴平公拓跋烈大哭而去。

拓跋珪被刺身亡的消息传出后，朝野汹汹，人怀异志，鲜卑各部也开始召集原先被打乱编制的部众，集结力量，观时待变。拓跋绍为稳定局势，搬府库布帛以赏公卿。

变故发生时，太子拓跋嗣并不在宫中。当时，按照北魏"立子杀母"的惯例，拓跋珪立拓跋嗣为太子时将其母亲刘贵人杀死，拓跋嗣哀泣不能自胜，惹怒拓跋珪，于是逃出皇宫，远遁他处避祸。多亏了这一跑，不然，能够对父亲举起屠刀的拓跋绍肯定也不会放过这个身为太子的哥哥。

得知其父被害后，拓跋嗣急忙赶回，白天隐匿于山中，夜晚则投宿于侍卫王洛儿家里。百姓得知拓跋嗣归来，奔走相告，于是拓跋绍也知道了，募勇士往杀之。

派出去的勇士出了皇宫就叛变了，杀死一同前去的拓跋绍的亲信并向拓跋嗣投诚。形迹暴露后，拓跋嗣无法继续隐藏，于是以王洛儿为使，联络旧日大臣，通报情况，秘做安排。众人得知拓跋嗣尚在，无不欣然响应，争相出城奉迎。

拓跋嗣进入平城时，宫中侍卫已将拓跋绍缉拿，并将其送至拓跋嗣驾前。

杀君弑父者，终究瞒不了天下人。

拓跋嗣一边哭泣一边数落拓跋绍："人生所重者父，云何反逆？"逼令拓跋绍自杀，并杀其母贺兰氏，同时诛杀其帐下及宫中内应十余人。最早冲进皇宫刺杀拓跋珪者，群臣将他们活活打死，生啖其肉。

若是当年能经受得住美色诱惑，不去生生抢了小姨妈，拓跋珪或许能善终吧。一代英雄，居然死于像小丑一样的混蛋儿子手中，可笑可叹，却也是宿命。

409年十月十七日，拓跋嗣即皇帝位，大赦天下，改元永兴，谥其父拓跋珪为宣武皇帝，庙号太祖，420年改谥号道武皇帝，即为历史上赫赫有名的北魏道武帝。

盖棺了，引用《魏书》中崔浩之言予拓跋珪以定论："太祖用漠北淳朴之人，南入中地，变风易俗，化洽四海，自与羲农齐列。"

04. 第一次南北大战

应该说，在拓跋珪的众多儿子中，拓跋嗣是个另类，史载其"明睿宽毅，非礼不动"，与只知道喝酒吃肉、上马弯弓的拓跋鲜卑人大有不同，拓跋珪甚奇之。

平定拓跋绍谋逆时，拓跋嗣也并没有像其他君主那样对叛乱者赶尽杀绝，只是诛杀了拓跋绍及其亲信十余人而已，没有扩大打击面，以其宽厚仁恕之心，使内乱得以迅速平息、人心得以安定。

即位之后，拓跋嗣修明政治，设八大人官，任命有威望才干的南平公长孙嵩、北新侯安同、白马侯崔宏、元城侯拓跋屈等八人为执政大臣，让他们"共听朝政，总理万机"，世人称之为"八公"。

对随其潜逃、在外历尽苦难以及冒身家性命之险助其夺位者，拓跋嗣全部予以厚报，封官赐爵，委以重任。此外，拓跋嗣还对其父在世时的冤死者予以昭雪，免职者予以复职，安抚人心，稳定政局。

北魏初年，由于水旱灾害频发，官吏、豪强肆意盘剥等原因，百姓食不果腹，常年饥馑。拓跋嗣针对这些情况，一方面迁徙灾民往丰收地就食，赈济穷困，减免赋税；另一方面劝课农桑，打击贪官豪强，改善百姓生活。

在整顿吏治上，拓跋嗣从"选贤任能"和"察守宰不法"两个方面着手，尤其在选贤任能上，特别重视招纳汉族士大夫参政为官，借助汉人的统治经验和文化知识治国安民。

在法治上，拓跋嗣命令长孙嵩及安同等共同审理民间诉讼案件，抚恤民众隐情，各地官员不敢继续姑息养奸，逐渐采用严刑峻法以防政务出错，北魏法治再次得到好转。

这些具有积极意义的措施的实施，使北魏摆脱了拓跋珪晚年的荒政以及拓跋绍谋逆所造成的影响，发展再度步入正轨。

在军事上，拓跋嗣秉承其父遗志，继续开疆拓土。

在北方，拓跋嗣先后两次亲征柔然，均获得巨大胜利。但是，柔然作为游牧民族，迁徙不定，北魏无法将其彻底消灭，只能在进行军事进攻的同时，加强边防，北魏在阴山以北地区修筑了一条东起赤城（今河北省赤城县），西至五原（今内蒙古乌拉特前旗境内），长一千多公里的长城，以防止其南下。同时设有军事六镇（由西向东依次为沃野镇、怀朔镇、武川镇、抚冥镇、柔玄镇、怀荒镇），以贵族亲信领军，重兵驻防。

后来，后来的后来，到了北魏末年，由于六镇军事功能减弱，士兵待遇降低，爆发了著名的"六镇兵变"，直接导致了北魏的灭亡。

在南方，北魏的势力范围扩展到河南，开始与东晋接壤。虽然后来被刘裕以"却月阵"击败，但是随着东晋北伐部队的撤走，北魏的扩张势头并未被遏止。拓跋嗣励精图治，整饬内政，积极为南征做准备。

422年6月，刘裕终于死了，这是一头猛虎，吞掉了南燕又咬死了后秦。北魏名臣崔浩认为，草莽出身的刘裕本领远胜借父兄之业而成事的慕容垂。他的死，让北魏除一心腹大患。拓跋嗣开始与大臣策划，进攻刘宋在黄河下游所占之洛阳、虎牢、滑台、碻磝（qiāo áo）等地，意图一雪却月阵大败之耻，进而饮马江、淮，势吞天下。

发兵之际，北魏内部就先攻城还是先略地的问题产生分歧。以奚斤为首的武将认为，先把城池攻下，然后才能逐步控制河南地区，崔浩则认为不然。

> 南人长于守城，苻氏攻襄阳，经年不拔。今以大国之力攻其小城，若不时克，挫损军势，敌得徐严而来。我急彼锐，危道也。不如分军略地，至淮为限，列置守宰，收敛租谷。滑台、虎牢反在军北，绝望南救，必沿河东走。若或不然，即是圈中之物。
>
> ——《魏书·崔浩传》

这是一个相当高明的策略，北魏以骑兵见长，由骑兵来蚁附攻城，是舍长就短、不智之举。黄、淮一带地处平原，正是发挥骑兵优势之所在，先以骑兵占领广袤平原，将刘宋军分割包围在孤城之中，然后再用步兵各个击破，甚至围而不攻，待其粮尽退走之时，于半路截杀，才是上策。

后来，拓跋焘正是弃坚城于不顾，挥兵迅速南下，才得以实现自己"饮马长江"之志的。

可惜，北魏一班将领还是跳不出先攻城后略地的传统打法，拓跋嗣最后也选择先行攻城的战略。毕竟，对于久经战阵的鲜卑人而言，并不相信只会耍嘴皮子的崔浩。打仗，从来都是先攻城后略地的，当我们不懂兵法乎？

422年十月，战事首先在滑台展开，刘宋方面镇守滑台的为东郡太守王景度，有兵数千人，可谓城小、兵微、将寡；北魏方面则以司空奚斤率两万步骑攻之。结果果如崔浩所言，奚斤不仅没打下来，反而向拓跋嗣求援，要求增兵。

两万大军打不下几千弱旅驻守的小城，拓跋嗣得报后顿时大怒，留太子拓跋焘于塞上，以备柔然，自己则亲率五万大军，出天关，越恒岭，声援奚斤。

受了刺激的奚斤只得不计代价地全力猛攻，以人数优势压垮滑台守军，在费了九牛二虎之力后，终于将它拿下，并乘胜进逼虎牢关。

虎牢关由刘宋司州刺史毛德祖驻守，屯有重兵，虽然无力出城决战，但是守城却是绰绰有余的，屡次击败魏军。

在虎牢关前屯兵以后，拓跋嗣在命令奚斤继续进攻的同时，派猛将于栗磾以三千骑兵攻打黄河以南的金墉和洛阳，洛阳城不及设防，很快被魏军攻陷。至此，刘宋在黄河南岸的四大重镇已丢其二，虎牢关岌岌可危，形势极为不利。

同年十二月，拓跋嗣再次添兵派将，命令寿光侯叔孙建等率部由平原东渡黄河，进攻刘宋之青、兖二州，兖州刺史徐琰弃城逃走，魏军兵不血刃而得兖州。叔孙建随即向青州进军，司马家族之司马爱之、秀之于济州东部聚众造反，并率部来降，刘宋东西两线全线告急。驻扎在南兖州（今江苏省长江北岸一带）的刘宋大将檀道济亲率大军，与屯兵湖陆的徐州刺史王德仲共赴东线，紧急驰援。

西线方面，拓跋嗣已经移驾邺城，此时他也意识到能否攻克虎牢关是西线取胜之关键，即派兵支援。北魏司空奚斤及大将公孙表于虎牢关城西多次发起强攻，战事十分激烈，攻守双方均伤亡惨重，然而虎牢关却始终没有被攻克。

毛德祖见敌强我弱，想以奇兵制胜，遂命令士兵从城内挖出六条深七丈的地道，一直通到魏军包围圈外侧，然后募敢死之士四百人，从地道杀出，突袭魏军身后。魏军猝不及防，一时间四散溃逃，刘宋军斩敌数百，并烧毁许多攻城器械。但是，数百人的损失对拥军数万的北魏军影响并不大，度过初始时的惊慌后，很快就重新集结起来，继续攻城。

为断绝虎牢关援兵，奚斤亲率骑兵三千人，绕过虎牢关，一举攻下位于虎牢关东南面的许昌，切断毛德祖退路。这时，在城中的毛德祖见魏军分兵，认为有机可乘，于是主动出击，在城西与公孙表展开大战。双方激战正酣时，奚斤的骑兵刚好从许昌赶回，北魏两支部队遂合兵一处，共击毛德祖，杀伤刘宋军数千人。此战过后，毛德祖退回城中死守，彻底放弃了主动进攻的念头。

然而，魏军不退，战斗就不会停止。为保住虎牢关，毛德祖再生一计，决定效仿"曹操抹书问韩遂"之法，抹书问一问公孙表，以期给魏军制造混乱，以寻找可乘之机。

毛德祖是北方人，尚未投军时即和公孙表有旧交，关系不错。乘作战间隙，毛德祖一面与公孙表通书信，谈当年往事，朋友情谊，只是在关键处多有涂改；一面遣细作入魏军营中，向主将奚斤揭发公孙表，说他和宋军有密谋。

公孙表其实很忠心，可能平时书读得少，没看过《三国演义》，并不熟悉"曹操抹书问韩遂"的故事，老老实实将书信交给奚斤，以证自己清白。已经被离间了的奚斤不客气地将书信呈报给拓跋嗣，当然，同时也向拓跋嗣报告了宋军细作离间的话语——有密谋。

书信中涂抹的地方成了一个个疑点，拓跋嗣身边大臣有与公孙表不和者乘机再进谗言，将虎牢关久攻不克的罪责全部归咎于公孙表。拓跋嗣遂认定公孙表里通外国，阴谋造反，派人夜入公孙表帐中，将其缢死。

由于是夜间，大家都在睡觉，拓跋嗣临阵斩将的行动进行得极为突然和隐秘，并未引起士兵的波动，自然也没有出现如马超、韩遂之间的内部分裂。第二天，太阳照常升起，虽然将士们都诧异将军怎么突然间就换了人，但是毕竟没有发生在自己眼前，于是也就接受了，魏军还是魏军，战斗还要继续。

毛德祖可谓绞尽脑汁，计策很成功，杀掉了公孙表；计策也很失败，没有在魏军那里看到心中所希望的内讧和分裂。

北魏在持续向西线虎牢关增兵的同时，东线也同样志在必得，寿光侯叔孙建以三万骑兵包围东阳城（今江苏省盱眙县东阳村），刘宋青州刺史竺夔（zhú kuí）率守军一千五百人固守。

竺夔招募城中民众守城，命老弱妇孺各据山险躲避，并坚壁清野，自己在增修防御工事的同时，"悉力固守，时出奇兵击魏，破之"。

不敢想象，仅有守军一千五百人的竺夔是如何出奇兵击败魏军的，然而他却做到了。

只有处于绝境之中、身怀必死之心，才会爆发出创造奇迹的力量。否则，该如何解释他们的坚守？

置生死于度外，拼了！

魏军绕城布营，把竺夔所掘四重堑壕填平了三重，并制造撞车攻城。竺夔命士兵挖地道奇袭魏军，破坏攻城撞车。魏军又筑长围围城，日夜猛攻，东阳城墙多处被毁，攻守双方均伤亡惨重。

战事从422年冬天一直打到次年夏天，三万魏军始终没有攻克一千五百人防御的东阳城。天气转热后，魏军士兵无法适应，中暑和患病者甚多，军中开始有瘟疫蔓延。这时，檀道济的援军终于赶到，叔孙建遂放弃攻城，焚营而去，退往滑台。檀道济大军走到东阳时，所携之粮正好吃完，无法继续追击，任由叔孙建退走。

东线战事至此结束，刘宋方面守住了东阳城，保住了青州。

至于西线虎牢关方向，惨烈的战斗仍在继续，毛德祖仍在进行着顽强的抵抗，一次次击退攻城的魏军。但是，魏军四面云集，重重围困，虎牢关城内物资开始匮乏。

由于缺乏饮水，刘宋士兵悬绳索出城，到黄河中取水。拓跋嗣得知后，立即下令将舰船在黄河边排开，阻止敌人取水。刘宋军又于城内掘取地下水，北魏则挖掘地道，泄放城中地下水，断绝守军水源。

东线的叔孙建退到滑台后，继续向西，与西线奚斤合兵一处，共攻虎牢关。两军会师时，虎牢关已经被围两百多天，无日不战，宋军死伤殆尽，魏军则越打越多，毛德祖日夜期盼的援军却始终不至。

当时，驻守项城的刘粹是距离虎牢关最近的一支军队，却畏敌如虎，不敢向前；远一些的檀道济等人也只是守城，不往虎牢关挪一步，只剩下毛德祖一个人苦苦支撑。

虎牢关外城被魏军攻陷后，毛德祖在城内重筑了三道城墙，北魏军又攻破其中两道，只剩最后一道城墙。毛德祖依靠着最后一道城墙，对外昼夜抵抗，对内抚恤将士，誓与虎牢关共存亡。

由于长期被围，断粮、断水、断药……条件日益艰苦，很多士兵病倒，身体还行的士兵由于晚上守城不能睡觉，眼睛干燥，用手一揉，连眼皮都能揉破。

即使如此，全城上下无一人想要逃跑或投降。

弹尽粮绝的虎牢关终于在 423 年四月被魏军攻陷，毛德祖被俘后为北魏所杀，曾经屯有重兵的虎牢关，成功突围者仅二百余人。

第一次南北大战至此结束，北魏夺取黄河南岸要地和山东兖州等地，辟地三百里，进逼刘宋领土。虽然颇有斩获，但北魏却因战争和瘟疫损失了将近三成兵力。而刘宋方面唯一的胜利是保住了青州。

一场大战，宋、魏双方都没能笑到最后。

在亲征过程中，拓跋嗣积劳成疾，旧病复发，于 423 年十一月初六病逝，时年三十二岁。谥明元皇帝，庙号太宗。

拓跋嗣，上承其父拓跋珪建国立业之武功，下启其子拓跋焘统一北方之雄风，在北魏开国史中，他的存在，有承上启下之重要作用。

05. 刘裕其人

中华上下五千年，秦皇汉武有之，夏桀商纣也算，共有帝王八百多人，有大一统的君王，有割据一方的霸主，也有出卖祖宗的宵小，但是论其中最能打的，当属刘裕。

刘裕，字德舆，小字寄奴，彭城县绥舆人，汉高祖刘邦之弟楚元王刘交二十二世孙，其家随晋室南迁，居京口。

据传，刘裕出生时，有神光照亮室内，当晚还降有甘霖，然而因为家贫，其母亲在他出生后不久即生病去世，父亲因无力抚养，一度打算将他扔掉，多亏其继母断掉自己孩子的奶水喂养刘裕，这才活了下来。幼年时曾以贩鞋、农耕及捕鱼为生。"斜阳草树，寻常巷陌，人道寄奴曾住"，正是刘裕那时的写照。

虽是百姓人家，但刘裕自小与芸芸众生相异。

年幼时和伙伴一起打柴、捕鱼，同行者常见刘裕身后有"两条小龙"相随，而且随着年龄增长，小龙也日益长大。

刘裕少年时曾游于京口竹林寺，独卧于寺中讲堂内，众僧恰好经过，见其上有五色龙若隐若现，皆大惊，待其醒来后，僧人将所见告知刘裕。刘裕十分欣喜，从此认为自己非同凡响，毕竟，和尚是不会说假话骗人的。

有一次，刘裕去砍柴，射伤了一条大蛇，次日再去时发现有几个孩童正在捣药，于是上前问询，孩子们回答说："我们的大王被刘寄奴射伤，正在制药医治。"刘裕追问："既然你们的大王神通广大，为什么不杀了他呢？"孩子们回答说："刘寄奴是王者，不可杀。"刘裕很高兴，赶跑小孩，抢了他们的药。

后来，刘裕到下邳去，路遇一僧人，僧人见到他后大为惊异，说道："江南将有大乱，能安此地者，必汝也。"又送刘裕伤药若干，之后即消失无踪。当时刘裕手上正有伤病，始终无法痊愈，以僧人所赠之药敷之，一次即痊愈。于是，刘裕将僧人所赠之药及之前从孩童手中所抢之药视若珍宝，后来每次征战负伤，即以药敷之，每次都能医好。

当然，刘裕成名以后，年少时的伙伴都找不到了，捣药的孩童也不见了踪影，竹林寺的僧人更是已经作古。这些神话一样的故事，只能听刘裕口述，得以流传。

成年后，刘裕身长七尺六寸，为人雄杰，风神奇伟，气度宽宏，为同龄人中佼佼者，以孝顺继母为乡人称道。不过由于家贫，时常去赌博以补贴家用，常欠赌资，信用不是很好。《资治通鉴》中司马光说他，"轻狡无行，盛流皆不与相知"，不被时人赏识。不过，出身琅琊王氏的王谧却十分敬重他，更曾告诉他说："汝当为一代英雄。"

当时有传言说：京口有天子气。刘裕父亲的墓地正在京口，时人孔恭擅长相墓，很是出名，于是刘裕找到他，让他给自己的父亲相墓。孔恭走到刘裕父亲墓地前，大吃一惊，谓刘裕曰："这才是真正的风水宝地。"这正是刘裕想要的结果，只有扬名，才有可能为天下知，才有出仕为官的可能。当然，风水宝地和天子气的结合，是刘裕称帝后自己的表述。

淝水之战时，刘裕应征入伍，参加了刘牢之所领导的北府军。小伙子高大魁梧，作战勇敢，擅使一柄长刀，很是能打，被北府军将领冠军将军孙无终相中，收为亲兵，后积功升为司马。

刘裕的出人头地，来自东晋末年政局的混乱，来自五斗米教孙恩的暴动。399年十一月，孙恩于会稽起兵反晋，东南八郡纷纷响应，朝野震惊。刘裕受孙无终举荐，转入刘牢之麾下，任职参军，跟随刘牢之前往平叛。

刘牢之抵达前线后，派刘裕领数十人前去侦察义军动向，不巧碰上数千义军。刘牢之率部迎战，部众死伤殆尽，刘裕单枪匹马，手舞长刀，酣战不已，杀伤敌人甚众。正激战间，刘牢之之子刘敬宣率骑兵主力赶来，击退义军，斩俘千余人。刘牢之乘胜追击，平定山阴（今浙江省绍兴市），孙恩逃回海上。

一个人打数千人的战斗，只此一战，就足够刘裕吹数千年的了。

此战之后，刘裕声名大振，自此独领一军，每战则披坚执锐，身先士卒，冲锋在前，所战皆捷。

在转战三吴的几年中，刘裕屡充先锋，每战挫敌，其军事干略初步显露。不仅作战勇敢，而且指挥有方，富有谋略，善于以少胜多。在当时诸将时常纵兵四掠、涂炭百姓的情况下，刘裕治军整肃，法纪严明，秋毫无犯。也正是在刘裕的打击下，孙恩最终战败，投海自杀。

孙恩死后，其妹夫卢循接过造反大旗继续反叛，但是由于有刘裕的存在，卢循实在是打不过，只好辗转向南，经海路前往广州，浙江沿海才算是平定了。

战后，刘裕因功升为建武将军、下邳太守，终于成了一方大员，从此有兵有粮。

孙恩起义消耗了大量的晋廷兵力，造成京畿地区防务空虚，给了当时正盘踞在长江上游军事重镇荆州、虎视三吴、伺机而动的桓玄（桓温之子）以可乘之机。402 年，由于桓玄不听朝廷诏令，东晋骠骑大将军司马元显下令征讨桓玄，桓玄也率领荆楚大军沿江东下，攻打司马元显，司马元显命令刘牢之率北府军前去抵抗。

刘牢之反了。

在与桓玄所部遭遇后，刘牢之不顾其子刘敬宣、外甥何无忌及已经成长为北府军重要将领的刘裕的极力劝阻，举兵投靠桓玄，帮助桓玄攻入建康，杀司马元显。

这已经是刘牢之第二次反叛了，第一次的反叛对象是王恭。

北府军的组建者谢玄，出身名门，关系广泛，有其叔父谢安为靠山，更在桓温帐下饱经历练，本领过人，政治方向明确。但是在谢玄死后，继任者刘牢之出身低微，没有世家大族做后台，更缺乏清醒的政治头脑，北府军也失去了明确的政治方向。淝水之战后，刘牢之北伐失利，撤军回到江南后不久即被东晋前将军、青兖二州刺史王恭（太原王氏）招揽至门下。但是，由于出身卑微，王恭颇看不起刘牢之，对他的拉拢也仅仅是利用而已，双方嫌隙日生，开始离心离德。

后来王恭起兵反对司马道子专权，司马元显（司马道子之子）遣使说服刘牢之，背叛王恭，投降司马元显，最终导致王恭兵败被杀。

如果说，反叛王恭还情有可原，毕竟当时王恭是东晋叛将，司马道子真正代表着朝廷正统，那么，反叛司马元显就完全是背叛朝廷了，道义上是不对的。事实上，刘牢之在投靠桓玄之后，心里也很是忐忑，在投靠司马元显时，司马元显给了他原来王恭所有的地位，而桓玄能够给予刘牢之什么呢？只能等到桓玄篡位、自己做了皇帝之后，才有可能给予刘牢之更多。

但是桓玄更看不起刘牢之，尤其是他背叛王恭，投靠司马元显，又背叛司马元显，投靠自己。桓玄认为，有朝一日，如果有人给予刘牢之更好的待遇，那么刘牢之也一定会背我而去。

在攻克建康后，桓玄任命刘牢之为征东将军、会稽太守，让他到绍兴去，将其调离京口，打算将他和军队分开，收其兵权。

刘牢之决心进行他人生的第三次背叛，反桓玄。

但是麾下的将领们不干了，参军刘袭说了一段非常震撼人心的话："事不可者，莫大于反。将军一反王恭，再反司马元显，而今又反桓玄，一人而三反，岂得立也。"认为如此作为乃是反复小人之举，话毕即扬长而去。众将领也纷纷离开，一哄而散，整个北府军就此散伙，各奔东西。

北府军是刘牢之一生荣辱所在，也是他唯一的政治筹码，主要将领的离去，顿时让他走投无路，最后心灰意懒，自缢身亡。桓玄将其开棺斩首，暴尸于市。

一代英豪，因为没有明确的政治方向，为利益驱动而左右摇摆，最后竟是如此下场，让人惋惜，更让后人警醒。

刘牢之死后，刘裕审时度势，率部返回京口，暂投桓玄以为韬晦之计。名义上虽然仍属于桓玄，但是却始终保持着自己的独立性。由于刘裕屡立战功，在北府军中颇有声望，桓玄亦不敢小视，认为他气度不凡，是人中之杰，对其款待备至、恩宠有加。

桓玄的妻子刘氏颇有识人之能，认为刘裕行止有龙势虎志，非久居人下之辈，建议桓玄早除之。桓玄对她的看法深表认同，但是依然器重刘裕："我欲荡平中原，非此人不行，怎好杀他？待关陇平定，再作计议。"

刘裕虽然没有被杀，但是北府军其他将领却倒了大霉，桓玄为消除隐患，瓦解北府兵，大力剿杀北府旧将，北府军几乎遭到灭顶之灾。与此同时，刘裕也暗中联系北府军残余，伺机反攻桓玄。

机会马上就来了。

桓玄欲行篡位之举，专门派人征求刘裕的意见。

"楚王，宣武（桓温）之子，勋德盖世。晋室微弱，民望已移，乘运禅代，有何不可？"

刘裕所期待的，正是桓玄篡位称帝的那一天，只有那时才是公开反对桓玄最好的时机，否则，无论桓玄如何专权跋扈，反对他仍然意味着反叛东晋。因此，刘裕一面欲擒故纵，迷惑桓玄，怂恿他叛晋自立；一面集结力量，联合北府军将领，共谋起事。

在得到刘裕的肯定答复后，403 年十二月，桓玄废黜晋安帝司马德宗，自立称帝，建国"桓楚"，改元永始。

404 年二月，刘裕联合北府军将领二十七人，正式起兵反抗桓玄。经过三个月的打击，桓玄兵败，弃城逃跑，在逃往蜀中时被益州都护冯迁杀死。

进入建康后，刘裕以身作则，约束宫廷内外，使百官认真供职，一改东晋末年政治混乱、百官放纵之局面，风气为之一变。

之后，刘裕迎立晋安帝，重振晋祚，成就"再造晋室"之功。晋安帝封其为都督中外诸军事，尊之为"尚父"，比以商朝伊尹、西周姜尚。

仍然盘踞在荆州的桓氏势力直到 405 年才被消灭，桓氏一家，尽数被诛，从此烟消云散。

桓温若知后世子孙有此结果，当年真该横下心来造反的。乱臣贼子之名，终究还是背上了。

407 年，刘裕得授侍中、车骑将军、开府仪同三司、录尚书事、徐兖扬三州刺史，入掌朝政大权。

06. 刘裕改革

淝水之战后，东晋虽然侥幸获胜，但是并没有积极振作、乘胜进取，以司马家族为代表的东晋士族沉迷酒色、罢黜贤臣，使"晋政宽弛，纲纪不立，豪族凌纵，小民穷理"。尤其是后期司马道子父子当权，贪污奢侈之风横行，政治败坏到无以复加的地步，人民负担日益沉重，社会矛盾加剧，统治阶级内部矛盾、阶级矛盾、民族矛盾日益激化。

正是由于这些矛盾的存在和激化，使东晋一朝始终动荡不安，地方势力割据称雄，对抗中央；农民起义持续不断，星火燎原。孙恩、卢循起义，桓玄篡位等事件的发生，更是直接将东晋推向了灭亡的深渊。

在经历连番动荡和打击后，东晋各大家族纷纷退出政治舞台，琅琊王氏，改玩艺术；陈郡谢氏，谢安之后，远离中心；桓氏家族，桓玄篡位，屠戮殆尽；颍川庾氏，被桓温取代后，日渐衰微。东晋皇室更加惨淡，不但没有属于自己的军事力量，而且在精神上也饱受打击，连他们自己都认为，晋祚覆亡之日不远矣。

"奋起寒微"的刘裕在这个时候依靠军功和手中的兵权登上了历史舞台，他和他的同伴们所组成的寒门武士集团，开创了寒门子弟掌权的局面。

当时的江南，如果没有刘裕的支撑，根本无法维系。

刘裕的改革是从405年开始的，一直持续到他称帝以后。其间针对东晋以来存在的政治、经济、军事等各方面问题采取了一系列改革措施，矫正时弊，加强集权，铲除分裂割据势力，努力发展经济，进一步打击了腐朽、黑暗的世家贵族势力，改善了当时混乱的政治和社会状况，减轻了劳动人民的苦难。

内容主要有以下几方面：

一、整顿吏治。为改变东晋以来"晋政宽弛"之局面，刘裕采用严刑峻法，严厉惩处渎职官员。即使是士族、皇族出身，刘裕也绝不手软，多有被罢黜甚至处死者。自己的亲信将领中有"骄纵贪侈，不恤政事"者，刘裕也将其严加惩处，甚至处死。

二、摒弃门第，重用寒门。东晋时期，中央和地方各州、郡大权一直掌握在王、谢、庾、桓等世家大族手中，选贤任能主要依据门第出身，正所谓"上品无寒门，下品无士族"。所选官员大多空有虚名，实无才干，拿工资，占职位，不干事。不仅如此，这些人还享有特权，"举贤不出世族，用法不及权贵"，完全和从"寻常巷陌"里走出来的刘裕是两个阶级。

刘裕掌权以后，为改变这种状况，要求各级官员严格按照九品中正制初置时的精神选拔人才。对于有才干却出身微寒的刘穆之、檀道济、王镇恶、赵伦之等人，刘裕均予以重任，引为亲信，丝毫不顾门第之见。

而且，刘裕用人不疑，不计小节。例如其麾下猛将王镇恶（王猛之孙），史家赞其"推锋直指，前无强陈，为宋方叔，壮矣哉"，刘裕委任其为中军参军，令其得以在北伐中立下赫赫战功。但是王镇恶为人贪财爱钱，"是时关中丰全，仓库殷积，镇恶极意收敛子女玉帛，不可胜计"。治军甚严的刘裕对其搜刮财富的行为采取"教育为主，点拨为辅"的感化之策，并且照样委之以重任，甚至在王镇恶被沈田子冤杀后，刘裕还追封其为龙阳县侯，谥壮侯，并享祭太庙。

三、继续实行"土断"，抑制兼并。这是东晋实施过多次的方法，桓温改革时也曾经实行。时光荏苒，矛盾依旧，义熙年间（413年），刘裕再次实行"土断"，历史上称之为"义熙土断"。

除南徐州、南兖州、南青州三地在晋陵（今江苏省镇江、常州一带）界内，不在土断之列外，东晋其余各地都要依界土断，"诸流寓郡县，多被并省"，大范围裁撤合并侨置郡县；在户籍上，不再区分土著和侨民，世家大族有隐藏户口者，严格清查；禁止豪强霸占山川湖泽、乱收租税，百姓可以任意采摘捕捞，还山于民，还地于民，还利于民。

对于敢于抗命者，则树以典型案例，严刑峻法予以惩处，使豪强肃然，远近知禁。

义熙土断是东晋所进行的第四次土断，在刘裕的领导下，义熙土断改善了东晋以来版籍混乱的局面，使政府对各地居民的统辖得到强化；从经济层面打击了东晋豪强士族的势力，剥夺了部分世家大族甚至是皇室的私产，对维护政府兵役来源和赋税收入起到了重要作用；一致对待土著和侨民的政策，有利于南北文化交流和民族融合。

四、恢复秀才、孝廉考试制度。之前的秀才和孝廉，都是从门阀士族中所出，依靠品评声望来定愚贤、受推举。基本上都是关系户，少有得其才者。刘裕于义熙八年（412年）上表晋帝，要求人才选拔方面应遵循旧制，并主张以考试的方法加以甄别。此举一方面把人才选拔决定权更多地集中在朝廷手中；另一方面阻断了门阀士族的仕进之路，限制和打击了门阀和豪强势力。

大力提拔和起用寒人担任要职，恢复秀才、孝廉策试制度，打破了门阀士族垄断政治的特权，至刘宋中期，寒门子弟已经广泛参与执掌机要之职，形成了后代所谓"寒人掌机要"的局面。南朝以后的君主，往往起用或倚仗寒人执掌机要。

五、整顿赋役制度，与民休息。刘裕下令，所有赋税、徭役都要以现存户口为基准进行征收，地方官员不得滥征；凡地方官员利用官府之名，侵占屯田、园地的，一律废除；对于因战争需要而征发的奴隶，在战争结束后，一律予以放还；此外，刘裕还下令免除部分苛捐杂税及徭役，减轻百姓负担。

六、发展商业。刘裕即位后，对市场繁多的交易税项做出减省，以便利市场商业交易；对于百姓赖以生存的车牛，刘裕下令各地官员不可任意征调，更不可逼迫其献出，以保护百姓的生产生活资料；凡宫中及官府所需要的物资，一律"与民和市"，照价给钱，不得征调。极大地推动了江南经济的发展。

七、削弱强藩，集权中央。刘宋立国以后，刘裕为限制州郡势力发展，规定荆州府置将不得过二千人，吏不得过一万人，其他各州置将不得过五百人，吏不得过五千人；放免部分兵户、吏家为平民，编入郡县户籍，不许地方官员私自侵占兵吏；为防止权臣拥兵自重，刘裕特别下诏，不再别置军府，将军队收归朝廷所有，宰相领扬州刺史则可置一千兵，其他大臣外任要职需要军队护卫或出兵讨伐，一律配以朝廷军队，事毕之后则需将军队交回朝廷；另外，为防止外戚乱政，刘裕下令，若有幼主，则事委宰相，不需太后临朝。

八、宽刑省法。对于东晋以来的各项苛法，刘裕也进行了改革，切实做到了执法有准、量刑有据、仁民爱物。

420年六月，他下诏曰："其有犯乡记清议，脏污淫盗，一皆荡涤清除，与之更始。"七月下诏："原放劫贼余口没在台府者，诸流徙家并听还本土。"同月再次下诏："往者军国务殷，事有权制，劫科峻重，施之一时，今王道惟新，政和法简，可一除之。"八月又下诏："开亡叛赦。"

晋时，穷苦民众为逃避繁重的兵役、徭役，有人竟自残手足，朝廷居然残酷地规定，将这些自残者罚作冶铁官员的奴隶。刘裕下令将此条律令免除，指出造成这一事实是"政刑烦苛，民不堪命"的结果。还下令对以往叛逃兵士株连旁亲的做法进行了新的规定。在422年时曾下诏，"刑罚无轻重，悉皆原降"，所有刑罚，普遍减刑。

九、大兴教育。虽然出身行伍，刘裕却非常重视学校教育。他认为，自东晋以来，"戎马在郊，旌旗卷舒，日不暇给。遂令学校荒废，讲诵蔑闻，训诱之风，将坠于地"。下诏选备儒官，弘振国学，带动了整个刘宋社会重视教育之风。

刘裕对东晋以来一系列弊政所进行的改革，使政治和社会状况逐渐好转，劳动人民的苦难有所减轻，国家在饱经动荡之后，元气得以逐渐恢复，对江南经济的发展有着重要的推动作用。至其子刘义隆当政时，出现了"余粮悉亩，户不夜扃"的小康局面，为"元嘉之治"打下了坚实基础，也奠定了南朝历代政治雏形。刘裕所做的改革，推动了社会的进步，促进了历史的发展，在我国古代经济重心南移的历史中起着不容忽视的作用。

刘裕的改革，进一步打击了腐朽、黑暗的门阀士族势力，彻底终结了魏晋以来士族与门阀共天下的政治模式，将军政大权悉数收归皇帝所有。同时，通过一系列措施限制门阀士族的政治特权和经济实力，标志着秦汉时期建立起来的中央集权政治模式经过魏晋低潮波折后开始走向复兴。

当代著名历史学家田余庆先生认为，刘裕是门阀政治的掘墓人，经过他的改革，门阀士族虽然仍然存在，但是已经失去了与皇权相抗衡的实力，再也无法成为决定性的政治力量。虽然依旧可能兴盛于一时，形成政局的暂时性反复，但是，严格意义上的门阀政治已经确定无疑地一去不复返了。

在逐步进行改革的同时，刘裕出兵平定内部叛乱，先后消灭孙恩、桓玄、卢循、刘毅、司马休之等势力，稳定国内局势，使南方出现百年未有的统一局面。对外则剑指南燕、谯蜀、仇池、后秦等国，怀揣着华夏儿女光复中原的梦想，带领着他的北伐大军。想当年，金戈铁马，气吞万里如虎。

07. 攻灭南燕

南燕的建立，纯粹是无奈之举。慕容垂死后，北魏趁机南下，将后燕拦腰切为两段，镇守在邺城的慕容德北上无望，只得纠集部众，占领几座城池，自己成立了一个国家。

慕容德，字玄明，慕容皝之少子，后燕皇帝慕容宝的亲叔叔，其母亲梦日入脐中而生之。年未及二十，身高即已八尺二寸，身材魁梧、相貌雄奇，额头生有日角偃月重纹（参见包青天）。为人性情清淡谨慎，博览群书，多才多艺。

在前秦爆发"五公之乱"时，慕容德曾建议前燕皇帝慕容暐乘乱起兵，讨伐苻坚，言辞慷慨，见识远大，虽然建议没有被采纳，但是从此被其兄长慕容垂赏识，与之共论军国大事，慕容德言必切至，慕容垂谓之曰："汝器识长进，非复吴下阿蒙也。"枋头之战时，慕容德以征南将军之职与慕容垂一起出兵抗击东晋，击败桓温。

后来就走"麦城"了，由于与慕容垂关系好，在慕容垂逃离前燕时，慕容德受到牵连被免职。前燕灭亡后，慕容德被迁至长安，在苻坚手下当了数年的张掖太守后，被免职回家。

淝水之战后，慕容德多次劝慕容暐乘势起兵，皆不被采纳。慕容德于是改投慕容垂门下，跟随他开始了光复大燕的征程。

对于这位弟弟的才能，慕容垂是深知的，不仅让他居中镇守护卫，而且参与决断政事，深为亲信，后来更让其出任司徒一职，引为国之柱石。也正是在慕容德的建议下，慕容垂才下定决心，力排众议，扫平西燕。在临终前，慕容垂更是告谕太子慕容宝，将军事重镇邺城交由慕容德驻守。

慕容宝继位之后，以慕容德为使持节，都督冀、兖、青、徐、荆、豫六州诸军事，特进、车骑大将军、冀州牧，兼领南蛮校尉，镇守邺城，取消留台，以都督专统南夏。将大半个后燕，交托在慕容德手中。

北魏大军南下时，慕容德亲飨士卒，厚加抚恤，人感其恩，皆乐为效死。在慕容德的带领下，邺城守军不仅屡次击败魏军，甚至派出军队，对魏军展开反攻。但是，随着慕容宝逃往辽东，中山等城池相继失陷，北魏各路大军尽皆扑向邺城，邺城已经成为死地，无法继续坚守。

398 年正月，慕容德率民众四万户、车两万七千乘，从邺城南下，迁往滑台（今河南省滑县）。途经黄河渡口黎阳津，正遇大风，一时风急浪高，渡船全部沉没，无法渡河。当时，北魏追兵将至，众人恐惧不安，欲退守黎阳以自保。

至晚间时分，气温骤降，浮冰冻结，封住河面，慕容德遂率军连夜渡河，摆脱追兵。次日清晨，北魏追兵到来，而河面冰层在此时正好裂开，魏军只能止步。

慕容德将黎阳津改名为天桥津，以纪念这次如有神助般的渡河。凶险万分，生死一瞬。

到达滑台后，慕容德依燕元旧例，自称燕王，置百官，大赦境内，建立南燕。此时，慕容德已经六十二岁矣，是十六国时期开国年纪最大的君主。

刚刚建国的南燕实力非常弱小，史称其"北通大魏，西接强秦，南邻东晋，三面俱为强敌，而且地无十城，众不过数万"。就地理位置而言，滑台之地，地处平原，一马平川，四通八达，地少人稀，南燕很难在此立足。

本就在大厦已经倾覆时立国，外有北魏、东晋威压，内更有氐族军阀苻广（苻登之弟，苻登被姚兴所灭后，投降慕容德）等人叛乱，在遥远的龙城，还有慕容宝苟延残喘，挑战着慕容德的正统权威，诚所谓"危急存亡之秋"。

399 年，就在慕容德率兵讨伐苻广之际，南燕长史李辩杀掉镇守滑台的鲁王慕容和，举城投降北魏。"老巢"被端的慕容德进退失据，在平灭苻广之后，慕容德听从部下建议，改收复滑台为向东进军东晋治下的兖、青、徐三州，占领"山川阻峻，足为帝王之都"的广固（今山东省青州市西北）为新都。

东进战略实施得出奇的顺利，慕容德率领军队越黄河，定兖州，拔琅琊，占莒城，克广固，成功控制了山东全境。东晋地方守将除辟闾浑外，其余皆纷纷弃城而逃，望风而降者不绝于路。据史料记载，徐、兖两州归附者十余万人，自琅琊向北而迎者四万多人。曾经击败过前秦大军的东晋军，再也不复淝水之战时之英勇。

400年，慕容德在广固正式称帝，大赦天下，改年号建平，自己也改了名字：慕容备德。由此，南燕成为中国历史上唯一一个在山东境内建都的王朝。

虽然年近古稀、烈士暮年，但是慕容德仍然壮心不已，认为自己能够在后燕行将灭亡的情况下艰难复国，必定是得到了上天的眷顾，是上苍选定的一统天下之英主，终于可以尽情发挥自己的治国才能。

他一方面励精图治，下令立铁冶、置盐官，在境内实施审核户籍、奖励耕织的政策，以增加税收，储备物资；另一方面重视军队建设，休养军队，制造兵器，大量招纳因不满权臣桓玄专权而流亡过来的东晋降将，以扩充军备。"讲武于城西，步兵三十七万，车一万七千乘，铁骑五万三千，周亘山泽，旌旗弥漫，钲鼓之声，振动天地"（《晋书·慕容德载记》），积极为开疆拓土做准备，使南燕虽以弹丸之小国，却能够雄踞于齐鲁大地，虎视天下。

404年二月，建立"桓楚"的桓玄被刘裕击败，江南陷入大乱，慕容德闻讯后，立即调兵遣将，任命慕容镇为前锋、慕容钟为大都督，以步兵两万、骑兵五千，克日伐晋，扬言要"饮马长江，旌旗陇坂"。

就在这时，广固附近却发生了一场地震，这是真的地震，震级不大，仅仅使鸟雀家禽惊扰飞散而已。然而对慕容德的影响却是巨大的，认为这是上天对他行将发兵伐晋的谴责，非常之紧张，非常之恐惧，精神上承受着巨大的压力。在地震之后，慕容德"疾动经旬，几于不振"（《南燕录》），不得不放弃这次进军东晋的绝好战机。

405年九月，慕容德召集群臣，商议立其侄子慕容超为太子（自己没儿子），然而正商议间，广固再次发生地震。如果说，上一次把慕容德吓坏了的地震仅仅是使鸟雀家禽惊扰飞散的话，这一次就是"百僚惊恐"了，病情刚刚有所好转的慕容德当时就吓得说不出话来，当天晚上就一命呜呼，享年七十岁。

南征东晋的计划，因为慕容德的去世而完全破产。

就在慕容德去世的当天夜里，慕容超命人连夜制作了十几口棺材，分别从四个城门抬出，埋葬于不同地方，对外宣称葬于东阳陵。但是，究竟葬于何处，始终无人知晓，盗墓贼自然也没地方去挖。

这是一位在花甲之年才登基称帝的皇帝，也是中国历史上唯一一位被地震吓死的皇帝，一生从未有过败绩，他的埋身之处至今还是中国历史上的谜。

谥献武皇帝，庙号世宗。

慕容超，字祖明，慕容德之兄北海王慕容纳之子。慕容垂光复大燕时，留在前秦的慕容纳及其诸子以及慕容德的儿子们全部被杀，慕容超母亲因怀孕而幸免于难，后在狱吏呼延平（曾被慕容德免死）的帮助下逃往后秦，生下慕容超。405年，在几经波折和磨难后，慕容超终于被接回南燕，凭一把慕容德南征时留下的金刀和叔父相认，这才有了自己的家。由于长得好，身长八尺，腰带九围，神采秀发，容止可观，而且慕容德始终没再有儿子，在临死之前，慕容德立慕容超为太子。

俗话说，眼因多流泪水而益愈清明，心因饱经忧患而益愈温厚。饱经磨难的慕容超本该好好珍惜父辈历尽艰难困苦创立的基业，但是，与励精图治的慕容德不同，慕容超即位之后，不仅不思奋发图强，反而亲信奸佞公孙五楼，时人为之语曰："欲得侯，事五楼。"王公内外无不对公孙五楼忌而惮之，加之沉溺游猎、赋税繁多，凌辱诛杀功臣，荒暴放纵，国内民众怨声载道，南燕国势开始由盛转衰。

不仅如此，慕容超还频频挑衅东晋，纵兵肆虐淮北，劫掠当地百姓，先后俘虏东晋阳平太守刘载千、济南太守赵元等，令东晋朝廷损失惨重，愤恨不已。

为抗击南燕，外扬声威，409年四月，刘裕誓师北伐。舟师自建康出发，溯淮水入泗水，进抵至下邳（今江苏省睢宁西北）后，弃船上岸，改由路陆北上，进至琅琊（今山东省临沂市北）。为防南燕以奇兵断其后，北伐军所过之处皆筑城垒，留兵防守。

南燕并没有派兵切断北伐军后路，慕容超更没有采纳公孙五楼"据大岘（即穆陵关，在今山东省沂水县）之险，使不得入，然后断其粮道，腹背击之"或"坚壁清野，依险固守"之良策，而是恃勇轻敌，采纳了公孙五楼的下策：纵敌入岘，出城逆战。慕容超自信，以南燕之强大，有"战车万乘，铁马万群"，完全可以将晋军放过大岘山，然后凭借骑兵优势，一举歼灭之。

在确定战术后，慕容超命令公孙五楼、贺赖卢及左将军段晖等率步骑五万进至战略要地临朐（今属山东省潍坊市），自己亲率四万大军为后继，等待着晋军到来。

这可真是帮了大忙，刘裕率军一路北上，旅途很是顺利，直至越过有齐地天险之称的大岘山，未曾遭遇抵抗。

北伐军前锋进至临朐城南的巨蔑水（今山东省弥河）时，与前来切断晋军水源的公孙五楼遭遇，公孙五楼战败退走。刘裕以战车四千辆分左右两翼，兵、车相间，骑兵在后，继续向北推进。

两军在临朐南展开会战，慕容超遣精骑前后夹击。双方拼命厮杀，胜负难分之际，刘裕采纳参军胡藩建议，派遣胡藩等率军绕道燕军后方，趁虚攻占临朐。消息传来，燕军大败，慕容超单骑逃往左将军段晖营中，刘裕纵兵追击，斩段晖等十余将，大败燕军，慕容超逃还广固。

刘裕乘胜追击，迅速攻克广固外城，慕容超退守内城。刘裕筑围困之，招降纳叛，争取民心，并就地取粮，以战养战。

望着城外刀如丛、枪如林的晋军，慕容超这时才感到恐慌，在向刘裕求和被拒后，转而遣使向后秦求援。

然而，此时的后秦在和胡夏的战争中连续战败，正在被赫连勃勃吊打，根本无暇顾及南燕的存亡，派出去的援兵在半路上即被姚兴强令召回。慕容超坐困孤城，南燕大臣相继降晋，灭亡的阴影笼罩着整个广固城。

恰在此时，南燕派往后秦求援的使者被晋军截获，为瓦解守军军心，刘裕使其绕城而行，以示后秦救兵无望，城内南燕守军尽皆惊恐。晋军又造飞楼、冲车等器具，加强攻城能力，四面围攻广固。

410年二月，南燕尚书悦寿开城投降，北伐军攻入广固，慕容超在逃跑的路上被抓，南燕灭亡。

攻城战历时半年之久，晋军损失惨重。为泄愤，刘裕在入城后以广固久守不降为由，将南燕王公以下三千人全部坑杀，慕容超被押解至建康后，于建康街头斩首。

当初如果能够谨守大岘山，或许结局会有所不同吧。

……会让刘裕在进军的路上多一道阻碍，仅此而已。

随着南燕的灭亡，慕容鲜卑政权全部覆灭，留给后世子孙的唯有一个永远无法实现的光复梦。

据说，光复大燕的梦，慕容家族的子孙们一直做到了《天龙八部》里慕容复那一代，六百余年，始终不曾忘记。

08. 北伐后秦

攻灭南燕后，刘裕对内相继镇压了卢循、徐道覆领导的农民起义，剪除了刘毅、诸葛长民等地方实力派，打击了宗室司马休之势力，对外则出兵平定谯蜀、仇池，使东晋政局稳定（唯刘裕马首是瞻），经济和军事实力逐步增强。

在这段时间里，后秦却在下坡路上愈行愈远：佞佛之风使府库为之一空；繁重赋税使民众怨声载道；国内民族矛盾、阶级矛盾、统治集团内部矛盾日益激化；与胡夏的战争更是屡战屡败，丧兵失地，进一步削弱了后秦国力。416年二月，姚兴病亡，诸子争位，本就内忧外患的后秦更是外患难平、内乱不止、人心浮动。

彼消此长的形势，为刘裕第二次北伐创造了极为有利的客观条件。

416年八月，刘裕留亲信刘穆之坐镇建康，内总朝政，外供粮草，自己则亲率主力自建康出发，经彭城，自泗水过巨野泽，入黄河，西趋洛阳。

具体作战计划如下：

以主力大军由淮、泗入黄河西进，夺取战略重镇洛阳；以部分兵力出武关，牵制关中秦军，然后夺取潼关，直攻长安。

以龙骧将军王镇恶、冠军将军檀道济率步兵为前锋，王镇恶自泚水出商丘，攻荥阳；檀道济自颍水出项城（今河南省商丘市），攻许昌，两军会师洛阳，待刘裕所率主力到达后，继续西进。

以建武将军沈林子、彭城内史刘遵考率水军由彭城溯汴水出石门（今河南省荥阳市东北），入黄河，进占洛阳以北，阻止魏军南下侧击晋军。

以振武将军沈田子、建威将军傅弘之兵出武关，牵制后秦战略机动力量。

以新野太守朱超石、宁朔将军胡藩率军出襄阳（今湖北省襄樊市），赴阳城（今河南省登封市东南），牵制关中秦军，防止其向洛阳机动。

以冀州刺史王仲德总督前锋诸军，率水军由彭城溯泗水、开巨野泽入黄河，防止北魏乘虚渡黄河南下。

北伐军一路战胜克捷，进展神速，后秦各地屯守望风归降。九月，刘裕兵至彭城，前锋王镇恶、檀道济军由淮、泚转向许、洛，至十月间，北伐军攻克洛阳。一时之间，捷报频传，东晋朝廷上下，应接不暇。

此时的后秦，仍在和西秦、胡夏互相攻伐，战斗不止，内部叛乱更是此起彼伏，纷纷扰扰。面对东晋来攻，姚泓只能两面固守，从一开始就陷入顾此失彼的境地。

417年正月，刘裕留其子刘义隆镇守彭城，自率大军沿泗水北上，于是年三月初八进入黄河，借道北魏，逆流向西进军。

北魏方面为防止晋军登岸北上，派遣十万重兵驻守黄河北岸，以游骑数千沿黄河跟进，晋军但有漂至北岸者，皆被擒杀。刘裕在行军途中多次派兵上岸攻击，但军队刚一登岸，魏军即逃离岸边，待晋军离岸登船后，北魏骑兵又至，继续擒杀落单晋军。由于北魏的袭扰牵制，北伐军西进速度极为缓慢。

就在刘裕艰难西进的同时，王镇恶见后秦内乱纷起、潼关守军薄弱，当机立断，与檀道济兵分两路，继续西进。

然而战况开始不利，王镇恶军到达潼关后被后秦军主力据险以阻；檀道济军粮道也被后秦将领姚绍切断，前锋部队一时陷入危局，幸亏当地百姓慷慨解囊，北伐军才转危为安。二人同时向刘裕求援，但是由于北魏的牵制，刘裕此时正自顾不暇。

为击退魏军袭扰，迅速西进支援王镇恶、檀道济所部，刘裕命令白直队队主丁旿及新野太守朱超石率将士数千、战车百乘，携强弓劲弩，抢滩登陆，距岸百余步列阵。

由于所布之阵法为弧形，两头抱河，形似新月，故名之曰"却月阵"。

"却月阵"是刘裕高超军事才能的集中体现，其构成复杂，不仅包括步兵、骑兵、战车及水军的协同，而且需要必要的地理条件，发挥己方优势，是刘裕经过认真研究和周密准备而成，并不是在战场上临敌应变产生。

刘裕所布之却月阵，主要包括地理条件、兵器、兵种和兵力配置等。

地理条件

河流：晋军有绝对的制水权，河流的存在可以保障"却月阵"后方及侧翼的安全，不必担心被合围。

视野开阔的平坦河岸：晋军依靠高大的战船，居高临下，良好的视野便于晋军观察敌我双方动向，及时掌握战场情况。

兵器

战船：控制水道，运送兵源和作战物资，战事不利时，可接应登岸部队。

战车：抵御敌军骑兵冲击，起防御作用。

盾牌、弩、槊等：士兵作战武器，保护自己，杀伤敌人。

兵种

步兵：作战之主力，包括车兵、弩兵等。

水军：控制河流，提供陆战支援，接应登岸部队。

骑兵：晋军少马，骑兵部队不是很多，不足以用来和北方铁骑正面对决，但起到掩护友军和追击逃敌之用。

兵力配置

以战车百乘布下弧形"却月阵"，两头抱河，以河岸为月弦，车辕上张设盾牌，以保护战车，增强防护力。每辆战车设持杖士卒七人、战兵二十人、大弩一张。

从物理学角度来讲，弧形可以分散受力点的力，有着良好的抗冲击能力，依托战车以弧形布阵，既可防弓箭，又可有效抵挡敌方骑兵的冲击；阵内士兵远有强弩，近有长槊，战斗力爆表；同时又是背水结阵，士兵无路可退，只能奋力拼杀，可起到"置之死地而后生"之效果。

事实证明，刘裕的却月阵是非常有杀伤力的。

在晋军布阵完成以后，魏军才发现他们有赖着不走、准备死磕的节奏，于是调集军队，对晋军展开围攻。

为吸引魏军来攻，朱超石先以弱弓射箭，向其示弱，魏军遂三面而至，北魏将领长孙嵩得到消息后，率骑兵三万助战，一起围攻晋军。

在魏军数万铁骑以排山倒海之势冲上来时，朱超石命令士兵改换大弩、强弓猛射，给魏军以重大杀伤。但是，北魏军也是杀红了眼，越战越猛，越打越多，妄图以人数优势冲破晋军防线。

这时候，强弓劲弩已经不足以阻止敌军，朱超石命令部队将所携之长槊全部截为数段，每段三四尺长，以大锤击打断槊进行杀敌，由于却月阵迎击面小，魏军无法将兵力全部展开，后方部队越是向前，前方部队越是没有腾挪空间，密密麻麻挤在阵前，正给了断槊、强弩发挥空间，一根断槊飞出，能贯穿三四名魏军将士，杀伤力甚是骇人。魏军逐渐抵挡不住，"一时奔溃，死者相积"，先锋阿步干被阵斩。朱超石、胡藩等随即率骑兵追击，虽然半路被围，但激战终日后，大破魏军，再斩首千余级。

这是北府军成军以来最为辉煌的时刻，卓越的将领、英勇的士兵、足以克敌制胜的阵法，他们创造了一个前无古人、后无来者的战争奇迹，彪炳史册，为历代颂扬。

在此战中，刘裕大胆革新战术，先是以弧形阵增强防御，又将弩、槊等远近距离兵器有机结合，增强杀伤力；在兵力配置上，刘裕采用多兵种协同作战，以水军为后援，以战车为屏障，以步兵杀伤敌人，再以骑兵追击；在作战指导上，刘裕适时选择战机，利用魏军屡次挑衅，激励士气，并巧妙选择战场，使己方占据制高点，总览战场形势。

此外，刘裕还利用登陆士兵心理，将其置之死地，以求将士舍生忘死、奋勇杀敌，并利用魏军人多欺敌的心理，示敌以弱，诱使魏军大举来攻，一战解决袭扰问题。取胜后及时派兵增援，适时出击，扩大战果。

整个作战过程，刘裕部署周密，水陆两军配合密切，谋略运用完美，战术使用得当，使强大的魏军铁骑无机可乘，处处被动，三万余骑兵最终败在区区两千七百名步兵手中，堪称战术史上的奇迹。

然而，击败北魏铁骑的"却月阵"如昙花一现般从此消失，后世兵家无数，却再无一人使用此阵法，究其原因，是由其自身局限性所决定的。

"却月阵"在使用时，对战场的要求非常高，在兵力配置和武器使用上都要求细致入微，不能有丝毫差池，稍有不慎就会被敌人突破阵形，导致全军覆没。

更重要的一点是，必须有河流和制水权。

"却月阵"的布阵，首先必须以河流为依托，而且必须是大江大河，可以保障"却月阵"后方和侧翼的安全，避免被敌军四面合围，没有大江大河的存在，大型战船就无法行进，水军就无法对阵中将士进行有效支援，敌人就有可能涉水渡河，从后方击破"却月阵"。

其次是必须掌控制水权，只有制水权掌握在己方手中，才能确保登陆部队的后路不被切断，水军才能够及时支援、接应。否则，登陆士兵将陷入灾难之中，那就真的是置之死地了。

此外，"却月阵"是一个纯粹防守型阵形，只能待敌来攻，始终处在被动挨打的地位。虽然杀伤力巨大，但是机动能力不足，取胜后根本无法扩大战果，骑兵在追击时会脱离后援，一旦与强敌遭遇，就会有被包围歼灭的危险。朱超石等人在追击时的遭遇正证明了这一危险的存在。

由于大江大河和制水权的限制，在中国战争史上，以步制骑的"却月阵"仅此一次，旷古绝今。

其实，我认为，更大的限制在于，在山呼海啸般的铁蹄声中，那些不动如山的北府军士兵，真的很难找。

北魏明元帝拓跋嗣在惊呆之余，吸取教训，不再袭扰晋军，北伐军得以顺利西进，于四月中旬到达洛阳，参与攻打长安的战斗。

在陆路进展不顺的情况下，刘裕所率水军的及时到达，对北伐战争的胜利起到了决定性的作用。正是水军的到来，给在潼关前钝兵挫锐的前锋部队注入了新的力量。

417年七月，刘裕全面击败魏军，收复河南全境，巩固了后方防卫。八月，刘裕率军到达潼关，与诸将会合。

生力军的到来，让北伐军前锋部队得到补充和休整，实力爆增；偏师沈田子方面在青泥大败姚泓所率后秦军主力，阵斩万余人，更让北伐军士气大振。此后，王镇恶率水军自黄河入渭水，于泾上（今陕西省高陵区境内）击败后秦镇北将军姚疆，进逼长安。

八月二十三日，王镇恶率军到达渭桥（长安城北），弃船登岸，当时正值渭水湍急，舰船大部被水冲走，王镇恶乘机激励将士："吾属并家在江南，此为长安北门，去家万里，舟楫、衣粮皆已随流。今进战而胜，则功名俱显；不胜，则骸骨不返，无他歧矣，卿等勉之。"

没了退路的北伐军将士们很"勉之"，尽皆拼命死战，连败秦军，一日而克长安。第二天，姚泓率群臣至王镇恶营中投降，后秦灭亡。

长安在沦陷百年以后，终于再次回到汉人手中。

东晋之所以能够攻灭后秦，取得北伐的胜利，究其原因，除后秦自身国力衰败、内忧外患、灭亡在即外，刘裕的贡献尤为突出。

首先，刘裕通过一系列改革措施，使东晋迅速从内乱中恢复过来，虽然皇室及世家大族的力量遭到打击，但是政局趋于稳定。在刘裕的领导下，各级官员各司其职，政府部门运行良好，百姓基本上能够安居乐业，经济实力稳步增强。

其次，在军事上，刘裕带领着北府军平定内乱、剿灭外患，通过战争使他的军队士兵作战经验丰富，将领指挥能力突出，自己作为统帅的才能也得到了良好的发挥和锻炼。实力强大的军队，是最终赢得北伐胜利的根本保证。

最后，刘裕在姚兴去世后，后秦政局不稳、人心动荡，统治集团内部争立仇杀，且外有西秦、胡夏交相侵扰之际出兵，时机成熟；北伐军水陆并进，主次配合，偏师沈田子、傅弘之所部成功牵制和消灭了后秦机动力量，减弱了主力部队进军阻力；巧妙借道北魏，成功阻止了魏军南下援秦的行动，既使自己摆脱两面作战的危险，又将后秦置于孤立无援的困境。

在当时诸国纷争、斗争形势变幻莫测的恶劣环境下，刘裕虽悬师远征，却能筹划得当，挥洒自如，占尽了对后秦作战的主观优势，争得了整个战争的主动权，实属难能可贵，也成为其能够战胜后秦的重大原因之一。

然而，就在北伐取得巨大成功的时候，东晋内部却开始掉链子，先是刘裕要求的"加九锡"的待遇迟迟没有到位，简直是杳无音信，凉了将士们的心。在攻克长安后，刘裕派人询问，总揽朝政的刘穆之居然惊惧过度，一命呜呼，使刘裕顿失一臂，虽远在长安，却也感觉到了建康城内的山雨欲来。

西秦、胡夏就在卧榻之侧，北魏也正虎视眈眈，继续北伐还是回家，这是个必须好好讨论的问题。

已经取得了辉煌的胜利，久经恶战的将领们不想再打，刘裕也着急回去篡位称帝，虽然有关中父老苦苦哀求，但是，毕竟，江南才是自己的大本营，刘裕不得不做出选择。

417年十二月初三，刘裕留其年仅十二岁的儿子刘义真及心腹将领王修、王镇恶、沈田子、朱龄石等人共守长安，自己统大军南归。

在刘裕南归后不久，赫连勃勃派兵攻打长安。而留守长安的东晋文武官员却在敌人兵临城下时发生内讧，先是沈田子杀王镇恶，然后王修杀沈田子，刘义真又杀王修。兵败以后，朱龄石、傅弘之在逃亡路上被胡夏军擒获杀死，刘义真单骑逃脱，留守长安的北伐军精兵强将损失殆尽。

虽然长安得而复失，潼关以西的关中之地全部被胡夏占领，但是潼关以东和整个河南地区仍有刘裕重兵把守，收复之地并未损失过多。经过两次北伐后，黄河以南、山东全境、关东、淮河以北以及汉水上游的大片地区为刘裕所据有，东晋防线推进至潼关、黄河一线，保障了江淮流域。"七分天下，而有其四"，这是祖逖、桓温、谢安等人经营百年所未能达到的成果。

后来宋魏之间的战争，多在这些土地上进行，使长江流域得到了较为长期的安宁，为"元嘉之治"提供了北部疆域屏障。

418年，刘裕受相国、总百揆、扬州牧，以十郡之地建"宋国"，获封宋公，受九锡之礼。419年，刘裕晋爵宋王，加十郡增益。419年年末，刘裕获加皇帝规格的十二旒冕、天子旌旗等一系列殊礼。420年7月10日，刘裕代晋称帝，改国号为"宋"，改元永初，东晋灭亡。

代晋称帝以后，刘裕下令，将全国所有的司马氏全部诛杀，以泄汉室为晋所灭之恨，更解"神州陆沉"之仇。

本打算继续北伐的，然而天不假年，422年6月26日，刘裕因病去世，享年六十岁，庙号高祖，谥武皇帝。

刘裕，无论文治还是武功，当为一代英雄。

……斜阳草树，寻常巷陌，人道寄奴曾住。想当年，金戈铁马，气吞万里如虎。

刘裕死后，北魏拓跋嗣顿觉心腹大患已除，率军发动了双方都没讨得好处的第一次南北大战，自己也在战争结束后因积劳成疾而死。

09. 拓跋焘即位

拓跋嗣真是没赶上好时候，在位期间正值刘裕当道，直接限制了自己的南下之路，好不容易将其熬死，大展雄风时却为刘裕余威所累，一命呜呼。然而，经过拓跋珪、拓跋嗣父子两代的辛苦经营，北魏北统大漠，东破库莫奚，西败高车，南胜后燕，尽取黄河以北山西、河北之地，与刘宋政权隔黄河对峙，可谓如旭日东升，一片光明，着实为拓跋焘统一北方奠定了一个良好的基础。

拓跋焘，北魏明元皇帝拓跋嗣长子，出生时即体貌异于常人，其祖父拓跋珪见而奇之："成吾业者，必此子也。"十二岁时即远赴河套抗击柔然，其后更亲统六军出镇塞上，使柔然不敢南下而牧马，军事天赋过人……锻炼的机会也非刘裕的儿子们所能比。在拓跋嗣生病期间，拓跋焘以皇太子身份临朝听政，总管朝中事务，聪明大度，应付裕如。423年十一月初九，拓跋焘继位称帝，是为北魏太武帝。

当时，北方的形势依然复杂，胡夏赫连勃勃称雄关中；北凉沮渠蒙逊盘踞河西；西秦乞伏炽磐割据陇右；辽东有冯跋建立的北燕；北方的柔然更是侵袭不断；南方刘宋政权亦虎视眈眈，伺机进犯。拓跋焘统一北方的征途依然漫漫，道路依旧坎坷。但是，正是由于这些对手的存在，促使拓跋焘尽展雄才大略，最终一统中国北方，直至饮马长江。

就在拓跋焘即位不久，柔然可汗大檀率骑兵六万攻入云中（今内蒙古托克托东北），杀掠吏民，抢劫财物，并攻陷北魏故都盛乐（今内蒙古和林格尔西北）。

这是一群被拓跋焘称为"蠕蠕"的人们，举大众追之则不能及，以轻兵追之又不足制，作战时鸟集兽散，杀不着，驱不了，很是难缠。然而每年都要南下，劫掠北魏北部边境，一直是北魏难以解决的心腹大患。

拓跋焘自十二岁起就和"蠕蠕"们开战了，至此时，已经打了四五年。

得报后，年仅十六岁的拓跋焘亲率轻骑驰往云中，远道而来的魏军尚未及休整即陷入重围。拓跋焘激励将士："生死在此一搏，富贵只在顷刻。"并身先士卒，亲率大军拼死力战，这才将柔然人击退。

柔然的侵扰牵制了北魏的力量，使其无力进一步征讨其他割据政权，更无力南进与刘宋争锋。对于当时的北魏而言，如果不先行出兵征服柔然，那么，每一次的东征西讨，都极有可能陷入腹背受敌的窘境。在崔浩等人的支持下，拓跋焘不顾太后及众多大臣的强烈反对，下定决心，北征柔然。

424 年十二月，拓跋焘自领一军进屯柞山（今内蒙古和林格尔境内），以平阳王长孙翰、安北将军尉眷兵分两路，从东西两个方向越过大漠，斩杀柔然骑兵阿伏干部数千人，获马万余匹，大胜而归。

第二年十月，拓跋焘兵分五路，再次北伐，大军至漠南，舍辎重，只带十五日粮草，以轻骑越大漠，深入漠北。柔然可汗大檀惊慌失措，率众北遁。北魏五路大军在漠北草原上纵横驰骋，所到之处，柔然各部尽皆逃遁，"绝迹北走"。

通过连续两次北伐，虽然没有使柔然受到致命打击，但让其损失了无数的牛羊马匹，元气大伤，此后数岁不敢犯边，北魏北部边境的压力得到缓和。暂时解除了柔然的威胁后，拓跋焘剑指关中，将目光投向那富丽堂皇、坚固如铁的天下第一城——统万城，开始了鲜卑骑兵对阵胡夏铁骑的战争。

426 年九月，拓跋焘以司空奚斤领一军攻蒲阪（今山西省永济县东）；宋兵将军周几领一军攻陕城（今河南省陕县西），进逼长安，牵制胡夏关中兵力；在两路进军关中的部队成功吸引胡夏注意力后，拓跋焘于次月亲率两万轻骑自云中出发，奔袭统万城。

战事进展得很顺利，当时赫连勃勃早已经死去，继位的赫连昌不仅没有继承乃父的游击战术，连匈奴人的战斗精神也消亡殆尽。在北魏军距离统万城仅有三十里时，赫连昌还在宫中和大臣们宴饮，根本没有发现。仓促迎战失利后，赫连昌直接逃回宫中，紧闭大门，再也不敢出战。

拓跋焘奇袭战术失效，一时无法攻克统万城，遂分兵四掠，获牛马十余万头，徙民万余户而归。与此同时，进军关中的魏军却取得了意外战果，胡夏关中守将得知魏军来攻后，尽皆不战而逃，弃城而走，北魏兵不血刃而克陕城、潼关、长安等地。拓跋焘第一次西征胡夏的军事行动，战果辉煌。

427年春，赫连昌令其弟赫连定领兵两万东向长安，企图夺回这一关中重镇。赫连定与北魏将领奚斤大战于关中，双方战事胶着，僵持不下。

拓跋焘得报后，下令伐阴山之木，大造攻城器械，以贺多罗领骑兵三千为侦骑，长孙翰等率骑兵三万为前锋，常山王拓跋素领步兵三万为后援，优真领步兵三万运器具、粮草，共发兵十万，再攻统万城。

大军到达拔邻山（今内蒙古鄂尔多斯境内）后，拓跋焘不顾众将反对，舍弃辎重，率轻骑三万奔袭统万城。部队至于黑水，拓跋焘将主力埋伏在附近山谷中，自领一军直抵统万城下，然而并不攻城，拓跋焘命令士兵采野菜为食，以示军中无粮，诱使胡夏军放弃坚城，出城决战。

赫连昌尽出统万城中步骑三万，以求歼灭这支人数较少、孤军深入且缺乏粮草的魏军。

拓跋焘随即命令撤军，在胡夏军队追击时，采用崔浩分兵潜出袭其后之计，大败追兵，斩首万余人，并乘胜攻入统万城内。赫连昌不及回城，逃奔上邽（今甘肃省天水市）。正在长安城外的赫连定得知统万城破，军心大乱，亦收众退往上邽。

北魏大获全胜，俘胡夏王公大臣及后宫嫔妃数以万计，缴获马三十余万匹、牛羊几千万头，金银财物不可胜计。赫连勃勃终其一生掠夺的财富被搜罗一空，三个女儿也被拓跋焘强行霸占，纳入后宫。

赫连昌真该在城中好好待着的，敌人送来的好吃食，不是下了毒就是放了钩。

拓跋焘巡视统万城，见大夏皇宫富丽堂皇而民众穷困潦倒，怒曰："竖子之国，巴掌大小，滥用民力，奢华如此，怎能不亡？"

428年二月，魏军攻克上邽，擒获赫连昌，其弟赫连定于平凉即位，延续夏祚。430年，拓跋焘再攻胡夏，尽得关中之地，胡夏政权名存实亡。431年，赫连定在攻灭西秦后，进军北凉的途中与吐谷浑遭遇，战败被擒。次年，赫连定被送至平城，为拓跋焘斩杀，胡夏灭亡。

中国关于匈奴的历史，也从此画上了句号。

其实，世上最坚固的城池在于人心，只要万众归心，自然众志成城、牢不可破，否则，纵是铜墙铁壁、固若金汤也挽救不了行将灭亡的命运。

就在北魏大举攻夏之际，饱受胖揍的柔然又开始屡屡侵扰北魏边境了。没办法，不趁机南下抢点东西，这日子真是没法过。428年，柔然骑兵万余人攻入塞内，大掠边民而走。于是，在攻打胡夏的间隙，拓跋焘分兵遣将，第三次北伐柔然。

429年四月，拓跋焘命令平阳王长孙翰自西道向大娥山，自领一军出东道向黑山（今内蒙古和林格尔西北），两军目标直指柔然可汗庭（今蒙古人民共和国哈尔和林西北）。

东路魏军到达漠南后，舍弃辎重，轻骑奔袭，狂飙突进，柔然各部落毫无防备，人畜四散而逃，漫山遍野，柔然可汗焚穹庐帐篷，一路向西逃窜。

东西两路魏军会师以后，拓跋焘命令部队分兵搜讨，东至瀚海（今蒙古高原东北境），西至张掖水（今纳林河），北越燕然山（今蒙古杭爱山），东西五千里，南北三千余里，追剿柔然残余部落。原先被柔然控制的高车诸部纷纷投降，前后归附者三十余万落，获战马百余万匹，缴获的牲畜遍布山谷，财货堆积如山，北魏国内的牛羊马匹及毡皮价格为之暴跌。

拓跋焘率军继续西进追击，直抵涿邪山（今蒙古阿尔泰山），那是一片完全陌生的土地，是北魏从不曾到过的远方，众将领害怕遭遇伏兵，一致要求班师，拓跋焘遂引进东还。

就在回师的路上，有凉州匈奴商人告知鲜卑人："柔然可汗就在距离涿邪山一百八十里处的南山上，若大军再西进两日，柔然汗国将不复存在。"拓跋焘后悔不已，然而也只能继续撤退，他年再来。

他年再来时，攻灭柔然的机会已不复存在。

在以后的岁月里，拓跋焘先后十余次北征柔然，双方时战时和，纠缠不清，直至北魏灭亡时，柔然还有过短暂的复兴。不过，在拓跋焘北征柔然的战争中，却诞生了一位以女儿之身替父从军的著名的家喻户晓的女英雄——花木兰，堪为那个时代中国女性的杰出代表。

该怎么形容北伐柔然的战争呢？

旦辞爷娘去，暮宿黄河边，不闻爷娘唤女声，但闻黄河流水鸣溅溅。旦辞黄河去，暮至黑山头，不闻爷娘唤女声，但闻燕山胡骑鸣啾啾。

……将军百战死，壮士十年归。

在北征柔然和西征胡夏均取得巨大胜利之后，拓跋焘挥戈东向，兵锋直指割据辽东一隅的北燕。

10. 北燕——一微尘内斗英雄

拓跋焘所要攻打的北燕，早已经不是慕容鲜卑所建立的政权了。当初，在北魏南下攻燕时，慕容宝弃守中山，率一万骑兵逃往龙城，割据辽西，延续后燕。在此后的十余年间，后燕经历了多次动荡和内乱，先是兰汗杀慕容宝，慕容盛又杀兰汗，段玑杀慕容盛，推慕容熙为帝。407年，冯跋杀慕容熙，立慕容宝养子慕容云（高云）为帝，两年后，高云被近臣所杀，冯跋率军平灭叛乱，自立为"天王"，建立北燕。那时的燕国，已经和慕容家族没有一毛钱的关系了。

关于北燕的故事，我们就从冯跋开始说起。

冯跋，字文起，小字乞直伐，长乐信都（今河北省冀州市）人，汉族，其先出自毕万之后，与战国七雄之魏国同祖。

冯跋自幼持重寡言，宽仁有大度，而且很能喝酒，饮酒一石不醉。有弟弟三人，皆为人仗义，不修行业，独冯跋恭敬谨慎，勤于家产，为父母所器重。慕容宝即位时，以之为中卫将军。

出生时虽然没有天降祥瑞，但是，冯跋所居之处，其上常有云气，状若楼阁，更曾夜见天门洞开，神光赫然，照亮庭院，冯跋深以自己为异。

其弟冯素弗曾与堂兄冯万泥及诸少年游于水滨，见一金龙浮水而下，素弗谓其堂兄曰："见金龙否？"万泥等人皆曰未曾得见，素弗遂下水捉而示之，众人皆以为此乃非常之瑞。慕容熙闻而求焉，冯素弗将金龙藏匿，坚决不给。

因为此事，冯氏兄弟开罪于慕容熙。

慕容熙即位称帝后，不仅为政暴虐，人不堪命，更时常想起冯跋家藏有金龙，颇有杀冯氏兄弟之心。冯跋随后因事获罪，惧为其所诛，遂与诸弟逃匿于深山之中。冯跋每在夜间于山中独行，连猛兽都为之让路。

然而终不能以打猎为生，更不愿在深山里荒度余年，407年，冯跋与冯万泥等二十二人相谋，趁慕容熙皇后苻训英下葬之机，起事杀之，事成则为公侯，事败则死之不迟。

随后，冯跋以妇人驾车，避免引起他人注意，与两个弟弟秘密进入龙城，藏匿于北部司马孙护家中。时值慕容熙出城送葬，冯跋遂推举慕容宝养子慕容云为首领，发囚徒五千人闭城据守。慕容熙随后回师攻城，战败被擒，冯跋将慕容熙及其诸子全部斩杀。

政变成功以后，慕容云即位，称天王，恢复高姓，但是仍以大燕为国号，册封冯跋为使持节、侍中、都督中外诸军事、征北大将军、开府仪同三司、录尚书事、武邑公，冯跋诸弟尽皆晋爵。

窃钩者诛，窃国者侯。事成之后，冯跋兄弟果然尽为公侯，再也不用过荒野求生的日子。

高云做了天王，然而他的日子并不好过，自己不仅功德浅薄，难以服众，军政大权更是被冯跋掌控，这让高云自觉犹如提线木偶，每天都生活在恐惧之中，生怕成为慕容熙第二。

铁骑上的十六国

为了自卫，主要是为了壮胆，高云圈养武士以为心腹，并让其宠臣离班、桃仁执掌宫廷卫戍，赏赐无数，饮食同己。然而，两位宠臣却是满腹牢骚、颇多怨言，很是认为高云慢待了自己。

恩威并行才是御人之道，只有恩赏而无威行，只会让别人认为这是自己的怯懦，贪婪的欲望自然无限扩大。即使高云将天王之位让给他们，或许还要抱怨几声：怎么让得这么晚？这是走了苻坚的老路。

409 年十月十三日，离班、桃仁怀利刃入宫，杀死高云。

冯跋登洪光门指挥部下平叛，其麾下将领张泰、李桑斩杀离班、桃仁，平定内乱。随后，冯跋应大臣所请，于昌黎即位，称天王，仍以"燕"为国号，定都龙城，大赦境内，建年号太平，史称北燕。

因叛乱而立国的冯跋，即位之后的第一件事却是要平定叛乱。由于分赃不均，冯万泥、冯乳陈（其侄）二人没有得到想要的官位（当人为公辅），遂聚众谋反。冯弘领兵征讨时曾以"过贵能改，善莫大焉"相劝，得到的回答却是："大丈夫死生有命，决之于今，何谓降也？"平定叛乱后，冯弘将二人尽皆斩之。

古人云：不患寡而患不均。正是此谓吧。弹丸之地，蕞尔小国，灭亡在即，本没有什么可争的，然而，一微尘内，确实要斗出英雄来。

虽然有亲族的叛乱，但是冯跋对于北燕的统治还是很给力的。冯跋在位期间，留心政事，革除后燕以来的各项苛政；简省赋役；奖励农桑；惩治贪腐。此外，冯跋又建立太学，选派二千石以下子弟入学读书，培养治国人才；继续推行胡汉分治政策，以缓解民族矛盾。在当时外有强敌环伺的情况下，北燕虽国土面积狭小，仅据辽西和河北东北部一带，但国内状况较为安定，农业生产也得到了恢复和发展，甚至出现了国富兵强的局面。

此外，冯跋毅然将女儿乐浪公主远嫁柔然，与之和亲，使北燕与北魏、柔然形成互相掣肘之势，乃得以在夹缝中求得生存，偏安于一隅二十余年，南朝刘宋称其为"黄龙国"。

430年八月，冯跋病重，至九月时病情开始恶化。冯跋自知命不久矣，遂命太子冯翼总摄朝政，并统领全国军队，谨防内外生变。

外敌并没有趁机入侵，大臣们也没有叛乱，祸乱就源自冯跋的卧榻之上、宫闱之内。

冯跋的妃子宋夫人欲使其子冯受居即位，深恶太子冯翼主持朝政，于是以冯跋即将痊愈为由，骗其出宫。待太子离开皇宫后，宋夫人又假传圣旨，不许朝中官员探视，凡事由宦官代为传达即可。冯翼及众皇子、朝中文武重臣全都不得面见冯跋，仅给事中胡福一人因负责皇宫卫戍，可自由出入。

突然的特权让胡福受宠若惊，更深以为虑，遂将宋夫人的异常举动如数报告给了时任司徒、录尚书事、中山公的冯弘。于是，冯弘亲率甲士数十闯入后宫，宫中禁卫不战而散，冯跋眼见动乱发生，不胜惊骇，气绝身亡。冯弘乘势登基，改元太兴，并告谕百官，入宫觐见者，官升两级。

这哪里是宋夫人想要作乱，分明是冯弘趁机谋反！一个"螳螂捕蝉，黄雀在后"的典型案例，口宣正义，手持钢刀。

被骗出宫的太子冯翼自然不能容忍皇位被他人所夺，率领东宫卫队出宫征讨冯弘，然而大势已去，手下士卒一触即溃。随后，冯翼被逼自尽，冯跋的儿子共一百余人全部被冯弘所杀。

冯跋，真能生。然而，一朝失势，只为冯弘的刀口上多添了几滴鲜血而已。谥文成皇帝，庙号太祖。

不过，冯弘也为自己的狠毒付出了惨重的代价，就在冯弘即位之后不久，为其所不喜的三个儿子冯朗、冯崇和冯邈由于看不惯同室操戈，又被继母慕容氏所诱，举城投降北魏，致使本就国小民弱的北燕从此元气大伤，更加无力抵抗北魏的攻击。

北魏在北征柔然取得成功后，打破了三国之间的平衡。此后数年，北魏多次攻燕，连破北燕军镇，一度兵围龙城。冯弘多次遣使求和，均遭拒绝，直至献出自己的小女儿才获得拓跋焘的同意。不过，拓跋焘同时又要求北燕太子冯王仁（慕容氏所生）入侍，冯弘心中不舍，虽有大臣们百般劝说、陈述利害，仍然没同意献出质子。

这是一个缺少谋略又鲁莽的人，他的意气用事使整个北燕面临着灭顶之灾，正如北燕太常杨旻所言："魏举天下以击一隅，理无不克。"不过，在北魏统一天下的大势所趋下，即使满足拓跋焘的全部要求，也仅是拖延灭亡的时间罢了，最终的结局，从一开始就已经注定。

436年，北魏再攻北燕，同年五月，冯弘在高句丽援军的帮助下，率子女、嫔妃、宗族及龙城百姓撤出龙城，队伍浩浩荡荡，连绵八十里，举国逃往高句丽。临行前，冯弘尽焚其宫室、城邑，大火一旬不息，至此北燕灭亡。

冯弘到达高句丽后，一开始高句丽王尚优待之，在北魏遣使要求引渡冯弘时予以拒绝，但是，冯弘自己却没有寄人篱下的觉悟，不仅"素侮高句丽"，而且号令如在本国，引起了高句丽王极大的厌恶，先是将其侍卫调走，又将其太子冯王仁扣为人质。

冯弘非常气愤，遂遣其子冯业出使建康，有南归刘宋之意。宋文帝刘义隆遣军七千前往迎接，并告谕高句丽王，令其送回冯弘。

此举惹恼了高句丽王，觉得先后被北魏、刘宋乃至于冯弘呼来喝去，严重伤害了他王者的尊严，遂将冯弘杀死，子孙同时遇害者十余人。

北燕虽灭，但是故事没完。冯弘第二子冯朗有一女儿，长大后成为北魏文成帝拓跋濬的皇后，即历史上赫赫有名的冯太后，其人智勇过人，多权略，性残忍，执掌北魏朝政多年，影响巨大。

11. 元嘉草草

在攻灭北燕后，拓跋焘继续挥兵西向，灭亡北凉，于439年完成统一中国北方的壮举，结束了自淝水之战后中国北方的大分裂局面，为北方社会经济的恢复和发展奠定了基础，也为北方民族大融合创造了有利条件。

拓跋焘在位期间，南朝宋文帝刘义隆继续推行刘裕的治国方略，百姓休养生息，社会生产持续发展，经济文化日趋繁荣，开创南朝鼎盛时期——"元嘉之治"。

这是两个在历史上鼎鼎大名的人物，年龄相仿，即位时间相近，在位时间也相近，也同样野心勃勃，妄图一统天下。二人互相虎视眈眈，一个梦想北伐，一个望眼南征，碰撞不可避免，角逐一触即发。

南北双雄的对决，是十六国最后的绝唱，也是南北朝最美的音符。

430年三月，趁北魏北伐柔然、黄河以南驻军减少之机，刘义隆命右将军刘彦之、骁骑将军段宏、豫州刺史刘德武、后将军刘义欣各领一军，以收复河南失地为目的，出师北伐。大军出发前，刘义隆致书拓跋焘："此战，为收复河南失地而来，无关河北。"

由于魏军主力尽在北方与柔然作战，河南守军无力抵抗，遂敛兵河北以避之，北伐军兵不血刃，占领了在第一次南北大战中丢掉的碻磝、滑台、虎牢、金墉四镇，一度收复河南北部。

但是，待冬季来临，黄河结冰，北魏结束柔然战事，大举南下，刘宋所得之地全部得而复失，双方恢复至战前疆界，第一次元嘉北伐结束。

此战，刘宋方面损失惨重，府藏、武库为之一空。刘义隆经过此次北伐失败，意识到了双方实力差距，遂专心整顿政治、恢复国力，以图再举，而拓跋焘则致力于统一北方、打击柔然的战争，南北双方二十年间再无大战。

但是，随着拓跋焘统一北方、解除北部边境威胁后，注意力开始南移，南下攻宋势在必行；刘宋也迎来大治，经济、军事力量逐渐恢复，刘义隆北伐之志未曾懈怠。南北双方以全盛之姿，对峙于黄河以南，北魏以滑台、虎牢、洛阳、潼关为据点，进可攻退可守，刘宋则以彭城、襄阳、寿阳为前进基地，积极准备北伐，新一轮冲突一触即发。

450年二月，北魏太武帝拓跋焘亲率十万大军，攻刘宋之悬瓠城（今河南省汝南县），宋将陈宪率城中守军不足千人，坚守苦战。

为攻克悬瓠城，魏军在城外筑起高楼，推进至城墙，弓箭手对着城内射箭，一时之间，矢如雨下；又用大钩套住城堞，用大车猛拉，很快将南城城墙拉坍塌。但是，在兵临城下的危急关头，陈宪仍然指挥若定，守军和百姓在内城重新筑起了一道新的城墙，并在城墙外端打下许多木栅，阻止魏军靠近。在魏军猛烈进攻下，悬瓠城坚若磐石，岿然不动。

魏军久攻不下，于是用牛皮做大蛤蟆车，运泥土填平城外沟堑，然后命令士兵架云梯强行登城。陈宪指挥将士坚决抵抗，战斗进行得十分激烈，城外魏军死伤甚众，尸体越堆越高，几与城头相齐，魏军士兵便踩着尸体爬上城来，与宋军短兵相接，展开肉搏战。陈宪身先士卒，率领守军与魏军进行殊死搏斗，宋军将士个个舍生忘死、奋不顾身，前后杀敌逾万。

拓跋焘攻打悬瓠四十二天，除了啃下一堵城墙，尺寸未进，反而损失一万多人，而且，前去阻击刘宋援军的殿中尚书乞地真战败被杀，刘宋援军顷刻即至，加之运往汝阳的粮草被宋军烧毁。无奈之下，拓跋焘只能仓皇撤军，灰溜溜回到平城。

悬瓠之战，刘宋军以少胜多，展示了汉族在反抗外族入侵时的英雄气概和大无畏的牺牲精神，给刘宋举国上下以极大鼓舞。在拓跋焘退兵以后，备感振奋的刘义隆开始调兵遣将，准备北伐。命令青、冀、徐、豫、兖各州家有三丁者征发一人，五丁者征发两人；减百官俸禄三分之一，又强制扬、南徐、兖、江四州富民捐款五十万，连和尚尼姑也要出血，筹钱二十万，以充军用。

拓跋焘得知刘宋即将北伐的消息后，遣使致书刘义隆，极尽挖苦，大意如下：闻汝年届五旬而未敢远足，焉能比之我马上鲜卑？现特送汝马十二匹、毡帐、药品若干，尔等远道而来，可用吾马，水土不服，可服吾药。

宋文帝览信大怒，不顾所有文武大臣的反对，在粮草、军队尚未准备充分的情况下，下令立即发兵北伐。

450年七月，刘义隆发兵二十万，以太尉、江夏王刘义恭（刘义隆弟）为主帅，进驻彭城，统一调度督军。北伐军兵分三路，东路军六万人，以辅国将军萧斌为主帅，王玄谟、沈庆之为先锋，经淮、泗入黄河，攻碻磝、滑台；中路军十万人，以臧质、刘康祖等率所部直趋许昌；西路军以雍州刺史刘诞为主帅，攻弘农（今河南省灵宝市），直向长安。

在战争初期，由于"马尚瘦，天未寒"，拓跋焘采取按兵不动的战略，各路北伐军无一例外全部取得胜利。东路军萧斌攻破安乐，逼近滑台；中路军攻占长杜（今河南省长葛市东）、荥阳，逼近虎牢；西路军战绩最佳，柳元景部攻占弘农，并一举攻克陕城和潼关，北魏为之震动。

但是，东路军在进攻滑台时，前锋主将王玄谟贪财好利，为谋求城中房屋，拒绝了部下火攻烧城的建议，后来再想火攻时，城中军民早已将屋顶茅草撤掉，住进地洞，致使北伐军白白错失攻城良机。

北方汉人饱受鲜卑蹂躏，得见王师到来，争相送粮，更有许多青年自带武器前来投军，形势一片大好，正可军民同心、襄助北伐。但是，王玄谟不仅没有好好安抚百姓，反而强迫每户出布一匹、大梨八百个，用以慰劳宋军，又把前来投军的青年统统分给部下做差役，致使北方人民大失所望，纷纷逃走，东路军人心尽失。

王玄谟在滑台城下足足待了三个月，钝兵挫锐，毫无进展，但却为北魏赢得了宝贵的时间。450 年十月初，正值秋凉马肥之际，拓跋焘集结六十万大军南下，兵锋直指滑台。

正在城外围城的王玄谟见魏军浩浩荡荡，来势凶猛，不战而逃，魏军所获物资堆积如山。拓跋焘亲临黄河，用铁索横贯河面，意图切断刘宋水军退路。刘宋水军将领率战船奋勇而下，水军将士用大斧砍断铁索，连破魏军三道防线，全师而还。

虽然北伐军其他两路进展顺利，但是由于东路军的大败而无法得到策应，魏军又南下深入，刘义隆只能将中、西两路宋军全部召回，转攻为守，所得之地复为魏军所占，刘宋第二次元嘉北伐至此结束。

在初战取得胜利后，拓跋焘兵分五路继续南下，深入刘宋腹地，经刘宋之历城、东阳、彭城、寿阳、盱眙，全部遭到宋军顽强抵抗，久攻不克。拓跋焘果断命令诸军放弃攻城，绕道南侵，直指长江。

十二月十五日，拓跋焘兵至瓜步（今南京六合区东南），各路魏军于同日全部抵达长江北岸，与刘宋都城建康隔江相对，一度扬言要渡江攻城。

此时的刘义隆终于开始惊慌和后悔，在带领文武百官巡视江防、城防时，站在建康城头，看着沿江烽火，甚是惊骇，自视甚高的刘义隆第一次向他的亲信大臣们表达了歉意："今日士民劳怨，不得无惭，贻大夫之忧，予之过也。"（《资治通鉴·宋记》）

为挽救时局，刘义隆一方面下令刘宋全国总动员，王公以下所有子弟统统编入军队，在西起安徽当涂，东至江阴，东西数百里的长江防线满布战船，防备北魏渡江南下。

另一方面，刘义隆下令：不管任何人，以任何方式，只要能得到拓跋焘或北魏军中主将首级，即予以封爵、赐钱。

此外，针对北方少数民族喜爱喝酒之特点，刘宋还使出阴招，送毒酒至瓜步一带，希望魏军饮毒酒死掉。

但是，拓跋焘有自己的办法，北魏大军数十万人，不仅酒是自带的，连水也是自己带过来的。

虽然破解了刘宋的阴谋，但是拓跋焘依然无法过江，北军不习水战，临时编制的竹筏更无法和刘宋战船相抗衡。实现了饮马长江之志向的拓跋焘只能空望滔滔江水，独自踌躇，只好自己为自己找台阶下，于是遣使刘宋，要求互送公主，重新联姻，从此罢兵息战，化干戈为玉帛。

刘义隆也终于明白过来，纵有百万雄师，拓跋焘也打不过来，于是对拓跋焘的请求不予理睬。

此时的北魏，早已是强弩之末，军资匮乏，人马饥困，前有长江天险，后有坚城难克，沿途征战，致使士兵损失过半，拓跋焘只能选择回师。

为解决军粮问题，拓跋焘在回师途中再攻盱眙，并向盱眙守将臧质求酒，臧质乃溺尿一壶，送予拓跋焘。

魏军全力攻城三十日，阵亡士兵尸体高于城头，但是仍然未能攻克盱眙。这时，刘义隆命令水军自海入淮，攻击北魏，留在北魏身后的彭城守军也开始行动起来，准备断其归路。拓跋焘遂撤盱眙之围，忍辱退走。

南侵失败，又屡遭侮辱，愤怒至极的拓跋焘在回师途中发泄了他所有的兽性。魏军在回撤期间，将刘宋所占之江淮一带统统洗劫一遍，"魏人凡破南兖、徐、兖、豫、青、冀六州，杀伤不可胜计，丁壮者即加斩截，婴儿贯于槊上，盘舞以为戏，所过郡县，赤地无余，春燕归，巢于林木"（《资治通鉴·宋书》）。

这是十六国时期江淮地区所遭受的又一场乃至最大的一场浩劫，此役过后，刘宋江北六州"邑里萧条"，所谓的元嘉之治不复存在。但是，哪里有杀戮，哪里就有反抗，北魏在这场战争中同样伤亡惨重，拓跋焘在撤回魏境时，六十万大军损失过半，"士马死伤过半，国人皆忧之"。

这场以刘宋北伐为开始又以北魏南征刘宋失利为结束的战争，宋魏双方两败俱伤。大战之后，南方人力物力遭受巨大损失，基本已经无力北伐，"元嘉之治"开创的安康局面宣告结束；北魏国力也遭到严重削弱，内部各种矛盾更加激化，北强南弱的格局逐渐形成。

数十年后，天下中心由建康移至洛阳。

元嘉草草，封狼居胥，赢得仓皇北顾……

永嘉之后，华夏民族百余年北伐，结果就是这副模样。

后 记

　　终于写完了。没想到会是那么长的一段时间。

　　当初拿起笔来构思时，还在读书，自觉正值青春年少、书生意气，颇有些想要凭借我浅薄的文笔去指点江山之感，因之取了笔名——再叹峥嵘。后来毕了业，为了工作四处辗转，虽然没有阅尽人世沧桑，却也少了许多当初的激扬。性格使然吧，既然已经开始，没有完成，绝不舍得放弃。其间断断续续，几番住笔，又几番捡起，历时四年多终于将其完成。回过头来才发现，繁忙又庸碌的四年时间里，这本占尽了我所有休息时间的书，居然是我这四年最有价值的东西。或许，若干年后回想，在我的生命里，这会是一件非常有意义的事。

　　灵感源自一次网文阅读，发现这是一段在我的中学课本中极为简略的历史，几乎一笔带过。直至写完，我才知道，这是一个波澜壮阔的时代，也是一个命如草芥的时代，英雄辈出、恶魔横行的时代，其中精彩，并不输于我所熟知的任何一段历史，为之拍案，为之哀叹。

　　愿我的文笔，并不辱没它的故事。

　　其中不如意之处，只能在此请读者朋友们予以谅解。

　　华夏大地上发生的每一段历史，都应当被铭记。